교육심리탐구

- 인간이해와 교육실천 기초역량을 다지는 심리학 -

Educational Psychology

교육심리탐구

오 만 록

ONLINE RESOURCES

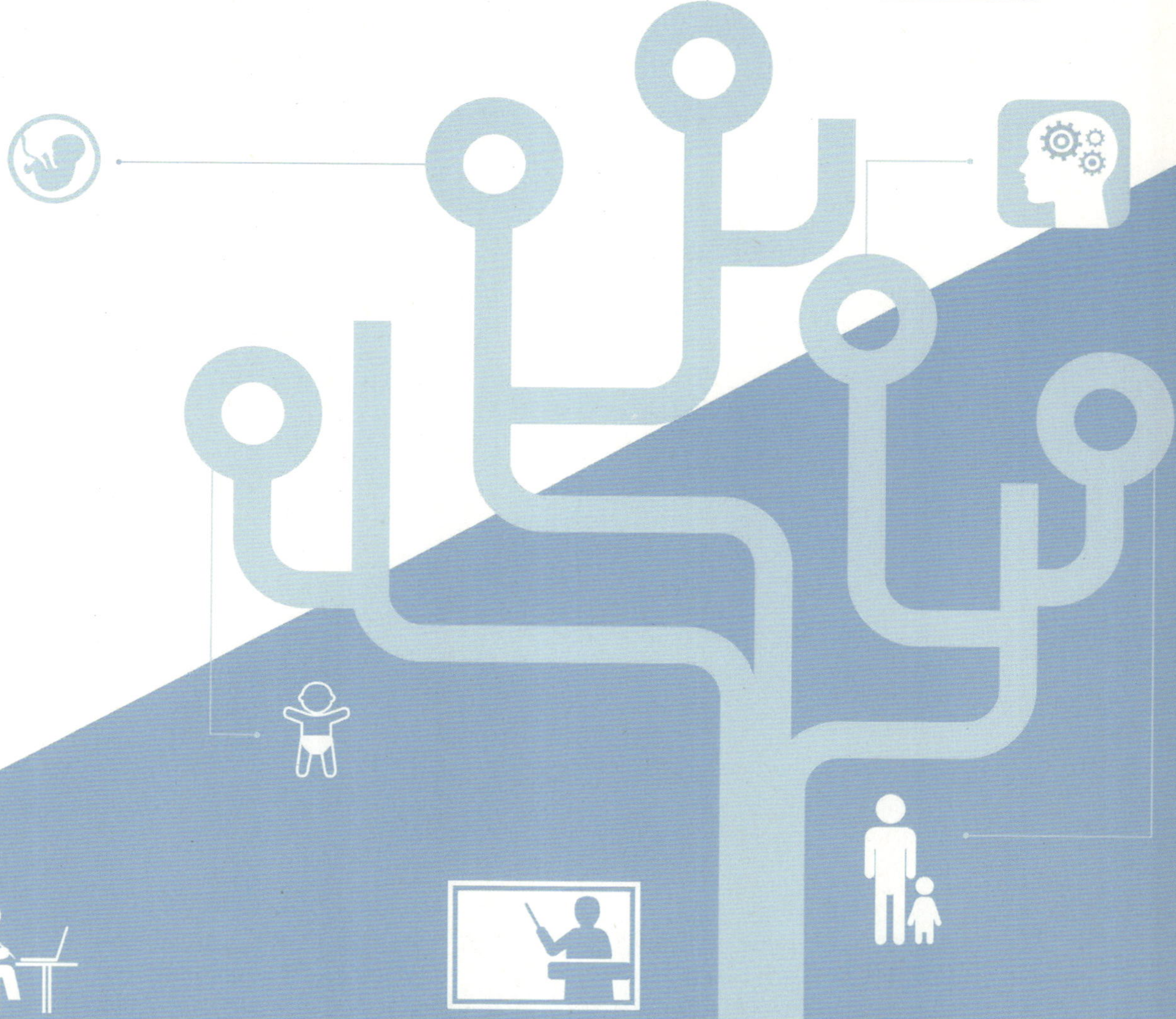

동 문 사

머 리 말

교육심리학(educational psychology)은 가르치고 배우는 과정과 관련된 인간의 정신과정과 행동을 과학적으로 연구하는 학문분야이다. 즉, 교육심리학은 교수와 학습(teaching and learning)에 관련되는 원리들을 확인하고, 이를 교육현장에 적용하는 전문분야라고 할 수 있다. 인간에 대한 과학적 이해를 토대로, 효율적인 교수-학습과정을 실천하는 활동에 대하여 연구하는 학문분야가 바로 이 교육심리학인 것이다.

인간에 대한 심리학적 이해가 선행되어야 효율적인 교육활동을 실천할 수 있기 때문에 교육학 분야에서 교육심리학의 위치는 매우 중요하다. 교육심리학은 교육의 최적 시기와 방법을 심리학적 측면에서 밝혀, 교육실천에 필요한 지식과 이론 및 기술을 제공함으로써 교육활동이 효율적으로 실천되도록 하는 데 많은 도움을 준다. 그러므로 이는 교육에 관련된 여러 사실과 법칙을 심리학적으로 명확히 규정함으로써 교육목표를 달성하기 위한 과정과 방법을 제시해 주는 과학이라고 할 수 있다. 다시 말하면, 교육심리학은 심리학과 교육학의 통합 그 이상으로, 교육활동과 관련하여 일어나고 있는 여러 가지 문제들을 과학적인 방법으로 연구하고, 그 결과를 실제에 적용하여 자라나는 학생들, 더 나아가 성장과 발달이 가능한 모든 인간을 바람직한 방향으로 변화시킬 수 있는 교육적·기술적·과학적 방법을 추구하는 학문이다.

이러한 학문적 성격이 제대로 발휘되기 위해서는 교육심리학은 종래에 흔히 인식되었던 것과 같은 단순한 응용심리학에서 벗어나 심리학적 원리와 이론을 적극 활용하여 효율적인 교육활동의 실천에 관련된 제반 주제들에 대하여 탐색하고, 그 결과를 교육실제에 적용하게 하는 독자적인 학문영역을 구축하여야 한다. 인간의 정신과정과 행동에 관한 기초적인 연구로부터 출발한 교육심리학은 그동안 꾸준히 발전해 오면서 고유한 학문영역을 구축하여, 교육목적을 효과적으로 달성하기 위해 교육의 과정(process)에 관련된 다양한 현상을 연구대상으로 삼는 학문영역으로 자리를 잡게 되었다. 이로써 교육심리학은 복합적이고 역동적인 교육학의 다양한 분야 중에서 가장 과학적이고 실천적이며, 현장지향적인 분야로 인정받게 되었다. 이는 바로 교육심리학이 인간의 정신과정과 행동을 과학적으로 연구한 결과에 의해 밝혀진 발달과 학습 및 적응 등에 관한 심리학적인 지식과 이론을 교육활동에 적극 활용하고자 하는 데 중점을 두는 실천적인 학문분야라는 사실을 내포하고 있다. 교육심리학을 응용학문분야가 아닌 독립적인 학문분야로 인정하는 이유는 교육심리학이 인간이해를 바탕으로 '교육'의 과정과 방법에 대한 효율적 방안을 탐구하는 데 주된 관심을 갖게 됨으로써 교육학에서 중핵적인 위치를 차지하고 있기 때문이다.

그런데 최근 국내외에서 개발된 교육심리학 관련된 교재와 기타 연구자료들을 종합적으로 분석해 보면, 그 하위영역들은 크게 ① 발달, ② 학습, ③ 교수, ④ 평가 등의 네 분야로 구분된다. 교육심리학의 주요영역체계가 이처럼 발달, 학습, 교수, 평가 등의 구조로 이루어져 있다면 「교육심리탐구」를 타이틀로 내세운 이 책에서도 마땅히 네 영역들을 다루어야 하나, '교수'에 관해서는 「교육방법 및 교육공학」이라는 교과에서, '평가'에 관해서는 「교육평가」 또는 「교육과정」이라는 교과에서 체계적으로 논의하므로 본서에서는 네 영역 중 '발달'과 '학습'에 대해서만 심층적으로 논의하였다.

여기에서는 교육심리학 관련 전통이론 및 기본내용에 대한 폭넓은 논의는 물론, 각 영역의 최근 이론과 실제를 최대한 반영하여 탐색하고자 노력하였다. 그리고 지면관계상 논의하지 못한 보충 및 심화내용들은 저자가 운영하는 웹사이트(www.welfare5.com) Online Resources 자료실의 '교육심리탐구' 게시판에 탑재하여 더 많은 학습기회를 가질 수 있도록 조치하였다.

그럼에도 불구하고 막상 최종 탈고를 하고 나니, 집필계획단계에서 의도했던 목적달성에는 여전히 아쉬움이 남는다. 앞으로 독자 여러분들의 귀한 의견을 소중히 모아, 다음 개정판의 출간에 적극 반영하여 더 좋은 저작으로 발전시키고자 한다. 끝으로, 이 책을 집필하는 과정에서 기초 및 인용자료를 제공해 주신 동학 여러분들과, 출판에 도움을 주신 동문사 관계자 여러분들께 깊은 감사를 드린다.

2017년 2월 10일

저 자

목 차

PART 02 발 달 • 65

PART 03 학 습 • 355

[Online Resources 자료 목차 안내]

PART **01**

교육심리탐구의 기초

CHAPTER

01 심리학에 대한 이해

1. 심리학의 의미와 접근방법

1) 심리학의 의미

인간에 대한 탐구를 목적으로 하는 '심리학'은 전통적으로 인문과학(human science)의 핵심학문으로 자리를 잡아 왔으나, 사회생활의 다양한 발전과 분화로 사회과학(social science)과도 밀접히 관련됨으로써 결국 인문 및 사회과학의 기초학문으로서의 지위를 확보하였다. 심리학은 심지여 자연과학(natural science), 생활과학(domestic science), 공학(engineering science), 의학(medical science)의 필수적인 기초영역으로 인정될 만큼 그 학문적 포괄성은 매우 넓어졌다. 따라서 현대의 심리학은 인간의 생리, 인지, 언어, 정서, 성격, 발달, 이상행동 등에 관한 탐구를 토대로, 정치·경제·사회·문화·행정·경영·교육 등의 다양한 사회활동은 물론, 자연·의식주·공학·질병 예방과 치료 등을 포함한 물리적·생물적 환경과 인간의 조화를 증진하기 위한 과학적 활동에 유용한 기초지식과 이론을 제공해 줌으로써 결국 '인간 삶의 질 향상'을 실질적으로 꾀하는 데 많은 도움을 주고 있다.

[그림 1-1]에 나타난 모든 학문은 그 연구대상과 방법은 각기 다르지만, 인간 개개인의 건강한 삶은 물론, 그들이 주변환경과의 조화로운 생활을 보다 윤택하게 영위하는 데 필요한 유용한 기초지식과 이론을 제공해 줌으로써 결국 그들의 '삶의 질'을 향상시키는 데 기여한다. 그러나 이러한 기여는 바로 '인간'에 대한 탐구 없이는 근본적으로 불가능하다. 그러므로 인간의 삶을 보다 향상시키고자 하는 모든 학문은 핵심적인 기초분야로서 '심리학'을 밑바탕으로 삼지 않으면 안 된다.

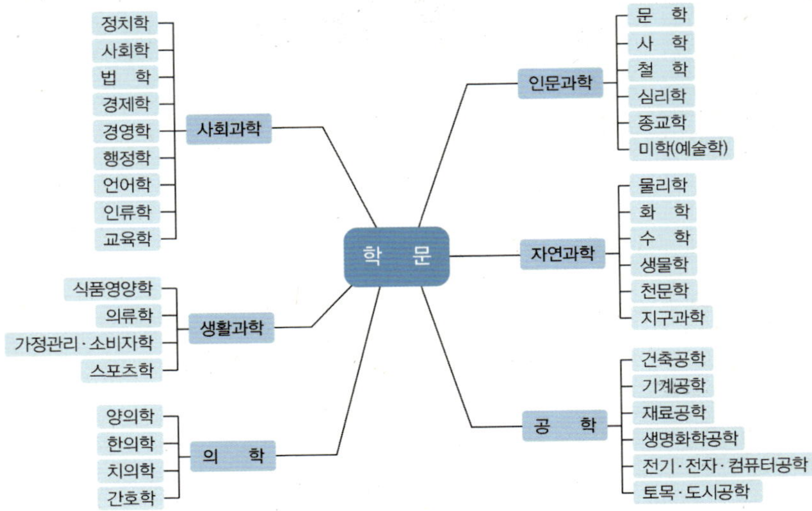

그림 1-1 | 학문 분야

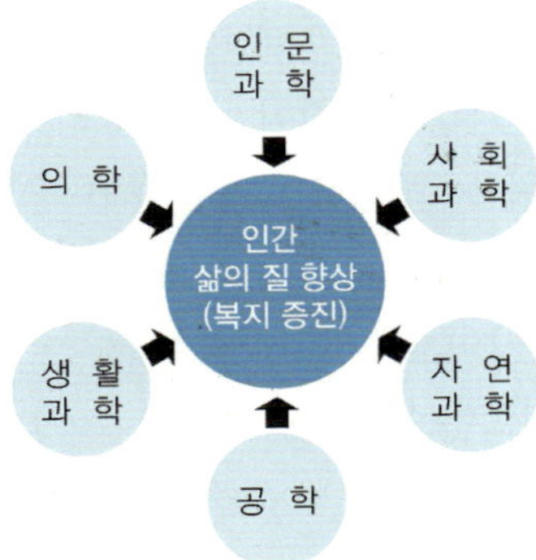

그림 1-2 | 학문의 목적 : 인간 삶의 질 향상

앞에서 언급한 바와 같이, 전통적으로 인문과학의 범주에 포함되어 왔던 '심리학'은 현대사회에 들어서는 인문과학과 사회과학 및 자연과학·공학·생활과학·의학의 교차점에 위치하고 있다. 이러한 위치를 차지하고 있는 심리학은 과학적 연구방법론을 활용하여 인간 삶의 질을 향상시키는 데 필요한 핵심적인 기초지식과 이론을 정립·제공한다는 점에서 다른 학문들과 구별된다. 심리학은 인간심리, 즉 정신과정과 행동에 관한 기초지식과 이론을 각 분야에 적용하도록 돕고, 그에 대한 보다 심층적인 연구를 통하여 얻어진 고등지식과 이론을 다시 응용하도록 지원함으로써 결국 인간 삶의 질 향상에 실질적으로 기여하는 기초학문으로서의 역할을 충실히 수행하고 있다.

(1) 어원적 의미

심리학(psychology)의 어원을 분석해 보면, 이는 '정신' 또는 '마음'이라는 의미의 라틴어 프시케(psyche)라는 단어와, '연구' 또는 '학문'이라는 로고스(logos)라는 단어가 결합된 용어이다. 따라서 심리학의 어원적 의미는 '인간의 정신을 연구하는 학문'이라고 할 수 있다.

■ 심리학(psychology) ⇦ psyche(프시케 : 정신, 마음[心]) + logos(로고스 : 연구, 학문)
= 정신(마음)을 연구하는 학문

Psychology = Psyche(영혼, 마음, 정신) + logos(연구, 학문)

(2) 현대적 의미

심리학은 어원에서 확인할 수 있는 바와 같이 인간의 정신을 연구하는 데 많은 관심을 갖지만, 현대에 들어서는 이러한 어원적 의미를 뛰어넘는 포괄적인 의미를 갖는다. 즉, 심리학이란 인간을 이해하기 위하여 그의 정신과정(mental process; 정보처리과정)과 그 결과로 나타나는 행동(behavior)을 과학적으로 연구하는 학문이라고 규정된다(Morris, 1988). 즉, 개인이 환경적 자극(정보)을 수용하여 처리하는 정신과정과 그 결과로서 나타나는 행동에 관하여 '기술'(서술)하고, 필요에 따라 그 현상을 '설명'(해석)하며, 이를 토대로 '예측'(예언)할 뿐만 아니라, 보다 적극적인 관점에서 이전의 기술·설명·예측을 근거로 제반 조건을 '통제'(관리)하여 의도한 결과를 얻고자 하는 학문분야라고 할 수 있다. 결론컨대, 심리학은 인간의 정신과정과 행동을 기술·설명·예측·통제하는 과학이라고 말할 수 있다.

한편, 심리학이란 인간의 행동 및 그 행동에 관련된 생리적·심리적·사회적 과정을 연구하는 학문분야라고 정의할 수도 있다(김현택 외, 2006). 결국 심리학은 개인의 심리적 과정뿐만 아니라 신체적 기능을 제어하는 생리적 과정, 그리고 개인 간 관계와 사회적 과정까지를 연구하는 학문이라고 보다 폭넓게 규정할 수 있다. 이러한 관점에서 본다면, 심리학은 개인의 신경생물학적 측면, 감각과 지각, 학습, 기억 사고와 언어, 발달, 동기와 정서, 성격, 지능, 스트레스와 적응, 이상행동 및 심리치료 등에 대한 내용뿐만 아니라, 사회적 행동으로서 사회적 지각, 사회적 관계, 사회적 영향, 집단역학 등을 다루는 학문 분야라고 규정할 수 있다.

> **■ '심리학'에 대한 오해**
>
> - 독심술(讀心術) : 상대의 생각이나 감정을 알아내는 방법(다른 사람의 얼굴표정, 텔레파시, 육감 등으로 상대의 생각이나 감정을 알아내는 것)
> - 심령과학(心靈科學) : 영(靈; 영혼, 혼령, 귀신, 사후세계의 삶)에 관한 분야를 과학적으로 연구하는 학문

2) 심리학의 접근방법

심리학은 인간의 정신과정과 행동을 규명하기 위하여 다양한 접근을 시도한다. 이러한 접근들은 인간을 종합적으로 이해하는 데 많은 도움을 준다. [그림 1-3]에서 보는 바와 같이, 심리학의 접근방법, 즉 인간이해에 대한 접근들은 크게 신경생물학적 접근, 행동적 접근, 인지적 접근, 정신분석적 접근, 인본주의적 접근(현상학적 접근) 등으로 구분된다(Hilgard, Atkinson, & Atkinson, 1979).

그림 1-3 ❙ 심리학의 접근방법 : 인간이해의 다양한 접근

자료출처 : Hilgard, E. R., Atkinson, R. S., & Atkinson, R. C.,(1979). Psychology. p.10.

(1) 신경생물학적 접근

신경생물학적 접근(neurobiological approach)은 인간의 정신과정과 행동이 뇌와 신경계에서 일어나는 전기적·화학적 작용인 신경생물학적 기제에 의해 이루어진다고 보고, 이에 대한 탐구를 통해 인간을 이해하고자 한다.

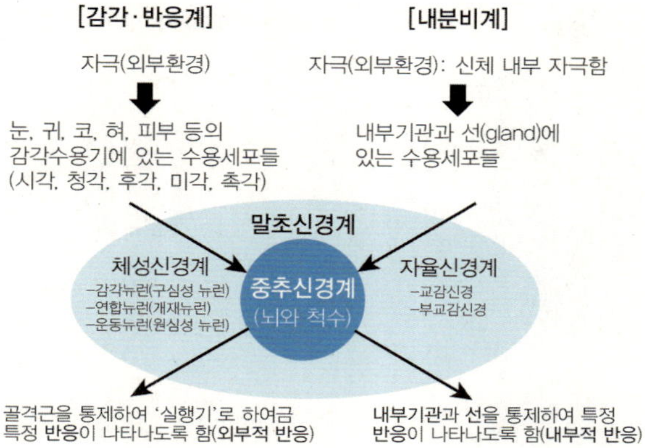

그림 1-4 ❙ 신경계 : 신체 내에서의 2가지 정보전달체계

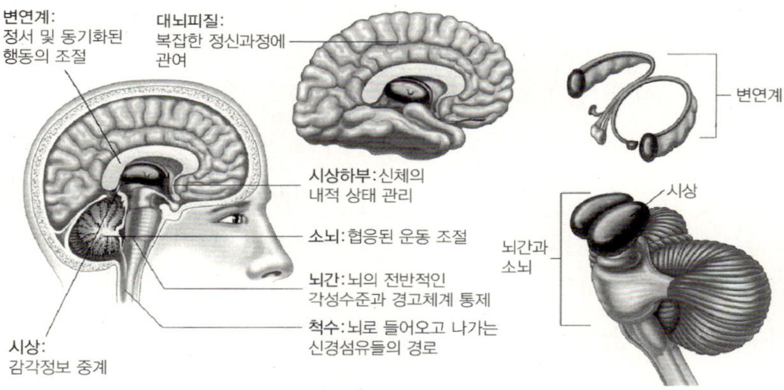

그림 1-5 ❙ 중추신경계 : 뇌

자료출처 : 박권생 외 5인 역(2009). 심리학과 삶. p.73.

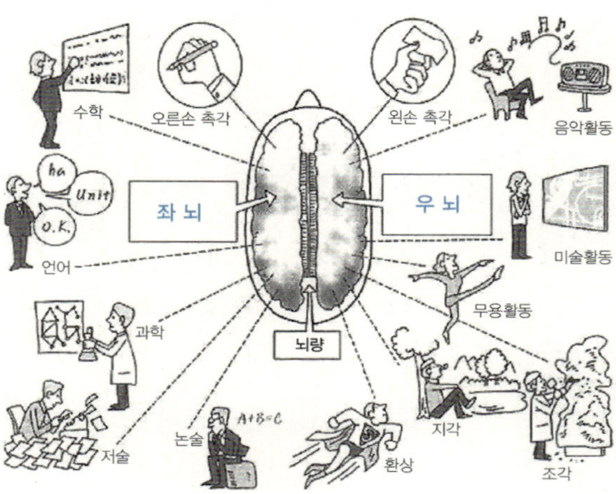

그림 1-6 ❙ 뇌의 기능

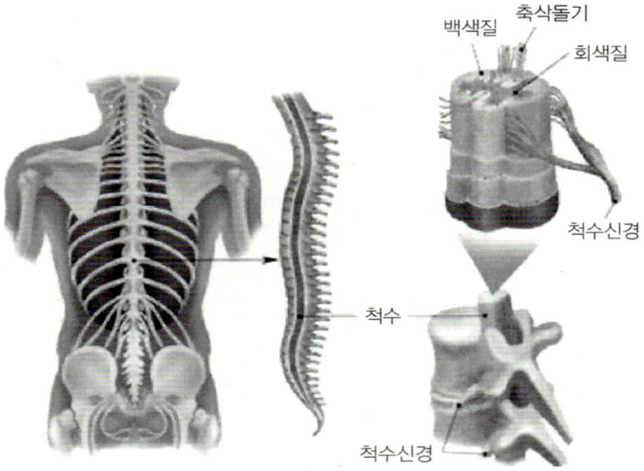

그림 1-7 | 중추신경계 : 척수

자료출처 : www.doopedia.co.kr/doopedia/master/master.do?_method=view&MAS_IDX=101013000705638

척수에서는 일정한 간격으로 신경다발이 뻗어 나와서 온몸으로 퍼진다. 이 척수신경다발의 위치가 어디냐에 따라서 척수는 크게 다섯 부위로 구분되는데, 이는 ① 목부위를 경수(頸髓), ② 가슴부위를 흉수(胸髓), ③ 허리부위를 요수(腰髓), ④ 그 아래를 천수(薦髓), ⑤ 가장 끝부분을 꼬리라는 의미의 미수(尾髓)라고 한다. 경수에서는 8쌍, 흉수에서는 12쌍, 요수에서는 5쌍, 천수에서는 5쌍, 미수에서는 1쌍의 신경이 나오기 때문에 총 31쌍의 신경이 척수에서 나오는 셈이다. [그림 1-7]에서 볼 수 있는 바와 같이, 척수의 회색질은 H자 모양으로 되어 있는데, 이 H자의 위아래부분으로 척수신경들이 뻗어 있다. 이때 H자 모양에서 몸의 뒷부분에 해당하는 곳으로는 '감각뉴런'이 연결되어 외부자극정보를 척수로 전달해 주며, 몸의 앞부분에 해당하는 곳으로는 '운동

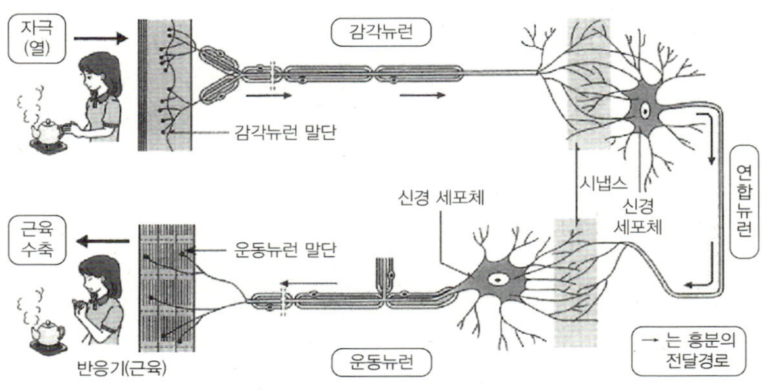

그림 1-8 | 체성신경계 : 감각뉴런, 연합뉴런, 운동뉴런

뉴런'이 연결되어 뇌나 척수의 명령정보를 실행기(반응기)로 전달해 준다.

표 1-1 자율신경계(교감신경과 부교감신경)의 기능

신 체	교감신경	부교감신경
눈	동공 확대 눈물 분비촉진	동공 수축 눈물 분비억제
입	타액 분비억제	타액 분비촉진
심장박동과 혈압	증 가	감 소
호흡	빨라짐(기관지 확장)	느려짐(기관지 수축)
위	수축운동 감소 소화액분비 감소	수축운동 증가 소화액분비 증가
장	소화기능 억제	소화기능 촉진
방광	이 완	수 축
음경	발기 억제	발기 촉진
피부와 근육	소름 돋고 긴장됨	소름 돋지 않고 이완됨
땀	증 가	감 소

ONLINE RESOURCES

'인간의 신경생물학적 이해'에 관한 자료가 필요할 경우 저자가 운영하는 웹사이트(welfare5.com)의 Online Resources 게시판을 통하여 다운을 받기 바랍니다('교육심리탐구'의 Online Resources 01 자료).

(2) 행동적 접근

행동적 접근(behavioral approach)은 인간의 발달이 후천적인 환경자극의 영향에 의해 결정된다고 간주한다. 따라서 인간을 이해하고자 자극-반응(S-R), 즉 환경적 자극과 그에 따른 반응(관찰과 측정이 가능한 외현적 행동)의 관계를 규명하여 외적인 환경에 대한 적절한 조정(통제·관리)을 통하여 특정 행동을 증강시키거나 감소·제거시키는 데 주된 관심을 갖는다. 여기에서는 정신과정은 객관적·과학적으로 확인할 수 없으므로 블랙박스로 전제한다.

그러나 1930년대부터는 점차 자극-반응 모형에서 벗어나, 자극-유기체-반응(S-O-R) 모형(정확히 표현하면 S-O-R-C 모형)의 관점에서 인간을 이해하고자 시도하였는데, 이는 이전의 '고전적 행동주의 심리학'에 기반을 둔 접근과 달리, '신행동주의 심리학'에 기반을 둔 접근이라고 할 수 있다(p.37 [그림 1-15] 참조).

(3) 인지적 접근

인지적 접근(cognitive approach)은 인간이 외부자극을 단지 수동적으로 지각하는 것이 아니라 능동적으로 받아들여, 그것을 다시 새로운 형태나 범주(유목)로 변화시키며, 필요에 따라 기억되어 있는 정보와 결합시키거나 전환 또는 재배열함으로써 문제를 해결해 나가는 주체적인 존재라고 본다. 따라서 여기에서는 행동적 접근과는 달리 외부자극(정보)에 대한 정신과정인 인지과정(정보처리과정, 문제해결과정)을 밝히는 데 중점을 둔다(p.98 [그림 4-11], [그림 4-12], p.99 [그림 4-13], p.394 [그림 6-26], p.399 [그림 6-29] 참조).

(4) 정신분석적 접근

정신분석적 접근(psychoanalytic approach)은 인간의 '의식' 세계를 중심으로 그의 정신과정(사고)과 행동을 이해·설명하는 전통적인 관점에서 벗어나, 오히려 의식되지 않은 '무의식' 세계에 대한 분석을 통하여 인간의 정신과정과 행동을 이해하고자 한다. 이는 인간의 정신과정과 행동은 의식보다는 무의식에 의해서 결정된다고 전제하기 때문인데, 그렇다면 개인을 제대로 이해하기 위해서는 바로 그의 무의식을 분석해야 할 것이다(p.194 [그림 4-56] 참조). 또한, 정신분석적 접근에서는 인간의 정신과정과 행동에 있어서 본능의 기능이 중요하므로 이에 대한 이해도 필요하다고 본다.

(5) 인본주의적 접근

인본주의적 접근(humanistic approach)은 인간이 선천적으로 갖고 있는 성장하고자 하는 내적 욕구(성장욕구, 성장에의 충동)를 바탕으로 각기 독특한 과정과 방식을 동원하여 능동적으로 주변환경과 상호작용함으로써 자아실현을 할 수 있는 개별적이고 독특한 존재로서, 그의 개성은 항상 존중되어야 한다고 주장한다. 따라서 여기에서는 인간의 존엄성·인격성·주체성·능동성·전체성·목적성·개성을 인정하고 그의 가장 뚜렷한 특징인 이성에 대하여 긍정적인 태도를 취하며, 자유의지에 의해 주체적이고 능동적으로 합리적인 판단과 실천을 수행해 나갈 수 있고 자신의 행동을 충분히 통제·조절(self-control)할 수 있는 존재로 인정하면서 그에 대한 통합적인 탐구에 집중한다.

표 1-2 심리학의 접근방법 상호비교

접근방법	선악설/백지설	결정론/자유의지론	가변성/불변성	정신과정의 강조정도	생득론/경험론
신경생물학적 접근	–	결정론	불변성	중	생득론
행동적 접근	백지설	결정론	가변성	소	경험론
인지적 접근	–	자유의지론	가변성	대	생득론
정신분석적 접근	성악설	결정론	불변성	대	생득론
인본주의적 접근	성선설	자유의지론	가변성	대	생득론/경험론

2. 심리학의 목적과 영역

1) 심리학의 목적

심리학은 인간의 정신과정(mental process)과 행동(behavior)을 과학적인 방법으로 연구하는 학문인 만큼, 인간이 환경적 자극(정보)을 수용하여 처리하는 정신과정과 그 결과로서 나타나는 행동에 관하여 ① '기술'하고, 그 현상을 ② '설명'하며, 이를 토대로 ③ '예측'할 뿐만 아니라, 보다 적극적인 관점에서 제반 조건을 ④ '통제'하여 의도한 긍정적인 결과를 얻고자 하는 데 그 목적을 두고 있다. 게릭과 짐바르도(Gerrig & Zimbardo, 2002)도 심리학자들이 지향하는 목표를 설명하면서, 이와 같은 네 가지 목적에 관하여 자세하게 논의한 바 있다.

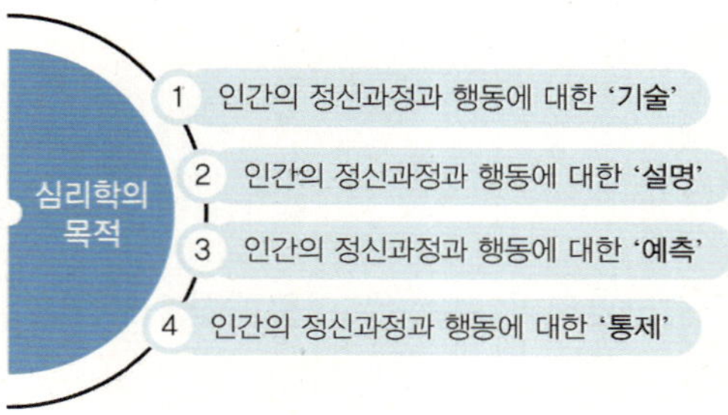

그림 1-9 심리학의 4대 목적

(1) 인간의 정신과정과 행동에 대한 '기술'

심리학은 체계적인 관찰과 실험을 통하여 인간의 정신과정과 행동에 관한 사실(fact)을 발견·규명하여 기술(서술)하는 데 목적을 두는데, 이는 나머지 목적들을 달성하는 근거가 되는 1차적인 목적, 즉 가장 기초적인 목적이 된다.

(2) 인간의 정신과정과 행동에 대한 '설명'

심리학은 1차적인 목적을 통하여 밝혀진 정신과정과 행동이 일어나는 과정에 대한 사실을 토대로 정신과정과 행동의 규칙적인 패턴을 파악하고, 그 인과관계를 설명(해석)하는 데 그 목적이 있다.

(3) 인간의 정신과정과 행동에 대한 '예측'

심리학은 정신과정과 행동에 대한 기술과 설명을 토대로 여러 상황이나 조건의 변화에 따라 그 정신과정과 행동에 어떤 변화가 일어날 것인가를 예측(예언)하는 데도 목적을 두고 있다.

(4) 인간의 정신과정과 행동에 대한 '통제'

심리학은 인간의 정신과정과 행동에 있어 긍정적인 변화나 발달이 극대화되도록 이전의 그에 대한 기술·설명·예측을 근거로 제반 조건을 잘 통제(관리)함으로써 삶의 질을 향상시키고자 노력하는데, 이는 심리학의 가장 적극적이며 궁극적인 목적이라고 할 수 있다.

이러한 목적들을 통해 심리학이 궁극적으로 추구하는 것은 인간의 삶의 질 향상(복지 증진)이라고 할 수 있다.

2) 심리학의 영역

심리학이 인간의 정신과정과 행동을 연구대상으로 하기 때문에 그 주제와 영역은 매우 다양하고 광범위하다. 심리학의 영역(분야)은 크게 인간의 심리과정(정신과정과 행동)에 관한 사실을 규명하는 데 중점을 두는 '기초심리학'(순수심리학, 이론심리학) 분야와, 그러한 기초적인 심리학적 사실(지식과 이론)을 실제장면에 적용하는 데 중점을 두는 '응용심리학' 분야로 대별할 수 있다.

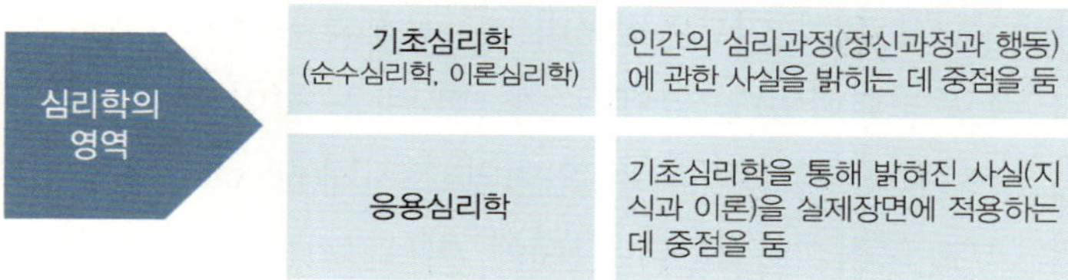

그림 1-10 ❙ 심리학의 2대 영역

(1) 기초심리학

기초심리학 분야에는 생리심리학, 지각심리학, 인지심리학, 발달심리학, 학습심리학, 성격심리학, 사회심리학, 실험심리학 등이 포함된다.

(2) 응용심리학

응용심리학 분야에는 교육/학교심리학, 임상심리학, 상담심리학, 산업/조직심리학, 건강심리학, 소비자/광고심리학, 범죄심리학, 복식/의상심리학, 색채심리학, 예술심리학, 스포츠심리학, 환경심리학, 교통심리학, 가족심리학 등이 포함된다.

3. 심리학의 발달

1) 철학적 배경

인간의 본질에 대한 탐색은 인간의 역사만큼이나 오래되었다고 할 수 있다. 모든 학문의 근원을 고대 그리스(Greece)의 철학에 두는 것과 같이, 심리학의 기원도 거기에서 찾을 수 있다. 고대 사상가들은 인간 자체보다는 그가 경험하는 자연현상이나 사회의 문제에 더 관심을 가졌지만, 이러한 문제를 이해하고 설명하기 위해서는 1차적으로 인간 자체에 대한 관심을 갖지 않을 수 없었다. 일찍이 데모크리토스(Democritos; BC 460?~370?)는 기원전 400여 년 전에 인간의 행동을 신체(body; 몸)와 정신(spirit; 마음)의 관점에서 볼 수 있음을 제안하였다(김현택, 2006). 이때는 인간 자체의 생물학적 속성인 '신체'(라틴어 : corpus)와 철학적 속성(사유적 속성)인 '정신'(라틴어 : psyche)에 관하여 주로 사색적인 논의가 이루어졌으며, 이 심신의 관계에서 인간을 지배하는 법칙을 찾으려고 노력하였다. 앞에서 언급한 바와 같이 심리학이라는 용어인 psychology의 어원도 '정신'이라는 의미의 프시케(psyche)에서 유래되었다.

지금부터 고대 그리스시대부터 근대에 이르기까지의 인간에 대한 사색의 큰 흐름에 대하여 살펴보기로 한다(윤가현 외, 2012; 홍대식 역, 1988; 현성용 외, 2015; Schultz, 1981; Wertheimer, 1978).

플라톤(Platon, BC 427~347)

인간의 심신관계에 대하여 어떤 학자는 정신과 육체는 별개적으로 존재한다는 '심신이원론'을 주장하기도 하고, 또 어떤 학자는 정신과 육체가 별개가 아니라 동일체라는 '심신일원론'을 주장하기도 하였다.

먼저, '심신이원론'을 본격적으로 주장한 사람은 이상주의(idealism : 관념주의)의 창시자인 플라톤(Platon)인데, 그는 정신이란 육체와는 별개로 존재하는 영혼이라고 하면서, 현존하는 영혼의 실체와 사물의 실체를 분리하여 사색하였다.

이와 같은 이원론의 세계관에서는 우주를 진·선·미가 충만한 초감각적인 세계인 이상세계(정신세계; 이데아세계)와 감각적 경험의 세계인 현상세계(물질세계 감각세계)로 구분한다. 플라톤은 우주의 실재와 본질을 이상세계에서 찾으면서, 인간에게도 정신의 세계와 육체의 세계가 별개적으로 존재한다고 주장하며 정신의 세계는 이데아의 세계로, 현실적으로 존재하는 육체의 세계와는 다른 세계라고 보았다. 그는 아울러 정신의 세계는 이성(예지, 지혜)·기개(용기, 용감)·욕망의 세 가지 요소로 나눠는데, 동물은 기개와 욕망을 가지고 있는데 반해, 인간은 여기에 이성까지를 가지고 있다고 주장하였다. 따라서 이러한 정신의 세계 중 이성을 도야하는 것이 가장 중요하다고 믿었다.

아리스토텔레스(Aristoteles, BC 384~322)

이어, 실재주의(realism : 현실주의)의 창시자인 아리스토텔레스(Aristoteles)는 플라톤과 달리 정신이란 육체의 기능적 결과로서, 결코 육체와 따로 떨어진 실체로 볼 수 없다는 '심신일원론'의 입장을 취했다. 그는 사물적인 실체에 생명이 존재하게 되는 것은 바로 마음인 영혼이 있기 마련인데, 이것이 결국 정신이라고 주장하였다. 이러한 사상은 육체(물질) 속에 있는 정신(영혼)의 본질을 파헤침으로써 인간을 이해할 수 있다는 심리학적 사고를 자극하였다. 또한, 이러한 관점은 종교적으로는 육체(육신)가 정신(영혼)의 지배를 받는 것으로 해석되며, 육체 속에 있는 정신을 계발해야 한다는 신학이론의 기초가 되었다.

아리스토텔레스는 이성[理性; reason : 특정 대상의 진위(眞僞), 선악(善惡), 옳고 그름, 미추(美醜) 등에 대한 식별능력]의 대상인 이상세계에 해당하는 형상(形相, form; 內在的 實在 : 정신)과 현상세계에 해당하는 질료(質料, matter; 外在的 實在 : 물질)는 한 실체 속에 함께 존재한다고 주장하였다. 모든 사물(대상)은 형상(정신)과 질료(물질)로 함께 구성되어 있으므로 질료가 없는 형상이나 형상이 없는 질료는 존재할 수 없다는 것이다. 이에 대한 이해를 돕기 위해 씨앗으로부터 나무로 성장하는 과정을 실례로 들어 도식화하면 [그림 1-11]과 같다.

그림 1-11 | 형상(form; 정신)과 질료(matter; 물질) 간의 관계

이처럼 아리스토텔레스는 이상세계(정신)와 현상세계(물질)가 별개로 존재한다는 플라톤의 주장을 거부하면서, 정신에 해당하는 형상과 감각에 해당하는 질료는 하나의 실체 속에 함께 존재한다고 주장하였다. 존재하는 만물은 구체적인 개별 사물들로서 형상과 질료의 조화에 의해서 존재하므로 "모든 실체는 형상(정신)과 질료(물질)의 복합체"라는 것이다.

데카르트(Descartes, 1596~1650)

이어, 아리스토텔레스 이후 중세까지는 학문 및 인간 연구의 암흑시대로, 정신(영혼)에 대한 관점이 아리스토텔레스의 생각에서 벗어나지 못했다. 그 후 근대 초기 데카르트(Descartes)는 육체를 단순히 정신에 예속시키던 사상에서 탈피하여, 육체란 유기체이며 정신과는 관계없이 그 자체의 기능과 작용을 한다는 유기체론을 주장하면서, 정신과 육체는 각각 독립되어 있으면서 상호작용을 한다는 '심신이원론'을 주장하였다. 그는 세계를 정신과 물질로 확연히 구분하였으며, 이 두 영역은 속성상 서로 완전히 독립해 있는 별개의 세계에 속한다고 규정하였다. 그의 "나는 생각한다. 고로 존재한다."(Cogito ergo sum.)라는 진술도 결국 육체 없이도 정신은 존재할 수 있다는 표현이라고 볼 수 있다.

스피노자(Spinoza, 1632~1677)

그리고 스피노자(Spinoza)는 심신은 마치 종이의 앞뒷면과 같아서 동일 실체의 양면에 지나지 않는다는 '심신일원론'(심신양면론)을 주장하였다. 그는 유일하고 무한하여 자기원인적(自己遠因的)인 신(神)이라는 실체로부터 일체를 연역함으로써 데카르트의 정신과 육체의 이원론을 극복하고 일원론적 범신론(凡神論), 즉 개개의 사물을 실체의 신으로 보아 "모든 것은 신이다."라고 주장함으로써 신과 전우주(全宇宙)를 동일시하는 종교적·철학적 사상체계를 세웠다.

라이프니츠(Leibniz, 1646~1716)

이어, 라이프니츠(Leibniz)는 정신과 육체를 별개의 실체이지만, 이들이 작용하는 기능은 병행한다는 '심신평행론'(심신병행론)을 주장함으로써 또 다시 이원론적 관점이 부각되었다. 그는 형이상학적으로 세계를 설명하는 데 있어 매우 중요한 개념인 '실체'에 대한 데카르트와 스피노자의 설명에 만족하지 않았다. 그는 데카르트처럼 정신과 물질이라는 두 개의 실체를 인정한다면 그 둘 사이의 상호작용을 설명하는 데 큰 곤란을 겪게 될 것이고, 스피노자처럼 단일한 실체인 '신'(神)을 제외하고 정신과 물질을 '신의 속성'이라고 단정한다면 신과 인간, 그리고 자연의 구분이 모호해지게 되는데, 이럴 경우 어떻게 무한한 실체로부터 유한한 사물들이 생겨나는지 설명할 방법이 딱히 없다고 주장하였다. 인간의 정신을 단순한 양태로 간주하고 그 활동이 필연적으로 결정된 것으로 볼 경우 주체로서의 의식과 자유와 같은 것은 허망한 것이 되어 버리므로 도덕적 책임 같은 것도 성립될 여지가 전혀 없을 수 있다. 또한, 그는 정신과 육체의 상호작용을 설명하기 위해 예정조화설을 내세웠는데, 여기에서는 세계의 모든 사건들은 이미 그렇게 진행되도록 예정된 수순이 정해져 있어 이에 따라 이루어지며, 현상세계에서 관찰되는 모든 인과적 관계는 사실상 예정된 조화의 겉보기 현상일 뿐이라는 것이라고 설명된다.

한편, 이처럼 철학자들이 심신의 관계에 대하여 탐구하는 데 관심이 계속되면서도, 이와 더불어 과연 정신(마음)이 무엇인가라는 문제에 대해서도 철학적 사색이 시도되었다.

로크(Locke, 1632~1704)

먼저, 로크(Locke)는 인간이 태어날 당시의 정신은 백지와 같아, 이후의 여러 경험들에 의해 거기에 글씨들이 쓰여짐으로써 정신, 즉 마음이 형성된다는 백지설(theory of tabula rasa)을 주장하였다. 인간이 태어날 당시의 정신은 아무 것도 전혀 그려져 있지 않은 백지와 같은 상태인데, 주변환경과의 상호작용과 교육작용을 통하여 그 백지를 채워가면서 성숙하게 된다는 것이다. 로크의 이러한 사고방식은 영국의 경험론에 따른 것으로, 인간의 지식과 기술 및 여타의 능력은 모두 태어난 후에 외부의 영향과 경험에 의하여 형성되므로 후천적인 영향이 크면 그만큼 인간의 능력은 다면적이며 풍부하게 형성된다는 것이다. 여기에서는 선악도 고유하고 선천적인 속성이 아니라, 후천적인 환경에 의해 결정된다고 전제하는데, 인간의 정신이 백지와 같다는 말은 인간의 원래 본성이 선도 악도 아니라는 것이다.

칸트(Kant, 1724~1804)

끝으로, 칸트(Kant)는 인식의 문제에 대하여 사색함으로써 정신에 존재하는 것과 객관세계에 존재하는 것 사이에 어떤 관계가 있는가를 밝히려고 노력하였다. 그에 의하면, 일반적으로 초경험적인 것은 사유(reason; 이성)에 의해 인식되는 반면, 감각을 통한 경험적인 것은 직관(verstand; 지성)에 의해 인식되는데, 이 두 가지 과정은 반드시 상호작용적인 관계를 가져야 한다. 그는 직관에 바탕을 두지 않은 사유는 내용이 없어 공허하고, 감각적 활동에 따른 직관이 없는 사유는 틀과 형식이 없어 맹목적일 수밖에 없다고 보아, "직관 없는 사유는 공허하고, 사유 없는 직관은 맹목적이다."라고 주장하였다.

2) 자연과학적 배경

인간이해에 있어서 자연과학적인 측면을 강조하게 된 것은 앞에서 언급한 데카르트(Descartes)의 '유기체론'에서 출발되었다. 데카르트 이전에는 아리스토텔레스(Aristoteles)의 사상에 기초를 둔 유물론(물질결정론, 물질우선론 : 육체우선론)에 대한 지지와 주장을 감히 표출할 수 없었지만, 종교개혁과 데카르트의 유기체론을 계기로 생명현상에는 육체를 구성하는 물질 자체에도 법칙이 관여되는 것이어서 모든 생명현상을 오로지 정신(영혼)의 작용에만 귀속시킬 수 없다는 사상이 부각되었다. 인간이나 동물도 다른 기계와 똑같이 연구될 수 있다는 데카르트의 사상으로 인해 그때까지 금기로 되어 왔던 인체에 대한 해부도 자유롭게 허용되면서, 인간에 대한 신경생물학적인 관심과 연구가 서서히 이루어지기 시작하였다.

다윈(Darwin, 1809~1882)

먼저, 다윈(Darwin)은 「종의 기원」(Origin of Species, 1859)이라는 저서를 통하여 적자생존론(適者生存論)에 근거한 진화론을 주장하였는데, 이는 기독교 정신이 지배적인 당시의 시대정신에 비추어 볼 때 충격적인 주장이었다. 여기에서 "모든 생물체는 환경에 적응할 수 있도록 진화된 것이지, 신의 의지에 의해 존재하는 것이 아니다"라는 그의 주장은 심리작용이나 생명현상을 과학적인 방법으로 연구할 수 있는 길을 마련해 주었다. 「종의 기원」이 각국에서 번역됨에 따라 19세기 말 그의 진화론은 전 세계에 퍼져나가 심리학뿐만 아니라 생물학, 사회학, 인류학 등 여러 학문의 발전에 크게 기여하였다.

갈톤(Galton, 1822~1911)

그리고 사촌관계인 다윈에게 영향을 많이 받은 갈톤(Galton, 1874)은 유전적 특질에 따른 개인차가 존재한다고 주장하면서, 이를 구체적으로 밝히려고 시도한 거의 최초의 학자로, 지능(재능)에 대한 유전을 연구하여 유전자에 의한 것과 환경에 의한 것을 구별하고자 노력하였다. 그는 19세기 후반 지능을 측정하고자 하는 최초의 시도를 하였는데, 이를 위해 색 지각·청각·반응속도 등의 감각적인 예민성을 기준으로 하는 지능측정방법을 고안하였다. 물론, 이러한 지능측정도구는 원시적인 것이기는 하지만, 현대 지능검사와 성격검사의 원조가 되었다. 또한, 그는 통계학분야에서 두 가지 중요한 이론을 발전시켰는데, ① 정규분포의 혼합 그 자체가 바로 정규분포가 된다는 것이며, ② 나중에 회귀분석(regression analysis : 하나나 그 이상의 독립변수의 종속변수에 대한 영향을 추정하는 통계기법)이라고 불리게 되는 반전(inversion)이라는 개념을 전개한 것이다. 실제로 갈톤이 상정한 통계학 개념 중 가장 잘 알려진 것은 상관(correlation)이다.

피어슨(Pearson, 1857~1936)

이어, 갈톤의 제자인 피어슨(Pearson, 1896)과 스피어만(Spearman, 1987)은 상관관계의 분석기법을 포함한 다양한 통계적 방법을 개발하였는데, 이는 현대 심리학의 과학적 방법에 크게 기여하였다. 특히 상관관계 분석은 앞에서 언급한 바와 같이 갈톤의 지능에 대

스피어만(Spearman, 1863~1945)

한 개인차 연구에서 시작되었는데, 이를 계승한 피어슨은 오늘날 우리가 활용하고 있는 상관계수 산출공식을 완성하였다. 그는 갈톤의 간청으로 통계학의 수학적 기초를 확립하는 일에 전념하여 갈톤의 회귀선을 토대로 하여 상관이론을 완성하였다. 또한, 스피어만은 측정치 사이에 동간성(同間性)이 없을 때, 또는 사례수가 적거나 상관관계를 빨리 알고자 할 때 계산하는 상관계수인 등위 상관계수(rank-order correlation coefficient)를 산출하는 공식을 제작하였다.

한편, 정신물리학(psychophysics)의 발전도 심리학 발전의 토대를 마련하는 데 기여하였다. 초기의 실험심리학자들은 정신현상을 물리적 사상으로 환원시키려고 시도했는데, 그 일환으로 물리적 자극과 감각경험의 관계를 밝히려는 정신물리학이 발전되었다. 이 분야의 대표적인 학자는 뮬러(Müller), 헬름홀츠(Helmholtz), 베버(Weber), 페흐너(Fechner) 등이다.

뮬러(Müller, 1801~1858)

헬름홀츠(Helmholtz, 1821~1894)

베버(Weber, 1795~1878)

페흐너(Fechner, 1801~1887)

먼저, 뮬러(Müller, 1838)는 신경메시지의 전달원리를 밝혔으며, 헬름홀츠(Helmholtz, 1859)는 신경메시지의 전달특징을 확인하고 그 속도를 측정하는 데 성공하였다.

이어, 베버(Weber, 1846)와 페흐너(Fechner, 1860)는 물리적 자극과 심리적 감각 사이의 관계를 양적 측정하는 방법을 발견하였다. 먼저, 베버는 자극과 감각 사이의 관계를 양적으로 측정하였는데, 작은 강도에의 두 자극 간의 차이는 쉽게 탐지될 수 있지만, 큰 강도에서는 두 자극 간에 보다 큰 차이가 있어야 탐지할 수 있다는 사실을 발견하였다. 즉, 자극을 받고 있는 감각수용기에서 자극의 크기가 변화된 것을 느끼려면 처음에 약한 자극을 주면 자극의 변화가 작아도 그 변화를 쉽게 감지할 수 있으나, 처음에 강한 자극을 주면 자극의 변화를 감지하는 능력이 약해져서 작은 자극에는 느낄 수 없으며 더 큰 자극에서만 변화를 느낄 수 있다는 것인데, 이를 베버의 법칙(Weber's law)이라고 명명한다.

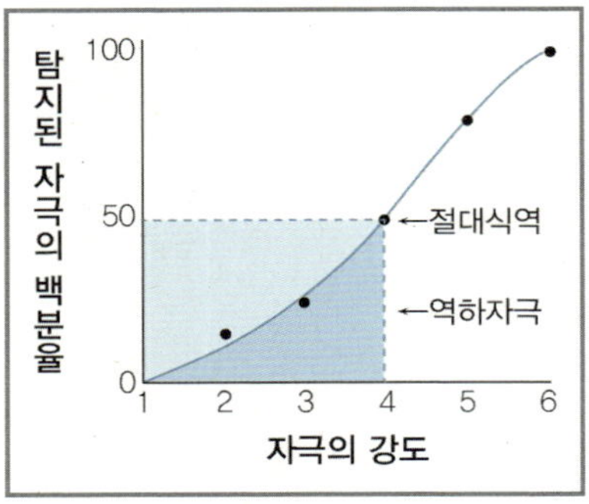

그림 1-12 ❙ 절대식역

한편, 페흐너는 감각의 크기를 직접적으로 측정할 수는 없지만, 식역(threshold; 識閾)의 개념을 빌어 간접적으로 측정할 수 있다고 주장하였다. 감각이 제대로 이루어지기 위해서는 주어지는 자극이 일정한 강도(세기)를 가져야 한다. 즉, 유기체가 외부환경의 자극에 대해 어떤 반응을 일으키기 위해서는 감각기관이 감지할 수 있는 최소한의 자극의 강도나 세기를 가져야 한다. 식역이란 특정 물리적 자극에 감각기관이 감지할 수 있는 최소한의 자극의 양이나 세기를 지칭하는데, 이를 역치(threshold value, 閾値)라고도 표현한다. 그런데 개인의 식역은 절대적이지 않으며, 개인의 각성과 검사상황에 따라 다를 수 있다. 따라서 개인이 자극을 탐지할 확률이 50%인 강도수준에 해당하는 부분에서 지각이 무난하게 이루어질 수 있는데, 이 부분을 절대식역(absolute threshold)이라고 한다([그림 1-12]). 이는 탐지할 수 있는 에너지 수준과 탐지할 수 없는 에너지 수준 사이의 분할점을 의미한다. 따라서 이는 유기체의 특정자극 양상에 대한 민감성의 한계를 나타내 주며 외부환경에 대한 의식의 관문이 된다.

3) 현대 심리학의 태동과 발달

고대에서 근대까지의 인간이해에 대한 탐색을 토대로 19세기 후반에 과학적인 심리학, 즉 현대 심리학이 출현하게 되었는데, 이후 심리학의 발전과정에 대하여 구체적으로 살펴보기로 한다(윤가현 외, 2012; 홍대식 역, 1988; Braun & Linder, 1979; Sprinthall et al., 1994; Schultz, 1981; Wertheimer, 1978).

(1) 구조주의 심리학(구성주의 심리학)

현대 심리학의 태동은 독일 라이프치히(Leipzig) 대학의 교수인 분트(Wundt)가 1879년에 인간의 의식연구를 위한 심리실험실을 개설한 데에서 비롯되었는데, 그는 당시 철학의 한 분파였던 심리학에 측정과 실험을 도입하였다.

그림 1-13 | 분트(Wundt)와 그의 동료들

분트(Wundt, 1832~1920)

분트는 인간을 이해하기 위해서는 그가 느끼고 있는 의식의 내용이 무엇인가를 밝혀야 한다고 생각하였는데, 자연과학의 연구대상인 외적 세계와는 전혀 다른 인간의 내적 경험인 '의식'(의식경험; conscious experience)을 과학적으로 분석하고자 노력하였다. 분트는 물질의 최소단위인 원자들에 의해 그 물질이 어떤 구조로 결합되어 있는지를 밝히는 분석적 연구방법의 영향을 받아, 인간의 의식도 그 구조(구성요소)를 분석해 낼 수 있다고 확신하고, 그 분석방법을 고안하였는데, 이것이 바로 내성법(內省法, introspection)이다. 이는 피험자가 자신의 의식내용을 스스로 통찰하여 언어로 보고하는 방법으로, 내관법(內觀法)이라고도 명명된다. 분트에 의하면, 인간의 '의식'은 감각, 감정, 심상의 세 가지 구조(구성요소)로 이루어져 있다.

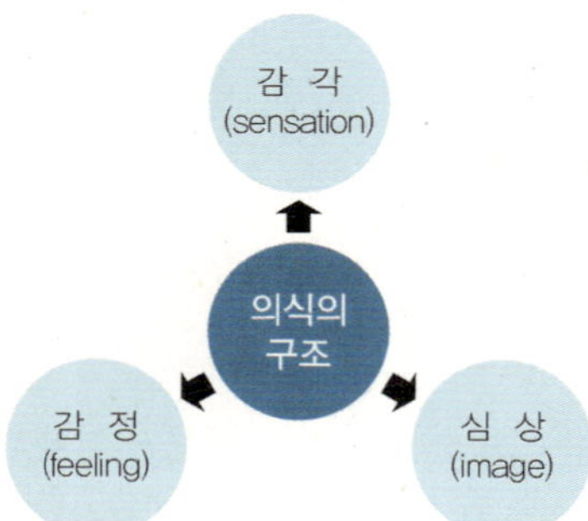

그림 1-14 | 의식의 구조(구성요소)

① 의식은 '감각'(sensation; 시각 · 청각 · 미각 · 후각 · 촉각을 통한 객관적 지각)을 포함하는데, 이는 외적 세계에 대한 지각으로서, 예를 들면 바나나

를 '길고 노란 물체'로 인식하는 것을 말한다.

② 의식은 '감정'(feeling; 주관적 느낌)을 포함하는데, 이는 감각의 대상에 대한 느낌으로서, 좋아함·싫어함, 유쾌·불쾌, 진정·흥분 등의 느낌을 갖는 것을 말한다. 예를 들면, 개인은 과거경험에 근거하여 바나나에 대하여 좋아하거나(유쾌), 싫어하는(불쾌) 느낌을 갖게 된다.

③ 의식은 '심상'(心象; image)을 포함하는데, 이는 감각의 대상에 대한 과거경험의 표상을 형성하는 것으로서, 예를 들면 바나나를 바라 볼 때 그것을 단지 '길고 노란 물체'로 인식하기보다는 내가 좋아하는 과일로서 껍질을 벗겨먹어야 하는 것으로 지각하는데, 이는 과거의 경험에 근거한 연상(association; 연합)에 의해 이루어진다.

티취너(Titchner, 1867~1927)

이처럼 분트는 의식의 구조를 규명하려고 했기 때문에 이때의 심리학을 '구조주의'(structuralism) 심리학이라고 한다. 이후, 분트의 제자인 티취너(Titchner)는 이러한 구조주의 심리학을 미국에 전파하였을 뿐만 아니라 20세기 초 미국 심리학계에서 주도적인 역할을 하였다.

이와 같은 구조주의 심리학은 현대 심리학의 태동에 기여하였지만, 다음과 같은 점에서 그 한계점을 가지고 있었다고 볼 수 있다.

첫째, 구조주의 심리학은 환원주의의 입장을 취했다는 점이다. 구조주의 심리학은 인간의 '의식'과 같은 복잡한 경험을 세 가지 요소(감각, 감정, 심상)로 구성되어 있다고 전제함으로써 환원주의의 입장을 취했다. 즉, '전체 = 부분들의 합'이라는 환원등식을 취하여 인간의 전체 행동을 몇 가지의 요소로 개념화할 수 있고, 그러한 요소들을 합하게 되면 전체 행동이 이루어진다고 전제하였다. 이러한 환원주의는 요소들 간에 이루어지는 상호작용에 대한 무관심으로 인해 비판을 받는다.

둘째, 구조주의 심리학은 요소주의의 입장을 취했다는 점이다. 구조주의 심리학에서는 복잡한 전체 행동을 직접적으로 연구하기보다는 부분들, 혹은 요소들에 대한 분석 및 종합을 통해 전체 행동을 유추하는 방식을 취했다. 이러한 미시적 접근은 인간의 행동 자체를 종합적으로 파악하는 데 한계를 갖게 된다.

셋째, 구조주의 심리학은 지나치게 언어적인 접근을 취했다. 구조주의 심리학에서는 인간의 의식을 연구하는 방법으로 '내성법'을 활용하였는데, 이는 피험자로 하여금 자신의 의식내용을 스스로 통찰하여 언어로 보고하도록 하는 방법이다. 이러한 방법은 지극히 주관적일 수 있을 뿐만 아니라, 동물은 물론, 어린 아동들이나 정신장애를 가진 사람들에게는 활용하기 어렵다.

(2) 기능주의 심리학

제임스(James, 1842~1910)

19세기 말부터 20세기 초 미국 심리학의 흐름을 주도한 사람은 하버드 대학의 제임스(James)였는데, 그는 의식의 구조를 분석하는 것만으로는 인간을 이해하는 데 충분하지 못한다고 비판하면서, 인간을 제대로 이해하기 위해서는 바로 의식의 기능을 밝혀야 한다고 주장하였다. 그는 분트와 티취너가 취했던 의식에 대한 접근방식의 오류를 지적하면서, 의식의 연합되지 않은 독자적인 순수한 원자(구성요소)는 존재하지 않는다고 주장하였다. 우리의 의식은 끊임없이 연합을 만들고, 경험을 수정할 뿐만 아니라 시간의 앞·뒤를 넘나드는 등의 연속적인 흐름으로 작용한다는 것이다. 따라서 인간을 제대로 이해하기 위해서는 그가 환경에 적응하기 위해서 어떻게 보고, 느끼고, 생각하며 목표를 달성하는지, 즉 의식의 흐름에 따른 그 작용과정(기능)을 밝혀야 한다. 이러한 관점의 심리학을 '기능주의'(functionalism) 심리학이라고 명명하는데, 여기에서는 의식이 기능한 결과로서 나타나는 외적인 행동(overt behavior)에까지 관심을 가졌다.

듀이(Dewey, 1859~1952)

그리고 시카고 대학의 듀이(Dewey)도 제임스와 견해를 같이 하였는데, 그는 기능주의 심리학을 교육분야에 적용한 선구자이다. 특히, 실용주의 철학자이자 진보주의 교육철학사상가인 듀이는 인간이 어떻게 환경에 적응해 나가는가에 관심을 가졌고, 내성법을 보완하기 위해 실험실에서 행동을 관찰하는 실험법을 시도하기도 하였다.

(3) 행동주의 심리학

왓슨(Watson, 1878~1958)

왓슨(Watson : 행동주의 심리학의 창시자)은 당시의 심리학 연구를 주도했는데, 현대 심리학의 초기 발달에 중요한 역할을 했던 의식심리학(구조주의 심리학 및 기능주의 심리학)을 신랄하게 비판하면서, 과학으로서의 심리학은 '의식'이라는 비물질적인 개념을 버리고, 관찰 가능한 외현적인 행동을 연구대상으로 삼아야 한다고 주장하였다. 그는 의식이나 정신이라는 개념들은 중세시대의 유물인 미신이라고 주장하면서, 인간의 본질은 '영혼'(soul)과 같은 개념으로서 결코 정의되거나 측정될 수 없고, 논리적으로도 증명될 수 없다고 전제하였다. 그는 추상적이고 애매모호한 개념을 토대로 과학이 성립될 수 없기 때문에 과학으로서의 심리학은 필히 정신주의(mentalism)를 추방하고, 객관적인 관찰이 가능하고 측정할 수 있는 행동만을 다루어야 한다고 주장하면서, 행동은 바로 환경적 요인(자극)에 의해 유발된다고 믿었는데, 이러한 관점의 심리학을 '행동주의'(behaviorism) 심리학이라고 한다.

행동주의 심리학은 인간을 포함한 유기체가 주위환경이나 자극에 의해 수동적으로 반응하는 존재라고 가정하기 때문에 유기체는 어떤 의미에서든 자유로운 존재라기보다는 외적인 환경조건이나 자극에 의해 영향을 받는 존재라는 결정론의 입장을 취하는 것으로부터 시작되었다. 이러한 심리학은 파블로프(Pavlov, 1849~1936)의 고전적 조건화이론과 관련된 개의 타액분비실험(1906)에 큰 영향을 받았다. 행동주의 심리학에서는 모든 행동이 조건형성의 결과로서 형성되는 것이라고 믿었기 때문에 인간이해의 기본공식을 자극-반응(stimulus-response)의 관계로 보아 S-R이론이라고도 명명되었다.

그러나 1930년대부터는 이러한 관계는 물리학 분야에서처럼 단순 함수관계가 성립되지 않는 경우가 많으며 동물의 행동에 있어서는 성립될 수 있으나, 인간의 행동에서는 성립되지 않는 경우가 많다는 비판이 점차 강하게 부각되었다. 따라서 이에 대한 대안으로 1950년대 중반 우드워드(Woodworth, 1954)에 의해 자극-반응 사이에 유기체(organism) 변인을 삽입하여 S-O-R(Stimulus-Organism-Response) 모형(정확하게 표현하면 S-O-R-C 모형)이 제안되었다(C는 결과라는 의미의 consequence의 머리글자임). 이에 의하면, 인간의 내적인 요인(O)이 자극(S)과 반응(R) 사이에 작용하여 최종적인 행동을 산출하게 되는데, 이러한 행동은 그에 뒤따르는 결과(C : 후속자극, 강화자극)에 의해 촉진되거나 감소·제거될 수 있다는 것이다([그림 1-15]). 이러한 입장은 신행동주의 심리학으로 발전하게 되었다.

[고전적 행동주의 심리학]

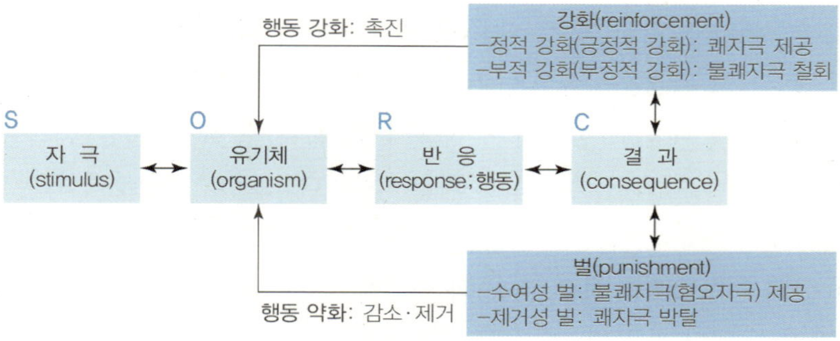

[신행동주의 심리학]

그림 1-15 ‖ '고전적 행동주의 심리학'과 '신행동주의 심리학' 비교

신행동주의 심리학의 태동배경은 이미 앞에서 언급한 바와 같이 1930년부터 조성되기 시작하였는데, 이와 관련된 대표적인 이론으로는 손다이크(Thorndike)의 시행-착오학습이론, 헐(Hull)의 체계적 조건화이론, 거스리(Guthrie)의 접근적 조건화이론, 스키너(Skinner)의 작동적 조건화이론 등을 들 수 있다.

손다이크(Thorndike, 1874~1946)

헐(Hull, 1884~1952)

거스리(Guthrie, 1886~1959)

스키너(Skinner, 1904~1990)

(4) 정신분석학

지금까지 살펴본 행동주의 심리학과는 전혀 다른 입장에서 인간을 이해하고자 하는 심리학이 태동하게 되었는데, 이것이 바로 '정신분석학'(psychoanalytic

프로이트(Freud, 1856~1939)

psychology)이다. 이는 인간의 정신과정(사고)과 행동은 의식보다는 무의식의 지배를 받기 때문에 무의식을 분석해야만 그를 제대로 이해할 수 있다고 주장한 프로이트(Freud)에 의해 주창되었다. 여기에서는 의식이 심리학의 연구대상이라고 생각하는 종래의 입장을 비판하면서, 의식보다 더 깊은 심리적 영역인 무의식을 연구해야 한다고 보기 때문에 이를 심층심리학(depth psychology)이라고도 명명된다. 인간의 정신과정과 행동을 결정하는 무의식은 직접 확인하기는 불가능하나 대체로 꿈이나 신경증적 증상, 실수 또는 실언 등으로 표출되므로 이를 통하여 간접적으로 분석할 수 있다. 또한, 정신분석학은 인간의 정신과정과 행동에 있어서 본능의 역할을 강조하는데, 모든 인간은 2대 본능으로서 삶의 본능(eros; 성적 본능)과 죽음의 본능(thanatos; 공격본능, 파괴본능)을 가지고 있다고 본다. 따라서 행동주의 심리학과 마찬가지로 인간을 이성이나 자유의지에 따라 행동하는 능동적 존재라고는 인정하기보다는 수동적인 존재로 인정한다.

지금까지 논의한 '행동주의 심리학'과 '정신분석학'은 인간이 기본적으로 수동적인 존재라는 점에 대해서는 공통적인 견해를 갖는다. 다만, 행동주의 심리학에서는 인간이 자신의 외적인 조건인 환경이나 자극에 의해 영향을 받는다고 보는 반면, 정신분석학에서는 인간 자신의 내부에 있는 무의식이나 본능이 그의 정신과정과 행동을 결정한다고 보는 점에 있어서 차이가 있다. 이처럼 인간을 외적인 환경(자극)이나 내적인 무의식과 본능에 의해 지배되는 존재라고 보는 시각을 기계론적 접근(mechanistic approach)이라고 한다.

(5) 제3세력 심리학

1920년대부터 '행동주의 심리학'과 '정신분석학'과는 전혀 다른 시각에서 인간이해에 대한 새로운 접근을 시도하는 심리학들이 태동하기 시작하였는데, 이들을 '제3세력 심리학'(third force psychology)이라고 총칭한다. 여기에 포함되는 형태주의 심리학, 실존주의 심리학, 인본주의 심리학, 신정신분석학, 인지주의 심리학은 앞에서 논의한 '행동주의 심리학'과 '정신분석학'과 달리, 인간이 외적인 환경이나 내적인 무의식과 본능에 의해서 그저 수동적으로 움직이는 존재가 아니라, 자신의 이성과 자유의지에 의해 환경과 적극적인 상호작용을 통해 주체적인 삶을 이끌어 가거나, 사회문화적 요인의 영향을 받으면서 능동적으로 행동하는 존재라고 전제하는데, 이러한 시각을 유기체론적 접근(organismic approach)이라고 한다.

제3세력 심리학파에 해당하는 ① 형태주의 심리학, ② 실존주의 심리학, ③ 인본주의 심리학, ④ 신정신분석학, ⑤ 인지주의 심리학에 관하여 간략하게 논의하기로 한다.

① 형태주의 심리학

베르트하이머(Wertheimer, 1880~1943)

미국에서 행동주의 심리학이 주창될 때와 거의 같은 시기에 유럽, 특히 독일에서는 베르트하이머(Wertheimer)에 의해서 형태주의 심리학(Gestalt psychology)이 태동되기 시작하였는데, 여기에서는 다시 '의식'에 대하여 관심을 가졌다. 그러나 구조주의 심리학이나 기능주의 심리학과는 달리, 의식(특히, 지각)은 주관적이고 통합적인 과정을 통하여 이루어진다고 주장하였다. 이러한 맥락에서 베르트하이머는 의식이란 구조주의 심리학자인 분트(Wundt)가 생각한 것처럼 그 구성요소의 가산적(加算的) 종합이 아니라 통합된 전체로서 작용한다고 주장하였다.

그에 의하면, 의식내용을 요소로 분석하면 이미 원래의 내용은 존재하지 않으며, 이 요소들이 다시 결합된다 해도 원래의 현상을 찾을 수 없다. 그는 네온사인이나 영화의 필름에서처럼 제반 자극이 실제로는 움직이지 않음에도 불구하고 어떤 영상이 지각되는 가현운동(假現運動, apparent movement : 파이(phi)현상)을 실험적으로 예시하면서, 모든 상황이나 장면은 그 구성요소의 분석적 입장으로 설명할 수 없음을 실증하였다(Wertheimer, 1912, 1932 : p.384 [그림 6-17] 참조). 전체는 부분요소들의 단순한 합이 아니라 그 요소들 간의 관계 즉, 장(場)의 역동적 조직에 의한 정신작용에 의해 지각되는데, 이것은 통찰(insight; 특정의 목표를 달성하기 위하여 주어진 요소들의 관계를 역동적으로 파악하는 능력)에 의해서 이루어진다(p.387 [그림 6-20], [그림 6-21] 참조).

형태주의 심리학의 발전에 기여한 학자들은 많으나, 대표적인 학자로는 베르트하이머 외에도 코프카(Koffka), 쾰러(Köhler), 레빈(Lewin), 펄스(Perls) 등을 들 수 있다.

코프카(Koffka, 1886~1941)

쾰러(Köhler, 1887~1967)

레빈(Lewin, 1890~1947)

펄스(Perls, 1893~1970)

② 실존주의 심리학

실존주의 심리학(existential psychology)은 현대사회의 급격한 변혁으로서 과학화·기계화·물질만능화 등에 따른 인간의 무의미감·무익감·무목적감·공허감·소외감이 바로 무감각과 불안 및 심리적 문제를 유발시킨다고 전제한다. 이러한 문제들을 스스로 극복하기 위해서 개인은 의미에의 의지(will to meaning)를 굳게 다지면서, 세상을 살아가는 데 있어 누구나 삶의 의미를 갖고 있으므로 스스로 그것을 찾도록 노력해야 한다. 즉, 개인은 직면한 문제들을 극복하기 위해서 처절하고 냉철한 각성을 통하여 자신의 존재의미를 깨닫고, 주체적인 삶을 영위하는 데 필요한 강한 의지력을 되찾아 자유를 얻고, 자신의 행동에 대해 책임을 지며, 잠재력을 최대한 실현시켜야 한다. 삶의 의미를 깨닫지 못한 상태는 일종의 신경증으로서, 이때 앞에서 언급한 무의미감·무익감·무목적감·공허감·소외감을 갖게 된다.

실존주의 심리학에 의하면, 모든 인간은 자신의 실존(참존재) 자체에 대한 각성을 통하여 자신의 과업을 능히 수행하면서 주관적인 경험, 선택의 자유, 자기책임 감수 등을 기꺼이 받아들이는 존재로서, 충분히 자신의 자아실현을 이끌어 갈 수 있다고 본다. 즉, 인간은 자신의 정체감(존재의미)과 의지력을 되찾아 자유를 얻고, 자신의 행동에 대해서 책임을 지며, 자신의 잠재력을 충분히 실현시킬 수 있는 존재라고 단정한다. 대표적인 학자로는 랭크(Rank), 메이(May), 프랭클(Frankl), 야롬(Yalom) 등을 들 수 있다.

이 중 야롬은 저서 「실존주의 심리치료」(Existential Psychology, 1980)를 통해 삶과 죽음 그리고 불안, 자유, 소외, 무의미에 관하여 심도 있는 논의를 하였는데, 특히 인간이 무의식적으로 죽음을 부정하며 소위 사랑이나 행복을 추구하려는 것은 옳지 않으며, 이러한 부정으로 인하여 인간은 진정한 의미에

랭크(Rank, 1884~1939)

메이(May, 1909~1994)

프랭클(Frankl, 1905~1997)

야롬(Yalom, 1931~)

서 삶의 의미를 누리지 못하는 병리현상을 겪게 된다고 주장하였다.

③ 인본주의 심리학

인본주의 심리학(humanistic psychology)은 인간에 대한 조작적·실험적·양적인 접근에 반발하여 태동되었는데, 형태주의 심리학 및 실존주의 심리학과 함께 개인의 주관적 경험과 판단 및 느낌을 중시하는 현상학적 관점을 취한다. 여기에서 인간은 외부적인 환경자극이나 타고난 본능에 의해서 수동적으로 행동하는 존재가 아니라 선천적으로 갖고 있는 성장하고자 하는 내적 욕구(성장욕구, 성장에의 충동)를 바탕으로 각기 독특한 과정과 방식을 동원하여 능동적으로 주변환경과 상호작용함으로써 자아실현을 할 수 있는 개별적이고 특수한 존재로서, 그의 독특성(개성, 개별성)은 항상 존중되어야 하는 존재로 인정되며, 또한 그의 인지적 측면뿐만 아니라 정의적 측면도 함께 중시한다.

인본주의 심리학은 무엇보다 인간의 존엄성·인격성·주체성·능동성·전체성·목적성을 인정하면서, 인간의 가장 뚜렷한 특징인 이성에 대하여 긍정적인 태도를 취하며, 인간은 자유의지와 주체성을 가지고 그의 무한한 잠재력을 계발해 나가면서, 성장을 즐기는 과정에서 스스로 자신의 행동을 선택하는 능동적인 유기체라고 단정한다. 그는 단순히 존재하고 있는 상태(being)가 아니라 환경과의 끊임없는 상호작용을 통하여 부단히 변해나가는 존재(becoming)로서, 자유의지에 의해 주체적이고 능동적으로 합리적인 판단과 실천을 수행해 나갈 수 있고, 자신의 행동을 충분히 통제·조절(self-control)할 수 있는 존재이므로 그에게는 자유가 충분히 허용되어야 한다고 주장한다. 이러한 인본주의 심리학의 대표적인 학자로는 올포트(Allport), 켈리(Kelly), 매슬로우(Maslow)와 로저스(Rogers) 등을 들 수 있다.

올포트(Allport, 1897~1967)

켈리(Kelly, 1905~1967)

매슬로우(Maslow, 1908~1970)

로저스(Rogers, 1902~1987)

④ 신정신분석학

신정신분석학(neo-psychoanalytic psychology; 신프로이트 심리학)은 프로이트가 무의식과 성적인 욕망을 지나치게 강조한 데 반해, 인간은 생물학적 요인(성적 요인)과 무의식적인 동기의 영향을 받기도 하지만, 사회문화적인 요인의 영향을 더 많이 받는다고 주장한다. 문제행동이 근본적으로 무의식적인 욕망과 관련된 갈등과 유아기의 중요한 타인(부모 등)과의 갈등에서 출발된다는 점에서는 정신분석학과 큰 차이가 없으나, 무의식적인 욕망이나 충동에는 항상 성적인 요인이 포함되어 있다는 데는 동의하지 않는다. 따라서 인간은 내적인 요인인 욕망이나 충동에 의해 수동적으로 움직이는 존재라기보다는 사회문화적인 요인과의 상호작용을 통하여 자신의 삶을 주체적으로 이끌어 가는 존재라는 점을 역설한다. 이러한 입장을 취하는 대표적인 학자로는 아들러(Adler), 융(Jung), 설리반(Sullivan), 에릭슨(Erikson) 등을 들 수 있다.

아들러(Adler, 1870~1937)

융(Jung, 1875~1961)

설리반(Sullivan, 1892~1949)

에릭슨(Erikson, 1902~1994)

⑤ 인지주의 심리학

인지주의 심리학(cognitivism psychology)는 인간이 외적 자극(정보)을 어떻게 지각하고 해석하며, 저장·활용하는가를 밝히는 데 초점을 두면서, 외적 환경자극을 단지 피동적으로 지각하는 것이 아니고, 자극을 능동적으로 받아들여 처리하는 독창적인 존재로 간주한다. 다시 말하면, 인간은 능동적이고 주관적인 정보처리능력을 가진 존재, 즉 능동적이고 주관적으로 환경자극(정보)을 지각·해석하며, 필요한 정보를 저장·활용하는 과정을 통하여 문제를 해결하는 정보처리능력을 가진 적극적인 존재로 인정된다.

여기에서는 인간이 감각수용기를 통해 지각한 정보를 여러 가지 방법으로 선택·비교하고, 필요에 따라 기억 속에 있는 다른 정보와 결합시키거나 전환 또는 재배열시키는 등으로 정보를 처리하여, 그 결과로서 행동을 산출한다는 정보처리모형을 상정한다. 인지주의 심리학의 대표적인 학자로는 피아제(Piaget), 비고츠키(Vygotsky), 앳킨슨(Atkinson), 엘리스(Ellis) 등을 들 수 있다.

피아제(Piaget, 1896~1980)

비고츠키(Vygotsky, 1896~1934)

앳킨슨(Atkinson, 1929~2003)

엘리스(Ellis, 1913~2007)

결론적으로 지금까지 살펴본 현대 심리학의 발달계보를 종합적으로 정리하면 크게 세 조류로 분류할 수 있다. 첫 번째 조류는 '행동주의 심리학'이고, 두 번째 조류는 '정신분석학'으로 그 창시자인 프로이트(Freud)의 이름을 따서 프로이디안니즘(Freudianism)이라고도 명명된다. 끝으로, 세 번째 조류는 위의 두 조류의 입장에 반발하여 나타난 '제3세력 심리학'인데, 여기에는 형태주의 심리학, 실존주의 심리학, 인본주의 심리학, 신정신분석학(신프로이트 심리학), 인지주의 심리학 등이 포함된다. 이러한 심리학파들의 발달계보와 기본입장을 도식으로 정리해 보면 [그림 1-16]과 같다.

물론, 분트(Wundt)가 '구조주의 심리학'을 창안한 이래 140여년의 발달역사를 가진 현대 심리학의 계보는 매우 복잡하여 이와 같은 도식으로 표현하기에는 다소 무리가 뒤따르지만, 각 학파에 따라 인간의 본질에 관한 관점과 그의 정신과정·행동에 대한 규정을 어떻게 하고 있는지를 파악하는 데 유용한 자료가 될 것으로 판단한다.

구조주의 심리학 (structuralism psychology)

- 인간을 이해하기 위해서는 의식(감각적 경험)의 내용, 즉 그 구조(구성요소)를 밝혀야 한다고 봄
- 의식의 3대 기본구조를 '감각'(객관적 지각), '감정'(주관적 느낌), '심상'(image)으로 전제함.
- 환원주의 입장을 취함.
- 연구방법으로서 내성법(자신의 의식내용을 스스로 성찰하여 구두로 보고하는 방법)을 활용함.
- 인간을 연구대상으로 함.
- 대표자 : 분트(Wundt), 티취너(Titchener)

기능주의 심리학 (functionalism psychology)

- 의식의 구성요소를 분석하여 그 내용을 아는 것만으로는 인간을 제대로 이해할 수 없다고 보고, 의식의 전체적 기능을 밝혀야 한다고 주장함.
- 연구방법으로서 내성법과 경험적 방법(실험)을 활용함
- 인간과 동물을 연구대상으로 함.
- 대표자 : 제임스(James), 듀이(Dewey)

정신분석학 (psychoanalytic psychology)

- 인간의 정신과정(사고)과 행동은 의식보다는 무의식에 의해 결정되기 때문에 그를 제대로 이해하기 위해서는 무의식을 분석해야 한다고 주장함. 무의식은 꿈이나 신경증적 증상, 실수 또는 실언 등으로 나타난다고 봄.
- 성격은 원아(id)·자아(ego)·초자아(superego)의 3요소로 구성되어 있고, 이들 간의 역동적 관계에 의해 성격특성이 달라지게 된다고 봄.
- 인간의 정신과정(사고)과 행동에 있어서 본능의 역할을 강조하였는데, 모든 인간은 2대 본능으로서 삶의 본능(eros; 성적 본능)과 죽음의 본능(thanatos; 공격본능, 파괴본능)을 가지고 있음.
- 행동주의 심리학과 마찬가지로 인간을 이성이나 자유의지에 따라 행동하는 능동적 존재라고 인정하기보다는 수동적인 존재로 인정함(기계론적·유물론적 인간관 : mechanistic approach).
- 대표자 : 프로이트(Freud)

제3세력 심리학 (third force psychology)

행동주의 심리학 (behaviorism psychology)

- 자극–반응(S–R), 즉 환경적 자극과 그에 따른 반응(관찰과 측정이 가능한 외현적 행동)의 관계를 규명하여 자극, 즉 외적인 환경에 대한 적절한 조정(통제·관리)을 통하여 특정 반응(행동)을 증강시키거나, 감소·제거시키는 데 주된 관심을 가짐. 정신과정은 객관적·과학적으로 확인할 수 없으므로 블랙박스로 전제함.
- 연구방법으로서 실험법을 주로 활용하여 주로 동물을 연구대상으로 함.
- 환원주의 입장을 취함('전체 = 부분들의 합'). … 원자론적 입장, 미시적 접근
- 인간의 행동은 환경에 의해 결정된다고 보기 때문에 인간을 수동적이고 소극적인 존재로 봄(기계론적·유물론적 인간관 : mechanistic approach).
- 그러나 1950년대부터는 자극–반응의 단순한 관계가 적어도 인간에게는 적용되기 어렵다는 주장이 강해짐에 따라, 자극(S)–유기체(O)–반응(R)의 관계(더 구체적으로 표현하면 S–O–R–C[결과; 후속자극]의 관계)로 인간의 행동을 이해하고자 하는 신행동주의(neo-behaviorism)가 출현함.
- 대표자 : 왓슨(Watson), 손다이크(Thorndike), 헐(Hull), 거스리(Guthrie), 스키너(Skinner).

형태주의 심리학 (Gestalt psychology)

- 의식 중에서 지각을 연구대상으로 함.
- 인간은 대상을 요소적으로 지각하는 것이 아니라 전체적인 맥락으로 지각한다고 봄.
- 요소를 강조하는 원자론적 입장(행동주의 심리학)보다는 요소와 요소들 간의 관계(전체)를 강조하는 거시적 입장을 취함. 전체 = 부분들의 합 이상(비환원주의)
- 요소와 요소들간의 관계성을 파악하는 능력인 통찰(insight)의 중요성을 강조함.
- 인간을 포함한 유기체를 환경과 부단히 상호작용하는 능동적인 존재라고 봄(유기체론적 인간관 : organismic approach).
- 현대 심리학에서 중요한 위치를 차지하고 있는 '인본주의 심리학'과 '인지주의 심리학'은 바로 이 형태주의 심리학을 모태로 발전하였음.
- 대표자 : 코프카(Koffka), 쾰러(Köhler), 레빈(Lewin), 펄스(Perls)

실존주의 심리학
(existential psychology)

- 1940년대에 특히 사르트르(Sartre) 등에 의해 발전된 실존주의 철학에서 파생됨.
- 현대의 과학화·기계화·물질만능화에 따른 인간의 무의미감·소외감이 무감각과 불안, 그리고 심리적 문제를 유발시킨다고 봄.
- 개인은 의미에의 의지(will to meaning)를 굳게 다지면서, 세상을 살아가는 데 있어 누구나 삶의 의미를 갖고 있으므로 스스로 그것을 찾도록 노력해야 함. 삶의 의미를 깨닫지 못한 상태는 일종의 신경증으로서, 이때 무의미, 무익함, 무목적, 공허감 등을 갖게 됨.
- 인간은 자신의 정체감(존재의미)과 의지력을 되찾아 자유를 얻고, 자신의 행동에 대해서 책임을 지며, 자신의 잠재력을 실현시킬 수 있는 존재라고 봄(유기체론적 인간관 : organismic approach).
- 대표자 : 랭크(Rank), 메이(May), 프랭클(Frankl), 야롬(Yalom)

인본주의 심리학
(humanistic psychology)

- 인간의 존엄성·인격성·주체성·능동성·전체성·목적성·개성·이성을 적극 인정하고 존중함.
- 인간은 자유의지와 주체성을 가지고 그의 무한한 잠재력을 계발해 나가면서, 성장을 즐기는 과정에서 스스로 자신의 행동을 선택하는 능동적인 유기체임. 즉, 그는 단순히 존재하고 있는 상태(being)가 아니라 환경과의 끊임없는 상호작용을 통하여 부단히 변해나가는 존재(becoming)임. 그러므로 인간은 상당한 정도로 자신의 행동을 조절(self-control)할 수 있는 존재라고 할 수 있음.
- 인간행동은 단지 생리적 욕구나 기대에 의해 동기화되는 것이 아니라, 선천적으로 갖고 있는 성장하고자 하는 내적 욕구(성장욕구, 성장에의 충동)에 의해서 동기화됨.
- 인간은 자신의 성장·발달을 스스로 주도하고 즐기며, 행동을 선택·구사할 수 있는 힘을 내재적으로 가지고 있기 때문에 그에게 자유가 허용되어야 한다고 봄.
- 인간은 각기 독특한 과정을 통하여 성장하는 개별적이고 특수한 존재이므로 그 개별성(개성)은 항상 존중되어야 한다고 봄.
- 형태주의 및 실존주의 심리학과 함께 개인의 주관적 경험·판단·느낌을 중시하는 현상학적 관점을 취함.
- 인간의 인지적 측면뿐만 아니라 정의적 측면을 강조하는 총체적 접근(holistic approach)을 취함.
- 행동주의 심리학과 정신분석학과는 달리, 인간을 부분적 요소로 분해할 수 없다는 비환원주의 입장을 취함.
- 인간은 의식적으로 자각할 수 있고, 어떤 일을 스스로 결정하고 그에 대해 책임을 질 수 있으며 환경과의 상호작용을 통하여 자신의 잠재력을 실현할 수 있고, 현재의 즉시성을 초월하며 대안적인 상태나 가능성을 능동적으로 만들어 나가는 존재라고 봄(유기체론적 인간관 : organismic approach).
- 대표자 : 올포트(Allport), 켈리(Kelly), 매슬로우(Maslow), 로저스(Rogers)

신정신분석학(신프로이트 심리학)
(neo-psychoanalytic psychology)

- 인간은 생물학적 요인(성적 요인)의 영향도 받지만, 그보다 사회문화적 요인의 영향을 더 많이 받는다고 봄.
- 문제행동이 무의식적인 욕망과 관련된 갈등과 유아기의 중요한 타인(부모 등)과의 갈등에서 출발된다는 점에서는 정신분석학과 큰 차이가 없으나, 무의식적인 욕망이나 충동에는 항상 성적인 요인이 포함되어 있다는 데는 동의하지 않음.
- 인간은 내적인 요인인 욕망이나 충동에 의해 수동적으로 움직이는 존재라기보다는 사회문화적인 요인과의 상호작용을 통하여 자신의 삶을 이끌어 가는 존재임(유기체론적 인간관 : organismic approach).
- 대표자 : 아들러(Adler), 융(Jung), 설리반(Sullivan), 에릭슨(Erikson)

인지주의 심리학
(cognitivism psychology)

- 인간이 외적 자극(정보)을 어떻게 지각하고 해석하며, 저장·활용하는가를 밝히는 데 중점을 둠.
- 인간은 능동적이고 주관적으로 환경자극(정보)을 지각·해석하며, 필요한 정보를 저장·활용하는 과정을 통하여 문제를 해결하는 정보처리능력을 가진 존재임.
- 인간이 감각수용기를 통해 지각한 정보를 여러 가지 방법으로 선택·비교하고, 필요에 따라 기억 속에 있는 다른 정보와 결합시키거나 전환 또는 재배열시키는 등으로 정보를 처리하여, 그 결과로서 행동을 산출한다는 정보처리모형을 가정함.
- 인간은 외적 환경자극을 단지 피동적으로 지각하는 것이 아니고, 자극을 능동적으로 받아들여 처리하는 독창적인 존재임(유기체론적 인간관 : organismic approach).
- 대표자 : 피아제(Piaget), 비고츠키(Vygotsky), 앳킨슨(Atkinson), 엘리스(Ellis)

그림 1-16 | 현대 심리학의 발달계보와 기본입장

자료출처 : 오만록(2000). 교육의 이해. pp.26-29.

그런데 이와 같은 현대 심리학의 세 조류는 어느 하나도 인간의 모든 면을 제대로 충분하게 설명해 주지는 못한다고 할 수 있다. 그렇다고 어느 하나의 관점을 전적으로 부정할 수도 없다. 인간의 본질과 발달, 그리고 학습을 포함한 제반 행동의 역동성은 어느 하나의 심리학파나 관점에 의해서 완전하게 설명될 수는 없다. 그러므로 우리는 각 심리학파의 인간에 대한 관점들에 대한 심층적인 탐구를 바탕으로, 이들에 대한 통합적인 관점을 정립하여 인간에 대한 종합적인 이해 및 교육실천에 필요한 기초역량을 제대로 다져야 한다.

CHAPTER

02 교육심리학에 대한 이해

1. 교육심리학의 의미와 성격

1) 교육심리학의 의미

'교육학'과 '심리학'은 어떤 관계일까? 여러분은 이 물음에 대하여 어떤 대답을 생각하고 있는가? 앞에서 언급한 바와 같이 제임스(James)는 현대 심리학의 발전과정에서 기능주의 심리학을 창안했는데, 그는 일찍이 "교육학은 심리학으로부터 파생된 것이 아니다."(Education is not the child of psychology.)라고 주장하면서, "심리학은 과학이고, 교수(교육)는 예술이다. 과학 자체는 직접 예술을 생성해 내지는 못한다."(Psychology is a science, and teaching is an art, and science never generate arts directly out of themselves.)고 역설하였다(James, 1916). 이러한 입장에서 본다면, 교육학과 심리학이라는 두 학문은 어떤 종속관계라기보다는 좋은 동반자관계(companionship or partnership : 협력적 관계)를 유지한다고 할 수 있다. 이들은 어떤 때에는 '평행적 관계'를 유지하기도 하고, 또 어떤 때에는 '상호작용적 관계'를 취하기도 한다.

(1) 평행적 관계

'심리학'은 인간의 정신과정과 행동을 과학적으로 연구하는 학문이고, '교육학'은 인간의 정신과정과 행동을 바람직한 방향으로 변화시켜 보다 유능한 인간으로 발달하도록 돕는 학문이라고 규정한다면, 이는 평행적인 관계에 중점을 둔 입장이라고 할 수 있다. 이러한 시각에서 이성진(1966)은 심리학과 교육학의 학문적인 목적과 관심은 대체로 다음과 같은 네 가지의 측면에서 차이가 있다고 보았다.

첫째, 심리학은 주로 인간행동에 대한 보편적 원리와 법칙을 확립하는 데 목적이 있는 반면, 교육학은 주로 개별학습자의 특성을 변화시키는 데 그 목적을 둔다.

둘째, 보편적인 법칙을 체계화하고자 하는 심리학은 방법론적으로 정밀성과 간결성(parsimony; 설명은 단순하고 간결할수록 뛰어남)을 중요시하지만, 교육학은 정밀성과 간결성이 다소 떨어지더라도 학습자의 행동에 의미 있는 변화를 일으키는 변인에 관심을 가지며, 생태학적 타당성(ecological validity)을 중요시한다.

셋째, 심리학은 특수한 영역을 제외하고는 가치중립적이고 기술적인(descriptive) 입장을 취하는 반면, 교육학은 어디까지나 가치지향적이며 처방적인(prescriptive) 입장을 취한다.

넷째, 심리학은 주로 통제된 실험실에서 과학적으로 확인된 사실들에 의해 체계화되는 반면, 교육학에서 다루는 이론이나 법칙은 예측이 불확실한 교실 상황에 초점을 두고 있다.

(2) 상호작용적 관계

앞에서 논의한 바와 같이, 학문적 특성에 있어 심리학과 교육학은 여러 가지 차이를 보임에도 불구하고, 두 학문은 매우 밀접한 상호작용적 관계를 갖는 것으로도 볼 수 있다. 심리학이 인간에 관한 일반적인 법칙이나 원리를 발견하고, 이를 토대로 그의 정신과정과 행동에 대해 '기술'하고 '설명'하며 '예측'하고 '통제'하는 것을 목적으로 삼고, 교육학은 바로 이러한 심리학적 지식과 이론을 토대로 효율적인 교육활동을 실천하는 방안을 탐색하는 데 관심을 가지며, 여기에서 도출된 문제나 사안은 다시 심리학에서의 탐구를 통해 밝혀지기 때문이다.

이와 같은 두 학문영역을 상호 관련시키는 학문분야가 바로 「교육심리학」(educational psychology)인데, 이는 '인간의 정신과정과 행동'에 대한 이해를 바탕으로 이를 적극 발달시키기 위한 '가르치고 배우는 과정'과 관련되는 내용들을 과학적으로 연구하는 학문이라고 할 수 있다. 즉, 교육심리학은 교수와 학습(teaching and learning)에 관련되는 원리들을 밝히고 실천하는 데 관심을 갖는 전문분야이다(Notterman & Drewry, 1993). 즉, 인간에 대한 과학적 이해를 토대로 효율적인 교수-학습과정을 실천하는 활동에 대하여 연구하는 학문분야가 바로 교육심리학인 것이다. 인간에 대한 심리학적 이해가 선행되어야만 효율적인 교육활동을 실천할 수 있기 때문에 교육학 분야에 있어서 교육심리학의 중요성은 매우 높다고 할 수 있다. 교육심리학은 이론과 실천 모두에 관련되는 학문이자, 이론과 실천 사이에 가교를 놓는 역할을 하는 학문이라고 할 수 있다.

교육심리학은 심리학적 측면에서 교육의 과정(process)과 방법(method) 등 교육실천에 필요한 지식과 이론 및 기술을 탐구함으로써 교육활동이 효율적으로 실천되도록 하는 데 많은 도움을 준다. 그러므로 이는 교육에 관련된 여러 사실과 법칙을 심리학적으로 명확히 규정함으로써 교육목적을 효과적으로 달성하기 위한 과정과 방법을 제시해 주는 과학이라고 할 수 있다. 다시 말하면, 교육심리학은 심리학과 교육학의 통합 그 이상으로, 교육활동과 관련한 최적시기를 포함한 교육의 과정을 과학적으로 연구하고, 그 결과를 실제에 적용하여 자라나는 학생들, 더 나아가 성장과 발달이 가능한 모든 인간을 바람직한 방향으로 변화시킬 수 있는 교육적·기술적·과학적 방법을 추구하는 학문이다(신명희 외, 2003). 그로 인해 교육심리학은 종래에 흔히 인식되었던 것과 같은 단순한 응용심리학이라기보다는 심리학적 원리와 이론을 적극 활용하여 효율적인 교육활동의 실천에 관련된 제반 주제들에 대하여 탐색하고, 그 결과를 교육실제에 적용하게 하는 독자적인 학문영역이라고 할 수 있다.

다양한 관심영역으로부터 출발한 교육심리학은 그동안 꾸준히 발전해 오면서 고유한 학문영역을 구축하여, 교육목적을 효과적으로 달성하기 위한 교육의 과정과 방법을 탐색하는 학문으로 자리를 잡게 되었다. 이로써 교육심리학은 복합적이고 역동적인 교육학의 다양한 분야 중에서 가장 과학적이고 실천적이며, 현장지향적인 특징을 갖게 되었다(이성진, 1996). 이는 바로 교육심리학이 인간의 정신과정과 행동을 과학적으로 연구한 결과에 의해 밝혀진 인간 발달과 학습 및 적응 등에 관한 심리학적인 지식과 이론을 교육활동에 적극 활용하고자 하는 데 중점을 두는 실천적인 학문분야라는 사실을 내포하고 있다. 응용학문으로서가 아닌 독립된 학문영역으로서의 교육심리학에 역점을 두는 이유는 교육심리학이 교육의 과정과 방법에 가장 밀접하게 관련되어 있어 교육학에서 중핵적인 역할을 수행하고 있기 때문이다.

2) 교육심리학의 성격

초기의 교육심리학은 심리학의 연구결과를 교육활동의 실천에 응용하는 분야로 출발하였으므로 심리학의 원리와 방법을 응용하는 하나의 응용분야에 지나지 않았다. 그러나 오늘날의 교육심리학은 심리학으로부터 파생되었지만 심리학의 이론과 방법의 단순한 응용뿐 아니라 독자적인 연구대상(과제)과 방법을 특징으로 하는 과학적 학문으로서 그 영역을 구축하게 되었다.

교육활동에 대한 탐구는 크게 철학적 접근과 과학적 접근으로 구분될 수 있는데, 전자를 '교육철학'이라고 할 수 있고, 후자를 '교육과학'이라고 할 수 있다. 따라서 교육철학과 교육과학은 '교육학'의 2대 분야로 간주할 수 있다.

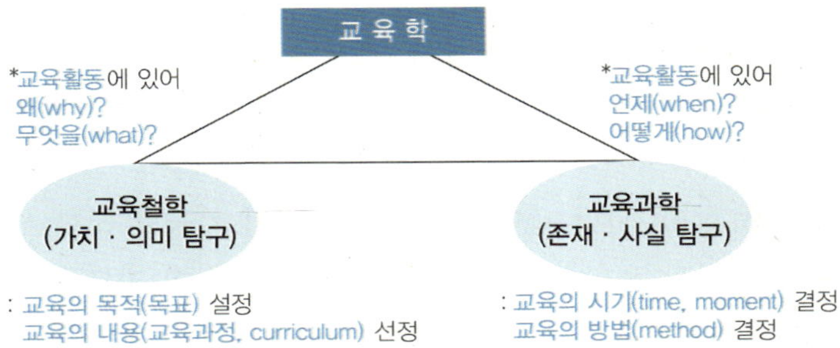

그림 2-1 ❙ 교육학의 2대 분야 : '교육철학'과 '교육과학'

교육학의 2대 분야로서 '교육철학'과 '교육과학'의 본질을 제대로 이해하기 위해 이들의 특징을 상호 비교해 보면 다음과 같다.

첫째, 교육철학과 교육과학은 목적에 있어 차이가 있다. 먼저, 교육철학은 교육활동에 대한 철학적 탐구를 통해 교육이론을 이끌어내는 것을 목적으로 삼는다. 반면, 교육과학은 교육활동에 대한 과학적 탐구를 통해 교육이론을 이끌어내는 것을 목적으로 삼는다.

둘째, 교육철학과 교육과학은 기능에 있어 차이가 있다. 먼저, 교육철학은 교육적 사실이나 현상을 사변(思辨)·분석·평가·통합하는 데 목적을 둔다. 즉, 교육철학은 경험적인 실증자료가 아닌 순수한 사유에 의해 당면한 교육문제의 해결이나 그 발전에 대한 새로운 아이디어나 방안을 창출하고, 교육이론이나 교육활동에 관한 개념이나 용어 또는 명제의 애매모호성을 최소화하기 위해 그것들의 정확한 의미를 분석하며, 교육목적을 포함한 교육현상의 가치를 판단(구명)하고, 교육이론이나 실제를 종합적으로 통찰하는 데 중점을 둔다. 반면, 교육과학은 교육적 사실이나 현상을 기술(description)·설명·예측·통제하는 데 그 목적이 있다. 즉, 교육과학은 교육적 사실이나 현상의 본질을 개인의 판단이나 감정을 개입시키지 않고 객관적으로 밝히고, 그러한 사실이나 현상의 인과관계(왜 그러한 현상이나 변화가 나타났는가)를 규명하며, 또한 앞서 이루어진 기술과 설명을 토대로 그러한 사실이나 현상의 추후 진전상황이나 미래를 예측하며, 더나가 특정 현상의 결정요인을 제거 또는 보강하는 조작을 통하여 바람직한 현상을 유도함으로써 인간의 성장·발달을 극대화시키는 데 관심을 갖는다.

셋째, 교육철학과 교육과학은 가치추구에 있어 차이가 있다. 먼저, 교육철학은 교육적 사실이나 현상을 탐구하는 데 있어 근본적으로 가치지향적인 입장을 취한다. 반면, 교육과학은 교육적 사실이나 현상을 탐구하는 데 있어 기본적으로는 가치중립적인 입장(몰가치적인 입장)을 취하는 것이 보통이다.

넷째, 교육철학과 교육과학은 접근방법에 있어 차이가 있다. 먼저, 교육철학은 교육적 사실이나 현상을 탐구하고자 할 때 거시적·종합적·주관적 접근을 취한다. 반면, 교육과학은 교육적 사실이나 현상을 탐구하고자 할 때 미시적·분석적·객관적 접근을 취한다.

다섯째, 교육철학과 교육과학은 탐구대상에 있어 차이가 있다. 먼저, 교육철학은 주로 바람직하고 가치 있는 교육목적의 설정 및 교육내용의 선정과 관련되는 문제에 직접적으로 관심을 갖는다. 반면, 교육과학(특히, 교육심리학은 '교육과학'의 성격을 가진 대표적인 학문분야임)은 그 목적을 달성하고 그 내용을 학습하는 적절한 시기의 선정 및 방법의 활용과 관련되는 문제에 직접적으로 관심을 갖는다. 이를 더 간단히 표현하면, 교육철학은 교육활동에 있어서 그 목적의 설정과 내용의 선정에 기여하는 반면, 교육과학(교육심리학)은 교육시기(학습시기)의 선정과 교육방법(학습방법)의 선정에 기여한다. 이러한 관점에서 일찍이 스키너(Skinner, 1953)는 교육활동에 있어서 '왜'(why)와 '무엇'(what)에 관련되는 대답은 바로 교육철학의 임무인데, 여기에서는 왜 교육활동이 필요하고, 그것이 의도하는 바는 무엇이며, 바로 무엇 때문에 그와 같이 의도되어야 하는가 등의 문제를 밝히는 데 중점을 두어야 한다고 주장하였다. 반면, 교육과학(교육심리학)은 교육활동에 있어서 '언제'(when)와 '어떻게'(how)에 관련되는 대답을 직접적으로 제공해 주는데, 여기에서는 특정의 교육목적을 성취하고, 그 교육내용을 학습하는 적절한 시기(기간, 단계)는 언제이고, 그 이유는 무엇인가, 그리고 어떤 방법으로 학생들을 가르치는 것이 효과적이며 그 이유는 어디에 있는가 등의 문제를 해결하는 데 중점을 두어야 한다고 주장하였다. 또한, 교육과학에서는 객관적이고 과학적인 실증적 기법들을 활용하여 학생들이 교육목적의 달성을 어느 정도(how much) 이루었는가를 확인하여 적절한 조치를 취하게 하는 데도 관심을 갖는다.

여섯째, 교육철학과 교육과학은 적용분야에 있어 차이가 있다. 먼저, 교육철학은 그 성격에 비추어 볼 때 교육이념과 교육사상 분야에 적용된다. 반면, 교육과학은 바로 교육심리학과 교육평가 분야에 주로 적용된다.

표 2-1 '교육철학'과 '교육과학' 상호비교

비교기준	교육철학	교육과학
목 적	교육활동에 대한 철학적 탐구 (철학적 탐구를 통해 교육이론을 이끌어 냄)	교육활동에 대한 과학적 탐구 (과학적 탐구를 통해 교육이론을 이끌어 냄)
기 능	교육적 현상과 문제에 대한 사변(思辨)·분석·평가·통합	교육적 현상과 문제에 대한 기술(description)·설명·예측·통제
가치추구	가치지향적인 입장	가치중립적인(몰가치적인) 입장
접근방법	거시적·종합적·주관적 접근	미시적·분석적·객관적 접근
탐구대상	• 교육의 목적 설정 : 왜(why) • 교육의 내용 선정 : 무엇(what)	• 교육의 시기 결정 : 언제(when) • 교육의 방법 결정 : 어떻게(how) • 교육의 목적달성정도 확인 : 어느 정도(how much)
적용분야	• 교육이념 • 교육사상	• 교육심리학 • 교육평가

2. 교육심리학의 목적

학문분야에 따라 그 연구의 대상이나 방법은 다를지라도, 모든 학문의 목적은 관련현상, 즉 사상(事象; events)에 관련된 변인들과 그들 간의 관계를 기술·설명·예측·통제하는 데 있다. 따라서 교육심리학의 목적도 교육과 관련된 심리학적 현상과 문제를 기술·설명·예측·통제하는 데 있다고 할 수 있다.

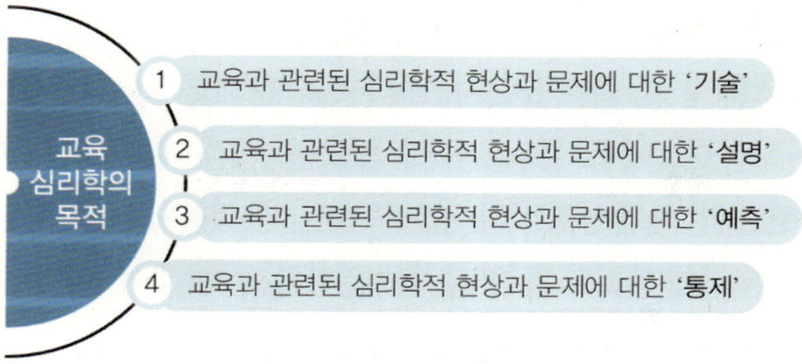

그림 2-2 | 교육심리학의 4대 목적

1) 교육과 관련된 심리학적 현상과 문제에 대한 '기술'

교육심리학의 1차적 목적은 교육과 관련된 심리학적 현상과 문제를 객관적으로 밝히는 데 있다. 여기에서 기술(description)이란 교육과 관련되는 심리학적 현상과 문제를 있는 그대로 정확히 규명하여 서술하는 것을 말한다. 그런데 기술에는 두 가지가 있는데, 하나는 교육의 심리학적 현상과 문제의 상태(구조)에 대한 기술이며, 다른 하나는 그 현상과 문제의 과정(기능)에 대한 기술이다.

먼저, 교육에 관련된 심리학적 현상과 문제에 관한 상태기술(state description)은 심리학적 변인의 값을 구체적으로 밝혀 명시하는 것을 말한다. 예를 들어, "홍길동의 IQ는 125이다."라든가, "순이는 보존의 개념을 아직 획득하지 못했다."라고 명시하는 것을 말한다. 그리고 교육에 관련된 심리학적 현상과 문제의 과정기술(process description)은 변인들 간의 상관관계나 인과관계 또는 특정현상의 변화과정을 명시하는 것을 말한다. 예컨대, "IQ와 학교성적 간에는 정적 상관관계가 있다."라든가, "인지발달은 감각운동기, 전조작기, 구체적 조작기, 형식적 조작기의 순서로 이루어진다."라고 명시하는 것을 말한다.

지금까지 살펴본 바와 같이, 과학으로서의 교육심리학의 첫째 목적은 교육의 심리학적 변인들을 찾아내 그 값을 기술하고, 그 변인들 간의 관계를 기술함으로써 교육의 심리학적 현상과 문제에 관한 사실들(facts)을 제시하는 데 있다.

2) 교육과 관련된 심리학적 현상과 문제에 대한 '설명'

교육심리학은 교육과 관련된 심리학적 현상과 문제를 있는 그대로 기술하는 데만 있는 것이 아니다. 일단 특정의 현상과 문제에 대한 기술이 이루어지면 그 현상과 문제가 왜 나타났는가 등의 인과관계를 밝히는 것이 교육심리학의 또 다른 목적이다. 예를 들어, "학습목표를 미리 제시하면 그렇지 않은 경우에 비해 학생들의 학업성취도가 높다."라는 사실을 기술한 다음에는, 왜 학습목표의 제시가 학업성취도를 향상시키는가를 밝혀내야 한다. 즉, "학생들에게 학습목표를 미리 제시하면 그들의 주의집중을 유도하고, 학습의 방향을 예측하게 할 뿐만 아니라, 학습내용을 그 목표와 관련지어 선택적으로 지각하게 하기 때문이다."라는 등의 인과관계를 제시(설명)해야 한다. 이와 같이 교육과 관련된 심리학적 현상과 문제를 원인-결과의 관점에서 분석하여 설명하는 것이 교육심리학의 두번째 목적인 것이다.

3) 교육과 관련된 심리학적 현상과 문제에 대한 '예측'

교육심리학이 교육과 관련된 심리학적 현상과 문제를 '기술'하고 그 인과관계를 '설명'하는 것을 기초적이고 수단적이며 소극적인 목적이라고 한다면, 교육과 관련된 심리학적 현상과 문제를 '예측'(예언)하는 것은 응용적·궁극적·적극적인 목적이라고 할 수 있다. '예측'이란 특정현상과 관련하여, 그 독립변인(independent variable)이나 조건을 어떻게 변화시키면 추후에 어떤 결과가 나타날 것인가를 예언하는 것을 말한다. 예를 들면, 실증적 연구들에 의해 유아기의 발달지체가 이후의 발달에 부정적인 영향을 미친다는 사실을 확인함으로써 우리는 "유아기에 문화실조환경에 노출되면, 아동기와 청소년기의 신체발달과 인지발달을 포함한 전반적인 발달에 큰 손상이 초래될 수 있다."라고 예측할 수 있게 된다. 또한, "특정행동에 대하여 보상이 주어지게 되면, 그 행동의 발생빈도는 증가될 것이다."라는 예측도 가능하다.

4) 교육과 관련된 심리학적 현상과 문제에 대한 '통제'

교육심리학의 궁극적인 목적은 교육과 관련된 심리학적 현상과 문제를 통제하는 것인데, 이러한 목적은 앞에서 언급한 세 가지 목적들에 비해 가장 적극적인 목적이라고 할 수 있다. '통제'란 '예측'의 단계를 넘어서서 교육에 관련된 심리학적 현상과 문제를 바람직한 방향으로 유도하는 것을 말한다. 다시 말하면, 교육과 관련된 현상과 문제에 영향을 미치는 요인이나 조건을 제거하거나 보강하는 등의 적절한 조작을 통해 바람직한 최선의 변화를 유도하는 것을 말한다. 이에 관한 예로서, 초등학교 교사인 김 선생님은 영유아기에 문화실조를 겪은 철수에게 방과 후 시간을 이용하여 다양하고 풍부한 교재교구 등을 활용한 학습지도활동을 계속 제공함으로써 인지능력을 포함한 기초학력을 향상시킨 경우를 들 수 있다.

교육심리학의 목적을 교육과 관련된 심리학적 현상과 문제에 대한 '기술'과 '설명' 및 '예측'에 두는 것은 교육심리학을 교육학의 기초학문으로 간주하는 견해로서 학자(이론가)들의 관심대상이라고 한다면, 이와 대조적으로 교육심리학의 목적을 학자들의 연구결과(교육과 관련된 심리학적 현상과 문제에 대한 '기술'·'설명'·'예측')들을 실제 현장에 적용하여 교육과 관련된 심리학적 현상과 문제에 대한 '통제'(관리, 조작)를 통하여 최선의 결과를 얻고자 하는데 두는 것은 이를 응용학문으로 간주하는 견해로서 바로 교육실천가나 교사들의 관심대상이라고 할 수 있다.

3. 교육심리학의 발달

1) 교육심리학의 태동기

교육심리학의 「태동기」는 18세기 후반과 19세기 전반기라고 할 수 있다. 즉, 교육심리학이 하나의 학문영역으로 발달하기 시작한 것은 18세기 후반부터 19세기 전반까지의 유럽 교육학자들이 '교육심리학'의 학문적 성립에 근본적인 발판을 제공하는 데서부터라고 볼 수 있다. 아동들을 성인의 축소판으로 간주하면서, 그들을 강압적인 방법으로 가르쳤던 중세기의 교육을 비판하면서, 교육의 혁신을 주장한 학자들은 프랑스의 루소(Rousseau, 1712~1778), 스위스의 페스탈로치(Pestalozzi, 1746~1827), 독일의 헤르바르트(Herbart, 1776~1841)와 프뢰벨(Fröbel, 1782~1852) 등이 그 선구자들이다.

2) 교육심리학의 성립기

교육심리학의 「성립기」는 19세기 후반의 교육학과 심리학의 관계에 대한 모색 및 심리현상에 대한 과학적 연구들은 독립된 과학으로서 교육심리학의 성립배경이 되었고, 20세기에 들어서면서 교육심리학은 미국의 심리학자들을 중심으로 독자적인 학문으로서의 체계를 갖추기 시작하였다. 교육심리학이 하나의 학문으로 성립되게 하는 데 기여한 학자는 갈톤(Galton, 1822~1911), 제임스(James, 1842~1910), 홀(Hall, 1844~1924), 손다이크(Thorndike, 1874~1949), 저드(Judd, 1873~1946) 등이다.

3) 교육심리학의 확립기

교육심리학의 「확립기」는 20세기 초반의 '교육심리학' 체계의 성립에 이어, 교육심리학이 1920년대부터 1950년대까지 계속해서 독자적인 연구의 영역을 확립하기 시작하였던, 특히 손다이크가 주장한 교육심리학의 주제인 선천적 특성, 학습, 개인차 등의 영역이 크게 분화되었던 시기이다. 이때 크게 기여한 학자들은 게이츠(Gates, 1890~1972), 스키너(Skinner, 1904~1990), 크론바크(Cronbach, 1916~2001) 등이다.

4) 교육심리학의 발전기

교육심리학의 「발전기」는 독자적인 학문체계로서의 모습을 갖춘 '교육심리학'이 1960년대에 들어 다양한 이론적인 접근과 방법론적인 발달로 인해 학문적인 개혁과 발전기를 맞게 되었던 시기부터 최근까지라고 볼 수 있다. 이 시기의 흐름은 ① 학습자의 인지적 특성과 정의적 특성에 관한 면밀한 분석과 교실관리, ② 새로운 교육과정의 개발 및 학습효과의 향상을 위한 교수모형의 개발, ③ 인지이론의 발달에 의한 새로운 수업설계에 대한 접근, ④ 인지이론과 인본주의 심리학의 발달에 따른 교육활동의 변화, ⑤ 학습동기와 자아효능감을 바탕으로 하는 자기주도적 학습(self-directed learning)에 대한 연구와 적용, ⑥ 상위인지(metacognition; 초인지)의 존재 및 기능에 대한 연구 등으로 나타나고 있다.

ONLINE RESOURCES

'교육심리학의 발달(태동기, 성립기, 확립기, 발전기)'에 관한 자료가 필요할 경우 저자가 운영하는 웹사이트(welfare5.com)의 Online Resources 게시판을 통하여 다운을 받기 바랍니다('교육심리탐구'의 Online Resources 02 자료).

4. 교육심리학의 영역

1) 왓슨(Watson)의 분류

교육심리학의 관심영역은 대단히 광범위한데, 교육활동과 관련되는 인간행동의 전 영역을 다룬다고 해도 과언이 아니다. 왓슨(Watson, 1926)은 당시 많이 활용되던 '교육심리학'의 교재들을 검토하여 「What Shall Be Taught in Educational Psychology?」라는 제목으로, [표 2-2]에 제시된 바와 같이 당시의 교육심리학의 주제들을 제시하였는데, 이 연구는 당시 교육심리학의 주요 연구영역에 대해서 밝혀주는 중요한 자료가 되고 있다.

표 2-2 왓슨(Watson)이 제시한 교육심리학의 주제들

주 제	백분위 (단위:%)
검사와 측정	14
교과심리학	14
학습의 법칙과 교수방법의 일반적인 문제들	13
감각기관, 뇌, 신경계의 생리학	12
유전, 본능, 선천적 성질	8
심리학의 일반적 측면 등	39

2) 브레어(Blair)의 분류

브레어(Blair, 1949)이 1940년대 미국에서 출판된 17종의 교육심리학의 교재내용에 대하여 조사한 결과를 보면, 그 주요영역은 크게 ① 성장과 발달, ② 학습, ③ 성격과 적응, ④ 측정과 평가 등의 네 분야로 구분된다.

3) 스키너(Skinner)의 분류

스키너(Skinner, 1968 : 대표적인 행동주의 심리학자인 B. F. Skinner가 아

니라 C. E. Skinner임)는 저서 「교육심리학의 본질」(Essentials of Educational Psychology)을 통하여 교육심리학의 분야를 ① 성장과 발달, ② 학습, ③ 성격과 적응, ④ 측정과 평가, ⑤ 교수와 지도 등의 다섯 영역으로 분류하였다.

4) 게이지와 버리너(Gage & Berliner)의 분류

게이지와 버리너(Gage & Berliner, 1984)는 저서 「교육심리학」에서 "교육심리학이란 교수-학습활동에 관련되는 제반 주제들을 다루는 학문"이라고 규정하면서, 다음과 같은 다섯 가지의 하위영역을 다루었다.

첫째, 학습목표의 설정과 관련되는 이슈들을 다루었다. 교육심리학은 우선 교사로 하여금 교수활동을 통하여 학습자들이 성취하여야 할 행동특성, 즉 학습목표를 설정하는 데 도움을 주어야 한다. 교사가 적절하고 타당한 학습목표를 설정하기 위해서는 학습자에 대한 심리학적 이해가 선행되어야 한다. 그리고 학습자들도 자신들이 성취하여야 할 목표를 제대로 이해하고 수용하게 되면 그만큼 그 목표의 달성이 수월해질 것이다.

둘째, 학습자들의 특성을 파악하는 데 관련되는 이슈들을 다루었다. 교육심리학은 교사로 하여금 학습자 개개인의 다양한 발달적 특성과 능력을 파악하게 하고, 그들의 강점과 약점을 구체적으로 확인하게 할 뿐만 아니라, 학습자들로 하여금 환경에 대한 적응을 높이고 부적응을 극복할 수 있도록 지도하는 데 많은 도움을 준다. 교사의 학습자들에 대한 이러한 이해는 효율적인 교수활동을 전개하는 데 의미 있는 정보들을 제공해 준다.

셋째, 학습의 과정(process)에 관련되는 이슈들을 다루었다. 교사가 수행해야 하는 중요한 활동은 학습자들이 어떤 과정과 기제를 통하여 학습을 이루어 나가는가를 파악할 뿐만 아니라 학습흥미와 동기를 유발시키는 효과적인 방법들과 구체적인 활용방법을 섭렵하는 것인데, 교육심리학은 교사로 하여금 이러한 능력을 갖추도록 도움을 준다.

넷째, 교수-학습지도방법의 전개에 관련된 이슈들을 다루었다. 교사는 학습자들의 발달적 특징과 학습과정에 대한 이해를 토대로, 적절한 교수-학습지도방법을 선정하고, 이를 효과적으로 실천하기 위한 능력도 갖추어야 하는데, 교육심리학은 이러한 문제들을 해결하는 데 많은 도움을 준다.

다섯째, 학습자의 학습목표 달성도를 평가하는 데 관련되는 이슈들을 다루었다. 교사는 학습이 얼마나 효과적으로 이루어졌는지를 확인할 수 있는 평가 계획을 수립하고, 실제 적절한 방법을 활용하여 평가활동을 실천해야 한다. 그리고 여기에서 얻어진 결과를 토대로 학습자들의 목표달성도를 면밀히 분석하여 최종 결과를 확인하고, 또 그것을 후속적인 교육활동에 적극 반영하여야 하는데, 이러한 문제들에 대한 해결의 실마리도 결국 교육심리학이 제공해 주게 된다.

5) 최근 「교육심리학」 교재에서 다루고 있는 영역

최근의 「교육심리학」 교재에서 다룬 주요내용을 보면, 먼저 슬래빈(Slavin, 1994)은 ① 교수의 기초, ② 발달이론 및 단계, ③ 학생의 다양성, ④ 학습이론(행동주의, 인지주의), ⑤ 효율적인 교수, ⑥ 학습동기, ⑦ 학급관리, ⑧ 특수아 지도, ⑨ 학생평가, 수행평가 및 표준화검사 등의 내용을 다루었으며, 스프린탈 등(Sprinthall et al., 1994)은 ① 발달, ② 학습이론, ③ 교수 효율성, ④ 개인차, ⑤ 학생집단 관리(학급, 동기유발, 학생훈육, 특수아지도) 등을 포함시켰다.

한편, 샌트록(Santrock, 2004b)은 주요영역으로 ① 효율적인 교수, ② 발달(인지, 언어, 사회정서), ③ 개인차, ④ 사회문화적 다양성, ⑤ 특수아 지도, ⑥ 학습이론(행동주의이론, 사회인지주의이론, 정보처리이론, 사회구성주의이론), ⑦ 교육계획과 수업 및 공학, ⑧ 동기와 교수 및 학습, ⑨ 학급관리, ⑩ 학급평가 등을 다루었으며, 끝으로 옴로드(Ormrod, 2011)는 ① 교수, ② 발달(인지, 언어, 성격, 사회성), ③ 집단차와 개인차 및 특수교육욕구, ④ 학습과 인지과정, ⑤ 지식 구성, ⑥ 복잡한 인지과정, ⑦ 학습(행동주의, 사회인지주의), ⑧ 동기와 정서, ⑨ 수업전략, ⑩ 생산적 학습환경 조성, ⑪ 학급평가전략, ⑫ 학업성취와 능력 평가 등을 포함시켰다.

오늘날의 교육심리학은 전통적인 심리학에 그 뿌리를 두고 있지만, 앞에서 언급한 바와 같이 이제 그 자체의 연구대상과 주제 및 연구방법을 가진 독자적인 과학으로 발전하였고, 따라서 고유한 연구영역을 가지게 되었다. 예를 들어, 교육계획과 학습환경, 수업모형과 이론, 교사-학생 상호관계의 역동성, 성격발달과 정의적 학습, 동기와 학급관리의 원리, 장애아와 영재아를 포함한 특수아 지도, 학생과 사회문화의 다양성, 능력·성격·사고유형 등의 개인차에 따른 교수방법 등과 관련된 주제들은 일반적으로 심리학과는 다른 차별적인 교육심리학의 독특한 주제라고 할 수 있다. 그러나 교육심리학이라는 학문의 범주 내에서 이러한 주제들을 다루는 것은 가능하나, '교육심리학'이라는 교과 또는 교재수준에서는 이를 모두 다루는 데는 한계점이 있을 수밖에 없다.

지금까지 살펴본 바와 같이 「교육심리학」에서 다루는 내용들을 종합적으로 분석해 보면, 하위영역(하위주제)은 크게 네 영역, 즉 ① 발달의 이론과 실제에 관련된 영역, ② 학습의 이론과 실제에 관련된 영역, ③ 교수의 이론과 실제에 관련된 영역, ④ 교육평가의 이론과 실제에 관련된 영역으로 구분될 수 있다.

6) 교육심리학의 개념구조에서 본 영역

'교육심리학'의 개념에 대한 논의는 다양하게 이루어질 수 있으나, 최근 이성진 등(2013)이 제시한 '교육심리학이 조망하는 교육과정'(教育過程, educational process)에 비추어 교육심리학의 핵심영역 간 관련성을 도식으로 나타내면 [그림 2-3]과 같다.

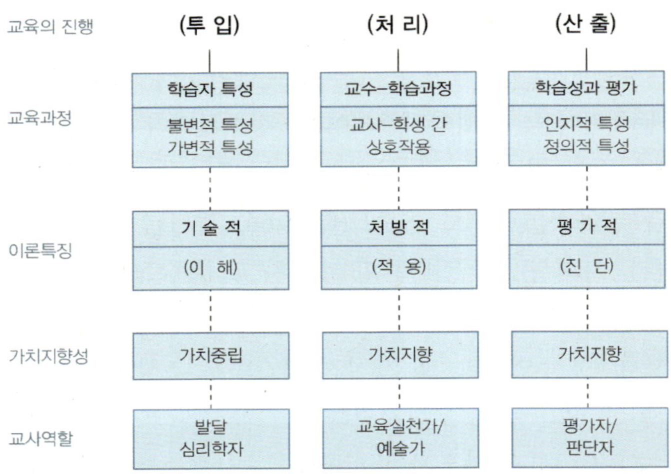

그림 2-3 | '교육심리학'이 조망하는 교육과정, 이론특징, 가치지향성, 교사역할

자료출처 : 이성진 외 7인(2013). 교육심리학서설. p.8. (일부 수정하였음)

첫째, 교육장면에서 가장 중요한 위치를 차지하고 있는 요소는 바로 '학습자'이다. 학습자는 특정 인지적·정의적·신체적 특성을 가지고서 학습사태에 임하게 되므로 이러한 특성들은 학습준비도로서 작용하게 된다. 학습자가 가진 특성들은 불변적 특성과 가변적 특성으로 분류해 볼 수 있는데, 가변적 특성만이 학습의 대상이라고 볼 수 있다. 그러므로 학습자의 불변적 특성은 교육력의 작용범위에서 벗어나며, 가변적 특성은 교육의 힘으로 충분히 변화가 가능하다. 교육장면에서는 이론적·과학적으로 가치판단 없이 그대로 학습자의 발달적 특성을 가치중립적인 관점에서 정확하게 이해하고 존중해야 하는데, 이는 교육의 출발점이자 조력과 개입의 기준이 된다. 교사가 발달심리학자로서 '학습자의 특성'에 대한 발달적 탐구와 이해(수용·존중)를 극대화하도록 돕는 것이 교육심리학의 1차적인 임무가 된다.

둘째, 학습자의 발달에 대한 탐구와 이해를 바탕으로 교사가 교육을 실행하는 핵심적인 위치에서 실천가이자 인간형성의 예술가로서의 역할을 수행함으로써 교사-학생 간의 상호작용이 역동적으로 이루어지게 된다. 이러한 양자 간의 상호작용에 의한 '교수-학습과정'에 의해 교육목표로서의 학습자의 특성이 실질적으로 변화·발달하게 되는데, 이러한 변화·발달이 원활하게 이루어지기 위해서는 학습자의 학습활동에 대한 탐구를 토대로 이에 부합하는 효율적인 교수활동이 잘 처방·실행되어야 하는 것이 무엇보다 중요하다.

셋째, 교사는 학습자를 대상으로 잘 처방된 일련의 교수활동을 실행한 다음에는 학습자가 성취한 교육목표의 달성도를 확인하는 평가자 및 판단자로서의 역할을 수행해야 한다. 이러한 '학습성과 평가'는 지금까지 실행된 교수-학습의 효과성과 효율성을 확인하여 교육활동 전반을 면밀히 반성하고, 후속적인 교육활동에 관한 계획수립과 운영방안을 광범위하게 모색하는 데 많은 시사점을 제공해 주게 된다.

이와 같은 교육심리학의 개념구조를 종합해 보면, 교육심리학의 주된 관심영역은 크게 ① 학생의 발달, ② 교사의 교수활동, ③ 학생의 학습활동, ④ 교사의 평가활동 등으로 정리된다.

ONLINE RESOURCES

'교육심리학의 영역'에 관한 자료가 필요할 경우 저자가 운영하는 웹사이트(welfare5.com)의 Online Resources 게시판을 통하여 다운을 받기 바랍니다('교육심리탐구'의 Online Resources 03 자료).

지금까지 살펴본 바와 같이, 교육심리학에서 다루는 주요영역이 발달, 학습, 교수, 평가 등의 네 영역이라면 이 책에서도 마땅히 이에 관하여 각각 논의하는 것이 마땅하다. 그러나 이 책에서는 네 영역들 중에서 '발달'과 '학습' 영역만을 집중적으로 다루고자 한다. 그 이유는 '교수'와 '평가'에 관해서는 별도의 교직과목으로 개설되는 '교육방법 및 교육공학'과 '교육평가' 또는 '교육과정' 교과에서 자세하게 다루기 때문이다.

5. 교육심리학의 연구방법

교육분야에는 논의되어야 할 이슈와 문제들이 많은데, 이러한 이슈와 문제들을 해결하기 위해서는 객관적이고 과학적인 방법을 활용하여 연구를 수행해야 하는바, 이를 넓게 '교육연구'라고 명명한다. 교육연구의 일반적 절차는 ① 문제확인(문제 발견·인지), ② 문헌고찰(관련문헌과 선행연구 고찰), ③ 가설설정, ④ 연구설계(연구참여자 결정, 변인설정, 측정도구 제작 또는 선정, 통계처리방법 결정 등) ⑤ 자료수집(조사 또는 실험), ⑥ 가설검증(자료분석 및 통계처리), ⑦ 결론도출(결과해석) 등의 순서로 이루어진다.

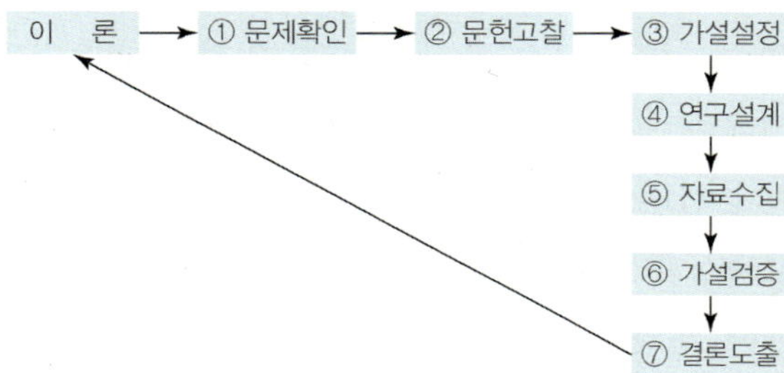

그림 2-4 | 연구의 일반절차

교육과 관련된 수많은 이슈와 문제들에 대한 결론을 얻기 위하여, 특히 교육심리학자들은 여러 가지 연구활동을 설계하고 실행한다. 교육심리학의 내용은 어디까지나 사실에 그 기초를 두어야 한다. 교육심리학의 대상 그 자체에 대한 사실에 근거를 두지 않고, 관념적으로 취급하며 그 방법 및 결과를 사변적으로만 기술한다면 그것은 철학 내지 철학과 유사한 학문이 될 것이다. 그러므로 교육심리학의 연구에서는 특정의 사실을 추출해 내어, 그 사실을 객관적으로 조작할 수 있는 과학적인 방법이 활용되어야 한다. 교육심리학의 연구방법이란 교육현상에 관련된 요인들과 그 요인들 간의 관계를 기술, 설명, 예측, 통제하는 과학적 방법을 총칭하여 사용하는 말이다.

교육심리학의 연구방법을 분류하는 절대적인 기준은 없으나 일반적으로 연구의 목적과 접근형태 및 설계에 따라 분류할 수 있다.

1) 목적에 따른 연구의 분류

교육심리학 연구는 그 목적에 따라 분류하면 ① 기초연구(basic research), ② 응용연구(applied research), ③ 현장연구(action research), ④ 평가연구(evaluation research) 등으로 구분할 수 있다.

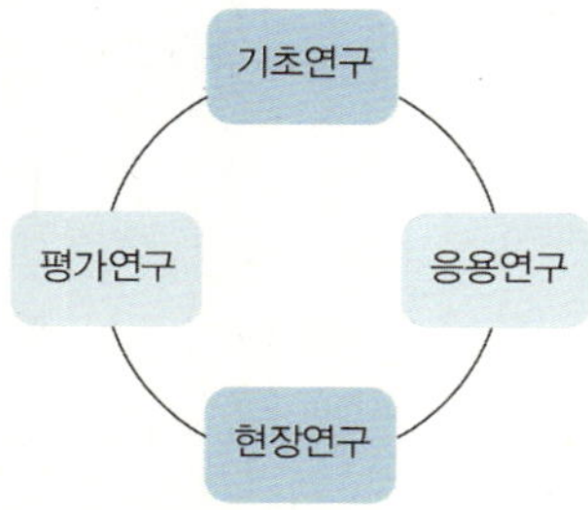

그림 2-5 | 목적에 따른 연구의 분류

2) 접근형태에 따른 연구의 분류

교육심리학 연구는 그 접근형태에 따라 분류하면 크게 ① 실증주의에 입각한 '양적 연구'(quantitative research)와 ② 후기 실증주의에 입각한 '질적 연구'(qualitative research)로 양분된다.

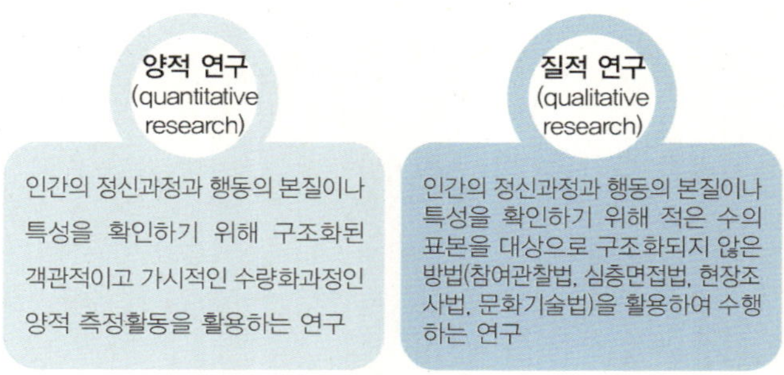

그림 2-6 | 접근형태에 따른 연구의 분류

3) 설계에 따른 연구의 분류

교육심리학 연구는 설계방법에 따라 분류하면 크게 ① 기술연구(descriptive research; 비실험연구 : 조사연구, 사례연구, 상관연구, 발달연구)와 ② 실험연구(experimental research)로 분류된다.

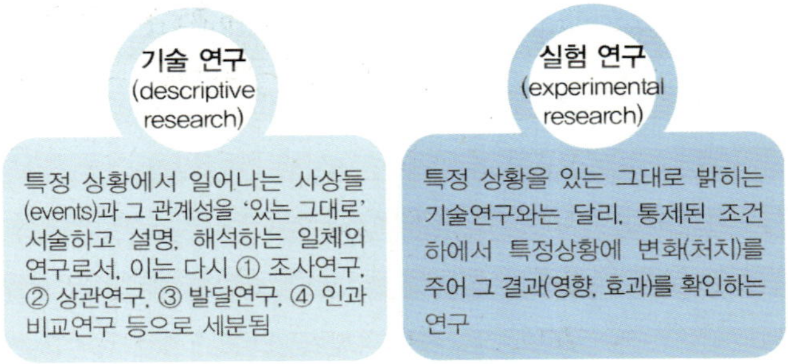

그림 2-7 | 설계에 따른 연구의 분류

ONLINE RESOURCES

'교육심리학의 연구방법'에 관하여 자세하게 논의한 자료가 필요할 경우 저자가 운영하는 웹사이트(welfare5.com)의 Online Resources 게시판을 통하여 다운을 받기 바랍니다('교육심리탐구'의 Online Resources 04 자료).

PART 02 발 달

CHAPTER 03 발달의 본질

1. 발달의 의미와 유형 및 관점
2. 발달의 원리와 과업 및 주요쟁점

CHAPTER 04 발달의 영역

1. 신체·운동발달
2. 인지발달
3. 언어발달
4. 사회성발달
5. 정서발달
6. 성격발달
7. 도덕성발달

CHAPTER 05 발달의 단계

1. 태내기
2. 신생아기 및 영아기
3. 유아기
4. 아동기
5. 청소년기
6. 성인초기
7. 성인중기
8. 성인후기

CHAPTER

03 발달의 본질

1. 발달의 의미와 유형 및 관점

1) 발달의 의미

발달(development)이란 정자와 난자의 결합이 이루어지는 수정(fertilization)의 순간에서부터 죽음에 이르기까지의 전 생애를 통해 나타나는 모든 변화의 양상과 그 과정을 말한다. 즉, 발달은 개인이 삶의 과정에서 질서 있고 꾸준하게 성장하고 적응하며, 변화하는 것을 지칭한다(Slavin, 1994). 발달은 유기체 내에 있는 에너지와 환경 내에 있는 에너지가 끊임없이 변전(變轉)하고 교류(交流)한 결과에 의해 이루어지는데, 이는 개체가 발생하면서부터 성숙으로 옮겨가는 과정에서 일어나는 구조나 형태의 모든 변화로 나타난다. 그리고 이에 대하여 연구하는 분야를 '발달심리학'(development psychology)이라고 명명한다.

(1) 발달의 정의

코프카(Koffka, 1924)는 일찍이 발달이란 유기체와 그 기관이 양에 있어서 증대되고 구조에 있어서 정밀화되며, 기능에 있어서 유능화되는 것이라고 정의하였다. 여기에서 먼저 양적 증대란 키가 크고 몸무게가 늘어나고, 사용하는 어휘수라든가 사고력·기억력·지각력·창의력 등이 증가하는 것 등을 말한다. 그리고 구조의 정밀화란 어린이가 처음 태어났을 때는 정신활동이나 전체적인 행동특성이 거칠고 어색하지만 점차 세련되어 가고 각 기관이 정밀화되는 것과 같은 것을 말한다. 끝으로, 기능의 유능화란 신체적·정신적 기능이 보다 정확해지고 효율화되어 가는 것을 말한다.

이어, 허록(Hurlock, 1950)에 의하면, 발달은 신체와 정신의 변화로서, 여기에는 ① 크기의 변화(changes in size), ② 비율의 변화(changes in proportion), ③ 낡은 특징의 소멸(disappearance of old features), ④ 새로운 특징의 획득(acquisition of new features) 등이 포함된다고 주장하였다.

지금까지의 정의들을 종합해 보면, 발달은 양적인 변화와 질적인 변화를 포함한 진보적 변화, 즉 상승적 변화를 지칭한다. 그러나 1960년대 이후부터는 이러한 발달의 개념이 보다 확장되기 시작하였는데, 특히 1970년대부터는 발달연구의 범위가 아동기 및 청소년기를 벗어나 성인기와 노년기의 발달까지 확대되기 시작하였다(Mussen et al., 1979). 주로 아동과 청소년만을 대상으로 한 과거의 단기간적인 연구에서 벗어나, 전생애를 통해 나타나는 변화를 계속적으로 탐색하는 연구활동이 활발하게 이루어져 왔는데, 여기에서는 개인 내적 변화(intra-individual changes)뿐만 아니라 개인 간의 변화(inter-individual changes)에도 많은 관심을 갖는다. 이러한 흐름은 청소년기 이후의 발달적 변화의 과정과 양상을 밝히는 데 크게 기여하였는데, 이로써 양적 감소나 구조의 단순화 및 기능의 무능화와 같은 퇴보적 변화, 즉 하강적 변화도 발달에 포함되는 것으로 인정되고 있다.

따라서 평생발달론적 관점(life-span developmental perspective; 전생애발달론적 관점)에서 보면, 발달은 양적인 변화와 질적인 변화를 포함한 진보적 변화(상승적 변화) 및 퇴보적 변화(하강적 변화) 모두를 포함한다고 결론을 내릴 수 있다. 그런데 발달 중에서 신체·생리적인 측면의 변화만을 지칭할 때는 '성장'(growth)이라고 표현한다.

(2) 발달의 기제

발달이 원만하게 일어나기 위해서는 이를 야기시키는 힘이 작용해야 한다. 인간의 신체적·인지적·정의적 특성은 생득적인 유전요인에 의한 '성숙'과 출생 후의 환경요인에 의한 '학습'의 상호작용에 의해 발달하게 되므로 성숙과 학습은 바로 발달적 변화가 일어나게 하는 계기의 역할을 수행하는데, 이를 발달기제(developmental mechanism)라고 지칭한다. 이처럼 발달기제는 크게 '성숙'(maturation)과 '학습'(learning)으로 구분되는데, 성숙은 생래적인 내적 요인(유전적 요인)에 의해 자연적으로 나타나는 변화를 말하며, 학습은 후천적인 훈련이나 연습 또는 경험 등의 의도적인 노력에 의해 나타나는 변화를 말한다.

2) 발달의 유형

발달의 유형은 성격면에서 보면 '양적 발달'과 '질적 발달', 연속성 여부에 따라 '연속적 발달'과 '불연속적 발달', 자율성 차원에 따라 '기계적 발달'과 '유기체적 발달'로 구분해 볼 수 있다.

(1) 양적 발달과 질적 발달

먼저, 양적 발달은 신장의 크기가 변하고 체중이 늘어나며, 가슴둘레가 넓어지는 등의 신체적 변화는 물론, 사용하는 어휘수가 증가하고 셈하는 능력이 늘어나는 등의 정보처리 용량이 증가하는 것 등을 말한다. 반면, 질적 변화는 신체적·정신적 구조와 기능이 정밀화되거나 유능화되는 것으로서, 신체 및 정신활동이 거칠고 어색한 수준에서 점차 세련되어가고 각 기관이 정교화되는 것을 말한다.

(2) 연속적 발달과 불연속적 발달

먼저, 연속적 발달(점진적 발달, 비단계적 발달)은 '비단계적 접근모형'이라고 할 수 있는데, 이에 해당되는 것으로는 행동주의 이론과 인본주의 이론을 들 수 있다. 반면, 불연속적 발달(비약적 발달, 단계적 발달)은 '단계적 접근모형'이라고 할 수 있는데, 이에 해당되는 것으로는 피아제(Piaget)의 인지발달이론, 프로이트(Freud)의 성격발달이론, 에릭슨(Erikson)의 성격발달이론, 콜버그(Kohlberg)의 도덕성 발달이론 등을 들 수 있다.

(3) 기계적 발달과 유기체적 발달

먼저, 기계적 발달을 전제하는 접근은 기계론적 모형(mechanistic model; 행동주의 이론, 정신분석학)이라고 할 수 있는데, 여기에서는 인간을 마치 하나의 기계로 간주하며, 외부의 힘(환경)이나 스스로 통제할 수 없는 내부적인 힘(무의식적 갈등)에 의해 변화하는 수동적 존재로 인정한다. 반면, 유기체적 발달을 전제하는 접근은 유기체론적 모형(organismic model; 제3세력 심리학)이라고 할 수 있는데, 여기에서는 인간을 무한한 성장력과 동기를 지니고 주체적으로 자신의 발달을 이끌어 나가는 능동적 존재로 인정한다. 피아제(Piaget)와 비고츠키(Vygotsky)의 인지발달이론, 인본주의 이론 등이 이에 해당한다.

3) 발달의 관점

발달에 대한 관점에서 보면, 유전적 요인의 영향이 더 크게 작용한다는 관점과 환경적 요인의 영향이 더 크게 작용한다는 관점이 상호 대립적인 관계를 취하고 있다. 발달이 선천적인 유전요인에 의해 주로 이루어지는가, 아니면 후천적인 환경요인에 의해 주로 이루어지는가에 관한 열띤 논쟁은 지금도 여전하다. 발달에 미치는 이 두 요인의 영향을 상호 배타적이고 독립적인 것으로 인식하는 학자들에 의해 연구와 토론활동이 계속 되고 있지만, 그러한 활동은 유감스럽게도 문제를 분명하게 해결하기보다는 오히려 혼란을 가중시키고 있는 것도 사실이다. 유전과 환경이 발달에 미치는 영향은 그 정도에 있어서는 상이하지만, 이 모두는 발달의 양상과 정도를 결정하는 중요한 요인이 아닐 수 없다. 이렇게 본다면, 발달에 관한 관점은 크게 ① 성숙론, ② 환경론, ③ 상호작용론으로 분류할 수 있다.

(1) 성숙론

성숙론은 인간의 발달이 유전적 요인에 의해 결정된다고 보는 관점으로서, 이는 유전론, 전성설(前成說), 생득설(nativism) 등과 상통한다. 이러한 입장을 취하는 학자들은 유전이 발달의 중요하고 직접적인 요인이 된다고 전제하는데, 그 개념은 17세기 후반 루소(Rousseau)의 교육소설 「에밀」(Emile, 1762)에서 언급된 것이 시초이다. 그는 발달은 유전적으로 이미 결정된 단계대로 이루어진다는 사실을 처음으로 제시하였다. 이러한 그의 주장은 유전이나 생물학적 요인이 발달의 양상과 과정에 영향을 미친다는 성숙론의 확고한 이론적 토대가 되었다.

그 후 다윈(Darwin)은 「종의 기원」(Origin of Species, 1859)에서 성숙론적 관점을 보다 확고히 하였다. 그는 유기체의 많은 행동이 유전적 요인에 의해 결정된다고 주장하면서, 발달은 적자생존의 과정을 통해 이루어진다고 전제하였다. 이어, 홀(Hall)은 루소의 자연주의적 교육사상과 다윈의 진화론적 생물학을 잘 조화시켜 성숙론적 발달론을 제시하였다.

그리고 성숙론의 가장 대표적인 학자는 게젤(Gesell)인데, 아동발달에 대한 그의 이론은 20세기 초반에 미국에서 지배적인 영향력을 행사하였다. 그의 주된 명제는 아동발달이 유전적으로 규정되어 있어 성숙(maturation)이라는 특별한 프로그램에 따라 펼쳐진다는 것(발달예정설)이다. 즉, 발달의 모든 영역은 자연적인 계획과 과정의 개화(unfolding)에 의해서 스스로 조정이 된다는 것이다. 이처럼 영유아의 발달이 성숙에 의해 통제되므로 일련의 행동발달단계들을 충분히 예견할 수 있다고 게젤은 주장하였다. 그는 태아발달에 대한 연구로부터 발달에는 순서가 있다고 전제하면서, 태아의 기관이나 조직이 유전적인 계획에 따라 순서대로 변화하는 것처럼, 이러한 유전적 물질은 생애의 전반에 걸쳐 발달과정에 계속적인 영향을 미친다고 역설하였다.

■ 성숙의 중요성

게젤(Gesell)은 일란성 쌍생아를 대상으로 한 계단오르기 실험을 통해 시간의 경과에 따라 나타나는 '성숙'이 '학습'(연습)보다 더 중요하다는 결론을 얻었다. 즉, 기본적인 신경계통의 성숙이 행동출현의 시기를 결정하며, 학습은 바로 성숙에 의존하기 때문에 결코 이를 초월할 수는 없다는 것이다. 이 실험에서 일란성 쌍생아의 한 아이에게 생후 46주부터 매일 10분씩 계단오르기 훈련을 시켰다. 이후 그 아이는 계단을 오르는 데 26초 걸렸으나 연습을 하지 않은 아이는 45초가 걸렸다. 그 후 두 아이에게 2주일 동안 동일한 훈련을 실시한 결과 처음 훈련을 받지 않았던 아이는 10초에 계단을 오를 수 있었으나, 처음에 훈련을 받은 아이는 20초가 걸렸다. 처음에 훈련을 받은 아이는 그렇지 않았던 아이보다 3배나 계단오르는 훈련을 더 받았고, 7주나 먼저 계단오르기를 배웠는 데도 효과가 없었다는 결론이다. 그러므로 성숙이 이루어지기 전에 무리한 학습을 시키려는 맹목적인 조기교육이 바람직하지 않은 경우도 있음에 유의할 필요가 있다.

그렇다고 하여 게젤이 환경의 영향을 도외시한 것은 아니다. 유기체에 손상이 있을 때 볼 수 있는 바와 같이, 환경조건은 정상적인 발달을 위해서 필요하다는 것을 그는 분명히 지적하였다. 그러나 환경요인이 발달을 유지·변화·수정할 수는 있지만, 그 기본적인 진행과정을 생성·변화시키지는 못한다고 보았다.

ONLINE RESOURCES

'게젤(Gessel)의 성숙이론'에 관한 자료가 필요할 경우 저자가 운영하는 웹사이트(welfare5.com)의 Online Resources 게시판을 통하여 다운을 받기 바랍니다('교육심리탐구'의 Online Resources 05 자료).

(2) 환경론

발달에 대한 '성숙론'의 관점과 대비되는 것으로서 환경론을 들 수 있는데, 이를 지지하는 학자들은 발달이 학습과 훈련에 의한 경험의 결과로서 이루어진다고 믿는다. 앞에서 언급한 루소가 성숙론의 초기 이론가라면, 로크(Locke)는 환경론의 초기 이론가라고 할 수 있다. 그는 인간이 출생 시에는 백지상태와 같으나, 이후의 후천적인 경험들에 의해 그의 인성과 지능 및 행동특성이 결정된다는 백지설(tabula rasa)을 주장하였다.

이러한 견해는 20세기 초반에 행동주의 심리학의 창시자인 왓슨(Watson), 그리고 파블로프(Pavlov)에 의해 새롭게 연구된 이래, 많은 학자들에 의해 더욱 발전하게 되었다.

(3) 상호작용론

발달은 유전적 요인이나 환경적 요인 중 어느 한 요인에 의해 결정되는 것이 아니라, 유전과 환경의 상호작용에 의해 결정된다는 관점으로서 상호작용론을 들 수 있다. 이러한 입장의 대표자는 피아제(Piaget)와 비고츠키(Vygotsky) 등이다. 상호작용론자들에 의하면, ① 능력이나 인성 또는 행동특성에서 나타나는 개인차는 유전이나 환경 중 어떤 한 요인에 의해 결정되는 것이 아니라, 두 요인의 상호작용에서 비롯되고, ② 가장 최적의 환경적 조건 하에서도 학습은 일어나지 않을 수 있고, 유전적 요인이 발달의 한계를 결정하며, ③ 발달이 일어날 수 있는 시기는 유전적 요인과 환경적인 요인의 상호작용에 의해 결정된다.

2. 발달의 원리와 과업 및 주요쟁점

1) 발달의 원리

발달의 양상은 개인에 따라 반드시 어느 정도 차이가 있기 마련이지만, 발달적 변화는 예측이 불가능하거나 무작위적인 변화라기보다는 체계적이고 규칙적인 원리에 의해 이루어진다. 따라서 발달은 일관성 있는 원리에 따라 진행된다고 할 수 있다. 이러한 발달의 원리에 대하여 살펴보면 다음과 같다 (Yelon & Weinstein, 1977; Angrilli & Helfat, 1981).

(1) 발달은 유전과 환경의 상호작용에 의해 이루어진다 : 발달의 상호작용성

발달은 유전과 환경(성숙과 학습)의 상호작용의 산물로서 이루어진다. 개체의 발달은 단순한 유전적인 요인에 의한 것만도 아니고, 또한 환경적인 요인에 의한 것만도 아니다. 발달은 개체의 내부적 힘인 유전적인 요인과 외부적 힘인 환경적인 요인이 서로 상호작용한 결과로서 나타나므로 결국 성숙과 학습의 결과라고 할 수 있다.

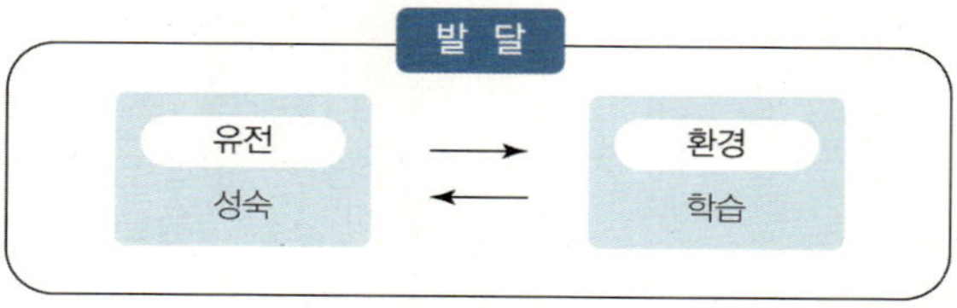

그림 3-1 ▎ 유전과 환경 간의 상호작용에 의한 결과로서의 발달

이러한 관계를 레빈(Lewin, 1942)은 행동(B: Behavior)이 개인(P: Person)과 환경(E: Environment, 여기에서의 환경은 '심리적 환경'을 의미함) 간의 상호작용에 의해 결정된다고 주장하면서, 이를 함수식 $B = f(P \cdot E)$ 로 표현하였다(p.388 [그림 6-22] 참조). 그리고 우드워스(Woodworth, 1941)는 인간의 발달(D: Development)이 생득적으로 타고난 내적인 유전인자(H: Heredity)와 후천적인 환경조건(E: Environment)과의 상호작용에 의해 이루어진다고 주장하면서, 이를 발달방정식 $D = f(H \cdot E)$로 표현하였다.

한편, 인간의 발달에 영향을 미치는 환경체계에 대한 논의는 다양하게 이루어질 수 있지만, 그 대표적인 이론으로서 브론펜브레너(Bronfenbrenner, 1979)

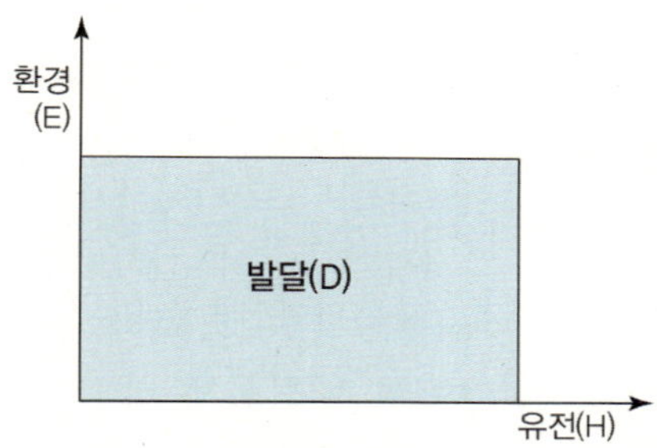

그림 3-2 ▎ '유전요인'과 '환경요인'의 영향에 따른 발달의 정도

가 제안한 생태학적 관점의 환경체계를 제시할 수 있다. 그는 개인이 성장하면서 접하게 되는 환경체계를 크게 ① 미시체계, ② 중간체계, ③ 외체계, ④ 거시체계, ⑤ 시간체계 등으로 구분하고, 이들 간의 복합적인 상호작용에 의해 발달이 이루어지게 된다고 주장하였다([그림 3-3]).

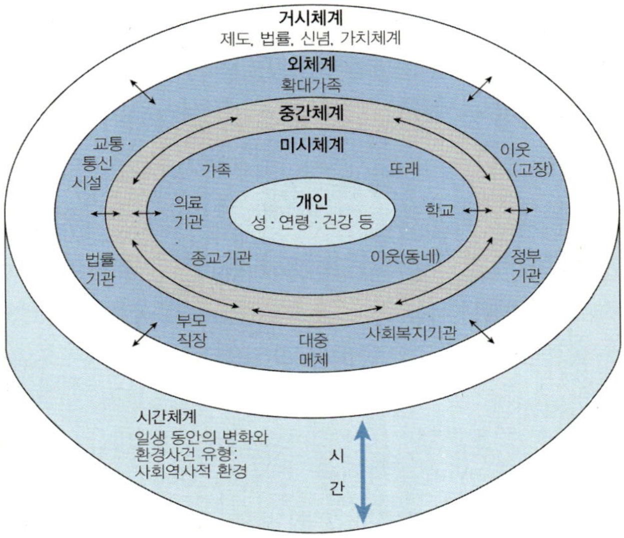

그림 3-3 | 브론펜브레너(Bronfenbrenner)가 제안한 생태학적 환경체계

자료출처 : Santrock, J. W.(1998). Adolescence. p.52

첫째, 미시체계는 아동과 가장 인접한 수준의 직접적인 환경으로, 직접적·대면적인 상호작용을 하는 친밀한 사회적 관계망으로 구성된다. 아동은 자신의 삶에 영향력을 많이 미치는 사람들과의 지속적인 상호작용을 하고, 친밀한 대면적인 환경 내에서 많은 경험활동들이 이루어진다. 실례로는 가족, 또래, 학교, 이웃(동네), 종교기관, 의료기관 등을 들 수 있다.

둘째, 중간체계는 성장하는 아동을 포함한 둘 또는 그 이상의 미시체계 간의 연결점과 과정으로 형성된다. 하나의 미시체계에서 일어나는 일은 다른 미시체계와 상호관련 되어 있으며, 그들 간에는 상호작용이 이루어지므로 특정한 시점에서 미시체계들 간의 상호작용에 의해서 중간체계가 현성되는 것이다. 실례로는 가정과 학교 간의 상호관계, 가족과 또래 간의 상호관계 등을 들 수 있다.

셋째, 외체계는 아동과 직접적으로 밀접하게 상호작용을 하는 것은 아니지만, 점차 성장하면서 생활의 주요한 요소가 되며, 그의 발달에 상당한 영향을 미치게 된다. 여기에는 지역사회수준에서 기능하고 있는 주요기관들이 포함되는데, 실례로는 이웃(고장), 정부기관, 사회복지기관, 대중매체, 부모직장, 법률기관, 교통·통신시설 등을 들 수 있다.

넷째, 거시체계는 눈에 보이지 않는 사회의 이념이나 제도의 일반적인 형태로서, 법과 같이 명확한 형태를 가진 것도 있지만 문화와 가치관과 같이 일정한 형태가 없는 것도 있는데, 이것도 아동의 발달에 지속적인 영향을 미친다. 이는 분명 아동의 생활에 직접적으로 개입하지는 않지만, 간접적이면서도 전체적으로 강력한 영향력을 발휘할 수 있다. 또한, 거시체계의 변화는 외체계, 중간체계, 미시체계, 그리고 결국 개인에게 영향력을 미치게 된다. 실례로는 제도, 법률, 신념, 가치체계 등을 들 수 있다.

다섯째, 시간체계는 개인이 전생애에 걸쳐 겪게 되는 모든 형태의 조건과 상황으로, 사회·역사적인 환경을 지칭한다. 실례로는 유아기 때의 학대, 아동기 때의 부모이혼 등을 들 수 있다.

표 3-1 브론펜브레너(Bronfenbrenner)의 생태학적 환경체계이론 핵심

발달양상		아동의 발달은 여러 환경 층의 영향을 받는 복잡한 관계 속에서 이루어짐 ➜ 발달은 항상 변화하고 있는 인간과 환경 간의 상호작용의 산물임 ➜ 발달은 시간체계 안에서 일어남
생태학적 변이		주어진 환경에서의 개인의 역할, 장면, 혹은 역할과 장면 모두의 변화로 인해 개인의 지위가 변동되며, 이에 따라 발달은 달라지게 됨
아 동 관		아동은 환경의 영향을 받는 수동적인 존재가 아니라, 환경을 구성하는 능동적 주체임
생태체계의 구성	미시체계	가족이나 또래와 같이 아동에게 직접적으로 영향을 주는 환경(아동과 직접적 교류) : 가족, 또래, 학교, 이웃(동네), 종교기관, 의료기관 등
	중간체계	2개 이상의 미시체계들 간의 연결이나 상호관계
	외 체 계	아동과 직접 상호작용을 하진 않지만 아동의 경험에 영향을 미치는 사회적 환경 : 이웃(고장), 정부기관, 사회복지기관, 대중매체, 부모직장, 법률기관, 교통·통신시설 등
	거시체계	아동이 속한 사회의 광범위한 제도, 법률, 신념, 가치체계(교육, 정치, 경제 및 사회 가치의 핵심이 포함됨) 등
	시간체계	전 생애에 걸쳐 일어나는 사건과 사회역사적인 환경 (시대가 흐름에 따라 달라지는 환경)
한 계 점		• 실제 발달에 대한 특수한 생물학적 기여에 대한 관심 부족 • 다른 발달이론을 대체한다기보다는 보완하는 이론임

(2) 발달은 분화의 과정이면서, 아울러 통합의 과정이다 : 발달의 분화·통합성

발달은 전체적이고 미분화된 기관이나 기능이 부분적이고 특수적인 기관이나 기능으로 분화되어 가면서도, 동시에 그 분화된 기관 또는 기능이 전체적으로 종합되어 하나의 새로운 체제로 통합되는 과정을 밟는다. 예를 들면, 운동발달과정에서 모로(Moro) 반사처럼 신생아는 감각기관에 자극을 받으면 그 부분만을 움직이는 것이 아니라 전신적인 운동을 하며, 신체 각 부분을 독립적으로 반응시키는 경우는 드물다.

그러나 점차 성장함에 따라서 신체의 각 부분을 독립적으로 움직일 수 있게 된다. 그리하여 신체의 각 부분이 독립적으로 움직일 수 있게 되어 여러 신체 기능들이 발휘될 수 있게 되면 드디어 이러한 기능들이 종합되어 새로운 하나의 체제로서의 통합적인 활동을 하게 된다. 예를 들면, 미분화된 전체적인 활동(행동)이 점차 달리는 행동, 뛰는 행동, 던지는 행동, 받는 행동 등으로 분화되어 가면서, 일정 시점에서 이들이 통합되어 농구를 할 수 있게 된다. 정신적 기능의 발달도 이와 같은 과정을 밟는다.

■ 전체적인 활동(행동) ➡ 분화 : 달리는 행동, 뛰는 행동, 던지는 행동, 받는 행동 등으로
■ 달리는 행동, 뛰는 행동, 던지는 행동, 받는 행동 등의 ➡ 통합 : 농구

(3) 발달은 일정한 순서와 방향으로 이루어진다 : 발달의 순서·방향성

모든 발달은 시기(단계)에 따라 그 속도는 다르나, 일정한 순서와 방향으로 이루어진다. 신체 및 운동기능의 발달은 물론이고, 언어나 지적인 발달에도 이러한 원리가 적용된다. 특히 신체 및 운동기능의 발달에 있어서의 순서나 방향은 첫째, 두-미(頭-尾)의 방향으로 발달된다. 태아는 머리가 다리부분보다 먼저 발달하고 팔이 다리보다 먼저 발달한다. 둘째, 근처-원처(近處-遠處)의 방향으로 발달한다. 즉, 중추신경에서 말초신경의 방향으로 발달이 진행된다. 셋째, 전체활동에서 특수활동의 방향으로 발달한다. 근육의 발달은 대근육에서 소근육 쪽으로 발달함으로써 전체적·미분화적 활동이 점차 분화된 특수활동으로 발달한다.

① 두-미(頭-尾)의 방향으로 발달 : 머리가 다리부분보다 먼저 발달하고, 팔

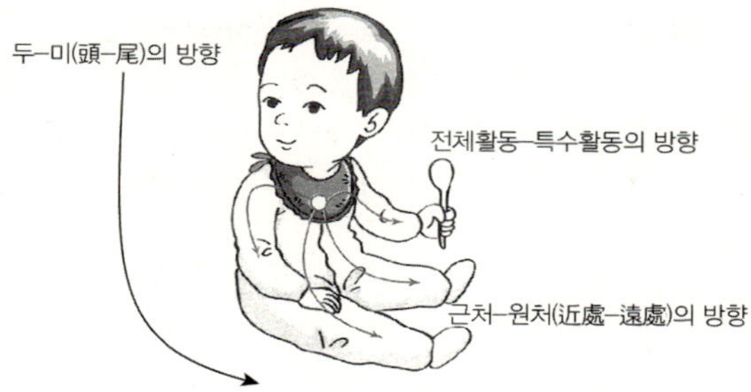

그림 3-4 | 발달이 진행되는 방향

이 다리보다 먼저 발달함

② 근처-원처(近處-遠處)의 방향으로 발달 : 중추신경에서 말초신경의 방향으로 발달이 진행됨

③ 전체활동에서 특수활동의 방향으로 발달 : 전체적·미분화적 활동이 점차 분화된 특수활동으로 발달함

(4) 발달에는 최적 시기와 결정적 시기가 있다 : 발달의 적기성

특정의 영역이나 기능에 따라 발달이 급격하게 이루어지는 최적시기와 결정적 시기가 있다. 인간의 발달을 장기간에 걸쳐서 관찰해 보면 거기에는 점진적 연속성이 있다는 것을 발견할 수 있으나, 어떤 특정한 기간 예컨대, 초등학교 시기라는 한정된 기간을 놓고 보면 다분히 불규칙적임을 알 수 있다. 이것은 신체부분이나 기능의 특성에 따라 급격한 발달시기가 있음을 뜻한다. 이는 특정의 발달에는 최적시기(optimum period)가 있음을 의미한다.

이것은 또한 신체기관이나 기능 또는 정신기능의 발달에 있어 결정적 시기(critical period)가 있다는 것을 내포하고 있다. 따라서 결정적 시기에 있어서의 발달장애는 영구적인 결함을 초래할 수 있다. 에릭슨(Erikson, 1963)은 출생 후 약 1.5년간은 다른 사람에 대한 신뢰감이 발달하는 결정적인 시기이기 때문에 이때 충분한 사랑과 온정을 받지 못하면 불신감을 발달시키게 됨으로써 결국은 훗날의 대인관계행동에 영구히 지장을 받게 된다고 주장하였다. 또한, 블룸(Bloom) 등도 지적 발달에 결정적인 시기가 있음을 강조하였다. 즉, 지능은 출생~4세까지는 50%, 출생~8세까지는 80%, 출생~17·18세가 되면 100%에 도달한다고 주장하면서, 인간의 성장·발달에 있어서 초기경험의 중요성을 역설하였다.

ONLINE RESOURCES

'줄탁동시, 발달의 기본특성'에 관한 자료가 필요할 경우 저자가 운영하는 웹사이트(welfare5.com)의 Online Resources 게시판을 통하여 다운을 받기 바랍니다('교육심리탐구'의 Online Resources 06 자료).

(5) 발달은 연속적·점진적으로 이루어지면서도 비연속적·비약적으로 이루어진다 : 발달의 연속성·비연속성(점진성·비약성)

신체발달과 인지발달을 포함한 모든 발달은 연속적이며 점진적으로 이루어진다. 이러한 사실은 지금까지의 각종 측정결과가 어느 정도 증명해 주고 있다. 이는 어느 일정 시점의 발달이 기초가 되어 그 후의 발달이 이루어진다는 의미를 내포하고 있다. '발달의 기초성'이 강조되는 것도 바로 이러한 이유에서이다.

한편, 발달은 비연속적·비약적인 과정을 통하여 이루어지기도 한다. 즉, 발달은 일련의 독립적이며 질적으로 구분되는 일련의 단계들을 통하여 이루어지기도 한다. 이러한 관점은 특히 발달에 대한 단계이론가들에 의해 지지되고 있다.

〈발달의 연속성〉 〈발달의 비연속성〉

그림 3-5 ❙ 발달의 연속성과 비연속성

자료출처 : Santrock, J. W.(2008). Educational Psychology. p.30.

(6) 발달에는 개인차가 존재한다 : 발달의 개별성

모든 인간은 보편적인 순서에 따라 발달한다. 그러나 인간의 발달을 자세히 살펴보면 개인차가 있음을 발견할 수 있다. 이러한 개인차에는 개인 간 차(個人間 差)와 개인 내 차(個人內 差)가 포함된다.

먼저, 개인들의 발달을 비교해 보면 그 속도나 정도에 있어 차이가 있음을 알 수 있는데, 이를 '개인 간 차'라고 지칭한다. 여기에는 발달에 있어 나타나는 남녀 간의 성차(性差)도 포함된다. 개인 간 차에 대한 실례로는 영수는 키가 매우 크나, 철수는 상당히 작다든가, 순이는 지능지수가 115인 반면, 영숙이는 132이라든가, 길동이는 외향적인 성격을 가졌으나, 길수는 내향적인 성격을 가지고 있는 경우 등을 들 수 있다. 이처럼 개인 간 차가 존재한다는 사실은 교육에 있어서 개별지도(교육의 개별화)의 필요성과 중요성을 뒷받침하고 있다.

한편, 한 개인의 발달을 면밀히 분석해 보면 각 영역의 발달정도나 수준이 동일하지 않음을 확인할 수 있는데, 이를 '개인 내 차'라고 지칭한다. 이는 한 개인의 여러 특성이나 능력들 간에 존재하는 차이로서, 개인의 여러 가지 특성이나 능력들 사이의 불균형 상태를 가리킨다. 예를 들어, 어떤 아동이 언어능력은 떨어지나 산수 및 예·체능 방면에서는 우수한 성적을 내는 경우, 학업성취면에서는 뒤지나 예·체능 방면의 능력을 가지고 있는 경우 등이 이에 해당한다. 철수는 머리는 좋은데 사회성은 부족하다, 영욱이는 공부는 잘하는데 운동은 잘 하지 못한다, 순이는 영어는 잘하는데 수학은 못한다 등을 그 실례로 들 수 있다. 만약 지능검사를 실시한 결과 각 영역별 점수들 간의 차이는 곧 개인 내 능력(기능)의 차이로 인식할 수 있다. 이는 개인의 여러 특성이나 능력의 차이를 이해하고, 이에 대한 적절한 교육적 대책을 마련하는 데 유익한 정보를 제공한다. 이러한 개인내 차의 존재가 확인된다면 각 아동이 가지고 있는 강점(strength)은 살리고, 약점(weakness)은 보완하는 교육프로그램을 개발하여 실행할 필요성이 있다.

(7) 발달의 각 영역들은 상호관련되어 있다 : 발달의 상호관련성

인간의 발달은 여러 영역으로 세분될 수 있지만, 이를 크게 분류하면 신체·운동발달, 인지발달, 사회정서발달로 구분할 수 있는데, 이들 간에는 얼핏 관련성이 없는 것처럼 보이지만, 영역들은 상호 간에 긴밀하고도 유기적인 관련성을 맺고 있다. 그러므로 특정 영역의 발달이 충분하게 이루어지면 이로 인해 나머지 영역의 발달도 원만하게 이루어지지만, 특정 영역의 발달이 미흡하게 되면 다른 영역의 발달도 부정적인 영향을 받게 된다. 따라서 각 영역 간의 조화로운 발달이 이루어지도록 지도해야만 원만한 인간발달이 가능하며, 전인으로서 발달이 실현된다.

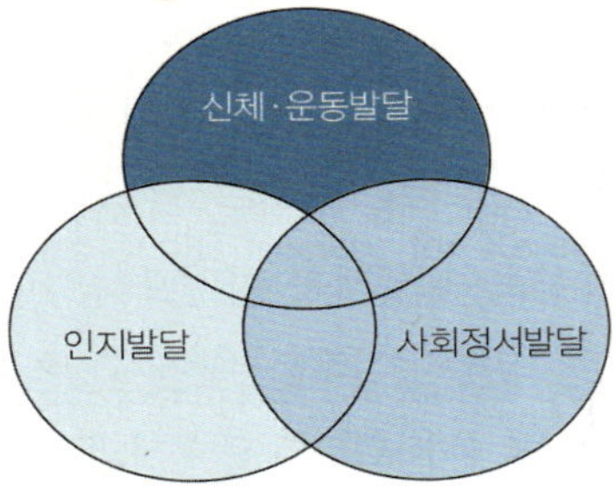

그림 3-6 | 발달영역 간의 상호관련성

자료출처 : Santrock, J. W.(2004a). Child Development. p.18.

(8) 발달의 초기경험과 후기경험 모두 중요하다 : 발달의 초기경험·후기경험 중요성

발달에 있어서 생의 초기단계인 영아기·유아기·아동기의 초기경험은 이후의 모든 단계의 성장·발달에 큰 영향을 미친다. 예컨대, 개인이 발달의 초기에 부모와 따뜻하고 적절한 대인관계를 형성하지 못하면 이후에도 타인과의 원만한 대인관계를 형성하기 어렵고, 적응곤란이 야기될 가능성이 높다. 따라서 어렸을 때 겪게 되는 애정결핍(모성실조, 부성실조), 부모의 심한 갈등과 이혼, (성)폭행, 학대 등의 정신적 외상(trauma)은 그 시기는 물론, 이후의 성장과 발달에 매우 부정적인 영향을 미치게 된다. 특히, 어떤 이유로 시설에 수용되어 자람으로써 모성과 부성 실조를 경험하게 되면 발달에 있어 전반적인 결함이나 왜곡이 나타날 수 있는데, 이를 시설결핍증(hospitalism)이라고 표현한다.

ONLINE RESOURCES

'시설결핍증(hospitalism)'에 관한 자료가 필요할 경우 저자가 운영하는 웹사이트(welfare5.com)의 Online Resources 게시판을 통하여 다운을 받기 바랍니다('교육심리탐구'의 Online Resources 07 자료).

그러나 발달의 초기경험의 중요성을 인정한다는 것이 곧 후기경험이 중요하지 않다는 것을 의미하지는 않는다. 요즘 들어, 후기경험의 중요성을 강조하는 학자들은 인간이 조각상처럼 불변하는 것이 아니라 유아기 이후에도 끊임없이 변한다고 주장하면서, 아동기나 청소년기 이후의 경험도 발달에 중요한 영향을 미친다고 역설하고 있다. 따라서 인간이 발달의 과정에서 갖게 되는 경험은 그 시기도 중요하지만, 그 강도도 매우 중요한 의미를 갖는다고 볼 수 있다.

2) 발달과업

해비거스트(Havighurst, 1972)는 평생발달론적 관점에서 각 발달단계에서 성취해야 할 행동특성들을 어떤 특정의 유형에만 국한시키지 않고 광범위하게 제시하였다. 그는 에릭슨(Erikson, 1963)이 각 발달단계에서 형성하는 행동을 긍정적 측면과 부정적 측면으로 대비시켜 제시한 것과는 달리, 부정적 측면은 배제하고 긍정적 측면의 행동특성들을 기술하였는데, 이를 발달과업(developmental task)이라고 칭하였다.

발달과업이란 발달의 각 단계에서 획득되어야 할 행동특성을 말하는데, 각 발달단계에서 이것을 순조롭게 획득하게 되면 잘 적응할 수 있지만, 그렇지 못하면 적응하기 어렵고 또한, 다음 단계의 행동발달에 지장을 초래하게 된다. 개인의 발달과업의 성취는 신체적 성숙과 사회문화적 압력(기대) 및 자아실현에 대한 의지 등에 의해 영향을 받는다.

해비거스트는 각 단계별 발달과업을 영아기 및 유아기, 아동기, 청소년기, 성인초기, 성인중기, 성인후기(노년기) 등으로 구분하여 제시하였다.

(1) 영아기 및 유아기(0~6세)의 발달과업

① 걸음 배우기
② 고체음식물 먹는 법 배우기
③ 말 배우기
④ 대소변의 통제 배우기
⑤ 성차(性差)의 인식과 성유형 행동 배우기
⑥ 생리적 안정의 유지방법 습득하기
⑦ 사회적·물리적 세계에 대한 기본개념 형성하기
⑧ 부모형제 등의 타인과의 정서적 관계 형성하기
⑨ 선·악의 구별 및 양심 형성하기

(2) 아동기(6~12세)의 발달과업

① 놀이에 필요한 신체적 기능 습득하기
② 자신에 대한 건전한 태도 형성하기

③ 또래친구 사귀는 법 알기
④ 성역할 행동 습득하기
⑤ 기본학습기술인 읽기·쓰기·셈하기(3R's)의 습득아 가
⑥ 일상생활에 필요한 개념 익히기
⑦ 양심·도덕·가치기준 발달시키기
⑧ 사회집단과 제도에 대한 태도와 개념 발달시키기

(3) 청소년기(12~18세)의 발달과업

① 남녀의 신체발달 및 성역할(사회적 역할) 습득하기
② 동성 및 이성 친구와의 새로운 관계형성하기
③ 부모나 다른 성인으로부터 정서적으로 독립하기
④ 경제적 독립의 필요성 인식하기
⑤ 직업의 선택과 그에 대하여 준비하기
⑥ 유능한 시민으로서의 기본적인 지적 기능과 개념 획득
⑦ 사회적 책임에 맞는 행동하기
⑧ 결혼과 가정생활 준비하기
⑨ 과학적 세계관에 근거한 가치체계의 발달

(4) 성인초기의 발달과업

① 배우자 선택
② 배우자와의 생활방법 학습
③ 가정 형성
④ 자녀양육과 가정관리
⑤ 시민으로서의 의무 완수
⑥ 친밀한 사회적 집단 형성

(5) 성인중기의 발달과업

① 사회적 의무의 완수
② 경제적 표준생활 확립과 유지

③ 10대 자녀의 훈육과 선도
④ 적절한 여가 활용
⑤ 배우자와의 친밀한 관계 유지
⑥ 중년기의 생리적 변화 수용 및 적응
⑦ 노년기 부모에 대한 봉양

(6) 성인후기의 발달과업

① 신체적 건강쇠퇴에의 적응
② 은퇴와 수입 감소에의 적응
③ 배우자의 사망에 대한 적응
④ 동년배와의 유대관계 재형성
⑤ 사회적 시민의 의무 수행
⑥ 생활에 적합한 물리적 환경의 조성

이러한 발달과업은 크게 두 가지 측면에서 교육에 대한 시사점을 준다(Yelon & Weinstein, 1977). 첫째로, 발달과업은 특정의 발달단계에 속하는 학생들의 학습목적(학습목표)을 설정하는 데 중요한 준거(기준)를 제공해 주며 둘째로, 특정의 능력과 기능 및 태도 등을 가르치는 최적시기(teachable period)에 대한 정보를 제공해 준다.

3) 발달에 관한 주요쟁점

인간발달은 인간의 전생애에 걸쳐 일어나는 양적인 변화와 질적인 변화를 포함한 진보적 변화(상승적 변화, 긍정적 변화) 및 퇴보적 변화(하강적 변화, 부정적 변화) 모두를 의미한다. 그런데 이러한 발달이 이루어지는 과정과 관련하여 여러 쟁점들이 제기되고 있는데, 이들 중 ① 유전-환경, ② 성숙-학습, ③ 연속성-불연속성, ④ 결정적 시기의 유무, ⑤ 초기경험-후기경험 등에 관한 쟁점들을 제시하면 [표 3-2]와 같다. 이러한 쟁점들은 바로 인간발달의 본질에 관한 일반적인 문제를 제기하고 있다.

표 3-2 발달에 관한 중요한 쟁점들

쟁점들	제기되는 문제들
유전 - 환경	발달과정에 영향을 미치는 주요한 요인은 유전인가, 아니면 환경인가?
성숙 - 학습	발달은 생래적인 내적 기제인 성숙에 의해 자연적으로 이루어지는가, 아니면 후천적인 외적 기제인 학습에 의해 이루어지는가?
연속성 - 비연속성	발달은 연속적이고 점진적으로 이루어지는가, 혹은 비연속적이고 비약적으로 이루어지는가?
결정적 시기의 유무	발달에는 결정적 시기가 확실히 존재하는가, 아니면 그러한 시기가 존재하지 않는가?
초기경험 - 후기경험	발달에 있어서 초기경험이 중요한가, 아니면 후기경험이 중요한가?

위의 각 논쟁에서 어느 한편만을 배타적으로 지지하는 것은 현명하지 못하다. 왜냐하면 인간의 전생애 발달에 있어 유전-환경, 성숙-학습, 연속성-불연속성, 결정적 시기의 유무, 초기경험-후기경험 등의 각각에 있어 어느 한쪽만이 발달에 유의한 영향을 미치는 것이 아니라 양자 모두가 발달에 영향을 미친다고 간주해야 하기 때문이다. 예를 들면, 유전-환경의 논쟁에서 보면 발달에 중요한 역할을 하는 것은 유전과 환경 중 어느 한쪽이 아니라 양자의 상호작용이라고 할 수 있다. 남녀 청소년의 행동을 예로 들어보면, 유전적 요인이 신장, 체중, 사춘기 시작의 연령 등에서 남녀 간의 차이에 영향을 미친다. 즉, 여자가 남자보다 키가 작고, 체중이 덜 나가며, 더 일찍 사춘기를 맞이한다. 그러나 지금에서는 환경적 요인의 영향으로 우리가 예전부터 익히 알고 있는 남녀 간의 차이는 점점 사라지고 있다. 예를 들면, 예전보다 더 많은 여성이 수학이나 과학 분야에 종사하고 있고, 더 자율적이고 능동적인 성향을 많이 갖고 있다. 또한, 과거에 비해 더 많은 여자청소년이 흡연을 하며, 약물을 복용한다. 이와 같이 남녀 간의 유사점이나 차이점의 양상이 변하는 것은 어떤 현상을 유전적 요인이나 환경적 요인만으로 설명하려는 단순논리는 현명하지 못하다는 사실을 뒷받침하고 있다.

ONLINE RESOURCES

'발달에 관련된 쟁점들'에 관한 자료가 필요할 경우 저자가 운영하는 웹사이트(welfare5.com)의 Online Resources 게시판을 통하여 다운을 받기 바랍니다('교육심리탐구'의 Online Resources 08 자료).

CHAPTER

04 발달의 영역

인간발달의 영역을 크게 ① 신체·운동발달, ② 인지발달, ③ 사회정서발달 등으로 구분할 수 있고, 그 발달의 단계는 ① 태내기, ② 영아기, ③ 유아기, ④ 아동기, ⑤ 청소년기, ⑥ 성인초기, ⑦ 성인중기, ⑧ 성인후기 등으로 세분할 수 있다([그림 4-1]).

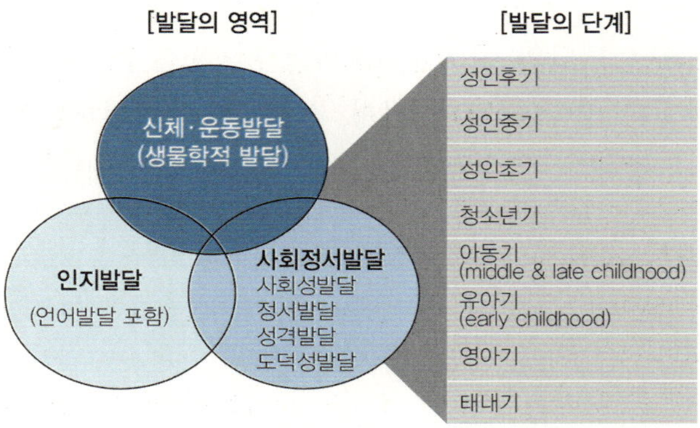

그림 4-1 ▌발달의 영역 및 단계

자료출처 : Santrock, J. W.(2004b). Educational Psychology. p.36.

여기에서는 먼저 발달의 영역을 보다 세분화하여 ① 신체·운동발달, ② 인지발달, ③ 언어발달, ④ 사회성발달, ⑤ 정서발달, ⑥ 성격발달, ⑦ 도덕성 발달 등의 순서로 논의하며, 발달의 단계에 대해서는 다음 장에서 논의하기로 한다.

1. 신체·운동발달

우리는 신체·운동발달을 인지발달과 대비시켜 생각하는 경향이 있고, 또한 정신발달과는 무관한 것으로 간주하는 경우가 많으나, 신체·운동발달과 정신발달은 밀접한 상관관계가 있으며, 상호작용적인 관계로 인간의 발달을 이끌어 간다고 할 수 있다. 특히, 인간발달의 초기일수록 신체·운동의 발달과 인지·정신의 발달 간의 관련성은 밀접하다. 어린 아동들은 신체·운동에 의하여 주변세계의 사물이나 대상들을 접하게 되고, 그것들을 조작하고 통제·지배함으로써 경험의 세계를 넓혀가기 때문 이다.

여기에서는 먼저 '신체발달'에 대하여 ① 신체발달의 양상, ② 신체발달의 영역, ③ 신체비율의 변화, ④ 신체발달의 특징 등으로 구분하여 논의하고, 이어 '운동발달'에 대해 ① 운동발달의 원리, ② 운동발달의 영역으로 구분하여 논의하고자 한다. 끝으로, 이러한 신체·운동발달과 교육의 관계에 대한 몇 가지 핵심사항들을 제시하고자 한다.

1) 신체발달

신체발달은 모든 발달의 출발점으로서 인지·정신발달과 밀접한 관련성을 갖는다. 신체발달은 영아의 인지, 정서, 성격, 욕구 등의 발달에 지대한 영향을 미친다. 일생 중에서 신체발달 속도가 유난히 빠른 제1성장급등기는 영아기이고, 제2성장급등기는 청소년기(사춘기)이다.

(1) 신체발달의 양상

위에서 언급한 바와 같이, 신체발달이 가장 빠른 시기는 영아기이며, 그 다음은 청소년기이다. 그런데 신체발달이 이루어지는 양상은 그 부분에 따라 다른데, 이는 크게 네 가지의 양상으로 구분된다([그림 4-2]).

첫째, 편도선·임파선·갑상선·내분비선 등의 분비조직의 발달은 영·유아기에 급속히 발달하여 11~12세경에 정점(성인기의 거의 200%에 도달함)에 도달하며, 그 후 에는 쇠퇴과정을 밟는다. 특히, 임파선은 주로 신체발달이 가장 활발한 시기에 발달하여 병균을 없애주고, 신체를 튼튼하게 하는 등의 기능을 담당한다. 이러한 분비조직의 발달형태를 임파형(lymphoid type)이라고 한다.

둘째, 뇌수·척수·감각기관 등 신경조직의 발달은 영·유아기에 급격히 발달하여 6세경에는 성인의 약 90%에 달하며 14세경에는 거의 그 발달이 완료되는데, 이러한 신경조직의 발달형태를 신경형(neural type)이라고 한다.

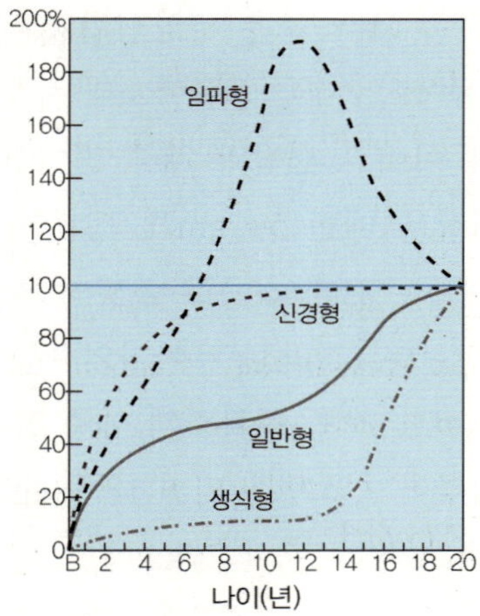

그림 4-2 ❙ 신체발달의 양상

자료출처: Clarke-Stewart, A., Friedman, S., & Koch, J.(1985). Child Development : A Topical Approach. p.86.

셋째, 임파선계통과 신경계통을 제외한 대부분의 발달은 0~4세경에 급속도로 이루어지며, 아동기에는 잠시 완만한 속도로 진행되다가 다시 청소년기에 들어서면 급속도로 이루어지게 되는데, 이러한 유형의 발달형태는 일반형(general type)이라 한다.

넷째, 고환·난소·자궁 등 모든 생식기관의 발달은 12세 정도까지는 완만하게 진행되다가 14세경 이후부터 청소년기에 걸쳐 급속도로 이루어지는데, 이러한 발달형태를 생식형(genital type)이라 한다.

(2) 신체발달의 영역

신체발달의 영역을 크게 ① 신장과 체중의 발달, ② 골격의 발달, ③ 근육의 발달, ④ 신경계의 발달 등으로 구분하여 차례대로 논의하면 다음과 같다.

① 신장과 체중의 발달

신장과 체중의 발달은 앞의 [그림 4-2]에서 확인할 수 있는 바와 같이, 영아기에 가장 빠르게 이루어지며, 이러한 추세는 유아기까지 계속 꾸준히 계속되다가, 아동기에 접어들게 되면 다소 완만한 변화가 유지되고 청소년기에 접어들면 다시 급속한 변화가 이루어진다.

신장과 체중의 발달에 영향을 미치는 요인 중 가장 강력한 것은 유전요인,

영양섭취, 건강관리 등이다. 보다 나은 영양섭취와 건강관리 등으로 인해 저소득층보다는 중산층의 유아가, 시골의 유아보다는 도시의 유아가, 그리고 둘째 이후 아이보다는 첫째 아이가 신장과 체중 면에서 더 큰 경향을 보여주고 있다. 특히, 유아기의 신장은 매년 5~7cm씩 정도씩 증가하여 5세경 유아의 키는 약 109.6cm 정도(여아는 108.6cm)로 출생 시의 2배 정도가 되고, 6세가 되면 115cm 정도로 성장한다. 그리고 유아기의 신장은 성인이 되었을 때에 얼마만큼 자랄 것인가를 어느 정도 정확하게 예측할 수 있는 지표가 된다. 체중의 증가도 완만하게 이루어져, 5세가 되면 18.98kg(여아는 18.43kg)이 되어 출생 시의 약 5배나 되며, 6세가 되면 20kg 정도가 된다.

신장과 체중의 꾸준한 증가는 신체비율에 변화를 초래하는데, 유아기에는 하체가 길어지면서 가늘어지기 시작한다. 여전히 머리가 신체에 비해 큰 편이지만, 유아기 말이 되면 머리가 무겁고 커보이는 모습에서 벗어나게 되며, 체지방도 꾸준히 감소한다. 점차 전체적으로 통통하던 영아의 모습에서 길고 홀쭉한 모습으로 변하는데, 신체 각 부분의 각기 다른 성장속도는 유아의 신체비율을 극적으로 변하게 한다.

② 골격의 발달

태아의 골격은 대부분 연골조직으로 구성되어 있으나, 임신 6주부터 연골조직은 점점 단단해지는데, 이는 경골화현상이라고 하는 것으로, 유아기 및 아동기를 지나 청년기까지 계속된다. 일단 기본골격이 형성되면 출생 직전에 '골단'이라고 불리는 성장중추가 나타나는데, 경골화과정은 이 성장센터에서 시작된다. 팔다리의 뼈와 같이 신체의 긴 뼈에는 골단이 양쪽 끝에 나타나는데, 성장이 완성되면서 골단은 점점 가늘어지고 마침내 사라지게 되면 성장판은 닫히게 되므로 더 이상의 성장은 불가능하게 된다([그림 4-3]). 영·유아기

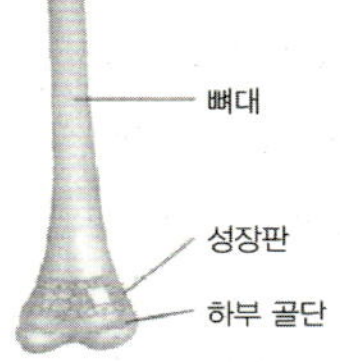

그림 4-3 | 상부 골단과 하부 골단 및 성장판

의 골격은 성인의 골격에 비하여 작을 뿐만 아니라 비율·형태·구성에 있어서도 다르다. 골격의 성골작용은 출생 직후부터 시작되나, 일반적으로 영아기부터 뼈의 조직이 연골에서 경골화되어 가며, 뼈의 크기와 수도 증가하고, 구성조직도 변화해 간다([그림 4-4]).

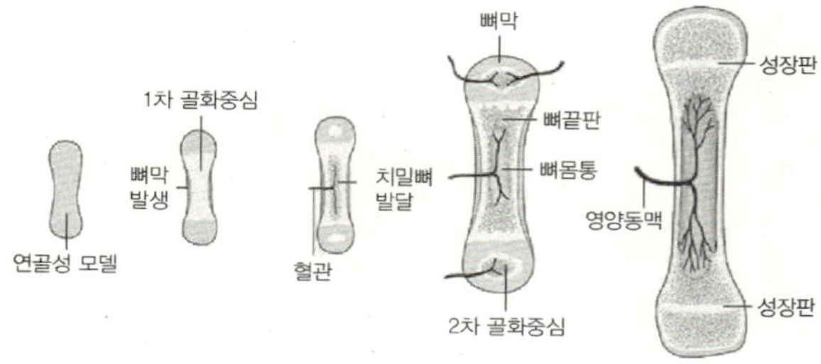

그림 4-4 | 성골작용

한편, 영아의 뼈의 연한 조직을 명백히 볼 수 있는 곳은 두개골이다. 영아의 두개골은 여섯 개의 천문(숫구멍)을 가지고 있으며, 그 중 2개는 외부에서 관찰 가능한 것으로서 대천문과 소천문이라고 부른다. 먼저 대천문은 앞 이마 위에 위치하여, 팔딱팔딱 뛰고, 만지면 말랑말랑하며 생후 1.5~2년 사이에 닫힌다. 그리고 두정골과 후두골 사이에 있는 소천문은 훨씬 작기 때문에 생후 4~8개월 만에 닫힌다. 이러한 숫구멍들은 두개골의 뼈와 뼈 사이를 이어주는 결체조직(결합조직)에 의하여 형성되고 있으며, 두개골을 유연하게 함으로써 출생 당시 산도를 통과하기 쉽게 하는 역할을 한다.

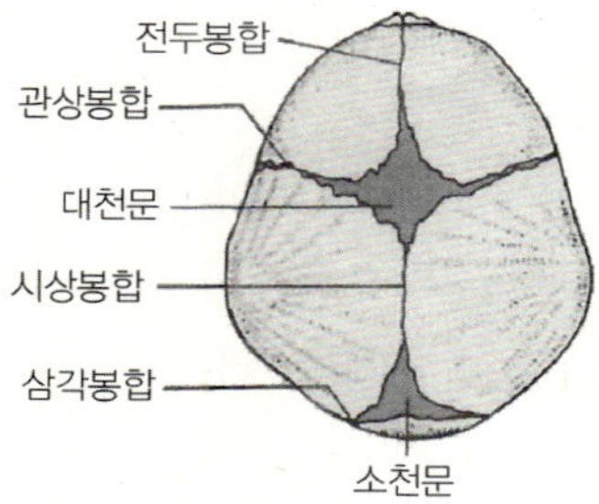

그림 4-5 | 두개골 : 천문(대천문, 소천문)

경골화작용은 12~13세경에 거의 완료되나, 이 같은 과정은 신체부분에 따라 각기 다르며, 개인에 따라서도 조금씩 차이를 나타낸다. 그리고 대체로 영

· 유아기의 뼈는 연골이므로 부러진다 해도 즉시 고칠 수 있으며, 영구적인 손상이 가지 않는다. 그러나 연골이 갖는 심각한 결과는 그 모양이 쉽게 변형된다는 점이다. 예를 들면, 오랫동안 뒤로 눕혀둔 아이는 머리의 뒷부분이 약간 둥그렇게 발달되는 대신 편평해지며, 앉거나 서 있을 때 불량한 자세가 오랫동안 지속되면 자세가 약간 굽게 되고, 그 결과 시간이 흐름에 따라 굽은 상태가 고정되어 버린다.

③ 근육의 발달

근육섬유의 수는 이미 출생시에 성인이 가지고 있는 것과 같으나, 그 조직의 크기나 길이는 작다(출생 시 근육조직은 35%가 수분임). 처음 1년 동안 영아는 신체의 수의근이 완전히 조정되지 않아서 신체활동에 빨리 피곤을 느끼기도 하나, 동시에 회복도 빠르다. 예를 들면 걷는다든가, 앉았다 넘어진다든가, 서 있거나 앉는다든가 하는 신체활동이 잦은 경우 쉽게 피로를 느끼지만 그 회복도 빠르다.

이러한 근육발달은 3~4세 동안 계속적으로 증가하여 5~6세가 되면 근육을 구성하는 근 섬유의 굵기가 증가하고 근력도 강해짐에 따라 체중의 75%를 차지하게 된다. 그리고 이러한 근육의 발달도 골격의 발달과 마찬가지로 신체부위나 개인에 따라 차이를 보인다. 예를 들면, 머리와 목부분의 근육이 다리부분의 근육보다, 대근육이 소근육보다 더 빨리 발달하며, 여아가 남아보다 더 빨리 발달한다. 또한, 여아의 근육은 남아에 비해 대체로 지방이 많은 대신 수분이 적으며, 근육조직이 적고 가벼우며 짧다.

④ 신경계의 발달

신경계는 뉴런(neuron; 신경원)과 글리아(glia; 신경교)라는 두 종류의 신경세포로 구성되어 있다. 이 중 뉴런은 신체의 한 부분에서 다른 부분으로, 또는 뇌의 한 부분에서 다른 부분으로 정보를 받아들이고 전달하는 역할을 하는 신경세포이다. 다음의 [그림 4-6]에서 보는 바와 같이 뉴런은 '수상돌기'를 통해 다른 뉴런의 '종말단추'로부터 신경메시지(신경정보, 신경충동, 신경흥분)를 받아들이고, 이를 '축색'을 따라 '종말단추'까지 보내는데, 그 곳에서 신경전달물질이 분비되어 또 다른 뉴런의 수상돌기로 하여금 그 신경메시지를 받아들이도록 자극한다.

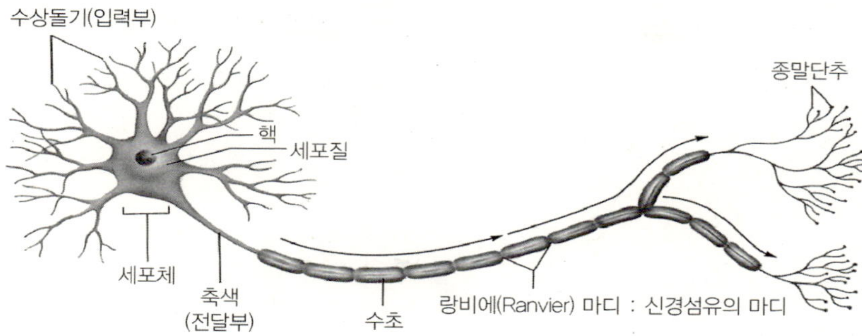

그림 4-6 | 뉴런의 구조

자료출처 : 박권생 외 5인 역(2009). 심리학과 삶. p.60.

그리고 글리아는 뉴런의 수보다 훨씬 많으며 일생을 통해 계속 형성되며, 뉴런에 영양을 공급하고 신경계를 결합시키는 접착제 역할을 하는데, 이를 수초화(myelination)라고 한다. 수초화는 미엘린(myelin)이라 불리는 지방성 물질이 뉴런의 축색 둘레에 막을 형성하는 현상을 말하는데, 이는 또한 뇌의 빠른 성장에 영향을 미친다.

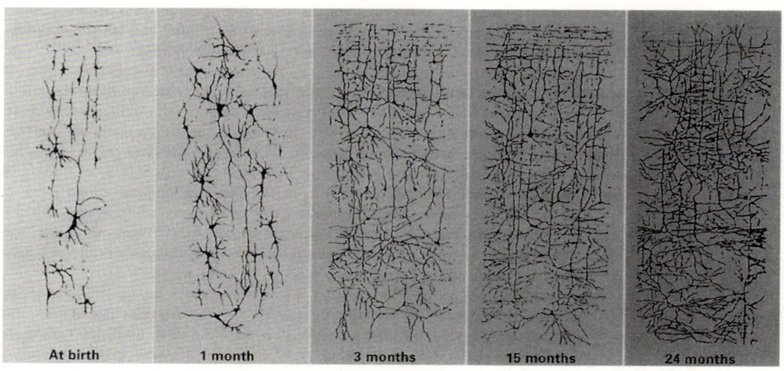

출생 후 2년 동안 뉴런들 사이의 연결이 증가됨.

그림 4-7 | 연령의 증가에 따른 수상돌기 확산의 발달정도

자료출처 : Santrock, J. W.(2004a). Child Development. p.133.

영아는 성인보다 더 많은 수의 뉴런과 시냅스(synapse)를 가지고 있는데, 그 이유는 다른 뉴런과 성공적으로 연결되는 뉴런은 그렇지 못한 뉴런을 밀쳐내기 때문이다. 그렇게 해서 뉴런의 약 절반 가량이 소멸된다. 이때 살아남은 뉴런은 수백 개의 시냅스(특정 뉴런의 '종말단추'와 또 다른 뉴런의 '수상돌기'가 접합되는 것)형성하는데, 이 과정에서도 뉴런이 적절한 자극을 받지 못하면 소멸된다. 흥미롭게도 인간이 평생 갖게 될 1,000~2,000억 개의 뉴런은 뇌의 성장급등기가 시작되기 전인 임신 6개월경에 이미 모두 형성된다.

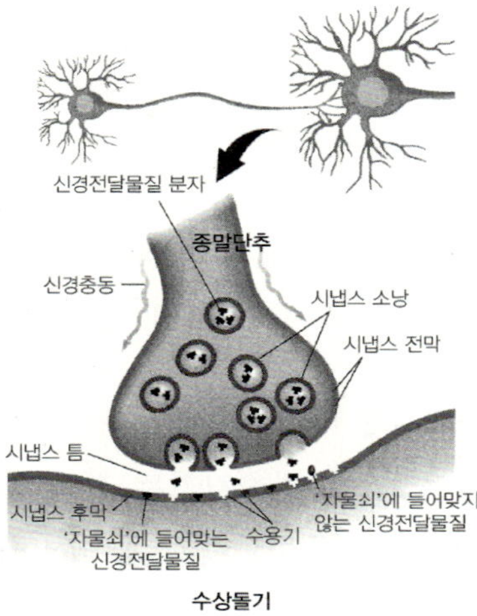

그림 4-8 ▎시냅스(synapse) : 뉴런과 뉴런의 접합부위

자료출처 : 박권생 외 5인(2009). 심리학과 삶. p.64.

뇌의 발달은 전적으로 생물학적 요인뿐만 아니라 환경의 영향에도 민감하게 작용한다. 예를 들면, 영아기의 영양실조는 뉴런의 수, 크기, 구조, 수초화의 속도, 시냅스의 형성에 영향을 미치고, 심각한 뇌손상을 초래한다. 또한, 뇌의 구조도 환경으로부터 받는 자극의 양과 종류에 의해서도 영향을 받는다. 영아의 뇌는 경험에 의해 구조나 기능이 변할 수 있는 유연성 또는 가소성(plasticity)이 뛰어나다. 따라서 지적 자극과 사회적 자극이 풍부한 환경에서 자란 아동과 이들 자극이 결핍된 환경에서 자란 아동을 비교해 보면 뇌의 구조와 무게에서 큰 차이를 보인다.

(3) 신체비율의 변화

신체발달에 있어 그 비율은 각 부위마다 다르며, 성장시기도 차이가 있다. 신생아의 경우 신장은 머리길이의 약 4배로서 4등신이나, 대체로 12세가 되면 7등신이 되고, 드디어 성인이 되면 8등신이 된다. 이러한 발달양상을 보면 [그림 4-9]와 같다.

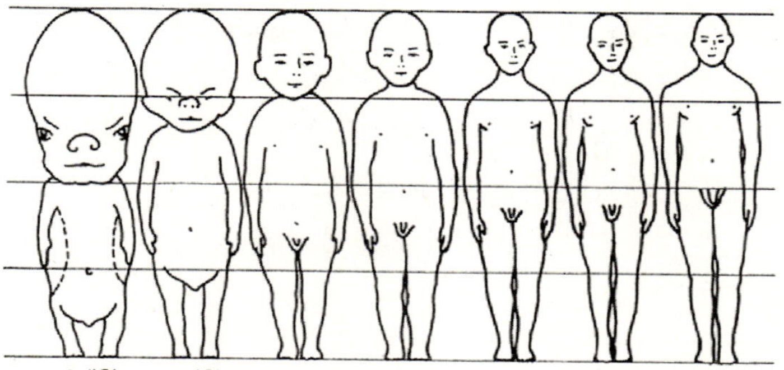

그림 4-9 | 연령에 따른 신체비율

(4) 신체발달의 특징

신체발달은 계속적이고 순서적이며, 분화적으로 이루어진다. 신장의 성장속도는 영아기·유아기에서 가장 빠르나, 아동기에는 점점 줄어들고 청소년기에 와서 다시 속도가 촉진되고, 그 후에 다시 늦어진다. 내분비선도 일정한 발달의 순서를 밟지만 신장의 성장과는 판이한 경로를 보여준다. 운동적 발달은 초기에 큰 근육의 사용과 정교하지 못한 운동이 특색이나, 발달함에 따라 근육의 사용이 분화되고 섬세한 운동을 할 수 있게 된다. 지금까지 논의한 신체발달의 과정을 종합적으로 분석해 보면 몇 가지 주요특징을 확인할 수 있다.

첫째, 출생 후부터 유아기에 이르는 단계에서 신체의 발달의 속도가 가장 빠르며(제1급등기), 그 다음으로는 사춘기 즉, 청소년기가 빠르다(제2급등기).

둘째, 신장은 영아기부터 청소년기까지 점진적으로 증가를 보이다, 청소년 후기에 이르러 거의 정지된다.

셋째, 각 기관의 발달은 일률적으로 발달하는 것이 아니라 체중이 발달하는 '충실기'와 신장이 발달하는 '신장기'가 주기적으로 율동성을 갖고 발달한다.

넷째, 성별과 개인차에 따라 발달은 차이를 보이는데, 대체로 여자는 신장에 있어서 9~14세 사이, 체중이 있어서 10~16세 사이에 남자보다 앞서고, 그 외의 시기에는 남자가 일반적으로 앞서게 된다.

다섯째, 신생아는 신체의 불균형상태로 태어나나, 유아기를 거치면서 점차 성장함에 따라 각 부분이 균형적으로 발달한다.

여섯째, 신체발달도 여타의 발달과 마찬가지로 유전과 환경의 상호작용에 의해서 이루어지는데, 환경에 의하여 변화될 수 있는 부분만이 교육이 담당할 수 있다. 주로 신체, 체격 또는 체형, 모발, 피부, 안구의 색, 혈액형, 색맹, 혈우병 등의 신체적 특징은 주로 유전요인에 의하고, 균형 있는 영양섭취·충분한 수면·정서적 안정·안전사고 및 질병으로부터의 보호·적당한 운동과 휴식 등의 환경요인은 직접적으로 신체의 발달에 영향을 미친다.

2) 운동발달

운동발달(정확하게 표현하면, 운동기능발달)은 골격과 근육 및 신경계의 발달정도에 의존한다. 운동발달은 두 가지 기제에 의해 이루어지는데, 그 한 가지는 전체적인 운동이 보다 더 세부적인 행동으로 분화되는 것이며, 또 하나는 여러 가지 분화된 행동이 하나로 통합되는 것이다.

(1) 운동발달의 원리

앞의 '발달의 원리'에서 논의한 바와 같이, 운동발달도 불규칙적이고 무질서하게 이루어지는 것이 아니라 몇 가지 원칙에 의해 이루어지는데, 이를 크게 다섯 가지로 제시하면 다음과 같다.

첫째, 운동 발달은 골격과 근육 및 신경계의 발달 정도에 의거하여 이루어진다. 그러므로 운동기능의 발달이 원만하게 이루어지기 위해서는 신경과 골격 그리고 근육의 발달이 선행되어야 한다.

둘째, 운동의 발달은 아동이 일정한 성숙상태에 도달해야만 가능하다. 이는 운동기능발달에 있어서의 준비성(readiness)의 중요성을 함축하고 있다.

셋째, 운동의 발달은 일정한 방향을 따라 이루어진다. 이러한 방향을 세 가지로 구분하여 살펴보면, ① 두-미(頭-尾)의 방향은 머리에서 다리 방향으로 발달한다. 아기는 먼저 고개를 가눈 다음, 손으로 무엇을 잡게 되고 엎드리거나 앉은 뒤에야, 비로소 다리를 이용하여 기고, 서고 걷게 된다. ② 원처-근처(近處-遠處)의 방향은 중심에서 말초 방향으로 발달한다. 아기가 처음에는 어깨와 팔을 움직이는 운동을 하다가, 차차 손목이나 손가락을 움직이는 것을 볼 수 있다. ③ 전체활동-특수활동의 방향은 전체활동에서 특수활동(mass-specific activities)으로 발달한다. 예를 들면, 아기가 물건을 잡으려 할 때 처음에는 몸 전체를 움직여서 잡으려 하나, 차차 손목·손가락을 사용하여 잡게 되며, 걸음걸이도 처음에는 부자연스러운 운동을 수반하지만 점차적으로 보행에 필요한 근육과 팔다리만을 사용하게 된다.

넷째, 운동의 발달은 일정한 형태나 양상을 따르기 때문에 해당 연령에 기대되는 운동기능발달의 기준을 세울 수 있으며, 이는 아동발달의 정상성을 평가하는 데도 사용될 수 있다.

다섯째, 운동발달의 속도에는 개인차가 있다. 운동기능발달은 보다 넓은 측면에서 보면 모든 어린이가 비슷한 형태나 양상을 따르지만, 세부적으로 보면 거기에는 개인차가 있다. 즉, 어떤 아이는 10개월에 걷는가 하면, 어떤 아이는 15개월이 되어야 걷게 된다. 이러한 현상은 유전이나 성숙의 정도 등이 개인마다 다를 수 있기 때문에 나타난다.

(2) 운동발달의 영역

운동발달의 영역은 크게 '이동기능'(locomotion)의 발달과 '사물조작기능'(operation)의 발달로 구분하여 살펴볼 수 있다.

먼저, '이동기능'의 발달에 대하여 보면 영아는 주위 사람과 사물들에 관하여 관심을 갖기 시작하며, 그 대상에 가까이 가려고 하고 주위환경을 탐색하려고 한다. 몸을 움직이는 것은 이러한 영아의 호기심을 만족시키며, 영아의 신체발달과 더불어 인지적·사회적 관심을 높여 주게 된다. 이행기능의 발달과정을 월령별로 살펴보면 다음과 같다.

1개월 : 영아는 엎드린 자세로 턱을 들어올린다.
2개월 : 같은 자세로 어깨를 든다.
3개월 : 손을 뻗쳐서 물건을 잡으려고 하나, 잡았다가 놓쳤다 한다.
4개월 : 받쳐 주면 걷는다.
5개월 : 무릎에 앉아서 물건을 잡을 수 있다.
6개월 : 의자에 앉아서 흔들거리는 물건을 잡는다.
7개월 : 혼자서 앉는다.
8개월 : 받쳐 주면 걷는다.
9개월 : 혼자서 물건을 붙잡고 선다.
10개월 : 기어 다닌다.

11개월 : 붙잡아 주면 걷는다.
12개월 : 가구 등을 잡아당기면서 잡고 일어선다.
13개월 : 계단을 기어오른다.
14개월 : 혼자 선다.
15개월 : 혼자 걷는다.

한편, '사물조작기능'의 발달은 손운동뿐만 아니라 팔운동까지를 포함하는데, 손운동은 시각능력과 또한 관련되게 된다. 즉, 눈과 손이 서로 협응(協應)되어야 물건을 잡거나 조작할 수 있기 때문이다. 이는 또한 지적 능력과도 밀접한 관계를 가지며, 신체 각 부위와 감각기관도 밀접한 관계를 가지고 발달한다.

이상의 이행기능과 사물조작기능의 발달은 성숙(유전)에 의해서 자연적으로 나타나기도 하지만, 여기에 적절한 연습이나 훈련 또는 교육활동(환경)이 병행되면 보다 촉진될 수 있다. 다시 말하면, 걸음마 연습을 시킨다든가, 달리기·균형잡기·기어오르기·공던지기·블록쌓기·젓가락잡기·그리기·옷입고 벗기 등에 대한 적절한 지도를 받고 연습하게 되면 전반적으로 운동기능의 발달이 보다 촉진될 수 있게 된다.

3) 신체·운동발달과 교육의 관계

신체·운동발달과 교육의 관계를 정리해 보면 첫째, 신체 및 운동의 발달에는 개인차가 있으므로 교육활동에서는 이를 고려하여야 한다. 둘째, 신체 및 운동의 발달에 있어서 성숙(유전)과 학습(환경)은 밀접한 관련성을 갖는다. 셋째, 개인의 적응상의 문제가 신체생리적 장애를 일으킬 수도 있다. 넷째, 신체 및 운동의 발달은 성격발달뿐만 아니라 다른 모든 영역의 발달에 영향을 미친다. 다섯째, 신체 및 운동의 발달에는 최적 시기가 있다. 따라서 이러한 시기에 원만한 발달이 성취되도록 해야 한다. 여섯째, 신체적 건강은 정신적 건강과 사회적 건강의 기초가 된다. 일곱째, 원만한 신체 및 운동의 발달을 도모하기 위해서는 교육활동(학습활동·연습활동)이 필요하다.

2. 인지발달

1) 인지의 의미

인간은 일상생활에서 특정 대상에 대하여 주의를 기울이고 인식하며 기억하며, 사고를 통하여 문제를 해결하려고 노력한다. 인지(cognition)란 정의하기 매우 어려운 개념 중의 하나인데, 이는 넓은 의미에서 볼 때 주의, 감각, 지각, 형태재인, 기억, 언어, 사고, 개념형성, 문제해결 등의 과정을 통하여 지식을 습득하거나 그 지식을 활용할 때 작용하는 모든 정신적 과정 내지 기능을 총칭하는 것으로 간주된다. 인지와 관련된 활동이 얼마나 광범위하고 포괄적인가는 [그림 4-10]을 보면 잘 알 수 있다.

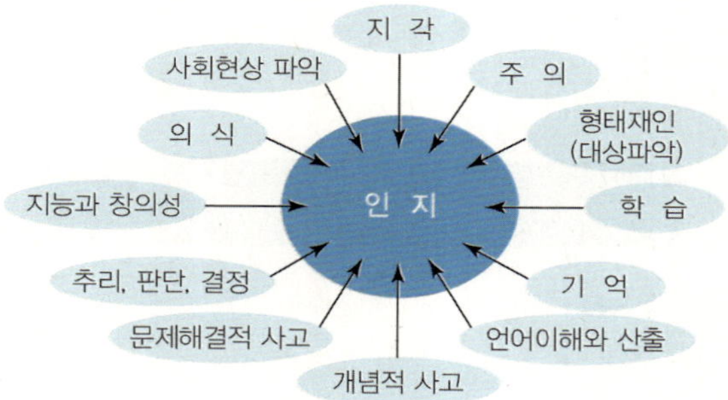

그림 4-10 ❙ '인지'와 관련된 활동들

따라서 인지의 의미는 매우 광범위하고 포괄적이어서 한마디로 규정하기는 쉽지 않으며, 어떤 이론적 근거 또는 모형의 관점에서 보느냐에 따라 달라질 수 있다. 여기에서는 인지의 의미를 정보처리모형(information-processing model)의 관점과 신경망모형(neural network model)의 관점으로 나누어 논의하기로 한다.

(1) 정보처리모형에서의 의미

정보처리모형에서 규정하는 인지의 의미를 쉽게 파악하기 위해 도식화해 보면 [그림 4-11]과 같다.

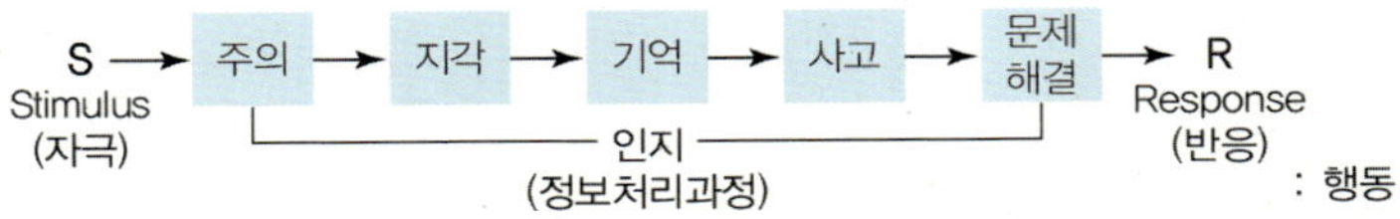

그림 4-11 | 정보처리모형에서 규정하는 '인지'의 의미

자료출처 : Santrock(1981). Adolescence : An Introduction. p.140.

여기에서 보는 바와 같이, 유기체는 외부에 존재하는 자극(정보)은 감각수용기(感覺受容器)를 통하여 내부로 유입시킨 다음, 그것을 뇌로 전달한 후 일련의 과정을 거쳐 문제를 해결하고, 실행기(實行器)에 의해 그 결과를 반응(행동, 활동)으로 나타내게 되는데, 여기에서 '주의' 과정으로부터 '문제해결'의 과정까지를 바로 '인지'라고 명명한다. 이처럼 인지는 일련의 순차적인 과정에 의해 이루어지는 활동으로 개념화할 수 있다.

한편, 인지의 의미를 다른 시각에서 파악해 보기 위해 다른 방식의 도식을 제시하면 [그림 4-12]와 같다.

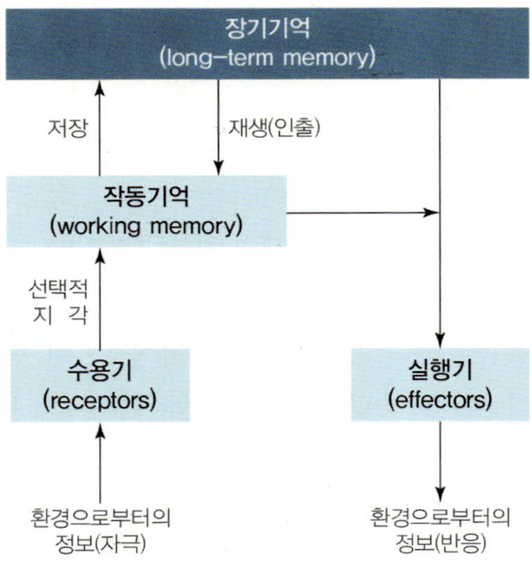

그림 4-12 | 정보처리모형에서 규정하는 '인지'의 또 다른 의미

자료출처 : Gagne, Yekovich, & Yekovich(1993). The Cognitive Psychology of School Learning. p.7.

(2) 신경망모형에서의 의미

앞에서 논의한 정보처리모형(고전적 정보처리모형)은 '인지'를 컴퓨터에 비유하여 순차적 정보처리(serial information-processing; 단선적 정보처리)에 의해 상징을 조작처리하는 활동으로 규정하는데 반해, 1980년대 후반부터 등장하게 된 신경망모형은 인지를 인간의 두뇌에 비유하여 병렬적 정보처리(parallel information-processing)에 의해 여러 정보들을 동시에 함께 처리하는 활동으로 간주한다. 이렇게 본다면, 인지는 직선적이고 순차적인 과정으로 이루어지기보다는 평행적이고 동시다발적인 과정으로 이루어지는 복합적인 활동으로 개념화할 수 있다. 예를 들면, [그림 4-13]에서와 같이 특정의 단어에 관한 문제가 입력되면 그 단어문제와 관련하여 작동기억에 의한 표상이 이루어지고, 동시에 활성화되는 장기기억의 단위들에 의해 병렬분산처리로서 주어진 단어에 대한 '변환', '범주화', '비교', '재진술', '다양화' 등이 동시다발적으로 이루어지게 되고, 마침내 그 처리결과가 산출되게 된다.

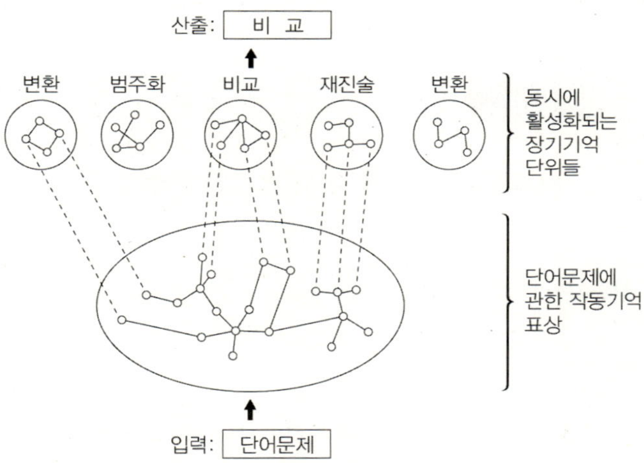

그림 4-13 | 신경망모형에서 규정하는 '인지'의 의미

자료출처 : Gagne, Yekovich, & Yekovich(1993). The Cognitive Psychology of School Learning. p.12.

신경망모형에서는 두뇌의 세포들 간의 흥분의 확산과 활성화 정도의 재조정이 심적 과정과 결과로서 간주되며, 지식표상의 단위들이 논리적 관련성에 의하여 추상화되어 위계적으로 구조화되어 저장된다기보다는 낱개 신경망 처리단위들 간의 흥분성 연결패턴의 형태로 저장된다고 전제한다(Gagne, Yekovich, & Yekovich, 1993). 문제해결과정은 곧 이러한 요소들이 방대하게 병렬적으로 상호 연결된 신경망에 의해서 수행되는 것으로 전제된다.

지금까지 논의한 '인지'와 관련된 활동들을 모두 살펴보는 것은 지면관계상 어렵기 때문에 여기에서는 먼저 인지발달이론에 대하여 논의하고, 다음 절에서 언어발달에 관하여 논의하기로 한다. 그리고 '지능'과 '창의성' 등의 발달에 관해서는 제3부(학습)에서 논의하기로 한다.

2) 인지발달이론

(1) 피아제(Piaget)의 인지발달이론

인간의 인지발달에 대한 체계화는 일찍이 피아제(Piaget, 1896~1980)에 의해서 이루어졌는데, 그는 탁월한 유기체론적 인지발달이론을 정립하였다. 피아제를 이해하기 위한 핵심내용을 ① 출생과 청소년기 관심분야, ② 이론적 토대 구축, ③ 학문적 공헌 등으로 구분하여 도식화하면 [그림 4-14]와 같다.

출생 및 청년기 관심분야	이론적 토대 구축	학문적 공헌
- 1896년 스위스의 조그만 대학 마을에서 태어남. - 10세에 참새에 관한 논문을 잡지에 발표함. - 고등학생때 연체동물에 관한 연구를 수행함. - 21세 동물학박사 취득함.	- 생물학 토대로 지식(인지)의 기원(생성, 형성)을 설명하고자 노력함 : 발생학적 인식론(발달적 인식론) - 개체발생과정에서 지식이 획득되는 과정을 분석함으로써 인간의 인지발달의 성격을 밝히고자 함.	- 파리의 비네(Binet)연구소에서 아동용 지능검사를 개발하면서, 아동들의 사고는 성인들의 사고와는 질적인 차이가 있음을 발견함. - 아동의 독특한 사고를 밝히기 위해 지능검사와 같은 표준화검사 대신 임상적 면접방법과 관찰법을 활용함. - 저서 : 「지능의 기원」(1952), 「아동의 세계」(1954)

그림 4-14 | 피아제(Piaget)의 생애와 학문적 발전

[피아제는 세 자녀들에 대한 세심한 관찰을 토대로 인지발달이론을 발전시켰다]

그림 4-15 | 피아제(Piaget)의 가족

자료출처 : Santrock, J. W.(2004a). Child Development. p.228.

① 인지발달의 의미

피아제의 인지발달이론은 그가 초기에 생물학을 공부했다는 데에서 큰 영향을 받았다. 그 이론의 중심개념이 바로 생물학에서 쓰이는 '적응'(adaptation)이라는 용어가 된 이유도 바로 거기에 있다. 그는 우리의 신체구조가 환경에 적응하는 것과 마찬가지로, 인지구조(cognitive structure; 사고구조)도 외부환경에 맞추어 적응해 나간다고 주장하였다(Piaget, 1964). 따라서 그는 지능(intelligence)을 개인이 주어진 환경에 효율적으로 적응할 수 있는 능력이라고 규정하였다.

이러한 맥락에서 피아제는 인지발달이란 개인이 주위환경과의 상호작용을 통하여 변화되어, 그 환경에 더 잘 적응(순응)해 나가는 과정을 말한다. 이러한 적응과정을 더 구체적으로 설명하면, 개인이 지금까지 형성한 '인지구조'(도식)들을 적극 활용하여 '인지기능'(cognitive function)을 수행함으로써 가능해지는데, 이 인지기능은 바로 ① 동화와 조절, ② 구조화, ③ 평형화 등에 의해 이루어진다([그림 4-16]).

그림 4-16 | 적응(순응)의 과정

ⅰ) **인지구조(도식 : schema, scheme)** : 경험을 통하여 형성되는 특정 대상이나 현상의 속성이나 조작에 관한 정신적 표상을 말한다. 일단 형성된 도식은 이후 개인이 지각한 내용을 인지·해석하거나 조직화하는 데 정신적인 틀(이해의 틀)의 역할을 수행한다.

인지구조(도식)는 인간이 본래적으로 가지고 태어나는 것이 아니라 출생 후 환경과의 상호작용을 통하여 점진적으로 체계화(발달)되어 가는데, 이후의 경험과 학습을 통해 개개의 도식들은 보다 정교화되어 가고 통합되어 보다 큰 단위의 도식으로 재구조화되거나, 또는 전혀 새로운 도식이 형성됨으로써 인지구조의 변화와 발달이 이루어지게 된다.

인지구조의 유형은 ① 행동적 인지구조(행동적 도식 : 감각운동적 도식), ② 상징적 인지구조(상징적 도식), ③ 조작적 인지구조(조작적 도식) 등의 세 가지 종류로 구분된다. 첫째, 행동적 인지구조는 아동들이 어떤 대상이나 현상을 표상하여 그에 대하여 반응할 때 사용하는 표상으로, 예를 들면 우유병의 우유를 모조리 먹는 방법, 칫솔 사용법, 카레라이스 만드는 방법, 운전하는 방법, 키스 방법 등이 이에 해당한다. 둘째, 상징적 인지구조는 아동들이 행동을 하지 않고도 대상이나 현상을 정신적 상징으로 표상으로, 이는 2세경부터 서서히 형성되기 시작하는데, 예를 들면 언어, 표식(교통 표식, 위험 표식, 화장실 표식 등), 할머니 얼굴 등이 이에 해당한다. 셋째, 조작적 인지구조는 주어진 문제를 해결하기 위해(논리적인 결론에 도달하기 위해) 나름의 사고를 통하여 주어진 대상이나 현상(상황)을 조작(변화)시키는 표상으로, 이는 약 7세 이후의 아동들에게 형성되기 시작하는데, 예를 들면 4칙연산(더하기, 빼기, 곱하기, 나누기와 같은 수학적 연산), 인수분해, 미분/적분, 사고(연역적 사고 & 귀납적 사고) 등이 이에 해당한다.

ii) **인지기능** : 모든 유기체들이 선천적으로 물려받은 기본성향(basic tendency)으로서, 유기체의 발달(인지발달)을 일으키는 생물학적 경향성을 말한다. 이는 발달과정에서 변화하지 않고 항상 같은 기능을 수행하므로 기능적 불변체(functional invariant)라고 불리기도 한다. 이러한 인지기능에는 ① 동화(assimilation)와 조절(accommodation), ② 조직화(organization), ③ 평형화(equilibration) 등이 포함된다.

첫째, 동화와 조절은 개인으로 하여금 환경과의 상호작용이 가능하게 하는 활동이다. 피아제에 의하면, 모든 개인은 주어진 환경에 적응하려는 경향성을 선천적으로 가지고 있는데, 이러한 적응의 과정에는 '동화'와 '조절'이라는 두 가지 하위과정이 포함된다. 먼저, 동화는 새로운 자극이나 대상 또는 현상을 기존의 인지구조를 이용하여 이해(포섭)하는 것을 말하며, 그리고 조절은 새로운 자극이나 대상 또는 현상을 기존의 인지구조를 통하여 이해(파악)할 수 없을 경우 기존의 인지구조를 변화(확장)시켜 그 대상을 이해하게 되는 것을 말한다.

둘째, 조직화(인지구조의 조직화)는 유기체가 자신이 가지고 있는 여러 인지구조들을 보다 큰 단위로 통합시키는 것을 말하는데, 이를 '구조화'라고도 명명한다. 유기체 내에서 각각의 인지구조들은 서로 독립적으로 존재하는 것이 아니라 일정한 기준에 의해 통합되어 보다 큰 인지구조로 구조화된다.

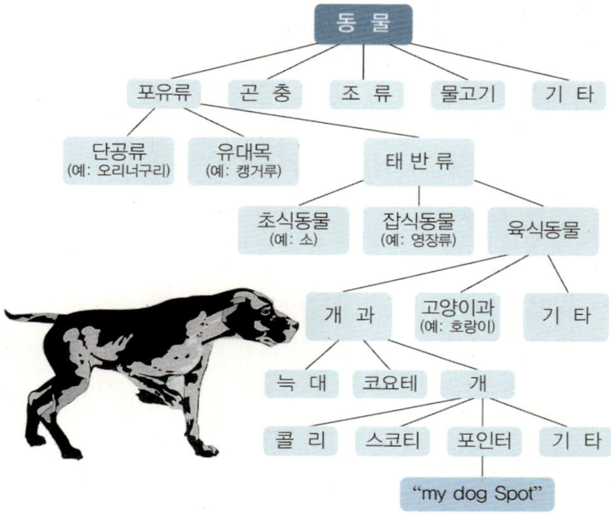

그림 4-17 ┃ 인지구조의 조직화의 실례

자료출처 : Slavin, R. E.(1994). Educational Psychology : Theory and Practice.. p.215.

셋째, 평형화는 피아제가 처음에 상정한 '동화와 조절'과 '조직화'라는 두 가지 인지기능에 몇 년 후 새로 추가한 개념이다. 그는 모든 유기체가 환경과의 평형화 및 내부의 인지적 요소들 간의 평형화를 추구하는 경향성을 가지고 있다고 주장하였다. 모든 유기체는 새로운 사태에 직면하게 되면 자신의 내적 상태와 환경 등의 외적 상태 간의 불균형으로 인하여 갈등이나 혼란을 겪게 됨. 이러한 인지적 갈등을 인지적 부조화(cognitive dissonance : 인지적 불균형, 인지적 불평형화)라고 한다. 유기체는 이러한 갈등상태를 '동화와 조절'의 과정을 통하여 인지적 균형상태로 바꾸어 나가게 되는데, 이러한 균형상태를 곧 '평형화'(equilibrium)라고 한다.

어느 한 시점에서 보면 개인은 동화와 조절의 과정에 의해 인지적 균형상태인 평형화에 도달하게 된다. 그러나 곧 시간이 지나 환경이 변하게 되면 다시 자신의 인지구조와 환경 간의 균형상태는 깨어지고(인지적 갈등, 인지적 부조화, 인지적 불균형, 인지적 불평형화), 그는 이를 바로 잡아 다시 새로운 평형화에 도달하려고 노력하게 된다. 즉, 유기체의 주변환경이 변하게 되어 현재의 인지구조로는 그것을 제대로 처리할 수 없게 됨으로써 인지적 갈등이 초래되면 그는 인지적 기능을 발휘하여 새로운 인지구조를 구축하게 됨. 이처럼 평형화는 적응(동화와 조절)과 조직화에 의해 자기조정을 하게 하는 기제이며, 이를 통해 인지발달이 이루어지게 된다.

② 인지발달의 단계

피아제에 의하면, 인간의 사고는 미성숙한 수준으로부터 점차 성숙한 수준으로 발달하게 된다([표 4-1]).

표 4-1 미성숙한 사고와 성숙한 사고의 특징

미성숙한 사고	성숙한 사고
단순한 일차원적인 사고	복잡한 다차원적인 사고
단편적인 사고	조합적인 사고
절대주의적인 도덕성에 의한 사고	상대주의적인 도덕성에 의한 사고
고정불변적인 사고	유동적인 사고
융통성 없는 완고한 사고	융통성 있는 유연한 사고
불가역적인 사고	가역적인 사고
자기중심적인 사고	탈자기중심적인 사고(사회적인 사고)
미분화적인 사고	분화적인 사고
성격진단적인 사고	행동진단적인 사고

자료출처 : 오만록(2008). 교육심리학. p.65.

인간의 능력 중 가장 주목할 만한 것은 사고할 수 있다는 것인데, 이는 문제해결을 위하여 장기기억 속에 저장된 내용을 토대로 정보를 처리하는 활동이라고 할 수 있다. 우리의 장기기억 속에는 특정의 사상(事象, event)들에 관한 내용들이 상징적 표상(symbolic representation; 정신적 표상)의 형태로 저장되어 있다. 그런데 이러한 표상은 ① 특정 대상이나 현상을 그와 유사하게 표현하는 심상부호(imagery code)에 의한 심상적 표상(imagery representation; 일화적 표상, 유사적 표상, 회화적 표상)과, ② 특정 대상이나 현상을 언어적 의미로 표현하는 어의부호(의미부호; semantic code)에 의한 명제적 표상(propositional representation; 언어적 표상, 의미론적 표상, 분석적 표상)으로 구분된다. 그러나 우리가 주어진 문제를 해결하는 과정에서는 이 중 하나의 표상방법을 활용하기도 하지만, 대부분의 경우에서는 이 두 가지의 표상방법을 상호보완적으로 활용하는 경우가 많다.

피아제에 의하면, 자신의 '인지구조'(도식)를 토대로 '인지기능'(적응·조직화·평형화)을 수행함으로써 인지발달이 계속적으로 이루어지지만, 이는 질적으로 명확히 구분되는 몇 단계를 거친다. 개인의 경험과 문화의 차이로 인해 한 단계의 발달이 성취되는 연령에는 차이가 있을 수 있으나, 발달단계의 계열(순서)은 불변한다는 것이다. 즉, 인지발달은 질적으로 다른 네 단계를 밟아 이루어지는데, ① 감각운동기(感覺運動期), ② 전조작기(前操作期 : 전개념기 및 직관적 사고기), ③ 구체적 조작기(具體的 操作期), ④ 형식적 조작기(形式的 操作期) 등이 그것이다([표 4-2]).

표 4-2 인지발달단계 및 주요특성

발달단계	연 령	특 징
감각운동기	0~2세	감각운동기능에 의한 반복활동(빨기, 잡기, 물기 등)을 한다. 하위 6단계로 세분되며, 생후 8개월~12개월이 되면 점차 대상영속성의 개념을 획득한다. • 초기 : 빨기, 파악(쥐기) 등과 같은 반사행동을 통하여 인지구조(도식)들을 점차 조직화해 나감. • '감각을 통한 경험'과 '신체적 활동'의 협응을 통하여 인지발달을 이루어 나감. • 풍부하고 다양한 감각을 통한 활동과 신체적 활동을 많이 경험시킴으로써 인지발달을 촉진시킬 수 있음.
전조작기	2~7세	언어를 습득하여 상징적 사고가 가능해지지만, 자기중심적이며 직접적인 경험에 한정된다. • 주변대상에 대한 개념의 형성이 점차 이루어지고, 언어를 포함한 상징적 활동이 증가됨. • 자기중심성(egocentrism; 자기중심적인 사고와 언어 구사)이 강함. • 보존개념이 아직 획득되지 못한 상태에 있음(보존개념의 미획득상태). • 집중화(concentration; 중심화) • 유목화와 서열화 개념의 미발달, 비약적 추리 구사 • 비전환성(non-transition) : 비변환성, 비변형성 • 물활론(animism) • 도덕적 현실주의(moral realism; 타율적 도덕성 : 타인의 지시나 명령에 복종하는 행동 구사, 행동의 '의도'(동기)보다는 '결과'에 중점을 두어 판단함) • 의식적인 모방, 꿈의 실재론, 인공론적이며 목적론적인 인과개념

발달단계	연 령	특 징
구체적 조작기	7~11세	논리적 사고가 가능하고 보존개념을 획득하며, 분류 및 서열에 대한 개념을 습득하게 된다. • 구체적인 상황 하에서는 논리적 사고를 전개해 나감(경험-귀납적 추론) • 탈자기중심화 : 사회적 조망수용능력 • 유목화(classification) 능력(분류·배열 능력) 발달 • 서열화(seriation) 능력 발달 • 보존개념 획득 : 동일성과 보상성 및 가역성의 원리에 대한 이해 • 도덕적 상대주의(moral relativism; 자율적 도덕성 : 자신의 입장을 고려하거나, 타인 및 사회와의 관계를 고려하여 행동함. 행동의 결과 뿐만아니라, 의도(동기)도 함께 고려하여 판단함)
형식적 조작기	11~15세	추상적 사고가 가능하고 과학적 사고를 통해 체계적인 문제해결을 하게 된다. 과거-현재-미래를 연결할 수 있다. • 특정 사물·현상의 다양한 가능성 상정 가능 • 추상적이고 이상주의적인 사고 가능함. • 가설-연역적 추론(hypothetico-deductive reasoning)이 가능함. • 조합적 사고(combinational thinking; 조합적 분석) 가능함. • 사상(事象)의 인과관계 파악, 도덕적 상대주의가 더욱 발달함.

i) **제1단계 감각운동기(sensorimotor stage : 0~2세)** : 신생아들은 외부세계에 즉각적으로 대처하기 위해 타고난 빨기, 파악(쥐기) 등과 같은 반사행동을 통하여 행동적 도식(감각운동적 도식; 감각운동적 인지구조)들을 점차 조직화해 나간다. 생후 초기 어린이들의 인지활동은 감각적이고 운동(동작)적인데, 이를 감각운동적 사고(sensorimotor thought)라고 부른다. 예를 들면, 갓난아이가 처음으로 엄마의 젖에 입을 대면, 닿기 전에 이미 가지고 있는 빨기반사의 기능에 의해 젖을 빨아 먹음으로써 단맛을 느끼게 된다. 이때 아이는 엄마의 젖꼭지와 단맛 사이의 관계를 파악하는 인지구조를 형성하게 된다. 그 후 선천적으로 타고난 단순한 반사행동은 점차 협응된 감각운동적 행동으로 변화하며, 그 자체가 습관화된다. 1년 6개월을 전후하여 표상능력이 생기면서 간단한 문제해결이 가능해지며, 기억하고 상상하는 능력이 발달하기 시작한다.

감각운동기에는 '감각을 통한 경험'과 '신체적 활동'의 협응(감각운동적인 활동, 감각운동적 사고)을 통하여 인지발달이 이루어지므로 유아들에게 풍부하고 다양한 감각을 통한 경험과 신체적 활동을 많이 제공하여 인지발달을 촉진시키는 것이 무엇보다 중요하다. 감각운동기의 인지발달은 다시 여섯 하위단계로 세분된다. 이들에 대하여 각각 논의하기 전에 각 단계의 주요특성을 정리하여 제시하면 [표 4-3]과 같다.

표 4-3 감각운동기의 하위 6단계

하위단계	적응행동	대상영속성
반사기 (출생~1개월)	타고난 반사행동을 한다.	시야에서 사라진 물체는 마음에서도 사라진다. 어떤 기대나 탐색을 보이지 않는다.
1차 순환반응기 (1~4개월)	자신의 신체와 관련된 흥미로운 활동을 반복한다.	대상이 사라지면 잠깐 동안 바라볼 뿐 특별한 반응이 없다.
2차 순환반응기 (4~8개월)	외부대상에 대해 학습하며 흥미로운 활동을 반복한다.	부분적으로 숨겨진 대상을 찾을 수 있으며, 완전히 감추어지면 찾지 않는다.
2차 순환반응 협응기 (8~12개월)	목적을 이루기 위해 의도적인 행동을 시작한다.	완전히 숨겨진 대상을 찾을 수 있으나 장소의 위치이동을 이해할 수 없으며 첫 번째 장소에서 찾으려 한다.
3차 순환반응기 (12~18개월)	문제해결이나 흥미로운 결과를 위해 새로운 방식을 다양하게 시도한다.	보고 있는 동안 옮겨진 대상을 찾을 수 있으며 숨겨지는 장소가 여러 번 바뀌어도 찾아낸다. 그러나 보이지 않게 이동했을 때는 이전 장소에서 찾는다.
표상적 사고기 (18~24개월)	상징을 사용하기 시작하며 행동하기 전에 사고한다.	보이지 않게 이동했을 때도 숨겨진 대상을 찾아낸다.

자료출처 : Santrock, J. W.(2004a). Child Development. p.212.

㉠ 반사기(출생~1개월) : 빨기반사나 파악반사 등의 단순한 반사행동을 통하여 환경과 접촉하고, 적응적인 행동을 익혀간다. 이때는 아직 자신과 환경 간의 분화가 되지 않은 상태인데, 이는 대상부재(objectless)라고 하는 것으로, 약 생후 4개월까지 계속된다.

㉡ 1차 순환반응기(1~4개월) : 순환반응이란 선천적인 반사행동을 다른 대상에 적용시켜 새로운 반응을 하게 되고, 그러한 단순행동이 반복해서 나타나는 것을 말하는 것으로, 예를 들면 자신의 손가락 빨기가 이에 해당한다.

㉢ 2차 순환반응기(4~8개월) : 2차 순환반응이란 1차 순환반응에서 획득된 반응이 우연히 새로운 사건을 계기로 반복되는 가운데, 다른 사건이나 자극에 대해서도 그러한 반응이 나타나는 것을 말한다. 딸랑이 흔들기가 이 경우에 해당하는데, 아이는 딸랑이를 약하게 흔드느냐, 강하게 흔드

느냐에 따라 그 소리가 달라짐을 인식하면서, 그러한 행동을 반복하면서 즐거움을 느끼게 됨. 이로써 아기는 점차 스스로의 힘과 의지로 새로운 사건을 재생하는 능력을 갖게 된다.

㉣ 2차 순환반응 협응기(2차 순환반응의 조정기, 2차 도식의 협응기; 8~12개월) : 이미 형성되어 있는 도식(인지구조)들을 동원하여 새로운 문제를 해결하게 되는데, 이는 기존 도식들의 협응(協應, coordination)을 통해서 가능하다. 이미 형성된 1차 도식들(예: 옷 잡아당기기, 데려가기)을 협응하여 2차 도식(예: 유아가 특정 목적을 달성하기 위해 엄마의 옷을 잡아당겨 엄마를 자신이 원하는 곳으로 데려가기)을 형성하게 된다. 또한, 이 시기에는 대상영속성(object permanence; 대상불변성)의 개념을 획득하게 된다.

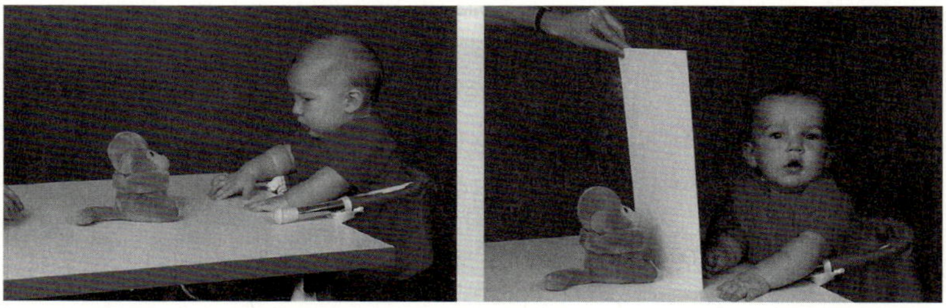

그림 4-18 | **대상영속성(object permanence) 개념의 획득 여부를 확인하기 위한 실험**

자료출처 : Santrock, J. W.(2004a). Child Development. p.211.

㉤ 3차 순환반응기(12~18개월) : 이전에 한번도 해 보지 않은 새로운 행동유형을 만들어내는 능력, 즉 실험을 통해서 새로운 도식을 발견하는 능력이 생기는데, 이는 대체로 시행착오적인 행동에 의해 나타난다. 습득한 행동적 도식으로 목표를 달성할 수 없을 때 전략을 바꾸어 다시 시도하는데, 높은 곳에 있는 물건을 내리는 데 실패하면 의자를 이용하여 다시 시도하는 것이 이에 해당한다.

㉥ 표상적 사고기(18~24개월) : 이전 단계에서는 유아들은 자신들의 행동을 변화시키면서 그 결과를 관찰해 본다. 즉, 실제로 행동을 해 본 후에 비로소 그 결과를 발견하게 된다. 그러나 이 단계에서는 행동을 하기 전에 내면적으로 생각을 하여, 즉 표상적 사고를 통해 돌연한 이해와 통찰을 얻는다. 인지구조들의 내적 결합 또는 조합(combination)을 통해서

새로운 수단(방법)을 창안해 내게 된다. 한편, 이때에는 지연모방이나 모델 없는 모방(상상적 모방)도 가능하다.

ii) **제2단계 전조작기(preoperation stage : 2~7세)** : 조작(operation)이란 대상이나 정보의 전환을 이해하는 정신능력으로서, 유아가 사고를 통하여 문제를 해결하는 행위를 의미한다. 따라서 전조작이란 이러한 능력이 아직 제대로 발달하지 못한 상태라는 뜻이다. 전조작기에 있는 아이들은 절반으로 나뉘어진 동그라미가 다시 하나의 동그라미가 될 수 있다는 사실을 아직 깨닫지 못한다. 이와 같이 정신적 표상에 의한 사고는 가능하나, 아직 개념적 조작능력의 발달은 아직 미흡한 상태이다. 전조작기는 다시 '전개념기'와 '직관적 사고기'의 두 하위단계로 구분된다([그림 4-19]).

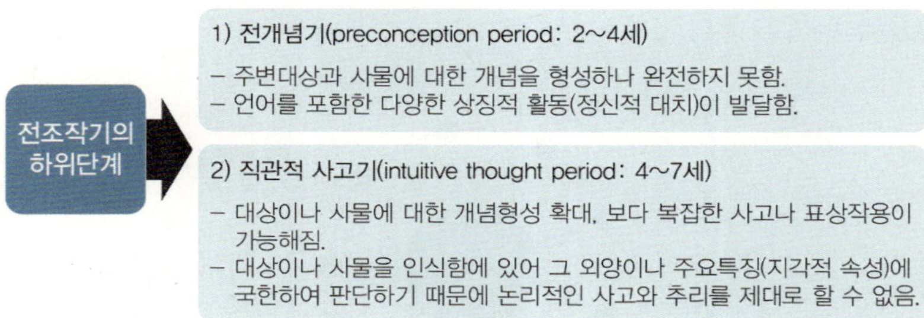

그림 4-19 | 전조작기의 하위단계 : 전개념기, 직관적 사고기

㉠ 전개념기(preconception stage : 2~4세) : 감각운동기에서 지배적이었던 자기만족의 행동형태가 사회적인 행동으로의 전환이 이루어지면서, 주변 대상이나 사물에 대한 개념을 형성하기 시작하는 시기이다. 그러나 그러한 개념형성은 여러 가지 면에서 완전하지 못하다. 한편, 이제까지 감각운동적 행동에만 의존하던 것을 차츰 새로이 습득한 언어와 대치해 나가게 되고, 언어 이외의 다양한 상징적 활동이 발달하게 된다. 그러나 아직 개념적 조작능력은 불완전한 상태에 있다. 이 시기의 가장 특징적인 것은 언어의 출현인데, 언어발달은 인지발달을 촉진시키는 데 가장 중심적인 역할을 한다.

이 시기의 어린이는 자기가 경험하는 환경을 평가하고, 상징적인 유희(play)에 참가하기 시작한다. 어린이는 어떤 사물을 인식함에 있어서 실물 대신에 정신적 대치(mental substitution; 상징적 표상)로써 가능하며, 지금 눈앞에 없는 것도 다룰 수 있게 될 뿐만 아니라, 어떤 대상에 대하여 새로운 의미를 부여할 수 있게 된다.

㉡ 직관적 사고기(intuitive thought stage : 4~7세) : 이 시기의 어린이는 대상이나 사물에 대한 개념 형성이 확대되고, 보다 복잡한 사고나 표상 작용이 가능해진다. 그러나 대상이나 사물을 인식함에 있어 그 외양이나 주요특징, 즉 지각적 속성에 국한하여 판단하기 때문에 논리적인 사고와 추리를 완벽하게 할 수 없다.

위와 같은 전개념기와 직관적 사고기를 포괄하는 '전조작기'의 유아들이 나타내는 인지발달상의 일반적인 특성을 크게 아홉 가지로 정리하면 [그림 4-20]과 같다.

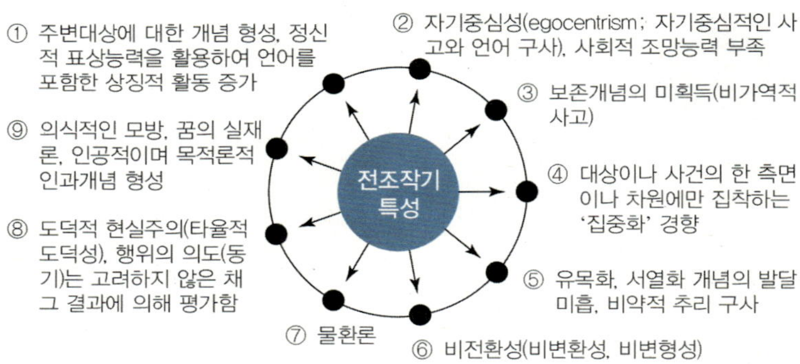

그림 4-20 ❙ 전조작기(preoperation stage)의 일반적 특성

첫째, 주변대상에 대한 개념의 형성이 점차 이루어지고, 언어를 포함한 상징적 활동이 증가된다. 초기에는 비언어적인 상징활동이, 3세 이후에는 언어적인 상징활동이 많이 나타난다. 상징능력의 발달은 문제해결능력의 향상과 시행착오를 감소시킨다.

둘째, 이 시기의 유아들은 사고와 언어에 있어 아직도 자기중심적인 상태에서 벗어나지 못하고 있다. 즉, 이때의 유아들은 타인의 관점이나 감정을 고려하지 않은 채 자신의 입장에서만 대상을 지각하는 경향이 높은데, 이를 '자기중심성'(egocentrism; 자기중심적인 사고와 언어 구사)이라고 한다. 이후 점차 사회적 조망능력(social perspective ability; 다른 사람의 사고[생각]·상황·감정을 이해하고 공감할 수 있는 능력)이 발달함에 따라 자기중심적 사고와 언어는 점차 감소하게 된다.

그림 4-21 | 자기중심성을 확인하기 위한 세 산 과제(three mountains task) 실험
자료출처 : Clarke-Stewart, A., Friedman, S., & Koch, J.(1985). Child Development : A Topical Approach. p.221.

셋째, 이 단계의 어린이는 아직도 직관적 사고에 의하여 사물을 이해하고 지각하기 때문에 그 외양에 집중하여 판단하는 경향이 강하다. 즉, 이때의 유아들은 액체의 양·수·길이·물질의 양·면적·공간·물질 등에 대한 '보존개념'이 아직 획득되지 못한 상태(보존개념의 미획득상태)에 있는데, 이를 비가역성(irreversibility) 상태라고 한다. 예컨대, 액체의 양에 대한 보존개념의 획득 여부를 확인하기 위해 [그림 4-22]와 같은 조작을 수행하게 한 다음, (b)의 A비커와 C비커 물의 양에 관한 질문에 하게 되면 대부분의 유아들은 외양적으로 확인 가능한 물의 높이에 집중하여 C비커의 물의 양이 더 많다고 대답

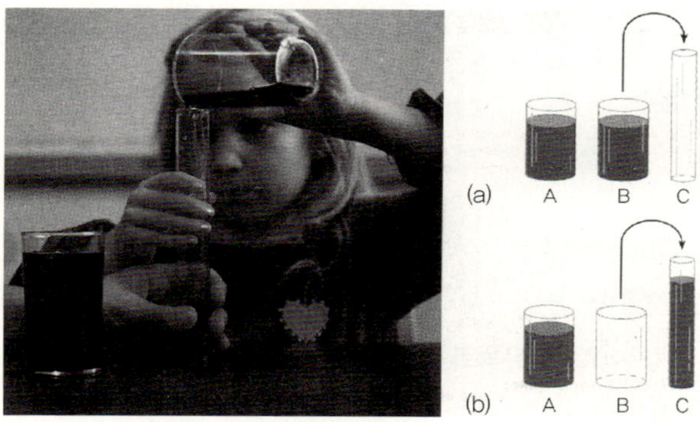

그림 4-22 | '액체의 양' 보존개념 획득 여부를 확인하기 위한 실험
자료출처 : Santrock, J. W.(2004a). Child Development. p.217.

한다. 또한, 같은 양의 공모양 진흙덩이 두 개를 보여주고, 어린이의 앞에서 그 하나를 소시지 모양으로 길쭉하게 늘어뜨리면 사물의 외양에 집중하여 판단하기 때문에 이 단계의 어린이들은 소시지 모양의 진흙덩이가 더 크다고 말하는데, 이는 물질의 양에 대한 보존개념이 아직 획득되지 않았음을 시사한다.

넷째, 집중화(concentration; 중심화)란 유아들이 특정 대상이나 사물 또는 현상의 한 측면에만 집착한 나머지, 그것의 다른 특성을 동시에 고려하여 사고하지 못하는 상태를 말한다. 예를 들면, 위의 액체의 양 보존에 관한 판단에서 컵에 들어 있는 물의 높이에만 주의를 집중하고 밑면의 넓이가 이전의 컵보다 좁아졌다는 사실을 간과한다. 또한, 또래관계에서도 지금 내가 블록놀이를 꼭 해야 한다는 생각에 중점을 둔 나머지, 친구가 그 블록으로 이미 놀이활동을 하고 있는 데도 불구하고 아무런 양해도 구하지 않고 강압적으로 빼앗는 것이 이에 해당한다. 친구도 그 블록이 필요하여 현재 사용 중이므로 기다려야 한다는 것을 알기까지는 시간과 경험이 필요하다.

다섯째, 이때는 '유목화'와 '서열화' 개념의 발달이 미흡하며, '비약적 추리'를 구사하는 경향이 있다. ① 유목화(class inclusion; 범주화)란 전체-부분, 즉 상위유목-하위유목의 관계를 이해하고 분류하는 것을 말한다. 유아들은 특정 대상이나 사물을 단일기준(색깔, 길이, 무게, 명암 등)에 따라서는 분류할 수 있지만, 복합기준(색깔+모양 등)에 의한 분류나 전체와 부분 간의 상호관계를 파악하는 유목화 개념은 아직 제대로 획득되지 않았다. 이는 아직 집합(set)의 개념을 제대로 파악하지 못하고 있음을 시사한다.

그림 4-23 | 유목화 개념의 획득 여부를 확인하는 실험

자료출처 : Clarke-Stewart, A., Friedman, S., & Koch, J.(1985). Child Development : A Topical Approach. p.242

② 서열화란 주어진 대상이나 사물들을 특정 기준에 의해 순서대로 나열하는 것을 말하는데, 예를 들어 길이가 다른 여러 개의 막대기를 주고 그 길이가 짧은 것부터 순서대로 나열해 보라고 하면 3~4세의 유아는 아래의 [그림 4-24]의 A에서 보듯이 차례대로 나열하지 못하나, 5~6세가 되면 일부는 순서대로 나열하나 전체적으로는 서열대로 나열하지 못한다. 때로는 B에서 보듯이 아랫부분은 무시하고 윗부분만을 순서대로 나열하기도 하나, 아동기(구체적 조작기)에 이르러서는 C에서 보는 바와 같이 서열화의 개념을 완전히 획득하게 된다.

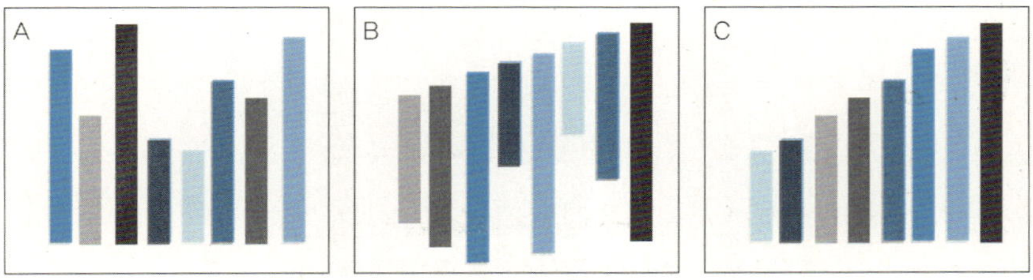

그림 4-24 ❙ '서열화' 조작의 예

③ 비약적 추리(transductive reasoning; 변환적 추리, 전도추리)란 유아들이 상위개념과 하위개념 간의 관계, 즉 보편(전체)-특수(부분) 간의 관계를 정확하게 파악하지 못하기 때문에 상위개념-하위개념 또는 보편-특수에 관한 추론을 뒤바뀌게 하거나, 논리적 일관성이 결여된 상태로 추론을 진행하는 것으로, 거의 관계가 없는 두 사실이나 현상을 임의로 관련짓는 데도 나타난다. 유아들은 전반적인 상황을 고려하지 않은 채 특정 상황에서 다른 상황으로 뛰어넘어 비논리적으로 사고를 진행하는 경우가 많다. 이들은 문제를 해결하는 데 있어 논리적인 판단과 추론이 아닌, 직관적인 사고와 자기 마음대로의 상황에 근거하여 추리를 하기 때문에 엉뚱하게도 서로 관련없는 두 개 사건을 억지로 연결시키기도 하는데, 예를 들면 피아제의 딸 루시니가 "내가 아직 낮잠을 자지 않았으니까 오후가 아니야"라고 생각하는 것, "세끼를 다 먹어야 하루가 간다."라고 생각하는 것 등이 이에 해당한다.

여섯째, 이 시기의 유아들은 현상이나 사물들 간의 상호관계를 통해서 그 현상이나 사물의 특성을 아직 파악하지 못한다. 즉, "A가 B보다 길고, B가 C보다 길면, A가 C보다 길다"라는 추론이 가능하지만, 이때의 유아들은 이를 파악하지 못하는데, 이를 '비전환성'(non-transition; non-transformation; 비변환성, 비변형성)이라고 한다.

일곱째, 이 시기의 유아들은 주변의 거의 모든 대상이나 사물에 정신(생명)이 깃들어 있다는 '물활론'(animism)을 믿는다.

여덟째, 이 시기의 유아들은 도덕적 사고와 판단 및 행동에 있어 '도덕적 현실주의'(moral realism; 타율적 도덕성)에 머물고 있다. 유아들은 부모나 교사 등 타인에 의해 제시되는 지시나 명령 또는 규칙에 따라 행동하고, 특히 행위의 의도(동기)는 고려하지 않은 채 그 결과에 의해서만 그 행위를 평가한다.

그림 4-25 ❙ 행위 평가에 있어 의도와 결과를 고려하는지를 확인하기 위한 실험

자료출처 : Clarke-Stewart, A., Friedman, S., & Koch, J.(1985). Child Development : A Topical Approach. p.285.

아홉째, 이외에도 이 시기의 유아들은 ① 모방은 단순한 모방에 그치지 아니하고 모방의 대상에 대한 의미를 파악하려고 하는 의식적인 노력이 나타나며, ② 꿈을 실재세계라고 생각하고, ③ 자연현상을 포함한 주변의 모든 것들은 어떤 목적을 위해 인간이 만들었다는 인공론적이며 목적론적 인과개념을 형성하게 된다. 유아들은 이와 같은 목적론적 인과개념을 갖고 있기 때문에 '왜?'라는 질문을 많이 하게 된다.

iii) **제3단계 구체적 조작기(concrete operation stage : 7~11세)** : 구체적 조작기에 해당하는 초등학교 학령기의 아이들은 인지능력의 극적인 변화로 인해 취학전 유아들과는 다른 사고를 많이 하게 된다. 이들은 체계적이고 논리적인 사고체계를 가지게 되고, 이것을 구체적인 문제에 적용시킬 수 있다. 구체적 조작기에는 구체적인 대상이나 상황을 통해서 논리적 사고를 전개해 나간다. 그러므로 이때의 논리적 사고는 '지금-여기'(now & here)에 국한되는 경우가 많고, 대체로 경험-귀납적 추론(empirico-inductive reasoning; 시행착오적 문제해결방법)을 사용한다.

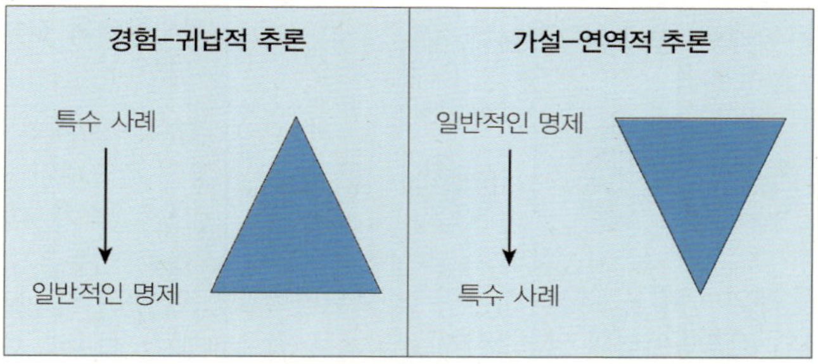

그림 4-26 | 경험-귀납적 추론과 가설-연역적 추론

자료출처 : Santrock, J. W.(2008). Educational Psychology. p.308.

보존개념 종류	아동의 관찰 및 반응	실험자의 조작	보존개념에 관한 질문 및 아동의 대답
액체의 양 (liquid quantity)	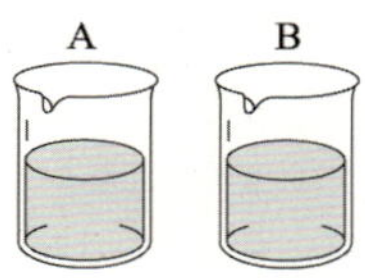 같은 두 비커에 같은 양의 물을 채우면 두 비커에 같은 양의 물이 담겨 있다고 말한다.	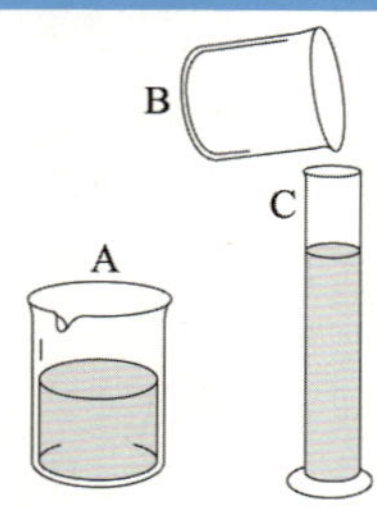 B비커의 물을 높고 가는 C비커에 붓는다. 결과적으로 물의 높이는 A비커보다 더 높다.	질문 : 두 비커(A, C)에 담겨 있는 물의 양은 같으냐? • 보존개념이 아직 획득되지 못한 아동은 "보세요. 이것이 더 높잖아요"라고 하면서 C비커의 물이 더 많다고 대답한다. • 보존개념이 획득된 아동은 "선생님이 B비커의 물을 바로 C비커에 부었기 때문에 물의 양은 같다"라고 대답한다.
수 (number)	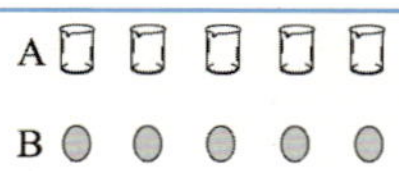 비커와 달걀을 1:1의 관계로 대응시켜 놓으면 그 수는 같다고 말한다.	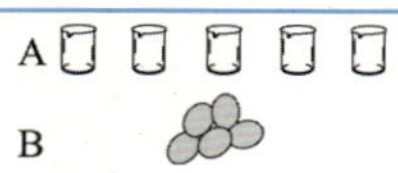 달걀을 한 군데에 모은다.	질문 : 비커와 달걀의 수는 같으냐? • 보존개념이 아직 획득되지 못한 아동은 비커의 수가 더 많다고 대답한다. • 보존개념이 획득된 아동은 비커와 달걀의 수가 같다고 대답한다.

보존개념 종류	아동의 관찰 및 반응	실험자의 조작	보존개념에 관한 질문 및 아동의 대답
길이 (length)	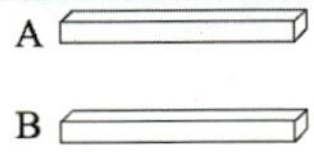 길이가 같은 두 개의 막대를 나란히 놓으면 두 막대의 길이가 같다고 말한다.	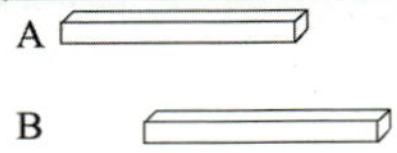 길이가 같은 두 개의 막대를 엇비슷하게 놓는다.	질문 : 두 막대의 길이는 같으냐? • 보존개념이 아직 획득되지 못한 아동은 둘 중에서 하나의 막대가 더 길다고 대답한다. • 보존개념이 획득된 아동은 두 막대의 길이는 같다고 대답한다.
물체의 양 (substance amount)	 두 개의 똑같은 공모양의 진흙덩어리의 양은 같다고 말한다.	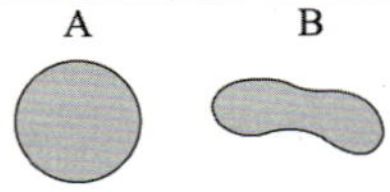 하나의 진흙덩어리를 소시지 모양으로 길쭉하게 늘어뜨린다.	질문 : 두 개의 진흙덩어리의 양은 같으냐? • 보존개념이 아직 획득되지 못한 아동은 긴 진흙덩어리의 양이 더 많다고 대답한다. • 보존개념이 획득된 아동은 두 진흙덩어리의 양이 같다고 대답한다.
면적 (area)	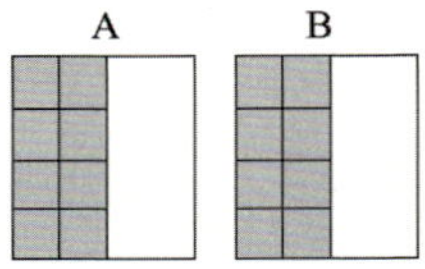 같은 크기의 마분지 위에 나무블록들을 동일한 위치에 놓으면, 두 마분지의 나머지 공간의 면적은 같다고 말한다.	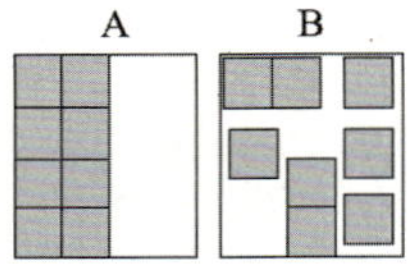 한 마분지 위에 나무블록들을 흐트려 놓는다.	질문 : 두 마분지의 나머지 공간의 면적은 같으냐? • 보존개념이 아직 획득되지 못한 아동은 나무블록들이 흩어져 있는 마분지의 나머지 공간의 면적이 더 작다고 대답한다. • 보존개념이 획득된 아동은 두 마분지의 나머지 공간의 면적이 같다고 대답한다.
부피 (volume)	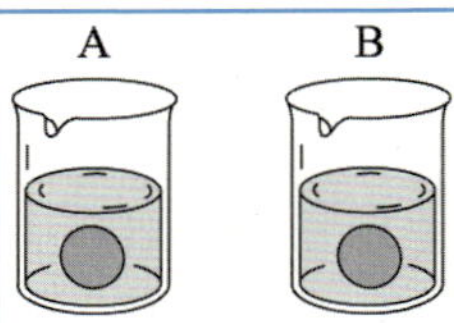 동일한 양의 물이 들어 있는 같은 모양의 비커에 같은 모양의 진흙덩어리를 넣으면, 그것들이 차지하는 물의 부피는 같다고 말한다.	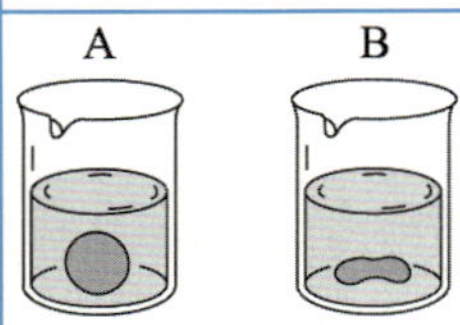 진흙덩어리 중의 하나를 모양을 변형시켜 같은 비커에 넣는다.	질문 : 두 개의 진흙덩어리가 차지하는 물의 부피는 같으냐? • 보존개념이 아직 획득되지 못한 아동은 더 긴 진흙덩어리가 차지하는 물의 부피가 더 많다고 대답한다. • 보존개념이 획득된 아동은 두 진흙덩어리가 차지하는 물의 부피는 같다고 대답한다.

그림 4-27 | 보존개념의 획득 여부를 확인하기 위한 실험들

자료출처 : Clarke-Stewart, K. A., Friedman, S., & Koch, J.(1985). Child Development : A Topical Approach. p.322.

이 단계에서는 특히 사물이나 현상의 여러 차원 또는 측면을 서로 관련짓기 시작하며 보존개념 즉, 불변성의 원리(principle of invariance)를 깨닫게 된다. 앞 단계에서 예를 든 진흙덩이의 크기를 묻는 질문에 대해서 이 단계의 어린이들은 소시지 모양을 다시 공 모양으로 만들어 보면 진흙의 양이 늘지도 줄지도 않았다는 것을 알 수 있다고 대답한다. 어린이는 진흙덩이의 모양은 달라졌지만, 진흙의 양은 일정불변한다는 것을 알게 된다. 이와 같은 '물체의 양'에 대한 보존개념을 포함하여 액체의 양, 수, 면적, 부피에 관한 보존개념의 획득 여부를 확인하는 실험의 예를 제시하면 [그림 4-27]과 같다.

구체적 조작기의 아동들은 인지발달에 있어 이전 단계인 전조작기에 비해 획기적인 변화를 많이 보이는데, 이때 나타나는 인지발달상의 일반적인 특성을 크게 여섯 가지로 구분하여 제시하면 [그림 4-28]과 같다.

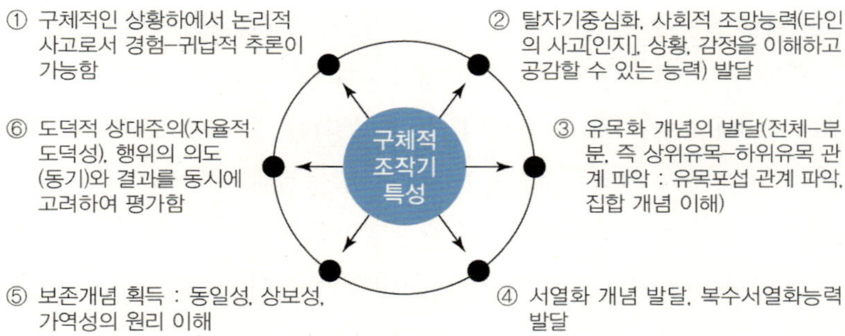

그림 4-28 | 구체적 조작기(concrete operation stage)의 일반적 특성

첫째, 아동들은 구체적인 상황하에서, 즉 사물이나 대상을 활용하면서는 논리적 사고로서 경험-귀납적 추론을 할 수 있다. 그러므로 미래의 가능성에 대한 사고는 아직 대상에 대한 직접적인 경험이 수반되지 않으면 일어나기 어렵다.

둘째, 자기중심적인 사고와 언어의 구사로부터 점차 사회화된 사고와 언어의 구사로 발달하게 된다. 이 시기의 아동들은 특히 자기중심적 사고에서 탈피하여 다른 사람의 사고(생각)·상황·감정을 이해하고 공감할 수 있는 '사회적 조망능력'을 점차 발달시킴으로써 자아중심성에서 벗어나는 탈자기중심화(脫自己中心化)를 이루게 된다.

셋째, 이때는 유목화(classification; 분류·배열) 개념이 보다 발달한다. 유목화란 사물이나 대상을 특정 기준에 의해 분류하는 것을 말하는데, 아동은 구체적 조작기에 들어서야 사물을 일정한 속성에 따라 분류할 수 있게 된다. 사물의 분류에서 전체-부분, 즉 상위유목-하위유목의 관계, 곧 '유목포섭'(class inclusion)의 관계를 파악할 수 있게 된다. 이를 달리 표현하면, 집합의 개념을 이해할 수 있게 된다는 것을 말한다. 이 시기의 아동은 다섯 송이의 장미와 두 송이의 카네이션의 관계에서 장미와 카네이션은 동등한 위치를 차지하고, 이들은 '꽃'이라는 상위유목으로 개념화된다는 것을 안다. 그리고 이러한 '꽃'은 다시 그 상위유목인 '식물'이라는 범주로 연결된다는 사실도 이해하게 된다. 그리고 아동은 8~9세가 되면 사물의 여러 복합적인 속성에 따른 분류도 가능해진다.

넷째, 이 시기에는 서열화(seriation) 개념도 보다 발달하게 된다. 사물과 사물의 관계에서 특정의 준거에 따른 순서를 이해하는 서열화의 개념은 구체적 조작기에 이르러서야 획득된다. 길이, 크기, 무게, 부피. 색상에 대한 서열화 개념의 획득은 사물 간의 관계에 대한 이해로부터 비롯된다. 복수서열화(multiple seriation; 두 가지 이상의 조건(특징)을 동시에 고려하면서 서열(순위, 등위)을 매기는 것)의 능력도 7세경에 획득된다.

다섯째, 이 시기의 아동들은 보존개념도 획득한다. 아동이 보존의 개념을 깨닫기 위해서는 세 가지 기본적인 추론이 가능해야 한다. 즉, 아동들은 보존개념을 획득하기 위해서는 먼저 동일성과 보상성 및 가역성의 원리에 대한 이해가 앞서야 한다. 먼저, 동일성(identity)의 원리란 어떤 물질에 아무 것도 첨가되거나 제거되지 않는 한 그 물질은 동일한 상태를 그대로 유지한다는 것을 이해하는 것을 말한다. 그리고 상보성(compensation; 보상성)의 원리는 한 방향이나 한 차원의 분명한 변화는 또 다른 방향이나 차원의 변화에 의해 보상된다는 사실을 이해하는 것을 말한다. 끝으로, 가역성(reversibility; 역조작성)의 원리는 변환된 사물이나 현상에 처음에 가했던 조작을 반대로 하면(철회하면) 원래의 상태로 되돌아온다는 것을 이해하는 것을 말한다. 특히, 가역성에 대한 이해는 이 단계의 아동들이 양방적인 사고를 습득했다는 것임을 주목해야 한다.

그러나 '보존개념'의 획득시기는 과제의 내용에 따라 다른데, 대체로 ① '수'에 대한 보존개념은 6~7세에, ② '질량'에 대한 보존개념은 7~8세에, ③ '길이'에 대한 보존개념은 7~8세에, ④ '면적'(넓이)에 대한 보존개념은 8~9

세에, ⑤ '무게'에 대한 보존개념은 9~10세에, ⑥ '부피'에 대한 보존개념은 14~15세에 획득된다. 이처럼 과제의 내용에 따라 보존개념의 획득시기가 달라지는 현상을 '수평적 격차'(horizontal decalage; 수평적 시차, 수평적 위계)라고 한다.

여섯째, 도덕적 상대주의(자율적 도덕성)의 관점에서 도덕적 사고와 행동을 하며, 행위의 의도(동기)와 결과를 동시에 고려하여 그 행위를 평가한다.

iv) **제4단계 형식적 조작기(formal operation stage : 11세 이후)** : 인지발달의 최종단계인 이 시기는 대체로 11세경부터 시작되는데, 이 시기에 사고는 완전히 구체적인 대상을 떠나서 자유롭게 이루어질 수 있다. 이 시기의 아동들은 획득된 지적 능력의 축적으로 논리적 사고가 가능한 인지적 성숙이 이루어진다. 형식적 조작기에 있는 아이와 나이든 성인의 사고방식에는 질적인 변화는 거의 없는데, 이들은 '미래-먼 곳'(future & remote)에서 발생할 사건이나 현상에 대해서도 사고가 가능하고, 가설-연역적 추론(hypothetico-deductive reasoning)을 사용할 줄 알게 되며, 또한 알고 있는 여러 가지 생각들을 서로 관련지어 사고하는, 즉 조합적 사고(combinational thinking)를 할 수 있게 된다. 또한, 감각적 자극이나 구체적인 내용 없이도 논리적으로 사고할 수 있게 되어 높은 수준의 문제해결을 할 수 있게 된다(Piaget & Inhelder,1958).

형식적 조작기의 청소년들이 나타내는 인지적 발달의 일반적 특성들 크게 다섯 가지로 구분하여 제시하면 [그림 4-29]와 같다.

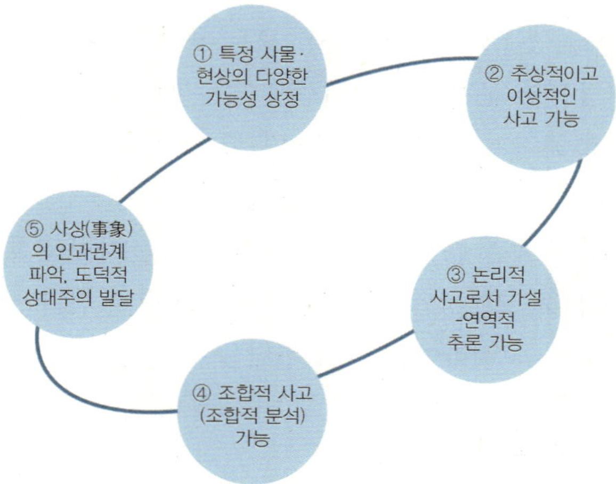

그림 4-29 | 형식적 조작기(formal operation stage)의 일반적 특성

첫째, 특정 사물·현상의 다양한 가능성을 상정할 수 있다. 형식적 조작기의 사고체계는 고도의 평형상태에 도달해 있어 융통성 있고 능동적으로 복잡한 문제를 능률적으로 다룰 수 있게 된다.

둘째, 추상적이고 이상주의적인 사고가 가능하다. 이전 단계인 구체적 조작기에 있는 아동들의 사고는 현실적으로 존재하는 현상 즉, 구체적 세계에 한정되어 이루어진다. 그러므로 이들은 민주주의나 평화 또는 종교 등과 같은 추상적인 개념을 이해하지 못한다. 이들에게 종교란 교회 다니는 것과 같은 구체적인 행동으로 이해될 뿐이며, 정신세계의 일부라든가, 다른 사람에 대하여 사랑을 베푸는 것과 같은 추상적인 개념으로 이해되지 않는다. 그러나 형식적 조작기에 도달한 아동들은 추상적인 사고를 할 수 있으며, 자신과 타인 및 세계에 대한 이상주의적인 관점에 관심을 가지면서, 삶의 의미를 음미하고, 사회적 규범이나 가치관을 이해한다.

셋째, 형식적 조작기에는 논리적 사고로서 가설-연역적 추론(hypothetico-deductive reasoning)이 가능하다. 이때에는 '지금-여기'(now & here)에 관한 논리적 사고와 경험-귀납적 추론(empirico-inductive reasoning; 시행착오적 문제해결방법)은 물론, '미래-먼곳'(future & remote)에 관한 논리적 사고로서 가설-연역적 추론도 가능하다. 여기에서는 먼저 문제해결을 위한 가설(잠정적 명제나 결론)을 설정하고, 이를 검증하기 위한 연역적 사고를 전개해 나갈 수 있다. 문제해결을 위해 가능한 모든 방법을 상정하고, 그 결과를 예측하여 여러 방법 중 가장 합리적인 방법을 선택하여 시도하게 된다.

넷째, 조합적 사고(combinational thinking; 조합적 분석)가 가능하다. 이는 하나의 문제에 직면했을 때 여러 가능한 모든 해결책을 논리적으로 궁리해 봄으로써 결국 바람직한 문제해결에 이르게 되는 사고를 말한다.

다섯째, 형식적 조작기의 아동은 사상(事象)의 인과관계를 파악할 수 있으며, 도덕적 상대주의의 관점을 더욱 발달시키게 된다. 즉, 사상(사건, 현상)에 대한 원인-결과의 관계를 분석·파악할 수 있으며, 상대주의적 도덕성이 더욱 발달함으로써 자율적 도덕성이 더욱 발달하게 되며, 행위의 결과뿐만 아니라, 행위의 의도(동기)를 고려하여 도덕적 판단을 하게 된다.

③ 피아제 이론의 교육적 시사점

피아제는 자신의 이론이 교육실제와 어떻게 관련되는지에 관하여 거의 언급한 바 없으마, 그 이론을 계승·발전시켜 온 발달심리학자와 교육심리학자들은 다음과 같은 시사점을 제시하고 있다.

첫째, 피아제의 이론은 교육활동이 아동의 현재의 인지발달수준에 부합되도록 조정되어야 한다는 점을 시사하고 있다. 아동은 성인들과 질적으로 다르게 정보를 해석하고 조작하기 때문에 아동의 각각의 발달단계특성에 맞추어 학습과제를 선정·조직할 뿐만 아니라, 거기에 부합되는 교수방법을 활용하고 아동의 눈높이에 맞는 해석이 이루어져야 한다.

둘째, 피아제의 이론은 교육활동은 어디까지나 아동들의 자발성에 의존해야 한다는 점을 시사하고 있다, 피아제는 학습이란 아동의 능동적인 발견과정을 통하여 이루어진다고 전제한다. 아동이 스스로 외부세계를 단순히 탐색하는 것만으로도 상당한 인지발달이 이루어진다. 피아제가 주장한 바와 같이, 우리가 아동에게 무엇을 가르칠 때마다 그 아동이 자신의 관점에서 사고하는 것을 오히려 방해할지 모른다. 따라서 교사는 아동에게 지식을 주입시키기보다는 아동의 흥미와 관심을 불러일으키는 과제를 제공하여 스스로 문제해결을 시도하도록 충분히 허용하고 조력해 주어야 한다.

셋째, 피아제의 이론은 교육활동이 아동의 인지발달의 기초를 넓히는 데 기여해야 함을 시사하고 있다. 피아제는 모든 정상적인 아동의 인지발달이 감각운동기, 전조작기, 구체적 조작기, 형식적 조작기를 순서적으로 통과하면서 발달한다고 주장하였지만, 많은 성인들은 형식적 조작기를 검증하기 위한 검사에서 실패를 하였다. 이러한 사실에 대하여 피아제는 성인들이 수학이나 과학과 같은 분야를 등한시한 상태에서 특정의 좁은 분야에만 관심을 갖고 그 능력만을 발달시킨 결과라고 해석한다. 이러한 해석이 타당하다면 교육장면에서 교사는 아동들에게 그들의 지적 경험의 폭을 보다 확대시킴으로써 자신들이 습득한 지적 기능을 광범위하게 적용해 볼 수 있도록 해 줄 필요가 있다.

넷째, 피아제의 이론은 교사가 필요 이상으로 아동의 인지발달을 가속화시키려고 노력해서는 안 된다는 시사점을 주고 있다. 인지발달은 타고난 내적인 기제에 의해 발생계통학적으로 이루어지기 때문에 인지발달을 가속화시키려는 노력은 성공하기 힘들며, 설령 그것이 성공된다 하더라도 인간의 전체적인 발달의 관점에서 보면 그 가치를 찾기 어렵다. 그러므로 교사는 아동의 인지발달의 가속화에 직접적인 관심을 두기보다는 오히려 정상적으로 발달해야 할 인지수준이 환경적 영향으로 인해 지체현상을 보일 경우 그 원인을 규명하여 장애요인을 제거해 주는 노력을 해야 할 것이다.

④ 피아제 이론의 한계점

첫째, 많은 연구들이 피아제가 제시한 인지발달단계모형에 대한 문제점을 지적하고 있다. 발달단계에 대한 피아제 이론의 중요한 원리는 인지발달의 단계는 고정되어 있으며, 발달이 반드시 학습에 선행한다는 것이다. 즉, 인간의 인지발달은 고정 분리된 네 단계에 따라 이루어지며, 특정의 개념이나 인지구조가 발달되어 있지 않으면 그 관련내용을 학습시킬 수 없다는 것이다. 예를 들면, '보존개념'이 발달하지 않은 전조작기에는 그와 관련되는 개념을 가르칠 수 없다는 것이다.

일부 연구자들은 분리된 네 단계의 존재에 대해서 의문을 갖고 있으며, 특정의 개념은 그 발달단계의 이전에서도 학습시킬 수 있다고 주장하고 있다. 또한, 일부의 학자들은 피아제가 제시한 '감각운동기'의 여섯 가지 하위단계가 너무 많다는 증거를 제시하고 있다. 그리고 아동들의 인지기능은 다양한 과제에 의하여 다양한 방법으로 발달할 수 있으며, 학교교육을 포함한 직접적인 교수활동이 인지발달의 속도에 강한 영향을 미칠 수 있다고 주장한다.

둘째, 피아제의 이론은 아동 특히, 어린 아동의 인지능력을 과소평가하고 있다는 비판을 받고 있다. 즉, 피아제는 실험상황에서 아동들에게 추상적 언어와 지나치게 어려운 과제를 제시하여 아동들을 혼란스럽게 함으로써 결과적으로 그들의 능력을 과소평가하였다는 것이다. 몇몇 연구결과에 의하면, 비록 같은 인지기능이 요구되는 것일지라도 피아제의 과제를 더 간단한 형태로 제시하면 어린 아동들도 그 과제를 성공적으로 해결하게 된다. 이러한 사실을 고려해 보면, 아동들은 피아제가 주장하는 것보다 훨씬 더 유능하다고 할 수 있다.

셋째, 피아제의 이론은 아동의 인지발달에 미치는 사회문화적 환경(부모나 교사, 또는 영리한 또래)의 영향을 간과했다는 비판을 받고 있다. 피아제는 아동이 물리적 세계에 관한 독자적인 탐구활동(혼자놀이활동)들을 통해 사물의 법칙이나 원리를 발견해 가는 외로운 꼬마 과학자라고 전제하였다. 그러나 여러 연구들은 아동들을 둘러싸고 있는 사회문화적 조건들은 그들의 인지발달에 지대한 영향을 미친다는 사실을 확인하였다. 즉, 인지발달은 개인과 사물(자연)과의 상호작용으로만 이루어지기보다는 다른 사람들과의 상호작용을 통해서도 일어나는 것이다.

ONLINE RESOURCES

'신피아제 인지발달이론'(Neo-Piagetian cognitive theory)에 관한 자료가 필요할 경우 저자가 운영하는 웹사이트(welfare5.com)의 Online Resources 게시판을 통하여 다운을 받기 바랍니다('교육심리탐구'의 Online Resources 09 자료).

(2) 비고츠키(Vygotsky)의 인지발달이론 : 사회문화적 인지발달이론

오늘날 많은 심리학자들은 사회문화적 요인이 아동의 인지발달에 중요한 역할을 한다고 주장하고 있다. 이러한 관점에서 보면, 앞의 피아제 이론의 한계점에서도 언급한 바와 같이 인간의 인지발달은 모든 아동들에게 동일하게 불변의 과정을 통하여 이루어진다고 볼 수 없다. 발달단계는 어느 정도 아동이 속한 사회문화의 기대와 활동들을 반영한 것이라고 할 수 있다. 인지발달에 대한 사회문화적 관점의 대표자로는 옛 소련(러시아)의 심리학자 비고츠키(Vygotsky, 1896~1934)를 들 수 있는데, 그의 이론을 사회문화적 인지발달이론이라고 명명하기도 한다. 그의 이론에 대한 이해를 돕기 위하여 이론의 배경과 정립 및 생애를 간략하게 정리하면 [그림 4-30]과 같다.

이론의 배경	이론의 정립	아쉬운 생의 마감
- 사회문화적 요인이 아동의 인지발달에 중요한 역할을 한다고 주장함. - 피아제(Piaget)에 의해 주장된 인지발달의 단계는 모든 아동들에게 필수적으로 '자연스럽게' 일어나는 것은 아니라고 주장함.	- 아동의 인지발달은 그가 속한 사회문화의 기대와 활동들이 반영된 것으로 봄. - 인지발달에 미치는 사회문화적 영향을 중시하는 사회문화적 인지발달이론을 정립함.	- 스위스 피아제(Piaget)와 미국 스키너(Skinner)가 활발한 활동을 하는 동시대에 러시아를 대표하는 심리학계의 최초 지식인으로 두각을 보임. - 피아제와 같이 1896년에 태어났으나 37세의 짧은 생을 살고, 1934년 결핵으로 세상을 떠남.

그림 4-30 | 비고츠키(Vygotsky)의 이론 배경과 정립 및 생애

① 인지발달에 대한 피아제와 비고츠키의 차이점

비고츠키와 피아제 모두 아동을 능동적인 유기체로 간주한다는 점에서는 유사하지만, 인지발달에 관한 주요견해에는 상당한 차이가 있다([표 4-4]).

표 4-4 '인지발달'에 대한 피아제와 비고츠키의 주요관점 비교

구 분	피아제(Piaget)	비고츠키(Vygotsky)
배경철학	관념론 : 정신(사고·인지·의식·식)에 의해 행동(물질·존재)이 결정됨	유물론 : 행동(물질·존재)에 의해 정신(사고·인지·의식·인식)이 결정됨
아동관	독자적인 탐구활동을 통해 자신의 세계를 이해하고 구조화해 나가는 능동적인 존재(스스로 주변세계에 대해 폭넓은 이해를 구성해 나가는 꼬마 과학자)임	독자적인 탐구활동을 넘어 타인과의 능동적인 상호작용을 통하여 성장·발달하는 사회문화적 존재임
환 경	아동의 탐구활동에 필요한 물리적인 환경 조성에 주된 관심을 가짐(사회문화적 맥락을 경시함)	아동의 발달을 촉진하는 사회·문화·역사적인 환경 조성에 주된 관심을 가짐(사회문화적 맥락을 강조)
인지발달	개인내 과정(intrapersonal process), 즉 평형화과정을 중요시함	대인적 과정(interpersonal process; 개인간 과정) → 개인내 과정 → 대인적 과정 ·····
발달의 기제	• 물리적 환경과의 능동적 상호작용 • 또래와의 상호작용 • 아동의 자력에 의해 발달이 이루어짐(아동 스스로 인지적 부조화를 해결함)	• 교사와 우수한 또래와의 협동적 상호작용 • 타인의 도움에 의해 발달이 보다 촉진됨(전달받은 사회문화적 경험의 내면화)
발달의 양태	동심원적 확대와 같은 포섭적 팽창의 형태 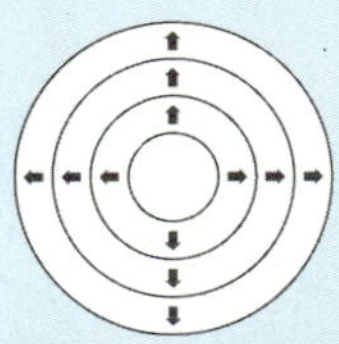	나선형적 심화·확대의 형태 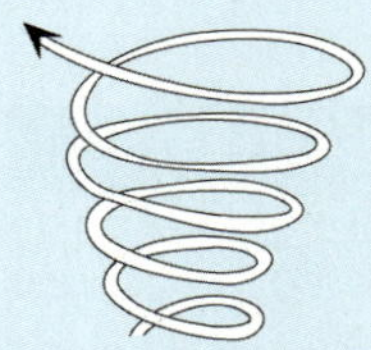
발달의 진행 (계열, 단계)	보편적인 불변적 계열(단계)에 따라 발달이 이루어짐(인지발달 : 감각운동기 → 전조작기 → 구체적 조작기 → 형식적 조작기)	발달은 사회문화적 조건과 유기체의 특성 간의 역동적인 상호작용의 결과에 의해 결정되기 때문에 보편적인 계열(단계)은 존재하지 않음
사고와 언어의 관계	인지발달에 의해 언어발달이 이루어짐(인지선행론) : 언어의 역할을 중시하지 않음	인지발달과 언어발달은 상호작용함(상호작용론) : 언어가 사고형성에 강력한 역할을 함
자기중심적 언어	• 자기중심적 사고의 결과 • 인지발달이 이루어지게 되면 자기중심적 언어는 점차 사라짐	• 문제해결을 추구하고 계획을 주도하기 위한 자기안내 및 자기조절의 수단(문제해결을 위한 사고의 도구) • 자기중심적 언어(외적 언어; 독백)가 내적 언어로 연결되면서 논리적 사고가 이루어짐

구 분	피아제(Piaget)	비고츠키(Vygotsky)
개인차	아동의 개인차에 대해서 많은 관심을 갖지 않음	사회문화적 환경의 차이로 인하여 아동들 간에는 분명한 개인차가 존재함
인지발달과 학습의 관계	인지발달이 학습을 주도함(인지선행론)	학습이 인지발달을 주도함(학습선행론)
핵심개념	인지구조(도식), 동화, 조절, 조직화, 평형화, 자기중심성, 보존, 유목화, 경험-귀납적 추론, 가설-연역적 추론	언어(외적 언어, 내적 언어), 독백(혼잣말), 대화, 사회문화적 도구, 근접발달영역(ZPD), 도약판 설정, 역동적 평가
구성주의	인지적 구성주의	사회문화적 구성주의
교사의 역할	교사는 감독자가 아니라, 아동들이 주변세계를 탐구하고 지식을 발견하도록 돕는 촉진자이며 안내자	교사는 감독자가 아니라, 교사와 영리한 또래와 함께 학습할 수 있는 많은 기회를 조성해 주는 촉진자이며 안내자
교육관	교육은 단지 아동에게 이미 나타난 인지기능(cognitive skills)을 정교화하는 활동	교육은 아동들이 문화적 도구들을 학습하도록 돕는 중심적인 활동

② 언어의 발달

피아제와 비고츠키는 아동의 발달에 대하여 상이한 견해를 보이는데, 특히 사고와 언어의 발달에 있어서 입장을 달리하였다. 이들이 각각 전제한 사고와 언어의 관계를 도식으로 나타내면 [그림 4-31]과 같다. 여기에서 볼 수 있는

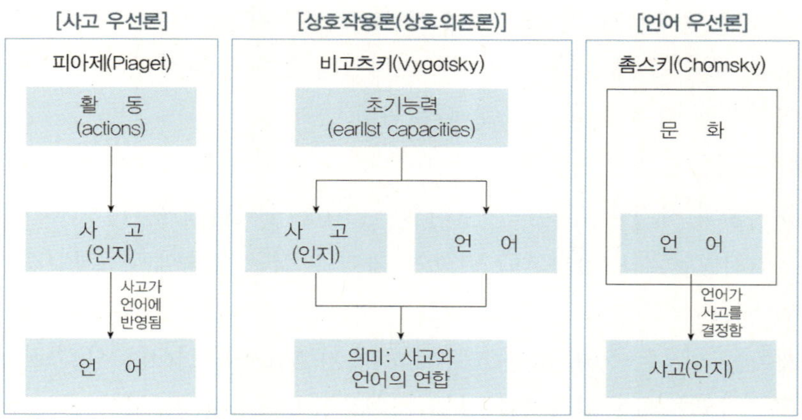

그림 4-31 | 사고와 언어의 관계에 대한 관점

자료출처 : Clarke-Stewart, K. A., Friedman, S., & Koch, J.(1985). Child Development : A Topical Approach. p.449.

바와 같이, 피아제는 유아가 활동(actions)을 통하여 사고(즉, 인지)를 발달시키고, 그 결과에 의해 언어가 습득된다고 주장하였다. 반면, 비고츠키는 초기의 능력을 바탕으로 사고와 언어가 각각 독립적으로 발달하여, 약 2세가 되면 이들의 연합에 의해 결국 의미(개념)들이 형성된다고 주장하였다(Vygotsky, 1962). 한편, 이들과는 다른 시각에서 언어와 사고의 관련성에 관한 촘스키(Chomsky, 1969)의 관점도 함께 제시하였다.

비고츠키에 의하면, 인지발달은 내적 언어와 외적 언어(사회적 언어) 모두에 의해 영향을 받는다. 어린 아동은 일정한 양의 '비언어적 사고'와 '비개념적 언어'(비지적인 언어)를 가지고 있기 때문에 문제해결에 있어 이들을 구사하게 되며, 이 시기가 지난 후에야 '언어적 사고'를 활용하면서 나름으로 문제해결을 하게 된다(p.129 [그림 4-32] 참조).

비고츠키는 언어발달이 네 단계를 거쳐 이루어진다고 보았는데, 원시적(자연적) 언어단계·순수심리적 언어단계·자기중심적 언어단계·내적 언어단계 등이 그것이다(Vygotsky, 1962).

첫째, 원시적(자연적) 언어단계는 출생에서부터 만 2세 정도까지 지속되는데, 영아는 주위사람들에 대한 사회적 반응으로서 울음이나 옹알이 등 사고와 관계없는 언어활동을 구사하게 된다.

둘째, 순수심리적 언어단계는 만 2세경부터 시작되는데, 유아는 문법적 구조를 제대로 깨닫지 못한 상태에서 사물이나 대상 또는 상황에 관하여 불완전한 언어를 구사하게 된다. 2세가 되면 사고와 언어가 결합되기 시작하여, 점차 언어는 지적이고 합리적이 된다. 아동이 언어의 상징적 기능을 발견하게 되는 것도 바로 이 시기이다. 사고와 언어의 결합은 아동의 단어에 대한 호기심과 어휘력의 빠른 습득 등으로 나타난다.

셋째, 자기중심적 언어단계는 만 4세부터 시작되는데, 이때는 독백(혼잣말; self-talk) 등의 자기중심적인 언어(사적 언어)를 구사하게 된다. 이에 대해 피아제는 인지발달의 미성숙으로 인하여 독백과 집단적 독백과 같은 자기중심적인 언어가 나타난다고 주장하였으나, 비고츠키는 주어진 문제의 해결책을 찾고 계획을 세우는 의미 있는 도구로서 자기중심적인 언어가 사용된다고 보았다. 즉, 비고츠키는 피아제와 달리 자기중심적인 언어가 그의 인지적 미성숙의 표현이라기보다는 자신의 사고와 행동(활동)을 안내하는 역할을 한다고 주장하면서, 자기중심적인 언어의 긍정적 가치를 적극 인정하였다.

이때부터 아동은 그들 스스로에게 말(self-talk; 혼자말, 독백)을 많이 하게 된다. 예를 들어, 인형을 가지고 노는 아동은 "인형을 침대에 눕히고, 담요를 덮어 줘야지. 참! 침대도 흔들어 줘야지." 등과 같이 자신이 해야 할 것들에 대해 계속 말을 한다. 따라서 이러한 언어는 아동의 사고형성과 행동에 구체적인 도움을 주게 된다. 또한, 비고츠키는 자기중심적 언어가 7세경이면 사라진다는 피아제의 견해도 부정하였다.

넷째, 내적 언어단계는 대체로 만 7세부터 시작되는데, 이 시기에는 특정의 목적을 달성하는 데 필요한 수단을 얻기 위해 마음속에서 내적 언어(inner speech)를 사용한다. 이때는 사고능력이 증가하기 때문에 직접 말을 하지 않고도 머릿속으로 말하면서 문제해결을 시도하는데, 물론 이때에는 이러한 내적 언어뿐만 아니라, 외적 언어도 활용하게 된다.

아동의 내적 언어의 발달에 대한 연구결과를 살펴보면, 내적 언어의 사용빈도는 학습과제의 수행시간이 지날수록 더욱 증가하고, 학습과제의 난이도와 정적 상관관계를 보인다. 즉, 문제해결에 있어서 곤란도가 높을수록 내적 언어의 사용이 증가하는데, 이러한 결과는 내적 언어가 아동의 문제해결에 중요하게 작용한다는 사실을 입증해 주고 있다.

정신발달과정을 통해서 언어는 사고활동의 중요한 도구 내지 매개체가 된다. 비고츠키는 개념형성에서의 지적 조작은 적극적으로 주의를 집중하며, 어떤 특성을 추상화하고 그들을 종합하며, 하나의 신호에 의해 그들을 상징화하는 수단으로서 언어를 사용하는 데서 비롯된다고 보았다.

③ 사고의 발달

비고츠키는 사고의 발달은 크게 세 단계로 구분될 수 있다고 주장하였는데, 그것은 비조직적인 더미로서의 사고단계, 복합적 사고단계, 개념적 사고단계 등이다(Vygotsky, 1962).

첫째, 비조직적인 더미로서의 사고(thinking in unorganized heaps)단계인데, 이 시기의 아동은 자신의 지각에 우연히 연결되는 바에 따라서 대상들을 대충 조직화하거나 거기에 나름의 이름을 붙인다. 이 단계의 세 하위단계를 살펴보면, 그 첫째는 시행착오에 의한 집단화(trial-and-error grouping)단계인데, 아동은 무작위적이고 맹목적인 추측에 따라 대상들을 조직화하게 된다. 그 둘째는 시각적 장의 조직화(visual-field organization)단계인데, 이 시기의 아동들은 시각적 특징을 주요기준으로 삼아 대상들을 조직화하고 명칭을 부여하게 된다. 그 셋째는 더미의 수정(reformed-heaps)단계인데, 이 시기의 아동들은 처음에는 앞의 두 단계처럼 일단 조직화를 시도하나, 그 방법에 불만족하여 집단 내의 요소들을 여러 가지로 변형해 보면서, 조직화나 범주화를 수정한다. 그러나 아직 내적으로 일관되는 어떤 원리를 발견해 내지는 못한 상태에 있다.

둘째, 복합적 사고(thinking in complexes)단계인데, 이때의 아동은 마음속에서 각각의 대상을 단순히 자신의 주관적 판단에 의해서뿐만 아니라, 대상들 사이에 존재하는 관련성에 근거하여 사고를 하게 된다. 이로써 아동은 자기중심적 사고에서 한 걸음 벗어나, 객관적 사고를 향하여 나아가게 된다. 그런데 이러한 복합적 사고단계에서의 요소들 간의 연결은 추상적이고 논리적이라기보다는 구체적이고 개별적인 특징을 띤다. 이 단계의 사고는 다음과 같은 다섯 하위단계로 세분된다. 그 첫째는 연합적 복합(associative complex)단계로서, 아동들은 대상들의 색깔이나 모양 등에 있어서의 유사성(상호간 근접성)에 의해 특정의 연합(연결)을 시도한다. 그 둘째는 집합적 복합(collective complex)단계로서, 아동들은 대상들을 각각의 유사성보다는 차이의 대비에 의해 조직화한다. 예를 들면, 색깔이 다른 블록을 각각 하나씩 모아 하나의 집단으로 놓고, 그에 대해 명칭을 부여한다. 그 셋째는 연쇄적 복합(chain complex)단계로서, 아동들의 사고는 서로 이웃한 것들 간의 관계성을 토대로 그 이상의 전체를 연쇄적으로 조직하는 경향을 보인다. 예를 들면, '큰' 초록 블록은 '큰' 빨강 블록과 연결되고, 그 뒤로는 '빨강'의 작은 둥근 블록이 연결되며, 또 그 뒤로는 '노랑'의 중간 크기의 둥근 블록이 연결될 수 있다고 생각한다. 그 넷째는 확산적 복합(diffuse complex)단계로서, 아동들은 개개의 요소들을 결합하는 속성에 융통성을 부여하여 조직화를 하게 된다. 예를 들면, 아동은 삼각형들을 한데 모은 후 거기에 사다리꼴을 포함시키기도 한다. 왜냐하면 사다리꼴의 각이 아동에게는 삼각형이 지닌 각을 연상시키기 때문이다. 그 다섯째는 의사개념적 복합(pseudo-concept complex)단계로서, 아동들은 언뜻 보기에는 마치 진정한 개념적 사고를 토대로 대상들을 조직화하는 것처럼 보이나, 대상에 자신들이 명명한 바에 대하여 합리적인 설명을 제시하지 못한다. 예컨대, 아동이 색깔의 유사성(색깔개념)에 기준을 두고 빨강 블록들을 모두 하나의 집단으로 분류(조직)했을 때 교사가 그 중 두 개의 블록을 뒤집어, 그것들의 이름이 서로 다름을 보여주더라도(블록들의 색깔은 동일하지만, 하나는 mur라고 쓰여 있고, 다른 하나는 bik이라고 쓰여 있을 경우라도) 그 아동은 처음 자신이 블록들을 분류(조직)했을 때 자신이 지녔던 관점(생각)에 얽매여서 대상들을 결합해 주는 다른 속성에 대해는 관심을 기울이지 못한다. 이러한 의사개념적 사고는 아동의 사고가 복합적 사고의 단계에서 진정한 개념적 사고단계로 전환하고 있음을 보여주는 것이다.

셋째, 개념적 사고(thinking in concepts)단계이다. 개념적 사고는 아동이 대상들을 분석하는 능력과 종합하는 능력을 함께 갖추고 있을 때 비로소 가능해지는데, 이는 대체로 청소년기 초기에 나타난다. 그러나 이때의 개념적 사고는 아직 언어적인 상황보다는 대상이 실제로 제시되는 구체적인 상황에 더 익숙하다는 점에서 약간은 불안정한 상태를 보인다. 또한, 여러 사고단계 간의 관계는 아직 완전히 단절된 상태가 아니다. 다시 말하면, 아동이 개념적 사고단계에 있다 할지라도 비록 그 빈도는 줄어들지만 복합적 사고 역시 계속되는 것이다. 비록 성인일지라도 '전적으로' 개념적 사고만을 하는 것은 아니다.

지금까지 살펴본, 언어의 발달과정과 사고의 발달과정을 도식화해보면 [그림 4-32]와 같다.

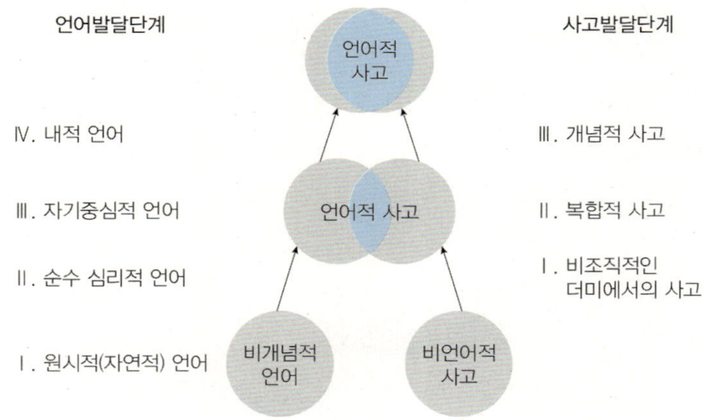

그림 4-32 | 언어와 사고발달에 대한 비고츠키(Vygotsky)의 관점

자료출처 : Thomas, R. M.(1985). Comparing Theories of Child Development. p.308.

비고츠키는 유아의 언어와 사고는 본래 별개의 기능으로 발달하게 된다고 보았다. 이들 간의 관계는 마치 동떨어진 두 개의 원과도 같은데, 하나의 원은 비개념적 언어(nonconceptual speech)를 의미하고, 다른 하나의 원은 비언어적 사고(nonverbal thought)를 의미한다. 그런데 이 두 개의 원은 유아가 점차 성장함에 따라 서로 만나고 겹치게 된다. 두 원이 겹쳐지는 부분은 언어적 사고(verbal thought)를 나타내는데, 이는 유아가 특정의 개념을 획득하기 시작함을 의미한다. 여기에서 개념(concept)이란 하나의 특정 대상보다는 다양한 대상들 가운데 존재하는 공통적인 특성이나 그들 간의 관계를 표현하는 하나의 생각을 말한다. 그러나 이 두 개의 원은 결코 완전히 겹쳐지지는 않는다. 비록 아동이 성장함에 따라 서로 겹치는 공통부분의 비율이 증가하기는 하지만, 어느 정도의 비개념적인 언어와 비언어적인 사고는 항상 남아 있게 된다.

④ 인지발달

가. 내면화

비고츠키는 '발달'이란 외적 조작(operation)을 내적으로 재구성하는 내면화의 과정, 즉 사회적 현상을 심리적 현상으로 변형시키는 과정이라고 규정하면서, 이는 대인적 과정(interpersonal process; 개인 간 과정) → 개인 내 과정(intrapersonal process) → 대인적 과정 등으로 계속적인 순환과정으로 이루어진다고 주장하였다.

나. 정신기능

비고츠키는 인간의 정신기능은 크게 '기본정신기능'과 '고등정신기능'으로 양분되어 이루어진다고 주장하였다(Vygotsky, 1939). 이를 도식화하여 나타내면 [그림 4-33]과 같다.

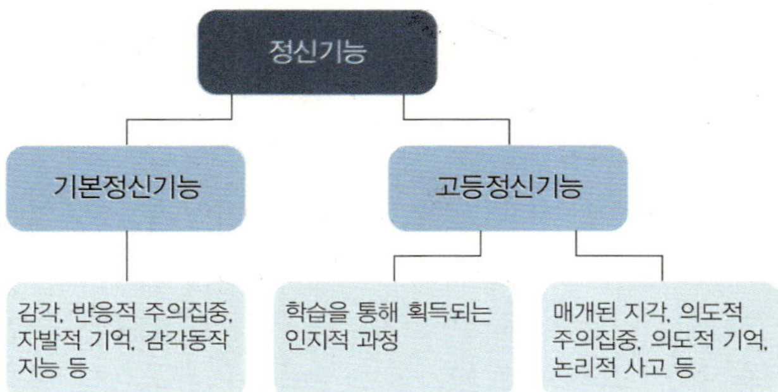

그림 4-33 | 정신기능의 분류

다. 근접발달영역(ZPD)

비고츠키에 의하면, 아동은 변증법적 교류에 의한 학습활동을 통하여 인지발달을 이루어나간다. 즉, 아동은 현재 자신이 활동(사고)방식(正)을 구사하고 있지만, 점차 이에 들어맞지 않는 새로운 상황(反)에 직면하게 되면, 이러한 갈등을 해결하기 위해 다시 새로운 문제해결방법(合)을 탐색하여 적용함으로써 인지발달을 이루어나가게 된다(Vygotsky, 1929; 1978). 그런데 아동은 이러한 발달과정에서 자신 스스로 독자적인 능력으로 충분히 해결할 수 있는 문제영역(실제발달영역)이 있는가 하면, 자력으로는 결코 해결할 수 없지만 타인들의 적절한 도움을 받으면 능히 해결할 수 있는 문제영역(잠재발달영역)이 존재하기도 한다. 그런데 이 잠재발달영역 중 특정 타인의 도움을 실제로 받아 성취할 수 있는 문제영역을 '근접발달영역'(zone of proximal development; ZPD)이라고 명명한다. 물론, 아동은 타인의 도움을 받아도 결코 해결하지 못하는 문제영역(발달불가영역)에 직면하기도 한다([그림 4-34]).

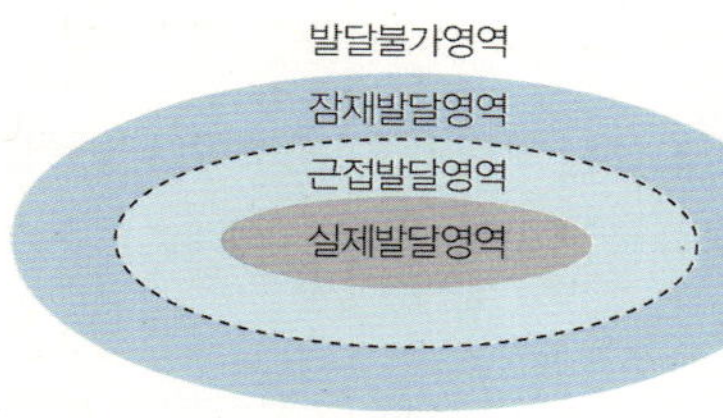

그림 4-34 | 실제발달영역과 잠재발달영역 및 발달불가영역의 관계

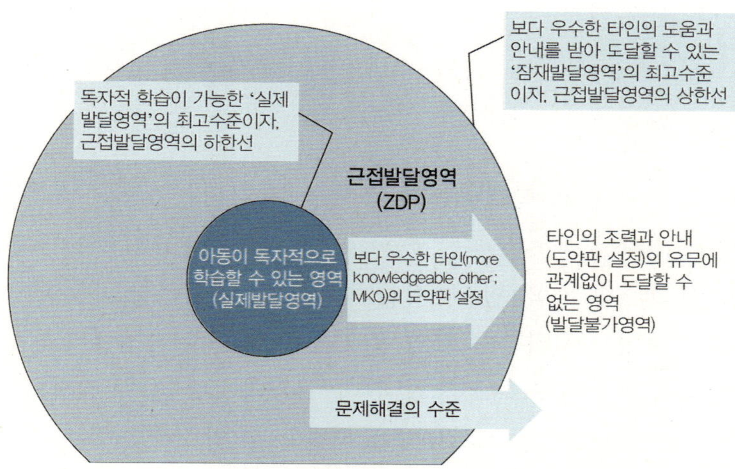

그림 4-35 | 근접발달영역에 대한 이해를 돕기 위한 도식

근접발달영역이란 [그림 4-34]와 [그림 4-35]에서 확인할 수 있는 바와 같이, 아동이 혼자서는 해결할 수 없지만 타인의 도움을 받으면 해결할 수 있는 문제영역(잠재발달영역) 중에서 부모나 교사 혹은 우수한 또래 등의 타인의 조력에 의해 발달을 이루는 영역을 말한다. 이처럼 아동의 인지발달의 일부는 부모나 교사 등의 성인 또는 능력 있는 또래와의 상호작용을 통하여 이루어질 수 있는데, 이때 그들은 아동이 인지발달을 이루는 데 필요한 요소를 지원하는 안내자 혹은 조력자의 역할을 하게 된다(Clarke-Stewart, Friedman, & Koch, 1985).

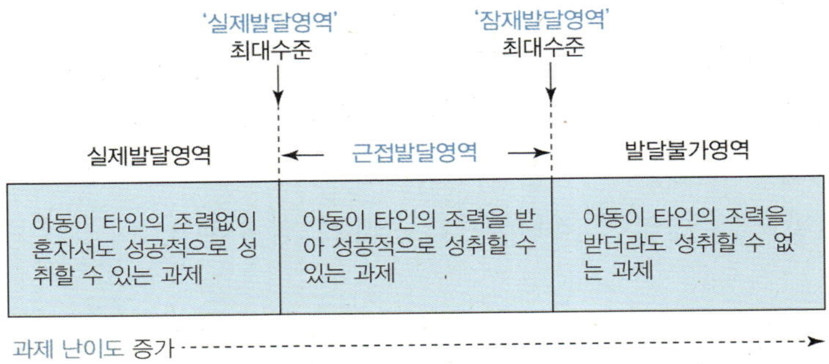

그림 4-36 ❙ 근접발달영역 내의 과제는 아동의 인지발달을 최대로 촉진시킨다

자료출처 : Ormrod, J. E.(2011). Educational Psychology : Developing learners. p.41.

이와 같은 '근접발달영역'의 개념은 인지발달이 사회적 상호작용의 결과로 이루어진다는 사실을 강조하는 것으로, 아동의 인지발달은 교사나 또래들의 적극적인 도움이 필요하다는 이론적 근거를 제공했다는 점에서 그 의의를 찾을 수 있다.

라. 도약판 설정

타인에 의해 아동의 학습활동에 조력을 제공하는 것을 '도약판 설정'(scaffolding; 비계 설정 : 비계는 건물을 짓거나 보수할 때 또는 그 외벽에 페인트 칠을 할 때 인부들의 발판역할을 해 주는 임시구조물을 뜻함)이라고 하는데, 이는 아동이 구사하는 사고의 폭과 수준 또는 문제해결의 방법과 전략에 도약이 일어날 수 있도록 적절히 안내·유도하거나 격려·지지해 줌으로써 궁극적으로 그 스스로의 힘으로 문제를 해결할 수 있도록 도와주는 것을 말한다. 우리는 근접발달영역에 직면하고 있는 아동에게 대화를 통하여 학습내용

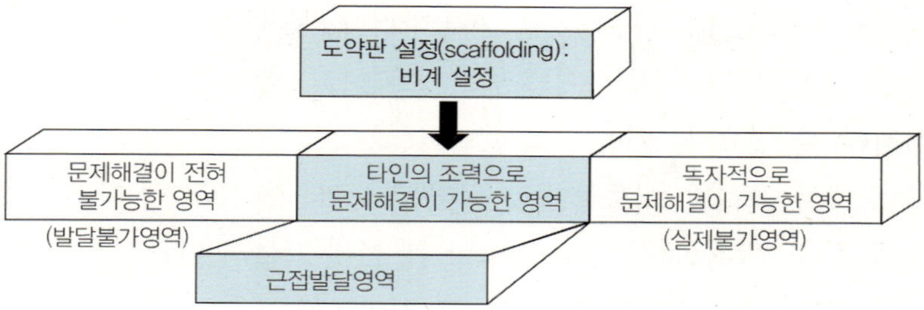

그림 4-37 | 도약판 설정에 의한 근접발달영역에 도달할 수 있다

자료출처 : Eggen, P. D., & Kauchak, D.(1992). Educational Psychology : Classroom Connections. p.173.

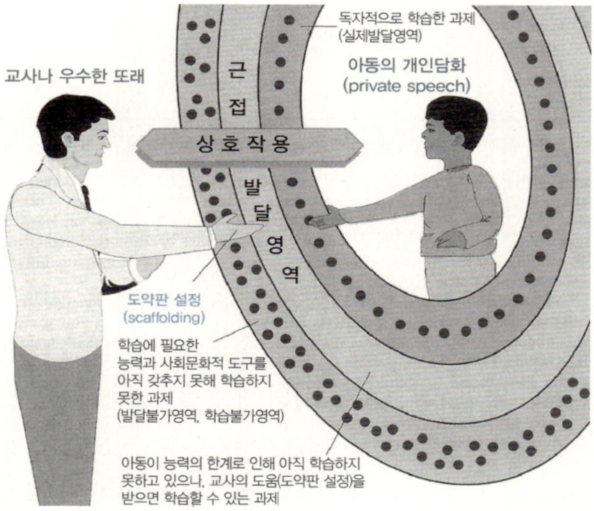

그림 4-38 | 인지발달을 촉진하기 위한 교사나 우수한 또래와의 상호작용

자료출처 : Slavin, R. E.(1994). Educational Psychology : Theory and Practice.. p.50.

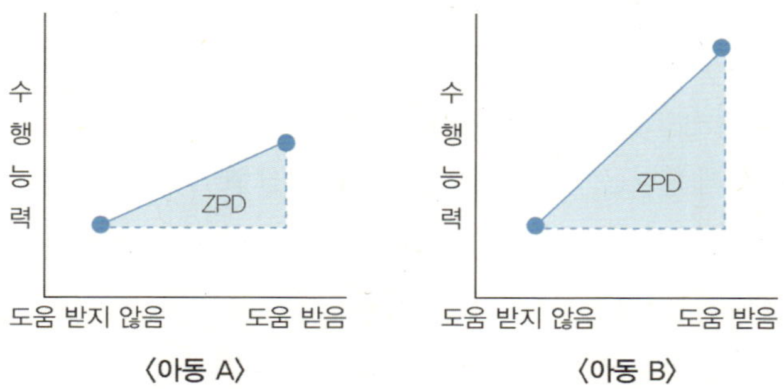

※ 타인의 도움을 받지 않은 상태에서, A, B 두 아동의 과제수행은 비슷하지만, B 아동은 타인의 도움에 의해 발달수준(수행능력)을 더 많이 끌어올림으로써 더 넓은 근접발달영역을 갖게 됨.

그림 4-39 | 타인의 지도에 따른 〈아동 A〉와 〈아동 B〉의 근접발달영역 면적 차이

을 구조화를 형성할 수 있는 단서를 제공하거나, 문제해결의 세부사항과 과정에 관한 암시나 힌트를 제공하여 학습을 조력하고, 학습활동을 꾸준히 수행하도록 격려해 줄 필요가 있다.

학교현장에서 교사가 아동들에게 적절한 도약판을 설정해 주기 위해서는 먼저 '역동적 평가'(dynamic assessment)를 통해 그들의 학습잠재력을 실질적으로 확인하고, 어디에서부터 무엇을 가르치며 어떻게 가르칠 것인가 등을 포함한 교수전략을 수립하여야 한다. 아동들의 능력을 평가하기 위해 고안된 기존의 검사들(표준화된 지능검사와 성취검사 등)은 아동의 인지발달수준을 종합적으로 평가하는 데 부적절하기 때문에 역동적 평가가 필수적으로 필요하다는 것이다.

ONLINE RESOURCES

'역동적 평가'에 관한 자료가 필요할 경우 저자가 운영하는 웹사이트(welfare5.com)의 Online Resources 게시판을 통하여 다운을 받기 바랍니다('교육심리탐구'의 Online Resources 10 자료).

도약판 설정은 타인(부모나 교사 또는 우수한 또래)의 일방적인 조력활동이 아니라 아동과 타인 간의 긴밀한 협동적인 상호작용(양방향적인 상호작용)이 중요하다. 아동들은 타인(교사나 동료)의 도움을 받아 능동적으로 새로운 지식과 기술을 구성해 나가며, 이 과정에서 아동은 스스로 동기화되고 타인의 도움을 받음으로써 점차 자신이 더 많은 주도성을 가지고 학습활동을 전개해 나간다. 우리는 이러한 과정에서 아동의 진전상황과 반응에 대하여 세심한 주의를 기울이고, 이에 따라 그의 지도나 조력의 방법과 수준을 점진적으로 조정해 나가야 한다.

도약판 설정은 결국 아동-교사 또는 또래-또래 간의 거래적 상호작용이라고 할 수 있는데, 도약판 설정의 구체적인 방법들을 소개하면 다음과 같다.

첫째, 공동적 문제해결을 들 수 있다. 근접발달영역 내에서 아동을 공동적인 문제해결에 참여시키는 것이 중요하다. 아동을 이에 참여시키는 형태에는 성인-아동의 형태 또는 아동-아동의 형태가 있을 수 있는데, 여기에서는 무엇보다도 아동으로 하여금 상대방과의 적극적인 상호작용을 하도록 허용하고, 목표의 달성을 위해 적극 노력하도록 유도하여야 한다.

둘째, 상호주관성의 유지를 들 수 있다. 상호주관성이란 특정 과제에 대한 해결을 시도하는 두 참여자(예: 교사와 아동)가 초반에는 그 과제의 해결에 대하여 서로 다른 견해를 갖지만, 중반과 후반으로 접어들수록 점차 공유된 견해를 갖는 것을 말한다. 여기에서 참여자들은 공동활동을 하는 동안 진정한 협동을 성취하고 효과적인 의사소통을 하기 위해 항상 협의하고 타협하여 서로의 관점을 조정해 나가야 한다. 만약 한 사람이 과제에 대해 다른 사람과 계속해서 전혀 다른 생각을 갖게 된다면 이들 간의 협력은 기대하기 어렵다.

셋째, 따뜻한 분위기 조성과 반응을 들 수 있다. 아동과의 상호작용장면에서는 따뜻한 분위기를 조성해 주는 것이 중요하다. 주어진 과제에 대한 아동의 집중과 기꺼이 도전하려는 태도는 교사가 따뜻하고 명랑한 반응을 보여주며 적절한 언어적 칭찬을 제공하고, 자신감을 북돋워 줄 때 최대화된다.

넷째, 도전할만한 과제부여와 주변환경의 구성 및 교사의 적절한 개입(근접발달영역에 머물게 하기)을 들 수 있다. 이러한 방법들은 아동이 근접발달영역 내에 머물면서 과제수행에 전념하도록 도와주는 역할을 한다. 그러므로 아동에게 주어진 과제가 적절한 도전적인 수준을 유지하도록 해 주고, 주변환경을 적절히 구성해 주며, 아동의 현재 요구와 능력에 부합하는 정도의 개입(도움)이 제공될 필요가 있다.

다섯째, 자기조절 증진시키기를 들 수 있다. 아동으로 하여금 가능한 한 자기주도적 학습활동에의 참여를 허용해 주어야 한다. 아동의 자기조절능력을 증진시켜주기 위해서는 아동이 독자적으로 활동할 수 있게 되면 교사는 가능한 한 빨리 조절과 도움을 멈추어야 한다. 또한, 아동들이 의문점들과 문제들을 파악할 수 있도록 적극 허용해 주고, 그가 어려움에 직면해 있을 때에만 개입해야 한다. 교사의 개입이 이러한 조건을 만족할 때 아동은 충분한 의사결정을 하고 협동활동에 참여하는 등의 집행적 기능(executive functioning)이 활성화된다.

ONLINE RESOURCES

'자기주도적 학습'에 관한 자료가 필요할 경우 저자가 운영하는 웹사이트(welfare5.com)의 Online Resources 게시판을 통하여 다운을 받기 바랍니다('교육심리탐구'의 Online Resources 11 자료).

여섯째, 사회가 공유하고 있는 문화적 도구를 '사회문화적 도구'라고 명명하는데, 이는 다시 '심리적 도구'와 '기술적 도구'로 구분할 수 있다. 이러한 도구들을 활용하게 되면 아동의 사고가 촉진되며, 자신의 세계를 구축하는 데 도움이 된다. 교사나 또래는 근접발달영역에 직면하고 있는 아동들이 심리적 도구(상징적 도구)와 기술적 도구(실제적 도구)를 자율적으로 활용하면서, 자신의 학습활동을 전개해 나가도록 적극 도와줄 필요가 있다. 먼저, 심리적 도구는 기본정신기능으로부터 고등정신기능으로 변화시키도록 돕는 역할을 하는 것으로, 여기에는 언어, 쓰기, 수체계, 도표, 지도, 예술작품 등과 같은 자료를 제공하거나 주의집중, 지각, 학습, 기억, 문제해결 등의 요령을 제시해 주는 것이 포함된다. 한편, 기술적 도구는 아동의 인지나 사고의 기술이나 형태(양상)를 변화시키도록 도움을 주는 것으로, 여기에는 계산기나 컴퓨터 등과 같은 기계적 장치들이 포함된다.

심리적 도구 + 기술적 도구 = 사회문화적 도구 ⇒ 사고 촉진, 자신의 세계 구축

일곱째, 기타의 기법으로서 흥미유발, 방향유지, 안내하기, 시범보이기, 초점맞추기, 힌트주기, 요약해 주기, 수정해 주기(피드백 제공하기), 진술해 주기, 신체적 접촉, 통제적 지시 등을 들 수 있다.

⑤ 비고츠키 이론의 교육적 시사점

인지발달과 학습에 있어서 사회문화적 환경의 중요성을 강조한 비고츠키 이론은 교육과 관련하여 몇 가지 중요한 함의점을 제공하고 있다. 이러한 시사점은 학교장면에서 정상적인 성취를 보이는 학생들뿐만 아니라, 흔히 문제가 되는 학습부진학생들의 교육에도 도움을 준다.

첫째, 비고츠키의 이론은 사회문화적 환경, 특히 인적 환경이 아동의 인지발달에 중요하다는 것을 시사해 주고 있다. 비고츠키에 의하면, 교사는 아동의 근접발달영역을 면밀히 파악하고, 그 영역의 범위에서 유의미한 조언과 조력을 제공하는 역할을 충실히 수행해야 한다. 비고츠키의 이론은 교사가 학생 스스로의 힘으로 주어진 문제를 해결할 수 있도록 환경을 조성하는 것 이상의 역할을 수행할 것을 시사하고 있다.

둘째, 비고츠키의 이론은 교사에 의한 수업활동뿐만 아니라 학생들에 의한 협동학습활동이 함께 필요함을 역설해 주고 있다. 협동학습모형에서는 학생들 상호 간에 어려운 과제의 해결에 대해 교류할 수 있으며, 서로의 근접발달영역 내에서 효과적인 문제해결전략에 노출될 수 있다. 협동학습에서 이루어지는 언어적 상호작용은 특히 상대적으로 부진상태에 있는 학생으로 하여금 자

기보다 약간 더 나은 또래와 학습활동에 참여함으로써 자신의 근접발달영역 내에서 사고하는 것을 촉진시킨다.

셋째, 비고츠키의 이론은 교수활동에서 학생들에게 현재의 발달수준보다 조금 앞서는 내용을 가르침으로써 그들의 인지발달을 적극 주도하여야 한다는 점을 시사해 주고 있다. 근접발달영역 내에서의 학습의 성공은, 아동이 당장 누군가의 도움을 받아 과제를 해결할 수 있다면 언젠가는 혼자서도 해결할 수 있다는 것을 시사한다. 따라서 교육은 미래지향적 활동이어야 하고, 교수활동은 학생들에게 완전하고 정확한 이해의 틀을 받쳐주는 도약판을 제공하는 것(scaffolding; 비계 설정)이어야 한다.

⑥ 비고츠키 이론의 한계점

비고츠키는 아동의 인지발달에 있어 타인의 역할이 매우 중요하다고 주장함으로써 피아제(Piaget)가 간과한 대인관계적 상호작용의 필요성을 부각하는 데 기여했으나, 크게 다음과 같은 두 가지 측면에서 그 한계를 지적할 수 있는데, 첫째는 아동의 생물학적 발달의 측면을 간과하였다는 점이고, 둘째는 아동발달과 학습에 있어서 타인의 역할을 지나치게 강조하였다는 점이다.

3. 언어발달

인간의 능력 중 가장 주목할 만한 것은 언어를 활용하여 상호 간에 의사소통('외적 언어'에 의함)을 할 수 있을 뿐만 아니라 사고(문제해결; '내적 언어'에 의함)를 할 수 있다는 점이다. 즉, 인간은 사회적 존재인 만큼 일상생활에서 언어를 통해 자신의 욕구나 생각 또는 감정 등을 타인에게 전달하고, 또한 타인의 욕구나 생각 또는 감정 등을 이해함으로써 사회의 가치와 지식을 받아들이고 조정하면서 사회에 적응해 나간다. 그리고 언어를 통하여 사고를 함으로써 결국 정보처리 또는 문제해결을 이루어 나가게 된다.

여기에서는 먼저 언어습득 및 발달에 대한 이론에 대하여 살펴본 다음, 이어 그 발달단계에 대하여 살펴보고자 한다. 그리고 유아기 언어의 발달적 특징 및 언어발달에 영향을 미치는 요인들에 대하여 논의해 보기로 한다.

1) 언어발달이론

인간의 언어는 매우 복잡하다. 하지만 아동은 5세경에 문법이라고 불리는 복잡한 언어시스템을 거의 습득한다. 즉 두 개의 문장을 연결하고 의문문을 만들며, 적절한 대명사를 사용하고 부정문을 구사하며, 관계절을 만드는 등의 기본능력을 갖추게 된다.

여기에서는 먼저 언어습득에 관한 이론으로서 ① 행동주의이론, ② 생득이론, ③ 인지이론, ④ 상호작용이론의 언어습득과 발달에 관한 핵심내용을 도식화하면 [그림 4-40]과 같다.

행동주의이론	– 경험(연습, 훈련)이 언어의 습득과 발달에 결정적인 영향을 미친다고 보는 관점('강화와 벌', '모방'에 의 해서 언어가 습득되고 발달한다고 보는 관점)
생득이론	– 언어습득과 발달은 주변의 언어자극에 의존하여 이루어지는 것이 아니라, 언어규칙을 추상화하는 생득적인 생물학적 능력에 의해 이루어진다고 보는 관점
인지이론	– 언어발달이 이루어지기 위해서는 먼저 인지발달이 선행되어야 한다는 이론으로서, 인지발달이 언어발달의 필요조건이라는 점을 강조함
상호작용이론	– 언어습득과 발달은 타인과의 상호작용을 통해 이루어진다고 보는 관점으로, 언어발달은 그에게 주어진 언어환경과 인지능력 간의 상호작용의 결과로 봄

그림 4-40 | 언어발달이론

(1) 행동주의이론

행동주의이론에서는 경험(연습, 훈련)이 언어의 습득과 발달에 결정적인 영향을 미친다고 전제한다. 즉, '강화'(reinforcement)와 '벌'(punishment), '모방'(imitation)에 의해서 언어가 습득되고 발달하게 된다고 믿는다.

먼저, 스키너(Skinner, 1953)를 비롯한 행동주의 심리학자들은 특정 행동의 발생빈도를 관리하는 기법으로서 '강화와 벌'의 활용을 적극 제안하였다. 따라서 언어의 습득과 발달을 촉진하기 위해서는 다른 모든 행동과 마찬가지로 아동의 특정 언어행동에 대한 피드백(feedback)으로서 '강화와 벌'의 기법을 활용하게 되면 그 행동은 더욱 구사되거나, 감소·제거될 것이다. 행동주의이론은 언어습득과정에서 외적 환경의 역할을 강조하는 것으로, 아동의 발성과 언어가 올바르게 구사되면 칭찬 등의 보상을 제공하고, 그것이 올바르지 않을 때에는 꾸중이나 교정을 위한 피드백을 제공함으로써 올바른 언어발달을 촉진시킬 수 있다고 본다.

스키너에 의하면, 어린이의 언어발달은 옹알이에서부터 시작된다. 옹알이

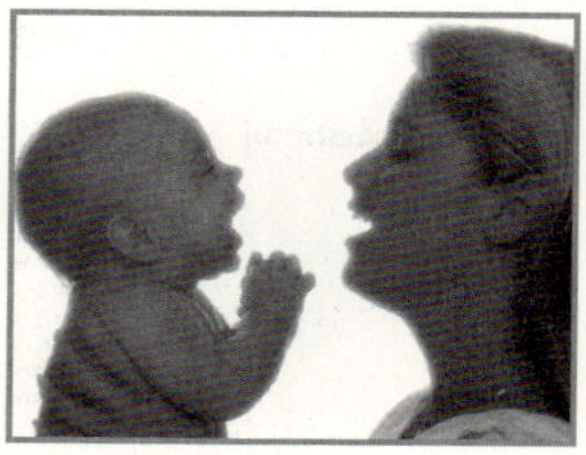

속에는 모든 언어에서 사용되는 음소(音素)가 포함되는데, 부모들은 언어에 포함되는 음소를 어린이가 올바르게 발음하면 정적 강화를 주나, 만약 제대로 발음하지 않으면 적절한 피드백을 제공하여 비슷한 소리를 낼 때까지 반복·연습시킴으로써 그 사회에서 통용되는 일상적인 단어들을 변별·학습하도록 한다. 이러한 방법에 의해 어린이는 의미 없는 옹알이에서부터 의미 있는 언어를 발달시키게 된다. 손다이크(Thorndike, 1943)는 이를 '옹알이-행운'(babble-luck)이라고 불렀는데, 그것은 아동이 닥치는 대로 소리를 내고, 그 중에서 마치 의미 있는 언어에 대해 강화를 받음으로써 마침내 학습이 이루어지기 때문이다. 한편, 브로드벡 등(Brodbeck & Irwin, 1946)은 강화의 효과를 보여 주는 연구를 수행한 결과, 시설에 수용된 아기는 가정에서 자란 아기보다 발성을 덜 하였고, 더 적은 종류의 소리를 낸 연구사실을 확인하였는데, 이는 수용시설에서 자란한 아기가 가정에서 자란 아기보다 보모나 보육자와 접촉한 기회가 더 적기 때문이라고 생각할 수 있으며, 중류계층 이상의 아기가 발성을 더 많이 하는 이유도 그들의 부모가 더 많은 어휘를 구사할 뿐만 아니라 언어사용을 더 빈번하게 하기 때문일 것이다.

실제로 강화원리를 적절히 사용함으로써 아동의 언어발달에 긍정적인 효과를 얻는 경우가 많으나, 어린이들은 전에 한번도 들어보지 않은 말을 하고, 성인들이 사용하지 않는 단어와 문장을 만들어 낸다는 점을 고려한다면 어린이들의 언어의 획득과 발달은 단지 강화와 벌에 의해서만 가능한 것이 아님을 알 수 있다.

한편, 반두라(Bandura, 1976)를 포함한 행동주의자들은 또 다른 언어학습의 기제로서 '모방'을 강조하였는데, 특히 모방학습(사회학습)의 이론가로서 유명한 반두라는 인간의 언어행동은 다른 사람의 언어행동을 모방함으로써 습득·발달하게 된다고 주장하였다. 아동들은 언어모델이 되는 사람(부모·교사·또래 등)의 언어행동을 관찰·모방함으로써 언어를 습득하게 된다. 즉 일반적인 행동의 습득과 마찬가지로, 단어와 문법구조도 아동이 주위에 있는 모델들의 언어를 관찰하여 모방함으로써 언어행동을 습득한다고 볼 수 있다.

모방학습이론에 의한 언어학습의 가장 대표적인 예로는 모국어의 습득을 들 수 있다. 한국에서 자란 아동은 한국어를, 미국에서 자란 아동은 영어를 배운다는 사실은 아동의 언어가 주변사람들의 말을 모방한 결과라고 할 수 있다. 이외에도 아동들이 다른 사람의 말을 직접적으로 모방하는 예를 주위에서 쉽게 볼 수 있으며, 아동이 성인의 말을 모방함으로써 문법적인 관계를 배우는 것을 볼 수 있다. 따라서 아동들의 어휘 및 문법의 발달 중 어느 정도는 이와 같은 모방의 결과로서 설명될 수 있다.

한편, 언어습득과 발달에 대한 행동주의이론은 다음과 같은 경험적 증거들에 의해 비판을 받고 있다. 첫째, 성인들은 아동의 언어적 표현이 문법적으로 맞는지의 여부보다는 의미적으로 적절한지에 기초하여 강화를 주는 경우가 많다. 둘째, 아동은 성인이 사용하는 것과는 아주 다른 말을 만들어 내고, 성인과는 다른 형태의 문법구조를 만들어 낸다. 셋째, 아동들은 어른의 말을 그대로 모방하는 것이 아니라, 그것을 자기 자신이 현재 가지고 있는 문법체계에 맞게 변화시키거나 생략해서 모방한다. 예를 들면, 아동들은 전문식 언어(telegraphic speech)를 구사한다. 넷째, 아동은 자기가 전혀 들어본 적이 없는 문장을 산출하기도 한다. 다섯째, 청각장애로 인하여 다른 사람의 언어를 듣지 못한 아동들의 언어발달과정도 일반아동의 그것과 거의 유사하다. 이런 아동들은 타인의 말을 듣지 못해 모방할 수 없지만, 언어를 배울 수 있다.

지금까지의 내용을 종합해 볼 때 강화와 모방이 아동의 언어발달이나 문법습득에 영향을 미친다고 볼 수 있으나, 이로써 아동들의 빠른 언어습득과 언어적 생산성(linguistic productivity; 언어적 창의성)을 제대로 설명하는 데는 한계가 있다.

(2) 생득이론

촘스키(Chomsky, 1928~)

생득이론은 아동의 언어습득과 발달이 주변에서 듣게 되는 언어자극에 의존하여 이루어지는 것이 아니라, 언어의 규칙을 추상화할 수 있는 생득적인 생물학적 능력에 의해 언어습득과 발달이 이루어진다고 주장한다. 먼저, 핀커(Pinker, 1990)는 아동이 언어를 습득하는 것을 거미가 집을 짓는 방법을 아는 것에 비유하는데, 아동이 언어를 습득하는 것은 그것을 관장하는 생물학적 능력에 의해 가능하다는 것이다. 그리고 언어습득의 생물학적 능력을 가정한 대표적인 학자는 촘스키(Chomsky, 1969, 1986)인데, 그에 의하면 언어습득에는 결정적 시기가 있으며, 정상적으로 영양공급이 이루어지면 사회적 배경에 관계없이 아동의 신체발달이 대체로 동일하듯이 정상적인 언어환경이 주어지면 동일한 언어발달이 이루어진다. 그리고 신체발달이 아동들의 의식적인 노력 없이 발달하듯이, 언어능력도 의식적인 노력 없이 발달하게 된다는 것이다. 어린 아동들이 언어를 학습하는 것은 나중에 외국어를 학습하듯이 의식적으로 분석하고 외우면서 배우지는 않으므로 아동이 구사하는 언어표현은 부모들을 깜짝 놀라게 할 때가 많다. 아동이 접하게 되는 언어적 경험은 단지 언어와 관련된 생물학적인 능력을 계발하는 촉매의 역할만을 한다고 볼 수 있다. 다시 말하면, 아동은 언어능력의 씨앗을 생득적으로 가지고 태어나고, 후천적인 언어경험은 단지 이 언어능력이 자라도록 하는 촉매의 역할을 담당한다는 것이다. 그리고 이러한 언어에 의해 사고가 전개되므로 결과적으로 언어능력에 의해 인지발달이 이루어지게 된다(p.125 [그림 4-31] 참조).

촘스키는 언어를 습득할 수 있게 해 주는 생득적이고 생물학적인 언어기제를 언어습득장치(language acquisition device; LAD)라는 추상적 개념으로 설명하였으나, 이를 '보편문법'(universal grammer; UG)이라는 개념으로 수정·보완하였다(Chomsky, 1981). 보편문법은 일종의 생물학적 기제로서 매우 다양하게 구별되어 있는 생득적인 언어규칙(innate linguistic rules)으로 구성되어 있다.

먼저, 여기에서 '생물학적 기제'라는 말은 보편문법이 대뇌의 구조의 일부라는 것을 가정하며, 모든 인간에게 공통적이라는 의미를 담고 있다. 그리고 '생득적인 언어규칙'이란 인간이 언어에 관한 보편적인 원리(principle)를 생득적으로 갖고 태어나며,이는 언어를 이해하고 산출하는 매개변인(parameter)의 역할을 수행한다는 의미를 내포하고 있다. 즉, 아동은 언어를 습득할 수 있는 구조화된 장치를 가지고 태어나고, 이 장치는 언어의 구조화나 기본적인 요소에 대한 어느 정도의 정보를 포함하고 있어 언어자료를 처리하고 가공하며, 규칙을 만들고 문법적인 문장을 이해할 수 있게 하며, 결국 특정의 언어를 산출해 낸다는 것이다. 이러한 과정을 그림으로 표현하면 [그림 4-41]과 같다. 보편문법이 하나의 언어로 전환되기 위해서는 당연히 특정의 언어환경이 필요하지만, 이는 보편문법에 내포된 원리와 매개변인을 단순히 촉매해 주는 역할을 담당할 뿐이다.

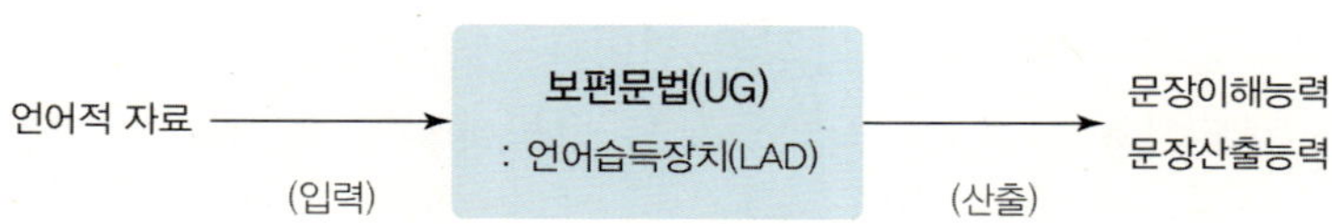

그림 4-41 | 보편문법의 기능

앞에서의 '생물학적 기제'라는 용어는 보편문법이 대뇌의 구조의 일부라는 것을 가정하며, 모든 인간에게 공통적이라는 의미를 담고 있는데, 이는 대뇌피질 중 언어중추에 해당하는 것으로, 여기에서 가장 중요한 역할을 하는 곳은 베르니케 영역(Wernicke area)과 브로카 영역(Broca area)이다. ① 베르니카 영역은 감각성 언어중추로서, 말을 이해하는 기능(speech comprehension)을 담당하는 부위인데, 독일의 신경학자 베르니케가 뇌의 일부에 병변이 있는 환자의 증상을 통해 상실된 기능을 담당하는 부위를 추정하는 과정에서 이러한 사실을 발견하였다. ② 브로카 영역은 운동성 언어중추로, 말을 만들어 내는 기능(speech production)을 담당하는 부위인데, 이곳이 손상되면 말을 할 수 없게 된다. 프랑스의 외과 의사 브로카가 실어증 연구를 하다가 대뇌피질이 그 위치에 따라 서로 다른 기능을 수행한다는 것을 밝혀내는 과정에서 이러한 사실을 발견하였다.

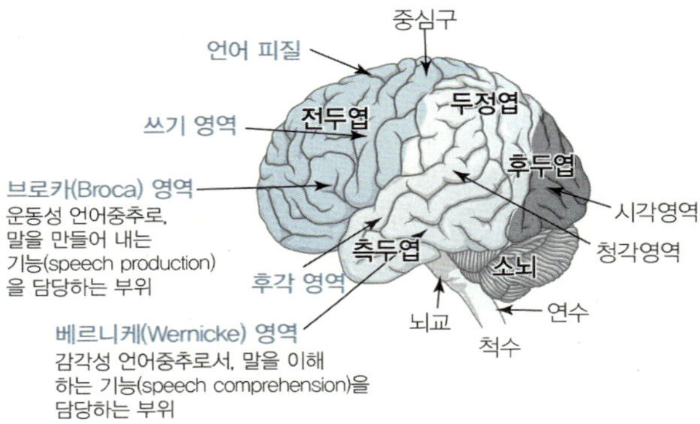

그림 4-42 | 뇌의 언어중추

그리고 '생득적인 언어규칙'은 인간이 언어에 관한 보편적인 원리(principle)를 생득적으로 갖고 태어나며, 이는 언어를 이해하고 산출하는 매개변인의 역할을 수행한다는 의미를 내포하고 있다. 즉, 이는 언어를 습득할 수 있는 구조화된 장치로서, 언어의 구조화나 기본적인 요소에 대한 어느 정도의 정보를 포함하고 있어 언어자료를 처리하고 가공하며, 규칙을 만들고 문법적인 문장을 이해할 수 있게 하며, 결국 특정의 언어를 산출해 내게 한다는 것이다.

촘스키는 생득이론을 지지해 주는 사실로서 다음의 세 가지를 들고 있다. 첫째, 언어발달은 성숙과 관계가 있다는 점이다. 아동이 말을 하는 것은 신경계의 발달과 병행하는데, 이것은 언어발달의 생득적인 면을 강조해 준다. 둘째, 모든 아동들의 언어발달이 매우 비슷한 과정으로 이루어진다는 점이다. 즉, 모든 정상아동은 모국어가 아무리 복잡하더라도 배울 수 있고, 4세에서 6세 사이에 모국어의 기초를 숙달한다. 또한, 언어획득의 기본순서는 어떤 문화권에서든지 고정된 순서로 이루어진다는 것이다. 예를 들면, 옹알이를 시작하는 시기나 돌 전에 첫 단어를 말한다는 사실, 그리고 두 돌 전후에 두 마디 말을 표현하는 사실 등은 어느 문화권에서나 공통적이다. 셋째, 인간이 사용하는 모든 언어는 공통적인 기본특성을 가지고 있다는 점이다. 말을 할 때 나오는 소리, 단어가 구성되는 방식, 그리고 의미의 결정방식 등을 조사한 학자들에 의하면 모든 언어는 인간이 낼 수 있는 소리들 중에서 다만 한정된 소리만을 사용하며, 단어들은 언제나 우리가 문장이라고 부른 구조적 순서대로 결합될 뿐만 아니라, 모든 언어는 문법을 가지고 있으며, 이 문법은 어떤 형식적 속성을 가지고 있다는 것이다.

(3) 인지이론

언어발달에 대한 인지이론의 대표적인 학자는 피아제(Piaget, 1923)인데, 이 이론은 언어발달이 이루어지기 위해서는 먼저 인지발달이 선행되어야 한다는 이론으로서, 인지발달이 언어발달의 필요조건이라는 점을 강조한다. 피아제에 의하면, 아동이 언어의 복잡한 구조를 습득하게 되는 것은 경험에 의한 학습(행동주의이론의 관점)이나 생득적인 능력(생득이론의 관점)에 의한 것이 아니라, 언어는 어린이가 출생 시에 가지고 태어나는 기초적인 능력인 반사기능(반사행동)을 통해서 획득하는 행동적 도식(감각운동적 도식)의 형성을 통해서, 즉 기초적인 인지발달을 통해서 발달하는 것으로, 촘스키 등의 언어학자들이 주장하듯이 언어를 통해서 인지발달이 이루어지는 것이 아니라는 것이다.

또한, 피아제는 언어가 단지 인지구조의 발달에 따라 출현되는 상징적 표상, 즉 언어란 상징적 의사전단의 기호에 불과하다고 주장하였다. 2세경이 되면 어린이는 소리를 실제 사건, 사람, 그리고 상황과 연결시키기 시작하는데, 점차 성숙 및 주위환경의 상호작용에 의해서 어떤 특정한 언어를 특정 사람이나 사물을 나타내는 표상체계(representational system) 또는 상징체계로 발달시켜 나가게 된다. 그러므로 피아제에게 있어서는 언어발달과 인지발달의 우선 여부가 의문의 여지없이 명확한데, 인지발달이 언어발달에 선행한다는 것이다.

피아제는 이와 같은 관점에서 어린이의 언어발달은 인지구조의 발달적 특징에 따라서 구분하였는데, 전조작기의 유아는 자기중심적 사고의 특징을 가지고 있으므로, 그가 산출하는 언어도 역시 인지적 특성과 일치되어 자아중심적 언어의 특징을 보인다는 것이다. 이후 어린이가 구체적 조작기에 이르면 인지적으로 구체적 조작이 가능해지고, 타인의 관점을 조망할 수 있게 되므로 언어는 자기중심적 특징에서 벗어나 듣는 이를 고려하는 사회적 언어로 변화되어 간다는 것이다.

이와 같은 인지이론은 언어를 인지발달의 한 부수적인 산물로 보는 입장이므로 아동의 언어발달상에서 나타나는 문법적 복잡성의 획득, 복잡한 구문의 사용, 언어책략의 사용 등은 언어별 차이를 뛰어넘는 인지구조의 보편적 발달이라는 측면에서 이해될 수 있다.

(4) 상호작용이론

상호작용이론에서는 아동의 언어습득과 발달은 다른 사람과의 상호작용을 통해 이루어진다는 점을 강조한다. 특정 시기에 있어 아동이 발휘하는 언어능력은 아동에게 주어진 언어입력과 그의 언어능력 간의 상호작용의 결과로 볼 수 있다. 이러한 관점을 취하는 대표적인 학자들로는 비고츠키(Vygotsky, 1939, 1962)와 브루너(Bruner, 1966, 1975)를 들 수 있다.

먼저, 비고츠키는 모든 발달이 그렇듯이 주위의 타인을 포함한 사회문화적 환경과의 상호작용을 통하여 이루어지듯이, 언어발달도 마찬가지의 과정을 통하여 이루어진다는 사회문화적 맥락을 중요시하였다. 앞의 '인지발달' 단원에서 언급한 바와 같이, 그는 피아제(Piaget)와 아동발달에 대한 견해가 상당히 다른데, 특히 사고와 언어의 발달에 있어서 입장을 달리한다(p.129 [그림 4-32] 참고).

그리고 브루너는 비고츠키의 발달이론을 토대로 아동의 언어학습이 그에 관한 선천적인 능력과 다른 사람과 상호작용을 하려는 욕구를 바탕으로 풍부한 언어환경이 조성되는 사회적 맥락에 의해 이루어진다고 보면서, 언어발달은 바로 주변사람들(entourage; 부모, 교사, 또래 등)의 언어행동에 의해 직접적인 영향을 받는다고 주장하였는데, 아동의 가족을 포함한 주변의 사람들을 '언어획득지원체제'(language acquisition support system; LASS)라고 명명한다.

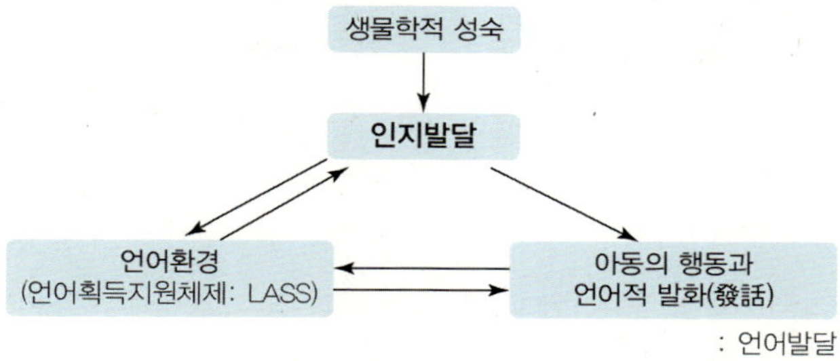

그림 4-43 | 언어발달에 관한 상호작용이론의 관점

언어습득과 발달에 있어서의 사회적 상호작용을 강조하는 상호작용이론은 흥미롭게도 행동주의이론과 생득이론의 가정 중 일부를 공유하고 있다. 첫째, 상호작용이론은 생득이론과 마찬가지로 아동의 언어발달은 문법규칙을 찾아내서 적용하는 과정으로 설명하지만, 생득이론과는 달리 언어의 의사소통기능을 강조하는데, 여기에서는 언어발달의 기초로서 시선 맞추기, 함께 주의하기 등의 비언어적인 상호작용의 중요성도 매우 강조한다. 둘째, 상호작용이론은 언어발달에 있어서 생물학적 성숙(생득이론의 관점)과 환경(행동주의이론의 관점)의 역할을 모두 강조한다. 셋째, 상호작용이론은 행동주의이론과 마찬가지로 모방이 언어발달에서 중요한 역할을 한다고 가정한다. 그렇지만 아동들이 성인의 말을 기계적으로 모방한다고는 생각하지 않는다.

지금까지 논의한 언어발달이론 중 '행동주의이론', '생득이론', '상호작용이론'을 상호 비교해 보면 [표 4-5]와 같다.

표 4-5 언어발달에 대한 '행동주의이론', '생득이론', '상호작용이론'의 상호 비교

행동주의이론	생득이론	상호작용이론
① 환경적 접근	① 생득론적 접근	① 발달론적 접근
② 모든 학습은 몇몇 기본 원칙에 기초함.	② 일반언어학에 관심을 가짐. 언어의 심층구조와 표면구조를 구분함. 문장이 형성되는 규칙 및 문장들이 연결되는 방식에 관심을 가짐. 언어변형의 분석에 중점을 둠.	② 유럽의 심리학적·발달론적 사고에 토대를 둠.
③ 언어발달은 보편적인 학습체계의 일부분임.	③ 언어 간의 유사성을 강조함.	③ 지각발달과 언어·인지 간의 관계에 관심을 가짐. 성장과 발달은 유기체의 환경에 대

행동주의이론	생득이론	상호작용이론
		한 적응과 개념적 도식의 조직을 통해 일어남.
④ 언어기제는 자극-반응관계에 의해 활성화됨.	④ 언어연구의 목표는 언어이론의 개발에 있음.	④ 유기체의 생물학적 성숙과 환경으로부터의 압력 간의 계속적인 상호작용을 중시함.
⑤ 언어는 획득된 기능임. 유일한 생리적 측면은 자극-반응을 다루는 능력임.	⑤ 언어의 구조화와 획득은 생득적임.	⑤ 언어는 아동이 내부적으로 동기화됨으로써 발달함. 언어는 논리적 사고와 함께 발달함.
⑥ 관찰 가능한 행동으로서의 언어에 관심을 가짐.	⑥ 내재화된 능력에 대한 의문을 인정하지 않음.	⑥ 언어와 사고가 서로 영향을 미침.
⑦ 언어발달에서의 아동의 역할은 수동적인 수령인의 역할임.	⑦ 아동은 생득적 능력을 토대로 언어활동에 능동적으로 참여함.	⑦ 아동은 언어활동에 적극적으로 참여함.

2) 언어발달의 영역과 단계

(1) 언어발달의 영역

언어발달의 영역은 크게 ① 음성·음운발달, ② 의미발달, ③ 통사발달의 세 하위영역으로 구분할 수 있다.

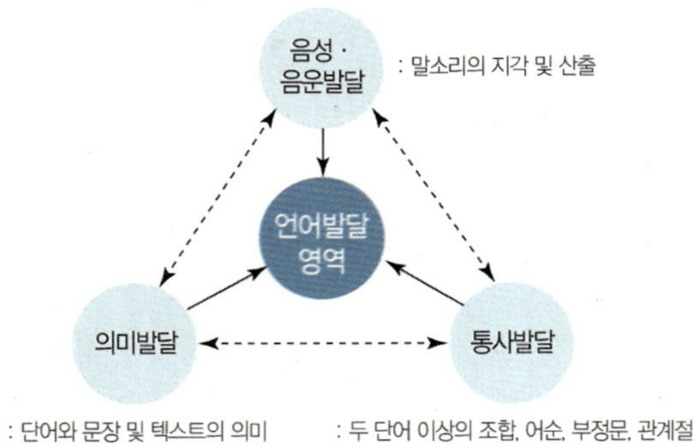

그림 4-44 | 언어발달의 영역

ONLINE RESOURCES

'언어발달영역으로서의 ① 음성·음운발달, ② 의미발달, ③ 통사발달'에 관하여 자세하게 논의한 자료가 필요할 경우 저자가 운영하는 웹사이트(welfare5.com)의 Online Resources 게시판을 통하여 다운을 받기 바랍니다('교육심리탐구'의 Online Resources 12 자료).

(2) 언어발달의 단계

언어발달은 여타의 발달과 마찬가지로 복잡한 과정을 통하여 이루어지나, 이를 크게 ① 전언어단계(언어획득 이전단계)와 ② 언어단계(언어획득단계)로 구분해 볼 수 있다. 이러한 단계들은 다시 여러 하위단계로 세분화될 수 있는데, 이를 요약하여 제시하면 [표 4-6]과 같다.

표 4-6 언어발달단계

단 계	연 령	언어행동
전언어적 단계 (언어획득 이전단계)	출생~약1개월	미분화된 울음(일반적인 신호)
	1~2개월	분화된 울음(구체적인 신호)과 쿠잉(cooing : 비둘기 울음소리와 비슷한 꾸르륵하는 소리)
	3개월	말소리의 식별(쿠잉소리가 점점 높게 나타남. 모음 비슷한 소리가 자음과 섞여서 나타나기 시작함. 타인이 말을 하면 듣고 웃게 됨.) 옹알이(음소의 증대)
	6개월	비슷한 소리내기(자기소리 모방) 반향음 내기(타인소리 모방), 옹알이에 억양이 나타남, 간혹 "마마", "파파" 등 두 음절의 소리를 냄.
언어적 단계 (언어획득 단계)	9~15개월	일어문(一語文) : 여러 가지 의미를 가진 단어·언어활동에 대한 이해를 함. '아가' '엄마' 등 일어문 사용 증가, 간단한 요구에 이해했다는 표시를 하기 시작함.
	18~20개월	이어문(二語文) 시작, 3~50단어까지 사용 가능함.
	24개월~	어휘, 문장과 문법 및 의사소통기술이 발달함.

ONLINE RESOURCES

'언어발달단계' 및 '유아기 언어의 발달적 특징'에 관한 자료가 필요할 경우 저자가 운영하는 웹사이트(welfare5.com)의 Online Resources 게시판을 통하여 다운을 받기 바랍니다('교육심리탐구'의 Online Resources 13 자료).

3) 언어발달에 영향을 미치는 요인

언어가 발달하는 순서는 모든 아동에게 있어서 동일하지만, 언어가 발달하는 속도는 아동에 따라 개인차가 있다. 생후 1년 정도 되면 유아가 첫 단어를 말하는 것이 보통이지만, 개인에 따라서는 7~8개월이 지나야 말을 시작하는 경우도 있고, 18개월이 되어야 첫 단어를 말하는 경우도 있다.

언어발달에 관한 연구결과에 의하면, 언어발달에는 많은 요인들이 영향을 미치는 것으로 확인되나, 그 대표적인 요인들로는 ① 부모의 상태 및 부모와의 관계, ② 성별, ③ 지적 능력, ④ 신체적 요인(신체생리적 요인), ⑤ 정서적 요인, ⑥ 가정의 사회경제적 지위(사회계층), ⑦ 출생순위 및 형제관계, ⑧ 또래의 영향, ⑨ 이중언어 등을 들 수 있다.

ONLINE RESOURCES

'언어발달에 영향을 미치는 요인'에 관한 자료가 필요할 경우 저자가 운영하는 웹사이트(welfare5.com)의 Online Resources 게시판을 통하여 다운을 받기 바랍니다('교육심리탐구'의 Online Resources 14 자료).

4. 사회성발달

1) 사회성 및 사회화의 의미

인간이 성장함에 따라 접촉하게 되는 사회적 상황은 점차 넓어지고 복잡해지므로 영유아기의 사회성발달은 이후의 원만한 사회생활을 위해 매우 중요하다. 사회성(sociability)이란 타인과의 원만한 대인관계를 형성할 수 있는 자질이나 능력 및 기술을 말하는데, 이는 대인관계의 원만성과 사회적 적응성의 정도를 결정한다. 사회성은 주로 타인과의 사회적 행동을 통하여 발달하게 되는데, 이러한 과정을 통하여 사회적응과 생활에 필요한 자질, 즉 언어·태도·가치관·신념·지식·행동 등을 갖추어 나가는 것을 사회화(socialization)라고 한다.

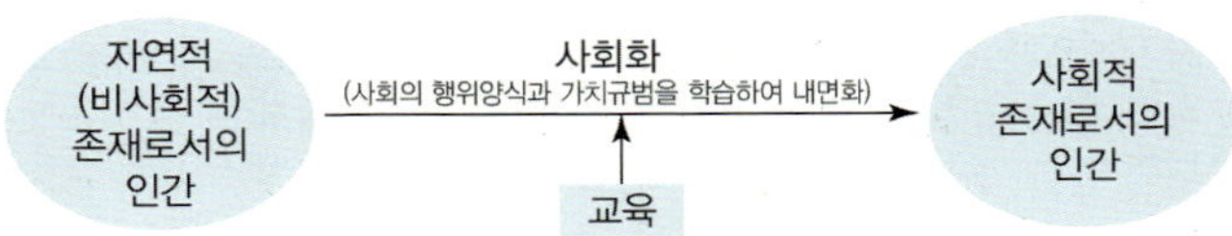

그림 4-45 | 교육을 통한 '사회화'의 과정

인간은 사회집단 안에서 태어나며, 일련의 사회적 과정을 통해 성장·발달하게 된다. 한 개인이 그가 속해 있는 사회의 제반 문화를 습득하여 내면화(internalization)함으로써 그 사회의 구성원으로서 요구되는 자질, 즉 태도·가치관·신념·지식·행동 등을 갖추어 건전한 사회생활을 할 수 있게 되는 과정을 사회화라고 한다. 다시 말하면, 사회화란 자기가 속한 사회의 가치와 습관, 행동양식, 문화양식, 혹은 규범이나 규칙 등을 습득하여 실천함으로써 그 사회환경에 적응해 가면서 유능한 사회구성원으로 성장해 가는 과정이라 할 수 있다.

2) 사회성발달의 기제

그렇다면 사회성발달은 어떻게 이루어지는가? 사회성발달의 기제에 대한 설명은 크게 세 관점으로 구분될 수 있다.

첫째, 개인이 어떻게 사회성발달이 이루어지느냐에 대해 뒤르껭(Durkheim, 1893, 1912)은 집단표상(collective representation; 집합표상)의 구속력(문화가 갖는 구속력)으로 설명하였다. 집단표상은 사회구성원들이 공유하고 있는 관념·행동유형·태도 및 가치의 체계를 망라해서 말하는 것으로, 이는 관습이나 법률 등의 제재를 통하여 사회구성원들을 구속함으로써 각 개인은 그에 합치되는 사회적 행동을 하게 된다는 것이다.

둘째, 개인의 사회성발달은 바로 타인들의 사회적 행동을 모방함으로써 이루어진다고 볼 수도 있다. 여기에는 타드(Tarde, 1903)의 모방설이 포함되는데, 그는 사회성발달과정에서 모방하려는 개인의 자유의지와 자발성을 강조하였다. 다시 말하면, 뒤르껭은 개인의 사회성발달은 문화가 갖는 구속력에 의해 이루어지므로 그 개인은 수동적이며 타율적인 과정에 의해 사회적 존재로 변화되어 간다고 본 반면, 타드는 개인이 자유의지에 의해 자발적으로 주변세계에 접근함으로써 결국 사회적 존재로의 발달이 이루어진다고 보았다. 물론, 뒤르껭도 처음에는 독자적 실체로서의 사회규범이나 가치에는 원래 외재성과 구속성이 있다고 주장하였으나, 나중에는 사회규범이나 가치를 외재적·구속적 실체로 보지 않고, 행위자가 자원적(자발적)으로 내면화하고 동일시하는 규범체계로 보았다.

셋째, 인간관계에 중점을 두고 사회성발달을 설명한 쿨리(Cooley, 1902)와 미드(Mead, 1913) 등은 개인이 타인과의 접촉을 통해서 사회적 자아(social self)를 형성함으로써 사회성발달이 이루어진다고 보았다. 다시 말하면, 개인이 다른 사람들과의 상호작용을 통하여 일반화된 타자(generalized other)의 역할과 태도를 습득하는 과정이 곧 사회성발달이라는 것이다.

3) 사회성발달의 기초행동

사회성발달에 필요한 대인관계적 기초행동으로는 ① 울기, ② 응시하기, ③ 옹알이, ④ 미소짓기, ⑤ 모방하기 등을 들 수 있다. 처음에는 이러한 행동들이 자연발생적으로 나타나지만, 시간의 흐름에 따른 경험의 내용과 질에 의해 영향을 받게 된다(오만록, 2000).

첫째, 아이는 의사전달수단으로서 울기를 통하여 타인의 도움을 청한다. 즉, 배가 고플 때, 몸이 아플 때, 화가 날 때, 기저귀에 오줌을 쌌을 때 의사소통 수단으로 동일한 울음소리를 낸다. 그러나 생후 3주쯤 되면 필요에 따라 점차 분화된 울음소리를 구사하게 된다.

둘째, 생후 며칠만 지나도 아기는 응시하기를 통하여 주변세계에 관심을 갖는다. 즉, 주위의 사물이나 사람에 초점을 맞추고 눈동자로 추적하기도 한다. 생후 약 4주 정도 지나면 사물보다 사람의 얼굴을 쳐다보는 것을 더 좋아하고, 4~5개월이 되면 자신을 잘 보살펴 주는 사람에 대하여 시선을 많이 주게 되는데, 이때 눈과 눈이 마주치는 것(eye-contact)은 친밀한 대인관계를 형성하는 데 큰 역할을 한다.

셋째, 아이는 옹알이를 함으로써 자발적인 반응을 보이기도 한다. 이 옹알이는 단순한 소리가 아니라 아이가 주위에 대해 사회적 흥미를 표시하고, 다른 사람의 주의를 끌고 애정을 받고자 하는 일종의 사회적 표시이다. 이러한 표시에 대하여 주위 사람들이 적절히 대응해 주는 것은 언어발달을 자극할 뿐만 아니라 대인관계의 형성, 특히 어머니와의 초기 애착관계를 형성하는 데 긍정적인 효과를 가져온다.

넷째, 미소짓기는 그 변화양상에 따라 뚜렷하게 세 단계로 구분되는데, 그것은 반사적 미소·무선택적인 사회적 미소·선택적인 사회적 미소이다. 생후 1개월 정도까지는 그저 무의식적으로 웃는 반사적 미소를 보인다. 그리고 이후에는 누구에게나 미소를 짓게 되는데, 이를 무선택적인 사회적 미소라고 한다. 그러나 약 4~6개월이 되면 얼굴을 식별해서 애착관계가 형성된 사람에 대해서만 미소를 짓게 되는데, 이를 선택적인 사회적 미소라고 한다. 이러한 미소는 사회적 행동의 밑바탕이 된다.

다섯째, 모방하기는 아이가 보다 발달하는 데 있어 가장 중요한 방법 중의 하나인데, 영아는 사회적 기술을 능동적으로 학습하지 못하지만, 생후 1년쯤 되면 모방행동을 통해서 배우게 된다. 이러한 모방은 사회적 관심의 표현으로서 사회적 행동을 유발하는 데 매우 효과적인 방법이다. 모방은 미소처럼 무선택적인 단계를 거치지 않는 것이 특징인데, 처음부터 아기가 애착을 느끼는 친근한 사람의 행동이나 표정을 따라 하게 된다.

이와 같은 사회화의 기초행동을 통하여 대인관계에서의 애착행동이 발달하게 되며 낯선 사람에 대해서는 불안감을 갖게 되고, 애착대상과 격리되면 격리불안(이별불안)을 갖게 된다. 그러나 더 성장하게 되면 애착대상으로부터 벗어나 동반자적 관계를 형성하며, 사회생활에 필요한 지식과 기술을 보다 적극적으로 습득해 나가게 된다.

4) 사회성발달의 내용과 과정

먼저, 아동이 습득하는 사회성발달의 내용은 매우 다양하나, 대체로 인성특성·동기·신념·가치관 및 태도·언어·지식·기술·성역할 행동·성적 표현방식 등이라고 할 수 있다. 이렇게 본다면 사회화는 넓은 의미의 교육과 같은 의미라고 할 수 있다. 그러나 엄격한 의미에서 구분을 짓는다면 교육은 보다 의도적이고 계획적인 성격이 강하나, 사회화는 무의도적인 교육적 영향까지를 포함하는 개념이다.

한편, 사회성발달의 과정은 어느 한정된 기간에 끝나는 것이 아니며, 또 제한된 장소에서만 이루어지는 것도 아니다. 그렇기 때문에 사회화는 개인의 사회생활이 계속되는 평생동안 모든 장소에서 이루어지는 평생학습의 과정이라 할 수 있다. 인간은 태어나서 가정의 일원이 됨으로써 가정생활을 통하여 부모 또는 형제자매와의 상호작용을 하면서 필요한 언어·생활습관·지식·태도·신념·가치관 등 기본적인 행동특성을 습득하게 된다. 이어, 동료(또래)와의 생활을 통하여 가정에서 습득한 행동특성을 토대로 협동심·성역할 및 성의식 등의 사회성이 함양되게 된다. 그리고 유치원을 포함한 학교생활을 통하여 보다 체계적인 지식과 기술, 창의성, 태도 등을 학습하게 된다. 끝으로, 직장생활과 사회생활을 통하여 사회적 행동과 역할 행동을 배우는 등 제반 자질을 함양함으로써 사회문제에의 대처능력을 키우며, 부단한 경험의 개조 및 축적을 통하여 보다 사회에 잘 적응하게 된다. 또 결혼을 하여 가정을 이룸으로써 새로운 부부역할을 터득하게 되고, 자녀를 갖게 되면서 부모로서의 역할을 학습하게 된다.

5) 사회성발달에 영향을 미치는 요인

개인의 사회성발달에 영향을 미치는 요인에는 여러 가지가 있다. 사회성발달에 영향을 미치거나 매개체 역할을 하는 것을 사회화 기관(socializing agency) 또는 대행자(agent)라고 한다. 이러한 사회화 기관에는 가깝게는 부모·형제자매·친척·이웃으로부터 친구·교사·학교·교회 등 수많은 기관뿐만 아니라 텔레비전·라디오·잡지·신문·영화 등의 대중매체도 포함된다. 오만록(2000)에 의하면, 사회성발달에 영향을 미치는 요인은 크게 ① 장소적 요인, ② 인적 요인, ③ 내용매체적 요인, ④ 유기체적 요인 등으로 구분된다.

특히 아동의 사회성발달에 영향을 미치는 '내용매체적 요인'으로서 텔레비전·라디오·각종잡지·신문·영화·인터넷 등이 포함되는 인쇄매체와 전파매체 및 전자통신매체에 의한 대중매체(mass media)를 들 수 있는데, 이는 넓은 의미의 교육주체자로서 그 역할을 수행하고 있다. 대중매체는 여가선용의 수단으로서만이 아니라, 사회생활에 필요한 정보의 습득을 돕는 등 아동과 성인을 동시에 학습시키는 사회교육의 수단으로서 크게 활용되고 있는데, 이 중에서도 텔레비전과 인터넷의 역할은 대단하다고 할 수 있다.

그런데 이러한 대중매체는 항상 개인의 사회성발달에 긍정적인 도움을 주는 '순기능'만 수행하는 것이 아니라, 때에 따라서는 부정적인 영향을 미치는 '역기능'을 수행하기도 한다(김병성, 2004).

먼저, 순기능면에서 보면 대중매체는 그것이 가지고 있는 여러 가지 기능과 특성으로 말미암아 효과적으로 활용하는 수신자에게는 많은 도움을 주는데, 특히 아동과 청소년들에 대한 교육적 기능은 지대하다. 이러한 순기능을 구체적으로 제시하면 첫째, 매스컴은 풍부한 경험과 많은 양의 지식을 제공해 줌으로써 아동과 청소년들에게 새로운 욕구들을 유발시킨다. 둘째, 매스컴에서 다루는 양질의 프로그램은 건전한 가치관과 태도의 형성과 변화를 촉진시킨다. 셋째, 합리적인 사고방식과 사회생활에 필요한 생활태도 등을 형성하는데 도움을 준다. 넷째, 새로운 대중문화를 형성하게 함으로써 사회구성원들을 통합시키는 기능도 수행한다.

그러나 역기능면에서 보면 대중매체는 아동과 청소년들의 발달에 상당한 부정적인 영향을 미치기도 하는데, 이를 구체적으로 제시하면 첫째, 성인중심의 내용과 지나친 폭력성과 선정성 등으로 인하여 아동과 청소년들에게 건전하지 못한 가치관이나 태도 등을 형성시키게 함으로써 바람직한 인격형성을 방해한다. 둘째, 매스컴에 노출되는 폭력이나 범죄 등으로 인하여 공격성과 각종 비행기술을 모방·실행할 가능성이 높다. 셋째, 심리적 중독상태에 빠지게 할 가능성이 꽤 높다. 넷째, 주체적이고 창의적인 사고발달을 약화시킨다. 다섯째, 신체적인 건강뿐만 아니라 정신건강에 좋지 않은 영향을 미친다.

대중매체는 사회성발달을 포함한 개인의 모든 영역의 발달에 많은 영향력을 행사하는 개인적 차원은 물론, 더 나아가 사회적인 차원에서도 여러 문제의 발생에 중대한 영향을 미치므로 가정과 지역사회 및 국가차원에서의 적극적인 관심과 정책적인 노력도 함께 요구된다.

ONLINE RESOURCES

'사회성발달에 영향을 미치는 요인'에 관한 자료가 필요할 경우 저자가 운영하는 웹사이트(welfare5.com)의 Online Resources 게시판을 통하여 다운을 받기 바랍니다('교육심리탐구'의 Online Resources 15 자료).

6) 사회성발달을 촉진시키는 방법

사회성발달은 개인적 입장에서나 집단적 입장에서나 사회학습의 과정이라고 할 수 있는데, 사회학습이란 타인과의 상호작용을 통하여 사회적 행동을 형성하거나 습득해 나가는 과정을 말한다. 그런데 개인의 사회성발달을 촉진시키는 방법들은구독특한 형태로 고정되어 있기보다는 사회화 기관이나 대행자에 따라 다를 수 있고, 또한 문화에 따라서도 다를 수 있다. 오만록(2000)에 의하면, 사회성발달을 촉진시키는 방법으로는 ① 모방학습, ② 역할학습, ③ 보상과 벌, ④ 암시, ⑤ 경쟁과 협동, ⑥ 사회통제 등을 들 수 있다.

ONLINE RESOURCES

'사회성발달을 촉진시키는 방법 및 사회성발달을 돕기 위한 지도방안'에 관한 자료가 필요할 경우 저자가 운영하는 웹사이트(welfare5.com)의 Online Resources 게시판을 통하여 다운을 받기 바랍니다('교육심리탐구'의 Online Resources 16 자료).

5. 정서발달

인간은 출생하는 순간부터 주위환경의 자극을 통하여 여러 정서(감성)를 경험하고, 또한 그 결과를 표현한다. 이러한 정서의 경험과 표현은 인격형성에 매우 중요한 영향을 미치게 된다. 주위대상이나 환경을 통하여 적절한 정서를 경험하고 긍정적인 방법으로 표현하게 되면 원만한 인성형성과 사회적응이 이루어질 수 있으나, 그렇지 못하면 올바른 인성형성이 어려울 뿐만 아니라, 많은 사회부적응을 수반하게 된다. 그러므로 부모와 교사들은 학생들의 발달수준에 따라 적절한 정서경험과 바람직한 정서표현이 이루어지도록 지도하는 데 많은 관심과 노력을 투입할 필요가 있다.

1) 정서의 개념

정서(emotion, 감성)란 용어는 라틴어 'emotere'라는 말에서 유래되었는데, 그것은 '휘젓는다', '동요시킨다', '뒤흔든다'라는 의미를 갖고 있다. 따라서 정서의 어원적 의미는 흥분으로 뒤흔들려진 심리적 상태 또는 동요된 심리적 상태라고 할 수 있다. 일반적으로 정서는 감정(feeling)이라는 용어와 구분되어 사용된다. 먼저, 감정은 외계의 자극이나 내적인 요인에 의하여 일어나는 쾌·불쾌의 미분화된 흥분상태를 지칭한다. 그리고 정서는 희노애락 등과 같이 보다 분화된 상태를 지칭하는데, 여기에는 그러한 자극된 상황에 의한 생리적 반응이 나타나고, 이를 지각하고 해석할 뿐만 아니라, 그 결과로서 대처하기 위한 특정의 신체적 반응이 수반된다(김성희·허혜경, 2002). 이처럼 정서는 ① 생리적 요소(physiological component), ② 인지적 요소(cognitive component), ③ 신체적 요소(physical component)를 복합적으로 내포하고 있다([그림 4-46]).

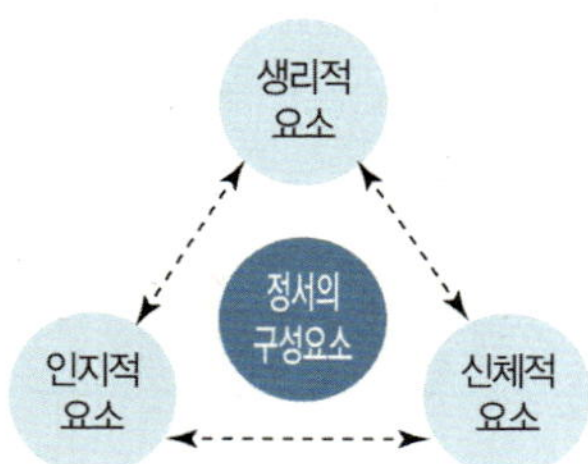

그림 4-46 | 정서의 구성요소

첫째, 정서의 생리적 요소는 심장박동과 호흡률 및 혈압, 타액분비, 땀, 혈당수준, 소화 등과 같이 어떤 정서를 느낄 때 나타나는 생리적 변화를 말한다. 이러한 생리적 변화를 일으키는 호르몬은 크게 두 가지로 나뉜다. 먼저, 그 하나는 아드레날린(adrenaline)인데, 심장박동과 호흡률 및 혈압(혈관수축)을 증가시키며, 타액분비를 억제시키고 땀의 분비를 촉진시키며, 혈당수준을 높이고 소화를 억제시키는 데 작용하는데, 이는 교감신경계에 의해 이루어진다. 반면, 다른 하나는 비(非)아드레날린(non-adrenaline)인데, 아드레날린과 정반대의 기능을 수행하는데, 이는 부교감신경계에 의해 이루어진다. 일반적으로 아드레날린과 비아드레날린은 모두 우리가 어떤 정서를 경험할 때 분비되지만, 두려움을 느낄 때는 특히 아드레날린의 분비가 많아지고, 화가 났을 때는 비아드레날린의 분비가 많아진다.

일반적으로 아드레날린이나 비아드레날린의 양에 따라 정서는 약한 정서상태와 강한 정서상태로 분류할 수 있다. 약한 정서상태는 오히려 동기 에너지의 근원이 되는데, 운동선수가 시합 전에 약간의 흥분을 느끼는 것이 그에 해당한다. 학생이 시험을 치르기 직전에 약간의 긴장을 하게 되는데, 이러한 정서상태는 행동수행이나 성취에 긍정적인 영향을 미치는 경우가 많다. 반면, 강한 정서상태가 되면 아드레날린이나 비아드레날린이 많이 분비되어, 신체가 심한 긴장을 하게 된다. 따라서 강한 정서상태는 행동수행이나 성취에 부정적인 영향을 미칠 가능성이 크다. 예를 들면, 시험장면에서 강한 정서상태를 갖게 되면 심한 긴장이 유발됨으로써 문제에 대하여 정확한 답을 작성하기가 어렵다.

둘째, 정서의 인지적 요소는 중추신경조직이 관련되는 정서의 지적 요소라고 볼 수 있다. 정서에는 지각, 판단, 해석, 평가 등의 과정이 포함된다. 물론, 모든 인지과정이 정서반응을 가져오는 것은 아니나, 개개인은 그가 직면한 상황이나 사건을 지각하여 판단·해석·평가하게 된다.

셋째, 정서의 신체적 요소는 정서경험의 결과로 나타나는 신체적 반응을 말한다. 정서는 동기(motive)와 같은 양식으로 행동을 유발시키고 특정한 방향성을 제공하기도 하며, 그와 반대로 동기화된 행동이 일어날 때 정서가 수반되기도 한다. 특정의 정서상태를 겪게 되면 생리적 반응과 함께 신체적 반응이 수반되는 것이 보통이다. 즉, 어떤 정서상태를 경험하게 되면 특정의 생리적 반응과 함께, 신체적 반응으로서 얼굴표정이나 입·손·발 등을 통하여 미소를 짓거나 소리를 내어 웃거나 울기도 하고, 소리를 크게 지르거나 놀라 도망치는 행동 등을 보이게 된다. 그런데 특정의 정서상태에서 나타내는 신체적 반응(특히, 얼굴표정)은 인종이나 문화권의 차이에도 불구하고 상당히 일치하는 것으로 확인되고 있다. 특히, 엑맨(Ekman, 1993)에 의하면 각 문화마다 정서표현에 있어 가장 합의점이 높은 것은 행복감에 대한 표현이고, 반면 일치율이 가장 낮은 정서는 경멸, 죄의식, 관심, 수줍음 등인 것으로 확인되었다.

한편, 정서나 감정, 감성 또는 성격에 관하여 논의할 때 '기질'(temperament)이라는 개념도 함께 언급되기도 한다. 기질은 개인이 갖는 안정된 정서적 반응양식의 양적·질적 특성으로서, 태어나면서부터 관찰되는 정서, 운동, 자극에 대한 반응성, 혹은 자기통제에 대한 안정적 특성을 일컫는다(Rothbart & Bates, 1998). 이처럼 기질은 유전적 요인에서 기인한다고 주장되나, 유전적 요인과 환경적 요소 간의 상호작용을 통해 표현된다고도 볼 수 있는데, 이러한 기질은 바로 성격의 개인차를 야기하는 근원으로 간주되고 있다. 기질은 시간·장소 등이 변해도 그 변화는 쉽지 않는 등 상당히 안정적이며, 대체로 이후의 적응과 관련성을 보인다. 기질적으로 까다로운 아이일수록 쉬운 아이에 비해 적응정도가 떨어지는 편으로, 이는 기질이 적응을 예측하는 데 중요한 변인임을 시사한다. 그렇지만 기질은 아동의 양육과정이나 문화권, 경험 등에 의해 다양한 형태로 표현되기 때문에 그 영향을 단순하게 볼 수 없다. 또한, 기질적 차이는 아이들의 경험이나 그들이 접하는 문화적 가치에도 작용하여 발달에 궁극적인 영향을 준다.

ONLINE RESOURCES

'기질'에 관하여 자세하게 논의한 자료가 필요할 경우 저자가 운영하는 웹사이트(welfare5.com)의 Online Resources 게시판을 통하여 다운을 받기 바랍니다('교육심리탐구'의 Online Resources 17 자료).

2) 정서에 관한 이론

정서경험과 신체변화 간의 인과관계에 대한 관점은 다양하다. 여기에서는 ① 전통적 이론(traditional theory), ② 제임스-랑게 이론(James-Lange theory), ③ 캐논-바드 이론(Cannon-Bard theory), ④ 샥터 이론(Schachter theory), ⑤ 아놀드 이론(Arnold theory) 등에 대하여 살펴보기로 한다(Petri, 1996).

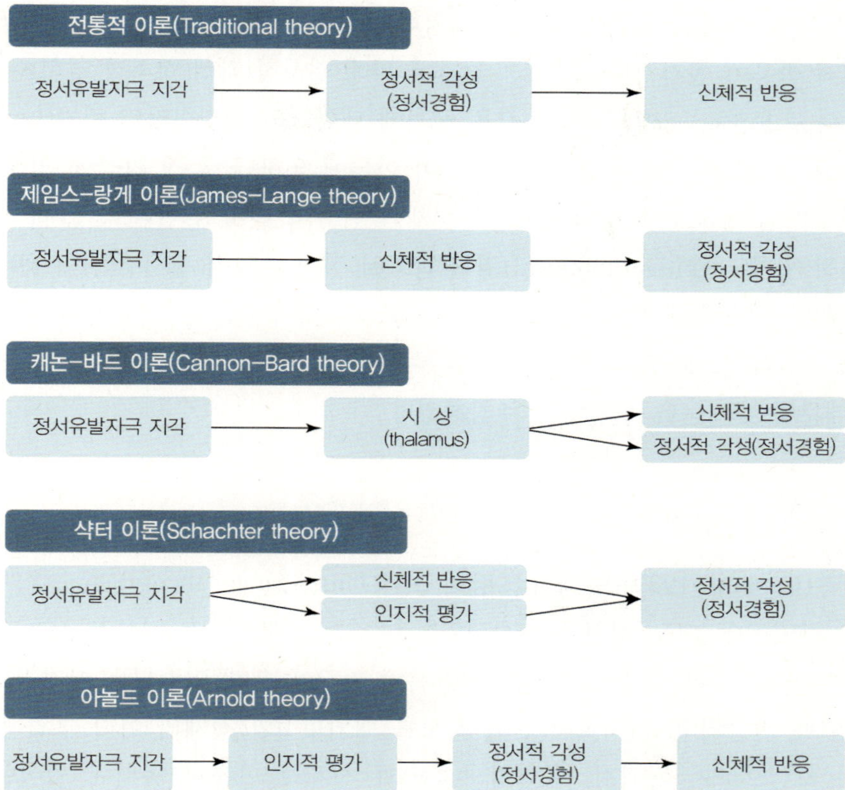

그림 4-47 | **정서유발자극 지각과 정서적 각성 및 신체적 반응 간의 관련성에 관한 이론**

자료출처 : Petri(1996). Motivation : Theory, Research, and Applications. p.59.

(1) 전통적 이론(traditional theory)

정서에 관한 전통적 이론은 개인이 특정의 정서를 경험하게 되면 그로 말미암아 그에게 신체변화가 야기된다고 주장하였는데, 먼저 개인이 특정 자극을 지각하면 정서적 각성(정서경험)을 하게 되고, 그로 인해 신체적 반응이 유발된다고 본다. 예를 들면, 아동이 무섭게 짖고 있는 개를 지각하게 되면 정서적 각성으로서 공포의 감정을 경험하고, 그로 인해 도망치는 행동이 유발되거나, 친구의 죽음을 지각하게 되면 슬픈 감정을 느끼게 되고, 이로 인해 눈물이 나온다.

(2) 제임스-랑게 이론(James-Lange theory)

19세기 말 미국의 심리학자인 제임스(James, 1884)는 전통적 이론은 비판하면서, 그와 반대로 일련의 과정을 설명하였는데, 특정 자극을 경험하게 되면 신체적 반응이 먼저 일어나고, 그 결과에 의해 정서적 각성(정서적 경험)이 일어난다고 보았다. 그리고 거의 같은 시기에 덴마크의 생리학자인 랑게(Lange, 1912)도 이와 비슷한 주장을 하였다. 이 이론에 의하면, 특정 자극에 의해 생리적 각성(physiological arousal)과 신체적 반응이 먼저 일어나고, 그에 의해 인지적 평가(cognitive appraisal)의 결과로서 정서적 각성(정서경험)이 나타난다. 예를 들면, 친구의 죽음으로 인하여 울기 때문에 슬픔을 느끼게 된다는 것이다. 즉, 제임스와 랑게는 개를 보고 무서워서 도망가는 것이 아니라, 도망가기 때문에 무서움을 느낀다고 주장하였다.

(3) 캐논-바드 이론(Cannon-Bard theory)

캐논(Cannon, 1929)은 제임스-랑게 이론(James-Lange theory)과는 다른 주장을 하였는데, 그는 정서에서 중심역할을 하는 뇌부위로서 시상(thalamus)을 중시하였다. 그에 의하면, 주변환경의 특정 자극에 의해 입력되는 감각정보가 '시상'에 전달되면, 거기에서 관련 정보를 대뇌피질과 신체의 여러 부위에 동시에 보냄으로써 정서적 각성(정서경험)과 신체적 반응이 동시에 일어난다. 이러한 이론은 바드(Bard, 1934)에 의해서 확장되고 일반화되어 캐논-바드 이론으로 알려지게 되었는데, 이 이론의 핵심은 정서적 각성(정서경험)과 신체적 반응이 동시에 일어난다고 전제하는 데 있다.

이후 후속연구들에 의해 정서적 각성에 관계되는 뇌중추는 시상보다는 시상하부(hyphothalamus)와 변연계(limbic system)인 것으로 밝혀졌다. 거짓말탐지기(lie detector)는 '정서가 신체적 반응을 수반하며, 이 신체적 반응은 자율신경계에 의해 통제되기 때문에 의식적으로 조작할 수 없다'는 것에 근거하여 제작되었는데, 여기에서는 정서자극을 제시하는 것과 동시에, 신체적 반응으로서 심장박동·혈압·발한·피부전기반응 등의 변화를 측정한다.

(4) 샥터 이론(Schachter theory)

제임스-랑게 이론에서는 정서적 각성(정서경험)이 일어나기 위해서는 신체적 반능이 선행되어야 한다고 전제하는 반면, 캐논-바드 이론에서는 정서적 각성과 신체적 반응이 동시에 일어나며, 정서적 각성(정서경험)이 일어나기 위하여 신체적 반응이 필수적인 것은 아니기 때문에 신체적 반응 없이도 정서적 각성(정서경험)이 가능하다고 전제하였다.

샤터(Schachter, 1962)는 제임스-랑게 이론에 부분적으로 찬성하면서, 정서적 각성(정서경험)은 자율신경계에 의한 생리적 각성에 의해서 일어나는 것이 아니라, 자신이 처해 있는 전체 상황에 비추어서 그 각성을 어떻게 평가(판단)하느냐에 따라 다르게 일어난다고 주장하였다. 이러한 입장을 인지-생리적 정서이론(cognitive physiological theory of emotion)이라고 하는데, 여기에서는 정서적 각성(정서경험)은 신체적 반응과 인지적 평가라는 두 요인 간의 상호작용에 의해 결정되는 것으로 전제한다.

(5) 아놀드 이론(Arnold theory)

아놀드(Arnold, 1960)는 '인지적 평가이론'(cognitive appraisal theory)을 주장하였는데, 그는 특정 자극이 지각되면 먼저 그 상황에 대한 인지적 평가(판단, 해석)가 이루어져 정서적 각성(정서경험)이 일어나고, 그 결과로서 신체적 반응이 나타나게 된다고 주장하였다. 예를 들면, 친구의 죽음을 알게 되면 먼저 그 상황에 대한 평가가 이루어져 슬픔을 느끼게 되고, 그 결과 우는 행동을 보이게 된다는 것이다.

3) 정서의 종류

정서의 종류는 매우 다양하게 분류될 수 있으나, 이를 단순화하여 크게 기본정서(일차적 정서, primary emotion)와 이차적 정서(secondary emotion)로 구분할 수 있다.

먼저, 기본정서는 생후 2개월 반~7개월에 나타나는 정서를 말하는데, 이자드(Izard, 1977)는 영아들의 얼굴표정을 분석하여 이를 기쁨, 분노, 흥미, 혐오, 놀람, 슬픔, 공포 등으로 세분하였다.

그리고 이차적 정서는 생후 1년 정도 지나서 나타나는 자의식적인 또는 자기평가적인 정서(예 : 자긍심, 수치, 부러움, 당황 등)로서, 복합적인 정서라고 말할 수 있는데, 이는 인지발달에 의한다.

ONLINE RESOURCES

'정서의 주요종류(공포, 분노, 질투, 공격성, 기쁨과 애정, 호기심)'에 관한 자료가 필요할 경우 저자가 운영하는 웹사이트(welfare5.com)의 Online Resources 게시판을 통하여 다운을 받기 바랍니다('교육심리탐구'의 Online Resources 18 자료).

4) 정서발달의 과정 및 영역별 발달

(1) 정서발달과정

출생 시 아이들은 뚜렷한 정서적 반응을 거의 보이지 않으나, 시간이 지남에 따라 정서가 점차 분화됨으로써 여러 자극이나 대상에 대하여 각기 다른 정서적 반응을 보이게 된다.

일찍이 브리지스(Bridges, 1932)는 아기들을 대상으로 한 자연적 관찰연구를 통해 정서발달과정을 체계적으로 제시했는데, 이는 오늘날에도 거의 그대로 수용되고 있다. 브리지스에 의하면, 출생 시 신생아에게는 미분화된 흥분상태만 존재하나 점차 성장함에 따라 정서는 분화된다. 흥분상태는 생후 3개월이 되면 쾌와 불쾌로 분화되고, 6개월이 되면 불쾌에서 분노, 혐오, 공포가 분화되며, 12개월이 되면 쾌에서 득의(得意; 의기양양)와 애정이 분화되고, 18개월까지는 불쾌에서 질투가 분화되며, 18개월에서 24개월 사이에는 쾌에서 기쁨이 나타나는 등 생후 5년이 되면 성인이 갖는 대부분의 정서가 나타난다([그림 4-48]).

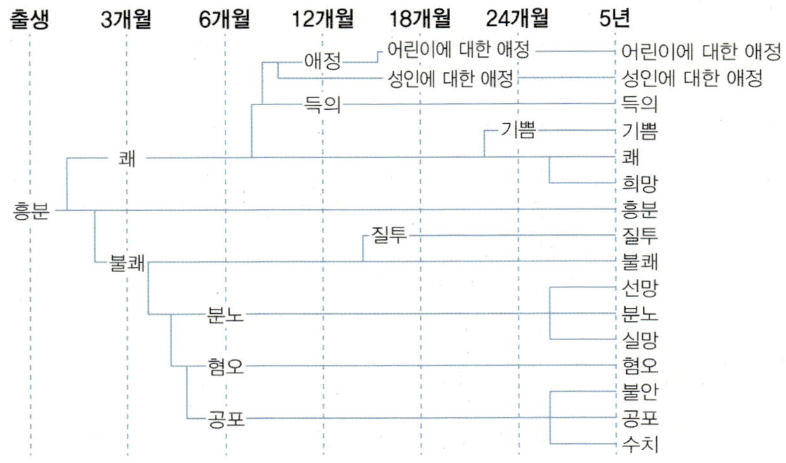

그림 4-48 | 브리지스(Bridges)가 주장한 정서발달과정

한편, 브리지스의 이론을 보완한 스라우프(Sroufe, 1977)는 출생 시의 신생아는 생리적 미소와 고통의 정서를 지니고 있지만, 3개월이 되면 사회적 미소와 격노, 4개월이 되면 웃음, 4~5개월이 되면 근심, 7개월이 되면 노여움, 9개월이 되면 공포, 18개월이 되면 수치, 36개월이 되면 죄책감 등이 형성된다고 주장하였다. 스라우프는 특히 정서가 세분화되는 데 있어서 인지적 요인이 중요함을 역설하였는데, 유아가 대상영속성의 개념, 인과관계, 의도 등을 이해하게 되면 비로소 기쁨, 화, 두려움 등을 경험할 수 있다고 보았다. 이러한 정서발달체제는 계속 그 유형을 그대로 유지하지만, 각 발달단계에서 겪게 되는 경험들을 통해서 세분화되기도 하고, 보다 강력하게 발달하기도 하며, 정서의 표현방식도 점차 복잡해진다. 예를 들면, 어릴 때에는 공포·분노·슬픔·질투 등의 정서를 주로 우는 행동으로 표현하지만, 점차 이러한 표현은 도주·은신·공격 등으로 변하고, 언어가 발달함에 따라 신체적 반응은 점차 줄고, 대신 언어적 반응이 증가하게 된다.

(2) 정서영역별 발달

정서발달은 영아기부터 계속 분화되나, 유아기에 접어들면 정서유발요인과 표현방법을 이해할 수 있을 뿐만 아니라, 정서를 조절(통제)하는 전략을 깨닫는 등에 있어 상당한 변화가 나타난다. 여기에서는 정서영역별 발달을 크게 '정서이해능력의 발달'과 '정서조절능력의 발달'로 구분하여 논의하기로 한다.

① 정서이해능력의 발달

유아기가 되면 정서와 그 표현에 대해 이해하게 되는데, 유아들은 정서를 표현하는 단어를 사용하거나 이해하는 능력이 급속도로 발달하나 슬픔과 같은 부정적 정서보다는 행복과 같은 긍정적 정서를 더 쉽게 이해한다. 예를 들면, 3~4세 유아들의 절반 이상이 "좋다"라는 단어를 사용하지만, 소수만이 "슬프다"라는 단어를 사용할 수 있다. 6세의 유아는 '시샘하는', '뽐내는', '난처한', '가련한'과 같은 좀 더 복잡한 정서개념도 이해할 수 있는데, 이때의 유아들은 다른 사람의 긍정적 정서를 이해하는 데는 성인과 거의 동일한 수준이지만, 부정적 정서를 이해하는 데는 아직 부족함이 있다.

또한, 유아들은 사람들이 '진짜로' 느끼는 정서와 그들이 '표현하는' 정서를 잘 구별하지 못하는데, 유아들은 아직 사물의 실제 모습과 겉으로 보여지는 모습의 차이를 이해하지 못하기 때문이다. 따라서 행복한 얼굴표정과 슬픈 얼굴표정을 구별할 수는 있지만, 슬픔을 느끼는 사람이 행복한 표정을 짓고 있거나, 즐거운 상황에서 즐거운 표정을 짓지 않으면 유아들은 혼란을 경험한다. 3~4세경이 되면 유아들은 행복이나 기쁨, 슬픔, 두려움, 분노, 놀람 등의 비교적 단순한 정서와 그 정서를 야기하는 원인에 대한 이해도 증가하게 된다. 꾸중을 들었을 때, 게임에 졌을 때, 자신이 원하던 것과 다른 선물을 받았을 때와 같은 상황에서 이야기 속의 주인공이 어떠한 정서적 경험을 할 것인가를 예측할 수 있게 된다.

유아들에게 여러 가지 이야기를 들려주고, 그 주인공이 어떤 정서적 경험(행복, 슬픔, 두려움, 분노 등)을 했을 것인가를 질문하여 적절한 표정을 선택하도록 한다.

그림 4-49 | 정서이해능력을 발달시키기 위한 활동

② 정서조절능력의 발달

정서조절능력(정서통제능력)이란 자신의 정서상태, 특히 부정적인 정서상태를 적절하게 조정하고, 그 표현내용과 방식을 통제하는 능력을 말하는데, 이러한 능력은 유아기 동안 많이 발달한다. 정서조절능력의 발달에 필요한 요소는 ① 정서를 통제하고자 하는 동기, ② 정서를 통제할 수 있는 능력, ③ 부정적 정서를 숨겨야 할 시기에 대한 지식 등이다.

다른 사람들 앞에서 부정적 정서표현을 통제하는 능력은 3세 정도에 나타나나 유아보다는 아동이 실망스런 선물을 받은 후에 부정적 정서표현을 덜 하며, 자신의 진짜 감정을 숨기는 것이 왜 바람직한지 그 이유를 잘 설명할 수 있다. 그리고 남아보다 여아가 자신의 정서를 더 잘 숨기는데, 특히 기대에 미치지 못한 선물을 받았을 때 여아가 남아보다 과장된 미소를 더 많이 지었다.

한편, 정서조절의 한 가지 중요한 측면은 좌절에 대한 참을성인데, 이 능력은 2세 정도에 나타나기 시작해서 유아기에 극적으로 증가한다. 원하는 장난감을 가질 수 없거나 하고 싶지 않은 일을 해야 할 때와 같은 좌절상황에 직면했을 때 나이든 유아는 어린 유아보다 더 참을성이 높은데, 좌절에 대한 참을성은 부모와의 관계에도 영향을 미치는 것으로 나타난다.

부모에게 떼를 쓰거나 반항하는 것이 2~5세 사이에 급격히 감소하면서, 부모가 자신이 하기 싫어 일을 시켰을 때 참고서 그 일을 하고, 그러한 갈등을 해결하기 위하여 협상과 같은 방법을 찾아내기 시작한다. 좌절에 대한 참을성은 만족지연에서도 나타나는데, 만족지연이란 지금 바로 보상을 받는 것보다 만족을 지연시켜 나중에 더 큰 보상을 받게 되는 것을 말한다. 유아기에는 만족지연능력도 발달하는데, 여기에는 자신의 정서조절능력이 작용하는 것으로 추론되며, 한편 이때는 좌절에 수반되는 긴장을 감소시키는 전략을 사용하는 방법도 배우게 된다.

5) 감성지능

(1) 감성지능 개념의 출현

오늘날의 지능에 관한 연구는 '지능'과 '감성'이라는 진부한 이분법적 사고로부터 벗어나고 있다. 그 예로는 가드너(Gardner, 1999)의 다중지능이론과 스턴버그(Sternberg, 1985a)의 삼위일체이론을 들 수 있다. 특히, 1990년 샐로비와 메이어(Salovey & Mayer, 1990)는 가드너가 제안한 지능의 9가지 구성요소 중 내성적 지능(intrapersonal intelligence)과 대인관계적 지능(interpersonal intelligence)을 '감성지능'(emotional intelligence; 정서지능)이라고 명명하였는데, 이는 나중에 골만(Goleman, 1995)에 의해 세계적으로 주목을 받게 되었다.

인간의 생각과 느낌, 다시 말해 이성적 뇌와 감성적 뇌는 불가분의 관계를 이루고 있다. 정상적인 조건일 때 뇌의 이성적 영역과 감성적 영역은 서로 협력적인 관계를 이루며 일을 한다. 그래서 이성은 무언가를 생각하는 데 중요한 영향을 미치며, 감성 또한 무엇인가를 느끼는 데 큰 영향을 준다. 그러나 우리는 전통적으로 인간의 삶에 있어서 인지적인 측면에 너무나 많은 관심과 비중을 두어 왔었다. 이에 대한 반성으로서 1990년대부터 감성의 중요성이 점차 부각되기 시작하였다.

이러한 배경에서 "IQ보다 EQ가 높아야 성공한다", "EQ의 의미: 인성과 창의력 교육을 위한 새로운 대안", "지금은 감성지능 시대" 등의 표현이 나타나게 되었고, 최근에 들어 인간의 성공, 건강, 행복에 관한 새로운 관심을 제공한 감성지능(emotional intelligence; 정서지능)과, 이의 측정개념인 감성지수(Emotional Quotient; EQ)가 세계적인 선풍을 일으키고 있다. 감성지능의 개념이 유행하게 된 데는 두 가지 중요한 계기가 있었다.

첫째, 샐로비와 메이어(Salovey & Mayer, 1990)에 의해 '감성지능'과 EQ라는 용어가 소개되고, 뇌과학과 행동과학 분야의 전문가인 골만(Goleman, 1995)이 「감성지능」이라는 저서를 출간하여 베스트셀러가 된 사건이다. 특히, 골만은 그의 저서에서 "한 사람의 성공을 예측하는 데는 지능검사나 학력검사에 의해 측정된 지능보다는 '인성'이라고 지칭되는 '마음의 특성'이 더 유용하다"고 주장하였다. 즉, IQ가 높다고 해서 반드시 사회생활에서 성공하는 것이 아니라 자기감정의 이해, 자기감정의 조절, 자기감정의 생산적 활용(동기화), 타인의 감정이해(공감), 타인과의 원만한 대인관계 유지 등의 감성적 능력이 개인으로 하여금 집단 속에서 둥지를 만들게 하여 힘을 얻어 성공의 대열에 올라설 수 있게 한다고 주장하였다.

둘째, 같은 해 10월 9일자 <Time>지에 "당신의 EQ는 어느 정도인가"라는 내용이 표지기사(cover story)로 실린 사건이다. 지금까지는 '똑똑하다', '영리하다'라는 개념을 IQ로서 설명해 왔는데, 이것은 잘못된 것이다. IQ는 높지만 실생활에서 앞서가지 못하고 허우적대는 사람이 있는가 하면, IQ는 비록 낮지만 인생을 성공적으로 이끌어가는 사람도 얼마든지 있기 때문이다.

(2) 감성지능의 등장배경

사실 인간의 감정과 정서가 그의 삶에 큰 영향을 미친다는 인식은 상당히 오래전부터 있었던 것으로, 결코 새삼스러운 것이 아니다. 감정과 정서는 이성보다 훨씬 더 근원적이며, 더 강력한 힘을 갖는다. 뇌기능의 진화과정을 보면, 이성을 담당하는 부분보다 감정을 담당하는 부분이 먼저 발달한다. 예컨대, 신생아가 세상에 처음 태어나 보여주는 능력은 이성의 능력이 아니라 불편한 주변환경에 대한 '불쾌감'이라는 정서적 반응이다.

그렇다면 최근 감정의 중요성이 새삼스럽게 인식되고 있는 이유는 무엇일까? 여기에는 여러 가지 이유가 있겠지만, 크게 두 가지로 요약될 수 있다.

첫째, 감성지능이 부각된 이유는 전통적인 지능의 개념과 그 검사의 한계성에서 찾을 수 있다. 20세기는 한마디로 이성적 시대, 즉 IQ의 시대였다고 규정할 수 있다. 지능검사는 개인의 지적 능력수준을 보다 객관적으로 파악하고, 그 결과를 교육적으로 활용하는 데 많은 공헌을 하였지만, 이것이 안고 있는 문제점이 점차 부각되어 특히 1960년대 이후 많은 비판이 나타나기 시작하였다. 물론, 지능검사에 대한 비판 가운데는 본래 제한적일 수밖에 없는 지능의 개념에 대한 비판도 포함되어 있었다.

지능 자체에 대한 개념화에 대한 문제는 별도로 하더라도, 실제적으로 부각되는 문제는 지능지수가 높다고 해서 사회적으로 훌륭한 삶을 살아가는 사람이 되지 못한다는 점이다. 이를테면, 학교학습의 영역에서 지능지수의 예언력은 약 40% 정도이며, 사회적 성공에 대한 설명력은 더욱 낮아서 10%대에 머문다는 연구결과들도 있다. 이러한 배경에서 전통적인 지능의 개념을 보다 확장하려는 움직임들도 나타나게 되었는데, 가드너(Gardner)의 다중지능이론과 스턴버그(Sternberg)의 삼위일체이론 및 메이어와 샐로비(Mayer & Salovey)의 감성지능이론 등이 그 대표적인 예에 해당된다.

이처럼 전통적인 지능의 개념을 확장하고 지능검사 자체의 보완 또는 대안의 모색의 일환으로 등장하게 된 것이 바로 감성지능이다. 실제로 골만은 자신의 저서 「감성지능」의 머리말에서 그 책의 집필목적이 '똑똑하다는 것이 무엇을 의미하는지를 다시 정의하려는 것'에 있다고 주장하였다. 왜 학교에서의 우등생이 사회에서 성공하지 못하는가의 문제는 전통적인 지능의 개념으로는 도저히 설명할 수 없다.

둘째, 감성지능이 부각된 또 다른 이유는 현대 후기산업사회의 요구 및 필요의 변화에서 찾을 수 있다. 20세기 내내 지속된 급격한 산업화로 인하여 경쟁에 바탕을 둔 양적 성장이 지상의 명제로 추구되어 왔지만, 후기산업사회의 도래와 함께 등장한 포스트모더니즘(postmodernism)에 의해 생활에서의 질적 변화가 일어나게 되었는데 ① 전체성보다 국부성(부분성)이, ② 지성(이성)보다는 감성(감정)이, ③ 객관성보다는 주관성이, ④ 보편성보다는 특수성(개체성)이, ⑤ 문명보다는 자연이, ⑥ 주체보다는 객체가, ⑦ 이론보다는 실제가,

⑧ 절대성보다는 상대성이, ⑨ 사려성보다는 즉각성이, ⑩ 중심보다는 주변이, ⑪ 권위보다는 응종이, ⑫ 양성보다는 음성이, ⑬ 경쟁보다는 협력이 더 강조되었다. 예를 들면, 혼자 똑똑하여 남보다 앞서가기보다는 타인과 협력하고 공동체의식을 잘 발휘하는 사람이나 기업 또는 국가가 성공을 거두는 시대가 되었다. 최근 국내에서도 개인차원의 능력이나 지식보다는 인성과 인간관계를 중요시하는 신입사원의 채용방식으로 바뀌어가는 추세도 이를 반영한 것이다.

(3) 감성지능의 중요성

EQ의 중요성을 강조하는 심리학자들은 "취직은 IQ에 의해서 이루어지나, 승진은 EQ에 의해 주로 좌우된다"(IQ gets you hired, but EQ gets you promoted)고 주장하였으며(<Time>지, 1995년 10월 9일), 골만(Goleman, 1995)은 인생에 있어서 성공의 20% 정도만이 지적 능력에 의해 좌우되고, 나머지 80% 정도는 감성지능을 포함한 다른 변인에 의해 좌우된다고 역설하였다. 학교에서 중도 탈락하는 아이들을 보면 대부분이 또래친구들을 포함한 대인관계가 원만하지 못하였고, 어른의 경우는 자신의 감정을 제대로 조절하지 못하거나 표현하지 못하는 부부들이 이혼하는 사례가 많다는 점을 고려해 볼 때 인간의 적절하고도 창의적인 적응생활에 영향을 주는 변인으로서 EQ가 중요하다고 할 수 있다.

월터 미셀(Walter Mischel, 1930~)

감성지능이 생활 전반의 적응이나 성취면에서 보다 중요한 능력이 된다는 점을 환기시킨 '만족유예실험'이 미국 스탠포드 대학의 심리학 교수인 월터 미셀(Walter Mischel)에 의해 1960년에 수행되었다. 선생님이 네 살의 아이들을 각기 다른 방에 배치한 다음, 맛있는 과자인 마쉬멜로(marshmallow)를 한 개씩 나누어주면서 "지금 내가 볼 일이 있어 잠깐 외출하고 돌아올 텐데, 그때까지 이 과자를 먹지 않고 기다리고 있으면 과자를 한 개 더 줄게요"라고 말하고서, 선생님이 방에서 나오자 마자 아이들의 반응은 매우 다양하게 나타났다. 과자를 먹어치우는 아이들도 있고, 어느 정도 참다가 마침내 먹고 싶은 유혹에 빠지고 마는 아이들도 있었으며, 눈을 지그시 감기도 하고 머리를 숙이고 무언가를 중얼거리기도 하며, 놀이를 하거나 그만 잠을 자는 등 나름의 방식으로 유혹을 뿌리치며 그가 돌아올 때까지 기다리는 아이들도 있었다.

실험이 실시된 후 10년이 조금 넘어, 그들은 고등학교 졸업반이 되었는데, 아주 다른 모습으로 성장했음을 발견할 수 있었다. 즉, 끝까지 잘 참아서 과자를 한 개 더 받은 아이들(만족유예집단)은 학교생활에 잘 적응하고 인내심이 있으며, 더 창의적이고 생산적이며, 모험심이 있고 더 믿음직하며 신뢰롭고 자신감이 있을 뿐만 아니라 인기도 있는 반면, 유혹을 이기지 못하고 이에 굴복한 아이들(억제실패집단)은 스트레스와 도전적인 일에 쉽게 좌절하고 친구들을 잘 사귀지 못하며, 고집이 세고 성취의욕이 낮으며, 성격상 문제가 있을 뿐만 아니라 외톨이로 지내는 경우가 많았다. 심지어는 대학진학적성검사(scholastic aptitude test; SAT : 1600점 만점)에서도 유혹에 넘어가지 않고 잘 참고 견딘 아이들(언어 : 610점, 수리 652점)이 그렇지 않은 아이들(언어 : 524점, 수리 528점)보다 평균 210점이나 높은 점수를 받은 것으로 나타났다. 미셸은 이러한 연구결과에 대해 아주 재미있는 해석을 하였는데, 이러한 차이는 '머리의 힘' 때문이 아니라 바로 '마음의 힘' 때문에 생긴 것이라고 주장하였다. 즉, 과자를 먹지 않고 기다리는 그 마음의 힘이 훌륭한 사람으로 성장할 수 있는 원동력이 되었다는 것이다.

전통적으로 '머리의 힘'은 IQ라는 용어로 표현되어 왔고, 이에 상응하는 개념으로 '마음의 힘'을 표현하는 용어가 EQ라고 볼 때, 결국 어린시절에 충동의 힘에 끌리지 않고 이를 조절할 수 있는 능력, 곧 높은 감성지능을 가진 아이들은 쉽게 충동에 넘어가는 빈약한 감성지능을 가진 아이들에 비해 여러 가지 면에서 앞서간다고 할 수 있다.

(4) 감성지능의 구성요소

감성지능은 대체로 '자기 자신뿐만 아니라 다른 사람의 감정도 잘 파악하고 이해하며, 이를 적절히 다스릴 수 있는 능력'이라고 정의되고 있는데, 모든 일을 대할 때 스스로 동기를 부여하게 만드는 것도 감성지능의 힘이다. 그러면 감성지능은 어떤 요소들로 구성되어 있는가에 대해 골만은 감성지능을 자기인식능력과 충동통제력, 지속성, 열중성, 자기동기화, 사회적 기술, 공감능력과 같은 요소들로 구성되어 있는 것으로 간주하면서, 실제생활에서 성공을 하는 사람들은 말을 잘하고 계산을 잘하는 지적 능력이 뛰어난 사람이기보다는 친밀한 인간관계를 유지할 줄 알고, 자기가 관여하는 분야에서 책임감을 갖고 헌신적으로 일하며, 행동상의 절제력이 있고 이타주의적이며, 동정심과 관용성이 있는 사람들이라고 주장하였다.

한편, 앞에서 언급한 샐로비와 메이어(Salovey & Mayer, 1990)는 감성지능의 구성요소로서 다음의 다섯 가지를 들었다.

그림 4-50 감성지능의 구성요소

첫째, 자신의 감정을 인식하는 것(knowing one's emotions)으로서, 여기에는 ① 자신의 감정을 인지하고 그 감정에 이름을 붙이는 능력, ② 자신의 감정이 발생하는 이유를 이해하는 능력, ③ 감정과 행동 간의 차이를 인지하는 능력 등이 포함된다. 흔히 우리가 "이렇게 느껴서는 안 돼", "기운을 내기 위해 생각을 바꿔야 해"라는 따위의 생각은 자신의 감정을 먼저 살핀 후에 나타나는 판단적인 반응이다. 자신의 감정을 알아차린 후 이 감정을 적절하게 바꾸기 위해서는 먼저 감정을 그대로 받아들이고, 감정적 신호들에 주목하며, 그 신호들을 유발시키는 원인 등을 규명할 수 있어야 한다. 이러한 능력을 함양시키기 위해서는 유치원을 포함한 각급 학교에서는 아동들로 하여금 자신의 감정(정서)에 대한 인식능력을 배양하는 데 도움이 되는 교육활동을 펼칠 필요가 있다.

둘째, 자신의 감정을 관리·통제하는 것(managing and controling one's emotions)으로서, 여기에는 ① 자신의 감정을 적절히 표현하는 능력, ② 공격적인 행동과 자기파괴적인 행동을 절제하는 능력, ③ 자신과 가족 및 학교에 대해 보다 긍정적인 감정을 갖는 능력, ④ 스트레스에 잘 대처하는 능력, ⑤ 고독감과 사회적 불안감을 덜 느끼는 능력 등이 포함된다. 유치원을 포함한 각급 학교에서는 아동들로 하여금 자신의 감정(정서)을 스스로 관리하고 통제할 수 있는 능력을 배양하도록 하는 교육활동을 제공하여야 한다.

셋째, 자신의 감정을 생산적으로 활용하는 것(harnessing one's emotions productively)으로서, 이는 자기 자신에게 동기를 부여하여 잠재능력을 계발하도록 돕는데, 여기에는 ① 자신에 대해 책임을 지는 능력, ② 현재 하고 있는 일에 열중하는 능력, ③ 인내심을 갖고 사려성 있게 일을 처리하는 능력, ④ 희망과 낙천적 태도를 갖고 긍정적으로 생각하는 능력 등이 포함된다. 이와 같은 능력은 바로 혼신의 힘을 다해 일하며, 어떤 장애물이나 난관에 직면하더라도 좌절하지 않고 희망을 갖고 지속적으로 헤쳐 나가는 힘을 말하는 것으로, 각 개인들은 이러한 능력을 토대로 자신의 잠재능력을 계발하게 된다. 유치원을 포함한 각급 학교에서는 학생들로 하여금 자신의 감정(정서)을 동기화하여, 유익하고 생산적인 활동을 통하여 자신의 잠재력을 계발하는 데 도움이 되는 교육활동을 전개해야 한다.

넷째, 타인의 감정을 이해하고 수용할 줄 아는 것(reading other's emotions; empathy)으로서, 상대방의 입장에 공감을 표하는 감정이입적 능력을 말하는데, 여기에는 ① 타인의 감정을 수용하는 능력, ② 타인의 감정을 민감하게 이해하는 능력, ③ 타인의 말에 귀를 기울이는 능력, ④ 말로 표현되지 않는 생각과 감정까지를 파악하는 능력 등이 포함된다. 다른 사람이 느끼고 있는 감정을 알아차리는 공감력의 발달은 남을 아끼고 사랑하는 이타심의 발달과 관련이 있는 것으로 연구결과들에 의해 밝혀지고 있다. 유치원을 포함한 각급 학교의 교육장면에서는 학생들로 하여금 타인에 대한 감정이입(공감)의 능력을 육성하도록 하는 데 도움이 되는 교육활동에 중점을 두어야 한다.

다섯째, 타인과 대인관계를 형성하고 관리할 줄 아는 것(handing relationship)으로서, ① 대인관계를 분석하고 이해하는 능력, ② 의견이 상충될 때 갈등을 해결하는 능력, ③ 보다 능동적이고 적극적으로 의사소통하는 능력, ④ 타인과 사교적인 관계를 맺는 능력, ⑤ 인기를 얻는 능력, ⑥ 보다 관용적으로 타인을 대하는 능력, ⑦ 집단에 보다 동조하는 능력, ⑧ 민주적으로 일을 처리하는 능력 등을 포함한다. 가드너(Gardner, 1993)에 의하면, 대인관계지능은 ① 집단구성원들의 자발성을 선도하고 협동심을 장려할 줄 아는, 이른바 집단을 조성해 갈 수 있는 능력(지도력), ② 갈등을 사전에 예방하는 능력과 분쟁이 악화되어가는 것을 해결하는 협상능력, ③ 개인의 감정과 관심거리를 알아차리고 이를 연결시켜 주는 인간적 결합능력, ④ 사람들이 갖는 미묘한 감정과 동기 및 관심 등을 재빨리 알아차리는 감식력과 통찰력인 사회적 분석능력 등의 네 가지 요인으로 구성되어 있으며, 이러한 능력을 고루 갖춘 사람들은 대인관계를 잘 유지하는 데 필요한 요건을 갖춘 자들로서, 인기 있고 매력적이며 사회적으로 성공할 가능성이 크다. 유치원을 포함한 각급 학교에서는 학생들로 하여금 타인들과의 바람직한 대인관계를 형성·유지하는 능력(사회적 지성)을 함양할 수 있도록 하는 데 도움이 되는 교육활동의 실천에 중점을 두어야 한다.

지금까지 논의한 감성지능의 구성요소 중에서 앞의 세 가지 요소는 '자기 자신의 정서적 발달'과 직접 관련되며, 나중의 두 가지 요소는 '타인과의 관계로 확장된 정서적 발달'과 밀접한 관계가 있는데, 결국 감성지능은 자신의 내부에 감정이 발생했을 때 어떤 감정이 어느 수준으로 왜 일어났는가를 인식하는 능력, 자신의 불안이나 분노와 같은 부정적 감정을 달래고 조절하는 능력, 어떤 일을 할 때 자신을 적절히 분발시키는 능력, 상대방의 기분이나 분위기를 파악하고 이해하는 능력, 대인관계를 효과적으로 맺는 능력 등을 총체적으로 내포하고 있다고 할 수 있다. 감성지능에는 지금까지 논의한 요소들 이외에도 자신감, 낙천성, 자립성, 야심성, 의지력(스트레스 대처력), 신중성, 포용성 등도 포함되는 것으로 볼 수 있다.

우리는 학교교육에 대한 새로운 반성과 함께, 'IQ와 EQ의 상호보완적인 관계'를 새롭게 인식할 필요가 있는데, 오늘의 우리 교육은 머리도 좋고 인간성도 풍부한 재덕겸비(才德兼備)의 인간을 육성하기보다는 머리만 좋고 인간성은 풍부하지 못한 재승덕박(才勝德薄)의 인간을 길러내는 데 중점을 두고 있다고 해도 과언이 아니다. 이제 감정 없이 사고만 하는 기계적 인간 대신, 따뜻한 감정과 사랑을 느끼고 나눌 줄 아는 감성적인 인간을 가르치는 데 최선을 다해야 한다. 즉, 철저한 자기중심적인 이해관계를 따지는 컴퓨터적인 인간보다는 자기의 감정을 이해하고 충동과 욕망을 스스로 조절하며 뚜렷한 자기 세계관을 바탕으로 자신의 일에 매진할 줄 알고 타인들을 잘 이해하며, 원만한 대인관계를 유지해 나가는 인간을 길러내는 데 보다 관심을 가져야 한다.

6) 정서발달에 영향을 미치는 요인

정서의 발달도 아동에 따라 개인차가 있는데, 정서발달에 영향을 미치는 요인은 크게 '성숙요인'과 '학습요인'으로 구분할 수 있다(오만록, 2000).

(1) 성숙요인

아동의 정서발달은 일차적으로 성숙 내지는 선천적인 요인의 영향을 받는다고 할 수 있다. 이에 대한 실증적 연구들을 살펴보면 다음과 같다.

먼저, 뱀에 대한 공포발달 연구에 의하면, 2세까지의 어린이는 뱀을 보고도 태연하였으며 아무런 공포를 보이지 않았으나, 3세에서 3세 반쯤 되는 어린이는 뱀이 움직이는 것을 보고 곁에 가서 만지고 싶어하는 듯하면서도 선뜻 다가서지 못하고 경계하는 모습을 보였고, 4세 이상의 어린이는 즉시 뱀을 피하며 공포반응을 나타냈는데, 나이에 따른 이러한 변화는 어린이의 지각능력이 성숙함에 따라 뱀을 신기하고 이상한 것으로 인지함으로써 잠재적인 위험을 느끼게 되기 때문이다.

다음은, 맹아와 정상아의 얼굴표정에 대한 비교연구를 들 수 있는데, 맹아들도 분노·토라짐·초조함·슬픔 등의 정서표현을 정상아와 똑같은 얼굴표정으로 나타냈다.

마지막으로, 정서표현에 대하여 전혀 학습할 기회가 없었던 10세의 맹·농 소녀의 정서적 반응을 연구한 것을 들 수 있는데, 이 연구결과에서도 정서발달은 성숙에 의해 영향을 받는다는 사실이 확인되었다.

(2) 학습요인

아동의 발달이 성숙요인에 의해서만 이루어지는 것이 아니듯이, 정서발달도 성숙요인뿐만 아니라 학습요인(환경요인·경험요인)의 영향을 받는 경우가 많은데, 대체적으로 학습요인에 의한 정서발달은 다음의 두 가지(조건화에 의한 학습, 모방에 의한 학습)으로 구별하여 설명할 수 있다.

첫째, 조건화에 의한 학습이다. 왓슨(Watson)은 행동주의 심리학의 창시자로서, 심리학은 모든 추상적(정신적) 개념과 본능에 근거한 설명을 배제해야 한다고 주장하였다. 그에 의하면, 개인이 가지는 근원적이며 기본적인 정서는 공포, 분노, 애정(사랑)인데, 이는 출생할 때부터 가지고 태어나지만, 이러한 기본정서는 조건화에 의한 학습을 통하여 다양하게 발달한다. 그는 극단적인 환경론적 결정주의자로서, 인간이 출생시에 갖게 되는 모든 것은 몇 가지의 반사행동과 정서뿐이라고 주장하면서, 정신적 능력과 기질 등을 가지고 태어난다는 것을 부정하였다. 출생 시 가지고 태어나는 몇 가지 반사행동과 정서는 여러 자극과 짝지어지는(연합되는) 조건화의 과정을 통해 점차 세분화되는 정서상태를 갖게 된다. 이러한 견해는 후속연구들에 의해 지지되지는 못했으나, 인간의 선천적 정서에 대한 주장은 이후 정서발달에 관한 연구를 활성화시키는 데 공헌하였다.

왓슨 등(Watson & Rayner, 1920)은 자신의 아들인 11개월 된 알버트(Albert)를 대상으로 실험을 통하여 이를 증명하였다. 알버트는 원래 커다란 소리에 대해서 무서움을 나타냈으며, 동물에 대해서는 흰쥐든 토끼든 동물원에 있는 큰 동물이든 모두 다 좋아했다. 이러한 알버트를 실험실에 데리고 와서 흰쥐를 그 곁에 놓아두었다. 알버트는 흰쥐를 좋아하기 때문에 곧 그 쥐 쪽으로 손을 뻗치면서 접근하려고 하였다. 이때 왓슨은 그의 뒤에서 쇠판을 망치로 세게 내리쳐서, 불쾌자극인 혐오스러운 커다란 소리를 냈다. 알버트는 이 소리에 깜짝 놀라서 손을 움츠렸다. 그런데 원래 쥐를 좋아했기 때문에 조금 있다가 다시 쥐에게로 손을 뻗쳤다. 그 때 다시 쇠판을 내리쳤더니 또 깜짝 놀라서 손을 오므렸다. 이렇게 일곱번 정도 되풀이했더니, 결국 알버트는 흰쥐를 보기만 해도 움츠리게 되었고, 분명하게 무서움을 나타내게 되었다. 이것은 쥐를 만지는 행동과 큰 소리가 함께 경험되었기 때문에 이 큰소리의 공포는 쥐와 연합되어, 드디어 쥐에 대한 공포(무서움)을 갖게 되었다. 그 후 알버트는 흰쥐뿐만 아니라, 점차 흰토끼, 흰머리털을 가진 할아버지조차도 무서워 하는 등 그 공포반응이 일반화되어 나타났다([그림 4-51]). 이러한 과정을 통하여 특정 행동을 학습시키는 과정을 '조건화'라고 한다.

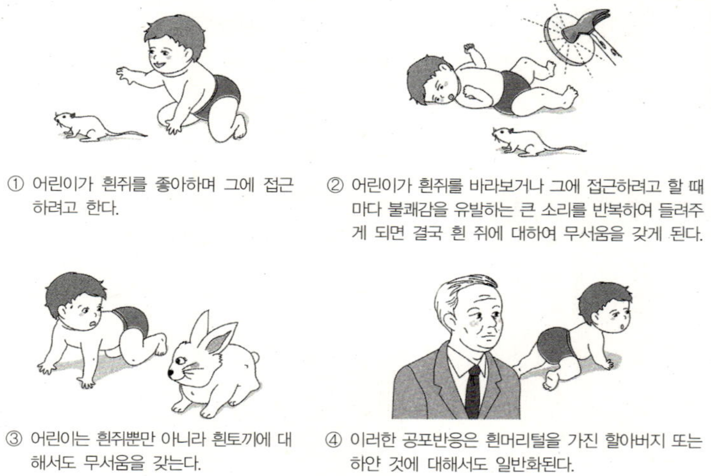

그림 4-51 | 공포반응의 학습

자료출처 : 오만록(2012). 생활지도 및 상담. p.321.

한편, 이와 같이 공포의 정서가 조건화 과정을 통해서 학습되는 것이라면, 역으로 조건화 해제과정을 통해서 공포를 해소시킬 수 있다는 논리도 성립된다. 이러한 관점에서 존스(Jones, 1924)는 실험을 통하여 역조건화, 즉 조건화 해제(unconditioning; 탈조건화)를 증명하였다. 그의 실험에서 3세의 남아인 피터(Peter)는 살아 있는 동물이나 모피코트, 깃이 붙어 있는 모자 등을 무서워하였다. 조건화 해제를 위해 처음에는 피터가 앉아 식사를 하고 있는 곳에서 12미터 떨어진 장소에 토끼를 바구니에 넣어 보이도록 놓아두었다. 그리고 매일 조금씩 토끼를 넣은 바구니를 피터와 가까운 곳으로 옮겨 놓았다. 이러한 과정을 통하여 피터는 토끼에 익숙해짐에 따라 결국 토끼를 무릎 위에 놓고 밥을 먹을 정도로 무서워 하지 않게 되었다. 뿐만 아니라 새털이나 모피에 대해서도 이전에 가지고 있었던 무서움이 사라지고, 토끼나 쥐와 같은 살아 있는 동물에 대해서도 태연하게 되었다. 이 실험에서 사용된 조건화 해제방법은 그 후 월피(Wolpe, 1969)에 의해서 행동치료법의 하나인 체계적 탈감법(systematic desensitization, 體系的 脫感法)으로 발전되었다.

둘째, 모방에 의한 학습이다. 어린이들은 타인들의 정서를 모방(imitation; modeling)하여 그 정서를 배우는 경우도 있는데, 예를 들면 왜 놀라거나 우는지도 모르면서 그저 타인을 통하여 모방된 정서를 나타내는 경우가 많다. 또한, 어린이가 다른 사람의 반응양식을 관찰하여 모방하기도 하는데, 학급에서

한 어린이가 선생님에게 꾸중을 듣고 반항적 태도를 보였을 때 그 어린이가 급우들 간에 인기가 높으면 다른 어린이들도 그와 같은 반항적 정서반응을 모방하게 된다.

ONLINE RESOURCES

'정서발달을 돕기 위한 지도방안'에 관한 자료가 필요할 경우 저자가 운영하는 웹사이트(welfare5.com)의 Online Resources 게시판을 통하여 다운을 받기 바랍니다('교육심리탐구'의 Online Resources 19 자료).

6. 성격발달

1) 성격의 의미

첫째, 어원적 관점에서 보면 성격(personality)은 '가면'이라는 의미를 내포하고 있는데, 이는 라틴어 페르조나(persona; 가면)라는 용어에서 유래되었다. 이렇게 본다면, 성격은 겉으로 나타나는 개인의 모습 및 특성이라고 할 수 있다. 이는 성격이 내면적 특성뿐만 아니라 외양적 특성도 포함하며, 개인의 겉으로 드러난 모습을 통해 그의 성격을 미루어 알 수 있다는 의미를 함축하고 있다. 그렇다면 성격은 관찰할 수 있는 행동적 특성으로 표현되며, 개인이 처한 상황에 적응하기 위해 일정한 모습을 갖추어 나간다고 할 수 있다.

둘째, 심리학적 관점에서 보면 성격의 의미는 다양하게 정의될 수 있는데, 대표적인 학자들의 정의를 소개하면 다음과 같다.

먼저, 성격에 대한 특성론적 접근을 취한 올포트(Allport, 1961)는 당시까지의 성격에 대한 정의들을 종합적으로 검토하여, 성격의 개념을 다음과 같이 정의하였다. 즉, 성격은 개인의 특유한 행동과 사고를 결정하는 심리신체적 체계인 개인 내의 역동적 조직체이다(Personality is the dynamic organization within the individual of those psychophysical systems that determine his characteristic behavior and thought.). 이는 성격에 대한 정의로서 현재까지 가장 많이 인용되고 있는데, 이 의미를 보다 구체적으로 살펴보면 다음과 같다.

① '특유한 행동과 사고'(characteristic behavior and thought)란 개인이 행하거나 생각하는 모든 것이 사람마다 특유한 것임을 뜻한다. 즉, 개인들은 타인들과는 다른 독특성을 가지고 있음을 의미한다.

② '결정하는'(determine)이란 성격이 실체적인 '어떤 것'이며, 또 '어떤 것을 하게 하는 것'(Personality is something, and does something)이란 뜻이다. 즉, 성격의 모든 측면은 매우 구체적인 행동과 사고를 활성화하거나 인도한다는 의미이다.

③ '심리신체적 체계'(psycho-physical systems)란 성격이 정신과 신체가 함께 작용하는 통합체계라는 뜻이다. 즉, 성격은 정신적인 측면 또는 신체적 측면이 배타적으로 작용한 결과라기보다는 정신과 신체의 결합체라는 의미이다.

④ '역동적 조직체'(dynamic organization)란 성격이 다양한 특성적 요소들로 이루어졌을 뿐만 아니라 끊임없이 변화하고 성장한다는 의미이다. 이상과 같은 올포트의 정의를 종합해 보면, 성격은 계속적으로 변화하고 성장하는 조직체이며, 정신과 신체의 결합(상호작용)에 의해 형성되는 실체로서, 이는 개인의 사고와 행동을 결정하거나 활성화시키며, 개인마다 독특하다고 할 수 있다.

한편, 미첼(Mischel, 1976)은 성격을 개인이 접하는 상황에 대한 적응상태를 결정하는 사고와 감정을 포함한 독특한 행동패턴이라고 정의하였다. 그리고 카버와 쉐이어(Carver & Scheier, 2000)는 성격이란 사람의 행동과 사고 및 감정의 독특한 패턴을 창조하는 개인 내부에 존재하는 심리신체적 체계의 역동적 조직체라고 규정하였다.

2) 성격의 특징

인간의 주요 심리적 특성으로서의 성격이 갖는 특징은 매우 다양하고 복잡하나, 그 주요특징을 일곱 가지로 요약하여 제시하면 다음과 같다.

첫째, 성격은 개인의 사고와 행동의 독특성을 결정한다. 이에 따라 개인들은 결국 안정된 행동패턴을 갖게 된다.

둘째, 성격은 개인의 적응양식을 결정한다.

셋째, 성격은 개인 내부의 역동적이며 조직화된 특성들로 구성되어 있다. 즉, 성격은 다양한 특성적 요소들로 구성되어 있다고 할 수 있다. 그러나 그 요소들에 대한 견해는 학자에 다르다.

넷째, 성격은 개인의 독특성을 그대로 반영한다.

다섯째, 성격은 비교적 일관되고 안정적인 상태로 유지된다. 즉, 개인의 독특성은 비교적 일관성 및 안정성을 가진다. 여기에서 일관성이란 상황이 바뀌어도 자신의 특성을 그대로 유지하는 경향성을 말하며, 안정성은 시간이 지나도 그 특성이 변하지 않는 것을 말한다.

여섯째, 성격은 사람들이 보편적으로 공유하고 있는 공통성도 내포하고 있는데, 예를 들면 사람들의 성격특성을 몇 가지 유형으로 범주화할 수 있다.

일곱째, 성격은 사람들이 보편적으로 공유하는 공통적인 특성을 포함하기도 하지만, 사람들을 구별할 수 있는 독특한 특성을 내포함으로써 개인차를 야기시키기도 한다.

3) 성격의 측정

성격이론가들은 성격을 측정(평가)하는 다양하고 독특한 방법들을 개발하고자 많은 관심을 기울였는데, 지금까지 개발되어 활용되고 있는 측정방법은 크게 세 가지로 구분하여 제시하면 다음과 같다.

첫째, 심리검사법(psychological test)을 들 수 있다. 이는 성격을 측정하기 위해 가장 일반적으로 사용되는 방법인데, 사람들의 행동(사고, 감정, 행위)을 표본추출을 통해 얻은 결과를 표준화시켜 비교하는 체계적 과정이다. 따라서 여기에서는 사람들로부터 성격과 관련된 심리적 요인들을 통계적 방법을 사용하여 표준화한 규준과 비교하여, 개인의 성격을 파악하고자 한다.

성격평가를 위한 심리검사법은 크게 두 가지 유형, 즉 표준화검사법(자기보고법; self-report inventory method)와 투사법(projective method)으로 나뉘다.

① 표준화검사법(자기보고법)은 피검자가 자신의 사고와 감정 및 행위에 대해 묻는 문항에 대해 보고하는 것으로, 일반적으로 구조화된 지필검사로 실시된다. 가장 많이 활용되는 방법(검사도구)으로는 미네소타 다면성격검사(Minnesota multiphasic personality inventory; MMPI), 마이어스-브릭스 성격유형검사(Myers-Briggs type indicator; MBTI), 에니어그램(Enneagram) 성격유형검사 등이 있다.

ONLINE RESOURCES

'MMPI와 MBTI 및 에니어그램 성격유형검사'에 관한 자료가 필요할 경우 저자가 운영하는 웹사이트(welfare5.com)의 Online Resources 게시판을 통하여 다운을 받기 바랍니다('교육심리탐구'의 Online Resources 20 자료).

② 투사법은 피검자에게 애매모호한 시각자극을 제시하여 반응하게 하는 것으로, 주로 성격의 관찰할 수 없는 측면을 탐색하고자 하는데, 여기에서는 주로 프로이트(Freud)가 강조한 성격의 무의식적 측면을 파악해 내고자 한다. 가장 널리 알려진 투사법으로는 로샤 잉크반점검사(Rorschach inkblot test), 주제통각검사(thematic apperception test; TAT), 아동용 회화통각검사(CAT) 등이 있다.

ONLINE RESOURCES

'로샤 잉크반점검사, 주제통각검사(TAT), 아동용 회화통각검사(CAT)'에 관한 자료가 필요할 경우 저자가 운영하는 웹사이트(welfare5.com)의 Online Resources 게시판을 통하여 다운을 받기 바랍니다('교육심리탐구'의 Online Resources 21 자료).

둘째, 면접법을 들 수 있다. 이는 면접자가 피면접자의 성격적 특성을 확인하기 위해 대면적인 관계에 의한 면접을 이용해 관련 자료를 수집하여 분석하는 것이다. 특히 면접자는 다른 평가방법을 통해 얻을 수 없는 성격적 특성을 파악하기 위한 면접을 통해 피면접자의 내면적 특성과 사고방식 및 현실상황에 대한 반응 등과 같은 다양한 정보를 얻어낼 수 있다.

셋째, 행동평가법(behavioral assessment)을 들 수 있다. 이는 개인이 주어진 사태에서 행하는 상호작용방식 속에 내재된 행동특성을 관찰하여, 그의 성격적 특성을 파악하는 것을 말한다.

4) 성격에 대한 접근이론

성격의 본질과 발달에 대한 이론적 관점은 매우 다양한데, 여기에서는 성격에 대한 접근을 ① 유형론적 접근, ② 특성론적 접근, ③ 정신분석학적 접근, ④ 행동주의적 접근, ⑤ 인본주의적 접근, ⑥ 인지주의적 접근 등으로 구분하여 살펴보기로 한다.

(1) 유형론적 접근

성격에 대한 유형론적 접근(typology)은 성격을 몇 가지 불연속적 범주로 구분하여 개인들을 질적으로 분류하려고 시도한다. 이에 의하면 성격은 사람들이 가진 특정의 생물학적 특성에 따라 질적으로 구분되는 몇 가지 유형으로 분류될 수 있다. 여기에서 말하는 생물학적 특성이란 ① 체액, ② 체격(체형), ③ 신경계, ④ 혈액형, ⑤ 체질 등을 지칭한다.

성격에 관한 연구의 역사는 사실 그 유형에 대한 관심으로부터 시작되었는데, 성격유형론의 역사는 그리스(Greece) 시대까지 거슬러 올라간다. 성격에 대한 유형론적 접근으로는 ① 체액기질설, ② 체격기질설(체형기질설), ③ 신경계 기질설, ④ 혈액형 기질설, ⑤ 4상의학적 체질기질설(四象醫學的 体質氣質說) 등이 있다.

① 체액기질설

인간의 성격을 유형론적 입장에서 규명하게 된 것은 기원전 히포크라테스(Hippokrates, BC 460~377)에 의해서 시작되었다. 그는 기원전 4세기 무렵 엠페트크라스의 우주4원론에 대응하여 네 가지 체액론을 제시하였다. 우주4원론이란 우주가 ① 공기(따뜻하고 습기가 있음), ② 땅(차고 건조함), ③ 불(뜨겁고 건조함), ④ 물(차고 습기가 있음) 등의 네 가지 원소로 되어 있다는 주장인데, 히포크라테스는 이에 각각 대응하는 인간의 체액을 ① 혈액, ② 흑담즙, ③ 황담즙, ④ 점액 등으로 구분하였다. 이러한 체액에 의해 개인의 성격적 기질이 결정된다고 전제하여, 성격적 기질유형을 다혈질형, 우울질형, 담즙질형, 점액질형 등의 네 가지로 분류하였다. 이러한 주장은 로마의 의사 가레누스(Galenus, 130~200)에 의해 계승되었다.

먼저, 다혈질형(sanguine)은 체액성분 중 혈액이 우세한 사람으로, 항상 유쾌하고 사교적인 특성을 나타낸다. 그리고 흑담즙질형(melancholia; 우울질형)은 흑담즙이 우세한 사람으로, 쉽게 우울해지며 항상 조용한 특징을 보인다. 또한, 담즙질형(cholerics; 황담즙질형)은 황담즙이 우세한 사람으,로, 쉽게 흥분하고 분노하며 성미가 급한 특징을 보인다. 끝으로, 점액질형(phlegmatices)은 점액이 우세한 사람으로, 항상 침착하고 조용하며 인내심이 강한 특징을 보여준다.

표 4-7 체액성분에 따른 성격 유형

성격 유형	체 액	성격 특징
다혈질형(sanguine)	혈액	유쾌, 사교적, 다정함
흑담즙질형(melancholia)	흑담즙	쉽게 우울, 슬픔, 조용함
담즙질형(choleric)	황담즙	쉽게 분노, 성격이 급함, 화를 잘 냄, 민첩함
점액질형(phlegmatic)	점액	침착, 조용, 인내심 강함, 동작이 느림, 느긋함

성격에 대한 체액기질설은 그 객관성이 부정된 18세기 이후에도 성격의 심리학적·현상학적 기술에 널리 활용되고 있다.

② 체격기질설

초기의 성격이론 중 또 하나는 신체유형과 성격이 서로 관련이 있다는 '체격기질설'(체형기질설)인데, 여기에는 ① 크렛츠머(Kretschmer, 1888~1964)의 체격기질설과 ② 셀돈(Sheldon, 1899~1977)의 체격기질설 등이 포함된다.

가. 크렛츠머의 체격기질설

크렛츠머(Kretschmer, 1922)는 「체격과 성격」이란 저서에서 그 나름의 독자적인 기질유형론을 제창하였는데, 이는 성격유형을 실증적인 과학의 토대 위에서 밝히려 했다는 점에서 과학적 기질론으로 인정되고 있으며, 그 결과 성격유형론 중에서 가장 타당성이 높은 이론으로 간주되고 있다.

그는 체격특성과 성격기질은 공통의 생물학적 성분으로 규정되므로 성격은 바로 체격에 의해 결정된다고 주장하였다. 즉, 체격유형은 크게 ① 비만형, ② 근육형, ③ 세장형(細長型)으로 분류된다고 주장하면서, 이에 각각 해당하는 기질유형(성격유형)으로 ① 순환기질형, ② 점액기질형, ③ 분열기질형을 대응시켰다.

첫째, 비만형 체격의 기질유형을 '순환기질형'이라고 명명했는데, 이를 '조울기질형'이라고도 한다. 이 유형의 기본적인 성격특성은 사교적이고 친절하며, 사람을 좋아하고 우정이 두터운 것이 특징이다. 그런데 이러한 순환기질형의 성격특성을 가지면서도 조증(躁症) 상태가 강한 사람은 명랑하고 활발하며, 유머감각이 있으며 격렬하다. 반면, 울증(鬱症) 상태가 강한 사람은 조용하며 침착하고, 정중하며 부드럽다. 종합컨대, 순환기질형의 사람은 주로 사교적이고 개방적이어서 사람사귀기를 좋아하며, 주변사람과 대립이 없이 활달하고 현실과 환경에 융화하여 공감하는 동조성이 강하여, 있는 그대로의 인생을 향유하는 편이다. 이러한 사람들은 내면이 그대로 외면에 나타나며, 비교적 단순하고 이해하기 쉽다.

둘째, 근육형 체격의 기질유형을 '점액질형'이라고 명명했는데, 이 유형의 기본적인 성격특성은 하나의 일이나 상태에 집착하는 경향이 강하므로 변화나 동요가 적으며 정력적이나, 신중하고 질서를 좋아하며 융통성이 없는 편이다. 그리고 신경질적이지 않으며 안정되어 있으나, 세밀성이 부족하여 사고나 설명에 이해가 잘 되지 않는다. 또한, 끈기가 강하고 약속이나 규칙을 준수하고 타인에 대한 태도는 공손하나, 때로는 격노하는 경우도 있다.

셋째, 세장형 체격의 기질유형을 '분열기질형'이라고 명명했는데, 이 유형의 기본적인 성격특성은 비사교적이고 조용하며, 주의가 깊고 진지하며, 내면과 외면과의 유리가 크고 주위사람과의 관계가 원만하지 못하며, 냉담하고 재미가 없으며, 딱딱한 인간관계를 가지는 경향이 높고 대체로 이해하기 힘들다. 그런데 이러한 분열기질형의 성격을 가지면서도 과민성 상태가 강한 사람은 겁과 부끄럼이 많고 민감하며 신경질적이어서 흥분을 잘 하고, 자연과 서적을 가까이 한다. 반면, 둔감성 상태가 강한 사람은 순종적이고 온화하며, 사람을 좋아하는 편이나, 때에 따라 무관심하고 둔감하기도 하다. 종합컨대, 분열기질형의 사람은 순환기질형의 사람과 반대로, 폐쇄적이고 주위사람들과 선을 긋고, 꼼꼼하고 신경질적이며 자기 자신의 세계에 안주하여 혼자 있기를 좋아한다.

나. 셀돈의 체격기질설

셀돈(Sheldon, 1940, 1942)의 체격기질설은 크렛츠머 이론의 연장선에 있다고 할 수 있는데, 그는 신체구조와 생물학적 요인의 중요성을 강조하면서, 인간의 행동은 이러한 요인들과 밀접한 관련성이 있다고 주장하였다. 대부분의 체질심리학자들과 같이, 셀돈도 인간의 신체적 구성요소를 확인할 수 있는 척도를 개발하고자 시도하였는데, 그는 단순히 체격을 분류 내지 기술하는 수단만을 강조하지는 않았다. 또한, 그는 유전과 생물학적 결정요인이 개인의 발달에 결정적 역할을 한다고 가정하였다. 그는 역시 체격에 기초를 둔 일련의 척도를 통해서 이러한 요인에 대한 묘사가 가능하다고 믿었다. 그러므로 그의 견해는 외적으로 관찰할 수 있는 체격(표현형, phenotype)에 기저를 두고 있으며, 신체발달과 행동을 결정하는 데 중요한 역할을 하는 가설적인 생물학적 구조(유전형, morphogenotype)도 반영하고 있다.

셀돈은 체격을 유형화하고 측정하는 데 있어 귀납적 접근을 하였는데, 약 4,000명의 남자대학생의 표준사진에서 체격변이의 기초를 설명하거나 형성하는 주요변인을 찾아내려는 시도를 하였다. 그는 이러한 작업을 통해 ① 내배엽형(비만형), ② 중배엽형(근육형), ③ 외배엽형(세장형) 등의 세 가지 체형으로 유형화하였다([그림 4-52]).

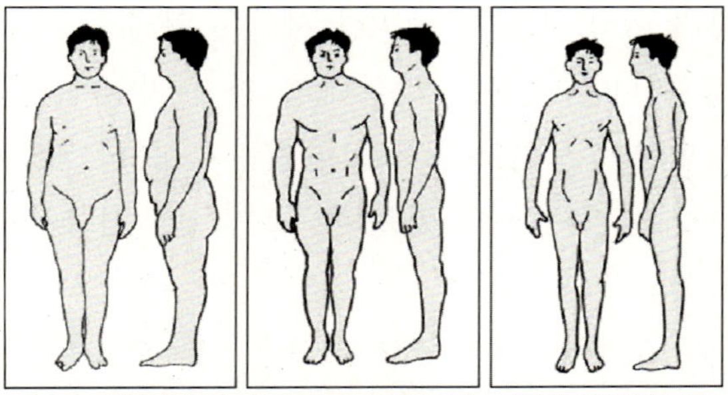

신체유형:내배엽형(비만형) 성격유형:내장 긴장형
신체유형:중배엽형(근육형) 성격유형:신체 긴장형
신체유형:외배엽형(세장형) 성격유형:대뇌 긴장형

그림 4-52 | 셀돈(Sheldon)이 분류한 체형에 따른 성격유형

첫째, 내배엽형(비만형) 체형은 소화기관(내장)이 아주 잘 발달되고 둥글고 부드러운 체격과 큰 배를 가진 신체적 특징을 보이며, 골격과 근육이 충분히 발달하지 못하며, 표면적-부피의 비율이 낮다. 이러한 체형을 가진 사람의 성격을 '내장 긴장형'이라고 하는데, 이는 사회성이 높으며, 정의롭고, 편안함을 좋아하며 사람을 만나는 것과 음식을 좋아한다. 그리고 감정이 일정하며 타인과의 관계에서 너그럽기 때문에 사귀기 쉬운 반면, 자세가 이완되어 있고 반응이 느린 것이 특징이다.

둘째, 중배엽형(근육형) 체형은 단단하고 직각을 이루는 체격을 가져 건장하며, 특히 골격과 근육이 잘 발달되어 있다. 또한, 신체는 강하며 거칠고, 상해를 잘 견디며, 일반적으로 격렬하고 가혹한 신체적 요구에 맞는 조건을 가지고 있다. 이러한 체형을 가진 사람의 성격을 '신체 긴장형'이라고 하는데, 이는 원기가 왕성하고 신체적 모험과 활기찬 활동을 좋아하며, 경쟁적이고 공격적인 성향을 가지고 있으며, 다른 사람의 감정에 무디며 시끄럽고 용감하는 등의 건방진 성향을 가지고 있다. 이러한 사람은 일반적으로 행동·권력·지배지향적이다.

셋째, 외배엽형(세장형) 체형은 가슴이 판판하며 마르고 가느다란 체격을 가진 것이 특징으로, 보통 가늘고 가벼운 근육을 가지고 있으며, 부피보다 표면적이 우세하며, 그 크기에 비해 큰 대뇌와 중추신경계를 가지고 있다. 이러한 체형은 상대적으로 넓은 표면적으로 인하여 외부자극에 많이 노출되어 있기 때문에 경쟁적이고 지속적인 신체운동에 대한 준비가 잘 되어 있지 않는 것이 특징이다. 이러한 체형을 가진 사람의 성격을 '대뇌 긴장형'이라고 하는데, 이는 수줍음을 잘 타고 자기의식이 강하며, 내면적이어서 비밀을 좋아하고 지성적인 성향이 있다. 따라서 이러한 사람은 억제와 구속 및 은둔의 욕구가 강하여 사람을 만나는 것을 두려워하고, 자기 자신에게 타인들의 주의가 집중되는 것을 회피하며 오히려 고독을 즐기는데, 특히 괴로울 때에 더욱 그러하다. 그리고 대체로 얕은 수면을 취하고, 매사에 지나치게 빨리 반응하고 막힌 장소에서 행복감을 느낀다.

그러나 대부분의 현대 심리학자들은 성격과 신체유형 간에 어떤 상관이 있다고 하더라도 그 관계성은 약하다고 비판하고 있다. 하지만 셀돈의 이론과 연구방법이 비록 비난을 받고 있다 하더라도 우리는 신체와 성격 간에 어떤 관계가 있음을 인정할 수 있다. 즉, 특별한 신체가 특별한 성격을 만들어 내는 것은 아니지만, 신체가 성격형성에 어떤 역할을 한다는 사실을 추리해 볼 수 있다. 그 이유는 신체가 성격을 직접적으로 결정해서가 아니라 한 개인이 외부세계로부터 어떻게 취급을 받느냐에 그의 신체가 영향을 주기 때문이다.

ONLINE RESOURCES

'신경계 기질설, 혈액형 기질설, 4상의학적 체질기질설'에 관한 자료가 필요할 경우 저자가 운영하는 웹사이트(welfare5.com)의 Online Resources 게시판을 통하여 다운을 받기 바랍니다('교육심리탐구'의 Online Resources 22 자료).

(2) 특성론적 접근

성격에 대한 특성론적 접근에서는 '특성'(trait, 특질)을 성격의 단위로 여긴다. 특성이란 개인의 행동, 감정, 사고 등에 있어 일관된 양식이라고 정의될 수 있는데, 이는 개인의 미래행동을 예언할 수 있도록 해 준다. 여기에서는 개인의 행동은 상황적 요인(환경적 요인)보다 개인의 내적 요인에 의해 결정된다고 가정한다. 이처럼 개인이 가진 제반 특성을 바탕으로 성격을 이해하고 설명하려는 입장을 성향적 관점(dispositional view)라고도 부른다.

성격에 대한 특성론적 접근에서는 인간의 성격특성을 연속선상에서 양적으로 구분하려 한다. 예를 들어, '공격성'의 특성을 양적으로 얼마나 소유하고 있느냐에 따라 개인의 성격이 평가된다. 그러므로 이 접근을 지지하는 학자들은 개인들 간에 뚜렷한 성격유형이 존재한다기보다는 성격특성에 있어 개인차를 보일 뿐이라고 주장한다. 여기에서는 먼저 인간의 성격적 특성요인들 모두를 추출한 다음, 통계학적 방법인 요인분석(factor analysis)을 실시하여 대표적인 성격적 특성들을 확정하고, 이를 토대로 개개인의 성격적 특성의 정도를 확인한다.

앞에서 논의한 성격에 대한 유형론적 접근에서는 각 성격유형은 서로 질적으로 구분되는 비연속적인 범주로 간주되며, 개인의 성격은 불변하는 것으로 인정된다. 예컨대, 히포크라테스가 주장한 체액기질설에서의 네 가지 성격유형은 질적인 구분이므로 비연속적 범주로 간주되며, 특정 개인의 성격은 불변한다고 전제된다. 반면, 특성론적 접근에서는 각각의 성격적 특성은 양적인 의미로 파악되며, 개인의 성격적 특성은 변화될 수 있다고 전제한다.

성격에 대한 특성론적 접근에는 ① 올포트(Allport)의 특성이론, ② 캐텔(Cattell)의 특성이론, ③ 아이젠크(Eysenck)의 특성이론, ④ 5요인이론(big five theory) 등이 포함된다.

① 올포트(Allport)의 특성이론

올포트(Allport, 1897~1967)는 성격에 대한 특성론적 접근을 취한 가장 뛰어난 심리학자 중의 한 사람이었으며, 그의 이론은 30여 년 이상 큰 영향을 미쳤다. 올포트는 정신분석학을 비판하면서, 성격을 과학적으로 연구하고자 노력하였는데, 이 결과에 의해 성격심리학은 과학적 심리학으로 자리를 잡게 되었다.

올포트(Allport, 1961)는 인간의 행동특성에 관한 3,000여 개의 단어목록을 분석하여 대표적인 여섯 가지의 특성들을 확인하였는데, ① 친절한-적대적, ② 적극적-소극적, ③ 사교적-철회적, ④ 정서안정적-신경증적, ⑤ 자기감시적-비조직적, ⑥ 창의적-고정관념적 등의 특성이 바로 그것이다. 특히, 올포트는 개개인의 특성을 규명함으로써 성격적 독특성을 밝히고자 힘썼다. 그는 성격의 개인차를 주창한 선구적인 학자였으며, 그의 이론은 양적 연구의 결과라기보다는 생활과 경험을 토대로 한 심층적인 연구의 결과라고 할 수 있다. 이런 점에서 볼 때 올포트의 성격연구의 접근방법은 보편적 접근(법칙정립적 접근; nomothetic approach)보다는 개별적 접근(개체기술적 접근; idiographic approach)에 가깝다고 할 수 있다.

ONLINE RESOURCES

'올포트(Allport)의 특성이론'에 관한 자료가 필요할 경우 저자가 운영하는 웹사이트(welfare5.com)의 Online Resources 게시판을 통하여 다운을 받기 바랍니다('교육심리탐구'의 Online Resources 23 자료).

② 캐텔(Cattell)의 특성이론

캐텔(Cattell, 1905~1998)은 성격연구의 목적을 행동을 예언하는 데 두었다. 그에 의하면, 성격은 개인이 주어진 상황에서 무엇을 할 것인가를 예언하도록 해 준다. 그는 통계적 방법인 요인분석(factor analysis)을 활용하여 사람들이 갖고 있는 특성들을 밝히고자 하였으며, 부적응적 행동을 바람직한 행동으로 변화시키거나 수정하는 데에는 그다지 관심을 두지 않았다.

캐텔에 의하면, 특성은 성격의 정신적 구성요소이며, 행동의 규칙성 또는 일관성을 설명하는 근본적인 구성개념이다. 캐텔은 한 개인의 특성을 알게 되면 그 사람이 특정 상황에서 어떻게 행동하게 될지를 예언할 수 있다고 보았다. 따라서 한 개인을 온전하게 이해한다는 것은 그 사람을 독특한 한 개인으로서 정의할 수 있는 특성의 전반적인 패턴을 정확한 용어를 사용하여 기술할 수 있어야만 한다.

i) **성격의 정의** : 캐텔의 성격이론은 '구조에 근거한 체계이론'(structure-based systems theory)이다. 이 이론은 성격을 환경과 관계하는 하나의 체계로 간주하고, 인간의 변화와 성장을 생성하는 체계와 환경 간의 복잡한 교류를 설명하고자 한다. 캐텔은 성격을 '개인이 어떤 환경에 직면했을 때 그가 무엇을 할 것인가를 말해 주는 것'이라고 정의하였다(Cattell, 1965). 그는 성격에 대한 견해를 다음과 같은 공식으로 표현하였다.

$$R = f(P \cdot S)$$

공식에서 R은 개인의 반응(response; 행동)을 나타내며, P는 성격(personality)을 나타내고, S는 주어진 상황(situation)을 지칭한다. 이렇게 본다면, 개인의 행동은 그의 성격적 특성과 주어진 상황에 의해 결정된다고 할 수 있다. 대부분의 성격특성 이론가들은 행동에 영향을 미치는 상황의 역할을 강조하지 않았지만, 캐텔은 상황이 성격특성과 결합하여 행동에 영향을 미친다고 주장하였다.

한편, 캐텔은 성격에 대한 중요한 연구방법으로서 생활사적 방법, 자기평가 방법, 객관적 테스트 등 세 가지를 들었는데, 이 중에서 그가 즐겨 사용한 방법은 현실생활과 직접 관련을 가진 생활사적 방법이었다. 이는 일상생활의 여러 상황에 있어서 특정한 사람의 행동들을 평정하는 방법이다. 캐텔은 행동을 평정하는 기준으로 올포트가 제시한 4,500개의 특성을 나타내는 개념을 참조하였다. 그 리스트 가운데에서 동의어를 제외하고 각 상관관계를 구하여 6개의 군집(cluster)을 구하였고, 그 중에서 핵심이 되는 군집을 추출하였다. 그리고 이 군집을 근거로 200여 명을 대상으로 행동평정을 실시하여 얻은 상관행렬을 요인분석방법으로 처리하여, 성격의 기본이 되는 구조를 밝히려고 하였다.

ii) **성격특성의 구성요소** : 특성은 개인이 갖는 상당히 지속적인 반응경향성이며, 성격구조의 기본단위를 형성한다. 따라서 개인의 성격은 특성의 패턴으로서 설명될 수 있다. 특성을 개인 내에 실재하는 것으로 본 올포트와 달리, 캐텔은 특성을 행동의 객관적 관찰에서 추론되는 가설적 혹은 상상적 구성개념으로 간주하였다.

캐텔은 성격특성의 구성요소를 관점에 따라 ① 공통특성(common trait)과 독특특성(unique trait), ② 능력특성(ability trait)과 기질특성(temperament trait) 및 역동특성(dynamic trait), ③ 표면특성(surface trait)과 근원특성(source trait; 원천특성) 등으로 분류하였다.

이 중 '표면특성'과 '근원특성'에 관하여 조금 살펴보면, 먼저 표면특성은 표정이나 동작 등을 통해서 외부로부터 관찰할 수 있는 특성을 말하는데, 이는 몇 가지의 근원특성이 상호작용함으로써 외부로 표출된다. 이처럼 표면특성은 단일차원에 의해 결정되지 않기 때문에 성격요인을 구성하지 못할 뿐만 아니라, 안정적이거나 지속적이지 못하므로 성격의 본질이라고 볼 수 없다. 반면, 근원특성은 훨씬 안정적이며 영속적인 단일성격요인으로, 각각의 근원

특성은 단일요인(개별요인)으로서 특정 행동을 유발시키는 데 직접적으로 작용하게 된다. 캐텔은 요인분석방법을 활용하여 성격의 기본요인으로서 16개의 근원특성을 밝혀냈다. 이러한 요인은 객관적 성격검사로 잘 알려진 16PF (sixteen personality factor) 검사를 구성하고 있는 요인들이다([표 4-8]).

표 4-8 16FP 검사의 요인 및 내용

요인	낮은 점수	높은 점수
A	내성적인(reserved)	사교적인(outgoing)
B	지능이 낮은(less intelligent)	지능이 높은(more intelligent)
C	정서적 불안정(affected by feelings)	정서적 안정(emotionally stable)
E	복종적인(submissive)	지배적인(dominant)
F	심각한(serious)	낙천적인(happy-go-lucky)
G	편의적인(expedient)	양심적인(conscientious)
H	소심한(timid)	모험적인(venturesome)
I	강인한(tough-minded)	예민한(sensitive)
L	신뢰하는(trusting)	의심이 많은(suspicious)
M	실제적(practical)	상상적인(imaginative)
N	솔직한(forthright)	약삭빠른(shrewd)
O	자기-확신적(self-assured)	걱정하는(apprehensive)
Q_1	보수적인(conservative)	실험적인(experimenting)
Q_2	집단 의존적(group-dependent)	자족적인(self-sufficient)
Q_3	충동적인(uncontrolled)	통제적인(controlled)
Q_4	이완된(relaxed)	긴장한(tense)

자료출처 : Hilgard, E. R., Atkinson, R. S., & Atkinson, R. C.,(1979). Introduction to Psychology. p.383.

iii) **성격발달단계** : 캐텔은 성격발달이 인생 전반에 걸쳐 계속적으로 이루어진다고 주장하면서, 이를 여섯 단계 ① 유아기, ② 아동기, ③ 청소년기, ④ 성인초기, ⑤ 성인중기, ⑥ 성인후기로 구분하여 논의하였다.

ONLINE RESOURCES

'캐텔(Cattell)의 성격특성의 구성요소 및 성격발달단계'에 관한 자료가 필요할 경우 저자가 운영하는 웹사이트(welfare5.com)의 Online Resources 게시판을 통하여 다운을 받기 바랍니다('교육심리탐구'의 Online Resources 24 자료).

③ 아이젠크(Eysenck)의 특성이론

영국의 심리학자인 아이젠크(Eysenck, 1916~1997)는 여러 가지 방법적 측면에서 미국의 특성이론가들의 연구를 보완하였다. 그는 성격에 대한 단순한 기술적 접근이 아니라 검증될 수 있는 성격모델을 정립하고자 노력하였다.

아이젠크는 각성과 흥분 등과 같은 인간의 생리적 특성을 요인분석을 통해 초요인(superfactor)들과 연결시키고자 하였다. 그는 성격차원에 대한 탐색을 이상행동의 분야까지 확장시켜 신경증과 같은 특성들을 연구하였다. 융(Jung, 1921)이 성격유형으로 '내향성'과 '외향성'을 최초로 제안하였지만, 아이젠크는 히포크라테스의 체액기질설을 바탕으로 체계적으로 특성군으로 형성된 내향성과 외향성을 발견하였다. 그는 보다 정교하고 세련된 통계적 방법을 사용하여 성격차원들을 탐구하여, 실험절차에 의해 확인될 수 있는 수많은 검증 가능한 가설을 설정하였다.

i) **성격의 정의** : 아이젠크에 의하면, 성격은 환경에 대한 개인의 독특한 적응에 영향을 미치는 특질(character), 기질(temperament), 지성(intellect) 및 체격(physique) 등의 요소들이 다소 안정되고 영속적으로 조직화된 것이다. 여기서 특질은 주로 의지와 관련되고 기질은 정서와 관련되며, 지성은 지적 능력과 관련되고 체격은 신체적 외형 및 내분비적인 특성과 관련이 된다(Eysenck, 1970). 아이젠크는 이러한 성격은 거의 유전에 의해 결정된다고 주장하였다. 이러한 주장은 뒤에서 논의할 성격의 5요인이론(big five theory)에서도 강조되는 점이다.

ii) **인간관** : 아이젠크는 인간을 생물사회적 존재라고 전제하였다. 그러므로 심리학은 ① 생물학적 접근들인 유전학, 생리학, 신경학, 해부학, 생물화학, 약물학 등과 ② 사회과학적 접근들인 역사학, 사회학, 인류학, 경제학 등의 중간에 위치하는 학문이라고 규정하였다. 아이젠크에 따르면, 많은 심리학자들은 단순히 문헌고찰을 통해서만 인간성에 대한 제안을 했을 뿐이며, 보편적으로 동의할 수 있는 진실에 이르는 방법을 제시하지는 못하였다.

iii) **성격의 구조** : 아이젠크는 전 세계의 각기 다른 피험자집단으로부터 수집된 자료에 대한 요인분석을 바탕으로, 성격의 두 차원을 확인하였다. 성격의 두 차원은 바로 ① 향성(向性)으로서 내향성-외향성, ② 신경증적 경향성으로서 안정성-불안정성이다. 그런데 아이젠크는 이후에 다른 통계기법을 활용하여 ③ 정신병적 경향성으로서 충동성-통제성이라는 세 번째 차원을 추가하였다

(Eysenck, 1982). 그는 이러한 성격의 세 차원을 확인한 후 이를 측정하기 위한 여러 지필검사들을 개발했는데, 가장 최근의 형태는 1975년에 개발된 EPQ (Eysenck Personality Questionnaire)이다.

아이젠크는 성격이 위계적 구조를 이루는 것으로 전제하고 있다. 즉, 위계의 맨 아래에는 특정의 반응들(specific responses)이 위치해 있고, 그 위에는 습관화된 반응들(habitual responses)이 위치하며, 다시 그 위에는 일반화된 특성들(generalized traits)이 위치한다. 그리고 맨 위에는 외향성이나 내향성 등의 특성군인 일반적 차원들(general dimensions)이 위치해 있다는 것이다.

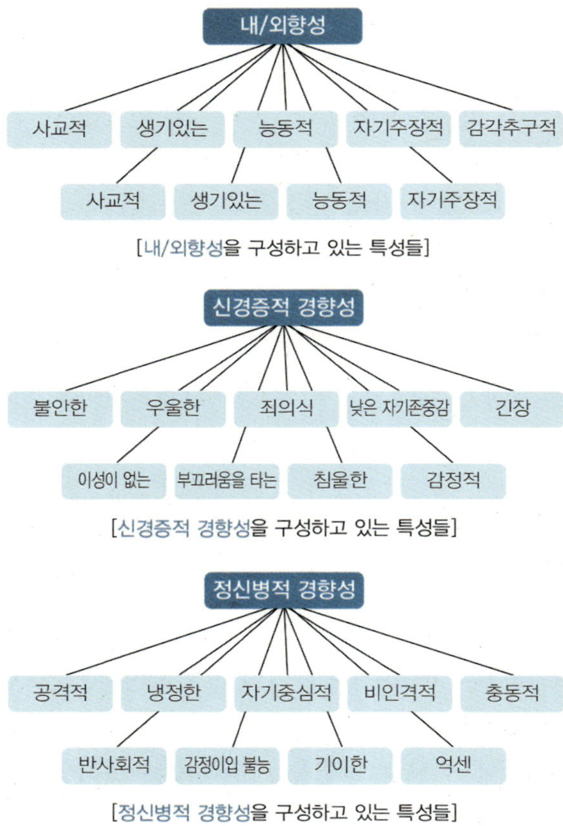

그림 4-53 | 아이젠크(Eysenck)가 주장한 성격구성의 3차원

iv) **4대 체액기질과의 관계** : 아이젠크는 그가 밝힌 성격의 3개 차원 중 2개 차원인 '향성'(向性)과 '신경증적 경향성'은 앞에서 언급한 히포크라테스와 가레누스의 체액기질설에서 주장된 4대 체액기질과 관련이 있다고 보았다. 아이젠

크는 다혈질, 점액질, 흑담즙질, 담즙질 등의 체액기질은 범주(유형)로 구분되는 것이 아니라, 입체적인 특성차원으로 보아야 한다고 주장하였다. 아이젠크의 향성(내향성-외향성)과 신경증적 경향성(안정성-불안정성)의 두 축에 의한 성격특성과 4대 기질을 비교하기 위한 도식을 제시하면 [그림 4-54]와 같다.

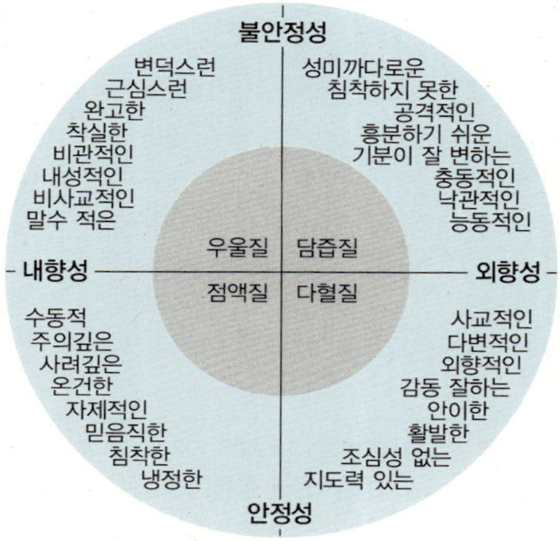

그림 4-54 | 아이젠크의 성격특성과 4대 체액기질과의 비교

자료출처 : 박권생 외 5인 역(2009). 심리학과 삶. p.422.

④ 5요인이론(big five theory)

성격에 대한 특성론적 접근에서는 요인분석을 통해 성격요인(성격차원)의 수를 가능한 한 줄이면서도 문화적으로 보편적인 성격특성군, 즉 초요인(super-factor)들을 밝히려는 시도를 계속해 왔다. 이러한 시도에 의해 나타난 모델이 바로 5요인이론이다.

앞에서 논의한 캐텔과 아이젠크는 유사한 통계적 방법인 요인분석을 통해 나름의 성격특성의 목록을 제시하였다. 그러나 이후의 성격이론가들은 이 두 사람의 이론에 만족하지 않았다. 즉, 캐텔의 이론은 너무 복잡하고 성격요인의 수(16개 요인)가 너무 많다고 여겨졌으며, 아이젠크의 의론은 너무 단순하고 성격요인의 수가 너무 적다고 판단하였다.

성격에 관한 5요인이론의 대표적 학자로는 피스케(Fiske, 1949), 노만(Norman, 1963), 보가타(Borgatta, 1964), 피바디와 골드버그(Peabody & Goldberg, 1989), 디그만(Digman, 1990), 골드버그(Goldberg, 1990) 및 코스타와 맥크래이(Costa

& McCrae, 1985; 1992) 등을 들 수 있는데, 이들이 제안의 성격 5요인을 정리하여 제시하면 [표 4-9]와 같다.

표 4-9 대표적인 학자들이 주장한 성격 5요인

학 자	1요인	2요인	3요인	4요인	5요인
Fiske(1949)	사회적 적응력	순응성	성취의지	정서적 통제	지적 탐구
Norman(1963)	집행력	우호성	성실성	정서성	문화
Borgatta(1964)	주장성	호감	책임성	정서성	지능
Peabody & Goldberg(1989)	권력 (power)	사랑 (love)	일 (work)	정동 (affect)	지성 (intellect)
Digman(1990)	외향성	우호적 순종	성취의지	신경증적 경향	지성
Goldberg(1990) Costa & McCrae (1985, 1992)	개방성	성실성	외향성	우호성	신경증

ONLINE RESOURCES

'성격 5요인'에 관한 자료가 필요할 경우 저자가 운영하는 웹사이트(welfare5.com)의 Online Resources 게시판을 통하여 다운을 받기 바랍니다('교육심리탐구'의 Online Resources 25 자료).

5요인이론의 대표적인 학자인 코스타와 맥크래이(Costa & McCrae, 1992)가 주장한 성격 5요인 및 그 하위변인들을 도식으로 나타내면 [그림 4-55]와 같다.

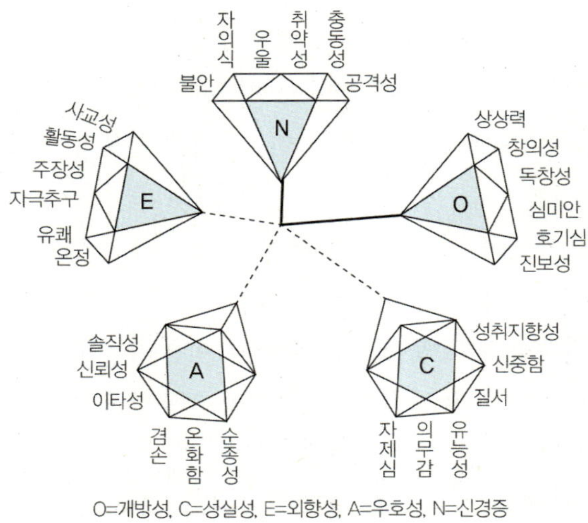

그림 4-55 | 코스타와 맥크래이가 주장한 성격의 5요인

자료출처 : 정옥분(2000). 성인발달의 이해. p.180.

지금까지 살펴본 바와 같이 성격에 대한 특성론적 접근은 다양한 인간의 행동을 설명해 줄 수 있는 기본적인 성격특성들을 규명하려는 데 초점을 둔다. 그러나 이 특성이론은 몇 가지 문제점들을 가지고 있기 때문에 일부의 성격심리학자들로부터 비판을 받아왔다. 즉, 특성이론은 ① 극도로 복잡한 인간을 설명하기에 충분하지 못하며, ② 안정된 성격특성요인이 과연 존재하느냐에 대한 근본적인 의문이 제기된다.

(3) 정신분석학적 접근

성격에 대한 체계적 연구는 19세기 말에서 20세기 초 프로이트(Freud)가 창안한 '정신분석학'의 발달과 함께 시작하였다. 프로이트를 중심축으로 발달한 정신분석학은 이후 보다 확장되거나, 또는 그로부터 이탈하여 인간이해에 도움이 되는 '신정신분석학'으로 발전하게 되었다. 성격에 대한 정신분석학적 접근에는 ① 프로이트의 심리성적 성격발달이론, ② 에릭슨(Erikson)의 심리사회적 성격발달이론, ③ 융(Jung)의 분석심리학적 성격발달이론, ④ 아들러(Adler)의 개인심리학적 성격발달이론, ⑤ 설리반(Sullivan)의 대상관계적 성격발달이론 등이 포함된다.

① 프로이트(Freud)의 심리성적 성격발달이론

대부분의 사람들은 자신을 가장 잘 알고 있는 사람이 바로 자기 자신이라고 생각한다. 그러나 사람들은 때때로 자신도 모르는 행동을 한다. 프로이트(Freud, 1901)는 "우리가 알고 있는 정신의 영역은 빙산의 일각에 불과하다."고 주장하였는데, 이는 각 개인이 알고 있는 정신세계(의식)보다는 알지 못하는 정신세계인 무의식이 훨씬 더 많으며, 이 무의식이 바로 그 개인을 거의 지배하고 있다는 사실을 내포하고 있다. 즉, 나도 모르는 나 자신이 나의 일거수일투족에 영향을 미치고 있다는 설명이다.

인간에 대한 이해의 확장을 위한 노력의 과정에서 두드러진 사건 중의 하나가 바로 프로이트에 의한 '무의식'의 발견이다. 정신분석학은 우리의 삶에 의식보다 무의식이 훨씬 영향을 준다는 입장을 체계화한 이론인데, 특히 정신의학에서는 심리치료라고 하면 거의 정신분석학을 지칭할 정도이다. 정신분석학이 직접·간접적으로 대부분의 상담이나 심리치료의 이론 및 실제에 영향을 미치고 있다는 것은 부정하기 어렵다. 이러한 이유로 우리는 지난 20세기의 위대한 사상가로서 인간 이해의 폭을 넓힌 가장 영향력 있는 인물로 프로이트를 들고 있다. 현재에도 프로이트가 개발한 정신분석기법들은 여전히 인간을 이해하는 데 막대한 영향력을 행사하고 있다. 전신분석에서는 우리가 알고 있는 의식영역과 비교해 볼 때 억압되어 있기 때문에 쉽게 의식화될 수 없는 무의식영역을 보다 강조한다는 점에서 '심층심리학'이라고 불린다. 또한, 쾌락을 추구하는 본능과 현실세계와의 마찰에서 비롯된 불안을 처리하면서 겪는 갈등을 다룬다는 점에서 '갈등심리학'이라고도 한다.

여기에서 먼저 프로이트의 인간관에 대하여 살펴본 다음, 그 기본개념으로서 정신의 구조, 성격의 구성요소, 본능, 불안 등에 관하여 논의하고, 끝으로 성격발달단계에 대하여 살펴보기로 한다.

ⅰ) **인간관** : 프로이트가 인간존재에 대하여 갖는 관점을 크게 세 가지로 구분하여 정리해 보면 다음과 같다.

첫째, 프로이트는 인간을 갈등의 존재로 가정한다. 기독교 정신에 의해 점철된 서양역사에서 엄청난 사건 중의 하나는 제1장(심리학에 대한 이해)에서 언급한 바와 같이 1859년 다윈(Darwin)이 「종의 기원」을 통해 진화론을 주창한 것이다. 프로이트는 인간을 생물학적 존재로 간주하는 당시의 시대정신을 반영하여 정신분석학을 체계화하였다. 그에 따르면, 인간은 선천적으로 삶의 본능인 에로스(eros)를 가지고 태어난다. 그런데 이러한 본능은 쾌락과 만족을 추구하는 데 집착을 하기 때문에 사회현실과 마찰을 빚는 결과를 유발한다. 따라서 인간은 자신의 내적 욕구와 외적 요구 간에 끊임없는 갈등을 한다. 즉, 인간은 본능이 추구하는 쾌락과 현실 간의 갈등과 성격의 3요소인 원아(id, 원초아)·자아(ego)·초자아(superego) 간의 갈등 등을 포함한 수많은 갈등을 끊임없이 겪게 된다는 것이다. 프로이트가 주장한 성격의 3요소는 고대 그리스의 철학자인 플라톤(Platon)이 제안한 서로 갈등을 겪는 정신의 세 가지인 욕구(appetite)·이성(reason)·영혼(spirit)과 유사한 개념이다.

둘째, 프로이트는 인간을 비관론적인 존재로 간주한다. 프로이트는 인간을 '어두운 지하실에서 끊임없이 갈등하는 존재'로 비유하였다. 앞에서 언급한 바와 같이, 인간은 삶의 본능인 에로스를 선천적으로 가지고 태어나기도 하지만, 아울러 그는 죽음의 본능인 타나토스(thanatos)도 선천적으로 가지고 태어난다는 것이다. 이러한 본능으로 인해 인간은 자신을 파괴하는 자해 또는 자살을 할 수도 있으며, 타인이나 사회에 대하여 공격적인 행동을 자행할 수도 있다.

셋째, 프로이트는 인간을 결정론적인 존재(숙명론적 존재)로 간주한다. 개인이 갖고 있는 비이성적인 힘인 본능이나 무의식적 동기가 그의 모든 정신과정(사고)과 행동에 강력한 영향을 미치므로 결국 그의 발달과 삶은 이러한 요인들에 의해 숙명론적으로 결정된다. 개인이 과거(특히, 어린시절)의 성장과정에서 겪게 되는 심리적 충격(폭력, 학대, 인질, 화재, 강도, 강간, 전쟁 등의 참혹한 사건)은 성격적 특성의 형성에 아주 나쁜 영향을 미치게 되며, 이로 인하여 이후 계속적으로 부정적인 심리적 후유증상(정신장애)을 보이게 되는데, 이를 '트라우마'(trauma; 정신적 외상)라고 한다. 이렇게 본다면, 인간은 자신이 결코 통제할 수 없는 내적인 요인(무의식)에 의해 그저 수동적으로 움직이며, 그에 의해 자신의 운명이 결정되는 숙명론적인 존재라고 할 수 있다.

■ 트라우마(trauma)

트라우마(trauma)는 '정신적 외상'을 뜻하는 심리학적(정신의학적) 용어로서, 과거의 성장과정에서 겪었던 심리적 충격이 현재까지 부정적인 영향을 미치는 것을 말한다. 즉, 어린시절에 겪은 특별한 사건이나 충격적 경험(예: 폭력, 학대, 놀림, 배신, 화재, 인질, 강간, 참혹한 사고, 고문, 지진, 해일, 전쟁 등)에 의해 나타나는 심리적 후유증상(정신장애)을 지칭한다.

트라우마는 그리스어의 '다친'(wound, injure)이라는 어원을 가지는데, 의학에서는 외상이라는 뜻으로 사용하나, 심리학(정신의학)에서는 신체적인 상처보다는 심리적인 상처라는 뜻으로 충격적 경험에 의해 나타나는 심리적(정신적) 증상을 의미하는데, 여기에는 그로 인한 이상행동까지 포함되는 것이 일반적이다.

트라우마는 정신적 상처이면서, 동시에 시각적 이미지가 동반되는 경우가 많으며, 이는 지속적으로 재현되는 특징을 갖는다. 그리고 이는 어린 시절의 경험에서 비롯되는 경우가 대부분이므로 모든 사람은 어느 정도의 트라우마를 가지고 있다고 볼 수 있다.

트라우마는 결과적으로 자기 부정, 정체성 상실, 각종 불안증세, 공격적 행동 등으로 나타나기도 하고, 과민반응(hyperarousal), 건망증, 의식 마비, 무관심, 절망, 우울증 등의 증상, 또는 공포감, 악몽, 환상, 환각 등으로 표출되거나 히스테리 증상으로 나타나기도 한다.

트라우마의 유형은 1) '양상'에 따라 ① 연쇄살인과 같은 부정적이면서 공격(폭력)적인 것과 ② 실어증(失語症)과 같이 자폐적이거나 수동적인 것으로, 2) '기간'에 따라 ① 단기적인 것과 ② 장기적인 것으로 구분된다.

ii) **정신의 구조** : 프로이트가 인간을 이해하도록 하는 데 있어 가장 큰 공헌은 정신(마음)의 세 수준을 제시한 것이다. 그는 눈에 보이지 않는 인간의 정신을 일종의 지형적 그림으로 제시하여 가시화하였는데, 그것이 바로 지형학적 모델이다. 이 모델에서는 인간의 정신을 의식(conscious), 전의식(preconscious) 및 무의식(unconscious)으로 구성되어 있다고 전제하였다(Freud, 1915). 이를 바다 위에 떠 있는 빙산으로 비유하여 도식화하면 [그림 4-56]과 같다.

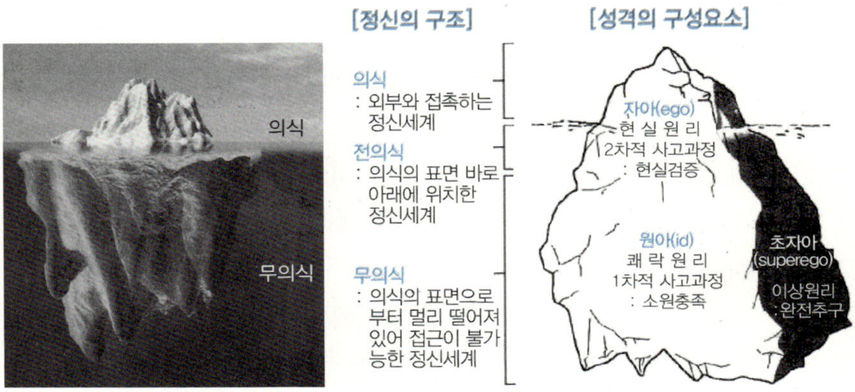

그림 4-56 | 정신의 구조 및 성격의 구성요소

프로이트는 물론 이러한 정신의 세 가지 상태, 즉 마음의 층은 확연히 구분되거나 절대적인 범주로 나눌 수 있는 것으로 보지는 않았다. 즉, 정신의 세 가지 상태의 구분은 의식정도에 따른 것이다. 그러나 분명한 것은 개인의 사고와 감정의 대부분이 의식의 외부(무의식)에서 발동된다고 믿었다.

첫째, 의식이라 불리는 정신세계(외부와 접촉하는 정신세계)는 한 개인이 어느 순간에 인식하고 있는 모든 것(예: 감각, 지각, 경험, 기억 등)을 말한다. 그러나 프로이트는 각 개인이 인식할 수 있는 것은 정신생활의 빙산의 일각에 지나지 않는다고 주장하였다. 따라서 프로이트의 관점에서 보면, 의식은 일시적인 것이며, 규칙(rule)이라기보다는 오히려 예외적인 것으로 인정된다.

둘째, 전의식이라는 정신세계는 의식의 표면 바로 아래에 위치한 정신세계로서, 즉시 인식되지는 않지만, 조금만 노력하면 접근할 수 있는 영역을 말한다. 예를 들어, 지금 당장 중학교 1학년 때의 담임선생님의 성함과 얼굴을 떠올릴 수 없지만, 조금만 집중하여 연상하면 생각해 낼 수 있는데, 이를 전의식이라고 한다.

셋째, 무의식이라는 정신세계는 의식의 표면으로부터 멀리 떨어져 있어 접근이 거의 불가능하다. 이는 억압된 욕구나 본능이 깊이 자리잡고 있는 심층영역으로, 인식할 수 없고 직접적으로 확인할 수 없는 접근 불가능한 창고에 해당한다(Freud, 1966). 이러한 무의식은 인간정신의 대부분을 차지하고 있으면서, 정신과정(사고)과 감정 및 행동을 지배하기 때문에 각 개인을 이해하기 위해서는 절대적으로 그의 무의식을 분석하지 않으면 안 된다.

무의식이 작용하는 증거를 보면, 잘 아는 사람의 이름이나 인상 그리고 생활상의 경험을 잊어버리는 것, 자신의 소유물을 잃어버리는 것, 말 실수(실언)나 잘못 쓴 문장 또는 틀리게 일는 것(誤讀), 행동상의 실수, 신경증적 증상, 꿈 등을 그 예로서 들 수 있다. 특히, 프로이트는 꿈을 '무의식적인 어떤 것을 왜곡하여 나타내는 것'으로 간주하고, 개인의 무의식을 확인하는 하나의 방법으로 꿈의 분석(해석)을 주장하였다.

iii) **성격의 구성요소** : 프로이트는 성격이 원아(id) · 자아(ego) · 초자아(superego)의 세 체계로 구성되어 있다는 구조적 모델을 제안하였다(Freud, 1923). 이러한 성격의 세 부분은 각기 다른 독특한 기능과 속성을 지니고 있어 개인의 행동에 각기 다른 영향을 미치지만, 이들의 상호작용에 의해 개인의 전체 성격 체계가 형성된다. 즉, 성격의 각 체제는 고유의 기능과 특성을 가지고 있으나 서로 밀접하게 관련되어 있으며, 개인의 행동은 이 세 체계 간의 상호작용에 의해서 나타나게 된다.

그림 4-57 | 성격의 3대 구성요소

첫째, 원아(id)는 원초아 또는 원욕이라고도 명명되는데, 이는 태어날 때부터 타고난 것으로 성격의 원형이며 본질적인 체계로서 '본능'(instinct)을 포함하고 있으며, 정신에너지의 저장고라고 할 수 있다. 이는 신체과정들과 직접적으로 접촉할 수 있으며, 생리적 긴장상태에 의해 야기된 본능적 충동은 이 속에 내재되어 있다. 이러한 충동은 개인으로 하여금 그 긴장상태를 감소시키기 위한 특정의 행동(활동)을 하도록 하나, 그것이 여의치 않을 때에는 환상 또는 꿈과 같은 상상에 의해 긴장을 해소시키기도 한다.

원아는 성격의 기초이며, 일생동안 그 기능과 분별력은 개인으로 하여금 유아적인 수준에 머물러 있게 하는데, 이는 외부세계와도 단절되어 있으며, 이성이나 논리, 법칙 또는 가치에 대해 전혀 알지 못하므로 시간이나 경험에 따라서도 변하지 않는다.

원아는 쾌락을 추구하고 고통은 피하는 '쾌락원리'(pleasure principle)에 입각하여 작동하는 것으로, 본능적 충동에 의해 절대적으로 지배되는 성격의 부분이다. 따라서 원아는 단지 신체적 긴장의 감소(해소)와 본능적 충동의 만족(소원충족; wish fulfillment)에 관심을 두고 있다. 원아가 신체적 긴장을 감소시키고 본능적 충동을 만족시켜 줄 수 있는 특정 대상(사람, 물건 또는 관념 등)에 대해 정신적 에너지를 투입하는 것을 대상집중(object cathexis; 대상충당)이라고 한다.

프로이트는 인간의 정신과정인 사고과정을 '1차적 사고과정'과 '2차적 사고과정'으로 구분하였다. 1차적 사고과정은 원아로부터 유래되는 것으로, 신체적 긴장을 감소시키고 본능적 충동을 만족시키는 데 필요한 대상(object)을 표상하는 것을 말한다. 이러한 사고과정은 논리와 시간성이 없고 질서정연 하지 못하며, 객관적 현실을 알지 못하고 본질적으로 이기적이며, 낙천적이고 전지전능한 특성을 가진다. 이는 초기 아동기까지 강하게 나타나는 것이 특징이나, 일생에 걸쳐서 일어난다. 그렇지만 성인기에 강하게 나타나는 1차적 사고과정은 현실을 전혀 고려하지 않고, 긴장경감에 필요한 실제 대상을 대신할 수 있는 가상적인 정신표상을 만들어 내는 소원충족적 사고(예: 심한 갈증을 느낀 사람이 사막에서 오아시스를 보는 신기루 현상)에 몰두하게 됨으로써 현실도피적인 경향성을 보이는데, 이 정도가 지나치면 병리적인 것으로 인정된다.

둘째, 자아(ego)는 외부세계의 직접적인 영향에 의해 수정된 원아의 일부이다. 프로이트에 의하면, 원아는 긴장을 근본적으로 해결하지 못하기 때문에 긴장해소의 효과적인 방편을 마련하기 위해서는 현실을 고려할 수 있는 자아의 형성이 불가피해지게 되어, 결국 심리적 발달이 이루어지게 된다.

자아는 원아의 충동 중에서 비합리적이고 반사회적인 것을 억압하며, 현실적으로 적절한 방법으로 만족을 얻게 하는 성격의 조직적이고 합리적이며 현실지향적 체계라고 할 수 있다. 그렇기 때문에 자아는 '현실원리'(reality principle)에 의해 지배된다고 볼 수 있다. 이러한 자아는 열정을 내포하고 있는 원아와는 달리, 이성과 상식이 통하는 성격부분이다. 자아에 배분된 에너지는 원아에서 유래된 것이긴 하지만, 이 에너지는 원아와 초자아(superego) 사이의 갈등을 조정하고 원아를 통제하는 데 사용된다. 여기에서 자아는 정신에너지가 원아로 흐르는 것을 억제하는데, 이를 자아의 반대집중(anti-cathexis; 반대충당)이라 하며, 본능적 충동을 만족시킬 수 있는 현실적 방안을 마련하기 위한 2차적 사고과정에 에너지를 투입하는 것을 자아집중(ego cathexis; 자아충당)이라고 한다. 원아에 의한 1차적 사고과정은 신체적 긴장의 감소와 본능적 충동의 만족에 필요한 대상의 표상(representation)을 만들어내는 데에만 집중하나, 자아에 의한 2차적 사고는 현실적이고 합리적으로 가능한 대상을 찾는 데 집중한다. 이는 신체적 긴장을 감소시키고 본능적 충동의 만족시키기 위한 합리적이고 현실적인 행동계획을 수립하고 그 실현 가능성을 판단하며 이를 집행하는데, 이를 바로 현실검증(realty testing)이라고 한다. 이러한 현실검증을 통하여 충동을 더욱 잘 지배할 수 있게 되며, 환상과 현실을 구분할 수 있는 능력이 강화된다. 만일 현실검증의 결과, 그 실현 가능성이 확인되지 않으면 다른 해결방안이 발견될 때까지 그 모색은 계속된다. 만약 자아가 합리적으로 신체적 긴장을 감소시키고 본능적 충동을 만족시키지 못하면 원아의 에너지가 다시 작동되어, 소원충족적 사고, 자폐적 사고와 같은 1차적 사고과정이 지배적으로 나타나게 된다.

자아가 발달할수록 원아로의 에너지 역류를 적절히 차단할 수 있지만, 만약 자아의 반대집중(자아집중)이 실패하면 원아의 대상집중이 압도하게 된다. 그 실례로서 평상시에 화를 전혀 내지 않던 사람이 한번 화가 나면 폭발적으로 공격적 본능을 표출하는 경우를 들 수 있다.

셋째, 초자아는 마지막으로 발달하는 성격체계인데, 이는 사회의 전통적 가치와 이상으로 구성되어 있으며, 현실적인 것보다는 이상적인 것, 불완전보다는 완전을 추구하는 속성을 지니고 있다. 그러므로 초자아는 '이상(理想)의 원리'에 의해 지배되는 성격의 부분으로서, 이는 완벽성과 완전성을 추구한다. 이러한 초자아는 성격의 도덕적인 부분으로서 심판자의 역할을 수행하는데, 자아와 함께 작용하여 개인으로 하여금 자신의 행동을 스스로 통제할 수 있게 해 준다.

지금까지 살펴본 프로이트가 주장한 성격의 구성요소들의 의식성 여부와 작용원리 및 특성을 상호 비교하여 제시하면 [표 4-10]과 같다.

표 4-10 원아(id) · 자아(ego) · 초자아(superego) 비교

구성요소	의식성 여부	작용원리	특 성
원아(id) (원초아)	무의식적임	쾌락의 원리	① 성격의 원형(기초)이며, 정신적 에너지의 저장고, ② 충동성(성과 공격 등과 같은 본능적 충동과 열정으로 이루어짐), ③ 즉각성(결과에 관계없이 즉각적인 만족을 추구함), ④ 비합리성(이성 · 논리 · 법칙 · 가치 · 현실 · 시간 · 공간 등이 통하지 않음), ⑤ 지극히 이기적임, ⑥ 외부세계와도 단절되어 있으며, 시간이나 경험에 따라서도 변하지 않음
자아 (ego)	현저하게 의식적임	현실의 원리	① 원아로부터 발달함(외부세계의 영향에 의해 수정된 원아의 일부임), ② 성격의 집행부(원아를 통제하고, 원아와 초자아 간의 갈등을 조정함), ③ 현실지향적임(이성 · 상식 · 논리를 동원하여 현실을 검증하고 적절한 행동을 구사하여 합리적인 문제해결을 주도함), ④ 자아의 기능 : 현실검증(reality testing), 타당한 판단(judgment), 주변세계와 자신의 현실에 대한 지각(sense of reality of the world & of the self), 욕구와 감정 및 충동의 통제 · 조절(regulation & control of drives, affects & impulses), 대상관계(object relation; 對人關係 · 對物關係) 형성, 합리적인 사고과정(thought processes), 자아활동의 적응적 회귀(adaptive regression in the service of the ego), 방어기능(defensive functioning) 발휘, 자극규제(stimulus barrier; 자극통제), 자율적 기능(autonomous function), 통달능력(mastery-competence) 발휘, 종합적 · 통합적 기능(synthetic- integrative function)
초자아 (superego)	의식적 및 무의식적임	이상의 원리	① 부모로부터 내면화(모방)됨, ② 전통적 가치와 이상을 추구함, ③ 현실보다는 완벽과 완전을 추구함, ④ 성격의 도덕적인 부분(양심)으로서 심판자의 역할을 함, ⑤ 자아와 함께 작용하여 행동을 스스로 통제함, ⑥ 만족에 대하여 한계를 지음

iv) **본 능** : 프로이트에 의하면, 인간의 모든 행동은 본능의 지배를 받는데, 이러한 본능은 정신에너지를 발산하는 데 그 목적이 있다. 본능(instinct)은 신체내의 긴장상태에 의해 유발되는 정신적 표상, 즉 소망들(wishes)의 집합체

이기 때문에 인간의 모든 행동은 생리적 기원을 가지고 있다고 할 수 있다.

그런데 본능은 원천, 압력, 목표, 대상이라는 네 가지 요소로 구성되어 있다. 먼저, 본능의 원천(source)은 신체 내의 긴장상태(예: 물이 결핍된 욕구상태)이며, 압력(pressure)은 그 긴장상태를 해소하기 위해 동기화되는 에너지의 강도(예: 물을 섭취하려는 행동의 강도)를 말하는 것으로서, 흔히 추동(drive)이라고도 한다. 그리고 목표(aim)는 그러한 신체적 긴장상태의 해소를 통한 쾌락의 획득(예: 물의 섭취를 통한 욕구만족)이고, 대상(object)은 목표를 성취하기 위하여 활용하는 수단(예: 한 컵의 물)을 말한다(Petri, 1996).

신체적 긴장상태에 의해 만들어지는 정신에너지는 어떤 형태로든 이용 가능한데, 이는 폐쇄체계이기 때문에 그 에너지의 양은 고정되어 있다. 그런데 이러한 정신에너지는 개인의 생리적 욕구, 발달수준, 과거경험, 주변환경 등의 상호작용에 의해 결정된다.

프로이트에 의하면, 인간은 2대 본능으로서 '삶의 본능'(eros; 성적 욕구)과 '죽음의 본능'(thanatos; 공격욕구, 파괴욕구)을 동시에 가지고 있다(Freud, 1920). 인간은 상반된 본능을 동시에 가지고 있기 때문에 자기 자신을 포함한 모든 사람과 대상(사물과 현상)에 대하여 긍정적 감정과 부정적 감정이 복합된 상반감정, 즉 양가감정(兩價感情; ambivalence, 애증의 복합감정)을 갖게 된다. 따라서 개인의 정신에너지가 삶의 본능과 죽음의 본능에 어떠한 비율로 배분되는가에 따라 그가 행하는 행동특성은 달라지게 된다.

먼저, 삶의 본능은 배고픔, 갈증, 성 등과 같이 생존과 번식에 목적을 둔 신체적 욕구의 정신적 표상으로서, 생명을 유지시키고 친밀하고 유쾌한 신체접촉을 갖고, 타인과 사랑을 나누며, 개인의 창조적 발달을 도모하는 본능이다. 프로이트는 그의 초기 이론에서 이러한 삶의 본능 중에서 성적 에너지를 리비도(libido)라고 명명하였으나, 점차 그 개념을 확대하여 삶의 본능 전체를 의미하는 것으로 보았다.

반면, 죽음의 본능은 불변의 무기질상태로 회귀하려는 충동으로서, 여기에는 공격욕구와 파괴욕구 등이 포함된다. 인간은 죽음의 본능을 가지고 있어, 그것이 내부적으로 작용하면 자기 자신을 자학하거나 자살을 시도하며, 외부적으로 작용하면 타인을 괴롭히거나 강도나 살인을 하고 환경을 파괴하는 행동을 보이게 되며, 집단이나 국가차원에서는 잔인한 전쟁을 일으키기도 한다.

그런데 이상의 삶의 본능과 죽음의 본능은 서로 영향을 미치며, 융합되기도 한다. 예를 들어, 음식물을 섭취하는 것은 생명을 위협하는 배고픔을 해결하고자 하는 삶의 본능의 표현이지만, 음식물을 파괴하여 섭취한다는 점에서 보면 죽음의 본능의 표현이기도 하다. 또한, 성행위는 자손의 번식을 목적으로 한 친밀하고 유쾌한 신체적 접촉이면서도, 동시에 공격적인 행동이라는 점에서 삶의 본능과 죽음의 본능이 혼재해 있다고 볼 수 있다. 그런데 이러한 두 가지 본능이 병적으로 결합되게 되면 강간, 가학(sadism) 또는 피가학(masochism)의 행동 등 변태적 행위를 하기도 하며, 그 정도는 약하지만 음란물 집착증이나 관음증 등과 같은 행동을 보이기도 한다.

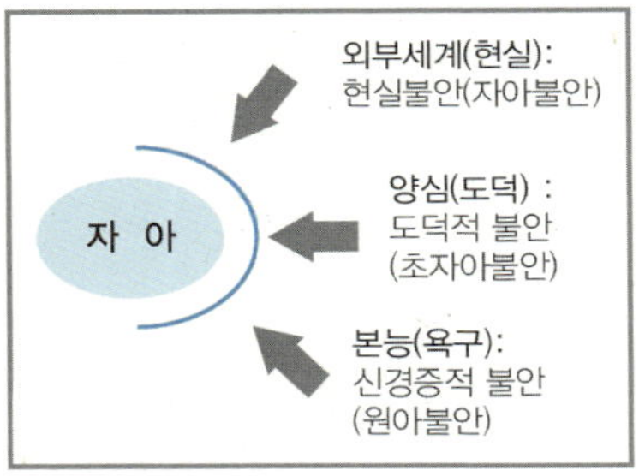

그림 4-58 ❙ 불안의 종류

v) **불 안** : 불안(anxiety)이란 신체의 내부기관에서의 흥분에 의해 생기는 고통스러운 감정의 체험을 말한다. 이러한 불안은 자아(ego)에 위험신호를 보냄으로써 그 위험처리대책을 미리 강구할 수 있도록 하는 기능을 수행한다. 만약 자아가 이러한 불안을 적절하게 해결하지 못하면 신경증이 유발되기도 한다. 불안은 그 원천에 따라 ① 현실불안(자아불안), ② 도덕적 불안(초자아불안), ③ 신경증적 불안(원아불안)으로 구분된다.

첫째, 현실불안(객관적 불안)은 외부세계에 존재하는 현실적인 위험으로 인해 자아가 경험하게 되는 정서를 말한다. 이러한 불안을 자아불안이라고도 부르는데, 예를 들면 시험을 앞두고 있는 학생이 느끼는 시험불안이 이에 해당한다.

둘째, 도덕적 불안은 특정 행동이 자신의 양심이나 도덕적 기준에 도달하지 못한 데 대한 죄책감이나 자기비난 또는 양심의 가책을 경험하는 정서를 말하는데, 이를 초자아불안이라고도 부른다.

셋째, 자신의 본능이나 욕구를 충족함으로써 긴장감소와 만족을 얻기 위하여 실행하게 되는 충동적 행동은 결국 타인이나 사회로부터 처벌을 받게 되는 경우가 많다. 원초적 본능으로서 막대한 힘을 가진 원아에 의해 충동적으로 표출된 행동으로 인해 처벌받지 않을까 하는 무의식적인 두려움을 신경증적 불안(neurotic anxiety), 즉 원아불안이라고 부르는데, 이는 원아충동이 의식으로 표출되어 나올 수 있다는 위협에 대한 반응으로 볼 수 있다.

vi) **방어기제** : 개인은 불안을 극복하고자 하는 시도과정에서 방어기제(자아방어기제)를 사용하게 된다. 프로이트는 불안을 정상적인 인간조건의 한 부분으로 간주하였다. 자아가 현실원리에 의해 작동하지 못하고 불안을 경험하게 될 때 현실을 왜곡하는 무의식적 방어기제가 동원되게 된다. 즉, 부적응상태(욕구불만 또는 갈등)에 빠지게 되면 자아가 위축되거나 손상을 입게 되는데, 이때 그러한 자아를 방어하는 행동(자신의 위치를 튼튼히 유지하고자 하는 행동)을 하게 된다는 것이다.

이러한 방어기제는 자아가 불안에 의해 생성된 위기의식에 의해 압도당하지 않게 해 준다. 방어기제를 적응적으로 잘 활용하게 되면 비교적 건강한 삶을 영위해 나갈 수 있게 된다. 프로이트(Freud, 1894, 1896a)와 그의 딸 안나 프로이트(Anna Freud, 1936, 1937)가 제시한 방어기제 및 이후 학자들이 제안한 방어기제들을 논의하면 다음과 같다(Henderson & Thompson, 2011).

① 보상(compensation)

보상이란 정신적·신체적 부족이나 열등감을 방어하기 위하여 자신의 다른 장점이나 특기를 내세우는 행동을 말한다. 예를 들면 매력이 없는 여자가 화려한 옷을 입는다든지, 공부에 자신이 없는 아이가 운동에 전념하는 것 등이 여기에 해당된다. 그러나 이 보상작용을 지나치게 이용하면 병적인 상태에 이르거나 편협한 성격이 형성되기 쉽다. 또한, 보상의 수단과 방향이 잘못될 때에는 비행이나 범죄로 연결될 수도 있다.

그런데 이러한 보상작용은 주로 개인 내에서 이루어지지만, 개인들 간에도 나타난다. 즉, 부모가 배우지 못해 사회적으로 배척을 받는 경우 자녀를 대학까지 교육을 시킴으로써 자신의 처지에 대하여 보상받고자 한다. 또한, 이러한 보상은 배우자를 선택할 때도 나타나게 된다.

② 합리화(rationalization)

합리화란 어떤 행동이 억압되거나 실패를 했을 때 사회적으로 용납할 수 있는 이유(핑계)를 들어 그 상황을 해명함으로써 위축된 자아를 보호하는 것을 말한다. 그런데 이는 '신포도(sour grapes) 기제'와 '달콤한 레몬(sweet lemon) 기제'로 구분된다.

먼저, '신포도 기제'는 이솝우화에 나오는 「여우와 포도」의 이야기에서 유래된 것으로, 자신이 바라던 것을 얻지 못했을 때 그것의 가치나 중요성을 깎아 내림으로써 마음의 위안을 얻는 것을 말한다. 예를 들면, 대학에 낙방한 학생이 대학졸업을 해도 취업이 어렵다고 주장하면서 대학의 가치를 낮게 평가하는 것을 말한다.

그리고 '달콤한 레몬 기제'는 자신이 인정하고 싶지 않은 일이나 상황을 마지못해 받아들여야 할 때 그것이 마치 자기가 바라던 것인 것처럼 미화(정당화)시키는 것을 말한다. 예를 들면, 남편의 수입이 적어서 불만인 여자가 수입이 많은 남자는 대개 바람이 나고 탈선하니, 차라리 수입은 적지만 착실한 자신의 남편이 낫다고 자위하는 것을 말한다.

③ 투사(projection)

투사란 자기 자신의 결점이나 무능의 원인을 다른 사람이나 사물 또는 현상에 전가시키거나, 다른 사람도 그러한 결점이 있다고 주장함으로써 위축된 자아를 방어(옹호)하는 것을 말한다. 즉, 사회적으로 인정받을 수 없는 자신의 행동과 생각을 외적 요인으로 전가시키는 것을 말한다. "내가 그를 미워한다"고 하는 대신에 "그가 나를 미워한다"고 한다든가, 낙제한 학생이 "시험문제가 엉터리였기 때문이다"라고 말하는 것 등이다. 이것은 원아(id)에서 나오는 적의를 남에게 돌리고, 양심에서 나오는 괴로움을 남에게 돌리는 것이다.

④ 동일시(identification)

원래 동일시는 개인이 자기가 공감하거나 존경하는 사람처럼 되기를 바라는 심리적 상태를 말한다. 이는 자기 자신보다 강하거나 우월한 타인의 특성을 자기 것으로 내면화함으로써 자신의 단점이나 나약함을 은폐하려는 과정으로 나타나게 된다. 따라서 동일시는 다른 사람의 특성을 끌어내어 자기 자신의 인격(personality) 속으로 잠입시켜 이것을 자기화 하는 것을 말한다.

이러한 동일시에는 네 가지의 경우가 있다. 첫째, 나르시시즘적 동일시(narcissistic identification)는 자신과 비슷한 특징을 지니고 있는 사람과 동일시하려고 하는 경향이다. 이것은 성격뿐만 아니라 물건에 대해서도 일어나는데, 자기와 똑같은 물건을 남이 가지고 있을 때도 이러한 것을 느낀다. 둘째, 욕구불만과 불안에서 오는 동일시로, 이것은 유명해질 수 없는 사람이 유명한 사람과 교류하는 것만으로도 만족을 얻는 것과 같다. 이러한 동일시는 그 사람 전체에 동일시하려고 하는 것이 아니라 특정한 것에 한하지만, 때로는 일반화(generalization)되는 경향도 있다. 셋째, 목표상실적 동일시(objective-loss identification)로, 부모의 사랑을 받지 못한 아이가 부모가 바라는 행동을 취함으로써 사랑을 회복해 보려고 할 때 나타난다. 이때 아이는 부모들이 그렇게 되기를 원하는 방향으로 행동하여 사랑받지 못하는 현재의 자기를 사랑받는 자기와 동일시하는 것이다. 넷째, 권위 있는 존재에 대한 동일시로서, 이것은 권위있는 사람을 동일시함으로써 자신의 무능함이나 나약함으로부터 벗어나려고 하는 경우이다.

⑤ 승화(sublimation)

승화란 억압당한 욕구나 자신의 실패를 방어하기 위해 사회문화적으로 가치있는 방향으로 노력함으로써 마음의 위안을 얻는 것을 말한다. 즉, 자신의 곤란을 극복하고 정신적 갈등을 해결하며 긴장을 해소시키는 방법으로 보다 고귀하고 가치 있는 생산적인 활동에 헌신하는 것이다. 예를 들면, 주먹대장이 목사가 된다든가, 자녀를 갖지 못한 여자가 고아원의 보모가 되어 헌신적으로 아이들을 돌보는 것 등이다.

⑥ 반동형성(reaction formation)

반동형성은 사회적으로 용납될 수 없는, 또는 수치스러운 욕망이나 경향성이 의식이나 행동으로 나타나는 것을 방지하기 위하여, 또는 남에게 발각되지 않도록 하기 위하여 그러한 욕망 또는 경향성과는 반대되는 태도나 행동을 취하는 것을 말한다. 예를 들면, 계모가 전처 자식을 대단히 증오하면서도 사랑하는 척하는 경우, 또는 부당한 방법으로 치부한 사람이 겉으로 양심, 도덕, 애국을 강조하는 것 등이 여기에 해당된다.

⑦ 대치(치환; substitution)

대치는 어떤 대상에게 향했던 태도, 요구, 공격적 행동 등을 다른 대상으로 옮기는 기제인데, 여기에는 '증오(공격)의 대치'와 '애정의 대치'가 포함된다. 먼저, 증오의 대치는 교사로부터 꾸중을 들은 학생이 그 울분을 동생에게 푸는 경우이며, 애정의 대치는 어머니를 잃은 아동이 애정의 감정을 여교사에게 옮겨서 애착하는 경우이다.

⑧ 전치(displacement)

전치는 실제로 있는 어떤 대상에 향했던 감정 그대로를 다른 대상에 표현하는 것을 말한다. 예를 들면, 자기의 도덕적 타락에 대해 강한 무의식적인 죄책감을 느끼는 사람이 하루에도 몇 번씩 옷을 갈아입으며, 수십 번씩 손을 씻고 시내버스 손잡이도 장갑을 끼어야 잡는 경우 등이 전치에 해당된다.

이러한 전치는 앞서 언급한 '대치'와 유사한 개념이지만, 대치는 대체물이 되는 대상 자체에 중점이 주어지는 반면, 전치는 대상에 대한 감정 자체에 강조점이 주어진다.

⑨ 고립(isolation)

고립이란 자신이 열등감을 느끼거나 자신감이 없는 경우 다른 사람과의 접촉을 피해서 자기의 내적 세계로 들어가 현실의 불만족으로부터 피하려고 하는 기제이다. 예를 들면, 대학시험에 실패한 학생이 자기 방에서 나오지 않음으로써 남과 마주치는 것을 피하거나, 대학을 졸업했는 데도 취업을 하지 못한 사람이 동창회 모임에 나가지 않는 것 등이 여기에 해당된다.

⑩ 퇴행(regression)

퇴행이란 욕구충족과정에서 현실에 대처할 능력이 없다고 생각되거나, 자신이 없을 때 어린 유아적인 행동양식으로 되돌아가는 것을 말한다. 이것은 고착과 구별된다. 고착은 유아가 특정 발달단계에 머무는 상태, 즉 새로운 행동을 획득하지 못하고 이전의 발달단계의 행동에 고정되는 반응양식을 의미하나, 퇴행은 생의 초기에 성공적으로 사용했던 생각이나 감정 또는 행동에 의지하여 자기 자신의 불안이나 위협을 해소하려는 과정이다. 퇴행의 예를 들면, 딸이 아버지에게서 용돈을 탈 때 어리광을 부리거나, 동생이 출생하게 되어 부모의 관심과 사랑이 그 동생에게 집중될 때 부모의 사랑을 되찾기 위해서 유치한 행동을 하는 것이 여기에 해당된다.

⑪ 억압(repression)

억압이란 자기의 욕구가 쉽게 달성될 수 없을 때 그러한 욕구를 의식세계에서 무의식세계로 돌림으로써 열등감이나 불안 또는 긴장을 해소하는 기제이다. 이러한 억압을 통하여 고통스럽거나 위협적인 충동, 감정, 소원, 환상, 기억 등이 무의식 속으로 추방됨으로써 의식화가 차단된다. 특히, 죄책감이나 수치심 또는 자존심을 상하게 하는 경험일수록 억압되기 쉬운데, 그 전형적인 예가 기억상실이며, 하기 싫고 귀찮은 과제나 일을 깜박 잊어버리는 경우도 이에 해당된다. 예를 들면, 싫은 사람과의 약속 날짜를 망각한다든가, 나이가 많아지는 것이 싫기 때문에 자신의 나이를 정확하게 기억하지 못하는 것 등이 이에 해당한다. 그러나 억압된 욕구나 충동은 사회적이든 개인적이든 용납이 되지 않기 때문에 겉으로 나타나지 않을 뿐 그 에너지가 완전히 없어진 것은 아니다.

⑫ 억제(suppression)

억제는 '억압'과 유사한 방어기제로, 이는 받아들이고 싶지 않은 욕구나 기억을 의식적으로 잊으려고 노력하는 것을 말한다. 예를 들면, 실연이나 창피를 당한 기억들을 머리에서 지우려 하는 경우는 억압이 아닌 억제라고 할 수 있다.

⑬ 백일몽(day dream)

백일몽이란 현실적으로 도저히 충족할 수 없는 욕구나 소원을 상상의 세계에서 그에 대한 만족을 얻으려고 하는 행동을 말한다. 이것은 누구나 이용하는 수단으로 일종의 정신적·정서적 휴식이다. 예를 들면, 대학시험에 실패한 학생이 마치 그 대학에 합격한 것처럼 상상하면서 앞으로의 대학생활을 마음속으로 설계하는 것을 말한다.

⑭ 이지화(理知化; intellectualization; 지성화, 주지화)

이지화는 스트레스나 욕구불만을 주는 상황을 이성적 또는 객관적으로 대함으로써 그 상황과 거리를 두는 것을 말한다. 흔히 이런 종류의 기제는 일상생활 중에서 생사의 문제를 다루는 사람들에게서 많이 나타난다. 예를 들면, 늘 고통에 찬 환자들과 접촉하는 의사는 그들이 지닌 불안이나 공포 등의 감정을 같이 할 수 없다. 실제로 의사들은 질병 또는 죽음에 대한 두려움을 떨쳐버리고 자기 일을 제대로 수행하기 위해서는 어느 정도의 거리를 두고 그 환자와 질병상태에 대한 감정이나 태도는 억제하면서 그것을 연구의 대상이나 학문적으로만 대하려고 한다.

⑮ 부인(부정; denial)

부인은 특정의 외적 현실(현상이나 사건)에 직면하기가 너무 불쾌하거나 통제 또는 극복이 전혀 불가능하게 될 때 그것을 인정하지 않는 것을 말한다. 예를 들면, 심한 질병으로 어쩔 수 없이 죽게 될 아이를 가진 부모가 그 아이의 질병을 잘 알고 있고 또, 그 결과를 예견할 수 있음에도 불구하고 전혀 심각하지 않다고 주장하면서, 그 심각성을 부인하는 것을 말한다. 이 부모는 현실을 인정함에서 오는 고통을 참아낼 수 없기 때문에 부인이라는 기제에 의존하는 것이다.

⑯ 상징화(symbolization)

상징화는 어떤 사람이나 사물에 부여된 감정적 가치를 어떤 상징적 표상으로 바꾸어 나타내는 것을 말한다. 이러한 상징화에 사용되는 대상이나 주제는 사회적인 금기로 규정된 경우가 많으며, 원래의 대상을 중립적인 대상으로 바꾸어 표상하는 경우가 많다. 꿈이나 공상 또는 신화 등은 상징화의 가장 흔한 예가 되는데, 남근(penis)은 길게 팽창하는 사물이나 뱀으로 상징화되며, 아이를 낳고 싶은 강렬한 소망을 지닌 여인은 꿈에서 달걀이나 새알을 보기도 한다.

⑰ 분리(isolation; 격리)

분리는 고통스러운 생각이나 기억을 그에 수반된 감정상태와 분리시키는 것을 말한다. 이렇게 되면 고통스러웠던 사실 자체는 기억하지만, 감정과 정서는 억압됨으로써 그것을 인식하지 못하게 된다. 이러한 방어기제는 강박장애에서 흔히 나타난다. 분리의 예로는 아버지의 죽음에 대해 슬픈 감정을 차단하는 청년의 경우를 들 수 있다. 그러나 그 청년이 아버지를 연상시키는 권위적인 남자 주인공이 죽는 영화를 볼 때 비통하게 우는 행동을 보일 수 있다.

⑱ 해리(dissociation)

해리는 마음을 편하지 않게 하는 성격의 일부가 그 사람의 의식적 지배로부터 벗어나 마치 하나의 다른 독립된 성격인 것처럼 작용하는 것을 말한다. 즉, 성격의 부분들 간에 의사소통이 잘 이뤄지지 않을 때 괴롭고 갈등을 느끼는 성격의 일부분이 다른 부분과 분리되는 것을 말한다. 이는 억압 및 부인(부정)과 유사한 기제이나, 자신의 주요성격특성과 부합되지 않는 행동, 태도, 욕망 등을 의식적 자각으로부터 배제시키는 것이 특징이다. 그 예로서는 이중인격(다중인격), 몽유병, 잠꼬대, 건망증 등을 들 수 있다.

⑲ 저항(resistance)

저항이란 억압된 감정이 의식화되는 것을 방해하는 것을 말하는데, 그 이유는 억압된 감정이 의식화되면 너무 고통스럽기 때문이다. 이럴 경우 대개가 '기억이 없다'는 답변을 하는 경우가 많다. 프로이트가 저항에 대한 개념을 체계화할 수 있었던 것은 자유연상과정에서 억압된 내용을 상기시킬 때 흔히 부딪히게 되는 연상의 단절, 당혹, 침묵, 불안 등의 관찰을 통해서이다. 무의식의 내용을 의식화할 때 심층수준에서 이러한 의식화를 방해하는 방어기제가 바로 저항이다.

⑳ 내사(introjection; 내면화, 함입)

내사는 외부대상에 대한 태도나 감정을 자기 내면의 자아체계로 받아들이는 것을 말하는데, 특히 애증과 같은 강한 감정을 직접적으로 표현하는 것을 피하기 위하여 다른 사람을 자기로 간주하는 경우가 이에 해당된다. 외부 대상에 대한 적대적이고 부정적인 감정을 자신에게로 지향시키기 때문에 우울증에서 흔히 발견된다. 예를 들어, 어머니를 미워하는 감정을 수용할 수 없기 때문에 자기 자신을 미워하는 것으로 대치하는 것으로, 앞서 언급한 '투사'와 반대되는 기제라고 할 수 있다.

㉑ 원상복귀(undoing; 취소)

원상복귀는 무의식에서 어떤 대상에 대해 품고 있는 자신의 성적(性的)이거나 적대적인 욕구로 인해 그가 당했을 것이라고 생각되는 피해를 원래 상태로 되돌려 놓는 것을 말한다. 이러한 원상복귀의 기제는 굿과 같은 의식(ritual)에서 주로 활용된다.

㉒ 전환(conversion)

전환이란 외부상황이나 자극에 의한 심리적 갈등이나 불안 등으로 인하여 감각기관이나 수의근계통의 신체부위에 마비나 통증 등이 나타나는 것을 말한다. 그 예로는 글을 쓰는 데 갈등을 느끼는 소설가에게 원고를 쓰는 오른팔에 마비가 오거나, 군대에 입대하기 싫어하는 사람이 입영통지서를 받고서 시각장애를 경험하는 경우를 들 수 있다.

㉓ 신체화(somatization)

신체화는 '운동성 히스테리'라고도 명명하는데, 이는 외부상황이나 자극에 의한 심리적 갈등이나 불안 등으로 인하여 감각기관과 수의근계통을 제외한 기타 신체부위에 마비나 통증 등이 나타나는 것을 말한다. 예를 들면, 사촌이 땅을 사면 배가 아픈 경우이다.

㉔ **역전(reversion)**

역전은 감정이나 태도 또는 관계를 반대로 나타내는 것을 말한다. 예로는 어떤 딸이 극도로 수동적이며 무기력한 어머니에게 무의식적으로 반항하면서, 유능한 여성으로 성장한 자신의 성공에 대해 죄책감과 불안을 경험하는 경우를 들 수 있다.

㉕ **공격(aggression)**

공격은 욕구불만의 원인이 되는 사람이나 사물에 대해서 공격적인 태도나 행동을 취함으로써 긴장을 해소하려고 하는 기제이다. 즉, 욕구불만의 대상이나 그것을 유발시킨 사람이나 사물에 대하여 공격적인 태도나 행동을 취하는 것을 말한다. 공격은 자기 자신에 향하기도 하는데, 심하면 자살하는 경우도 있다. 직접적인 공격기제는 폭력이나 폭행, 싸움 등의 행동으로 나타나며, 간접적인 공격기제는 조소, 비난, 폭언 등의 행동으로 나타난다.

vii) **성격발달단계** : 프로이트는 그의 초기이론에서 성적 본능의 에너지를 리비도(libido)라고 명명하였다. 이러한 리비도는 일생을 통하여 정해진 일정한 순서에 따라 상이한 신체부위에 집중하게 되는데, 이 신체부위를 성감대(erogenous zone)라고 한다. 프로이트는 이러한 성감대의 연령적 변화에 따라 성격발달을 다섯 단계로 나누어 논의하였다(Freud, 1916; 1933).

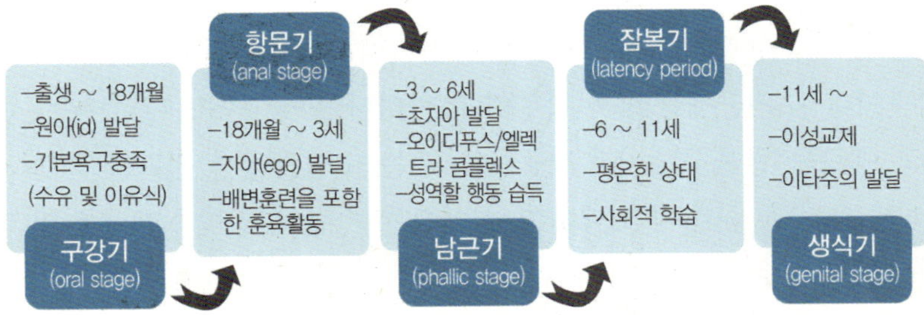

그림 4-59 | **프로이트(Freud)가 주장한 성격발달의 다섯 단계**

제1단계 구강기(oral stage; 구순기) : 이 시기는 태어나서부터 약 1년 6개월까지를 말하는데, 이 때 쾌감(즐거움)을 추구하는 신체부위는 구강주위이다. 따라서 쾌감의 근원은 빨기, 깨물기, 삼키기 등이며, 성격의 3대 구성요소 중 '원아'(id ; 원초아)의 특성만을 가지는 시기이다. 이러한 구강기는 다시 초기 구강기(출생 후 약 8개월까지)와 후기 구강기(약8개월~18개월까지)로 세분되는데, 초기 구강기를 '구강동조적 단계'라고 하며, 후기 구강기를 '구강공격적 단계'라고 명명한다.

먼저, 유아는 초기 구강기인 출생 후 8개월까지 구강주변(입, 혀, 입술 등)에 의한 빠는 행동을 통하여 즐거움을 얻게 되는데, 이를 '구강동조적 단계'(구강적 빨기 단계)라고 한다. 이때 유아는 생존에 필요한 영양분을 섭취하기 위해 엄마의 젖이나 인공우유를 빨아 먹는 데에서 즐거움을 느끼기도 하지만, 빠는 행동 자체가 즐거움을 주기 때문에 배가 고프지 않아도 모조 젖꼭지(pacifier)나 자신의 신체 일부(손가락이나 발가락)를 빨게 된다. 이러한 쾌락의 추구를 프로이트는 자애적(autoerotic) 행위(자신의 신체 일부를 통하여 만족을 얻음)라고 명명하였는데, 이는 1차적 나르시시즘(primary narcissism)과 일맥상통한다. 물론, 이러한 자애적 행위는 구강기에만 나타나는 것이 아니라 남근기(성기기) 이후에 나타나는 수음행위(자위행위) 등도 이와 관련이 있다. 한편, 아이들은 그 자체로서 존재하는 사람이나 사물에 대한 개념을 갖고 있지 못하는데, 이를 '대상부재'(objectless)라고 한다. 그리고 유아는 자신에게 만족이나 즐거움을 주는 인물이나 대상에 대하여 점차 애착(집착)을 보이게 된다. 특히, 이 시기에 무엇보다도 중요한 것은 부모가 유아로 하여금 그러한 만족을 적당히 경험할 수 있도록 해 줌으로써 '안정적 애착'을 형성하도록 도와주어야 한다는 점이다.

이어, 유아는 후기 구강기인 생후 8개월 이후가 되면 치아가 나면서부터 깨물기를 통하여 즐거움을 추구하고, 때에 따라서는 좌절감을 경험할 때 깨물고 싶은 충동을 느끼기도 하는데, 이 단계는 약 18개월까지 계속되며, '구강공격적 단계'(구강적 깨물기 단계)라고 불린다. 유아는 구강에 닿는 것을 빨음으로써 수동적으로 쾌감을 느끼던 이전의 방식에서 벗어나, 치아를 이용하여 고체 음식을 깨물어 씹어 자신이 충분히 소화할 수 있게 한 다음, 그것을 삼키면서 쾌감을 느끼게 되는데, 이 때 만족을 주는 대상을 적극적으로 추구한다. 이러한 과정에서 공격성이 적당히 발달하게 된다. 한편, 유아는 자신에게 필요한 존재로서의 타인(특히, 어머니)이 자신과 분리된 존재라는 것을 인식하면서, 어머니에 대한 대상의 개념을 발달시키기 시작하기 때문에 어머니가 자신의 곁을 떠나거나 어머니 대신 낯선 사람을 접하게 되면 불안을 느끼게 되는데, 이를 분리불안(separation anxiety) 또는 이별불안이라고 한다.

구강기의 유아는 자신의 입, 입술, 혀, 치아의 자극을 어머니상(mother figure)과 연관시키게 되는데, 구강동조적 행동(즐거운 생각과 감정, 대상의 수용 등)과 구강공격적 행동(깨물기와 같은 원초적 공격 등)을 처음으로 받아주는 대상으로서 어머니와 아버지를 인식하게 됨으로써 '대상부재'로부터 '대상관계'(object relation)를 형성하게 된다. 그리고 구강기에 유아의 욕구를 적절히 충족시켜주면 그는 개별화(주체화, 개성화), 분리(자립, 자율성), 대상관계(건강한 대인·대물관계 형성)와 같은 발달과업을 원만하게 성취하게 된다. 따라서 구강적 욕구를 적절하게 충족한 유아는 이후 어머니와 아버지를 포함한 주위 타인들과 쉽게 친밀하고 신뢰로운 관계를 형성할 수 있으며, 공격성을 보이거나 탐욕적인 행동 또는 이기적인 행동을 하지 않는다.

프로이트에 의하면, 성격발달의 각 단계마다 추구하는 만족을 적절하게 충족해야만 다음 단계로의 발달로 이행된다. 즉, 충분한 만족을 얻지 못해 욕구불만이 생기는 '과소충족'이나, 지나친 만족으로 인한 '과잉충족'은 유아로 하여금 쾌감추구에 지나치게 탐닉(몰두)하게 함으로써 다음 발달단계로의 이행을 방해하여, 그 시기에 계속 머무르게 하는 고착(固着; fixation)의 상태에 빠지게 된다. 이러한 고착현상은 나이의 변화에도 불구하고 이전 발달단계의 성격적 특성을 그대로 유지하게 한다. 만일 수유시간을 너무 엄격히 통제하거나 강압적인 인공수유를 하게 되면 욕구불만을 느끼고 피부접촉을 통한 위안(skinship; 접촉위안)이 이루어지지 못하게 되면 먹기를 거부하는 등의 구강적 분노를 보이기도 한다. 적절한 시기에 이유를 시키지 않고 젖을 계속 먹이게 될 경우에도 문제행동이 나타나게 된다.

표 4-11 '모유수유'에 대한 어머니와 아이의 관점에서의 장·단점

기준	어 머 니	아 기
장점	① 수유활동은 산모의 유방을 자극하고, 자궁의 수축을 도와주어 비 임심 시 상태로의 복귀를 촉진한다. ② 수유활동은 유선에서 분비되는 유즙이 쉽게 제거되어 유방의 통증을 경감시켜 준다. ③ 영양공급에 시간이 절약되고 경제적이다. ④ 모유수유는 타인이 줄 수 없는 것을 아기에게 제공한다는 모성애적 행복과 만족감을 얻게 한다.	① 모유는 인공수유에 비해 질병감염의 가능성을 감소시켜 준다. ② 모유는 어떤 인공식이보다도 아이에게 적합하고, 건강에 이로운 성분을 함유하고 있다. ③ 모유는 소화장애나 변비증을 초래하지 않는다. ④ 모유를 섭취하기 위하여 아기의 강하게 빠는 행동은 아기의 안면 하단부를 발달시킨다.

기준	어 머 니	아 기
장점	⑤ 아기와의 밀착된 관계를 통한 긍정적인 모성관 형성과 자연스러운 애정관계 형성에 도움이 된다.	⑤ 어머니와의 따뜻한 접촉위안(skin-ship)을 통하여 안정적인 애착관계를 형성하는 데 도움이 된다.
단점	① 모유수유는 어머니를 집에 더 매이게 한다. ② 모유수유는 어머니를 지치고 짜증스럽게 한다. ③ 모유수유는 때로는 일시적인 체중증가를 초래한다. ④ 수유동안 유방을 적절히 지지하지 않으면 후에 처질 가능성이 높다. ⑤ 주위 친구들 중 자신만이 모유수유를 할 경우 자신이 시대에 뒤떨어진 사람이라는 느낌을 갖기 쉽다. ⑥ 의무감에 의해서 모유수유를 할 경우 어머니와 아기 모두에게 심리적인 손상을 줄 수 있다. ⑦ 남편이 때로는 부인이 모유수유로 인해 지치는 것에 분개하고, 부인과 아기가 밀접한 관계를 갖는 것에 대해 질투를 느낄 수 있다.	① 모유수유는 시간이 불규칙적이어서 때로는 아기의 요구에 적합하지 않을 수 있다. ② 어머니의 정서적 긴장이 젖의 양과 질에 영향을 미치며, 이로 인해 아기의 요구에 적합하지 않을 수 있다. ③ 모유수유는 어머니가 먹여주는 데 습관이 되어서 타인이 보충식이를 제공할 때 적응하기 힘들 수 있다.

[바람직하지 않은 성격유형]

- 소극적인 구강기적 성격 : 구강동조적 단계에서 과소충족이나 과잉충족을 경험하여 고착되면 '소극적인 구강기적 성격'을 갖게 된다. 예를 들면, 성인이 되었을 때 세상일에 대해 매우 낙관적이며, 타인을 지나치게 믿고 의존한다. 이러한 사람은 대체로 수동적이며, 미숙하고 안정감이 없으며, 남에게 잘 속는다. 그리고 아동기 이후에도 입술이나 손가락을 빠는 행동을 보이며, 애정요구적이거나 어린 아이 같은 모습을 보이고 지나치게 순종적이며, 수다스러운 행동이나 과음 또는 과도한 흡연을 하게 된다.
- 적극적인 구강기적 성격 : 구강공격적 단계에 고착되면 '적극적인 구강기적 성격'을 갖게 된다. 예를 들면, 지나치게 논쟁적이고 비판적이며, 상대방을 비꼬거나 남의 아픈 부분(약점)을 꼬집어 내어 감정을 상하게 하고, 자신에게 필요할 때 타인을 이용하거나 지배한다. 또, 모든 것을 희생해서라도 타인의 인정을 받으려고 하며, 애정을 얻기 위해서도 공격적인 방법을 사용한다. 그리고 기분이 언짢은 경우 무엇이든 먹거나 껌을 모질게

쉽고, 평소에도 과식 등의 행동을 보인다.

제2단계 항문기(anal stage) : 생후 약 1년 6개월경부터 3세까지에는 즐거움을 추구하는 신체부위(성감대)가 구강영역에서 항문영역으로 옮겨가기 때문에 항문기라고 부른다. 이때는 성격의 구성요소 중 '자아'(ego)가 발달하게 된다. 항문기에는 신경계의 발달로 괄약근을 수의적으로 조절할 수 있기 때문에 어느 정도 자신이 원하는 바대로 배변이나 배뇨를 조절할 수 있게 되며, 배설물을 배출하거나 보유하는 데서 쾌감(즐거움)을 얻는다. 즉, 배변과 배뇨를 배출하기 위해 괄약근을 이완시킴으로써 쾌감을 느끼고, 또 배변과 배뇨를 일정시간동안 보유하기 위해 괄약근을 수축시킴으로써 쾌감을 느끼게 된다.

만약 유아가 항문기 전반에 배설물을 배출하는 데 지나치게 집착(탐닉)하게 되면 후에 '배출적 성격'(배설적 성격)을 갖게 되어, 자신의 생각이나 행동을 심하게 표현하는 등 난폭하고 파괴적이며 잔인하고, 낭비벽이 심한 성격을 갖기 쉽다. 반면, 만약 유아가 항문기 후반에 배설물을 보유하는 데 지나치게 집착하게 되면 후에 '보유적 성격'을 갖게 되어, 자신의 생각이나 행동을 제대로 나타내지 못하는 등 자기표현을 제대로 하지 못하고, 사물을 수집하는 데 지나치게 집착하거나 수전노와 같은 인색함을 갖기 쉽다.

이 시기는 앞에서 언급한 바와 같은 발달적 특징을 갖기 때문에 부모에 의한 적절한 배변훈련(toilet training)을 포함한 훈육활동이 이루어져야 하는 결정적인 시기이다. 이러한 훈육을 통하여 유아는 처음으로 그의 본능적 충동을 외부로부터 통제받는 경험을 하게 된다. 배변훈련을 예로 들어보면, 유아는 부모로부터 자신의 쾌감을 연기하는 훈련을 받게 되는데, 이 과정에서 유아 자신의 요구(욕구, 소망, 주장)와 부모의 요구(사회의 요구; 사회규범, 질서)가 대립되는데, 여기에서는 두 요구 간의 조화가 매우 중요하다. 이는 개인과 사회(타인, 세상) 간의 갈등을 원만하게 해결하는 시초가 된다.

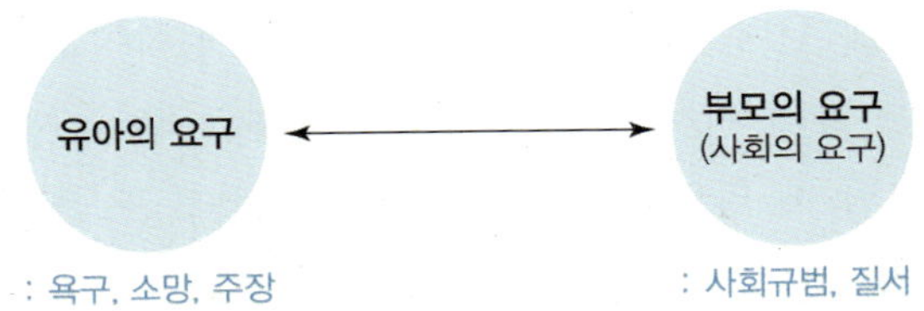

그림 4-60 ▎ '유아의 요구'와 '부모의 요구' 간의 대립양상

따라서 배변훈련을 포함한 부모의 훈육활동에서 유아의 능력(competence)이나 의지(will)를 침해하지 않는 범위 내에서 적절한 통제가 이루어지게 되면 그는 부모를 포함한 타인의 요구를 수용하고, 사회규범도 자연스럽게 내재화하게 된다. 배변훈련 등의 훈육이 잘 이루어져 부모와 유아 사이의 요구가 원만하게 해결되게 되면 유아는 이후 부모를 포함한 타인과의 관계, 즉 자신과 사회의 상호관계를 잘 정립하여 원만한 대인관계를 이루게 될 뿐만 아니라 그의 생산성과 창의성의 발달도 이루어지고, 관용·자선·박애적인 성향도 발달하게 된다.

부모의 훈육활동에서 유아의 요구나 주장에 지나치게 무관심하거나 무시하면서 자신의 요구나 주장만를 지나치게 강요하게 되면 유아는 '항문기적 강박성격'을 형성할 가능성이 높고, 반면 자신의 욕구나 주장을 제시하지 않은 채 그저 유아의 요구나 주장만을 지나치게 허용하게 되면 유아는 '항문기적 폭발성격'을 형성할 가능성이 매우 높다. 이에 대한 이해를 돕기 위해 도식화하면 [그림 4-61]과 같다.

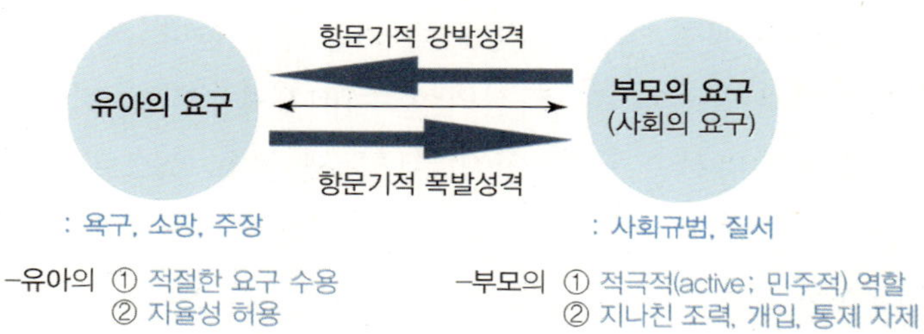

그림 4-61 ❙ 유아-부모 요구 간 부조화(갈등)에 의한 성격형성유형과 부모의 적절한 자세

[바람직하지 않은 성격유형]

- 항문기적 강박성격 : 부모가 배변훈련을 포함한 훈육활동이 지나치게 억압적이고 엄격하거나, 시기적으로 너무 빠르거나 또는 유아의 실수를 전혀 용납하지 않으면 유아는 심각한 좌절경험을 갖게 됨으로써 부모나 사회의 요구나 주장에 항상 수동적으로 복종하고 사회생활에서 자아의식이나 주체성을 갖지 못하게 될 가능성이 크다. 이렇게 되면 타인의 부당한 요구에 대해서도 거부의사를 밝히지 못하거나, 사회의 요구에 맹목적으로 복종하게 되어 타인이나 사회와 적절한 관계를 유지하지 못한다. 또한, 부모가 배변훈련에서 유아로 하여금 청결을 지나치게 강조하고 부모가 정한 규칙

을 엄격하게 준수하도록 강요하게 되면 유아는 후에 사회규범을 절대적으로 준수하고 모든 것을 질서정연하게 정돈할 뿐만 아니라 항시 완벽하게 처리하려는 결벽증(완벽증)과 같은 항문기적 강박성격(anal compulsive personality)을 갖기 쉽다. 이러한 성격을 소유한 사람은 자신의 감정(특히 분노감정)을 표현하지 못하는 등 지나치게 순종적이고 소극적이며, 또한 빈틈이 없고 깔끔하다.

- 항문기적 폭발성격 : 부모가 배변훈련을 포함한 훈육활동에서 유아가 자신의 요구나 주장만을 내세우도록 지나치게 허용하면서 부모가 아이의 훈육에 무관심하거나, 혹은 그것이 시기적으로 너무 늦게 이루어지게 되면 유아의 요구나 주장만이 일방적으로 충족되기 때문에 후에 자녀-부모(사회)의 관계에서 자신의 요구만을 지나치게 주장하거나, 부모를 포함한 타인 및 사회에 대하여 일방적인 허용만을 지나치게 요구하거나 그들을 무시하는 등 완고하고 고집이 세며, 그 요구가 좌절되면 반항적인 행동을 하거나 반사회적인 행동까지도 하게 된다. 또한, 이러한 느슨한 훈육활동은 유아의 과다한 욕구충족을 불러일으켜 이후 성인이 된 다음에도 여러 면에서 단정하지 못한 성격을 갖게 될 가능성이 높다. 에를 들면, 집안의 청소상태, 책상서랍, 심지어 자신의 호주머니 속까지도 지나치게 지저분할 뿐만 아니라 자신의 시간·일(업무)·문제 등을 스스로 관리하거나 해결하지 못한다. 어떤 아이는 일부러 물건을 낭비하거나 어지럽히고 자신을 지저분하게 함으로써 부모에게 반항을 하기도 한다. 그리고 자신의 욕구가 만족되지 못하거나 문제가 뜻대로 해결되지 않으면 부모를 포함한 주변사람들과 사회에 대하여 대항하거나 공격적인 자세를 취하는 항문기적 폭발성격(anal explosive personality)을 갖게 된다. 이후 이러한 성격을 소유한 사람은 반항적이며 잔인하고 파괴적이며, 난폭하고 적대감(적개심)과 의심을 공개적으로 표현하기도 한다.

제3단계 남근기(phallic stage; 성기기) : 이 시기는 대략 3세 이후부터 6세까지를 말하는데, 이 단계에 이르면 쾌감(즐거움)을 추구하는 주된 신체부분은 항문으로부터 성기로 옮아간다. 이때 아동들은 동성 부모를 동일시의 대상으로 삼아, 그의 행동, 태도, 사고, 가치체계, 도덕률 등을 모방하여 내면화함으로써 적절한 '성역할 행동'과 성격의 구성요소 중 '초자아'(superego)까지를 발달시키게 된다.

남근기 동안에 나타나는 가장 중요한 국면은 남아인 경우에는 오이디푸스 콤플렉스(Oedipus complex), 여아인 경우에는 엘렉트라 콤플렉스(Electra complex)를 경험하는 것인데, 이를 원만하게 극복하는 것이 중요한 발달과업이 된다(Freud, 1916).

ONLINE RESOURCES

'오이디푸스 콤플렉스(Oedipus complex)와 엘렉트라 콤플렉스(Electra complex)'에 관한 자료가 필요할 경우 저자가 운영하는 웹사이트(welfare5.com)의 Online Resources 게시판을 통하여 다운을 받기 바랍니다('교육심리탐구'의 Online Resources 26 자료).

- **'남아'의 경우 :**

남아는 이성의 부모인 어머니에 대하여 무의식적으로 성적인 애정을 느끼며 소유하고 싶은 욕망(근친상간적 감정)을 갖게 되는데, 이를 오이디푸스 콤플렉스라고 한다. 남아는 어머니에게 성적 애착을 느끼며, 자신의 아버지를 어머니에 대한 애정경쟁자로 생각하기 때문에 아버지에 대하여 지금까지 가졌던 애정의 감정과는 별도로, 적대감이나 미움, 질투, 분노감정 등의 부정적 감정을 갖게 된다. 어머니에 대한 근친상간적 감정과 아버지에 대한 부정적 감정을 갖는 남아는 아버지와의 사이에서 갈등을 경험하게 된다.

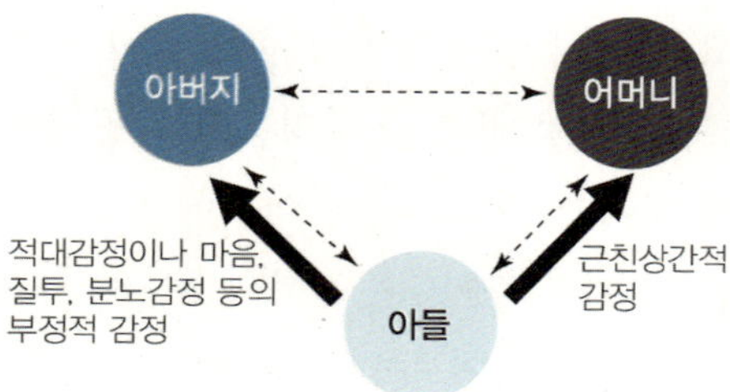

그림 4-62 | 오이디푸스 콤플렉스(Oedipus complex)

아이는 자신의 어머니에 대한 사랑을 우세한 경쟁자인 아버지가 용서하지 않을 것이라고 생각하고 아버지의 보복을 두려워하며, 엔젠가는 아버지가 자신을 해칠 것이라는 불안과 공포를 경험하기도 한다. 아버지가 자신의 가장 중요한 부분인 성기를 없애버리지 않을까라는 두려움을 갖기도 하는데, 이를 거세불안(castration anxiety)이라고 한다. 여기에서 아이는 가학적 또는 피학적 공상에 빠져들기도 하는데, 가학적 공상은 아버지가 죽거나 거세되거나, 혹은 먼 곳으로 길을 떠나는 것이며, 피학적 공상은 자신이 살해되거나 불구가 되는 것이다.

이러한 상태에서 아이는 어머니에 대한 성적 욕망과 아버지에 대한 적대감을 억압하려고 노력한다. 즉, 아이는 어머니에 대한 사랑과 성적 감정이 사회적으로 수용되지 않는다는 점을 인식하고, 이러한 욕망을 무의식 속으로 억압하고, 보다 순수하고 고귀한 사랑으로 승화시킨다. 아이는 아버지에게 느꼈던 적대감을 억압하면서, 어머니가 인정(사랑)하는 아버지의 남성다움을 자신이 갖기 위한 기제로서 아버지를 동일시(모방)하게 된다. 동일시는 남아가 아버지처럼 행동하고 그의 태도, 사고, 가치 등을 자기 것으로 내면화하고자 하는 노력으로 나타난다. 이러한 동일시 과정을 통하여 남아는 어머니에 대한 성적 욕구를 간접적으로 해결하며, 아울러 아버지로부터 올 수 있는 공격에 대한 불안도 해결하게 된다. 그 결과, 남아는 아버지를 동일시의 대상으로 삼아 그의 행동, 태도, 사고, 가치체계, 도덕률 등을 모방하여 내면화함으로써 적절한 '남성 성역할 행동'을 습득하고, '초자아'를 발달시켜 양심과 자아이상을 형성시켜 나가게 된다.

만약 이 시기에 ① 어머니 편에서 아들에게 유혹적인 행동을 보이게 되면 심리적 갈등은 더욱 커지며, ② 부부간의 결혼생활이 원만하지 못할 경우에도 아들의 심리적 갈등은 커지게 된다. 또한, ③ 어머니가 아들의 또래 여아들에 대한 접근을 방해하고 남성다운 기질의 표출을 좌절시키면서, 자신에게만 밀착하도록 하면 그 아이는 이성에 대한 두려움이나 공포를 가질 수 있다. 그리고 ④ 아버지가 부재상태이거나 어머니와 아들에게 소원한 존재가 되면 그 아버지는 아들이 동일시(모방)할 수 있는 훌륭한 모델이 되지 못하기 때문에 그 아이는 어머니에 대한 욕망을 제대로 억압하지 못할 뿐만 아니라 아버지에 대한 동일시가 이루어지지 못하기 때문에 심한 갈등을 경험하게 된다.

이렇게 되면 그 아동은 자신의 성에 부합되는 성역할 행동 등을 제대로 습득할 수 없고, 나중에 이성과의 모든 성적 접촉을 회피하려고 하는데, 이것을 '오이디푸스 콤플렉스 갈등으로부터의 도피'라고 한다. 이것은 극복하지 못한 어머니에 대한 근친상간적 감정이 젊은이의 무의식 속에 잠재되어 있기 때문에 나타나는 현상이다.

- **'여아'의 경우 :**

프로이트는 남아와 같은 심리적 현상이 여아에게도 나타난다고 주장하였다. 여아가 아버지에 대하여 무의식적으로 성적 애정을 느끼며 소유하고 싶은 욕망(근친상간적 감정)을 엘렉트라 콤플렉스라고 한다. 여아는 아버지에게 성적 애착을 느끼며, 자신의 어머니를 아버지에 대한 애정경쟁자로 생각하기 때문에 어머니에 대하여 지금까지 가졌던 애정의 감정과는 별도로, 적대감이나 미움, 질투, 분노감정 등의 부정적 감정을 갖게 된다. 아버지에 대한 근친상간적 감정과 어머니에 대한 부정적 감정을 갖는 여아는 어머니와의 사이에서 갈등을 경험하게 된다.

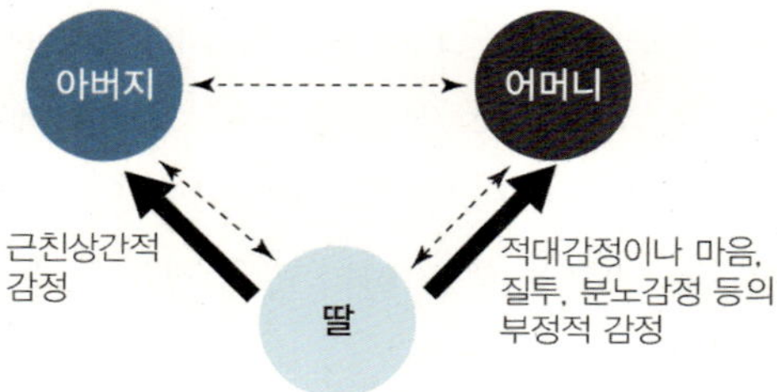

그림 4-63 | 엘렉트라 콤플렉스(Electra complex)

그런데 프로이트에 의하면, 엘렉트라 콤플렉스는 남아에게서 나타나는 오이디푸스 콤플렉스와 달리, 모든 여아에게 나타나는 것은 아니며, 그것이 나타난다 하더라도 미약할 수 있다. 여아의 경우는 남근이 없으므로 남아와 같은 경우는 미약할지 않는 반면, 자기에게 없는 남근에 대한 부러운 감정, 즉 남근 선망(penis envy)을 갖는다. 그러나 여아는 자신이 영구적으로 거세되었으며 남근을 갖는 것이 불가능하다는 사실을 인식하게 되고, 이를 대치할 수 있는 대상 즉, 음핵(clitoris)에 대한 자위를 통해 만족을 추구하며, 자신과 같은 처지에 있는 어머니를 동일시하게 된다. 즉, 여아는 어머니를 동일시의 대상으로 삼아 그의 행동, 태도, 사고, 가치체계, 도덕률 등을 모방하여 내면화함으로써 적절한 '여성 성역할 행동'을 습득하고, '초자아'를 발달시켜 양심과 자아이상을 형성시켜 나가게 된다.

[바람직하지 않은 성격유형]

남아와 여아 모두 외상적 갈등(traumatic conflict)인 '오이디푸스 콤플렉스'

또는 '엘렉트라 콤플렉스'를 성공적으로 극복하게 되면 성역할 정체감을 발달시키게 되며, 성인이 되어서는 적절한 성행동을 통해 이러한 욕망을 잘 해소할 수 있고, 충성심이나 자신감, 효도, 헌신 등과 같은 긍정적인 감정을 충분히 가지며, 성숙한 사랑을 할 수 있는 원숙한 성격을 갖는다.

그러나 '오이디푸스 콤플렉스' 또는 '엘렉트라 콤플렉스'를 잘 극복하지 못하여 남근기에 고착된 경우 성인기에 있어 남자는 대부분 경솔하고 거만하며, 자기과시 등 과장이 심하고 공격적이며, 방종스럽고 야심적인 성격을 가지며, 여자는 성관계에 있어서 순진하고 결백해 보이지만 난잡하고 유혹적이며, 경박한 기질이 있으며, 또 이러한 성격 대신에 자기주장이 아주 강하고 남성을 능가하기 위하여 많은 노력을 기울이기도 한다. 한편, 프로이트는 이 단계에서 발달과업을 적절히 완수하지 못할 경우 성인기에서 신경증(neurosis : 내적인 심리적 갈등을 겪거나 외부 스트레스를 다루는 과정에서 심리적 긴장이나 증상이 일어나는 성격변화)을 일으키기도 한다고 보았는데, 특히 남성은 성적 무기력, 여성은 불감증을 경험하기도 한다고 주장하였다.

제4단계 잠복기(latency stage; 잠재기) : 아동들은 오이디푸스 콤플렉스와 엘렉트라 콤플렉스를 극복한 후에 일종의 평온한 시기라고 할 수 있는 잠복기에 들어선다. 이 시기는 대략 6세부터 시작하여 11세 정도인 사춘기 직전까지 계속되는데, 아동들은 성적 욕구가 분출되지 않기 때문에 앞의 세 단계에서 가졌던 욕구들을 거의 모두 잊게 되어 성적 정숙기에 접어들게 된다. 이때는 위험한 충동이나 환상이 잠재되어 버리기 때문에 이 시기는 비교적 조용한 시기라고 할 수 있다. 이처럼 유아적인 성적 에너지가 무의식 속으로 갇히게 되는 이유를 프로이트는 생리학적 현상에 기인하는 것으로 보았지만, 남근기의 커다란 정신적 외상(trauma)에서 벗어나서 평온한 상태를 유지하기 원하는 아동의 심리적 요구에서 기인한다는 해석도 있다.

그러나 이 시기에 성적 소망이 완전히 사라지는 것은 아니며, 그 강도가 약화될 뿐이다. 그리고 남근기에서의 정신적 외상이 남아보다 여아가 약하기 때문에 여아의 잠복기 기간이 상대적으로 짧은 것이 일반적이다. 이 시기에는 이성(異性)에 대한 관심이 지극히 낮아지며, 심한 경우에는 이성의 또래와는 배타적 관계를 형성하고, 동성의 또래와만 놀이를 하는 경우도 있다. 또래와의 놀이를 통하여 아동들은 삶에 필요한 여러 가지 사회적 기술을 습득하게 된다. 특히, 이 단계에서는 성격구조의 하위체계인 원아·자아·초자아 간의 관계가 정립된다.

이러한 잠복기는 대체로 초등학교 시기로서 심리성적 발달면에서 보면 비교적 평온한 시기이지만, 피아제(Piaget)의 인지발달이론에 따르면 '구체적 조작기'에 해당하는 시기로서 인지적 발달면에서 보면 결코 소극적인 조용한 시기가 아니다. 다시 말하면, 이 시기의 아이들은 주위환경에 대한 탐색과 아울러 지적 탐색이 활발한 매우 활동적인 시기이며, 동성친구들과 놀이활동이나 운동, 게임, 그리고 사회적으로 용납되는 활동에 많은 에너지를 투입하게 된다.

제5단계 생식기(genital stage) : 이 단계에 이르면 쾌감(즐거움)을 추구하는 주된 신체부위는 생식기(genital organ, 生殖器)로 옮아간다. 사춘기가 시작되면서 성적 에너지는 다시 분출되어, 이전 시기에 잠재되었던 충동이 무의식에서 의식세계로 뚫고 나오게 되며, 또한 이 시기의 청소년은 그러한 충동을 현실적으로 수행할 수 있는 능력을 갖추게 된다. 사춘기가 되면 생식기가 발달하고 남성호르몬(androgen)과 여성호르몬(estrogen)의 분비가 많아짐에 따라 2차 성징이 발달하게 됨으로써 억압되었던 성적 욕구와 관심이 다시 되살아난다. 이 시기에 이르면 이성에 대해 진정한 관심을 가지고 성숙한 사랑을 할 수 있게 된다. 이때는 이전의 오이디푸스 콤플렉스 또는 엘렉트라 콤플렉스로부터 자유로워지기를 바라며, 이러한 욕구가 부모로부터 이탈하여, 때에 따라서는 부모를 무시하거나 경멸하는 표출양상으로 나타나게 된다.

프로이트는 이 시기의 모든 청소년에게 아직 거세불안이나 남근선망의 감정이 남아있는 사춘기 초기에는 동성애단계를 거친다고 전제하였다. 새롭게 분출된 성적 에너지가 일정기간 동안 동성친구에게로 향했다가, 남근기의 갈등해결방식과 같은 방법으로 점차적으로 이성관계, 구애, 결혼, 가족형성, 집단활동, 직업에 대한 관심 등으로 옮아가게 된다.

프로이트에 의하면, 잠복기 이전에는 자기 자신의 신체에서 성적 쾌감을 추구하는 자기애적(自己愛的) 경향을 보이는 데 반하여, 사춘기에 접어들면 비로소 이성으로부터 성적 만족을 얻으려고 한다. 이러한 의미에서 사춘기 이후를 이성애착시기라고 한다. 이 시기까지 순조로운 발달을 성취한 사람은 타인에 대한 관심과 협동의 자세를 갖게 된다. 이 단계의 중요한 특징은 생산적인 활동에 전념하고 원숙한 사랑을 하며, 성적 오르가즘을 느낄 수 있는 능력도 형성된다. 물론, 생식기적 성격을 지닌 사람은 이타적이고 원숙하다.

[바람직하지 않은 성격유형]

생식기 단계에 진입한 모든 사람이 이성과 원숙한 사랑을 이루고 성적 오르가즘을 느낄 수 있는 능력을 형성하며, 타인에 대한 관심과 협력의 자세를 가지고 생산적인 활동에 전념하며, 이타적이고 원숙해지는 것은 아니다. 만일 남근기를 성공적으로 거쳐 나오지 못한 경우에는 권위에 대한 적대감이 해소되지 않고, 동일시에 있어 혼란이 있기 때문에 분출되는 성적 에너지를 원만하게 처리할 수 없게 된다. 이로 인하여 권위에 대한 반항, 적대행위나 비행 등의 반사회적인 행동, 또는 이성에 대한 적응곤란 등을 일으키는 성격을 갖기도 한다.

② 에릭슨(Erikson)의 심리사회적 성격발달이론

프로이트(Freud)의 사후에 정신분석학은 많은 수정이 이루어지기 시작했는데, 그 중에서 가장 놀랄만한 변화는 자아심리이론의 출현이다. 프로이트는 정신내적 측면에 초점을 두고 성격발달을 논의한 관계로, 대인관계적 측면이나 사회적 측면이 성격발달에 미치는 영향을 충분히 고려하지 못했다. 특히, 정신내적 측면 중에서도 원아(id)가 성격의 원형이라고 전제함으로써 자아(ego)를 원아의 노예로 전락시켜 버렸다. 즉, 프로이트는 자아를 인간행동의 조정자와 집행자로 규정하였지만, 자아가 주체자로서의 자율적 위치에서 기능하는 것이 아니라 언제나 원아의 보조적 역할을 수행하는 것으로 간주하였다.

이러한 프로이트의 이론의 제한점을 인식하고 전통적 정신분석학에 수정을 가한 이론이 바로 자아심리이론이다. 자아심리이론가의 선두주자인 하트만(Hartman, 1958)은 자아가 원아에서 파생 또는 분화되는 것이 아니고, 독립적으로 형성되고 지속적으로 발달해 가며, 외부환경에 대한 선천적 적응력을 지니고 있으며, 지각하고 기억하며, 사고하는 인지적 과정을 자율적으로 처리할 수 있다고 주장하였다. 이어, 화이트(White, 1959)는 자아가 고유의 에너지를 가지고 있을 뿐만 아니라 원아의 본능적 충동의 만족과는 상관없이 과제수행에 필요한 탐구와 조작 등을 할 수 있는 효율적 능력을 지니고 있다고 보았다.

프로이트가 성격의 발달을 정신내적 갈등의 결과물로 규정한데 반하여, 자아심리이론가들은 사회문화적 환경이 성격발달에 지대한 영향을 미친다고 보았다. 이러한 관점을 주장한 대표적인 학자가 바로 에릭슨(Erikson, 1902~1994)이다. 그는 심리적 현상이라도 반드시 생물학적·행동적·경험적·사회적 요인들 간의 상호작용으로 이해해야 한다고 주장하였다. 특히, 사회적 힘이 성격발달에 미치는 영향을 강조하였기 때문에 그의 이론을 심리사회이론(psychosocial theory)이라고 부른다.

에릭슨의 심리사회이론의 또 다른 특징은 인간의 전생애에 걸친 발달의 강조, 병리적인 측면보다는 정상적인 건강한 측면의 강조, 자아정체감 확립의 중요성 강조, 문화적·역사적 요인과 성격구조의 관련성을 중시한 점 등이다.

여기에서 먼저 에릭슨의 심리사회이론의 인간관에 대하여 살펴본 다음, 그 이론의 핵심개념인 '자아'에 관하여 살펴보고, 끝으로 성격발달단계에 대하여 논의하기로 한다.

ⅰ) **인간관** : 에릭슨은 프로이트와는 달리, 인간을 합리성과 자율성을 가진 존재로 간주하였으며, 인간은 본질적으로 건강한 존재라고 믿었다. 에릭슨의 인간에 대한 관점을 몇 가지로 구분하여 살펴보면 다음과 같다(Erikson, 1963).

첫째, 인간을 합리적이고 창조적인 존재로 인정하였다. 프로이트는 인간행동이 통제할 수 없는 무의식적인 본능적 힘에 의해 결정된다고 보았지만, 에릭슨은 인간행동이 의식수준에서 통제 가능한 자아에 의해 동기화된다고 보았다. 그는 이러한 자아가 개인이 직면하는 갈등이나 문제에 대한 합리적인 해결방안을 탐색하고, 현실을 검증하며 창조적으로 문제를 해결해 나간다고 간주하였다. 만약 이에 실패하였을 경우에는 새로운 대안을 적극 모색하게 된다고 주장하였다. 에릭슨은 인간을 내적 통합성, 훌륭한 판단 그리고 성공할 수 있는 능력을 지니고 있는 합리적이고, 이성적이며, 창조적인 존재로 규정하였다.

둘째, 인간을 총체적 존재로 보고 있으며, 환경 속의 존재(person in environment)로 규정하였다. 에릭슨은 인간을 제대로 이해하기 위해서는 그를 생물적 존재이자, 심리적 존재 및 사회적 존재로 보는 총체적 접근(holistic approach)이 필요하다고 역설하였다. 즉, 모든 인간은 ① 환경 및 다른 유기체에 지속적으로 상호적응하는 과정에서 통합성을 유지하려는 신체적 질서(somatic order)를 따르는 '생물적 체계', ② 개인적 경험을 통하여 내적 세계와 외적 세계를 통합하는 개인적 질서(personal order)를 따르는 '심리적 체계', ③ 자신의 사회적·지리적·역사적 환경의 연합체에 의한 사회적 질서(social order)를 따르는 '사회적 체계' 등 인간발달의 3대 주요체계의 특성을 동시에 가지고 있기 때문에 그를 이해하기 위해서는 통합적 접근이 필요하다는 것이다.

이처럼 인간의 행동은 생물적 요인에 의해서만 결정되는 것이 아니라, 개인의 심리적 요인과 사회적 요인의 상호작용에 의해 결정된다고 보았는데, 에릭슨은 그 중에서도 사회적 힘의 영향을 특히 중시하였다. 즉 각 개인의 발달은 부모의 양육방식, 학교에서의 경험, 또래집단과의 경험, 그리고 그 외의 사회적 관계망과의 관계들 간의 상호작용에 의해 결정된다고 보았다. 모든 인간은 선천적인 유전적 요인에 기반하여 환경적 요구에 적응하고 환경적 어려움에 도전하여 이를 극복하며, 생의 의미를 추구해 가는 환경 속의 존재로 간주된다.

셋째, 에릭슨은 인간을 가변성이 지닌 존재로 보았다. 프로이트가 인간의 성격은 생후 6년간의 경험이 성격의 기본구조를 형성하게 되고, 성격의 이러한 기본구조는 성인기가 되어도 변화하지 않는다고 본 반면, 에릭슨은 각 개인은 끊임없이 새로운 발달을 추구하고 인생의 전환점에 직면하여 새롭고 더 나은 자아를 획득하려고 노력하는 가운데, 변화와 성장을 거듭하게 된다고 보았다. 이처럼 에릭슨은 인간의 발달에는 끝이 없으며, 전체 생활주기를 통하여 지속적으로 변화한다고 보았다.

넷째, 에릭슨은 인간의 행동이 기본적으로 생물적 요인에 의해 발생하며, 성적 및 공격적 충동을 표출하려 함으로써 동기화된다는 프로이트의 관점을 받아들였다. 하지만 그는 인간의 행동이 ① 주변사람들과의 원만한 관계를 형성하고 그들로부터 인정을 받으려는 사회적 욕구, ② 주변환경을 지배하거나 주어진 과제를 성공적으로 처리하려는 유능성에 대한 욕구, ③ 생활장면에서 직면하게 되는 사건이나 문제를 잘 해결하고 안정과 질서를 찾으려는 성취 및 질서에 대한 욕구 등의 세 가지 사회적 충동에 의해 발생한다고 보았다. 이러한 행동들은 전 생애에 걸쳐 나타나는 각 생활주기(발달단계)에서의 위기를 성공적으로 해결하게 하는데, 이렇게 되면 각 발달단계에서 자아가 지배감(sense of mastery)을 획득하게 되어 개인은 안정된 삶을 영위하게 된다.

ii) **자아** : 에릭슨의 심리사회이론의 핵심개념은 자아(ego)이다. 프로이트는 자아가 원아로부터 정신에너지를 배분받음으로써 분화되는 것으로 보았으나, 에릭슨은 일생동안의 생물적(신체적)·심리적·사회문화적 발달과정에서 외부 환경에 대처하고 적응하는 과정에서 형성되는 역동적인 힘이 바로 '자아'라고 보았다.

자아는 개인이 환경에 성공적으로 적응하는 데 필수적인 기본적 기능을 수행하는 성격의 일부로서, 생물적·심리적·사회문화적 요인 간의 상호작용에 의해 발달한다. 즉, 자아는 기본적 욕구의 충족, 타인과의 동일시, 학습, 발달과업의 성취, 효과적인 문제해결, 내적 욕구와 환경적 조건의 조화, 기대, 스트레스 및 위기에 대처하는 과정에서 지속적으로 발달하게 된다.

이러한 자아는 자율적으로 기능할 수 있는 능력을 지니고 있기는 하지만, 그것은 성격의 일부분이므로 내적 욕구와 충동 그리고 내면화된 타인의 특성과 기대, 규범, 가치들과 관련지어 이해하여야만 한다. 자아는 개인과 환경 간의 관계를 중재할 뿐만 아니라, 성격의 다양한 요인들 사이의 내적 갈등을 중재한다. 또한, 이는 개인을 불안과 갈등상태로부터 보호할 수 있는 방어기제를 사용한다. 그러나 이러한 방어기제는 적응적 목적이나 부적응적 목적에 모두 사용된다.

개인을 둘러싸고 있는 사회문화환경은 개인의 성격을 형성하는 데 지대한 영향을 미칠 뿐만 아니라 성공적인 대처능력을 고양시키기도 하며, 반대로 이를 방해하는 조건을 제공하기도 한다. 따라서 개인의 자아기능의 정도를 파악하기 위해서는 그의 성, 연령 및 생활양식뿐만 아니라 문화적·인종적 그리고 민족적 특성들도 반드시 고려해야 한다.

iii) **성격발달단계** : 프로이트가 심리성적 측면(psycho-sexual aspect)에 중점을 두고 인간의 성격발달을 다섯 단계(구강기, 항문기, 남근기, 잠복기, 생식기)로 구분하여 논의한 반면, 에릭슨은 심리사회적 측면(psycho-social aspect)에 중점을 두고 성격발달의 단계를 ① 신뢰감 대 불신감(trust vs mistrust), ② 자율성 대 수치 및 회의감(autonomy vs shame and doubt), ③ 주도성 대 죄책감(initiative vs guilt), ④ 근면성 대 열등감(industry vs inferiority), ⑤ 정체감 대 정체감 혼동(ego-identity vs identity confusion), ⑥ 친밀감 대 고립감(intimacy vs isolation), ⑦ 생산성 대 침체감(generativity vs stagnation), ⑧ 통합감 대 절망감(integrity vs despair) 등의 여덟 단계로 구분하여 논의하

였다. 각 단계별 연령대, 사회적 관계, 주요 관심사, 긍정적 특질 대 부정적 특질 등을 요약하여 제시하면 [표 4-12]와 같다.

표 4-12 에릭슨(Erickson)이 주장한 심리사회적 성격발달의 여덟 단계

단 계	연령대	사회적 관계	주요 관심사	긍정적/부정적 특질
신뢰감 대 불신감	영아기	어머니 (양육자)	어떻게 안전할 수 있을까?	희망 : 위축
자율성 대 수치 및 회의감	유아전기	부모	어떻게 독립적일 수 있을까?	의지 : 강박
주도성 대 죄책감	유아후기	가족	어떻게 힘을 가질 수 있을까?	목적의식 : 억제
근면성 대 열등감	아동기	이웃, 학교	어떻게 잘 할 수 있을까?	유능감 : 무력감
정체감 대 정체감 혼동	청소년기	또래집단, 리더십모델	나는 누구이며, 어떻게 성인기를 준비할 수 있을까?	충실성 : 거절(부인)
친밀감 대 고립감	성인초기	친구, 연인, 회사동료	어떻게 사랑하며, 친밀성을 높일 수 있을까?	사랑 : 배척
생산성 대 침체감	성인중기	노동의 분화와 가사의 분담	어떻게 가정생활과 사회활동에 전념할 수 있을까?	배려 : 거부
통합성 대 절망감	성인후기	인류	어떻게 살아왔는지 회고하면서, 여생을 잘 보낼 수 있을까?	지혜 : 경멸

ONLINE RESOURCES

'에릭슨(Erikson)의 심리사회적 성격발달단계'에 관한 자료가 필요할 경우 저자가 운영하는 웹사이트(welfare5.com)의 Online Resources 게시판을 통하여 다운을 받기 바랍니다('교육심리탐구'의 Online Resources 27 자료).

지금까지 논의한 프로이트(Freud)의 '심리성적 성격발달이론'과 에릭슨(Erikson)의 '심리사회적 성격발달이론'은 공통점도 있지만, 여러 측면에서 차이를 보인다. 두 이론의 공통점과 차이점을 정리해 보면 [표 4-13]과 같다. 두 이론은 과학적인 실증성이 결여되어 있고, 그 객관적인 근거가 부족하다는 비판을 받기도 하지만, 인간의 성격발달을 이해하는 데 많은 도움을 준다.

표 4-13 프로이트의 심리성적 성격발달이론과 에릭슨의 심리사회적 성격발달이론 비교

기준 \ 이론	프로이트의 심리성적 성격발달이론	에릭슨의 심리사회적 성격발달이론
공통점	• 정신분석학에 기초를 둔 이론(정신분석학적 성격발달이론) • 인생초기 경험의 중요성 강조함 • 성격발달은 일련의 단계를 통하여 발달함	
차이점	• '심리성적' 측면의 만족 여하가 성격발달에 중요한 영향을 미친다는 점을 강조함(심리성적 성격발달이론)	• '심리사회적' 측면의 만족 여하가 성격발달에 중요한 영향을 미친다는 점을 강조함(심리사회적 성격발달이론)
	• 원아(id) 강조 : 인간의 기본본능으로서 삶의 본능과 죽음의 본능을 강조하며, 특히 삶의 본능 만족 여하에 따라 성격의 발달이 달라진다고 보면서, '원아'의 기능을 매우 강조함	• 자아(ego) 강조 : 개인이 환경에 성공적으로 적응하는 데 필수적인 기본적 기능을 수행하는 성격의 일부로서, 생물적·심리적·사회문화적 요인 간의 상호작용에 의해 발달하는 '자아'의 기능을 매우 중요시함
	• 인간관계의 초점을 가족 내의 아버지-어머니-자녀의 갈등적인 삼각관계에 둠	• 인간관계의 초점을 가족에서부터 사회로까지 확대시켜 봄
	• 인간발달의 부정적인 측면 즉, 유아기의 병원적 경험(病原的 經驗; 정신적 외상)에서 문제행동의 근본원인을 찾음	• 인간발달의 긍정적 측면과 부정적 측면 중에서 긍정적 측면의 성취를 강조함. 즉, 발달적 위기(심리사회적 위기)의 성공적 해결에 초점을 둠
	• 사회제도는 인간의 성적 욕구와 공격성이 표출되는 것을 억제하는 금지적 사회화의 기능을 수행함	• 사회제도는 개인적 역량을 지지하거나 키워주지 못할 경우에 한해서만 개인의 발달에 부정적 영향을 미침
	• 성격의 발달(형성)은 청소년기에 종결되기 때문에 그 이후에는 성격의 본질은 불변함	• 성격의 발달은 전생애 동안 계속적으로 이루어짐(평생발달론적 입장)

ONLINE RESOURCES

'융(Jung)과 아들러(Adler) 및 설리반(Sullivan)의 성격이론'에 관한 자료가 필요할 경우 저자가 운영하는 웹사이트(welfare5.com)의 Online Resources 게시판을 통하여 다운을 받기 바랍니다('교육심리탐구'의 Online Resources 28 자료).

(4) 행동주의적 접근

성격은 일반적으로 개인의 행동을 결정하는 개인 내의 역동적 체계라고 규정되고 있다. 개개인의 행동이 결국 다르게 나타나는 것은 각 개인의 내부에

존재하는 성격특성이 다르기 때문인데, 이러한 관점에서 보면 성격은 개인들의 행동의 모습을 결정하는 요인으로, 이는 분명 실제적인 개념이다.

그러나 행동주의 심리학에서는 이러한 의미의 성격 존재를 부정하고, 성격은 단지 개인의 여러 행동으로부터 추론할 수 있는 가설적인 구성개념에 지나지 않는다고 간주한다. 이러한 관점에서 행동주의 심리학자인 리버트와 스피글러(Liebert & Spiegler, 1974)는 "성격이란 추상적으로 생각되는 것으로서, 직접적으로 관찰될 수 있는 것이 아니고, 이론적 구성개념의 한 가지 예이므로 실제로는 존재하지 않으며, 따라서 볼 수도 만질 수도 없는 것이다."라고 주장한 바 있다.

이와 같은 견해를 가장 급진적으로 표명한 학자는 스키너(Skinner, 1938)인데, 그는 행동과학인 심리학이 유기체의 내부구조나 과정에서 행동의 원인을 찾아서는 안 된다고 주장하였다. 그에 의하면, 행동은 외적 환경 내 또는 그 행동에 대한 강화에 의해 나타나므로 모든 행동은 '강화와 벌'에 의해 통제·조절될 수 있다. 스키너는 성격이란 용어는 궁극적으로 '불필요한 것'(superfluous)으로 보면서, 이는 기껏 행동패턴의 집합, 즉 습관에 불과하다고 규정하였다.

이러한 관점에서 고전적 사회학습이론가들인 달라드와 밀러(Dallard & Miller, 1950) 등도 성격은 습관(habit)으로 표현되어야 한다고 주장하면서, 습관의 형성과정은 ① '동인'(動因; drive : 특정 반응(행동)을 일으키는 에너지의 원천) → ② '단서'(cue : 반응의 방향성 부여) → ③ '반응' → ④ '강화'(보상) → ⑤ '반응의 반복' → ⑥ '습관의 형성'의 순서로 이루어진다고 설명하였다.

이러한 과정을 통하여 성격의 구체적인 표현인 특정의 '습관'이 형성된다는 것이다. 반면, 일단 형성된 특정의 '습관'은 그 관련 반응(행동)이 나타날 때마다 '벌'(혐오자극)을 계속 제공하게 되면 그 반응이 점차 약화되어 결국 제거(소멸)될 가능성이 높다.

여기에서는 성격에 대한 행동주의적 접근으로서 ① 로터(Rotter)의 사회학습이론, ② 반두라(Bandura)의 사회인지이론에 대하여 살펴보기로 한다. 이 이론들은 전통적인 행동주의 심리학(고전적 행동주의 심리학)이 개인에 대한 환경의 일방적인 영향만을 강조하는 것과는 달리, 외적 상황(환경)에 대한 주관적 판단, 즉 개인의 인지적 과정을 적극적으로 인정하며, 그러한 시각에서 개인의 행동을 이해하고자 시도한다. 특히, 로터는 행동주의 심리학을 그 이론적 배경으로 하면서도 이른바 성격심리학에 가까운 나름의 이론을 전개하였다.

① 로터(Rotter)의 사회학습이론

로터(Rotter, 1916~2014)는 행동주의 심리학자로서 행동이 학습된다는 점에는 기본적으로 동의하였지만, 행동이 오로지 외적 변인(환경, 자극)에 의해서만 형성된다는 스키너의 견해에는 찬성하지 않았다. 그는 행동이란 진공상태에서 기계적으로 발생하지 않으며, 인간은 내적·외적 조건들의 상호작용의 결과로서 끊임없이 반응한다고 주장하였다. 그러므로 행동을 설명하기 위해서는 유기체의 내적 요인(인지과정)과 외적 요인(강화) 모두를 고려하여야 한다고 주장하였다. 로터를 사회학습이론가로 부르는 이유는 인간행동이 주로 사회적 경험을 통해 학습된다는 그의 믿음에 근거한다.

로터는 사회학습이론의 관점에서 ① 기대-강화가이론(expectancy-reinforcement value theory), ② 통제소재이론, ③ 심리욕구이론을 체계화하였는데, 이에 관하여 차례대로 논의하면 다음과 같다.

i) **기대-강화가이론** : 기대-강화가이론은 두 가지 기본가정에 근거를 두고 있는데, 첫째는 성격(습관)은 학습에 의해 형성된 것이고, 둘째는 성격(습관)은 구체적 목적에 의해 동기화된다는 것이다. 로터(Rotter, 1954)는 이러한 가정을 토대로, 특정 행동이 나타날 가능성인 '행동잠재력'(behavior potential)은 개인이 그 행동의 결과에 대하여 갖는 '기대'(expectancy)와, 그 행동의 결과로서 제공될 보상(reward)에 대한 가치인 '강화가'(reinforcement value) 간의 상호작용에 의해 결정된다고 주장하였다.

행동잠재력 = f (기대 · 강화가)

이후 로터(Rotter,1975)는 이전의 행동잠재력 방정식을 보완하였는데, 행동잠재력은 '기대'와 '강화가' 및 '심리적 상황'(psychological situation) 간의 상호작용에 의해 결정된다고 수정하였다. 여기에서 '심리적 상황'이란 이는 자극에 대한 지각 및 반응에 영향을 미치는 개인의 내적 요인(성향적 영향; dispositional influence)과 외적 요인(상황적 영향; situational influence) 간의 상호작용에 의해 형성되는 심리적 맥락을 지칭한다.

행동잠재력 = f (기대 · 강화가 · 심리적 상황)

ONLINE RESOURCES

'기대-강화가이론의 핵심개념(행동잠재력, 기대, 강화가, 심리적 상황) 및 이론적 근거'에 관한 자료가 필요할 경우 저자가 운영하는 웹사이트(welfare5.com)의 Online Resources 게시판을 통하여 다운을 받기 바랍니다('교육심리탐구'의 Online Resources 29 자료).

ii) **통제소재이론** : 로터를 심리학자로서 유명하게 만든 개념이 바로 통제소재(locus of control)이다. 그는 강화의 원천에 대한 개인의 신념 차이를 설명하기 위해 통제소재라는 개념을 상정하였는데, 이는 '사람들이 갖는 행동의 원인에 대한 일종의 일반화된 기대'를 지칭한다. 로터는 연구를 통해 어떤 사람들은 자신의 행동이 내부의 조건(특성)에 의존한다고 믿는 반면, 다른 사람들은 자신의 행동이 외부의 조건에 의해 통제된다고 믿는다는 사실을 밝혔다.

로터(Rotter,1966)에 의하면, 성격변인으로서 내적 통제소재(internal locus of control)에 의존하는 사람은 자신의 행동이 그의 내부의 조건(능력, 노력)에 의해 결정된다고 믿는 반면, 외적 통제소재(external locus of control)를 가진 사람은 자신의 행동이 타인, 과제난이도, 운(운명) 등에 의해 통제된다고 생각한다. 행동을 통제하는 요인을 자신의 내부로 귀인하느냐, 외부로 귀인하느냐의 통제소재는 우리의 행동에 많은 영향을 미치게 되는데, 내적 통제소재로 귀인하는 사람은 자신의 삶은 자신의 통제하에 있다고 믿으며, 그러한 신념에 따라 행동하게 되는 반면, 외적 통제소재로 귀인하는 사람, 즉 자신의 행동이 외적 조건의 영향을 받는다고 믿는 사람은 자신의 상황을 개선하려는 의지를 거의 갖지 않는다.

iii) **심리욕구이론** : 로터는 모든 행동은 방향성, 즉 목표를 가지고 있다고 주장하였다. 행동의 방향성은 강화의 효과에 의해 추론될 수 있으며, 환경조건에 선택적으로 반응할 가능성을 설명해 준다. 인간의 주요한 동기는 모든 상황에서 정적 강화(positive reinforcement)에 의해 최대화하고, 부적 벌(negative punishment)에 의해 최소화된다. 이미 지적한 것처럼, 로터는 행동의 내적 및 외적 요인 간의 상호작용을 강조한다. 여기에서 '내적 요인'을 언급할 때는 욕구에 초점을 두며, '외적 요인'을 기술할 때는 강화물에 초점을 둔다.

또한, 로터는 모든 심리적 욕구는 학습된다고 믿었다. 유아기와 아동기 초기의 심리적 욕구는 배고픔, 갈증, 감각자극, 고통의 탈피와 같은 '타고난 욕구'의 만족과 관련된 경험에서 발생한다. 아이가 자라고 언어와 인지능력이 발달함에 따라, 그의 욕구는 생리적 욕구와의 관련성은 줄어들고, 학습된 욕구와의 관련성은 더 커지게 된다. 이렇게 되면 사회환경으로부터의 단서가 내적인 생리적 상태보다 더 중요하게 된다.

학습된 욕구는 타인에 의존하기 때문에 그 기원에서 보면 사회적이다. 유아나 아동이 욕구의 만족과 강화를 위해서 다른 사람들 특히 부모에게 의존한다는 것은 분명하다. 아동이 점차 자라게 되면서 강화는 선생님이나 친구를 포함한 좀 더 넓은 범위의 사람들에게 의존하게 된다. 어른이 되어가면서 사랑, 감정, 인정 같은 욕구들에 대한 만족은 타인들에게 의존하게 된다.

로터가 인간의 동기와 관련하여 제안한 개념이 욕구잠재력(need potential)이다. 개인의 욕구, 목표, 행동은 상호 관련되며, 기능적으로 관련된 체계 내에 존재한다. 이러한 체계 내에서 같거나 유사한 강화에 의해 나타날 수 있는 행동은 관찰될 수 있는 행동에서부터 내재적인 인지에 이르기까지 다양하다. 이러한 행동을 일으키게 하는 개인 내적 상태를 욕구잠재력이라고 하는데, 이러한 잠재력을 발동시키는 힘이 바로 '심리적 욕구'이다. 로터 등(Rotter & Hochreich, 1975)은 심리적 욕구를 크게 여섯 범주는 분류하여 제시하였다.

① 인정/지위(recognition/status)욕구 : 전문적·사회적·직업적 혹은 여가활동에 있어 유능하다는 평가를 받고 싶은 욕구(다른 사람들보다 좀 더 유능하고 훌륭하게 보이기를 원하는 욕구)

② 보호/의존(protection/dependence)욕구 : 타인으로 하여금 좌절이나 처벌을 예방하도록 하거나 자신의 욕구만족을 위해 타인에게 의존하는 욕구

③ 지배(dominance)욕구 : 가족구성원이나 친구를 포함한 다른 사람들의 행동을 이끌고 통제하려는 욕구(자신이 제안한 대로 타인이 어떤 행동을 하도록 하는 욕구)

④ 독립(independence)욕구 : 자신이 결정을 하고 자기 자신에게 의존하고자 하는 욕구(타인의 중재 없이 직접적으로 만족을 얻기 위한 기술을 개발하고자 하는 욕구)

⑤ 사랑과 애정(love and affection)욕구 : 타인에게 수용되고 좋아함을 받고자 하는 욕구

⑥ 신체적 안락(physical comfort)욕구 : 안전달성과 관련이 있는 신체적 만족에 대한 욕구

② 반두라(Bandura)의 사회인지이론

반두라(Bandura, 1925~)는 전통적인 행동주의 심리학의 관점에 인지적 접근을 추가하여 '사회학습이론'을 정립하였으나, 최근 그는 원래 '사회학습이론'이라고 불렸던 자신의 접근방식을 '사회인지이론'(social cognitive theory)이라고 수정하였다.

반두라의 사회인지이론은 하위이론으로 ① 상호결정론(reciprocal determinism), ② 자아효능감이론(self-efficacy theory), ③ 사회학습이론(social learning theory; 모방학습이론)으로 세분할 수 있다. 여기에서는 상호결정론과 자아효능감이론에 대해서만 살펴보고, 사회학습이론에 대해서는 제6장(학습이론)에서 논의하기로 한다.

ⅰ) **상호결정론** : 반두라는 행동이 개인의 내적 특성 또는 환경의 영향에 의해서 전적으로 결정되지는 않는다고 보았다. 그는 로터(Rotter)처럼 행동이 개인의 내적 특성과 환경적 영향 간의 복잡한 상호작용의 결과로서 발생한다고 믿었다. 그는 행동이 배타적으로 내적 요인이나 외적 요인에 의해, 혹은 이 둘의 단순한 조합에 의해 결정되지 않는다고 보면서, 개인의 내적 특성과 행동 및 환경 간의 상호결정론 모델을 상정하였다([그림 4-64]).

ⅱ) **자아효능감이론** : 반두라는 개인이 환경에 어떤 영향을 미칠 수 있다는 믿음인 '자아효능감'(self-efficacy; 자기효능감)이 바로 성공, 문제해결, 적응을 위해 필요한 주요 심리적 요인이라고 주장하였다. 자아효능감은 넓게는 자아개념이라고 할 수 있는 것으로, 자기 자신의 능력에 대한 믿음을 말한다. 최근에는 이 자아효능감이 학습에도 많은 영향을 미친다고 주장하였다. 이 용어는 반

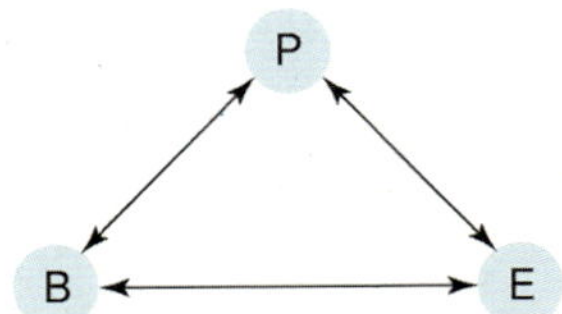

P: 개인(person)의 내적 특성
:인지적 능력, 신체적 특성, 신념과 태도 등
B: 행동(behavior)
:운동반응, 언어적 반응, 사회적 상호작용 등
E: 환경(envrionment)
:물리적 환경, 가족과 교사 및 또래, 그밖의 사회적 영향

그림 4-64 ❙ 개인과 행동 및 환경의 상호결정론

자료출처 : Burger, J. M.(2000). Personality. p.396.

두라(Bandura, 1977a)가 저서 「자아효능감 : 행동변화의 통합이론에 관하여」(Self-efficacy : Toward a Unifying Theory of Behavioral Change)에서 처음 제시한 것으로 비교적 짧은 역사를 가지고 있지만, 여러 영역과 조건 속에서 연구되어 왔고, 다양한 연구결과를 통해서 지지를 받고 있다. 예컨대, 자기효능감은 공포감, 우울증과 같은 임상병리학에서 또는 흡연습관, 통증조절, 체육분야 등에서 관심의 대상이 되어 왔다. 지난 20년 동안 교육연구분야, 특히 학습동기영역에서 관심이 증대되어 왔다.

반두라는 자아효능감을 학습자가 수행을 위해 요구되는 행위를 조직하고 실행해 나가는 자신의 능력에 대한 판단이라고 정의하였다. 자아효능감은 학습자가 자신의 능력에 대한 기대를 어떻게 하느냐, 또는 자기 자신의 효능성을 어떻게 보느냐에 대한 인식의 결과이기 때문에 지각된 효능성(perceived efficacy), 또는 자아효능성에 대한 신념이나 기대(belief or expectation of self-efficacy)라고 부르기도 한다.

또한, 자아효능감은 과제수행에 필요한 동기, 인지적 원천, 행동의 방향을 결정하는 개인의 능력에 대한 판단이며, 성공에 필요한 신체적·인지적·정서적 근원을 움직이게 하는 개인의 능력에 대한 신념이라고 정의되기도 한다.

반두라는 자아효능감이 결과기대(outcome expectancy)와 구별되어야 한다고 주장하는데, 자아효능감은 앞으로 수행할 행동이 성공적일 것이라는 데 대한 확신이기 때문에 선견(先見, forethought)의 개념이고, 결과기대는 특정한 행동 후의 결과에 대한 믿음이기 때문에 후견(後見, afterthought)의 개념이기 때문이다. 사람들은 과거 경험에 비추어서 자아효능감을 설정하여 동기화시켜 행동을 구사한다. 그리고 행동을 하고 난 후에 결과에 대해 기대하기 때문에 두 개념은 구분되어야 한다는 것이다([그림 4-65]).

자아효능감은 우리들이 무엇을 할 것이며 어떻게 생각하고 느낄 것인가 하

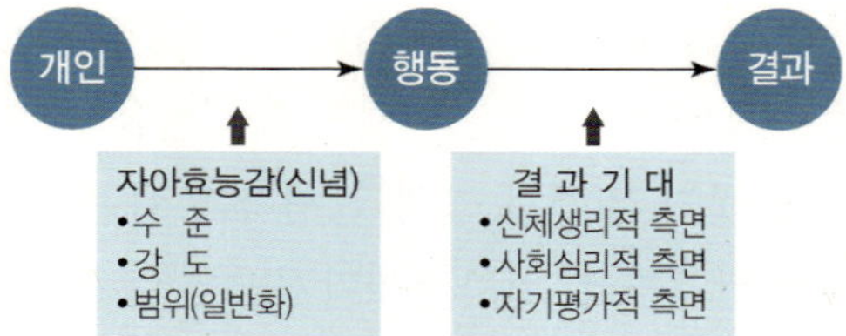

그림 4-65 ❙ 자아효능감과 결과에 대한 기대 간의 관계

자료출처 : 박아청(2002). 교육심리학의 이해. p.277.

는 것에 영향을 미친다. 예컨대, 높은 자아효능감은 일상생활이나 과제수행에 대하여 강한 능력감을 형성하게 하고, 낮은 자아효능감은 불안, 우울, 무력감 또는 수치심 등의 형성에 영향을 미친다. 그러므로 반두라는 자아효능감, 인지(지각, 판단, 해석), 정서(감정), 행동 간에는 상호작용적인 영향의 관계가 있다고 주장하였다. [그림 4-66]은 자아효능감이 인지와 정서 및 행동과 다방향적으로 상호작용하는 관계를 표현한 것인데, 자아효능감이 중추적인 위치를 차지한다.

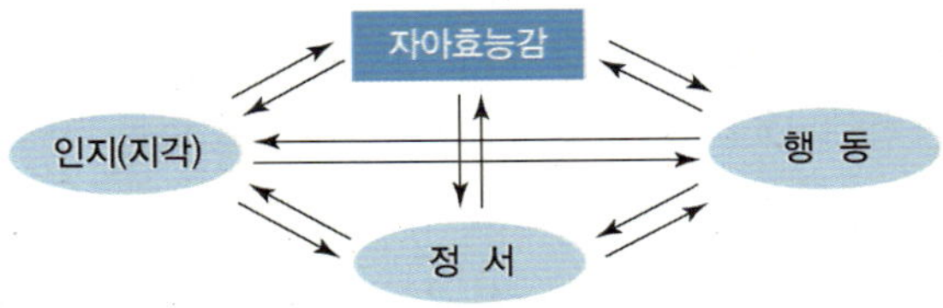

그림 4-66 | '자아효능감'과 다른 요인들 간의 다방향적 상호작용

자료출처 : 박아청(2002). 교육심리학의 이해. p.278.

자아효능감은 성취상황에서 개인으로 하여금 활동을 선택하고, 노력을 투입하고, 어려운 상황에서도 끈기를 보이는 정도에도 영향을 미친다. 자아효능감은 긍정적이고 높을수록 그 개인은 과제수행을 할 때 희망과 확신을 가지고 적극적으로 임하고, 어려움이 있을 때도 많은 노력을 투입하고 더욱 끈기 있게 최선을 다할 것이다.

(5) 인본주의적 접근

행동주의 심리학과 정신분석학과는 다른 관점을 가진 심리학자들에 의해 인간성격에 관한 시각에 근본적인 변화가 일어났는데, 특히 인본주의적 접근이 '건강심리학'(healthy psychology) 혹은 '성장심리학'(growth psychology)이라고 불리는 흐름으로 전개되었다. 여기에서는 신경증과 정신병에 걸린 사람들을 치료하는 것이 목적이 아니라, 인간의 능력들을 실현시키고 성취시키며 삶의 보다 깊은 의미를 찾기 위해서 그의 잠재력을 실현하도록 하는 데 목적을 둔다. 따라서 성장심리학자들은 인간잠재력계발운동(human potential movement : HPM)에 온갖 정열을 쏟는다. 여기에서는 어린시절에 관련된 갈등이나 과거의 정서적 고통을 치료하는 것이 아니라 잠재된 재능, 창의성, 활동력 및 동기를 드러내는 데에 중점을 둔다. 그리고 과거에 어떤 사람이었는가 보다는 현재 어떤 사람인가, 그리고 그 사람이 장차 어떤 사람이 될 수 있는가에 초점을 둔다.

이처럼 성장심리학자들은 인간의 성격은 성장할 수 있고 변화할 수 있다는 확실한 신념을 갖고, 정신질환(mental illness; 정신이상)이 아닌 정신건강(mental health)을 주로 연구한다. 인간성장의 잠재력과 건전한 성격에 관한 연구가 심리학의 근본적인 초점이 되어야 한다고 믿고 있는 성장심리학자들(대부분이 자기 자신을 인본주의 심리학자라고 생각하고 있음)은 인간본성에 대해 새로운 견해를 취하고 있다. 따라서 이들은 심리학의 전통적 흐름인 행동주의 심리학과 정신분석학의 인간관과는 다른 각도에서 인간을 보고자 한다.

인본주의 심리학은 행동주의 심리학과 정신분석학이 인간본성에 대해 제한된 견해를 취하며, 인간은 무한한 잠재력을 가지고 있음을 인정하지 않고 있다고 믿기 때문에 이에 대해 비판적이다. 즉, 인본주의 심리학자들은 행동주의 심리학이 인간을 하나의 정교한 기계로서, 즉 규칙적으로 행동하는 하나의 복잡한 체제로 간주하고 있다고 비난한다. 행동주의 심리학에 있어서의 각 개인은 온도조절장치처럼 질서정연하고 규칙적이며 미리 결정된 유기체로 묘사된다. 또한, 그들은 정신분석학이 인간의 신경질적이고 정신병적인 행동에 주로 관심을 두고 있기 때문에 단지 인간본성의 병적 혹은 손상된 측면만을 강조한다고 비판한다. 프로이트와 그의 추종자들은 건강한 성격보다는 정서가 교란된 성격, 즉 좋은 인간성이 아닌 병적 인간성을 연구해왔다는 것이다.

행동주의 심리학과 정신분석학 모두 인간의 성장욕구에 거의 무관심하다. 사실 이 두 학파는 인간본성의 수동적이고 숙명론적인 모습을 들추어 보여주고 있다. 행동주의 심리학자들은 인간을 외부의 자극(환경)에 대한 수동적인 반응체로 보고 있으며, 정신분석학자들은 인간을 무의식적이고 통제 불가능한 생물학적인 힘과 어린시절의 갈등의 산물로 보고 있다.

반면, 인본주의 심리학자들은 인간을 현재 그 이상의 존재로 본다. 대부분의 인본주의 심리학자들은 외부의 자극과 본능, 그리고 어린시절의 갈등이 성격에 영향을 미친다는 사실을 부정하지는 않지만, 인간은 변화될 수 없는 그러한 요인들의 희생물이라고 믿지는 않는다. 우리 인간은 우리의 과거나 생물학적 본능, 그리고 우리의 환경여건으로부터 자유로울 수 있고, 또 그렇게 하지 않으면 안 된다. 인간은 이러한 잠재력으로 억압하는 요인들에서 벗어나

발달하고 성장해야만 한다. 이처럼 인본주의 심리학자들은 인간본성에 대해 낙관적이고 희망적인 태도를 취한다. 그들은 인간이 자기 자신을 발전시키고 풍요롭게 하며, 개발시키고 실현시킬 수 있는 능력을 가지고 있기 때문에 개인은 되고자 하는 어떠한 인간이든 될 수 있다고 믿고 있다.

성격에 대한 인본주의적 접근을 취하는 대표적인 학자에는 ① 매슬로우(Maslow), ② 로저스(Rogers), ③ 프랭클(Frankl), ④ 펄스(Perls), ⑤ 에릭 번(Eric Berne), ⑥ 프롬(Fromm) 등이 포함된다.

① 매슬로우(Maslow)의 성격이론

매슬로우(Maslow, 1908~1970)는 인본주의 심리학의 창시자로 인정받고 있다. 그는 기계론적 입장을 취하는 행동주의 심리학과 결정론적 입장을 취하는 정신분석학을 강하게 비판하였다. 매슬로우의 성격이론은 심리적 이상자를 대상으로 한 임상적 면담이나 사례연구에 의하지 않고, 건강한 사람들의 성격에 관한 연구를 바탕으로 체계화되었다. 매슬로우는 심리학이 인간의 병리적인 측면보다는 건강한 본성에 더 많은 관심을 갖는 건강심리학이 되어야 한다고 역설하였다. 인간의 건강한 면을 이해해야 비로소 정신적 이상에 대하여 이해할 수 있다는 것이 바로 매슬로우의 신념이었다.

ⅰ) **인간관** : 매슬로우는 인간에 대하여 매우 긍정적인 관점을 가지고 있는데, 이를 크게 네 가지로 구분하여 제시하면 다음과 같다(Maslow, 1962). 첫째, 인간은 자신의 잠재력을 적극 계발하고 자신의 성장을 즐기고 완성시킬 수 있는 본능적 욕구(성장에의 충동)를 가지고 태어난다. 둘째, 인간은 균형이나 안정만을 유지하거나 좌절을 회피하는 것에만 관심이 있기보다는 성장에 더 많은 관심을 가진 존재로서, 행동은 단지 생리적 욕구나 기대에 의해 동기화되는 것이 아니라, 선천적으로 갖고 있는 성장하고자 하는 내적 욕구(성장욕구, 성장에의 충동)에 의해서 동기화된다. 셋째, 인간은 자유의지와 주체성을 가지고 그의 무한한 잠재력을 계발해 나가면서, 성장을 즐기는 과정에서 스스로 자신의 행동을 선택하는 능동적인 유기체이다. 즉, 그는 단순히 존재하고 있는 상태(being)가 아니라 환경과의 끊임없는 상호작용을 통하여 부단히 발달해 나가는 존재(becoming)인 것이다. 그러므로 인간은 상당한 정도로 자신의 행동을 통제·조절(self-control)할 수 있는 존재라고 할 수 있다. 넷째,

인간은 현재의 즉시성을 초월하여 대안적인 상태나 가능성을 능동적으로 만들어 나가고, 자신의 성장·발달을 스스로 주도하고 즐기며, 행동을 선택·구사할 수 있는 힘을 내재적으로 가지고 있기 때문에 그에게 자유를 허용해야 한다.

ii) **욕구위계설** : 욕구위계에 대한 초기이론에서 매슬로우(Maslow, 1943)는 인간의 욕구가 ① 생리적 욕구, ② 안전의 욕구, ③ 애정 및 소속의 욕구, ④ 자존의 욕구, ⑤ 자아실현의 욕구의 순서로 추구된다는 5단계 모형을 주장하였다([그림 4-67]).

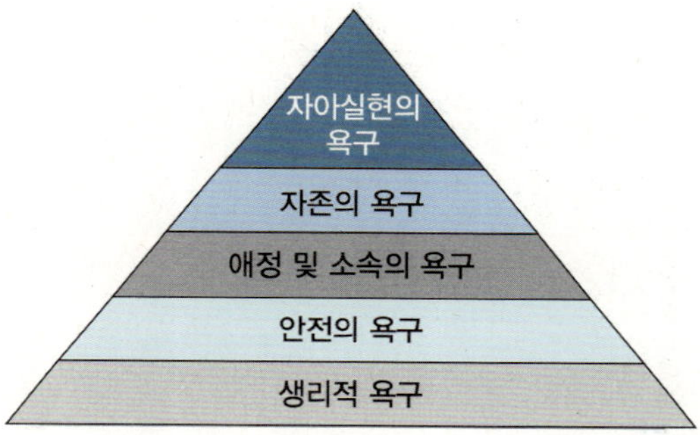

그림 4-67 | 매슬로우(Maslow)의 욕구위계 5단계 모형

그러나 매슬로우는 1960년대 이후에 욕구위계 5단계 모형을 수정·보완하였다(Maslow, 1962, 1968, 1970a, 1970b, 1971). 먼저, 5단계 모형의 네 번째 욕구인 '자존의 욕구'와 다섯 번째 욕구인 '자아실현의 욕구' 사이에 '인지적 욕구'와 '심미적 욕구'를 추가하여 7단계 모형으로 수정하였으며, 이후 새롭게 여덟 번째의 최상위의 욕구로서 '자아초월(self-transcendence)의 욕구'를 추가하여 8단계 모형을 완성하였다.

욕구위계 8단계 모형에 준하여 욕구들의 단계적 추구 및 만족의 순서를 나열하면, ① 호흡, 음식, 물, 성, 수면, 동질정체성(homeostasis, 同質正體性 : 생체내 균형을 유지하려는 경향), 배설 등에 대한 욕구인 '생리적 욕구', ② 신체, 고용, 자원, 품행, 가족, 건강, 재산 등의 안전(위험, 위협, 위기으로부터의 보호)을 유지하고 싶은 욕구인 '안전의 욕구', ③ 친밀한 가족관계, 우정, 성적 친밀성(sexual intimacy), 집단소속을 유지하고 싶은 욕구인 '애정 및 소속의 욕구', ④ 자신감, 성취, 타인의 인정과 존경, 타인 존중의 욕구인 '자존의 욕구', ⑤ 호기심, 지식(정보) 수용 및 이해, 탐구, 문제해결 등의 욕구인 '인지적 욕구', ⑥ 질서, 조화, 선(善), 성(聖), 미적 감각 등을 추구하려는 욕구인 '심미적 욕구', ⑦ 자아의 발견, 잠재력과 역량(능력) 및 자발성 발휘의 욕구인 '자아실현의 욕구', ⑧ 자기를 넘어 뭔가를 관련짓거나, 타인이 자신을 발견하고 자아실현을 하도록 돕고 싶은 욕구인 '자아초월의 욕구' 순으로 추구·만족되는 위계적 과정을 밟는다([그림 4-68]).

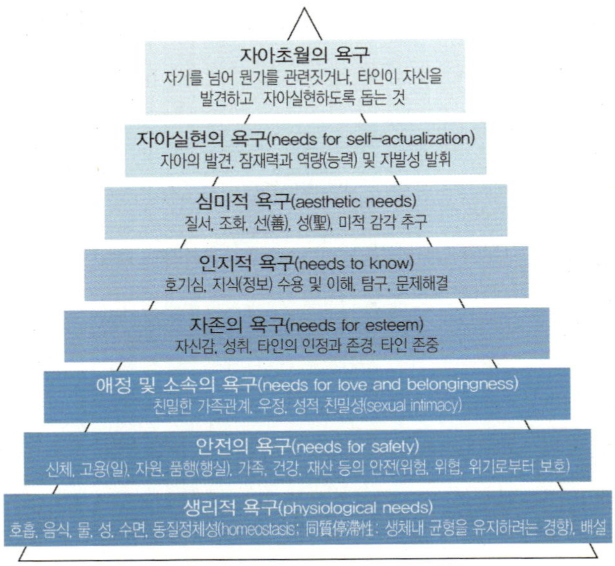

그림 4-68 | 매슬로우의 욕구위계

자료출처 : Huitt, W.(2007). Maslow's Hierarchy of Needs. Educational Psychology Interactive. http://www.edpsycinteractive.org/topics/conation/maslow.html

[그림 4-68]에서 보는 바와 같이, 매슬로우는 인간의 욕구충족이 배고픔과 갈증, 성욕·배설 등과 같은 생리적 욕구에서 안정의 욕구, 애정 및 소속의 욕구를 거쳐서 자존의 욕구(유능감 및 자긍감, 타인의 인정)의 순서로 추구·만족되며, 이러한 만족 후에는 다시 인지적 욕구, 심미적 욕구가 추구·만족되고, 그리고 자아실현의 욕구가 만족되면 최종적으로 자아초월의 욕구에까지 오르는 위계적 순서로 이루어진다고 주장하였다. 여기에서 낮은 수준의 욕구들은 더 강력할 뿐만 아니라, 만족을 먼저 요구한다. 그리고 보다 상위의 욕구들은 행동에 직접적인 영향을 덜 미치지만, 보다 더 뚜렷하게 인간적인 요소를 내포하고 있다. 일반적으로 볼 때 적어도 하위의 욕구가 부분적으로 만족되어야

만 상위의 욕구가 추구될 수 있다.

한편, 여기에서 생리적 욕구·안전의 욕구·애정 및 소속의 욕구·자존의 욕구는 '결핍욕구'라고 할 수 있는데, 이 욕구들은 충족되지 않으면 충족을 위한 동기가 강해지고, 일단 그 욕구충족이 이루어지게 되면 그 욕구의 추구는 당분간 없어지게 된다. 반면, 인지적 욕구·심미적 욕구·자아실현의 욕구·자아초월의 욕구는 '성장욕구', 즉 '메타욕구'(meta need)라고 할 수 있는데, 이 욕구들은 충족되면 그 추구가 감소되기보다는 오히려 더 많은 충족을 위해 보다 강해지는 것이 특징이다. 만약 어떤 개인이 하위의 욕구만족에 얽매이는 삶을 유지한다면 그것은 결핍동기화된 삶이고, 상위의 욕구만족까지 추구하는 삶을 개척해 나간다면 그것은 성장동기화된 삶이라고 할 수 있다(Maslow, 1970b). 사람들이 개인적·사회적 장애 때문에 성장욕구를 충족시키지 못하거나 실패하게 되면 욕구불만, 불안, 긴장 등을 경험하게 되는데, 이러한 증세가 지나치게 되면 메타병(meta pathology; 실존병, 예 : 불안증, 우울증)으로 악화된다.

iii) **자아실현하는 사람** : 매슬로우는 '자아실현하는 사람'(self-actualizing person)을 심리적으로 건강한 사람이라고 규정하고, 자아실현이 잘 성취된 많은 사람들의 특성을 연구하였다. 그는 자아실현을 이룰 수 있느냐 없느냐 하는 것은 어린 시절의 경험에 상당한 영향을 받는다고 보았는데, 특히 아동이 사랑을 받고 있다고 느끼는 것이 훗날 자아실현에 대단히 중요하다고 보았다. 자아실현하는 사람의 주요특성은 다음과 같다(Schultz, 1977).

첫째, 객관적인 현실지각인데, 자아실현하는 사람은 자신의 현실을 객관적이고 정확하게 지각하며, 그러한 현실을 일단 수용(인정)한다.

둘째, 인간의 본성, 타인 및 자신의 모습에 대한 수용(인정)인데, 자아실현하는 사람은 인간의 본성(본질)을 수용할 뿐만 아니라, 타인과 자기의 모습을 있는 그대로 받아들이고 존중한다.

셋째, 자발성과 솔직성 및 자연스러움의 유지인데, 자아실현하는 사람은 사고·정서·행동 등에 있어서 보다 더 자발적이고 솔직하며, 자연스럽게 반응한다. 특히, 자신의 정서(감정)를 숨기지 않고, 가식 없이 솔직하고 직접적인 방식으로 행동한다.

넷째, 과업지향성의 유지인데, 자아실현하는 사람은 자기의 일(과업)에 대하여 책임감·사명감을 가지고, 한결같이 열중하는 과업지향성을 갖는다. 일에 대한 몰두와 그에 따른 만족의 결과로 인해 건강한 성격의 소유자들은 보통 수준의 정신건강을 가진 사람들보다 더 열심히 일을 한다.

다섯째, 프라이버시(privacy)와 독립에 대한 강한 욕구의 소유인데, 자아실현하는 사람은 고립과 고독을 오히려 즐기는 경향이 있다. 개인은 다른 사람과의 접촉을 의도적으로 피하지는 않지만, 항상 타인을 필요로 하지는 않는다. 즉, 개인적인 생활을 필요로 하고 즐기며, 혼자 있는 것을 꺼려하지 않는다. 그들은 상당히 독립적이고 자기주도적이다.

여섯째, 자율적 기능의 발휘인데, 자아실현하는 사람은 사회적이거나 물리적인 환경에 자율적으로 기능할 수 있는 능력과 권리를 가지고 있다. 그는 자신의 잠재력과 내적 자원에 의해 자신의 발달을 이끌어간다.

일곱째, 신선한 인식의 계속적인 추구인데, 자아실현하는 사람은 신선한 감각을 가지고 사물이나 주변에 대한 인식과 이해를 늘 새롭게 한다.

여덟째, 절정경험(peak experience)의 추구인데, 자아실현하는 사람은 창조적 활동, 자연의 감상, 타인과의 관계, 지각, 운동 등 여러 상황에서 최고도의 기쁘고 감격스러운 경험(짜릿하고 숨막힐듯한 경험)을 자주 하는데, 그는 이러한 활동을 통하여 자산의 잠재력을 자유롭고 완전하게 발휘하여 새로운 차원으로 발돋움하게 된다. 이러한 절정경험에는 행복감·신비감·경외감·경이감·우주와의 일체감·무아지경 내지는 몰아 등의 감정이 수반된다.

아홉째, 사회적 관심의 증대인데, 자아실현하는 사람은 인류를 돕고자 하는 공동체감은 물론, 모든 인간에 대하여 강하고 감정이입(empathy; 공감)과 깊은 애정을 갖는다.

열째, 친밀하고 깊은 대인관계의 유지인데, 자아실현하는 사람은 다른 사람들을 보다 열렬히 사랑하고, 보다 깊은 우정을 나누며 아주 친근한 대인관계를 맺는다.

열한째, 민주적인 성격의 소유인데, 자아실현하는 사람은 성별, 출생지역, 인종, 종교, 피부색 등에 상관없이 다른 사람들을 판단하고 수용하며, 그들에게 관대하다.

열두째, 목적과 수단(방법), 선과 악 등에 대한 명확한 구별인데, 자아실현하는 사람은 목적과 수단을 분명히 구별하고, 목적과 그에 도달하기 위한 수단 간의 관계를 잘 파악한다. 또한, 선과 악, 정(正)과 사(邪)의 구별도 명확하다.

열셋째, 적개심이 없는 유머감각의 구사인데, 자아실현하는 사람은 웃음을 자아내거나 교훈적인 메시지가 담긴 유머를 구사한다. 이러한 유머는 적의있는 유머나 우월적인 유머 또는 반항적인 유머 등과는 대비된다.

열넷째, 창조성인데, 자아실현하는 사람은 독창적이며 혁신적이다. 이는 심리적으로 건강하다는 하나의 표현이며 태도이다.

열다섯째, 문화전계(enculturation; 문화적 동질화)에 대한 저항인데, 자아실현하는 사람은 자부심이 강하고 자율적이므로 획일적으로 사고하거나 행동하라는 사회적 압력에 잘 저항할 수 있다. 그는 문화의 영향으로부터 어느 정도 벗어나 내적인 초연함을 유지하며, 다른 사람들에 의해서라기보다는 자신 스스로 자기를 다스려 나간다. 그러나 그는 공공연히 문화에 대항하는 것은 아니며, 또한 독립심을 보여주려고 고의로 사회적 규칙을 위반하지는 않는다.

② 로저스(Rogers)의 성격이론

로저스(Rogers, 1902~1987)는 상담에 대한 인간중심적 접근(인본주의적 접근)의 창안자로서 유명하다. 당시 윌리암슨(Williamson, 1939)의 특성이론에 근거한 상담자중심 상담접근보다 인간중심 상담접근이 내담자를 조력하는 데 효과적이고, 프로이트(Freud)의 정신분석학에서 취하는 치료자중심 상담접근보다 내담자중심 상담접근이 더 바람직하다고 역설하였다(Rogers, 1942).

로저스는 성격의 발달과 변화에 초점을 두었으며, 성격의 구조적인 구성개념에는 많은 관심을 두지 않았다. 그의 성격이론은 현상학(phenomenology)의 영향을 받아 형성되었다고 할 수 있다. 현상학에서는 개인의 독특한 주관적 경험을 최대한 존중한다. 그는 삶 속에서 접하게 되는 사건들을 판단하고 해석하는 방식이 행동에 결정적인 영향을 미친다고 믿었다. 결국 개인은 주관적인 세계에서 생활하며, 이른바 과학자가 말하는 객관적인 현상조차도 주관적인 지각과 선택의 결과라고 할 수 있다.

i) **인간관** : 로저스는 인간이 성장에의 충동(성장욕구)을 본래적으로 가지고 있기 때문에 그에게 적절한 환경을 제공해 주면 스스로 올바른 방향으로 성장·발달할 수 있고, 자아실현을 할 수 있는 건강한 존재라고 간주한다. 여기에서 자아실현이란 정지된 상태가 아닌 계속적인 과정인데, 이 과정은 어렵고

때로는 고통스럽기도 하며, 거기에는 개인의 모든 능력에 대한 끊임없는 시험과 긴장, 그리고 도전이 수반된다.

인간은 선천적으로 자신의 운명을 개척할 수 있으며, 생산적이고 창의적인 방법으로 자기의 생을 영위해 나갈 수 있다. 로저스의 인간관을 다섯 가지로 정리하면 다음과 같다(Rogers, 1961).

첫째, 인간은 자신이 중심이 되어, 끊임없이 변화하는 경험의 세계 속에서 살아가는데, 그가 경험하는 세계는 오직 자기 자신만이 제대로 지각할 수 있다. 이러한 입장을 현상학적 관점이라고 한다. 둘째, 인간은 유기체로서 자신의 성장·발달을 이루려는 기본적 경향성(성장욕구)을 본래적으로 갖고 있다. 즉, 인간은 자기를 조절·통제하며 자신을 올바른 방향으로 변화시켜 나갈 수 있는 능력을 가지고 있다. 셋째, 인간은 기본적으로 목적지향적이어서, 긍정적이고 자유스러운 분위기와 조건을 조성해 주면 합목적적이고 합리적인 행동을 자율적으로 구사할 수 있으며, 그 결과에 대한 책임도 자신의 몫으로 돌린다. 넷째, 인간은 자신의 자아실현을 위해 항상 노력하고 도전하며, 어려움을 극복함으로써 진정한 개인이 되어간다. 그러나 로저스는 이러한 자아실현을 최종적인 것으로 간주하지는 않는다. 다섯째, 인간은 통합적 존재이다. 그러므로 그를 제대로 이해하기 위해서는 전체적 관점(holistic view)을 취해야 한다. 로저스에 의하면, 자아는 항상 더 원대한 전체성을 향해 성장해 나간다. 인간의 발달은 유아의 미분화상태에서 출발하여, 자아의 개념이 점차 발달하게 되면 자아일치성(self-consistency)이 확보되면서 그는 전체성과 통합성을 향해 계속 발달해 나간다.

ii) **현상학적 장(場; field)** : 인간은 독자적인 현상학적 장 속에서 살아가고 있다고 할 수 있다. 현상학적 장이란 개인의 주관에 의해 의미가 부여된 독자적인 세계를 말하는 것으로, 특정 순간에 개인이 직접 지각하고 경험하는 모든 것을 의미한다(p.242 [그림 4-70] 참조). 로저스는 동일한 현상이라도 개인에 따라 그것은 다르게 지각되고 경험되기 때문에 이 세상에는 개인적 현실(individual reality), 즉 현상학적 장만이 존재한다고 전제하고, 이를 최대한 존중해 줄 필요가 있다고 주장하였다(Rogers, 1961). 특히, 프로이트(Freud)가 과거경험이 인간의 행동을 결정하는 요인으로 주장한 점에 대항하여, 로저스는 현재 행동을 결정하는 것은 과거 그 자체가 아니라 과거에 대한 각 개인의 현재의 해석이라고 주장할 정도로 현재의 현상학적 장을 중시하였다.

이렇게 본다면, 우리의 행동은 객관적·물리적 사실에 근거한 것이 아니라 그 객관적·물리적 사실에 독자적인 의미를 부여하는 것으로 구성되는 주관적 세계, 즉 현상학적 장에 근거한다고 할 수 있다. 그리하여 그러한 현상학적 장에 있어 대상화된 자기에 대한 이미지를 '현상학적 자아'(phenomenal self)라고 부른다. 현상학적 장에는 개인이 의식적으로 지각하는 것들이 포함되지만, 그가 지각하지 못하는 것까지도 포함된다. 로저스는 개인이 실제로 경험하고 있음에도 불구하고 지각(의식)하지 못하거나 막연히 애매모호한 경험을 감각적·내장적 경험(sensory & visceral experience)이라고 명명하였다. 어떻든, 개인은 객관적 현실이 아닌 자신의 주관적 경험에 입각하여 재구성된 현실(현상학적 장)에 대하여 반응을 하게 된다. 따라서 동일한 사건을 경험한 두 사람도 각기 다르게 사고하고 행동할 수 있고, 이러한 특성으로 인하여 모든 개인은 서로 다른 독특성을 보이게 된다.

iii) **자아의 발달** : 로저스의 성격이론에서 핵심적인 개념 중의 하나가 바로 자아(self)인데, 이는 자신에 대한 조직적이고 지속적인 인식을 말한다. 인간은 외적 대상을 지각하고 경험하면서, 그것에 의미를 주관적으로 부여하는 존재(현상학적 존재)이다. 개인의 지각과 의미의 전체적 체계는 그로 하여금 자신의 현상학적 장(場)을 구성하게 한다. 이렇게 구성된 현상학적 장 내부에는 '자아'가 위치해 있다. 즉, 인간이 살아가는 세계에서는 순간순간마다 끊임없이 새로운 사실이 생기고 있는데, 자아는 이러한 경험 속에서 일관되게 지각되는 자신에 대한 지각으로서, 자기쉐마(self-schema)라고도 명명할 수 있다.

로저스는 자아를 개인의 현상학적 장이 분화된 것으로, 'I'와 'me'에 대한 의식적 자각과 가치를 포함하는 것으로 보았다. 여기에서 'I'는 주체로서 자신

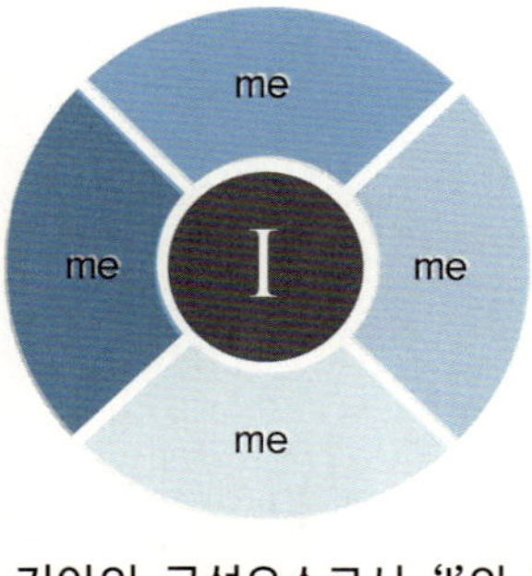

그림 4-69 | 자아의 구성요소로서 'I'와 'me'의 관계

이 인식하는 '나'를 말하며, 'me'는 객체로서 인식하는 '나'를 의미한다. 즉, 전자의 '나'는 자기가 인지하는 자신의 모습을 지칭하고, 후자의 '나'는 자신에 대하여 주변의 타인들이 인지하고 있는 자신의 모습을 말한다.

이처럼 자아는 끊임없이 변화하는 실체라는 점에서 로저스는 '과정'으로서의 자아를 중시한다. 개인의 자아는 그의 경험이 누적되고 상황이 변함에 따라 끊임없이 형성·발달되어 감으로써 점차 조직화되고 일관성을 갖게 되는 하나의 게슈탈트(Gestalt : 형태, 구조)를 이루게 된다. 그러나 이러한 변화는 한없이 계속되므로 자아는 항상 유동적이고 새로운 경험에 의해 항상 변화하게 되나, 특정 시점에서 보면 그것은 정형화된 상태로 존재하게 된다고 할 수 있다. 그러므로 시간이 지나 각 개인이 어느 정도 변화하더라도 그는 자신이 이전과 똑같은 사람이라고 느끼는 내적 감정을 갖게 되는 것이다.

로저스에 의하면, 현재의 현상학적 장 내에서의 자신의 자아와 경험(일상생활경험)이 일치하게 되면 개인은 자신에 대한 지각으로서 자기쉐마를 긍정적으로 형성시키고 현실을 정확하고 풍부하게 이해하게 되며 잠재능력을 발견하고 건강한 심리적 적응을 하게 되는 반면, 자아와 경험(일상생활경험)이 불일치하게 되면 개인은 불안을 경험하게 되고 자기쉐마를 부정적으로 형성시키게 되는데, 이는 자신의 성장에 분명 부정적인 영향을 미치게 된다(Rogers, 1961). [그림 4-70]은 현상학적 장에서의 자아와 경험 간의 관계를 도식화한 것인데, 여기에는 3가지 영역, 즉 실제 자신의 경험에 의거하지 않고 의식화되고 왜곡되어 있는 자아의 영역(Ⅰ), 경험과 일치되는 자아의 영역(Ⅱ), 그리고 의식화되지 않았기 때문에 자아에는 들어와 있지 않은 경험의 영역(Ⅲ)이 포함된다.

로저스는 영역 Ⅱ의 넓이가 많아질수록 자아일치(self congruence)의 정도

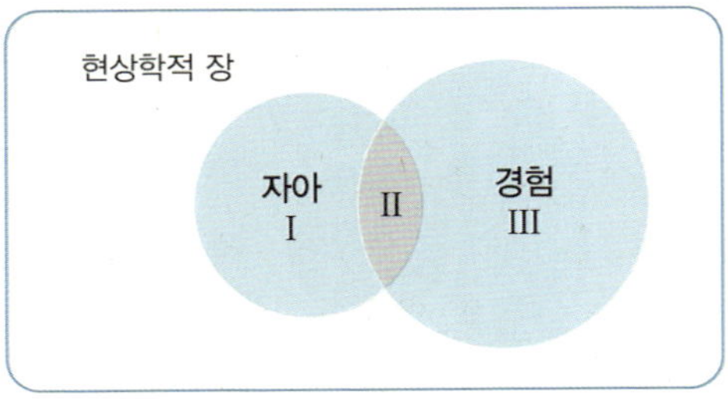

그림 4-70 ❙ 현상학적 장에서의 자아와 경험의 상호관계

자료출처 : 박아청(2006). 성격발달심리의 이해. p.205.

는 높아지게 되는데, 이러한 상황은 '적응상태'라고 명명된다. 반면, 영역 Ⅰ 또는 Ⅲ의 넓이가 많아질수록 자아불일치(self incongruence)의 정도는 높아지게 되는데, 이러한 상황은 '부적응상태'라고 명명된다. 개인은 자아와 경험 간에 괴리가 크게 느껴질수록 그만큼 불일치상태를 강하게 경험하게 된다. 자아일치의 상태에서는 자신의 열등한 부분까지도 자신의 본성(본질, 개성)으로 수용하여 자아에 포함시킨다. 반면, 자아불일치의 상태에서는 자신의 열등한 부분을 의식하려는 경험은 위협으로 느끼게 되어, 마음의 평안을 되찾기 위해 주관적인 경험을 왜곡시키거나 거짓으로 만들어 받아들이려고 하는데, 이러한 과정에서 보상이나 합리화 또는 투사 등과 같은 여러 가지 방어기제(defense mechanism)를 사용하게 된다(pp.201~207 참조).

iv) **자아유지·자아향상·자아실현의 경향성** : 로저스는 인간이 많은 욕구들과 동기들을 가지고 있지만, 그것들은 단지 하나의 기본적 욕구의 일부분에 지나지 않는다고 주장하면서, 그 기본적 욕구는 바로 '자아를 유지하고 향상시키며 실현하려는 욕구'인데, 여기에는 ① 자아유지(self-maintenance), ② 자아향상(self-enhancement), ③ 자아실현(self-realization)이 모두 포함되는 것으로 이해하여야 한다고 보았다.

① 인간은 자아유지의 경향을 선천적으로 지니고 태어난 유기체로서, 음식물을 섭취하여 필요한 영양분을 공급받고, 위험에 직면하여서는 방어적으로 행동함으로써 자기유지의 목적을 성취하려고 노력한다.

② 인간은 자아향상을 위해 끊임없이 노력하며, 그 과정에서 직면하게 되는 고통이나 성장방해요인을 극복할 수 있는 성장지향적인 유기체로서, 성숙을 지향하고 상향이동하려는 경향성(upward-moving tendency)을 가지고 있다. 이러한 상향이동의 경향에 의해 자아분화와 기능분화가 이루어지는데, 인간은 외적인 힘에 의해 통제를 받고 의존하기보다는 독립성, 자기책임성, 자기규제, 자율성, 자기통제 등을 보다 높은 수준으로 끌어올려는 속성을 지니고 있다.

③ 인간은 자아실현을 이루기 위한 경향성을 가지고 있는데, 이는 성장과 퇴행 중 어느 하나를 선택해야 하는 상황에 처하게 되면 더욱 강하게 작용하게 된다. 현실지각이 왜곡되거나 자아분화의 수준이 낮은 개인의 경우에는 퇴행적 동기가 더 강하게 작용하여 유아적 수준의 행동을 나타

내기도 한다. 모든 인간이 퇴행적 동기를 지니고 있기는 하지만, 그보다는 성장지향적인 동기, 즉 자아실현의 경향성이 기본적인 동기라고 할 수 있다. 자아실현의 과정은 자신을 창조하는 과정이기 때문에 이를 통하여 모든 인간은 자신의 삶의 의미를 찾고, 주관적인 자유를 실천해 감으로써 점진적으로 완성되어 간다.

v) **완전히 기능하는 사람** : 로저스는 '완전히 기능하는 사람'(fully functioning person)을 심리적으로 건강한 사람이라고 간주하였는데, 그에 의하면 인간성은 정지된 상태라기보다는 계속적으로 변화하는 과정(process)이고, 자아실현은 꽤 어려운 과정으로서 때로는 고통스럽기까지 하며, 자아실현은 곧 진정한 자기 자신이 되어가는 과정이다. 로저스가 주장한 완전히 기능하는 사람의 다섯 가지 특성을 제시하면 다음과 같다(Schultz, 1977).

첫째, 경험에 대한 개방성(openness to experience)인데, 완전히 기능하는 사람은 생활과정에서 부딪히는 모든 경험들을 적극적으로 하며, 여러 가지의 긍정적인 감정들뿐만 아니라 부정적인 감정들(예컨대, 슬픔, 고독, 두려움, 노여움, 불쾌함 등)까지도 보다 강렬하게 경험한다.

둘째, 실존적인 삶(existential living)인데, 완전히 기능하는 사람은 존재하는 어느 순간에서나 능동적이고 적극적인 자세로 책임감 있게 자신의 삶을 영위해 나간다.

셋째, 자신에 대한 신뢰(trust in one's organism)인데, 완전히 기능하는 사람은 자신의 본질에 대하여 충분한 이해를 할 뿐만 아니라 그러한 자신을 충분히 수용하고 적극 신뢰한다.

넷째, 자유의식(sense of freedom)인데, 완전히 기능하는 사람은 자신의 사고와 행동에 있어서 아무런 제약이나 금지없이 자유롭게 선택하되, 그 모든 책임은 자신에게 있음을 인식하고 삶에 대한 개인적인 지배감을 즐기며, 미래는 자기 자신에 의해 결정된다는 점을 충분히 믿는다.

다섯째, 창의성(creativity)인데, 완전히 기능하는 사람은 모든 면에서 상당히 창의적이다. 이는 사회적·문화적 제약에 순응하거나 수동적인 적응을 하기보다는 삶의 과정에서 직면하게 되는 다양한 자극이나 문제사태에 창의적이고 자발적으로 대처하고 변화하며, 성공하고 발달한다.

ONLINE RESOURCES

'프랭클(Frankl), 펄스(Perls), 에릭 번(Eric Berne), 프롬(Fromm)의 성격이론'에 관한 자료가 필요할 경우 저자가 운영하는 웹사이트(welfare5.com)의 Online Resources 게시판을 통하여 다운을 받기 바랍니다('교육심리탐구'의 Online Resources 30 자료).

(6) 인지주의적 접근

성격에 대한 인지주의적 접근은 개인의 성격적 특성을 그가 주변환경을 지각(인식)하고 해석하며 평가하는 인지과정과 관련지어 규명하고자 한다. 현대 심리학의 다양한 학파 중 행동주의 심리학을 제외한 대부분의 성격이론들은 개인의 성격적 특성을 그의 정신과정(심리과정)과 관련지어 논의한다는 점에서 인지적 관점을 반영하고 있다고 볼 수 있다.

성격에 대한 인지주의적 접근은 인간심리의 3대 구성요소인 인지·정서·행동 간의 상호작용을 전제하나, 이 중에서도 '인지'의 기능을 가장 강조한다. 즉, 개인의 정서나 행동이 인지(사고, 생각, 신념)에 의해 통제될 수 있다는 전제하에 인간의 성격적 특성을 규명함에 있어 인지적 측면에 일차적인 관심을 둔다. 이러한 접근은 일찍이 기능주의 심리학자 제임스(James, 1842~1910)가 주장한 "'생각'이 바뀌면 '행동'이 바뀌고, '행동'이 바뀌면 '습관'이 바뀌고, '습관'이 바뀌면 '성격'이 바뀌고, '성격'이 바뀌면 '운명'까지도 바뀐다."라는 내용과 일치한다.

성격에 대한 인지주의적 접근으로서 ① 엘리스(Ellis)의 인지적 성격이론, ② 벡(Beck)의 인지적 성격이론에 관하여 차례대로 논의하기로 한다.

① 엘리스(Ellis)의 인지적 성격이론

엘리스(Ellis, 1913~2007)는 이어 논의할 벡(Beck)과 마찬가지로 원래 정신분석에 대한 훈련을 받고 이를 실제에 적용하고자 했으나, 그 효과성을 느끼지 못하여 1953년 정신분석 연구를 포기하였다. 이어, 그는 보다 단기적이며 효과적인 치료접근방법을 개발하고자 노력하는 가운데, 1958년에 인지를 강조하는 새로운 접근법인 인지치료(rational therapy)를 소개하였으나, 정서적 측면을 도외시한다는 비판이 일자, 1962년 인지-정서치료(rational emotive therapy)로 수정하였다. 그리고 1995년부터는 이를 다시 인지·정서·행동치료(rational emotive behavior therapy; REBT)로 수정·보완하기에 이르렀다.

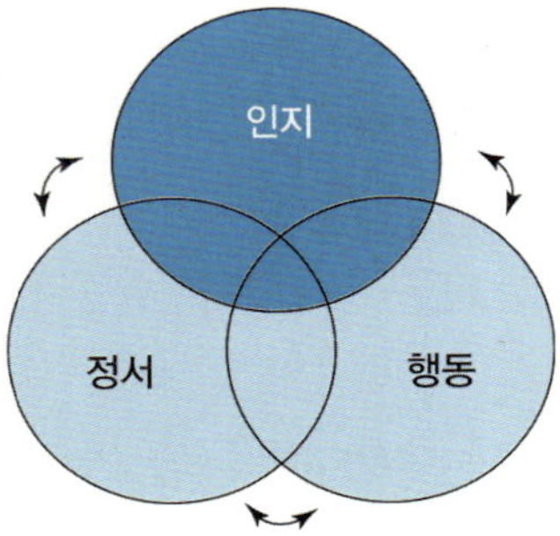

그림 4-71 | 인간의 인지·정서·행동 간의 상호작용

자료출처 : 박경애(2002). 인지·정서·행동치료. p.61.

ⅰ) **인간관** : 엘리스는 인간을 유연성과 복합성을 가진 존재로 인정한다. 첫째, 인간은 유연성을 가진 존재로서 합리적인 사고를 하기도 하지만, 비합리적인 사고를 할 수도 있는 잠재기능을 지니고 있다. 즉, 인간은 자신의 가치를 보존하고 행복을 누리고 사고하고 말하고 사랑하며, 다른 사람과 친분을 맺고 스스로 성장시키고 자아를 실현하는 경향을 가지고 있으면서도, 동시에 자신을 파괴하고 일을 뒤로 미루고 실수를 계속 반복하고 미신에 빠져들고 참을성이 없고 완벽하려 하며 자기를 비난하고 자신의 가능성을 파괴하는 잠재력도 가지고 있다.

둘째, 인간은 자신의 심리적 요소들을 상호 관련시켜 행동하는 존재로 간주된다. 즉, 엘리스는 인간의 심리적 요소들의 상호작용을 전제한다. 인간은 인지(사고)하고 정서를 나타내며 행동하는 것을 동시에 할 수 있다. 인간의 인지와 정서 및 행동은 서로 분리되어 존재할 수 없으며, 이들 간에는 상호작용이 이루어지면서 서로 영향을 주고받는다(Ellis, 1962).

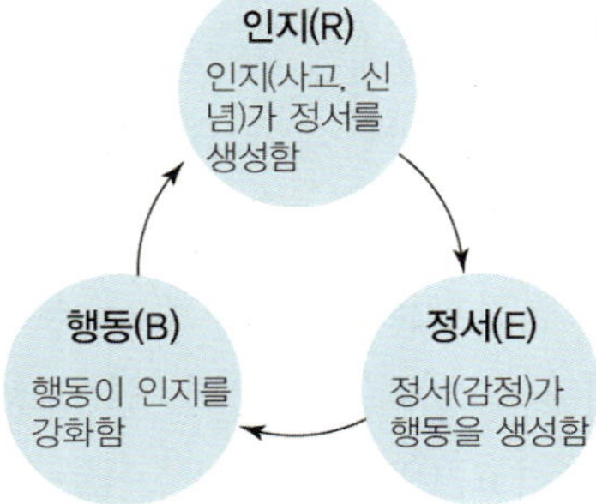

그림 4-72 | 인간의 인지·정서·행동 간의 순환과정

그런데 엘리스는 이 세 요소 중에서 '인지'가 보다 주도적인 역할을 한다고 주장하였다. 즉, 개인의 인지(사고, 신념)가 그의 '정서'(감정)의 형성에 영향을 미치고, 그러한 정서는 결과적으로 그의 '행동'을 결정하게 된다는 것이다([그림 4-72]).

엘리스는 인간이 본능에 의해 움직이는 생물학적 존재라는 정신분석학의 입장에 동의하지 않는다. 오히려 인간은 독특하고 고유하며, 한계를 이해하는 능력을 지니고 있는 이성적인 존재임을 강조한다. 그러면서도 그는 인간을 자아실현하는 경향성을 지닌 존재로 간주하는 인본주의적 견해에도 완전히 찬성하지는 않는다.

셋째, 인간의 성격은 단일차원이 아니라 '생리적 측면'과 '심리적 측면' 및 '사회적 측면'과 복합적인 관련이 되는 역동체이다(Ellis, 1979).

① 성격은 생리적 측면을 포함하고 있다. 인간은 생리적 경향성으로서 거대한 성장자원뿐만 아니라 자신의 사회적 운명과 개인적 운명을 변화시킬 수 있는 능력을 선천적으로 가지고 있으며, 그와 동시에 비합리적으로 생각하고 스스로에게 해를 끼치려는 예외적으로 강력한 선천적 경향성도 함께 가지고 있다. 따라서 이러한 생리적 성향으로 인하여 개인은 자신의 인생에서 일어나는 모든 일에서 최상의 것을 추구하기도 하고, 반면 자신이 원하는 것을 얻지 못한다고 여길 때는 자신이나 타인 또는 세상을 두루 비난하는 매우 강한 경향성을 가지게 된다. 그렇기 때문에 인간은 생득적인 자기파괴(self-sabotaging) 방식으로 자기 자신을 파괴하기도 한다.

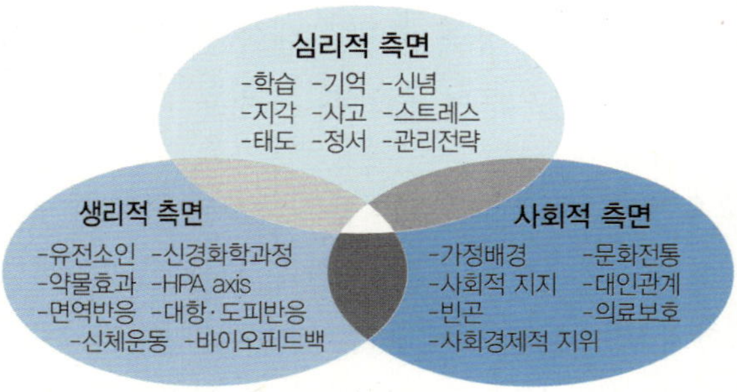

※HPA axis: Hypothalamic-Pituitary-Adrenal axis의 약어로서, '시상하부 뇌하수체 부신 축'을 지칭하는 것으로, 이는 주요 신경내분비계로서 스트레스에 대한 반응, 소화, 면역계, 감정과 기분, 성, 에너지 저장과 소모 등을 포함한 다양한 신체과정을 조절하는 역할을 함.

그림 4-73 | 생리적·심리적·사회적 측면의 복합체로서의 성격

② 성격은 심리적 측면을 포함하고 있다. 엘리스는 슬픔, 유감, 성가심, 좌절감과는 구별되는 정서적 혼란이 비합리적 신념에서 유발된다고 전제하였다. 이러한 비합리적인 신념은 일반적으로 다음과 같은 진술의 형태를 취한다. "내가 어떤 것을 원하기 때문에, 그것이 존재하는 것은 바람직하거나 선호되는 것일 뿐 아니라 절대적으로 존재해야만 하며, 만약 그것이 실제로 존재하지 않는다면, 그것은 끔찍한 일이다." 이렇게 생각하다 보면, 불안하거나 우울하거나 흥분하게 되며, 그렇게 느끼는 자신이 바람직하지 않다는 것을 깨닫게 된다. 다시 말하면, 개인이 일단 비합리적인 사고를 통해 불안과 우울을 경험하게 되면 자신이 스스로 불안하고 우울한 것에 대해 불안해하고 우울해 할 것이다. 그리하여 악순환을 경험하게 되는 것이다. 개인의 현재의 감정적 측면에서 볼 때 그 감정에 더 초점을 둘수록 그 감정들은 더 나빠질 가능성이 높다. 따라서 바람직하지 못한 감정을 차단하는 보다 바람직한 방법은 개인으로 하여금 불안을 생성하는 신념체계를 탐색하여, 그것을 바꾸도록 도와주어야 한다.

③ 성격은 사회적 측면을 포함하고 있다. 인간은 사회집단 내에서 양육되고, 인생의 대부분을 타인에게 인상을 남기려 하며 타인의 기대에 맞춰 살고, 타인의 수행을 능가하려고 노력하는 데 바친다. 그래서 타인이 자신을 인정하고 승인한다고 믿고 있을 때 보통 자기 '자신'을 선량하고 가치 있는 사람으로 인정한다. 엘리스에 따르면, 정서적 장애는 타인들이 생각하는 것에 대해 지나치게 많은 염려를 하는 것과 관련되며, 다른 사람들이 자신을 좋게 생각할 때만 자기 스스로를 수용할 수 있다는 믿음으로부터 기인한다. 그 결과, 타인의 승인을 받고자 하는 욕망이 커지게 되어 타인에 대한 인정과 승인에 대한 욕구가 절대적이고 긴박한 욕구가 된다. 이렇게 됨으로써 불안과 우울을 피할 수 없게 된다.

ii) **'합리적 사고'와 '비합리적 사고'의 차이점** : 인간은 합리적이기도 하지만, 동시에 비합리적이기도 하기 때문에 그는 자신과 세상에 관하여 합리적인 사고를 갖기도 하고, 비합리적인 사고를 가질 수도 있다. 인간이 가질 수 있는 합리적 사고(합리적 인지, 합리적 신념)와 비합리적 사고(비합리적 인지, 비합리적 신념)의 차이를 정리하면 [표 4-14]와 같다.

표 4-14 합리적 사고와 비합리적 사고의 비교

비교기준	합리적 사고	비합리적 사고
논리성	논리적으로 모순이 없다	논리적으로 모순이 많다
현실성	경험적 현실과 일치한다	경험적 현실과 일치하지 않는다
실용성	삶의 목적 달성에 도움이 된다	삶의 목적 달성에 방해가 된다
융통성	융통성이 있다 경직되어 있지 않다	융통성이 없다 경직되어 있다
파급효과	적절한 정서와 행동을 유도한다	부적절한 정서와 행동을 유도한다

자료출처 : 박경애(2002). 인지 · 정서 · 행동치료. p.75.

iii) **비합리적 사고의 특징** : 개인으로 하여금 부적절한 정서와 행동을 유발하게 하는 데 강한 영향을 미치는 '비합리적 사고'는 ① 당위성, ② 과장성, ③ 인간비하성, ④ 낮은 인내성 등의 요소가 내포되어 있다(박경애, 1997).

첫째, 비합리적 사고에는 당위성을 내포하는 당위적 사고인 경우가 많다. 영어로 표현하면 must와 should로 표현되는 당위적 사고는 특정 요구에 의한 표현으로 나타나게 되는데, 엘리스는 이러한 사고는 인간문제의 근원이라고 간주하였다. 이러한 당위적 사고에는 자신에 대한 당위성, 타인에 대한 당위성, 세상에 대한 당위성이 내포되는 경우가 많다.

먼저, 자신에 대한 당위성의 경우를 예로 제시하면, "나는 반드시 훌륭하게 일을 수행해야 하며, 중요한 타인들로부터 인정을 받아야 한다. 만약 그렇지 못하면 이는 끔찍하고 참을 수 없는 일이며, 나는 형편없는 하찮은 인간이다."와 같은 사고이다. 즉, 나는 훌륭한 사람이어야 한다, 나는 실수해서는 안 된다, 나는 실패해서는 안 된다, 나는 실직 당해서는 안 된다, 나는 항상 적절하게 행동해야 한다 등 수없이 많은 당위적 사고에 우리는 매어 있는 경우가 많다. 그리고 그러한 자신에 대한 당위적 사고가 이루어지지 않을 때 자기파멸이라는 생각을 갖게 된다.

또한, 타인에 대한 당위성의 경우를 예로 제시하면, "교사는 항상 완벽해야 하고 화를 내서는 절대 안 되며, 어떤 경우라도 모든 학생들을 위해 희생해야 한다."와 같은 사고이다. 이는 자기 자신과 밀접하게 관련한 사람, 즉 부모, 자식, 부인이나 남편, 애인, 친구, 직장동료에게 당위적인 행동을 기대하는 것이다. 부모니까 나를 사랑해야 한다, 자식이니까 내 말을 들어야 한다, 부인이니까 정숙하게 행동해야 한다, 애인이니까 자나 깨나 나에게 관심을 가져야 한다, 친구니까 우정을 보여야 한다, 직장동료니까 항상 일에 협조해야 한다 등

가까운 타인에게 바라는 당위적 기대가 이루어지지 않을 때 인간에 대한 불신감을 갖게 된다. 그리고 이러한 당위적 조건을 기대하면서 그렇지 않은 경우에 화를 내거나 부적절한 행동을 한다.

그리고 세상에 대한 당위성의 경우를 예로 제시하면, "세상의 조건들은 내가 원하는 방향으로 돌아가야만 하다. 만약 그렇지 못하면 그것은 끔찍한 일이기 때문에 나는 참을 수 없고 자살을 선택할 수밖에 없다."와 같은 사고이다. 즉, 나의 가정은 항상 사랑으로 가득 차 있어야 한다, 나의 방은 항상 깨끗해야 한다, 나의 교실은 정숙해야 한다, 나의 사무실은 아늑해야 한다, 나에게 주어진 일은 3D(dangerous, dirty, difficult)가 아니어야 한다 등 자신에게 주어진 조건에 대해 당위성을 부여하는 것이다. 우리가 바라고 원하는 것처럼 지속되는 당위적인 조건은 거의 없다. 그럼에도 많은 사람들은 흔히 이러한 당위적 조건을 기대하면서 그렇지 않은 경우에 화를 내거나 부적절한 행동을 하는 경우가 많다.

둘째, 비합리적 사고는 과장성을 내포하는 과장적 사고인 경우가 많다. 과장적 사고는 현실을 있는 그대로 직시하기보다는 훨씬 더 과장해서 표현된다. 예를 들면, '...은 끔찍한 일이다', '...하면 큰일이 난다', '...하면 나는 죽을 것이다' 등의 표현으로 나타난다.

셋째, 비합리적인 사고는 인간비하성을 내포하는 경우가 많다. 이는 자신을 포함한 인간들의 잘못된 일부 행동을 가지고 자신이나 타인의 가치를 전반적으로 낮게 평가하는 것으로, 여기에는 자기비하성과 타인비하성이 포함된다.

넷째, 비합리적 사고는 낮은 인내성이 내포되어 있는 경우가 많다. 이는 자신의 일에 대한 회피나 포기를 나타내는 의미가 포함되고, 또 욕구좌절의 상황을 충분히 참지 못하는 경우와 관련된 표현으로 나타난다.

iv) **ABC 모형** : 엘리스는 우리가 경험하게 되는 선행사건(A; antecedent) 자체가 반응으로서의 결과에 영향을 미치는 것이 아니라 그에 대한 신념(B; belief : 사고방식나 인지양식으로서 특정 의미부여나 가치판단을 지칭함)이 매개요인으로 작용하여 결국 반응으로서의 결과(C; consequence : 정서적/행동적 결과)에 영향을 미친다고 본다([그림 4-74] 및 [그림 4-75]). 즉, 정서적/행동적 장애가 유발되는 것은 선행사건(생활사건) 자체 때문이 아니라 그 선행사건에 대한 왜곡된 신념(비합리적이고 비현실적인 사고방식이나 인지양식)

때문이라고 가정한다. 그리고 이 왜곡된 신념 및 잘못된 사고의 뿌리에는 비합리적인 신념이 깔려 있다고 본다.

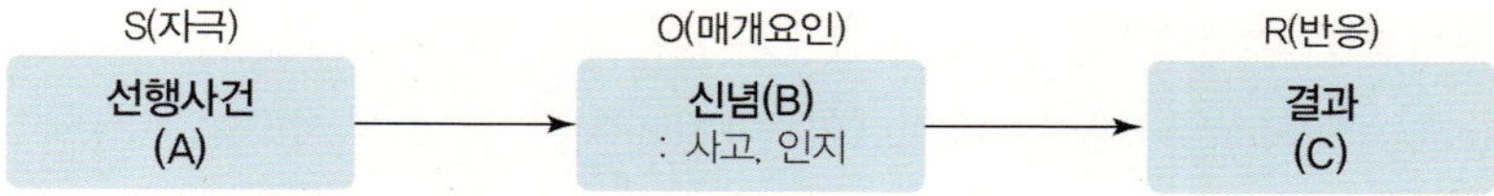

그림 4-74 ❙ ABC 기본모형

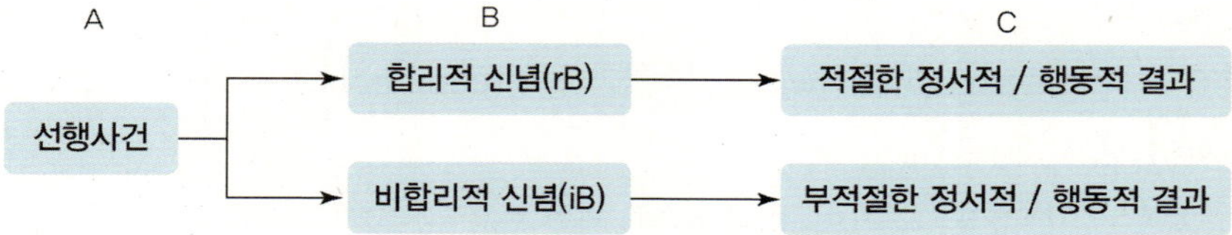

그림 4-75 ❙ ABC 확장모형

② 벡(Beck)의 인지적 성격이론

정신과 의사인 벡(Beck, 1921~)은 주로 우울증 환자들을 치료하면서, "정서적 장애는 개인이 자신의 경험을 구조화하는 방식에 의해 결정된다."(Beck, 1963)라는 전제에서 인지치료모형을 개발하였다. 그는 개인이 어떤 상황을 인지적으로 구조화하거나 개념화하면서 불만족한 내용을 포함시키게 되면 그에 상응하는 불만족한 정서적 반응을 경험하게 된다고 주장하였다. 그는 정서적 어려움으로 고통을 받는 사람들의 왜곡된 신념을 변화시키는 것이 중요하다고 생각하였는데, 이는 개인들의 생각이 바로 그의 정서와 행동에 결정적인 영향을 미치기 때문이라는 것이다. 따라서 벡은 개인들의 부적절한 정서 및 행동의 원인이 되는 왜곡된 신념(인지왜곡)을 탐색하여 부적절한 사고를 변화시키는 것이 중요하다고 전제하면서, 개인들의 정서적 고통이나 부적응적인 행동에 영향을 미치는, 인식하지 못하는 생각, 즉 부정적인 자동적 사고(비합리적인 신념체계)를 찾아 변화시키는 데 중점을 두었다.

개인이 갖는 생각이 그의 정서와 행동을 결정한다고 믿는 벡은 인간은 복잡한 인지적 창조물이라고 단정하였다. 벡에 의하면, 개인의 성격은 그가 학습한 가치와 지각에 의해 형성된다. 개인의 인지를 포함하여 도식으로 조직화되어 있는 가치와 지각은 자신과 타인 및 세계에 대한 관점(견해)을 구성하게 된다. 이러한 가치와 지각은 그가 갖는 유전적 취약성에 의해 물론 영향을 받기도 하지만, 잘못된 전제와 가정에 근거할 수도 있다. 잘못된 전제와 가정에 근거한 인지는 역기능적인 도식의 발달을 초래하게 된다. 만약 개인이 자신과 미래에 대하여 부정적인 관점을 갖는 도식을 가지면 자신의 경험에 대한 지각은 부정적으로 형성될 수밖에 없을 것이다.

벡(Beck, 1967)은 엘리스(Ellis)와 마찬가지로 정신분석학자로서의 배경을 갖고 있는 주요개념으로서 인지수준(levels of cognition)과 인지왜곡(cognitive distortion)을 강조하였다.

첫째, 벡은 인지수준을 네 가지 수준, 즉 자동적 사고(automatic thought), 중재적 신념(intermediate belief), 핵심 신념(core belief), 스키마(schema)로 분류하였다.

① 자동적 사고는 우리의 마음속에 계속적으로 진행되는 인지의 흐름인데, 이는 상황과 정서를 중재한다. 다시 말하면, 자동적 사고는 정서적 반응을 얻는 특별한 자극에 의해 유발된 개인화된 생각으로, 노력 또는 선택 없이 자발적으로 일어난다. 이는 사람들이 자신의 경험으로부터 생성한 신념과 가정을 반영한다. 심리적 장애를 가진 사람의 자동적 사고는 흔히 왜곡돼 있거나, 극단적이거나 부정확하다. 이러한 자동적 사고는 다음과 같은 특징을 가지고 있다. 즉, 자동적 사고는 구체적이고 분리된 메시지이며, 흔히 축약되어 언어, 이미지 또는 둘 모두의 형태로 나타나며, 아무리 비합리적이라 할지라도 거의 믿어지며, 자발적인 것으로 경험되며, 흔히 당위성을 가진 말로서 표현되고, 개인에 따라 독특하게 나타나며, 중단하기가 결코 쉽지 않으며, 이는 학습된다.

② 중재적 신념은 개인들의 자동적 사고를 형성하는 극단적이며 절대적인 규칙과 태도를 반영한다.

③ 핵심 신념은 많은 자동적 인지에 바탕이 되는 자신에 대한 중심적 생각이며, 보통 자신의 중재적 신념에 반영되어 있다. 이 핵심 신념은 보편적이며 과잉일반화된 절대적인 믿음으로, 세계, 타인, 자신 그리고 미래에 대한 자신의 견해를 반영한다.

④ 스키마는 핵심 신념을 수반하는 '정신 내의 인지구조'로 정의되는데, 벡은 이를 정보처리와 행동을 지배하는 구체적 규칙으로 간주하였다.

둘째, 벡은 인지왜곡은 그릇된 가정 및 잘못된 개념화로 이끄는 체계적 오류로서, 이는 정보처리가 부정확하거나 비효과적일 때 나타나며, 대개 비현실적인 세계관을 나타내거나 비논리적인 추론과 관련이 된다고 주장하였다. 이러한 인지적 왜곡은 별다른 노력 없이도 자발적이고 자동적으로 발생하는데, 이를 부정적 사고라고 명명한다. 사람들이 흔히 나타내는 인지왜곡은 매우 다양한데, 대표적인 유형을 나열해 보면 다음과 같다.

① 자의적 추론(arbitrary inference) : 충분하고 적절한 증거가 없는 데도 결론에 도달하는 것

② 선택적 추상(selective abstraction) : 현상의 일부 세부사항만을 기초로 결론을 내리고 전체 맥락 중의 중요한 부분을 간과하는 것

③ 과일반화(overgeneralization) : 단일 현상에 기초하여 극단적인 신념을 유사하지 않은 장면에 부적절하게 적용하는 것

④ 극대화 또는 극소화(magnification or minimization) : 자신이나 타인의 단점이나 불완전을 최대화하거나 좋은 점을 최소화하는 것

⑤ 개인화(personalization) : 관련지을 만한 일이 아님에도 불구하고 외적 사건과 자신을 관련짓는 것

⑥ 이분사고(dichotomous thinking) : 흑백논리

⑦ 정서적 추론(emotional reasoning) : 정서적 경험에 근거하여 자신이나 세계 혹은 미래에 관하여 추론하는 것

⑧ 긍정 격하(disqualifying the positive) : 자신의 긍정적인 면을 격하시켜 평가하는 것

⑨ 파국화(catastrophizing) : 개인이 걱정하는 한 사건을 취해서 지나치게 과장하여 두려워하는 것

⑩ 명명 또는 잘못된 명명(labeling or mislabeling) : 자신이나 타인 또는 특정 현상에 대하여 섣부른 단정을 짓거나 전혀 다르게 단정해버리는 것

7. 도덕성발달

1) 도덕성의 개념

도덕성(morality)이란 개인이나 사회집단이 가지고 있는 행동규범을 말하는데, 이는 행동에 대한 객관적인 기준이라기보다는 개인이나 사회집단이 가지고 있는 주관적이고 자율적인 윤리의식이라고 할 수 있다. 간단히 말하면, 도덕성

은 도덕적 규범에 일치하는 개인이나 사회집단의 심성(心性)이라 할 수 있다.

그런데 이러한 도덕성의 개념에는 인지적 차원과 정의적 차원 및 행동적 차원이 함께 내포되어 있다(장휘숙, 1999).

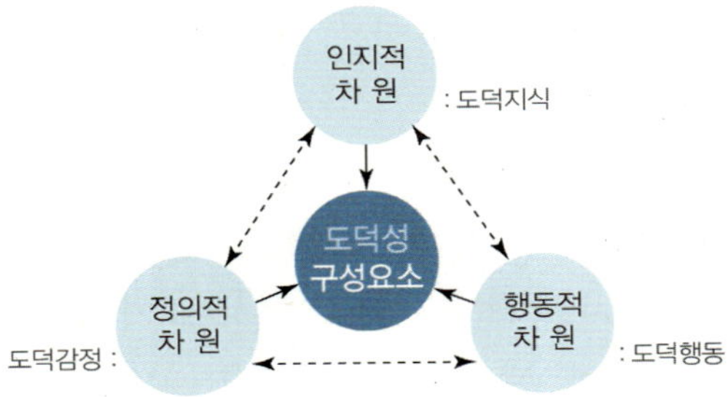

그림 4-76 | 도덕성의 3대 차원

첫째, 도덕성의 인지적 차원은 도덕지식, 도덕개념, 도덕의식, 도덕판단 등을 포함한다. 이는 어떤 행동이 옳고 그른지, 또는 어떤 사람이 좋은지 나쁜지를 판단할 줄 아는 것을 말한다(도덕지식).

둘째, 도덕성의 정의적 차원은 도덕감정, 도덕태도 등을 포함한다. 이는 도덕성의 정서적 부분으로, 만약 아동이 가게에서 물건을 훔쳤을 때 어떤 느낌을 갖게 되는가와 관련이 있다(도덕감정).

셋째, 도덕성의 행동적 차원은 도덕행동, 도덕실천을 포함한다. 이는 내면화된 양심이나 규칙에 따라 구체적인 도덕적 행위를 구사하는 것을 말한다(도덕행동).

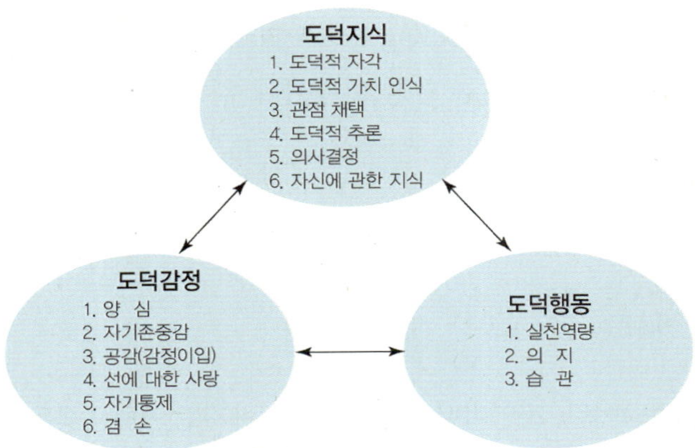

그림 4-77 | 도덕성의 3대 차원 및 하위요소

자료출처 : Lickona, T.(2004). Character Matters p.51

개인이 도덕성의 이러한 세 차원의 하위요소들을 동시에 갖출 때 완전한 도덕성을 형성했다고 말할 수 있다. 인간은 태어날 때에는 무도덕(nonmoral) 수준에 머물러 있지만, 점차 성장해 감에 따라 도덕성을 발달시켜 나가게 된다.

2) 도덕성발달에 관한 이론들

도덕성발달에 대한 이론으로서 먼저 피아제의 관점에 대하여 살펴본 다음, 이어 콜버그의 관점에 대하여 논의하기로 한다.

(1) 피아제(Piaget)의 도덕성발달이론

피아제(Piaget, 1932)는 게임의 규칙과 도덕성발달 간에는 논리적 관계가 성립한다는 전제하에, 아동들이 게임의 규칙을 어떻게 이해하는가에 관심을 가졌다. 아울러, 그는 선과 악에 대해 아동들이 지니고 있는 개념을 연구하였다. 피아제는 이러한 연구들을 바탕으로 도덕성발달을 크게 타율적 도덕성(heteronomous morality)과 과도기적 도덕성 및 자율적 도덕성(autonomous morality)의 세 단계로 구분하였다.

① 타율적 도덕성

타율적 도덕성은 외재적 도덕성(external morality)이라고도 하는데, 이는 10세 이전의 아동들에게서 나타나는 도덕적 사고형태이다. 그들은 규칙이란 성인들에 의해 만들어졌으며, 이는 절대적이고 수정 불가능한 것으로 준수하지 않으면 안 될 것으로 인식한다. 따라서 그러한 규칙에 일치하는 행동은 선이고, 규칙에 어긋나는 행동은 악한 것으로 생각한다. 동시에 아동들은 행위의 동기나 의도를 고려하지 못하고, 단순히 행위의 결과에 주안점을 두고 도덕적 판단을 하게 된다. 이러한 경향을 도덕적 현실주의(moral realism; 도덕적 실재론)이라고 한다.

ㄱ. 습관단계(habit level) : 자기중심적 경향의 단계(~4세)
ㄴ. 성인의 요구에 동조하는 단계(conformity to adult requirement) : 성인의 요구(명령)와 기준에 복종하는 단계(5~7세)
ㄷ. 또래와의 상호적응 단계(mutual adjustment of equals) : 횡적 도덕성의

단계(8~9세)

② 과도기적 도덕성

아동의 도덕성은 타율적 도덕성 단계에서 자율성 도덕성 단계로 넘어가기 이전에 과도기적 단계를 거치는데, 여기에는 도덕적 현실주의와 도덕적 상대주의가 동시에 존재한다.

③ 자율적 도덕성

자율적 도덕성은 내재적 도덕성(internal morality)이라고도 하는데, 이는 10세 이후의 성숙된 도덕적 사고형태이다. 아동은 타인과 상호작용하면서, 다른 사람에게는 다른 규칙이 있을 수 있다는 것을 이해할 뿐만 아니라, 규칙은 더 이상 절대적일 수 없다고 생각한다. 그리고 이때 아동들은 행위의 동기나 의도를 고려하여 도덕적 판단을 하게 된다. 이러한 경향을 도덕적 상대주의(moral relativism)이라고 한다.

ㄱ. 동기의 음미 단계(appreciation of underlined motives) : 행동의 결과뿐만 아니라 그 동기(의도)를 고려하는 단계(10~14세)
ㄴ. 규칙, 원리 및 이상의 설정 단계(codification of rules, principles and ideals) : 행동의 원칙에 준하여 이상을 추구하는 단계 (15세~)

(2) 콜버그(Kohlberg)의 도덕성발달이론

콜버그(Kohlberg, 1958, 1963)는 피아제의 도덕성발달이론을 확대 발전시켜, 도덕적 판단능력의 발달에 관한 단계이론을 제시하였다. 그는 개인의 도덕적 추론능력을 확인하기 위하여 10세부터 16세까지의 소년들에게 가상적인 도덕적 갈등사태(moral dilemma), 즉 '하인츠의 딜레마'(Heinz's dilemma)를 제시하여, 최초 면접 이후 3~4년마다 한 번씩, 총 20년 동안 지속적으로 면접을 실시하면서 그 대답을 듣고 '왜 그렇게 대답했을까'를 추론하였으며, 또 연령의 변화에 따라 그 대답이 어떻게 변해 가는지를 면밀히 분석하였다. 피험자들의 대답 속에 들어 있는 논리근거를 추론하여 도덕성은 3수준 6단계를 거쳐 발달하게 된다고 결론을 내렸다.

① 제 1 수준 : 전도덕기(전인습적 도덕기)

제1단계 : 처벌을 피하기 위하여 규범이나 명령, 요구에 복종하는 행위의 단계(복종-처벌지향 도덕성 단계)

제2단계 : 자신의 욕구를 충족시키는 수단으로 행위를 하는 단계(욕구충족지향 도덕성 단계, 상대주의적 쾌락주의지향 도덕성 단계)

② 제 2 수준 : 타율적 도덕기(인습적 도덕기)

제3단계 : 집단의 인정과 칭찬을 받고 비난을 피하기 위한 행위의 단계(대인관계 조화지향 도덕성 단계, 착한 소년/소녀지향 도덕성 단계)

제4단계 : 법과 권위를 준수하여 사회질서를 유지하기 위한 행위의 단계(권위 및 사회질서 유지지향 도덕성 단계)

③ 제 3 수준 : 자율적 도덕기(후인습적 도덕기)

제5단계 : 법과 권위의 절대성과 고정성에서 벗어나 인간의 존엄성과 권리를 존중하는 행위의 단계(민주적으로 용인된 법지향 도덕성 단계, 사회계약정신지향 도덕성 단계)

제6단계 : 양심에 따른 행위의 단계(보편적 도덕원리지향 도덕성 단계)

ONLINE RESOURCES

'피아제(Piaget)와 콜버그(Kohlberg)의 도덕성 발달이론'에 관하여 자세하게 논의한 자료가 필요한 경우 저자가 운영하는 웹사이트(welfare5.com)의 Online Resources 게시판을 통하여 다운을 받기 바랍니다('교육심리탐구'의 Online Resources 31 자료).

3) 도덕성발달에 영향을 미치는 요인들

개인의 도덕성발달은 여타의 발달영역과 마찬가지로 수많은 요인들의 의해 영향을 받는다. 이러한 요인들을 세 범주별로 구분하면 ① 장소적 요인으로 가정·학교·사회, ② 인적 요인으로 개인·부모 및 가족·또래·교사·기타 타인, ③ 내용매체적 요인으로 인쇄매체·전파매체·전자통신매체 등의 대중매체 등으로 분류할 수 있다. 그러나 여기에서는 도덕성발달에 영향을 미치는 주요 영향요인을 ① 개인적 요인, ② 부모, ③ 또래, ④ 대중매체 등으로 구분하여 논의하기로 한다([그림 4-78]).

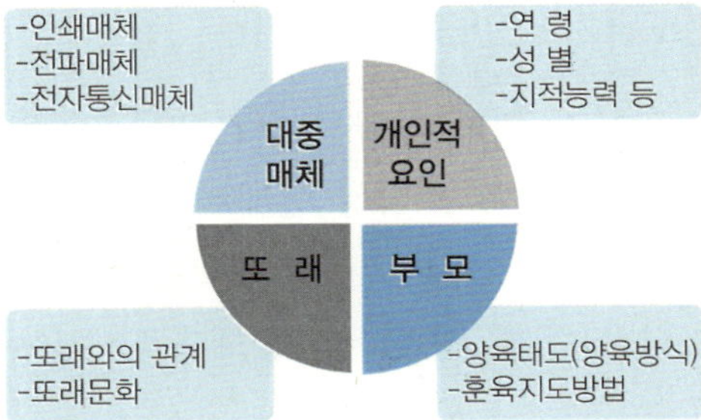

그림 4-78 ❙ 도덕성발달의 주요영향요인

(1) 개인적 요인

도덕성발달에 영향을 미치는 요인은 '개인적 요인'으로는 연령, 성별, 지적 능력 등을 들 수 있다.

첫째, 연령은 그의 성숙수준을 의미하는데, 일반적으로 연령이 많을수록 더 높은 수준의 도덕성을 보이나 개인에 따라 연령과 도덕성발달이 엄격히 정비례의 관계를 갖는 것은 아니다. 개인에 따라 발달속도가 각각 다르기 때문에 동일한 도덕적 수준에 도달하는 연령은 일정하지 않는다.

둘째, 성별에 따라 도덕성발달에 있어 차이가 있느냐에 대해서는 상반된 연구결과들이 제시되고 있으나 남자와 여자가 서로 다른 사회화과정을 겪는 점을 감안해 보면 도덕성발달과 성별 차이는 한 가지 방향으로만 단정내리기는 쉽지 않다.

셋째, 도덕성발달과 지적 능력과의 관계를 보면, 지능이 높을수록 도덕성발달이 더 높다는 연구결과들이 있기는 하지만, 사실 도덕성과 지능 간의 정적 상관관계는 그리 높지 않다. 그러나 도덕적으로 문제가 심각한 사람의 지능수준이 상당히 높은 경우도 있고, 상당히 낮은 경우도 있는 현실을 고려해 보면 이들 간의 관계를 단정하기는 쉽지 않다.

(2) 부 모

① 부모의 양육태도(양육방식)

가정은 사회의 새로운 구성원을 보충할 뿐만 아니라, 그로 하여금 사회구성원으로서 필요한 지식·기능·태도를 습득하게 한다. 그리고 개인의 기본적인 인성특성의 형성도 가족집단 내의 상호작용에 전적으로 의존하는데, 아동과 청소년의 사회화에는 부모뿐만 아니라, 형제자매와 조부모도 참여하게 된다. 가족 내에서 일어나는 가족구성원들 간의 상호작용의 형태는 '감각적 상호작용'과 '정서적 상호작용' 및 '지(성)적 상호작용' 등으로 구분해 볼 수 있는데, 가족구성원들 간에 보다 바람직한 관계가 형성되기 위해서는 이러한 세 가지의 상호작용이 조화를 이루어야 한다.

첫째, 감각적 상호작용은 언어를 초월한 친밀감의 표현으로 인간의 상호작용에서 매우 중요한 의미를 갖는데, 따뜻한 목소리와 표정, 쓰다듬어주기, 눈맞추기(eye-contact), 안아주기 등이 이에 속한다. 둘째, 정서적 상호작용은 감정표현에 의한 상호작용으로서 정서적 유대관계를 형성하는 데 중요한 역할을 하는 것으로, 상호간에 환희와 기쁨·즐거움·애증·슬픔 등의 표현이 이에 속한다. 셋째, 지(성)적 상호작용은 상호 간 의견의 교류, 관념의 표현, 사상의 교환, 판단 및 평가 등과 같은 지적 활동의 교류를 말한다.

한편, 부모의 자녀양육태도(자녀양육방식), 즉 부모-자녀관계는 자녀의 도덕성은 물론, 인지·성격·정서·사회성을 포함한 모든 영역의 발달에 지대한 영향을 미치게 되는데, 그 유형은 여러 가지로 분류될 수 있다.

먼저, 사이몬즈(Symonds, 1939)는 부모의 자녀양육태도를 처음으로 이론화하였는데, 그는 부모-자녀의 관계유형을 먼저 '거부-보호 차원'과 '지배-복종 차원'을 교차시켜 여덟 가지 양육태도 즉, ① 소극적 거부형, ② 적극적 거부형, ③ 엄격형, ④ 기대형, ⑤ 간섭형, ⑥ 불안형, ⑦ 익애형, ⑧ 맹종형 등으로

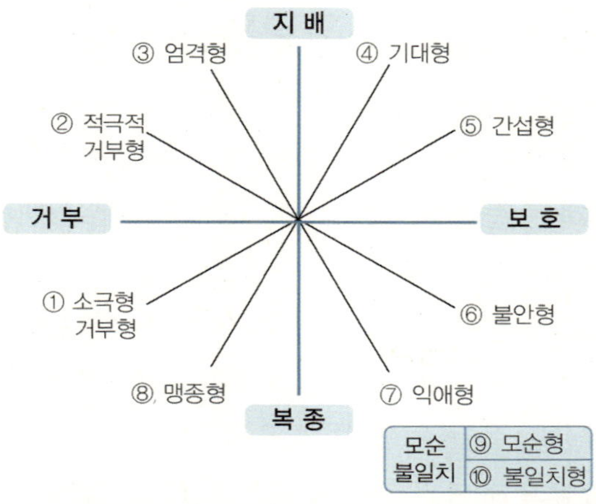

그림 4-79 | 사이몬즈(Symonds)가 주장한 부모의 자녀양육태도 유형들

분류하였고, 아울러 이와는 별개로 '모순·불일치 차원'을 설정하여 ⑨ 모순형, ⑩ 불일치형으로 구분함으로써 전체 열 가지로 유형화하였다([그림 4-79]).

그리고 쉐퍼(Schaefer, 1959)는 [그림 4-80]에서 보는 바와 같이 '애정-적대' 차원과 '자율-통제' 차원을 교차시켜, 부모의 자녀양육태도에 대한 가설적 모형을 제시하였다.

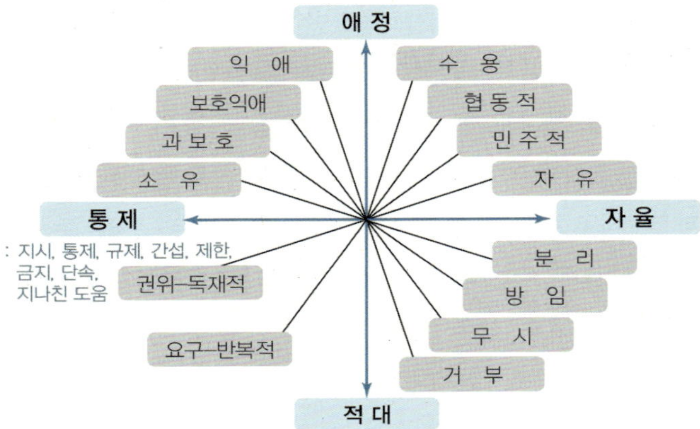

그림 4-80 | 부모의 양육태도에 대한 가설적 모형

아동의 모든 특성과 행동은 결국 그가 어떻게 키워졌느냐의 결과라고 말할 수 있는데, 양육담당자로서 부모는 자신들의 성격이나 가치에 따라 자녀에게 다른 양육태도를 취하게 된다. 자녀에 대한 지나친 기대나 포부가 그에 대한 지나친 간섭으로 나타나서 오히려 반항적인 아동을 키워 내기도 하고, 지나친 간섭과 보호적 양육방식이 수동적·의존적 아동을 키워내는 결과가 되기도 하며, 자녀에게 더 많은 자유를 허용하고, 아동의 인격을 존중하며 자율적 행동을 허용하는 양육태도는 능동적이며 책임의식이 강한 아동을 키워 내기도 한다.

부모가 유아를 먹이고, 보호하고, 얼러 주고, 함께 놀아 주며 유아의 요구에 잘 응하거나 거부하는 등의 행동은 물론, 유아의 행동에 대해 칭찬을 해 주거나 벌을 주는 양육상의 모든 부모행동은 유아의 발달에 결정적인 영향을 미치게 된다. 프로이트(Freud, 1916)에 의하면, 인간의 성격은 만 6세까지 그 기본이 완성되는데, 이러한 관점에서 보면 이때까지 양육에서 취하는 부모의 모든 행동과 표정과 감정은 유아의 성격형성으로 흡수되고, 유아와 부모가 맺어가는 인간관계의 양상도 유아의 성격형성에 직접적인 영향을 주게 된다. 사실

부모가 취하는 양육태도는 부모 자신이 어렸을 때 어떻게 키워졌고, 어떻게 자라왔느냐에 달려 있다. 또한, 부모 자신의 성격특성은 물론, 부모의 신체적·심리적 건강, 아동관, 교육수준, 직업, 종교까지도 양육에 영향을 미칠 뿐만 아니라, 가족환경 역시 양육방식과 관계 있는 것으로 확인되고 있다. 그러나 보다 직접적인 요인은 부모가 유아에 대하여 갖는 기대나 포부수준(aspiration level)이며, 이에 따라서 양육태도는 더 많은 영향을 받게 된다(유안진, 1990).

부모의 자녀양육태도는 전술한 바와 같이 아동과의 상호작용에서 나타나는 행동특성을 중심으로 여러 가지로 분류할 수 있지만, 대표적인 양육태도의 유형은 ① 수용적·민주적 양육태도, ② 익애적 양육태도, ③ 맹종적(허용적) 양육태도, ④ 거부적 양육태도, ⑤ 방임적 양육태도, ⑥ 지배적 양육태도, ⑦ 과잉기대적 양육태도, ⑧ 모순적 양육태도, ⑨ 불일치적 양육태도 등을 들 수 있다.

ONLINE RESOURCES

'부모의 자녀양육태도'에 관한 자료가 필요할 경우 저자가 운영하는 웹사이트(welfare5.com)의 Online Resources 게시판을 통하여 다운을 받기 바랍니다('교육심리탐구'의 Online Resources 32 자료).

또한, 바움린드(Baumrind, 1991)는 부모의 자녀양육방식을 '애정'과 '통제'의 두 차원을 상정하여 분류하였는데, 여기서 애정 차원이란 부모가 자녀에게 얼마나 수용적이고 지원적이며 얼마나 관심을 갖고 적절한 반응을 보이는가 하는 것이며, 통제 차원이란 부모가 자신의 주장과 관점 및 기대를 자녀에게 표현하면서, 합리적인 권위에 대해서는 자녀에게 복종을 요구하고 그의 행동을 규제하는 것을 말한다. 그는 이와 같은 애정-통제의 정도에 따라 양육방식을 네 가지 유형으로 분류하였는데, ① 허용적(indulgent) 양육방식(애정정도는 높으나 통제정도는 낮은 경우), ② 방임적(neglectful) 양육방식(애정정도와 통제정도 모두가 낮은 경우), ③ 권위적(authoritative) 양육방식(민주적 양육방식 : 애정정도와 통제정도 모두가 높은 경우), ④ 권위주의적(authoritarian)

		애정차원	
		수용 (대응)	거부 (비대응)
통제차원	허용	허용적 양육방식	방임적 양육방식
	통제	권위적 양육방식	권위주의적 양육방식

그림 4-81 | 바움린드(Baumrind)가 분류한 부모의 양육방식유형

양육방식(애정정도는 낮으나 통제정도는 높은 경우)이 그것이다([그림 4-81]).

이러한 양육방식들의 특성과 자녀의 사회적 행동과의 관계를 정리하여 제시하면 [표 4-15]와 같다.

표 4-15 부모의 양육방식과 아동의 행동

양육방식	특 성	아동의 행동
허용적 양육방식	애정적·대응적이나 자녀에 대한 통제가 거의 없다. 일관성 없는 훈육	자신감이 있고 적응을 잘 하는 편이나, 규율을 무시하고 제멋대로 행동한다.
방임적 양육방식	애정이 없고, 냉담하고, 엄격하지도 않으며, 무관심하다.	독립심이 없고 자기통제력이 부족하다. 문제행동을 많이 보인다.
권위적 양육방식 (민주적 양육방식)	애정적·대응적이고 자녀와 항상 대화를 갖는다. 자녀의 독립심을 격려하고 훈육 시 논리적 설명을 한다.	책임감, 자신감, 사회성이 높다.
권위주의적 양육방식	엄격한 통제와 설정해놓은 규칙을 따르도록 강요한다. 훈육 시 체벌을 사용하고 논리적 설명을 하지 않는다.	비효율적 대인관계, 사회성 부족, 의존적·복종적·반항적 성격이 강하다. 불안, 걱정, 긴장이 높은 편이다.

끝으로, 남상인·김혜숙(1996)은 '자애로움'과 '엄격함'이라는 두 차원을 결합하여 부모의 유형을 네 가지로 분류하였다([그림 4-82]). 여기에서 '자애로움'이란 자녀를 신뢰하고 따뜻하며 관대하게 대하는 것을 말하고, '엄격함'이란 확고한 원칙을 가지고 정해진 바를 일관성 있게 밀고 나가는 것을 말한다.

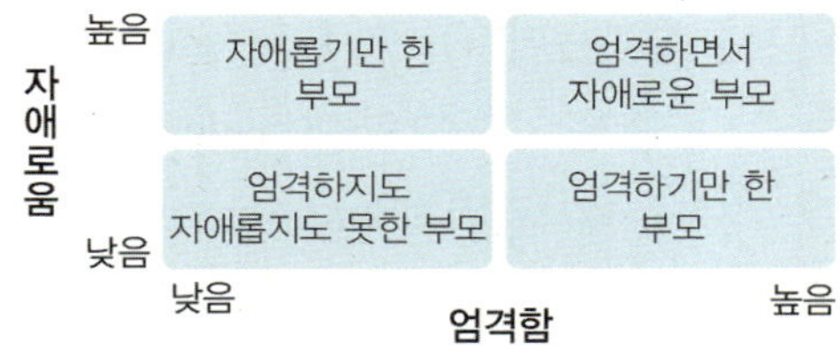

그림 4-82 | 자애로움과 엄격함에 따른 부모의 유형

'자애롭기만 한 부모', '엄격하기만 한 부모', '엄격하면서 자애로운 부모', '엄격하지도 자애롭지도 못한 부모'의 특성과 자녀의 특성을 정리하여 제시하면 다음의 [표 4-16]과 같다.

표 4-16 부모의 유형과 자녀의 특성

부모의 유형	부모의 특성	자녀의 특성
자애롭기만 한 부모	• 자녀의 모든 요구를 다 들어준다. • 단호하게 자녀들을 압도하기보다는 양보한다. • 말은 엄격하나 행동으로 보여주지 못한다. • 때로는 극단적으로 벌을 주거나 분노를 폭발하여 스스로 죄책감을 느낀다. • 벌주는 것 자체를 잘못이라고 생각한다.	• 책임회피 • 쉽게 좌절하고 그 좌절을 극복하지 못한다. • 버릇없고 의존적이며 유아적인 특성을 보인다. • 인정이 많고 따뜻하다.
엄격하기만 한 부모	• 칭찬을 하지 않는다. • 부모의 권위에 의문을 제기하는 것을 허락하지 않는다. • 자녀가 잘못한 점을 곧바로 지적한다. • 잘못한 일에는 반드시 체벌이 따라야 한다고 생각한다.	• 걱정이 많고 항상 긴장하고 불안해 한다. • 우울하고 때로 자살을 생각하기도 한다. • 책임감이 강하고 예절이 바르다. • 지나치게 복종적·순종적이다. • 부정적 자아이미지, 죄책감, 자기비하가 많다.
엄격하면서 자애로운 부모	• 자녀가 일으키는 문제를 정상적인 삶의 한 부분으로 생각한다. • 자녀에게 적절하게 좌절을 경험케 하여 자기훈련의 기회를 제공한다. • 자녀를 장점과 단점을 아울러 지닌 한 인간으로 간주한다. • 자녀의 잘못을 벌할 때도 자녀가 가진 잠재력은 인정한다. • 자녀의 장점을 발견하여 키워준다.	• 자신감 있고 성취동기가 높다. • 사리분별이 있다. • 원만한 인간관계를 유지한다.
엄격하지도 자애롭지도 못한 부모	• 무관심하고 무기력한 부모 • 칭찬도 벌도 주지 않고 비난만 한다. • 자식을 믿지 못한다(자녀가 고의적으로 나쁜 행동을 한 것으로 생각한다).	• 반사회적 성격으로 무질서하고 적대감이 많다. • 혼란스러워하고 죄책감을 많이 느낀다. • 세상 및 타인에 대한 불신감이 짙다.

지금까지의 네 가지 부모유형 중에서 가장 바람직한 유형은 '엄격하면서 자애로운 부모'이고, 가장 바람직하지 못한 유형은 '엄격하지도 자애롭지도 못한 부모'인데, 우리나라에서 요즘 가장 많은 비율을 차지하고 있는 부모유형은 '자애롭기만 한 부모'로, 이는 우리에게 많은 것을 생각하게 한다.

② 훈육지도방법

아동의 자아통제능력은 부모에 의해 실시되는 훈육[discipline : 지식의 습득을 주된 목적으로 하는 교수(teaching)에 대응하는 활동으로서, 지육(知育)에 대한 덕육(德育)에 해당하며, '예의범절'을 가르치는 활동을 지칭함]에 의해 획득된다. 아무리 모범적인 아동이라고 할지라도 때때로는 싸우고 폭력적이며 불복종적일 때가 있다. 통제를 받지 않고 독립적으로 수용될 수 있는 행동을 한다는 것은 아동들에게 용이한 일이 아니다.

부모가 사용하는 훈육지도방법은 크게 세 가지 범주로 구별될 수 있는데, ① 유도방법(induction)에 의한 훈육, ② 애정철회방법(love withdrawal)에 의한 훈육, ③ 물리적 방법(power assertion)에 의한 훈육 등이 그것이다(장휘숙, 1995).

첫째, 유도방법에 의한 훈육은 부모가 아동에게 특정상황하에서 어떤 행동은 필요하고, 어떤 행동은 해서는 안 되는가를 스스로 추론(판단)하게 하는 훈육방법을 말한다. 예를 들면, 아버지가 주무시는 동안 큰 소리를 내고 있는 아동에게, "철수야! 조용히 하는 것이 좋을 것 같구나. 아빠는 피곤하기 때문에 주무셔야 하는데, 만약 네가 시끄럽게 한다면 아빠는 잠을 편히 주무시지 못할 것이야"라든가, "영희야! 네가 방을 장난감으로 온통 어질러 놓았구나. 이제 네가 장난감을 제자리에 갖다 놓는 것이 좋겠구나. 네가 장난감을 가지고 재미있게 놀았으니 스스로 치우는 것은 당연한 일이야. 엄마는 저녁식사 준비를 해야만 한단다"라는 등의 방식으로 아동 스스로가 자신의 행동을 스스로 통제·조절하도록 유도할 필요가 있다.

유도방법은 자녀의 행위결과가 다른 사람(부모)에게 미치는 영향을 설명(I-message)하기 때문에 아동의 감정이입을 불러일으키고 페어플레이 정신에 호소한다. 유도방법에 의해 훈육된 아동은 처벌의 위험이 거의 없는 상황에서도 자기통제를 잘 하며, 또래에게도 민주적이고 관대한 행동을 하는 경향이 많다.

그런데 유도방법의 성공은 아동의 연령과 관계가 있는데, 주로 4세부터 8세 사이의 아동들에게서부터 그 효과가 나타나기 시작한다. 5세부터 17세까지의 아동들을 대상으로 상이한 훈육방법에 대한 선호도를 조사한 연구에 의하면, 아동들은 유도방법에 의한 훈육을 실시하되 때때로 물리적 처벌을 사용하는 부모, 즉 합리적인 권위적 양육방식을 취하는 부모를 가장 선호하였다.

유도방법을 사용할 때 부모는 그 행동이 왜 바람직하지 못한가에 대해 설명해 주고, 그 행동이 다른 사람이나 사회에 좋지 못한 않은 영향을 미치게 됨(행동의 결과)을 지적해 주는 것이 바람직하다. 물리적 방법에 의한 훈육이나 애정철회방법에 의한 훈육과는 대조적으로 유도방법에 의한 훈육은 주어진 특정상황하에서 어떤 행동을 수행하는 것이 바람직한가를 안내해 주기 때문에 전자의 두 가지 훈육방법이 효과가 없을 때 특히 필요한데, 이는 추후 자신의 행동을 스스로 통제·조절할 수 있는 능력을 배양하게 해 준다.

유도방법으로 자녀를 훈육하는 가정은 애정적이고 수용적인 분위기를 형성하며, 가족구성원 간의 의사소통이 빈번하고 타인에게 관대한 소위 '민주적 가정'으로 분류된다. 그 결과, 유도방법으로 양육된 아동들은 일반적으로 사회성이 높고 책임감이 강한 동시에, 자아를 신뢰하며 타인의 입장을 고려할 줄 아는 성격적 특성을 지니게 된다. 이러한 유도기법은 부모-자녀 간의 빈번한 의사소통을 유도하기 때문에 '좋은' 행동은 물론, 아동의 언어능력을 증진시키는 효과도 발휘하게 된다.

둘째, 애정철회방법에 의한 훈육은 아동이 바람직한 행동을 했을 때는 부모가 애정과 관심을 제공하지만, 그가 바람직하지 못한 행동을 했을 때는 애정이나 관심의 제공을 거부하며, 의사소통(대화)을 거절하는 훈육방법을 말한다. 이러한 방법은 버림받을 것이라는 위협에서부터 아동과의 놀이나 의사소통을 거절하는 침묵의 처치까지 대단히 다양하다. 비물리적 형태의 처벌방법인 애정철회는 아동의 불안을 자극하기 때문에 분노표현을 억압하게 하지만, 아동에게 지나치게 위협적일 수 있다. 일반적으로 애정철회방법에 의해 훈육되는 아동들은 왜 그와 같은 행동을 하지 않아야 하는가를 알지 못한 채, 무조건 성인의 권위에 복종하려고 하는 경우가 많다.

셋째, 물리적 방법에 의한 훈육은 물리적인 힘을 이용하여 아동을 통제하려고 한다. 이 방법을 사용하는 부모들은 아동이 바람직한 행동을 했을 때는 보상(물질적 보상, 사회심리적 보상, 활동적 보상)을 제공하지만, 아동이 바람직하지 못한 행동을 했을 때는 화를 내거나 언어적 또는 신체적 폭력을 휘두른다. 여기에서는 특히 신체적으로 아동을 학대하는 '벌'을 제공하는 경우가 많다.

그러나 지나친 물리적 처벌은 아동의 분노를 자극하고 폭력적 행동을 불러일으키기 쉽다. 일반적으로 물리적 방법에 의해 통제되는 아동들은 쉽게 유혹당하고, 비행을 범한 후에 죄책감을 느끼거나 잘못을 고백할 가능성이 적다. 이러한 아동들은 단지 그들이 처벌받을 것인가, 아닌가의 외적 단서에 의해 행동을 통제·조절한다. 그렇다고 해서 모든 처벌이 바람직하지 않다는 것은 아니다. 빈번하고 극단적으로 가혹한 처벌은 유해하지만, 때때로의 적절한 물리적 처벌은 효과적일 수도 있다.

지금까지 논의한 각 훈육지도방법과 연합되어 나타나는 아동들의 성격적 특성과 도덕적 행동 간의 관계를 요약하면 [표 4-17]과 같다.

표 4-17 훈육지도방법에 따른 아동의 성격적 특성과 도덕적 행동의 관계

훈육기법	성격적 특성	도덕적 행동
유도방법	자율성과 타인에 대한 관심	도덕성발달이 이루어진다.
애정철회방법	불안과 의존성	도덕적 행동과 분명한 관계가 없다.
물리적 방법	공격적 행동과 환상	도덕적 금지에 대한 내면화의 정도는 최소이다.

그러나 실제 훈육상황에서는 단지 하나의 훈육방법만을 사용하는 부모들은 거의 없다. 부모마다 빈번하게 사용하는 특정의 훈육방법이 있기는 하지만, 두 가지 이상의 훈육방법을 동시에 사용하거나 상황에 적절한 훈육방법을 선택하는 경우도 많다. 보통 시끄러운 활동이나 싸움과 같은 행동을 통제하기 위해서는 물리적 처벌이 사용되고, 아동이 도로에 뛰어들거나 타인을 놀리는 것과 같은 행동에 대해서는 유도기법이 활용된다.

ONLINE RESOURCES

'훈육지도방법'(유도방법, 애정철회방법, 물리적 방법)에 관하여 논의한 자료가 필요할 경우 저자가 운영하는 웹사이트(welfare5.com)의 Online Resources 게시판을 통하여 다운을 받기 바랍니다('교육심리탐구'의 Online Resources 33 자료).]

한편, '훈육'(더 넓게 표현하면 '양육')에 있어 가장 중요한 측면은 바로 '일관성'의 문제라고 할 수 있다. 자녀의 행동에 대하여 일관적인 기준을 적용하는 대신, 부모의 기분이나 주변상황에 따라 너무 즉흥적인 기준을 적용하게 되면 자녀는 부모의 이러한 모순된 양육태도로 인하여 올바르고 안정된 행동규범을 형성하지 못하게 된다. 또한, 아버지와 어머니의 훈육방식 간의 지나친 불일치, 즉 부모의 자녀에 대한 '불일치적 양육태도'는 아동으로 하여금 부적응행동을 하게 하며, 이는 특히 공격적 행동이나 일탈행동을 유발하는 중요한 원인이 될 수 있는데, 딸보다는 아들이 훈육의 불일치 영향을 더 많이 받는 것으로 나타났다. 범죄를 저지른 부모를 가진 아동들조차도 부모 사이의 훈육이 일치할 때는 범죄를 저지를 가능성은 현저히 낮아지는 것으로 확인되었다.

일반적으로 지나치게 가혹한 물리적 처벌이 일관성 없는 훈육과 연합될 때 아동들의 반사회적이고 공격적 행동은 증가한다. 대체로 부모의 훈육방법이 일관성 있게 처벌적이거나 일관성 있게 온정적일 때 비행이나 비행발생률은 최저로 낮아진다.

부모-자녀관계는 부부관계가 만족스러울 때 바람직하게 나타난다. 연구에 의하면, 남편이 아내를 적극적으로 지원할 때 어머니는 자녀에게 몰두하고 민감하게 반응하며, 애정적일 수 있다. 심지어는 여성의 임신에 대한 적응과 진통 및 분만 동안 경험하는 고통은 남편의 지원이나 반응성과 밀접하게 관련되어 있다. 가사일과 자녀양육에서의 남편의 참여는 어머니의 육체적·정신적 고통을 덜어주고, 어머니와 자녀 및 아버지와 자녀가 즐거운 상호작용을 할 수 있는 기회를 제공해 주게 된다.

부부 사이의 갈등이 부모-자녀관계에 부정적 영향을 줄 수 있는 것과 마찬가지로, 자녀의 존재도 부부의 결혼생활에 영향을 미친다. 특히, 첫아이의 출산은 부부의 역할을 보다 더 전통적으로 변화시키는 경향이 있는데, 자녀의 출산은 부모의 역할을 생계유지자로서의 아버지의 역할과 자녀양육자로서의 어머니의 역할로 이분시키게 된다. 부부 사이의 역할분담은 전통적인 부부 사이에서는 물론, 평등주의적 견해를 갖는 부부 사이에서도 일어난다.

아버지들이 아기와 함께 지내기 위하여 시간을 확보한다고 할지라도 그 시간은 매우 짧으며, 맞벌이 부부 중 자녀양육을 위해 직업을 포기하는 편은 어머니인 경우가 대부분이다. 또한, 까다로운 기질을 가진 아동들이나 장애아동들은 부모들에게 부가적인 긴장을 주고, 부부의 결혼생활을 어렵게 만드는 주된 요인이 된다. 특히, 부부의 결혼생활이 원만하지 못할 때 요구적이고 고집이 센 아기의 존재는 가정파탄을 초래한다. 가정에서 문제아동을 돌보는 역할을 맡는 어머니들이 아버지들보다 더 큰 갈등을 겪고 더 많은 불만족을 경험하게 된다.

(3) 또 래

개인의 도덕성발달은 부모를 포함한 가정적 요인의 영향을 많이 받기도 하지만, 또래(동년배)와의 관계 및 또래문화의 영향도 상당히 받는다. 먼저, 또래와의 관계에서 보면 부모의 가치관과 또래의 가치관이 일치할 경우에는 도덕적 가치를 강화하는 데 도움이 되지만, 이들이 서로 다를 경우에는 아동이 도덕적 결정을 내릴 때 갈등을 느끼게 된다. 그리고 아동과 청소년이 자신보다 높은 도덕적 추론을 하는 또래를 접하게 되면 인지적 불균형상태에 놓이게 됨으로써 노력에 의해 높은 수준의 도덕성발달이 이루어지기도 하지만, 이러한 결과가 항상 보장되지는 않는다.

또한, 또래집단의 문화도 아동의 도덕성발달에 영향을 미치게 되는데, 만약 반사회적인 행동을 자행하는 비행문화가 형성되었다면 그 속에서 아동과 청소년은 직접적으로 나쁜 영향을 직접 받게 된다. 아동과 청소년은 또래와 함께 있을 때에는 반사회적인 행동을 자행하였다 하더라도 그에 대한 불안이나 죄책감을 덜 느끼게 되므로 이러한 일이 반복되게 되면 반사회적인 성향이나 비행성을 점차 내면화시키게 되어, 결국 반사회적인 성격을 형성하게 될 것이다.

(4) 대중매체

현대에 들어 텔레비전·라디오·각종잡지·신문·영화·인터넷 등이 포함되는 인쇄매체와 전파매체 및 전자통신매체에 의한 대중매체는 부모나 교사 또는 또래의 영향력과 동일한 영향력을 행사하는 요인, 심지어 이를 능가하는 영향요인으로 간주되고 있다. 아동기나 청소년기에는 신체적으로나 정신적으로 급격한 변화를 보이는데, 이러한 변화의 원인으로는 성숙요인, 급격한 사회변화, 다양한 문화·문명의 발달 등을 들 수 있으나, 대중매체의 영향도 매우 크다고 볼 수 있다.

대중매체는 청소년들로 하여금 풍부한 지식과 경험, 건전한 가치관과 태도, 합리적인 사고방식과 현실적인 생활태도, 대중문화 등을 형성·습득하게 하기도 하지만, 대중매체의 부정적인 기능도 간과할 수 없다. 전자를 대중매체의 순기능이라고 하고, 후자를 대중매체의 역기능이라고 한다. 이에 관해서는 앞의 '사회성발달'에서 자세하게 논의하였으므로 해당 부분을 참고하기로 한다.

CHAPTER

05 발달의 단계

1. 태내기

태내기(prenatal stage)는 수정에서 출산에 이르는 시기로서, 이 기간은 평균 266일, 즉 38주 정도인데, 이는 산모와 태아의 상태에 따라 다소 차이가 있다. 여성의 월경 시작 후 약 14일이 지날 무렵 난소에서 난자가 배출되어 나팔관으로 들어오게 되는데, 이때 정자를 만나게 되면 수정이 이루어지게 된다. 남성의 정자와 여성의 난자를 배우체라고 한다. 정자와 난자는 감수분열을 통해 46개의 염색체의 절반인 23개의 염색체를 갖게 되는데, 이때 어버이의 여러 특성에 대한 복제가 이루어지게 됨으로써 수많은 유전정보를 갖게 된다. 이들이 수정을 하게 되면 수정란, 즉 접합체가 생성되게 되는데, 이때 각 염색체들이 합해짐으로써 46개의 염색체 배열이 이루어진다.

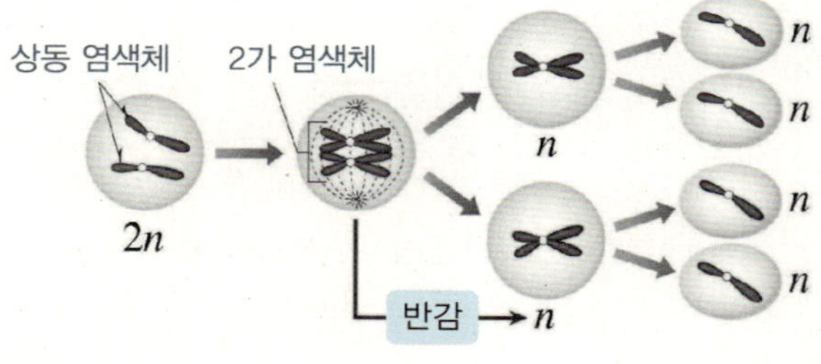

① 분열 횟수: 연속 2회 ② 딸세포 수: 4개 ③ 2가 염색체: 형성됨
④ 염색체 수 변화: 절반으로 줄어듦 ⑤ 분열 결과: 생식세포 형성

그림 5-1 | 생식세포의 분열(감수분열)

유전은 이 염색체들이 가지고 있는 유전인자(gene)에 의해서 전달되는데, 이는 DNA(deoxyribonucleic acid: 핵산의 일종으로 유전정보를 담고 있는 화학

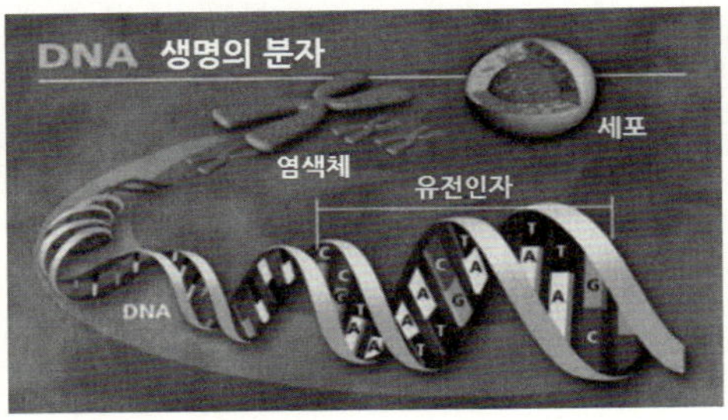

그림 5-2 ❙ 세포, 염색체, DNA, 유전인자

물질)라는 복잡한 분자로 구성되어 있다. 염기쌍의 배열로 이루어진 이중나선형인 DNA는 그 배열순서에 따라 유전정보가 각기 다르다. 따라서 모든 사람은 이 염기상의 배열순서가 다르기 때문에 독특한 특성을 가지게 된다.

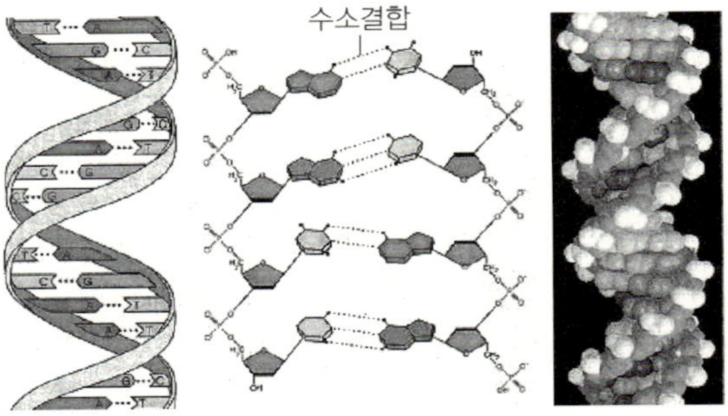

A(아데닌)과 T(티민)이 수소결합(2개)을 이루고,
C(시토신)과 G(구아닌)이 수소결합(3개)을 이룬다.

그림 5-3 ❙ DNA의 구조

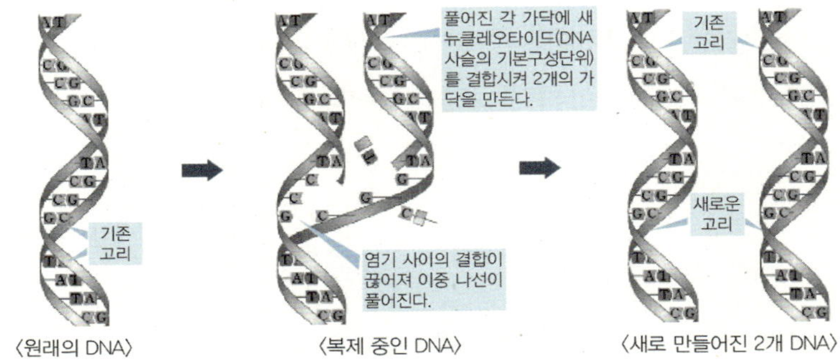

그림 5-4 ❙ DNA의 복제과정

한편, 태아의 성(sex)은 성염색체에 의해서 결정된다. 정자는 23개 염색체(22개 체염색체와 1개 성염색체인 X염색체 또는 Y염색체)를 가지고 있으며, 난자도 23개 염색체(22개 체염색체와 성염색체인 1개 X염색체)를 가지고 있다. 그래서 X염색체를 가진 정자와 난자의 X염색체가 결합되면 태아는 여자가 되고, Y염색체를 가진 정자와 난자의 X염색체가 결합되면 남자가 된다.

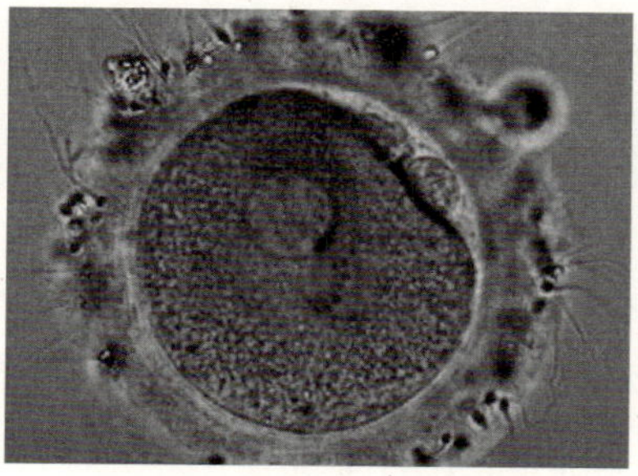

그림 5-5 ❙ 난자(ovum) 주변의 정자들

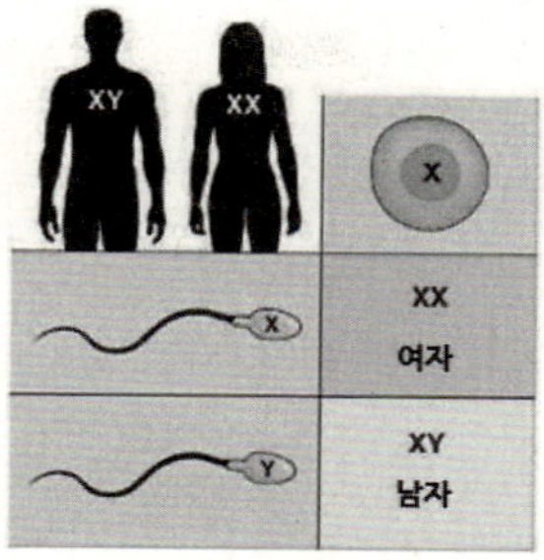

그림 5-6 ❙ 성(sex)의 결정

한편, 피임은 성교시 임신이 이루어지지 않도록 막는 것으로, 임신 가능기간을 피하거나 특정 약품이나 기구 등을 이용한다. 피임법의 종류는 크게 ① 자연 피임법, ② 호르몬 피임법, ③ 차단 피임법, ④ 영구 피임법으로 분류된다.

첫째, 자연 피임법은 주기적 금욕법(periodic abstinence)이라고도 하는데, 여기에는 월경주기법(calendar method), 기초체온법(basal body temperature), 점액관찰법(mucus method) 등이 포함된다.

둘째, 호르몬 피임법(hormonal contraception method)에는 경구용 피임법(oral contraception method) 및 사후 피임제(postcoital contraceptives), 패치용 피임법(patch contraceptives), 주사용 피임법(injectable hormonal contraceptives), 임플라논(implanon) 등이 포함된다.

셋째, 차단 피임법(barrier method of contraception)에는 콘돔(condom) 사용법, 루프(loop) 시술법, 다이어프램(diaphragm)과 자궁경관(cervical cap) 시술법, 미레나(mirena) 시술법, 흡수제, 질내 살정제(vaginal spermicides), 질외사정법(coitus interruptus) 등이 포함된다.

넷째, 영구 피임법(permanent contraception method)은 불임수술법으로, 정관절제수술법과 난관절제수술법으로 구분된다.

정자와 난자가 수정되는 순간부터 바로 인간의 발달은 시작된다고 할 수 있다. 이후 평균 약 266일 동안 태아는 어머니의 체내에서 자라게 된다. 이 기간 동안 태아의 신체기관이 형성되고 기능이 시작되며 크기와 무게도 급속하게 증가한다. 이러한 태내에서의 기간은 난체기, 배아기, 태아기 등의 세 단계로 구분할 수 있다(Clarke-Stewart, Friedman, & Koch, 1985).

1) 태내발달의 단계

(1) 난체기

난체기(zygote stage; 착상기, 배종기, 발아기)는 정자와 난자가 결합된 수정란이 모체의 자궁벽에 착상하는 약 2주간을 말한다. 이 시기는 인간의 생애에서 사망률이 가장 높은 시기이지만, 모체는 이에 대해 전혀 지각하지 못한다. 수정란은 36시간 내에 빠른 세포분열기로 들어가는데, 이는 세포분열을 계속하면서 나팔관 아래로 내려가 약 3~4일 후에 자궁에 도착한다. 다시 3~4일 정도 지나면 낭배를 형성하여 자궁벽에 착상하게 되는데, 이때부터 모체로부터 영양공급을 받게 된다. 이러한 영양공급은 융모막이 담당하게 되는데, 이 부분이 결국 태반이 된다. 이때 태반과 태아의 복벽을 연결시키는 것을 탯줄 또는 제대라고 하는데, 태반은 모체로부터 태아에게 산소와 영양 등을 공급해 주며, 또한 탯줄을 통해 들어오는 혈류(血流)를 여과시키는 장치의 역할을 한다. 이러한 여과작용은 혈액 내의 많은 세균 및 영양에 관계 없는 물질로부터 태아를 안전하게 보호한다.

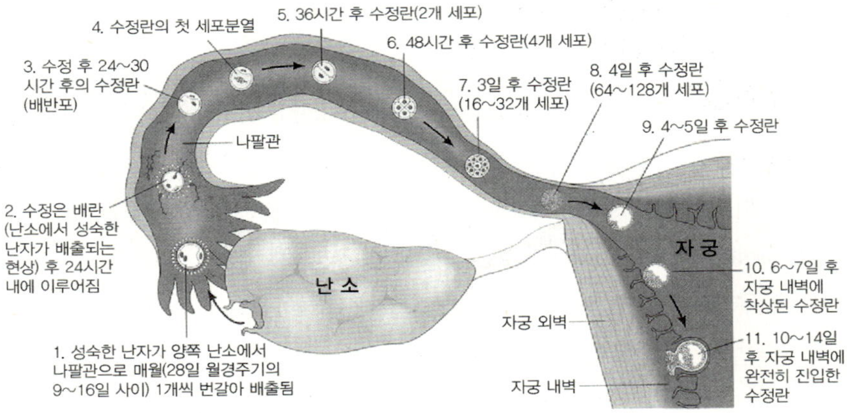

그림 5-7 | 난체기의 변화

자료출처 : Santrock, J. W.(2004a). Child Development. p.96.

(2) 배아기

배아기(embryonic stage)는 수정 후 약 2~8주 사이에 해당되는 시기로, 이 기간 동안에 중요한 신체기관과 신경계가 형성되는데, 인간의 성장과 발달과정 중에서 성장률이 가장 높다. 각 신체기관이 형성되는 데는 약 2주가 걸리는데, 배아의 성장과정을 보면, 세 배엽이 각각 분화하여 서로 다른 형태의 세포로 발달함에 따라 독특한 신체의 각 기관이 형성된다.

① 외배엽(ectoderm) : 표피, 손톱, 발톱, 머리카락, 땀샘, 피지선, 유선, 점액선, 치아, 감각기관(눈, 코, 귀), 신경계(뇌, 척수, 뇌와 척수의 신경) 등 피부의 외층 및 외부, 감각기관, 신경계가 형성됨

② 중배엽(mesoderm) : 골격근, 내장근, 골격, 진피, 혈액, 혈관, 심장, 임파선, 비장, 신장, 비뇨관, 방광, 정자, 정관, 난소, 난관, 외부생식기, 부신 등 피부내층과 근육, 골격, 배설기, 순환기가 형성됨

③ 내배엽(endederm) : 입, 혀, 타액선, 식도, 위, 간장, 췌장, 장, 기관지, 폐, 폐포, 갑상선, 흉선, 편도선 등 소화기와 호흡기가 형성됨

각 기관별로 살펴보면, 제일 먼저 발달하는 것은 순환기인데, 수태가 된 후 20일 후부터 심장이 박동하고, 그 후 1~2일이 지나면 융모막으로 혈액이 통과하게 된다. 그러나 모태와 태아 사이의 직접적인 혈액교류는 없다. 그리고 35일경부터는 소화기관의 분화가 이루어지기 시작하는데, 식도·위·간 등은 내장의 벽으로부터 부풀어 나와서 생긴다. 또한, 35일까지는 기관지와 허파 등이 생기게 된다. 뿐만 아니라 신체의 모양도 급격히 형성되어 얼굴모양이 만들어지고, 28일경에는 사지가 생기고, 차차 손과 손가락 등이 형성된다.

또한, 신경계는 중배엽과 외배엽으로부터 생겨나기 시작하여 신경관이 형성되고, 여기서부터 신경세포가 자라나서 신체의 각 부위와 연결된다. 신경관의 한쪽 끝에 뇌가 형성되고, 뇌의 각 부분은 특정 신체기관의 기능을 통제하게 된다. 이와 같은 뇌기능은 임신 후 5주경부터 뇌의 중심이 되는 세 구조인 중뇌, 소뇌, 연수(숨골)의 분화가 시작되는 데서 비롯된다.

한편, 배아기의 태아에서는 꼬리와 아가미를 닮은 원시적인 구조를 볼 수 있으며, 이를 통해 개체발생은 계통발생을 반복한다는 것을 알 수 있다. 이 시기는 빠른 성장과 발달이 이루어지므로 태내환경의 영향에 가장 민감한 시기이다. 실제로 언청이, 기형, 맹아, 농아 등 대부분의 출생결함은 임시기간에 결정적 시기인 첫 3개월 동안 일어나고 결함의 정도가 심한 태아는 이 시기를 넘기지 못하고 자연유산이 되기도 한다.

(3) 태아기

태아기(fetal stage)는 3개월째부터 출생할 때까지를 말하는데, 이 기간 동안 각 신체부분들에 대한 마지막 손질이 이루어진다. 즉, 배아기에 생성된 여러 기관이나 신체구조가 좀 더 정교하게 발달하게 된다. 여러 신체기관들이 혈관에 의해 연결되고, 뇌도 그 크기가 급격하게 커진다. 그리고 여러 신체부위가 서로 다른 속도로 성장하기 때문에 신체형태가 변하게 된다.

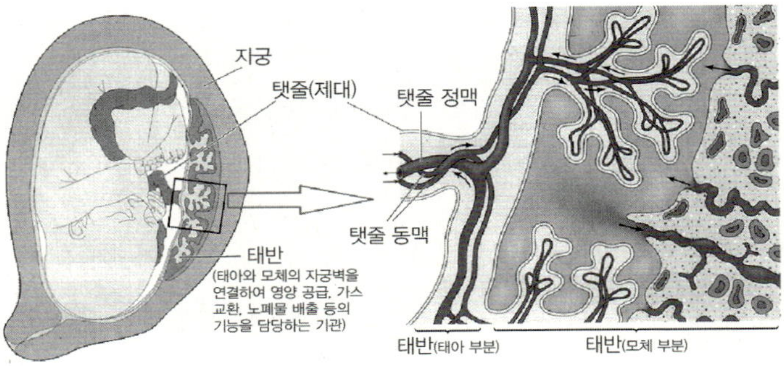

그림 5-8 | 자궁벽과 태아의 연결

자료출처 : Santrock, J. W.(2004a). Child Development. p.97.

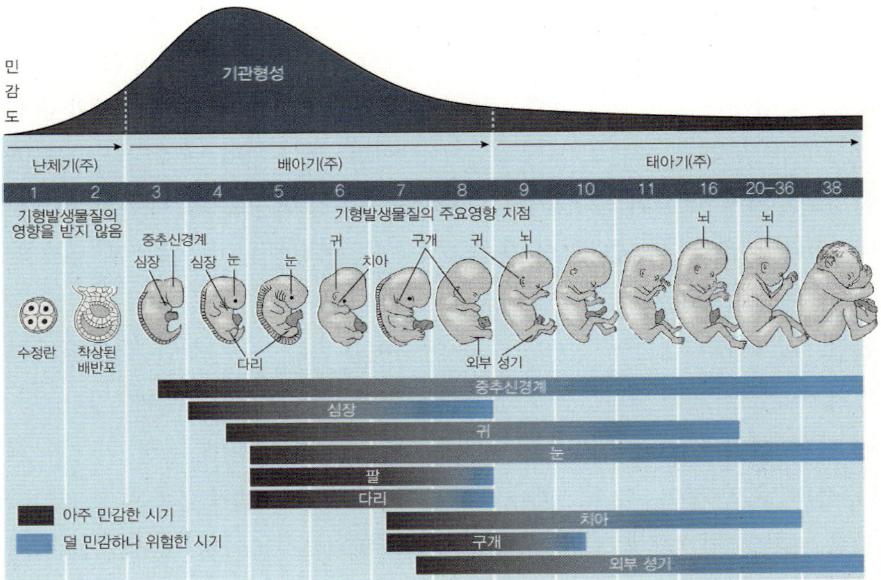

그림 5-9 | 태내기 발달과정 및 기형발생의 결정적 시기

자료출처 : Santrock, J. W.(2004a). Child Development. p.100.

태아는 여러 가지 움직임을 갖는데, 이를 태동(胎動)이라고 한다. 이는 배아기의 마지막 단계에서부터 시작되는데, 이러한 운동은 대개 반사적으로 일어나는 반사운동이다. 여기에는 생존반사(입을 벌리고 삼키거나 빠는 행동), 도피반사(자극을 피해 움직이는 행동) 등이 포함되는데, 이는 11주경부터 나타난다. 이후 태동은 더욱 활발하고 다양하게 나타나게 된다. 그런데 태아의 이러한 운동은 모체의 공포·불안·슬픔 등과 같은 정서상태에 따라 크게 영향을 받는 것으로 확인되었다. 그러므로 모체의 극단적인 정서적 경험은 태아의 성장과 발달에 부정적인 영향을 미친다고 할 수 있다.

임신 5개월 말경에 신경세포가 완성되는데, 이것은 후에 성숙한 두뇌를 형성하는 기반이 된다. 그리고 태아 내부의 조직은 임신 5개월 정도에는 성숙한 수준까지 성장하나, 심장·소화기관·배설기관 등은 아직 충분히 발달하지 않아서, 태아는 여전히 태반에 의존한다. 그러므로 만약 이러한 기관에 경함이 생겨도 태아는 출생할 때까지는 생존할 수 있다.

그리고 6개월 무렵부터 태아의 성장속도가 다소 완만해지는데, 눈을 뜨고 감을 수 있고 모든 방향을 쳐다 볼 수 있으며, 울기도 하고 손바닥을 꼭 쥘 수도 있다. 그러나 아직까지는 태아의 호흡기관이 매우 미숙하기 때문에 조산하면 생존할 가능성이 낮다. 반면에 7개월이 되면 숨을 쉬고 들이마시며, 엄지손가락을 빨 수 있는데, 이때 태어난 조산아는 생존할 수 있다. 그리고 8개월이 되면서 태아의 몸 전체에 지방층이 발달하여 자궁 밖의 온도변화에 적응할 수 있게 되고 제한된 환경 때문에 동작은 줄어든다. 그리고 9개월에 들어서면서 성장은 중단되지만, 지방층은 계속 형성되고 기관계통은 효율적으로 작용하게 된다.

태아가 태반에 의존하지 않아도 생존이 가능할 만큼 여러 기관이 충분히 발달하면 태아는 출산되게 되는데, 이에 필요한 일수는 약 266일 정도이다. 그러나 수정 후 약 210일이 지나면 모체에서 분리되어도 조산아 보육기(incubator)에 의해 보호를 받게 되면 생존이 가능하므로 210일을 생존 가능 일수로 본다. 그러나 현대의학의 발달로 인하여 이 기간은 점차 단축되고 있다.

2) 태내발달에 영향을 미치는 요인들

태내기 동안 태아의 발달은 여러 요인에 의해 영향을 받는데, 이는 크게 유전요인의 영향과 환경요인의 영향으로 구분해 볼 수 있다.

(1) 유전요인의 영향

유전은 인간의 발달한계, 특히 신체적 성숙과 관련된 한계를 결정한다. 유전은 염색체라는 사슬로 구성되어 있는 DNA에 의해 전달되는데, 성숙속도의 차이, 기질적 차이를 만들어 내며, 비정상적 발달을 가져오기도 한다. 먼저 유전인자는 성장급등기, 치아발달, 사춘기, 폐경기 등을 결정하는 등 성숙속도의 차이를 유발한다. 그리고 키, 몸무게 등은 환경적 영향도 있지만, 유전자의 결합에 의해 결정되는 경우가 많기 때문에 개인에 따라 기질적 차이가 나는 것이다.

그리고 유전적 요인에 의해 선천적 이상이나 비정상적 발달이 초래되기도 한다. 유전적 요인에 의해 나타나는 주요 발달장애는 터너(Turner) 증후군, 클라인펠터(Klinefelter) 증후군, 다운(Down) 증후군(Mongolism), 혈우병, 페닐케톤뇨증(PKU), 겸상 적혈구빈혈증, 흑내장성 지진아 등이 있다. 그 외에 갈락토스혈증, 간렉스핵변증, 글리코겐병, 왜인증, Rh- 부적합증, 원발성혈당감소증 등도 나타날 수 있다.

최근 산부인과에서는 임산부를 위한 유전상담(genetic counseling)을 실시하고 있다. 피상담자의 가계에 유전적 결함의 원인이 있다든지, 아니면 태아의 정상성이 의심될 경우에 병원을 찾게 된다. 상담자는 먼저 선천적 결함의 유전 가능성을 면밀하게 검토한 다음, 필요하면 생물학적 검사를 실시하게 된다.

유전적 요인에 의한 발달장애의 조기진단방법에는 ① 조상들의 유전병을 조사하는 가계도분석(pedigree analysis), ② 부모조사, ③ 초음파검사, ④ 양수검사(amniocentesis), ⑤ 융모검사(chorion biopsy) 등이 있는데, 이들에 대하여 차례대로 정리하면 다음과 같다(정옥분, 2003).

① 가계도분석

태아의 유전병 여부를 의심하는 임산부가 병원을 방문하면 제일 먼저 그 가계의 역사를 추적·조사할 수 있다. 윗 세대에 나타난 표현형(phenotype) 자료를 수집하고 분석함으로써 유전적 결함의 가능성을 진단한다. 그러나 개별 가계의 역사가 확실하지 못하거나 정확하게 기억하지 못하는 경우도 있는 동시에, 조상들의 질병진단이 부정확할 수도 있기 때문에 가계도 분석에 의한 자료는 완전하지 못하다.

② 부모조사

먼저, 부모에게 외부적으로 나타나지 않은 유전병 여부를 검사한다. 동시에 부모의 연령도 태아의 유전적 결함과 상관관계가 높기 때문에 이에 대한 조사도 실시할 필요가 있다. 예를 들면, 다운증후군의 발생도 부모의 연령과 함께 증가한다. 즉, 어머니의 연령이 30세 이하이면 다운증후군의 발생은 3,000명 출산아동 중 1명, 30~34세이면 600명 중 1명, 35~39세면 280명 중 1명, 40~44세이면 80명 중 1명, 40세 이상이면 40명 중 1명 정도로 나타난다는 보고도 있다.

③ 초음파검사

초음파를 자궁에 투사하여 반사된 화면으로 태아의 크기, 모습, 위치 등을 확인하는 방법인데, 여기에서는 태아의 월령, 쌍생아 여부, 심한 신체적 결함 등을 확인할 수 있다. 또한, 양수검사나 융모검사의 필요성을 확인하기도 한다.

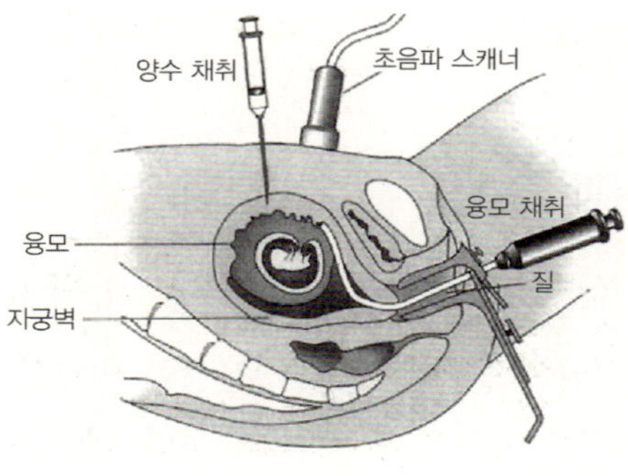

그림 5-10 ❙ 초음파검사, 양수검사, 융모검사

④ 양수검사

이는 주사바늘을 양수주머니에 삽입하여 양수를 채취한 다음, 그 성분을 분석하여 태아의 발달상태를 확인하는 방법을 말한다. 양수에는 태아의 세포가 포함되어 있기 때문에 이를 분석하여 태아의 발달상의 결함 여부를 확인할 수 있는데, 이 결과는 약 3주 후에 알 수 있다.

그러나 임신 12주 이전에는 양수주머니가 매우 작고, 양수도 거의 없기 때문에 임신 14~16주가 되어야만 양수채취가 가능하다. 양수검사법의 또 다른 결점은 그 가능성이 적긴 하지만(1%), 태아가 손상을 받을 수 있고, 그 결과 유산될 수도 있다는 점이다. 따라서 양수채취분석법은 조심스럽게 적용되어야 하며 유전적 결함의 가능성이 적어도 1/100 이상의 확률일 때에만 사용되어야 한다.

⑤ 융모검사

이는 가장 최근에 개발된 검사로서, 의사가 모니터를 보면서 가느다란 튜브를 자궁경부를 지나 자궁 속에 삽입하여 융모막으로부터 조직을 채취하여 이 생체조직을 현미경으로 검사하는 방법을 말한다. 융모조직은 태아와 유전적으로 동일하기 때문에 태아의 발달상태에 대한 정보를 정확하게 얻을 수 있다.

이 검사법의 이점은 첫째, 양막이나 모체에 손상을 주지 않으며 둘째, 태아에게 안전하고 셋째, 임신 9주경부터 융모조직을 채취할 수 있기 때문에 양수검사보다 더 이른 시기에 발달이상 유무를 판별할 수 있으며 넷째, 결과를 빨리(24시간~1주일 이내) 알 수 있다는 점 등이다. 반면, 단점은 첫째, 양수검사보다 유산의 위험이 훨씬 높고 둘째, 드물게 사지기형(limb deformities)의 원인이 되기도 한다는 점이다.

(2) 환경요인의 영향

태내발달은 가소성(可塑性; plasticity)이 가장 큰 시기로서 환경의 영향을 크게 받는다는 점을 고려해 볼 때 태아의 건강한 발달을 위해 좋은 태내환경을 조성해 주는 것은 매우 중요하다. 태내기 동안 태아는 계속해서 환경적 요인들의 영향을 받으면서 발달하게 되는데, 그 주요요인은 부모의 상태나 조건에 의해서 결정된다.

부모 중에서도 어머니의 상태와 조건은 태아의 발달에 직접적이고 강한 영향을 미치게 되는데, 주요영향요인을 ① 임신 전, ② 임신 중, ③ 출산 전후, ④ 신생아 등으로 구분하여 제시하면 [그림 5-11]과 같다.

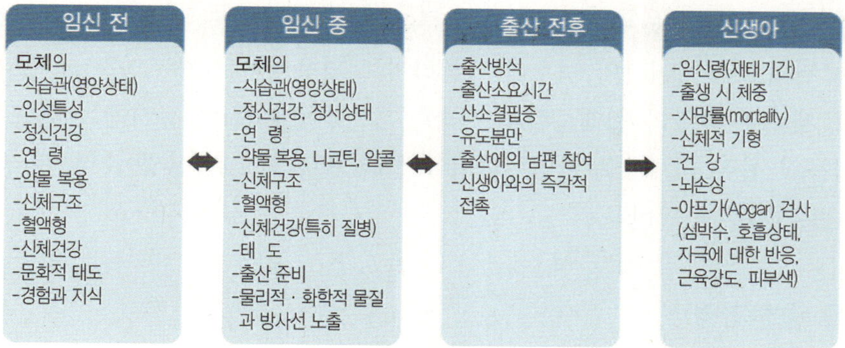

그림 5-11 | 태아발달에 영향을 미치는 모성요인

부모는 태아가 정상적인 인간으로 성장·발달하여 건강하게 출산할 수 있도록 최선을 해야 하는데, 이러한 전반적인 노력을 태교(胎兒敎育; prenatal education)라고 표현한다. 태교는 태아에게 좋은 태내환경을 조성해 줌으로써 정상적인 성장과 발달을 이루어, 건강하게 태어나도록 하는 데 그 목적이 있는데, 이는 바로 부모의 노력으로 이루어지기 때문에 크게 부성태교(父性胎敎)와 모성태교(母性胎敎)로 구분할 수 있다. 먼저, 부성태교의 주요내용은 크게 ① 음양교합 시(陰陽交合時) 기피사항 준수, ② 임신 중의 성생활 유의, ③ 좋은 모성태교 실천에의 적극 협조 등의 세 가지로 구분하여 논의할 수 있으며, 그리고 모성태교의 주요내용은 ① 영양상태, ② 정서상태, ③ 연령, ④ 질병, ⑤ 약물사용, ⑥ 흡연과 음주, ⑦ 방사선, ⑧ 모-자 혈액상반(blood incompatibility) 등으로 구분할 수 있다.

ONLINE RESOURCES

'부성태교(父性胎敎)와 모성태교(母性胎敎)'에 관한 자료가 필요할 경우 저자가 운영하는 웹사이트(welfare5.com)의 Online Resources 게시판을 통하여 다운을 받기 바랍니다('교육심리탐구'의 Online Resources 34 자료).

2. 신생아기 및 영아기

1) 신생아기의 발달

신생아기의 발달은 출생 전 태내기 발달의 연속이라고 볼 수 있다. 신생아는 출산과정의 정신적 외상(trauma)을 회복하기 위해 약 1일 동안은 긴 수면

상태를 취하게 된다. 즉, 신생아는 하루에 18~20시간정도 잠을 잔다. 이 시기에는 전적으로 어머니의 보호에 의존하여 생명을 유지하지만, 스스로 호흡을 하고 새로운 유형의 혈액순환을 시작할 수 있어야 하며, 동시에 체온조절과 음식물의 섭취를 제대로 할 수 있어야 한다. 일반적으로 신생아기는 출생 후 2주 또는 4주를 말한다.

(1) 출산과정

출산은 아기에게 있어서 환경의 급격한 변화를 의미한다. 지금까지 외부자극으로부터 충격을 완화해 주던 모체의 자궁에서 벗어나 환경의 자극에 바로 노출되게 된다. 또한, 출산 시의 환경이나 출산과정은 신생아 시기뿐만 아니라, 그 후의 아기의 건강에도 큰 영향을 미친다. 출산의 신호로는 이슬, 진통, 파수를 들 수 있는데, 출산의 과정은 크게 세 단계(① 준비기, ② 배출기, ③ 산후기)로 나누어 볼 수 있다(Clarke-Stewart, Friedman, & Koch, 1985).

첫째 단계는 진통기간으로서 준비기라 할 수 있다. 진통은 자궁 경부를 열기 위하여 자궁이 규칙적으로 수축되기 때문에 나타난다. 진통은 처음에는 짧게 10분에서 20분 간격으로 오다가, 이 단계의 마지막 무렵에는 3분 내지 5분 간격으로 오며 점차 강도가 심해진다. 자궁 수축과 함께 상부는 긴장되고 자궁 경부와 하부는 넓어진다. 자궁 경부는 처음에는 상당히 느리게 열리지만, 첫째 단계가 끝날 무렵에는 빠른 속도로 열리게 된다. 이러한 과정 동안 태아의 머리가 아래쪽으로 밀리고 자궁 경부가 최대 10cm 정도로 더욱 열리게 되어 첫째 단계가 끝나게 되는데, 대부분의 경우에는 이때 양수가 터진다. 이 준비기는 보통 6시간 내지 13시간이 걸린다.

둘째 단계는 자궁 경부가 완전히 열려질 때부터 아기가 모체 밖으로 나올 때까지로서 배출기라고 한다. 강한 진통은 산모로 하여금 힘을 주어 아기를 밀어내게 하지만 어느 정도는 의식적으로 통제할 수 있다. 이런 과정을 거쳐 일단 머리가 자궁의 입구에 도달하게 되면, 태아가 몸의 위치를 약간 바꾸어 어깨와 신체 나머지 부분이 자궁을 쉽게 나올 수 있도록 한다. 출산 직후 아기가 큰 소리로 우는데, 울지 않을 경우에는 의사가 아기의 등을 부드럽게 문질러주어 폐가 활동할 수 있게 해 준다. 그리고 탯줄을 자르면 비로소 아기가 독자적인 삶을 시작하게 된다. 이 둘째 단계는 20분에서 90분 정도 걸린다.

셋째 단계는 산후기라 하는데, 이때 태반과 탯줄이 자궁 속에서 배출된다. 이 단계에서는 아기의 몸에 이상이 없는지 확인하고, 태반이 나오면 모체의 자궁 속에 조금이라고 찌꺼기가 남아 있는지 철저히 검사한다. 이 마지막 단계는 몇 분밖에 걸리지 않으며 산모의 고통도 많이 완화된다.

전체적인 분만과정은 첫아이의 경우 평균 14시간, 둘째 아이의 경우 평균 8시간 정도 걸린다.

한편, 출산과정과 관련하여 발생할 수 있는 문제들은 많으나, 여기에서는 제왕절개, 산소결핍증, 미숙아의 출산 등에 대하여 살펴보기로 한다.

첫째, 제왕절개(帝王切開; Caesarean section)의 문제인데, 출산과정에서 약 95%는 태아의 머리가 먼저 나온다. 그러나 엉덩이 부분이 먼저 나오는 경우도 4% 정도 되는데, 이러한 분만은 매우 위험하다. 왜냐하면 이렇게 될 경우, 머리가 맨 마지막에 나오게 되어 질을 통과하는 데 어려움이 있기 때문이다. 또 다른 경우로는 산모가 매우 지쳤거나 태아가 너무 크거나 자궁질이 너무 협소한 경우에는 제왕절개를 한다. 이외에도 태반이 너무 빨리 떨어졌거나 태아에게 어떤 어려운 신호가 있을 때에도 제왕절개를 한다.

둘째, 산소결핍증을 들 수 있다. 분만 시 아이에게 가장 위험한 문제 중의 하나는 산소공급이 결핍되는 산소결핍증(anoxia)이다. 이런 상태는 탯줄이 꼬였거나 태반이 출산 전에 떨어지거나 산모에게 마취를 너무 많이 시킨 경우에 일어날 수 있다. 이러한 산소결핍상태가 몇 분만 지속되어도 아기의 생명은 위험할 수 있으며, 심지어 산소결핍상태가 심하지 않을 경우에도 두뇌세포가 손상되어 뇌성마비나 정신지체와 같은 치명적인 결과를 초래할 수 있다.

셋째, 미숙아의 출산을 들 수 있다. 출산기간에 있을 만한 또 한 가지 문제는 미숙아의 출산인데, 미숙아는 37주 이전에 태어나거나 체중이 2.5kg 미만인 신생아를 말한다. 조산아나 미숙아의 원인으로는 혈액 부적합증, 임신부의 당뇨병, 연령, 신장, 몸무게, 흡연, 약물복용 등을 들 수 있다. 조산아는 신경통제가 완전하지 않으며, 근육이 약하고 혈관이 좁고 감염에 대한 저항력이 떨어진다. 또한, 미숙아는 체온조절이 매우 어려워서 너무 춥게 하거나 덥게 했을 때 위험할 수도 있으며, 온도와 습도가 적절히 통제되고 산소가 특별히 공급되는 조산아 보육기에서 자라야 한다.

그림 5-12 ❙ 조산아 보육기(incubator)

자료출처 : Santrock, J. W.(2004a). Child Development. p.114.

(2) 신생아의 발달

신생아란 탯줄을 자른 후부터 배꼽이 아무는 시기로 출생 후 약 2주일 또는 4주일 간의 아기를 말한다. 이때는 태아가 전적으로 모체에 의존하는 자궁 내의 생활로부터 자궁 밖의 새로운 환경에 적응해야 하는 매우 어려운 시기이다. 모든 신생아는 하루에 20시간 정도 자면서도 다양한 상태를 나타내며, 신생아의 주요 상태로는 깊은 수면, 얕은 수면, 졸림, 조용히 깨어 있는 상태, 활동적인 상태, 울기 등을 들 수 있다. 신생아에게서는 이와 같은 상태는 2시간 정도이다. 여기에서는 신생아의 측정방법, 신체 및 운동기능발달, 감각발달에 대하여 살펴보기로 한다.

① 신생아의 측정방법

출산 직후에 신생아의 건강상태를 체크하고, 필요할 경우 적절한 조치를 취하여 장래의 발달에 도움이 되도록 해야 한다. 신생아의 건강상태를 체크하기 위한 신생아 측정방법으로 주로 사용되는 검사에는 아프가 검사(Apgar test, 1953)와 브레이즐톤 검사(Brazelton test, 1973, 1978)가 있다.

먼저, 아프가 검사는 분만 1분 후와 5분 후에 아기의 상태를 관찰하여 건강상태를 건강정도를 점수화하는 방법이다. 여기에서는 ① 심박수, ② 호흡상태, ③ 자극에 대한 반응, ④ 근육강도(muscle tone; 근육긴장도), ⑤ 피부색 등의

그림 5-13 | 아프가(Apgar)와 브레이즐톤(Brazelton)

5개 영역에 대하여 각각 정도에 따라 0점, 1점, 2점의 점수를 부여하도록 되어 있어 총 10점 만점으로 평가한다. 일반적으로 7점 이상일 경우에는 건강상태가 양호한 것으로 판단되는데, 대부분의 신생아들은 7점 이상을 받는다. 만약 4점 이하이면 이는 위험한 상태로 즉각적인 조치가 필요하다.

한편, 브레이즐톤 검사는 신경계의 기능과 자극(사람 얼굴과 목소리)에 대한 반응을 중점적으로 진단한다. 이 검사는 출생한 지 3일 후에 최초로 실시하며, 2~3일 후에 반복 측정해야 한다. 이 검사는 20개의 반사기능과 26가지 자극상황에서의 반응을 측정하여, 사회적 행동뿐만 아니라 중추신경계의 성숙을 파악하는 유용한 지표를 제공해 준다. 이 검사에서 극히 낮은 점수를 받은 신생아는 뇌손상이나 신경계의 이상이 있을 가능성이 있다. 이 검사는 이후에 심리적 문제를 일으킬 가능성이 있는 영아를 확인하는 데에도 유용하게 활용된다.

② 신체운동발달

신생아기는 급속한 환경변화에 처하여 적응해가야 하는 어려운 시기이다. 여기에서는 신생아의 신장과 체중, 호흡기관, 순환기관, 체온조절, 소화기관, 두뇌를 중심으로 신생아의 신체발달을 살펴보기로 한다.

- 신장과 체중 : 보통의 신생아는 키가 약 50cm, 체중은 3.2kg으로, 생후 며칠 동안에는 액체가 빠지기 때문에 체중이 약간 감소하다가 약 5일째부터 체중이 늘기 시작하여 생후 10일 무렵을 지나면서 출생 시의 체중을 되찾게 된다.
- 호흡기관 : 아기가 태어나면서 우는 첫 울음은 첫 호흡을 뜻하며, 이후 신생아의 호흡은 일반적으로 얕고 불규칙하며 호흡할 때 소리를 낸다. 또한 신생아의 호흡은 매우 빨라서 보통 1분에 30~60회의 호흡을 하여 성인의

2배에 이를 정도이다.

•순환기관 : 출생 후에 혈액순환은 급격한 변화를 보이지 않는다. 그 이유는 태아시절에 이미 심장이 복잡한 혈관조직을 통해 혈액순환을 했기 때문이다. 그러나 아직 신생아의 맥박은 빠르고 불규칙하며, 그 속도는 1분에 120~160회 정도에 이르고 생후 10일이 되어서야 혈압이 안정된다.

•체온조절 : 출생 시 신생아는 자궁에서의 온도에 비해 온도가 무척 낮은 새로운 환경에 접하게 된다. 따라서 신생아의 체온도 급격히 떨어지게 되지만 8시간 내에 정상으로 돌아온다. 이 시기는 체온조절체계가 비교적 불안하고 지방질이 없어 체온이 빨리 떨어지기 때문에, 옷이나 담요로 신생아의 체온을 유지해 주어야 한다.

•소화기관 : 신생아의 소화효소는 초기의 음식물을 소화하기에 적절하게 되어 있으며, 지방보다는 단백질과 탄수화물의 소화를 더 잘한다. 출생 후 며칠 동안 끈끈하고 검은 녹색의 태변을 누다가, 장과 방광이 가득 차게 되면 괄약근이 자동적으로 열리게 된다. 출생 후 3~4일이 지날 무렵 간의 미숙으로 인해 생리적 황달현상이 나타난다.

•두뇌 : 신생아의 두뇌는 대체로 피질하(subcortical) 상태이다. 그래서 언어나 공간능력과 같은 복잡한 인지기능을 담당하는 두뇌부위인 피질은 비교적 잠재적인 상태를 유지하나, 아기가 만 1세가 될 무렵이 되면 두뇌는 비로소 피질상태에 이르게 된다.

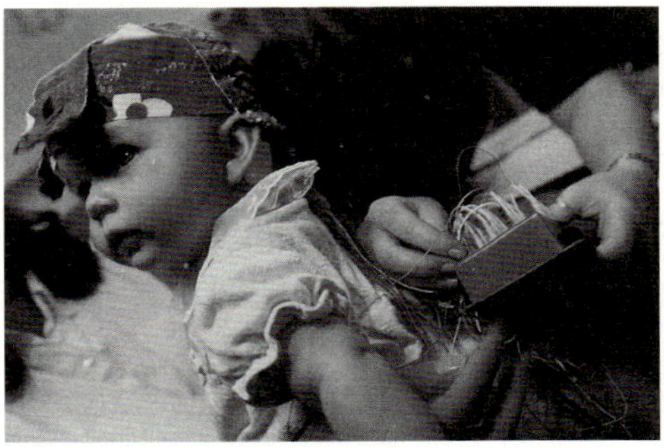

그림 5-14 | 신생아의 기억에 관한 연구를 위한 뇌활동 측정

자료출처 : Santrock, J. W.(2004a). Child Development. p.134.

한편, 신생아는 출생 시 여러 가지 놀랄만한 운동반응을 보이는데, 이러한 것들을 거의 선천적이고 반사적으로 일어난다. 이러한 반사행동은 무기력한 신생아로 하여금 이 세상을 생존해 나갈 수 있게 하는 적응기제라고 할 수 있다. 즉, 양육자로 하여금 배고플 때 먹을 것을 제공하도록 하거나, 위험으로부터 보호하도록 하는 역할을 한다. 또, 너무 밝은 빛이 비치면 눈을 감으며, 고통을 주는 물체로부터 도피하기 위해 사지를 트는 것과 같은 반사행동도 신생아의 생존을 위한 반응으로 볼 수 있다. 반사행동은 크게 '생존반사'와 '비생존반사'로 구분된다.

먼저, 생존반사에는 탐색반사, 빨기반사, 삼키기반사, 기침반사, 재채기반사, 구토반사, 하품반사, 도피반사(위축반사), 동공반사, 눈깜빡거림반사 등이 포함된다.

첫째, 탐색반사(rooting reflex; 젖찾기 반사, 근원반사)인데, 입 주위에 자극을 주면 그 자극물을 향해 고개와 입을 돌리는 반사를 말한다. 처음에는 입에서 먼 뺨에 자극물을 갖다 대어도 이 반사행동이 나타나나, 점차 자라면서 입 주위에서만 반응을 보인다. 이는 먹기행동에 필수적인 반사행동으로서 탐지반사(searching reflex)라고도 한다.

둘째, 빨기반사(sucking reflex)인데, 신생아는 입에 닿는 것은 무엇이나 빨려고 하는데, 이것을 빨기반사라고 한다. 생후 얼마동안은 이 반사행동으로 젖을 빨아 먹게 된다.

셋째, 삼키기반사(swallowing reflex)인데, 입에 있는 것을 자동적으로 삼키는 행동을 말한다. 이 반사행동은 앞에서 언급한 탐색반사와 함께 신생아가 젖을 먹는 데 중요한 반사운동이 된다.

넷째, 기침반사인데, 기도에 들어가는 해로운 물질에 대해서는 기침에 의하여 체내에 들어가는 것을 저지하는 것을 말한다.

다섯째, 재채기반사인데, 몸에 해로운 먼지나 항원 등이 콧구멍 속으로 들어올 때 몸 밖으로 내보내려고 하는 것을 말한다. 콧구멍은 공기가 폐에 들어가는 통로의 입구이기 때문에 이물질이 결코 들어가서는 안 되므로 그 이물질이 콧털에 의해 감지되어 재채기로 그것을 배제하게 하는 것을 말한다. 우리 몸에 해로운 화학적 자극성 '가스'가 들어와도 재채기를 하게 된다.

여섯째, 구토반사인데, 먹어서는 안 될 것이 입안에 들어오거나 먹기 싫은 음식물을 삼키기 싫을 때 토해 낼 수 있도록 하는 반사행동을 말한다.

일곱째, 하품반사인데, 이는 바로 산소를 대량으로 공급하게 하는 역할을 한다. 체내에 산소가 부족하게 되면 산소를 대량으로 공급하기 위한 신체의 활동이 일어나게 되는데, 이것이 바로 하품반사이다. 하품은 실내에 더러운 공기가 많거나 허파꽈리 속에 이산화탄소가 배출되지 않고 괴어 있을 때 반사적으로 일어나는 호흡작용이다. 게다가, 하품을 할 때 입을 크게 벌리면 상하의 턱뼈 사이에 걸쳐 있는 교근이 늘어나 교근 속에 있는 근방추라고 하는 감각기에서 많은 감각신호가 뇌로 보내지고 이 신호가 대뇌피질의 작용을 왕성하게 하여 의식을 분명하게 해 준다.

여덟째, 도피반사(withdrawal reflex; 위축반사)인데, 사지의 피부가 강한 자극을 받았을 때 나타나는 척수반사의 일종으로서, 방어반사라고도 한다. 시냅스를 통하여 일어나며 뇌와 척수 사이를 절단한 척수동물에서 흔히 나타난다. 이는 위험을 피하여 생명을 보호하는 데 필요한 반사이다. 자극을 받으면 관절을 굽히고 사지는 몸통을 향하여 오므린다. 굴근반사와 굴곡반사가 그 대표적 예에 해당되는데, 굴근반사는 뒷다리에 가해진 피부의 화학적·전기적·기계적 자극에 따라 같은 쪽 다리를 굽히는 것이다. 굴곡반사는 피부의 자극을 척수의 반사중추에서 사지의 굴근에 있는 운동신경으로 전달하는 반사이다. 손에 뜨거운 것이 닿으면 반사적으로 손을 오므리는 것이 그 예이다.

아홉째, 동공반사(pupillary reflex)인데, 눈에 들어가는 빛의 양에 따라 동공의 지름이 커지거나 또는 작아짐으로써 망막에 도달하는 빛의 양을 조절하는 반사를 말한다. 동공의 크기·모양·운동은 동공괄약근(瞳孔括約筋)과 동공산대근(瞳孔散大筋)의 작용에 의하여 변화한다. 전자는 부교감신경의 지배를 받고, 후자는 교감신경의 지배를 받는다. 이 반사는 양안성(兩眼性)이기 때문에 한 눈에만 조명을 받아도 두 눈에서 일어난다.

열째, 눈깜빡거림반사인데, 눈꺼풀은 1분에도 수회씩 먼지를 털어내기 위해 부단히 움직이며 눈을 축축하고 편안하게 만들어 준다. 또한, 안구가 건조하게 되면 눈꺼풀은 빠르게 깜빡거린다.

이어, 비생존반사에는 파악반사, 모로반사(경악반사), 바빈스키반사, 밥킨반사, 걷기반사, 목경직반사, 수영반사 등이 포함된다.

첫째, 파악반사(grasping reflex)인데, 신생아의 손에 무언가를 쥐어주면 그것을 꼭 쥐는 행동을 말한다. 이 반사행동의 의미는 정확하지 않으나, 이를 진화론적 관점에서 설명하는 학자들도 있는데, 이들은 원숭이의 파악행동을 그 예로 든다.

둘째, 모로반사(경악반사; startle reflex)인데, 이는 모로(Moro)가 발견한 반사행동으로서, 두 가지의 경우가 있다. 그 하나는 신생아를 안고 있는 상태로 갑자기 그 위치(높이)를 변화시키면 두 팔을 활모양으로 하면서 두 다리를 벌려, 무엇을 껴안듯이 몸쪽으로 팔과 다리를 감싸는 행동을 보이는 것을 말한다. 또 다른 하나는 신생아를 똑바로 눕히고 근처를 세게 두드리거나 큰 소리를 내면 팔을 쭉 벌리면서 손으로 무언가를 잡으려고 하는 행동을 보이는 것을 말한다. 이 반사행동은 생후 1주일부터 나타나기 시작하여 약 6개월이 되면 사라지는데, 이는 성인이 보이는 경악반사로 대치된다. 그런데 이 모로반사는 뇌손상이나 두개골에 이상이 있으면 나타나지 않는다.

셋째, 바빈스키반사인데, 이는 바빈스키(Babinski)가 발견한 것으로 신생아의 발바닥을 간질이면 발가락을 폈다가 다시 오므리는 행동을 말한다. 이러한 반사행동은 대략 6개월이 되면 서서히 없어진다.

넷째, 밥킨반사인데, 이는 밥킨(Babkin)이 발견한 것으로 누워 있는 신생아의 손바닥을 누르면 팔을 들어 올리고 눈을 감으면서 입을 여는 행동을 말한다. 이때는 고개를 똑바로 하는 자세를 보인다.

다섯째, 걷기반사(walking reflex; 보행반사)인데, 생후 1~2주 된 신생아가 걷는 것과 유사한 행동을 보이는 것을 말한다. 즉, 신생아의 겨드랑이를 두 손으로 살며시 잡고 바닥에 두 다리를 닿게 하면 걸어가듯이 무릎을 구부리면서, 두 발을 번갈아 움직인다.

여섯째, 목경직반사(tonic reflex; 목강직반사)인데, 안정상태에 있는 신생아의 머리를 한쪽으로 돌리면 돌린 쪽의 굴근(flexor muscle)의 긴장이 사라져 팔과 다리를 펴는 반면, 반대쪽의 굴근은 긴장되어 팔과 다리가 구부린 상태가 되는 것을 말한다. 신생아에게는 이 반사가 완전하지 않지만, 신생아기 말기에 잘 나타난다. 만약 이러한 행동이 영아기 후기에도 계속 나타나면 운동장애가 있다고 볼 수 있다.

일곱째, 수영반사(swimming reflex)인데, 아이를 물속에 수평으로 엎어놓으면 팔과 다리를 교대로 움직이며, 입으로 숨을 쉰다. 이는 생후 6개월이 되면 없어지게 된다.

이와 같은 반사행동과는 달리, 신생아의 운동기능은 그다지 발달되어 있지 않다. 신생아는 자기의 머리를 들지도 못하고, 보이는 것을 향해 손을 뻗칠 수도 없으며 눈과 손의 협응이 이루어지지 못한다. 그리고 신생아는 스스로 자세를 바꿀 수 없기 때문에 원하지 않은 상태로 눕히면 불편해할 수 있으므로, 부모는 그러한 기미를 쉽게 알아차릴 수 있어야 한다.

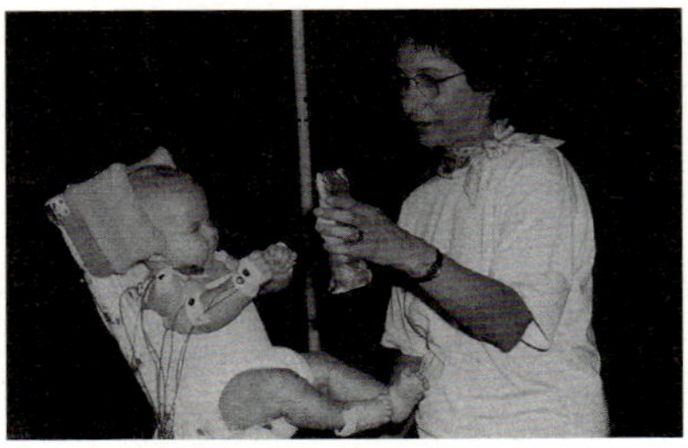

그림 5-15 | 신생아 팔움직임 검사

자료출처 : Santrock, J. W.(2004a). Child Development. p.151.

③ 수 면

신생아는 하루 중 18~20시간을 잠자는 데 보내는데, 수면은 신체적·정서적으로 만족된 상태에 있다는 것을 나타낸다. 그런데 신생아의 수면도 성인의 수면과 똑같이 뚜렷한 두 가지 수면상태를 옮겨 다닌다. 수면 중에는 눈동자가 빨리 움직이는 상태와 그렇지 않는 상태가 반복되는데, 전자를 급속안구운동(rapid eye movement; REM) 수면이라고 하고, 후자를 비급속안구운동(nonrapid eye movement; Non-REM) 수면이라고 한다. 신생아에게는 급속안

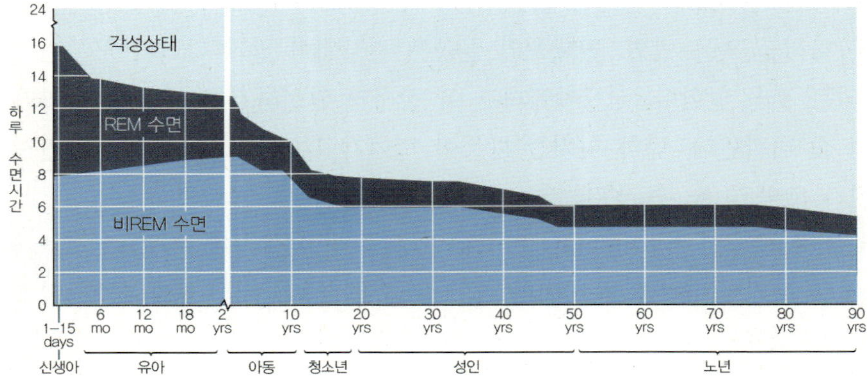

그림 5-16 | 평생동안의 수면상태 변화

자료출처 : Santrock, J. W.(2004a). Child Development. p.138.

구운동(REM) 수면이 거의 절반을 차지하는데, 이러한 수면은 두뇌발달을 자극하며 중추신경계의 성장에 필수적인 활동인 것으로 확인되고 있다.

하룻밤 동안의 전형적인 수면상태를 보면 초기단계에는 깊은 수면이 일어나지만, 후기 단계에는 REM 수면에 보다 많은 시간이 소요된다([그림 5-17]).

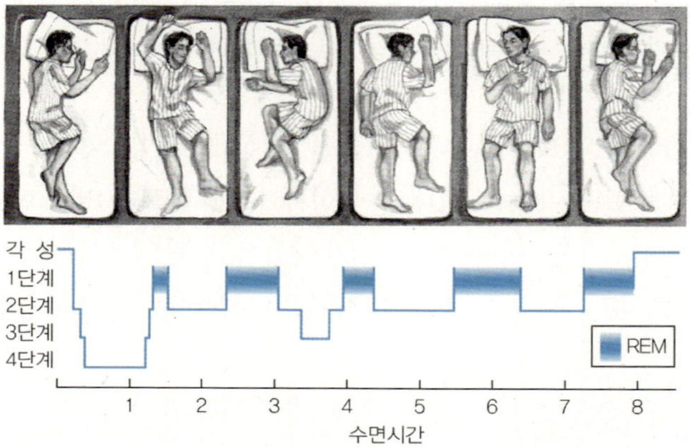

그림 5-17 | 수면단계

자료출처 : 박권생 외 5인 역(2009). 심리학과 삶. p.151.

④ 감각발달

신생아는 말을 할 수도 없고 기어 다닐 수도 없으며 손가락으로 가리킬 수도 없기 때문에 신생아의 감각능력이 어느 정도인지를 알기란 매우 어려운 일이다. 그러나 신생아는 감각자극에 대하여 복잡한 반응을 보이지 않지만, 시각·청각·미각·후각·통각 등의 감각에 대하여 반응을 보인다. 최근에 새로운 방법들을 고안하여 신생아의 감각능력의 대단함이 밝혀지고 있다. 이러한 신생아의 감각능력은 이후의 지각발달을 위해서도 필수적인 요소가 된다.

i) **시각** : 출생 시에는 눈의 신경근육이 완전하게 기능하지 못하지만, 출생 후 36시간이 지나면 신생아는 동공반응을 할 수 있게 된다. 응시와 깊이 지각에 필요한 눈의 협응과 집중은 출생 시부터 발달하기 시작한다. 생후 15일밖에 안 된 신생아도 명암과 색의 차이를 구분할 수 있으며, 눈의 추적운동 발달은 고정, 수평추적, 수직추적, 원형추적 순으로 이루어진다. 그리고 출생 직후에는 상당수의 신생아가 사시인 경우가 많으며, [그림 5-18]에서 확인할 수 있는 바와 같이 생후 직후에는 시력이 완전하지 않다.

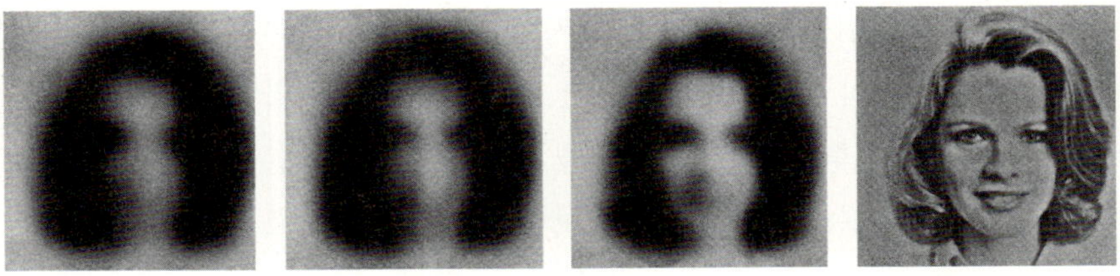

그림 5-18 ❙ 신생아의 시력발달(생후 1개월, 2개월, 3개월, 1년 얼굴 지각정도)

자료출처 : Santrock, J. W.(2004a). Child Development. p.154.

한편, 팬츠(Fantz, 1963)는 신생아들을 대상으로 시각선호도 검사를 통해 그들이 시각적으로 좋아하는 형태와 색상에 대한 결과를 발표한 바 있다. [그림 5-19]에 나타나 있는 바와 같이, 신생아들은 사람의 얼굴형태에 대해 가장 많은 관심을 보이고, 적당히 복잡한 자극을 선호하는 것으로 확인되었다.

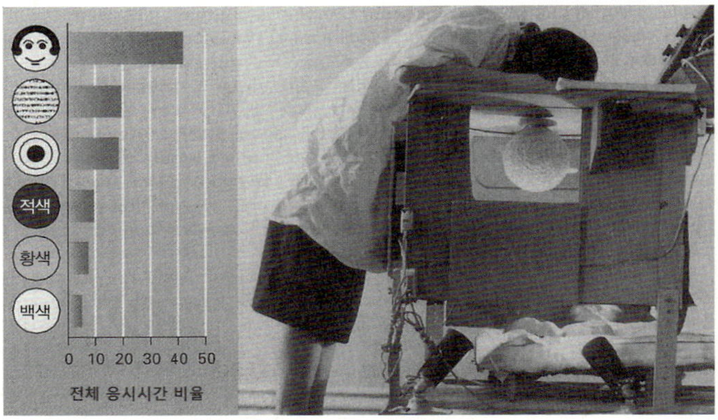

그림 5-19 ❙ 시각선호도 검사

자료출처 : Santrock, J. W.(2004a). Child Development. p.154.

또한, 신생아들은 깊이에 대한 지각능력도 이미 가지고 있는 것으로 확인되었다. 깁슨과 워크(Gibson & Walk, 1960)는 아이들과 동물의 어린 새끼들의 깊이 지각능력을 연구하기 위해 '시각벼랑'(visual cliff) 실험장치를 개발했는데, 이는 큰 유리책상으로 되어 있으며, 중간 나무판을 경계로 하여 두 부분으로 구분되는 바 한쪽은 유리판 바로 아래에 바둑판 무늬를 붙여 바로 밑처럼 보이는 부분이며, 다른 한쪽은 유리판에서 3피트 아래에 위치하여 푹 꺼진 것처럼 보이는 부분(절벽)으로 되어 있다. 실험 결과에 의하면 신생아들뿐만 아니라 동물 새끼들도 깊이지각을 할 수 있는 것으로 확인되었다.

그림 5-20 ❙ 깊이지각능력을 확인하기 위한 시각벼랑 실험장치

자료출처 : Sprinthall, N. A. et al.(1994). Educational Psychology : A Developmental Approach. p.59.

끝으로, 신생아들은 특정의 운동기능을 발휘하기 위해서는 각 신체기관의 협응이 이루어져야 하는데, 이동운동(locomotion)에 있어서도 시각적 지각은 매우 중요한 역할을 수행한다. 애돌프(Adolph,1997)는 신생아의 이동운동에 있어 연령보다는 사전경험이 더 많은 영향을 미친다고 주장하였는데, 여기에서도 시각적 판단이 중요하게 작용한다([그림 5-21]).

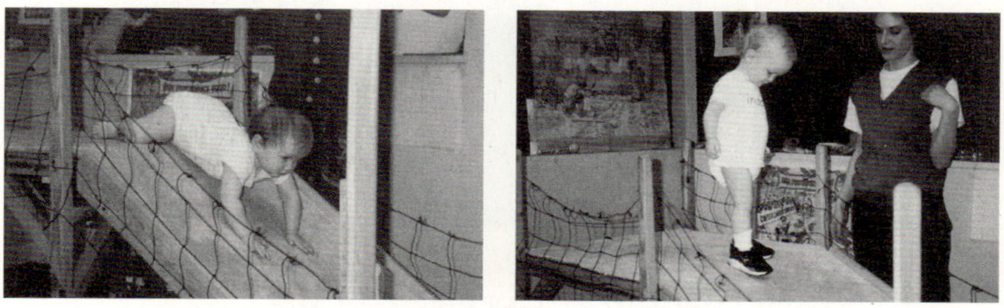

그림 5-21 ❙ 기울기가 다른 통로이동방법의 판단

자료출처 : Santrock, J. W.(2004a). Child Development. p.147.

ii) **청각** : 신생아는 출생 후 2일간은 귀속에 점액이 차 있기 때문에 소리에 대해 별로 반응을 보이지 않는다. 그러나 3~4일이 지나면서 소리에 반응을 보이기 시작한다. 출생 후 3일 된 신생아도 어머니의 음성과 낯선 사람의 음성을 구별할 수 있다. 또한, 신생아는 들리는 소리의 높이, 강도, 지속시간에 따라 울음을 멈추거나 잠을 깨는 것을 볼 수 있다.

인간의 청각적 지각은 이미 태아기부터 발달한 것으로 확인되고 있는데, 그 대표적인 연구를 소개하면 다음과 같다([그림 5-22]). 먼저, 출생 직후 신생아는 자신의 엄마 목소리와 낯선 사람의 목소리를 구별할 수 있었다(De Casper & Fifer, 1980). 더 나아가 신생아는 이러한 소리의 차이인식은 물론, 동화내용의 차이(내용 자체의 차이를 인식한다는 것이 아니라, 그 어휘와 운율 등의 차이를 인식한다고 봐야 함)도 구별할 수 있다는 사실도 밝혀졌다. 임신 16주째 엄마들이 임신 마지막 6주 동안 특정 동화(The Cat in the Hat)를 태아들에게 하루에 두 번씩 큰 목소리로 읽어 주었고(a), 출생 후 신생아들에게 그 동화를 읽은 엄마의 녹음자료와 다른 동화(The King, the Mice, and the Cheese : 이는 앞의 동화와 동일한 시 형식이지만, 운율은 상이함)를 읽은 엄마들의 녹음자료를 각각 들려주었다(b). 여기에서는 신생아들의 반응을 확인하기 위해 흡입반응(sucking response) 감지장치가 부착된 인공젖꼭지를 활용하였는데, 그 결과 엄마들의 자궁 안에서 자주 들었던 동화의 녹음자료를 생성시키기 위해 신생아들은 인공젖꼭지 흡입반응을 보였다(Kolata, 1984; DeCasper & Spence, 1986).

(a) (b)

그림 5-22 ▎ 자궁에서의 청각적 경험

자료출처 : Santrock, J. W.(2004a). Child Development. p.157.

이러한 연구들은 태아를 위한 교육과정을 개발해야 한다는 영감을 제공하기에 충분하다. 실제로 르네 반 드 카(Rene Van de Carr)라는 이름의 캘리포니아 산부인과 의사는 출생 전 4개월부터 적용할 교육과정으로서 '태아대학'(Prenatal University)을 설립하였다. 여기에서 부모들은 태아와의 밀착관계를 형성하기 위한 알파벳이나 클래식 음악과 같은 소리를 재생하는 특별전화 장치를 사용한다.

iii) **미각** : 신생아의 미각은 비교적 둔한 편이다. 그러나 신생아에게 단 것을 주면 입맛을 다시고 빨아먹지만, 신 것을 주면 내뱉고 얼굴을 찡그리며 호흡이나 맥박이 불규칙해진다. 생후 2주 된 신생아의 혀에 쓴 것을 갖다 대면, 고개를 돌리거나 안색이 변하거나 우는 반응을 보인다.

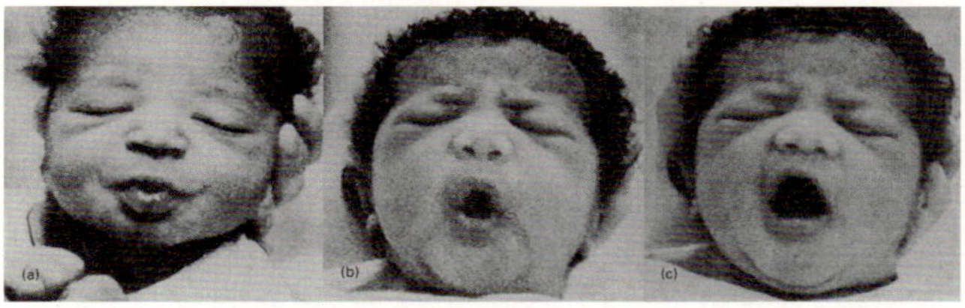

그림 5-23 | 맛에 대한 얼굴표정(왼쪽부터 단맛, 신맛, 매운맛)

자료출처 : Santrock, J. W.(2004a). Child Development. p.159.

iv) **후각** : 신생아에게 초산, 암모니아, 석유, 오렌지와 같이 냄새나는 자극을 사용하여 실험해 본 결과, 강력하고 불쾌한 냄새에 대해서는 회피하려는 반응을 보인다. 심지어 신생아는 깨어 있을 때뿐만 아니라, 자고 있을 때에도 냄새 자극에 반응을 보인다. 이처럼 신생아의 후각도 다른 감각과 마찬가지로 비교적 잘 발달되어 있다고 볼 수 있는데, 이는 특정 냄새에 대한 확실한 선호나 혐오에 대한 판단이라기보다는 그로 인한 화학적인 변화를 감지한 결과라고 볼 수 있다. 생후 6일의 신생아는 미사용의 깨끗한 패드 냄새보다는 엄마의 가슴패드의 냄새를 선호하나, 생후 2일의 신생아는 이러한 현상을 보이지 않다(MacFarlane, 1975). 이는 특정 냄새에 대한 선호발달이 이루어지기 위해서는 며칠의 경험이 필요함을 시사하고 있다. 모친의 체취나 모유 냄새와 같은 쾌적하고 기분 좋은 냄새에 대해서는 신생아 초기에서도 호의적으로 반응을

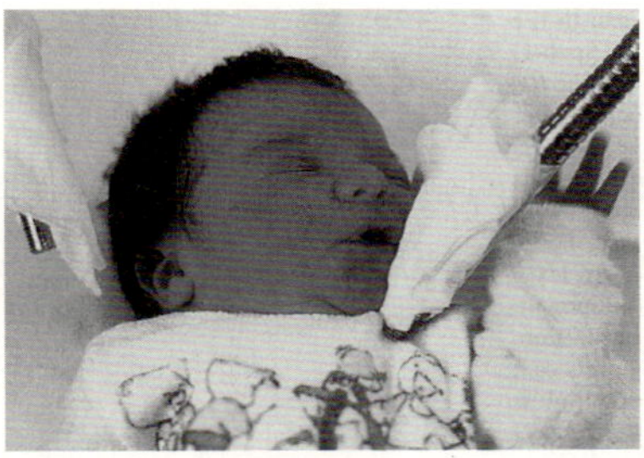

그림 5-24 | 신생아는 며칠간의 경험을 통해 엄마의 체취를 선호한다

자료출처 : Santrock, J. W.(2004a). Child Development. p.158.

보이는데, 이는 엄마와 자녀 간의 유대에 있어서도 후각이 다른 감각과 더불어 큰 도움이 되고 있다.

신생아의 후각도 이미 일찍부터 어느 정도 발달해 있는 감각이지만, 일반적으로는 둔하여 생후 7~9개월경부터 점진적으로 냄새를 구별하게 된다. 그리고 2~3세경에는 불쾌한 냄새에 대해서는 성인처럼 반응하게 된다.

v) **촉각** : 출생 직후에는 입술과 혀를 제외하고는 촉각이 별로 발달되어 있지 않다. 촉각은 출생 후 3일경에 갑작스럽게 나타난다. 아픔에 대한 반응은 아픔을 느끼는 곳에서 피하려는 행동으로 나타난다. 신생아는 하체보다 머리 부분의 자극에 더욱 민감하고 적극적인 반응을 나타낸다. 그리고 신생아는 온도에 대해서도 반응을 나타낸다. 신체에 차가운 자극을 주면 민감하게 반응하는 것을 볼 수 있으며, 호흡이 고르지 못하고 맥박이 불규칙해진다. 실제로 신생아는 우유가 너무 차거나 뜨거울 때에도 반응을 나타낸다.

신생아는 기저귀가 축축해지면 불편함을 느끼고 엄마의 손이 닿으면 편안해하지만, 엄마가 어디를 만지는지는 구별하지 못한다. 그러나 몇몇 본능적인 반사운동은 피부감각을 통해서 이루어진다. 예를 들어, 뺨을 만지면 신생아는 그쪽으로 머리를 돌린다. 이는 반사적인 운동인데, 음식을 찾기 위한 본능적인 반응이다. 또한, 손바닥에 물건을 올려놓으면 움켜쥐고, 빼려고 하면 더욱 세게 쥔다. 이러한 반사운동도 자신이 넘어지지 않기 위해 무언가에 매달리도록 발달한 것이다.

아이들은 간질간질한 감각을 느끼면 즐거워하는데, 영아가 간지럼을 타는 것은 생후 최소한 4~5개월은 지나야 한다. 한편, 신생아의 통각(痛覺)은 비교적 둔한 편이어서 생후 1주일쯤 되어야 알 수 있으며, 통각의 부위를 아는 것은 6개월 이후이고 거의 완전하게 느끼는 시기는 1년 후 정도이다.

통증은 신생아 때부터 느끼는 감각이다. 과거에는 소아의 신경계는 성숙되지 않아 성인과 같은 강도의 통증을 경험하지 않고, 통증이 있다고 하더라도 성인에 비해 빨리 회복된다고 생각했다. 그래서 과거에는 막 태어난 신생아에게 진통제를 투여하지도 않고 포경수술을 했다. 그러나 신생아도 통증을 느낄 수 있고, 통증에 대한 경험을 기억한다는 증거들이 나타나고 있다. 피를 뽑기 위해 주삿바늘로 발뒤꿈치를 찌를 때면 아기는 얼굴을 찡그리거나 운다. 그리고 맥박이 빨라지고 혈압이 상승하며 손에 땀도 난다. 따라서 최근에는 신생아를 수술할 때 마취제를 사용해야 한다는 주장이 강하게 제기된다.

2) 영아기의 발달

영아기는 만 2세까지의 시기를 말하는데, 이때는 신체적 성장이 매우 급격히 이루어지며(제1급등기), 기본적인 운동능력을 습득하고 언어 및 개념형성이 가능하고 대인과의 정서적 유대관계를 형성할 수 있게 된다.

(1) 신체·운동발달

먼저, 신체발달을 보면 생후 24개월간의 신체적 발달속도는 인생의 그 어느 때보다도 가장 빠르다. 이때는 무기력하고 의존적인 존재에서 점차 독립적으로 자신의 몸을 자유롭게 움직이는 능동적인 존재로 변한다. 출생 시 3.4kg(여아는 3.3kg)에서 생후 1년경엔 10.42kg(10.01kg)로, 생후 2년경엔 12.94kg(12.51kg)로 출생 시의 3배, 4배로 증가한다. 키의 증가속도도 급속하다. 출생 시 평균 50.8cm(여아는 50.1cm)이던 키는 생후 2년경 87.7cm(87.0cm)정도가 된다. 머리는 몸 전체의 약 1/4정도로서 신체비율에 있어서 머리의 비중이 매우 크다. 영아기를 지나면서 뼈의 조직은 연골에서 경골화되어 가고 뼈의 수와 크기 또한 증가한다. 근육의 크기 역시 키와 체중의 증가와 비례하여 증가하며, 근육조절능력은 뇌의 발달과 연합하여 운동기능발달에 기여한다.

한편, 운동발달을 보면 영아기의 운동발달은 신경조직의 성숙과 감각기능의 발달과 함께 이루어진다. 신체운동발달은 머리에서 다리방향을 따라 이루어져, 목을 먼저 가누고 가슴과 등, 몸통의 근육을 통제하고 다리의 움직임을 가장 늦게 조절한다. 소근육운동발달 역시 신경세포의 성장과 병행하여 이루어진다. 생후 3개월쯤 소근육 발달로 눈과 손의 협응이 나타나기 시작하여 눈앞의 물건을 잡으려고 시도한다. 생후 6개월경부터 손바닥으로 사물을 잡기 시작하나, 손가락으로 사물을 잡는 것은 8~12개월쯤 되어야 가능하다. 18개월경에는 컵으로 물을 마실 수 있고 2, 3개의 블록을 쌓으며, 24개월이 되면 숟가락을 사용하고 옷을 혼자서 벗을 수도 있다.

영아기 말쯤에는 대근육운동능력이 상당히 증진되어서 성인의 도움 없이 혼자 뛰어다니고 속도를 변화시켜 가면서 뛸 수 있고 커브길을 뛰면서 돌 수 있다. 그다지 높지 않은 어느 정도의 높이에서 뛰어내려 두 발로 착지할 수 있으며, 공을 던지고 잡기도 한다. 계단오르내리기와 흔들목마타기를 좋아하며, 사물을 밀거나 끌고 다니는 것을 즐긴다. 또한, 음악에 맞추어 몸을 움직이는 것을 좋아한다. 옆으로 또는 뒤로 걷고 발뒤꿈치로 걸을 수 있다.

한편, 대근육운동능력에 비해 소근육운동능력은 조금 덜 발달되어 있다. 하지만 만 2세가 넘으면 이전보다 손과 눈의 협응력이 발달되어 물건을 다른 물건 위에 포개 놓은 놀이나 구멍에 모양을 맞추어 넣는 활동 또는 큰 구슬에 끈을 꿰는 놀이 등을 할 수 있다. 2세아는 크레파스와 연필을 움켜쥐고 낙서하는 것을 좋아한다. 블록을 수직 혹은 수평으로 5~7개 정도 쌓을 수도 있다. 만 2세아는 머리를 간단히 손질하고, 몸의 앞면을 혼자서 씻을 수 있다. 양치질도 혼자 할 수 있게 된다. 간단한 웃옷은 혼자 입을 수 있으며, 옷이 간편하면 혼자 화장실에 다녀올 수 있는 경우도 있다. 특정한 손(주로 오른손)을 자주 사용하기 시작하나 여전히 두 손을 교대로 사용하는 때가 많다. 전반적으로 신체외형상으로는 남아가 커 보이지만, 신체조절기술은 여아가 더 발달되어 있다.

(2) 인지발달

영아기에는 감각을 통해 획득한 정보를 조직하고 환경적 자극에 반응하는 인지구조(도식; schema)를 형성함으로써 인지적 발달을 이루어 간다. 영아기는 피아제(Piaget)의 인지발달 4단계 중 '감각운동기'(sensorimotor stage : 0~2세)에 해당한다. 이에 대해서는 이미 제4장(발달의 영역)의 '인지발달'에서 자세하게 논의하였으므로 여기에서의 언급은 생략하기로 한다.

(3) 언어발달

영아기의 언어발달은 인지발달 및 사회성발달과 밀접한 관련성을 지니고 있는데, 대개 6단계의 발달단계를 거친다(민영순, 1983). 언어발달의 첫째는 반사적인 소리와 아주 유치한 소리를 내는 단계이며, 둘째는 옹알이단계이다. 그리고 셋째는 의사표현이 단순하고 잘 통하지 않는 단계, 넷째는 약간 뜻이 통하는 단어사용단계이며, 다섯째는 두 단어 이상의 의미있는 말을 연결하여 사용하는 단계이며, 여섯째는 언어기술이 숙달되는 단계이다.

레너버그(Lennerberg, 1967)는 영아기의 언어발달양상을 월령(月齡)에 따라 제시하였는데, ① 3~4개월이 되면 옹알이를 시작하고, ② 5~6개월 정도가 되면 엄마를 '엄~'라고 라는 등 1음절의 소리를 닮은 옹알이로 변하게 된다. ③ 8개월 정도가 되면 모음과 자음의 반복이 번번하게 나타나며, 억양이 명확해진다. ④ 12개월 정도가 되면 엄마, 아빠와 같은 몇 개의 단어와 간단한 명령을 이해하였다는 표시를 할 수 있게 된다. ⑤ 18개월경에는 50개 미만의 단어를 사용하게 되며, 두 개의 단어로 구성된 구절을 이해할 수는 있으나, 아직까지 구절을 사용하여 의사소통할 수는 없다. ⑥ 24개월경이 되면 50개 이상의 단어를 사용할 수 있으며, 두 개 이상의 단어로 구성된 구절을 자발적으로 만들어내고, 의사소통행동이 증가하며, 언어에 대한 흥미가 높아진다. ⑦ 30개월 정도가 되면 새로운 어휘의 첨가로 인하여 어휘수가 급속하게 증가하며, 옹알이는 전혀 나타나지 않으며, 세 개 혹은 다섯 개 정도의 단어를 동시에 사용할 수 있지만 아직 문법은 부정확하다. ⑧ 3세경에는 약 1,000개 정도의 어휘를 사용할 수 있으며, 낯선 사람도 유아가 하는 말의 80% 이상을 이해할 수 있게 된다. 그리고 4세가 되면 언어발달이 확립되며, 성인이 사용하는 문법과 스타일을 모방한다.

영아기의 언어발달의 특징은 자기중심적인 언어사용이다. 영아는 상대방의 입장을 이해할 수 있는 능력이 없기 때문에 혼자 중얼거리거나(혼잣말) 반복한다. 따라서 부모가 아동의 질문에 성실하고 지혜롭게 답변을 해 주고, 새로운 세계를 경험할 수 있는 기회를 제공해 주게 되면 언어발달이 보다 촉진될 수 있다.

(4) 사회성발달

영아가 사회적 존재로 성장·발달해 나가기 위해서는 반드시 어떤 집단이나 사회 속에서 다른 사람과 효율적인 인간관계를 맺을 수 있는 능력이 있어야 한다. 이러한 영아의 사회성발달의 기본적 원천은 바로 모성인물과의 대상관계형성이다. 다른 사람의 정서를 파악하고, 그에 대하여 적절한 반응을 보이는 것도 사회성발달과 연관된다. 영아기 때부터 이미 부모의 반응을 살펴 자신의 행동을 조절하기 시작하는데, 2세가 되면 부모의 반응과 무관하게 자신의 감정을 표현할 수 있다. 또한, 3세가 되면 다양한 단서를 통해 다른 사람의 감정을 추론하고 이해할 줄 알게 된다. 그러나 복잡한 정서에 관해서는 아직 혼동을 하는 경우가 많다. 예를 들어, 슬픔과 분노처럼 구분이 모호한 감정의 경우 잘 이해하지 못한다. 뿐만 아니라 주로 사람의 표정에 의존하기 때문에 감정을 오해하는 경우도 생긴다.

① 애착관계의 발달

영아기에 나타나는 가장 중요한 형태의 사회적 발달은 애착(attachment)인데, 이는 영아와 양육자(보호자) 간에 형성되는 친밀한 정서적 유대감을 말한다. 할로우 등(Harlow & Zimmerman, 1959)은 새끼 원숭이에 대한 대리모 실험을 통해 수유(授乳)보다는 접촉위안(skinship)이 애착형성의 더 중요한 요인이라는 사실을 확인하였는데, 인간에게 있어서도 영아기의 신체접촉이 애착관계를 형성하는 데 매우 중요하다고 볼 수 있다.

원래 애착은 종족을 보존하기 위해 주위환경에 적응하는 데 필요한 요소로서, 애정이나 사랑과 같은 긍정적 정서의 의미를 지닌다. 영아가 특정 인물에 대하여 애착을 형성하게 되면 그 사람과 함께 있을 때 편안함과 기쁨을 경험하게 되며, 슬픔이나 어려운 상황에서는 그로 인해 위안을 느끼게 된다. 영아기에 형성하는 애착은 이후 신체·인지·정서·사회성·도덕성의 발달에 지대한 영향을 미치게 된다. 일반적으로 안정적 애착관계를 형성한 영아는 유아기의 발달에서 자신감, 호기심, 자신 및 주변사람에 대한 신뢰감, 긍정적인 대인관계 등의 경향을 보이며, 아동기에 접어들어서도 주어진 과제를 잘 해결하고, 좌절을 잘 참아낸다.

ⅰ) **애착이론** : 많은 이론들이 영아가 특정 대상과 상호의존적인 유대관계를 발달시킨다는 데에는 의견을 같이 하지만, 애착의 형성과 발달에 대한 설명은 각기 다르다.

첫째, 정신분석학의 관점에서 보면, 프로이트(Freud, 1931)는 애착의 발달을 심리성적 발달로 설명하였다. 즉, 어머니가 영아에게 수유를 함으로써 빨기와 같은 구강성적 자극에 대한 만족감이라는 본능적 욕구를 충족시켜 주면, 영아는 자기에게 만족감과 안락감을 주는 어머니를 애정의 대상으로 삼고 정서적 관계를 유지한다는 것이다. 그리고 에릭슨(Erikson, 1963)도 영아의 수유욕구를 비롯한 기본적 욕구를 충족시켜 주게 되면 그 영아는 욕구충족을 도와준 대상과 안정된 애착관계를 형성하여 그에 대하여 신뢰감을 가질 뿐만 아니라 세상 전반에 대하여 믿음과 신뢰감을 형성한다고 주장하였다.

둘째, 학습이론(행동주의 심리학)에서는 다른 행동과 마찬가지로 애착행동도 누적된 관련경험에 의해 학습된 것으로 본다. 학습이론에서도 정신분석학과 마찬가지로 수유가 애착발달에 중요한 요인이 된다고 전제하였다(Perry & Bussey, 1984). 예를 들면, 어머니는 아기를 품에 안고 젖을 먹임으로써 배고픔을 해결해 줄 뿐만 아니라, 수유하는 동안 눈을 맞추고 신체접촉을 통해 따뜻하고 포근한 느낌이나 어머니의 부드러운 목소리 또는 촉각적 만족을 끊임없이 제공하게 되는데, 이러한 일이 반복되게 되면 영아는 어머니와 즐거운 감정을 연결시키게 되고, 그를 점차 믿고 따르게 된다. 또, 영아는 어머니의 관심을 끌기 위해, 또 어머니와 가까이 있기 위해 무엇이든 필요하다고 생각되는 행동들(울기, 옹알이, 미소짓기, 따라가기 등)을 하게 되고, 그 결과가 만족스럽게 되면 그 행동들은 더욱 촉발된다.

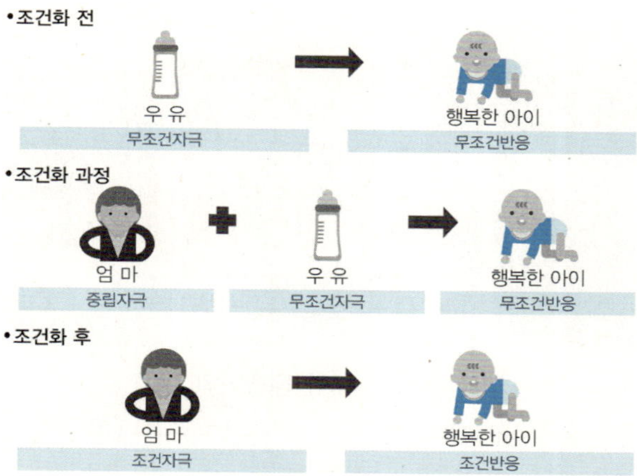

그림 5-25 | 조건화에 의한 애착형성과정

셋째, 인지발달이론에서는 영아의 사회적 행동은 영아의 인지발달의 결과로서 형성된다고 주장한다. 즉, 영아가 상대방의 특성을 인지(파악)하는 활동이 선행되어야 그 인물과 애착관계를 형성하게 된다는 것이다. 즉, 영아는 애착관계를 형성하기 전에 우선 낯선 사람과 친숙한 사람을 각각 인지하여 구분할 수 있어야 하며, 대상영속성(대상불변성)의 개념을 획득해야 한다. 어떤 사람이 시야에서 사라지고 더 이상 존재하지 않는다고 믿는다면, 그 사람과 애착관계를 형성하기 어렵다. 지금까지 영아 자신의 욕구를 충분히 만족시켜준 사람이 잠시 눈에 보이지 않더라도 신호를 보내면 곧 눈앞에 나타날 것이라고 믿을 수 있어야 하기 때문이다.

넷째, 동물행동학(ethology; 동물심리학)에서는 동물의 애착행동을 연구하였는데, 먼저 할로우 등(Harlow & Zimmerman, 1959)은 새끼 원숭이를 어미와 격리시킨 다음, 딱딱한 철사엄마(wire mother)와 포근한 벨벳천엄마(cloth mother)의 두 대리모와 함께 지내도록 하였다. 그 결과, 새끼 원숭이는 대부분의 시간을 따뜻한 접촉위안을 느낄 수 있는 벨벳천엄마 곁에서 지냈다. 이후 철사엄마에게 인공우유병을 부착시킨 다음, 새끼 원숭이를 관찰하였더니, 젖먹는 시간만 제외하고는 역시 대부분의 시간을 벨벳천엄마와 함께 지냈다. 그리고 무서운 낯선 물체가 나타났을 때에도 두려워하는 반응을 보이면서 벨벳천엄마에게로 달려가 그 가슴에 자신을 의지하면서, 무서움을 떨치려고 노력하였다. 이러한 실험을 통해 수유활동보다는 접촉위안이 애착형성에 더 많은 영향을 미친다는 사실이 확인되었다.

그림 5-26 | 새끼 원숭이의 반응

자료출처 : Hilgard, E. R., Atkinson, R. S., & Atkinson, R. C.,(1979). Psychology. p.77.

이어, 로렌츠(Lorenz, 1965)는 "인간의 고귀한 행동 원형은 동물의 행태에서 찾아 볼 수 있다."고 주장하면서, 오리새끼의 부화과정에 대한 연구를 통해 각인이론(imprinting theory)을 체계화하였다. 그는 유기체가 생애의 어떤 시점에서 특정행동을 가장 확실하게 학습하는 최적시기(결정적 시기; critical period)가 분명히 존재한다고 주장하였다. 오리새끼는 부화되는 순간에 바로 곁에 있는 움직이는 대상을 보호자(어미)로 각인하여, 그와 애착관계를 형성한다는 것이다.

각인실험

로렌츠는 갓 태어난 오리 새끼가 출생한 후 초기의 특정 시기 동안 자신에게 노출된 후에는 어미 오리를 무시한 채 자신에게 추종행동을 보이는 것을 발견하였다. 즉, 애착의 결정적 시기에 노출된 로렌츠에 대해 애착(attachment)을 각인(imprinting)하게 된 것이다.
각인이란 조류의 추종행동반사와 같이 학습되지 않은 반응으로서 결정적 시기(critical period) 동안에 일어나는 것인데, 만일 결정적 시기 이전이나 이후에 그 대상에 노출되면 애착이 형성되지 않고, 일단 그 시기가 지나면 다른 대상에게 애착하도록 유도하는 것도 거의 불가능해진다.

그림 5-27 ❙ 로렌츠(Lorenz)의 각인실험과 각인한 오리새끼들

자료출처 : Hilgard E. R., Atkinson, R. S., & Atkinson R. C.(1979). Psychology. p.287.

ii) **애착형성단계** : 먼저, 보울비(Bowlby, 1973)는 동물행동학의 개념을 인간발달에 적용하고자 노력하였는데, 영아가 어머니와 어떻게 애착관계를 형성하는가에 관한 연구를 통해 그 과정을 네 단계로 구분하였다.

첫째, 전애착단계(출생 3개월; 사람에 대한 비변별적 반응성)로서 영아는 붙잡기, 미소짓기, 울기, 응시하기 등의 다양한 반응을 통해 주위 모든 사람들과 차별없이 상호작용을 하게 된다. 이때는 아직 애착이 형성되지 않았으므로 낯선 사람과 혼자 남겨져도 영아는 개의치 않는다.

둘째, 애착형성단계(3~6개월; 친숙한 사람에게 초점맞추기)로서, 영아는 점차 친숙한 사람과 낯선 사람에게 다른 반응을 보이기 시작하는 등의 낯가림(stranger anxiety)을 한다. 영아는 어머니와의 상호작용에서 더 많이 웃거나 미소를 지으며 옹알이를 더 자주 한다. 그리고 자신의 행동이 다른 사람에게 영향을 미친다는 사실을 깨닫게 되고, 자신이 필요할 때 어머니가 언제든지 적절한 반응을 보일 것이라는 신뢰감을 갖기 시작한다. 이때 애착인물은 주로 어머니가 되지만, 아버지나 다른 돌보는 사람이 되기도 한다. 아이의 욕구를 잘 충족시켜 주는 대상에게 강한 애착을 발달시키게 된다.

셋째, 능동적 접근추구단계(6개월~3세)로서, 아이는 이미 애착이 형성된 사람에게 적극적으로 접근을 시도한다. 따라서 애착대상이 떠나면 분리불안(separation anxiety; 이별불안)을 보이게 된다. 이러한 불안은 모든 문화권의 아이들에게서 보편적으로 나타나는 현상인데, 돌 전후에 나타나기 시작하여 15개월까지 계속 증가하게 된다. 이러한 분리불안은 애착대상이 시야에서 사라져도 계속 존재한다는 대상영속성의 개념을 획득했다는 증거이기도 하다.

넷째, 동반자관계단계(3세~아동기 말)로서, 유아는 애착을 형성한 사람의 행동을 신뢰하기 때문에 그가 잠시 떠나는 것을 보다 기꺼이 허용하게 되며, 동반자와 같은 관계로 행동하기 시작한다. 즉, 그로부터 어느 정도 벗어나 혼자서 자신의 활동을 즐기면서 그를 기다릴 줄 알게 되며, 그 대상이 없는 상태에서도 놀이나 탐구활동을 즐기거나 나름의 목표를 세워 여러 활동들을 구사하게 된다.

한편, 에인스워스(Ainsworth, 1973)는 애착형성을 네 단계로 구분하여 설명하였다. 첫째 단계는 출생~3개월까지로, 유아는 빨기, 젖찾기, 파악반사 등을 통해 계속해서 대상에 머물러 있으려 한다. 둘째 단계는 3~6개월경으로 애착형성의 가장 결정적 시기이다. 그리고 이 단계에서 영아는 몇몇 친숙한 사람에게만 선택적으로 반응을 보이는데, 낯선 사람에게 불유쾌한 반응을 보이고 낯가림도 이 시기부터 시작된다. 셋째 단계인 7개월부터 걸음마기까지는 영아가 능동적으로 타인과의 신체적 접근을 추구하며, 9개월경이 되면 부모와 분리되기 싫어하는 분리불안(separation anxiety)이 나타난다. 넷째 단계는 만 24개월 정도가 되면 대상이 눈에 보이지 않아도 그 대상이 존재한다는 사실을 인식할 수 있는 대상영속성(object permanence; 대상불변성)이 형성된다.

iii) **애착의 유형** : 에인스워스 등(Ainsworth et al., 1978)은 '낯선 상황'에서의 반응양식에 관한 실험을 통하여 영아들이 양육자와의 애착에 있어 몇 가지 유형이 있음을 확인하였다. '낯선 상황'이란 영아들이 양육자를 안전기반으로 삼고 있는지를 확인하기 위하여 만든 실험장면이다. 장난감이 있는 낯선 방에서 양육자와 영아가 자연적인 상호작용을 하는 동안 영아를 양육자로부터 짧은 시간동안 격리시킨다. 그 후 영아가 낯선 사람과 같이 있게 하는 상황을 만든 후 양육자가 다시 돌아와 재결합하는 상황으로 구성되어 있다.

낯선 상황에서의 영아의 반응인 탐색활동, 낯선 사람에 대한 반응, 격리되었을 때의 반응, 특히 양육자와 재결합했을 때의 영아의 반응을 분석함으로써 양육자에 대한 영아의 애착유형을 확인하였는데, 이에 의하면 '애착'의 유형은 크게 ① 안정적 애착(secure attachment)과 ② 불안정적 애착(insecure attachment)으로 구분된다. 이 중 불안정적 애착은 영아가 부모와의 정서적 관계가 심하게 손상될 때 형성되는데, 이렇게 되면 영아들은 자기 자신을 사랑을 받을 수 없고, 필요할 때 부모가 나타나지 않을 것이며, 자신을 사람들로부터 보호받을 수 없는 존재로 지각하며, 따라서 그는 주위에 있는 사람이나 사회를 믿을 수 없는 대상이라고 생각하고, 아울러 자기 자신은 사랑받을 만한 존재가 되지 못한다는 부정적인 자아상을 가질 수 있다. 그런데 이러한 불안정적 애착은 그 하위유형으로 다시 회피적 애착(avoidant attachment)과 저항적 애착(resistant attachment) 및 혼란적 애착(disorganized attachment) 등으로 세분될 수 있다([그림 5-28]).

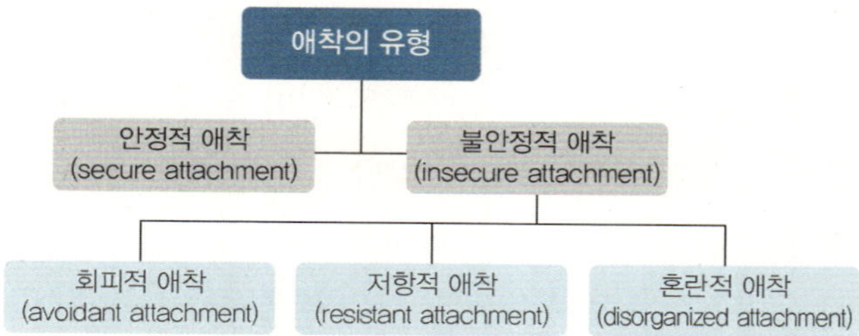

그림 5-28 | 에인스워스 등(Ainsworth et al.,)이 분류한 애착의 유형

먼저, '안정적 애착'에 관하여 설명한 다음, 이어 '불안정적 애착'의 하위유형으로서 회피적 애착, 저항적 애착, 혼란적 애착에 대하여 차례대로 살펴보기로 한다.

첫째는 '안정적 애착'으로, 이는 부모가 아이의 생리적·심리적 욕구를 질 충족시켜 주고, 따뜻하고 애정적인 보살핌을 제공할 때 형성된다. 이렇게 되면 유아들은 엄마가 곁에 있을 때면 활발하게 주변을 능동적으로 탐색할 뿐만 아니라 정서적으로도 안정된 모습을 보이며, 낯선 사람과도 상호작용을 하게 된다. 그리고 엄마가 잠시 곁을 떠나 있더라고 크게 불안해하거나 크게 걱정하지 않고, 자기가 필요로 할 때면 엄마가 다시 돌아올 것이라고 믿기 때문에 느긋하게 기다리게 된다. 마침내 엄마가 돌아오면 그 동안의 불안이 금방 가시고 다시 주변을 적극적으로 탐색하는 활동으로 돌아간다. 안정적 애착을 보인 영아들은 엄마와 같이 있는 동안은 능동적인 탐색활동을 하였으나, 격리되었을 때는 상당히 불편한 모습을 보이면서도 낯선 사람과 어느 정도 교류를 하였다. 그러나 엄마가 다시 돌아왔을 때 그녀를 매우 반기면서, 달려가 신체적 접촉을 시도하였다. 실험에 참여한 영아의 65%가 안정적 애착을 보였다.

부모와 만족스러운 정서적 애착관계를 형성한 영아들은 자기 자신을 사랑받을 수 있는 존재라고 지각한다. 따라서 자신이 누군가를 필요로 할 때 그가 적시에 나타날 것이며, 주위사람들로부터 자기를 보호받을 수 있는 존재라고 생각한다. 이들은 사회환경에 대하여 일찍부터 가지고 있었던 긍정적 감정의 경험을 토대로 사람이란 신뢰할 수 있는 존재라는 생각을 갖게 된다. 또한, 이들은 어른이 되어서도 자신감과 자긍심이 높을 뿐만 아니라 원만한 대인관계를 형성하며, 이성관계에서도 성공하는 확률이 높다. 안정적 애착을 형성한 아이들은 자신은 물론, 모든 대상에 대하여 강한 신뢰감을 갖게 되고, 모든 일에 자신감을 가지고 임하게 되며, 신체적·인지적·정서적·사회적·도덕적 발달을 조화롭게 이루어지게 된다.

둘째는 '회피적 애착'으로, 이런 영아들은 엄마가 잠시 보이지 않으면 금방 심하게 불안해지나, 고통을 보이지는 않았다. 그러면서도 그 동안에 엄마의 도움이 필요한 상황이 발생해도 그가 나타나지 않을 것 같은 걱정에 사로잡힌다. 그리하여 영아는 엄마가 다시 돌아와도 그와의 접촉을 회피하고, 엄마가 달래주며 그의 불안했던 마음을 위로해 주려 해도 이를 외면한다. 또한, 낯선 사람에 대해서도 특별히 불안을 나타내지 않았으며, 엄마를 피하거나 무시했듯이 그를 피하거나 무시한다. 약 20% 정도의 영아들이 회피적 애착을 보였는데, 이러한 영아는 오히려 혼자 있는(노는) 것을 별로 싫어하지 않고, 어른이 되어서도 다른 사람과의 친밀한 교류를 싫어하는 경향을 보인다.

셋째는 '저항적 애착'(양가적 애착)으로, 이런 영아들은 엄마와 격리되었을 때 '회피적 애착' 유형의 영아들보다 심하게 고통스러워하였다. 이들은 엄마가 떨어지지 못하고 늘 가깝게 있으려고 했으며, 엄마가 옆에 있어도 탐색활동에 열중하지 않았다. 그리고 엄마가 다시 돌아왔을 때 그들은 상반된 양가반응을 보였다. 엄마가 곁을 떠났을 때 그가 나타나기를 기다리면서도, 막상 엄마가 돌아왔을 때는 분노감을 강하게 표출하며, 달래주어도 그 화는 풀리지 않으며 물리적인 폭력을 자행하기도 한다. 즉, 자기를 남겨놓고 떠났다는 데 대하여 화를 내며 엄마와 가까이 있으려고 하면서도, 동시에 엄마가 신체적 접촉을 하려해도 뿌리쳤다. 이러한 영아들은 쉽게 흥분하거나 반응을 싫어하는 기질을 가지고 있었으며, 그 부모들은 자신의 기분에 따라 영아에게 때로는 애정적으로, 또 다른 때는 무관심으로 일관성 없이 반응하거나 무반응을 보이는 경우가 많았다. 영아들은 매달리고, 울고 또는 다른 애착행동을 보임으로써 정서적 지원과 애정을 얻으려고 절망적으로 노력한다. 그러나 영아들은 이러한 일관성 없는 양육상태에 직면하게 되면 자신의 노력이 소용없다는 것을 느끼고 슬퍼하며 원망스러워 한다. 영아들의 약 10%가 이러한 저항적 애착을 보였는데, 그들은 장차 세상에 대하여 적대적인 태도를 함께 갖게 되며, 추구하는 욕구가 만족되지 않을 경우에는 폭력적인 방법을 실행하기도 할 것이다.

넷째는 '혼란적 애착'으로, 이는 '회피적 애착'과 '저항적 애착'이 결합되어 나타나는 형태인데, 이런 영아들은 가장 심한 불안정적 애착형태를 보이는 것이 보통이다. 이러한 영아들은 엄마와 같이 있을 때도 그를 의식하지 않고 놀며, 엄마가 아이를 혼자 두고 떠나도 울지도 않고 그를 찾지도 않는다. 또한, 엄마와 재결합했을 때 매우 냉담한 표정으로 얼어붙은 모습으로 멍한 상태를 보이면서, 그를 이식하지 않고 논다. 그리고 엄마가 접근하거나 안아줘도 거의 무감각한 태도를 보이며, 다른 곳을 쳐다보는 것이 보통이다. 혼란적 애착을 보인 영아들은 약 5~10%정도였다.

② 또래 사회성의 발달

영아들은 출생 후 약 3개월 무렵부터 또래와의 사회적인 상호작용을 시도하나, 진정한 의미의 사회적 행동은 생후 약 18개월부터 시작된다. 이러한 또래 사회성(peer sociability)은 미소를 짓거나 신체접촉을 하고, 웃거나 또는 두서 없는 말(babble)을 구사하는 등의 형태로 시작된다.

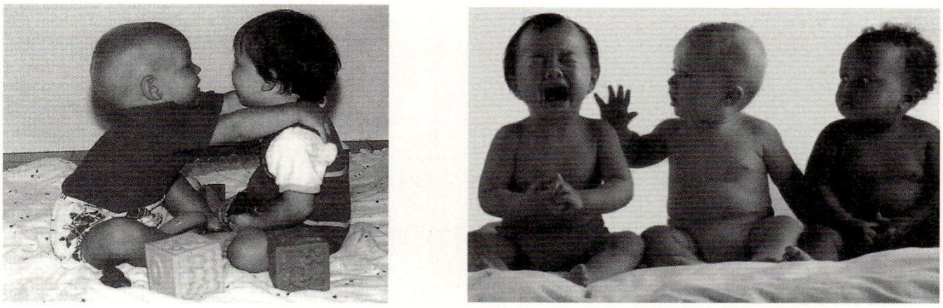

그림 5-29 | 또래 사회성의 발달

자료출처 : Santrock, J. W.(2004a). Child Development. p.351.

이후 2세 정도 되면 그 빈도도 점차 증가하지만, 질적으로도 달라져 단순한 교류로부터 점차 상호교류적인 행동으로 발달하여 협력적인 상호작용(coordinated interaction)이 나타나고, 서로의 행동을 관찰하며 적극적으로 모방하는 행동도 나타난다(Eckerman & Whatley, 1977; Vande, & Wilson, Buchaman, 1980).

초기 또래 사회성의 발달은 특히 부모를 포함한 따뜻하고 감수성이 높은 보호자와 영아 간의 유대관계에 의해 촉진된다. 따라서 영아기의 발달은 물론, 이후의 유아기·아동기·청소년기에 있어 사회성발달뿐만 아니라 전반적인 발달이 원만하기 이루어지도록 하기 위해서는 부모와 교사를 포함한 주변사람들이 영아와 친밀하고 온화한 관계를 맺어야 한다.

(5) 정서발달

정서(emotion)란 외적 유발인자와 개인의 사고과정 및 감정변화 사이의 관계를 나타내는 용어이다. 이러한 영아의 정서는 출생 시의 미분화상태에서 성숙과 학습경험을 통해서 점차 분화되어 나간다. 제4장(발달의 영역)의 '정서발달'에서 이미 살펴본 바와 같이 브리지스(Bridges, 1931)는 영아의 정서반응의 분화과정을 관찰하여 기본적 정서가 분화되어 가는 단계를 제시하였다. 그에 의하면 2개월경에는 불쾌감은 울음 등을 통하여 표현하고, 3개월 안에 쾌감(즐거움)은 미소를 짓는 방법으로 표현하고, 불쾌감은 울음 등을 통하여 표현할 수 있게 된다. 그리고 6개월 안에 분노·혐오·공포의 감정이 분화된다. 그리고 12개월이 되면 득의(得意; 의기양양)와 성인에 대한 애정이 발달하며, 18개월에는 아동에 대한 애정과 질투의 감정이 나타난다.

3. 유아기

유아기는 대략 2세부터 초등학교 입학 이전인 6~7세 정도까지의 시기를 지칭하는데, 모든 면에서 급격한 변화를 보이기 때문에 이 시기의 발달을 「유아 전기」와 「유아 후기」로 구분하여 논의한다. 먼저, 「유아 전기」는 만 2세부터 4세까지를 말하는데, 이를 흔히 걸음마기(toddlerhood)라고 명명한다. 이 시기의 발달적 특징은 언어발달이 급속하게 이루어지며 상징적 놀이활동이 증가하고, 자기주장이 강해지며 스스로 계획을 수립하고, 이를 행하려 하는 등 활동성이 매우 강하게 나타나며 자아의식을 갖게 됨으로써 좀 더 자율적이며 독립적 존재가 되어간다. 이어, 「유아 후기」는 5세에서 6~7세까지를 말하는데, 이를 흔히 학령전기(preschool childhood)라고 한다. 이 시기에는 부모와 가족과 많은 시간을 보내던 아동이 유치원이나 어린이집에 입학하는 등 생활환경이 확대

됨으로써 보다 복잡한 사회적 영향을 받게 된다. 특히 또래집단과의 접촉을 통하여 사회적 기술을 본격적으로 습득하게 되며, 사물에 대한 호기심이 증가하며 직관적 사고능력이 발달하게 되고, 걸음마기에 특징적으로 나타났던 반항적 활동은 점차 반항적 사고로 대체되어 간다.

유아기에는 영아기에 비해 발달의 속도는 완만하지만, 꾸준한 신체적 성장이 이루어진다. 운동능력은 신체발달과 밀접한 관련이 있으며, 신체가 발달함에 따라 운동능력도 꾸준히 발달한다. 아울러, 인지·정서·사회성·도덕성 등의 발달도 왕성하게 이루어진다.

1) 신체·운동발달

(1) 신체발달

2세 이후 유아의 키는 매년 5~7cm 정도씩 증가한다. 5세경 유아의 키는 약 109.6cm 정도(여아는 108.6cm)로 출생 시의 2배 정도가 된다. 5세가 되었을 때 체중은 18.98kg(여아는 18.43kg)이 되어 출생 시의 약 5배나 된다. 신체비율에 있어서 아직 머리가 큰 모습이지만 영아기에 비해 성인에 가깝도록 점차 균형이 잡혀져 있다.

신체발달에 있어서 성별의 차이가 나타나는데 여아가 남아보다 뼈조직, 영구치 등이 더 먼저 발달하고 4, 5세경 쓰기, 그리기, 단추끼우기 등의 소근육 동작도 더 우수하게 된다. 한발뛰기나 달리기 등의 대근육 동작에 있어서 여아가 더 우수한 경향이 있으나, 7세경부터는 남아가 여아보다 키가 더 크고 유아지방도 여아보다 빨리 없어져 더 날씬하며, 던지기, 때리기, 치기 등의 활동에서 여아를 앞선다.

(2) 운동발달

유아기에는 대·소근육이 발달함에 따라 신체의 균형을 유지하거나 신체 각 부분의 협응력을 기르는 등 기초적인 운동을 많이 하게 되는 시기이다. 유아는 매우 적극적이고 활동적으로 대·소근육 활동을 하고자 한다. 먼저, '대근육운동'의 발달을 보면 유아는 달리기를 할 때 마치 빨리 걷는 것과 유사한 달리기 모습을 보이는데, 한 발은 언제나 땅에 닿아 있는 것을 볼 수 있다. 3세경 달리기의 보폭도 증가하고 일정하게 달리지만 갑자기 멈추거나 돌거나 하는 것은 아직 미숙하다. 올라가기에 있어서는 2세경 계단의 난간을 잡고 한 발씩 한 발씩 같은 칸에 두 발을 올려놓는 방식으로 올라가던 것이 이제 만 3세경에는 혼자 각 계단을 한 발씩 교대로 놓으면서 올라갈 수 있게 된다. 4세경이 되면 한 발씩 교대로 계단을 내려올 수 있다.

또한, 높이뛰기나 넓이뛰기 등 점프하는 능력은 걷기보다 늦게 나타난다. 3, 4세경에는 30~60cm(5세경에는 90cm) 정도로 넓이뛰기를 할 수 있다. 한발뛰기나 두발뛰기는 3세경에 나타나 6세경에 능숙해지는데, 유아는 이 활동을 게임이나 춤동작에서 많이 사용하게 된다. 자전거타기 활동에 있어서 페달을 돌리는 것은 종합적인 운동감각을 수반한다. 발을 젓고 브레이크를 잡고 가속시키는 등의 활동을 통해 운동감각과 함께 조절력, 판단력 등 인지발달적 자극도 수반한다.

한편, '소근육운동'의 발달을 보면 여기에서는 특히 눈과 손의 협응을 필요로 한다. 3세 정도가 되면 엄지와 집게손가락으로 컵을 잡거나 포크를 사용할 수 있으며, 옷입기 · 양말착용하기 · 신발신기 등 자조기능(self-help skill) 습득에 도움이 되는 소근육운동이 가능하다. 6, 7세가 되면 혼자서 단추끼우기와 풀기, 운동화 끈매기를 제대로 할 수 있다. 유아기에는 조직활동을 즐겨 하게 되는데 실꿰기나 블록놀이, 인형놀이, 조작게임을 비롯하여 그리기, 오리기, 자르기, 붙이기, 찢기, 구기기, 접기 등 여러 미술활동을 통해 소근육운동을 왕성하게 경험한다. 미술과 관련된 많은 활동은 훗날 쓰기활동에 도움이 된다.

2) 인지발달

유아기의 인지발달은 피아제(Piaget)의 인지발달이론의 관점에서 보면 제2단계인 '전조작기'(preoperation stage : 2~7세)에 해당한다. 이때는 정신적 표상에 의한 사고는 가능하나, 아직 개념적 조작능력의 발달은 아직 미흡한 상태이다. 전조작기는 다시 '전개념기'와 '직관적 사고기'의 두 하위단계로 구분되는데, 이에 관해서는 제4장(발달의 영역)의 '인지발달'에서 자세하게 논의하였으므로 여기에서의 언급은 생략하기로 한다.

3) 사회성발달

유아기는 영아기보다 다양한 사회적 관계 속에 놓이게 되는 시기이다. 부모와 형제, 이웃, 친척, 또래집단 등 다양한 관계 속에서 자아개념, 성역할, 도덕성 및 사회적 기술과 능력 등을 발달시켜 나간다. 먼저, 유아기의 자아개념 발달은 영아기에 형성된 기초적인 자아이미지를 토대로 자존감, 독립심, 자율성, 자신감과 관련지어 이루어지게 된다. 주변환경을 탐색하고 활발한 상상력과 탐구력을 발휘하면서, 주어진 과제에 대한 성취감 또는 실패감을 맛보며 점차 자아에 대한 성숙하고도 복잡·다양한 개념을 발달시킨다.

그리고 초기의 단순한 자아개념의 한 형태인 성역할에 대한 개념이 제대로 발달하기 위해서는 먼저 '나는 남자야', '나는 여자야'라고 하는 성 인식은 성 정체성(gender identity; 성 동일화)으로서 유아가 자신을 남자 혹은 여자로서 정확하게 인식하고 수용(존중)해야 한다. 이어, 유아의 성역할 발달이 계속 이루어지기 위해서는 그는 성 정체성에 대한 개념을 바탕으로 성 안정성(gender stability) 및 성 항상성(gender constancy)에 대한 개념을 획득해야 한다(Kohlberg, 1966). 이 중에서 성 안정성은 시간의 흐름에 상관없이 성이 바뀌지 않는다는 개념을 말하고 성 항상성은 머리모양이나 옷 등의 외모변화에 상관없이 성이 바뀌지 않는다는 개념을 지칭한다.

표 5-1 성역할 개념의 발달단계

성 정체성(0~2세 반경)	성 안정성(2~4세경)	성 항상성(5~7세경)
'나는 남자야', '나는 여자야'와 같이 자신의 성별을 인식하고, 그에 적합한 태도, 동기, 가치, 행동을 획득해 가면서 적절한 특성을 갖추어 감	성은 생식기나 유전적 요인에 근거한 불변하는 속성을 가지기 때문에 아무리 시간이 흐르고 성장하더라도 바뀌지 않는다는 것을 알게 됨	머리모양이나 옷 등 외적 변화(외모)가 변화되어도 그와 상관없이 항상 동일한 성을 유지한다는 것을 알게 됨

유아의 성역할 행동의 발달에 관한 설명은 이론적 관점은 다양하나, 유아가 자신의 성에 부합되는 사회적 역할을 습득하는 과정에 대한 대표적인 이론으로는 ① 정신분석이론, ② 행동주의이론, ③ 인지이론 등을 들 수 있는데, 이의 핵심주장을 도식화하면 [그림 5-30]과 같다(Clarke-Stewart, Friedman, & Koch, 1985).

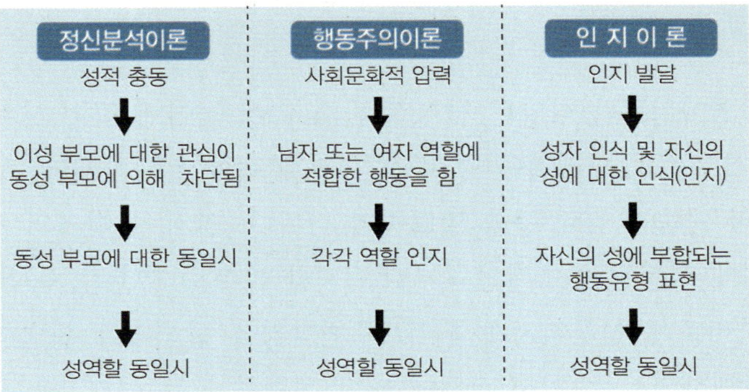

그림 5-30 | 성역할 발달이론 비교

첫째, 프로이트(Freud, 1905, 1920, 1931)에 의한 '정신분석이론'에 의하면, 아동의 성역할 행동은 동성의 부모를 동일시하여 그 행동을 모방함으로써 습득된다. 먼저, 남아의 경우는 어머니와 밀접한 애착감정(근친상간적 감정; 오이디푸스 콤플렉스)을 느끼면서 아버지와는 갈등관계를 겪게 된다. 그러나 현실적으로 그는 아버지를 능가할 수 없으므로 이 갈등적 감정을 억압하면서, 아버지를 동일시하여 아버지의 성역할 행동을 모방(습득)함으로써 오이디푸스 콤플렉스를 극복해 나간다. 이러한 과정을 통하여 남아는 아버지의 남성 성역할 행동을 배우고, 그의 도덕적 행동과 가치관도 습득하게 된다.

반면, 여아는 이성의 부모인 아버지에게 강한 애착감정(근친상간적 감정; 엘렉트라 콤플렉스)을 느끼며, 어머니와는 갈등적인 관계를 맺는 경우가 많다. 그러나 여아의 경우는 남아와는 달리 이러한 감정이 미약한 편이나, 어떻든 이러한 갈등을 극복하는 수단으로서 어머니를 동일시하여 그녀의 성역할 행동과 도덕성 등을 모방해 나감으로써 엘렉트라 콤플렉스를 극복하게 된다. 그러나 정신분석이론은 오이디푸스 콤플렉스와 엘렉트라 콤플렉스의 존재와 그 성격을 증명할 수 없고, 또한 문화권에 따라 똑같은 현상이 나타나지 않을 수 있어, 많은 반론이 제기되기도 한다.

둘째, 스키너(Skinner) 등에 의해 체계화된 '행동주의이론'에 의하면, 아동이 자신의 성에 부합되는 행동을 했을 때 그 행동이 주위사람들(부모와 교사 등)로부터 강화(보상)를 받음으로써 그러한 행동은 강화되는 반면, 자신의 성에 부합되지 않은 행동을 했을 때 벌을 받음으로써 그러한 행동이 점차 감소·제거되어, 결국 자신의 성에 부합되는 성역할 행동을 습득해 나간다(Skinner, 1947). 한편, 반두라(Bandura, 1977b)에 의하면, 아동은 부모나 교사 및 친구 등의 행동을 관찰하여 모방함으로써 자신의 성에 부합되는 행동을 습득하게 되는데, 현실적으로 볼 때 아동들의 행동은 강화나 벌 없이도 많은 행동들을 습득하는 경우가 많다.

셋째, 피아제(Piaget) 등에 의해 체계화된 '인지이론'에 의하면, 아동의 성역할 행동은 보상이나 벌에 의해서 학습된다기보다는 자신의 성과 성역할 행동에 대한 인지(인식, 개념화) 과정을 통하여 발달한다. 특히, 콜버그(Kohlberg, 1966)는 아동의 성역할 행동은 세 단계를 거쳐 발달한다고 주장하였다. 즉, 성역할 행동은 성 정체성(gender identity), 성 안정성(gender stability), 성 항상성(gender constancy) 등의 과정을 통하여 발달한다는 것이다.

즉, 콜버그는 먼저, ① 정신분석이론에서 주장하는 '동일시' 과정을 통하여 성역할 행동이 발달하는 것이 아니라, 아동이 자신의 신체적 사실(생물학적 성)을 인식(성 정체성)하는 데에서 성역할 행동의 발달이 시작된다고 보았다. 다시 말하면, 아동들은 '나는 남자야' 또는 '나는 여자야'라는 인지적 개념화를 한 다음, 자신의 성에 부합되는 행동을 스스로 형성해 나가게 된다. 이어, ② 자신의 성에 부합되는 행동들을 점차 발달시켜 나감으로써 결국 자신의 성은 변하지 않으며, 커서도 남자 또는 여자가 될 것이라는 것을 인식하는 성 안정성 단계에 접어든다. 끝으로, ③ 이후에는 머리모양이나 옷, 또는 행동이 달라도 항상 같은 성을 가진다는 것을 인식하게 되는데, '보존개념'이 획득되는 6~7세경에 성 항상성을 깨닫게 된다.

한편, 유아기의 도덕성 및 사회적 기술과 능력의 발달에는 부모를 포함한 가족구성원과 또래집단이 중요한 영향을 미치게 된다. 특히, 유아의 사회화과정에서 또래집단의 역할은 매우 중요하다. 영아기에 비해 유아기에는 또래관계의 비중이 더 높아지는데, 유아는 가정에서 이룩된 부모와의 좋은 관계를 기반으로 또래들과 집단경험을 통하여 여러 모습의 사회적 역할을 익히고 협동하고 나누는 경험을 하며, 여러 가지 능력을 키워 나간다. 또한, 유아기는 자기중심적이므로 또래와의 상호작용을 통한 다른 사람의 입장을 이해할 수 있게 되며, 자기 자신을 조절하고 사회적 지식과 태도를 익히며, 자신과 다른 사람을 존중하는 것도 배울 수 있다. 또래관계를 잘 유지해 나가기 위해서는 처음 접하는 또래관계가 성공적이어야 할 필요가 있는데, 처음 또래관계를 가졌을 때 성공적인 또래관계가 성립되었을 경우 그 이후의 또래관계를 잘 형성해 나갈 가능성이 높아지나, 첫 관계에서 실패할 경우 이후의 또래관계도 원만하게 유지하기 힘들어진다. 따라서 부모와 교사들은 유아가 처음 또래관계에 접할 때보다 원만하게 유지할 수 있도록 관심을 가지고 도와주어야 한다.

그림 5-31 ▌또래관계형성에 실패한 유아

유아는 또래와 놀이를 하면서 갈등을 경험하기도 하고, 그 과정에서 문제해결을 위한 협상방법에 눈을 뜨며, 협동의 필요성도 알게 된다. 규칙이 누구에게나 똑같이 적용되어야 하는 이유, 약속을 지킬 때와 지키지 않을 때 어떤 점이 좋고 어떤 점이 좋지 않은지, 순서를 지키고 양보해야 하는 이유 등 유아의 생활 속에서 이해와 욕구가 비슷한 또래와 함께 하며 경험을 나누는 과정에서 유아는 이 모든 것들을 알게 된다. 이제 유아는 영아기에 비해 인지능력과 언어소통능력, 신체적 통제능력이 발달되어 있으며 친구들과 구성한 나름대로의 작은 사회관계망(social network) 속에서 즐겁고 바람직한 관계를 형성해 가는 기술을 익힐 수 있는 준비를 갖춘다.

4) 정서발달

유아기의 정서는 영아기의 정서와 별로 차이가 없으며, 2세 이전에 분화된 여러 정서가 그대로 유지된다. 영유아기의 정서적 특징을 나열해 보면 다음과 같다(오만록, 2000). 첫째, 유아기의 정서는 강렬하고 투명하다(강렬성 및 투명성). 유아는 긍정적인 정서(기쁨, 애정)뿐만 아니라, 부정적인 정서(분노, 공포)를 확대 표현하는 경향이 있어 강렬하며, 정서를 조절하는 능력이 부족하기 때문에 자신의 정서를 왜곡 없이 느끼는 그대로 표현하기 때문에 투명하다. 둘째, 유아의 정서는 지속시간이 짧다(일시성). 유아는 특정 정서를 지속하는 시간이 짧은데, 예를 들면 화를 내다가도 잠시 후 친절을 베풀면 울다가도 금방 깔깔 웃는다. 조금 전에 싸우던 친구와 언제 그랬냐는 듯이 함께 재미있게 놀기도 한다. 이러한 이유는 유아의 기억력이 짧고 정서가 아직 미성숙하기 때문이다. 셋째, 유아의 정서는 지속시간이 짧은 만큼 표현횟수가 많다(빈번성). 유아의 정서가 지속되는 시간이 짧고, 상황에 따라 변화하는 정서를 유보하지 않고 바로 투명하게 표현하기 때문에 정서표현빈도가 높다. 넷째, 유아의 정서는 불안정하고 유동적이다(전환성). 유아는 양극단적인 정서를 표현하기도 하는데, 울다가도 웃고, 미워하고 질투하다가도 애정으로 변하며, 무서워하던 대상에 대해 금방 호기심을 갖는다. 이러한 동요현상은 유아기의 과다한 신체활동과 왕성한 지적 호기심에 따른 활동, 빠른 성장 등 신체적인 피로로 인한 긴장과 정서적 통제력의 부족, 사회적으로 수용되는 행동에 대한 인식력 부족 등에 의한 것이다.

유아기의 발달과업 중의 하나는 적절한 정서표현방법을 배우는 일인데, 자신과 타인의 정서를 이해하고 감정에 대한 대화를 하며, 긍정적이고 생산적인 방식으로 정서를 다루는 것은 사회화과정에서 매우 중요하다. 부모나 교사는 유아가 건전하고 건강한 정서를 적절히 표현하고, 조절할 수 있도록 적극 지도해 주어야 한다.

5) 놀이발달

놀이활동은 유아의 신체적 발달은 물론, 인지적·사회적·정서적·도덕적 발달을 촉진시키는 데 중요한 역할을 한다. 특히, 유아기는 '유희(play)의 시기'라고 할 수 있을 정도로 놀이가 활발하게 나타난다. 그런데 놀이활동은 발달단계와 성별 및 생활환경 등에 따라 그 유형이 다르게 나타난다. 이러한 놀이발달에 관한 몇몇 학자들의 견해를 소개하면 다음과 같다.

먼저, 파튼(Parten, 1932)은 일찍이 사회적 발달의 측면에서 놀이유형을 구분하였는데, 그에 의하면 놀이는 ① 아무것도 하지 않는 행동(unoccupied behavior), ② 방관자적 행동(onlooker behavior), ③ 혼자놀이(solitary play), ④ 평행놀이(parallel play; 여러 아동이 같은 장소에서 공유의 놀이도구를 가지고 활동하나, 그들 간에는 상호교류는 이루어지지 않음), ⑤ 연합놀이(associative play; 아동들 간에 상호교류가 이루어지며, 협력적인 활동들을 통하여 놀이목표를 달성하고자 공동으로 노력함), ⑥ 협동놀이(cooperative play; 체계적인 놀이규칙을 준수하면서 각자 분담된 역할을 충실히 수행하여 놀이목표를 달성함) 등의 순서로 발달한다.

또한, 피아제(Piaget, 1962)는 인지적 발달의 측면에 중점을 두어, 놀이는 ① 기능놀이(출생~2세; 실천놀이라고도 하는 이 놀이는 유아에게 최초로 나타나는 놀이로서 언어를 배우기 이전에 감각활동을 중심으로 이루어지는데, 이는 '기능적 쾌락'을 얻기 위해 이루어진다), ② 상징놀이(2~7세; 언어의 획득과 함께 나타나는 놀이로서 상상놀이 혹은 모방놀이라고도 하는데, 이 놀이는 자아중심적 사고의 한 형식이고 개인적 진실을 추구하는 '자아의 만족'이 유일한 목적이 된다), ③ 규칙놀이(7, 8~11, 12세; 사회성이 점차 발달됨에 따라 2명 이상의 아동들이 함께 활동을 하는 가운데, 책임과 금지를 동반하는 규칙에 의하여 상호 역할분담과 협력이 이루어지는 놀이가 나타난다) 등의 순서로 발달한다고 주장하였다.

끝으로, 스밀란스키(Smilansky, 1968)는 유아기의 놀이를 인지적 수준에 따라 ① 기능놀이(functional play), ② 구성놀이(constructive play), ③ 가상놀이(pretend play), ④ 규칙 있는 게임(games with rules) 등 네 가지 형태로 구분하였다. 첫째, 기능놀이는 영아기에 딸랑이를 흔들거나 자동차를 앞뒤로 굴리는 것과 같이 단순히 반복적으로 근육을 움직이는 활동이 주를 이룬다. 둘째, 구성놀이는 블록쌓기, 그림 자르기, 그림 붙이기와 같이 무엇인가를 만들어 내는 놀이로, 유아기에 주로 나타난다. 셋째, 가상놀이는 병원놀이, 소꿉놀이 등의 가상놀이는 아동의 표상능력을 반영해 주는 것으로, 인지발달을 위해 유용한 정보를 제공해 준다. 여기에서 존재하지 않는 것이 존재한다고 가정하려면 최소한의 인지적 능력이 요구되므로 인지발달이 선행되어야 가상놀이가 가능하고, 가상놀이를 많이 할수록 인지발달이 촉진되는 순환이 이루어진다. 실제로 '아기 돼지 삼형제'의 우화를 실연했던 가상놀이집단과 가위로 자르고 풀칠하는 단순활동을 위주로 한 통제집단과의 비교연구 결과에서도 6개월 후 가상놀이집단의 지능지수가 통제집단에 비해 높게 나타났다. 넷째, 규칙 있는 게임은 아동기에 접어들면서 윷놀이, 줄넘기놀이, 숨바꼭질과 같이 미리 만들어진 규칙에 따라 놀이를 하는 것으로, 여기에서는 놀이 그 자체보다 규칙을 새로 만들고, 바꾸고, 협상하는 데 시간을 더 많이 보내게 되며, 이러한 놀이는 유아기 말에 나타나기 시작해서 아동기 말에 절정을 이룬다.

4. 아동기

아동기(childhood)는 공식적 학교교육을 통하여 사회가 요구하는 기본적 기술을 습득하는 발달단계로서, 초등학교 입학부터 졸업까지의 시기, 즉 만 7~12세까지의 시기이다. 이 시기의 아동은 지금까지 경험한 부모와의 관계, 또래관계를 바탕으로 하여 아직 사회적 의무나 구속이 없는 자유로운 상태에서 자신이 속한 사회에서 생활하는 데 필요한 기본적 기술과 능력을 습득하고, 이를 사회에 적용해 볼 수 있는 기회를 갖게 된다.

이 시기는 프로이트(Freud)의 심리성적 발달단계 중 '잠복기'에 해당하는데, 이때는 성격형성에 영향을 미치는 특별한 발달적 사건은 발생하지 않는다고 보았다. 그리고 에릭슨(Erikson)의 심리사회적 발달단계 중 '근면성 대 열등감'이 발달하는 시기이다.

1) 신체·운동발달

먼저, 아동기는 신체적 성장과 발달이 비교적 완만하게 진행되는 시기이며, 전체적인 신체의 체계가 안정되는 시기이다. 이 시기에는 아동의 키가 1년에 약 6cm 정도씩 신장되어 120cm에서 145cm 정도로까지 자라며, 몸무게는 22kg 정도에서 35~38kg 정도에 이른다. 이러한 신체적 성숙에 있어서 나타나는 특징적인 발달양상은 초등학교 입학시기에는 남아가 여아보다 신체적 성숙이 더 빠르지만, 11~12세경에 여아의 신체적 성숙이 남아에 비하여 더 우세해진다는 것이다. 이러한 현상은 신체적 급성장이 이루어지는 사춘기가 남아보다 여아에게 약 2년 정도 먼저 시작되는 데 기인한 것이다.

아동의 신체구조를 보면, 아직도 머리가 체격에서 차지하는 비율이 크지만, 얼굴의 면적이 전체 면적의 10% 정도로 줄어든다. 이 시기에는 유치가 영구치로 바뀌고, 외모에 별다른 관심이 없고, 청결에 대한 요구에도 반항적 태도를 보이는 경우가 많다. 특히 여아에 비하여 남아의 경우가 이러한 경향이 더 강하기 때문에 전형적인 개구장이의 모습을 지니게 된다. 그리고 뼈와 근육의 성장이 균형 있게 이루어지는 것이 일반적이지만, 뼈의 성장이 근육의 성장을 초월하는 경우가 있다. 이러한 경우에 아동들은 근육통으로 인하여 밤잠을 설치는 경우가 있는데, 이를 근육성장기 골통(growing pain)이라 한다.

아동기의 신경계 발달을 보면, 12세경이 되면 뇌 중량이 성인의 95% 정도에 이르게 되어 아동의 발달을 뒷받침해 준다. 그리고 임파선의 발달이 급격하게 일어나도 편도선이 최대 크기에 이르게 되며, 성적 기관의 발달은 별로 이루어지지 않은 관계로 성적 중성기라고도 불린다. 심장은 12세경이 되면 출생시의 7배 정도에 이르게 되지만, 전체 체중에서 차지하는 비율은 가장 적다. 폐의 발달은 10세까지 비교적 완만하게 진행되지만, 이후부터는 급격히 발달하여 운동기능의 왕성한 발달을 뒷받침할 수 있게 된다. 아동기에는 미각이 발달하고 운동량이 증가함에 따라 식사량이 늘어나면서 위의 용적도 성인의 2/3 정도에 이르게 된다.

한편, 아동기의 운동기능은 유아기에 비하여 속도, 안정성, 협응성, 역량 등이 더욱 발달되고 정교해진다(강봉규, 1992). 이 시기에는 장난감보다는 자신의 신체를 이용한 달리기, 던지기, 뛰기 등의 능력을 활용한 스포츠와 조직적인 단체놀이에 강한 관심을 보인다. 이러한 아동기의 운동능력은 신체적 성숙과 학습의 상호작용에 의해 결정된다. 팔, 어깨, 손목의 근육을 통제할 수 있는 능력은 12세경이 되면 거의 성인 수준에 도달하므로 성인이 할 수 있는 운동은 대부분 할 수 있다.

아동은 이러한 다양한 운동을 통하여 신체적 균형을 시험해 보기도 하고, 신체 각 부분의 조정과 통합을 추구하며, 신체적 유연성을 기른다. 아동기의 운동발달은 신체적 발달뿐만 아니라 심리사회적 발달에도 영향을 미친다. 특히 아동기에는 자신의 운동기술과 역량을 다른 아동과 비교하여 자신의 능력을 평가하기 때문에 아동기의 자존감 형성의 밑바탕이 된다. 그러므로 아동기에는 건전한 신체발달을 조장하고 운동을 할 수 있는 환경과 기회를 제공함으로써 자존감을 향상시켜 주는 것이 매우 중요하다.

2) 인지발달

아동기에도 유아기의 직관적 사고나 자아중심적 사고와 같은 전조작적 사고의 특성이 남아 있기도 하지만, 만 7~8세경에 이르면 이전 단계와는 전혀 다른 형태의 사고를 하게 되는데, 피아제(Piaget)는 이를 구체적 조작사고(concrete operational thought)라고 명명하였다. 구체적 조작기(concrete operation stage : 7~11세)에는 구체적인 대상이나 상황을 통해서 논리적 사고를 전개해 나간다. 이때는 특히 보존기술, 분류기술, 조합기술 등과 같은 개념적 기술들을 점차적으로 발달시켜 나간다(Clarke-Stewart, Friedman, & Koch, 1985).

① 먼저 아동기에는 물체의 형태가 바뀌어도 양이나 부피와 같은 물리적 부분은 변화하지 않고 그대로 유지된다는 보존개념을 습득하게 된다. 이러한 보존개념을 획득하기 위해서는 동일성, 가역성, 보상성의 원리에 대한 이해가 뒷받침되어야 한다. 따라서 이러한 보존개념을 가르치기 위해서는 인지적 성숙이 선행되어 있어야 한다. 이러한 보존개념을 습득한 예는 큰 아이에게는 폭이 좁은 긴 컵에 우유를 따라주고 유아인 동생에게는 폭이 넓고 높이가 짧은 컵에 우유를 따라주어도 동생의 우유가 더 많다고 우기지 않는 행동에서 엿볼 수 있다.

② 분류기술(classification skill)은 대상이 공통적으로 지니고 있는 차원에 따라서 물체를 분류하고 통합하는 능력과 위계적 방식으로 하위범주로 나열하여 하나의 새로운 집단으로 분류하는 능력을 의미한다. 즉, 분류기술은 분류포섭(class inclusion)과 분류위계(class hierarchy)를 인식할 수 있는 능력의 발달을 의미한다. 다시 말해 아동기에는 사물이 위계적 관계를 맺고 있으므로 조화를 이룬다는 사실을 인식하고, 사물들 사이에 어떤 관계 규칙이 있음을 인식함으로써 사물의 분류가 가능해진다. 이러한 분류기술을 습득했는지의 여부는 가족이나 친구를 좋아하는 순서대로 꼽는 행동에서 엿볼 수 있다.

③ 조합기술(combination skill)은 수(數)를 조작하는 능력으로서, 일정한 수의 사물이 있으면 그것을 펼치든지 모으든지 또는 형태를 바꾸든지 수가 같다는 것을 이해할 수 있는 능력을 의미한다. 이러한 조합기술의 획득으로 초등학생들은 더하기, 빼기, 곱하기, 나누기와 같은 셈을 할 수 있게 된다.

이와 같이 구체적 조작사고가 발달함에 따라 현상들 간의 인과관계를 추론할 수 있으며, 물리적 세계의 규칙과 대상 사이의 관계를 지배하는 원리를 이해하고, 그러한 원리에 따라 대상을 분류할 수 있게 된다. 따라서 아동기 동안에는 읽기, 쓰기, 셈하기 등의 기본적 학습이 가능해지며, 시나 이야기 또는 놀이들을 창조적으로 만들어낼 수 있으며, 능숙한 수공기술의 발달과 운동기술도 갖출 수 있게 된다.

3) 언어발달

아동기에는 공식교육의 결과로 문자언어(written language), 발표력과 문법력, 독해력의 발달이 현저하게 이루어지는 시기이다. 문자언어를 정확히 읽을 수 있는 능력은 초등학교 1학년 때에 거의 완전하게 발달하며, 3학년이 되면 소리를 내지 않고 읽을 수 있게 되며, 3~4학년 무렵에는 발표력과 문법력이 발달하고, 고학년이 되면 독해력이 발달한다.

아동기에는 사용하는 어휘의 수는 아동의 지적 흥미와 직접적으로 관련되어 있지만, 일반적으로 이해하고 있는 어휘수보다 사용하는 어휘수가 적은 것이 일반적이다. 그리고 기억력이나 주의력이 향상됨에 따라 사용하는 어휘수의 증가와 함께 언어적 표현력도 증가하게 되며, 동일한 하나의 주제에 대해서 오랫동안 대화를 나눌 수 있게 된다.

4) 사회성발달

아동기에는 사회적 관계의 장(field)이 가족에서부터 이웃과 학교로까지 확대된다. 이 시기에 아동은 학교나 이웃의 또래친구들과의 대인관계 속에서 집단생활의 규범을 준수하고 상호협력하며, 자신의 욕구를 통제할 수 있는 기본적인 사회적 기술과 태도를 학습하게 된다.

먼저, 학교는 아동의 인지발달에 치중하는 듯이 보이지만 아동의 사회적 발달에도 많은 관심을 보인다. 그런데 저학년일수록 교사의 영향을 많이 받으며, 고학년이 될수록 친구의 영향을 많이 받는다. 상벌에 의한 사회적 강화는 교사가 아동을 사회화시키기 위하여 가장 일반적으로 사용하는 방법이다. 교사는 아동의 행동을 바르게 형성하고 발달시키기 위하여 칭찬, 비난, 처벌과 같은 강화방법을 사용한다. 이러한 교사의 행동이나 지도방법에 의해서 아동은 사회적으로 바람직한 행동과 관련된 규범을 학습하게 되며, 자신의 사회적 지위에 따르는 사회적 정체감을 형성하게 된다.

초등학교 저학년에서 발달하지 못했던 급우들과의 관계는 학년이 올라갈수록 더욱 강화된다. 초등학교에서의 급우집단은 2~3학년 때에는 친한 친구끼리 소집단을 이루어 상호작용하고, 다른 급우들과는 교류가 별로 없다. 그러나 5학년 이상에서는 1~2명의 지도자가 있어서 학급 전원이 관계를 맺게 된다. 이와 같이 급우와의 상호작용이 확대되고, 성인의 승인보다는 또래의 승인을 받고 싶어하는 아동기의 특성 때문에 교사의 영향력은 점차 줄어들게 된다. 그리고 급우와의 상호작용을 통해 자아중심적 관점이 감소되고, 협동, 경쟁, 협상의 원리를 체득하게 되고 사회적 규칙이나 압력에 반응하는 방법을 학습하게 된다.

한편, 아동기에는 친구와 진정한 우정을 나눌 수 있는 기회를 갖게 된다. 아동기에는 접촉의 기회가 많고, 동일한 흥미가 있는 또래를 친구로 선택하는 경향이 있다. 저학년에서는 집이 가깝고, 앉는 자리가 가깝고, 가족끼리 교류가 있는 또래를 친구로 선택하는 지역적 친구선택 경향이 강하지만, 학년이 높아질수록 성격적 친구선택 경향이 높아진다. 즉, 고학년이 되면 친절, 명랑, 온화함, 희망, 장래목표, 취미 등과 같은 내적인 성격적 특성을 고려하여 친구를 선택한다. 아동기에 이루어지는 친구관계의 특성을 살펴보면, 7~8세경에는 동성친구와 어울려 놀며 이성친구에 대해서는 배타적인 관계를 유지한다. 그리고 특별히 마음에 드는 친구와 절친한 이원적 관계를 형성하며, 개인적 사건과 비밀을 털어놓고, 둘만이 알 수 있는 은어나 비밀기호를 만들어 의사소통하기도 한다(Berndt, 1982). 그리고 9세경이 되면 아동은 집단을 형성하여 함께 행동하기를 좋아한다. 즉, 강한 연대성과 소속감을 가진 또래집단을 형성하여 조직적인 활동을 하기를 좋아한다. 이러한 집단을 동인집단(clique)이라고 한다.

동인집단에 참여한 아동은 집단 내에서의 상호작용을 통하여 자기표현을 할 수 있는 기회를 갖게 되므로 성취감을 경험하게 되며, 상호의존적 감정을 공유함으로써 우정이 싹트고, 자기중심성을 극복하고 서로 협동관계를 맺게 된다. 그리고 또래로부터의 승인을 통해 자아존중감이 발달되며, 용기·인내·정의감·지도력과 같은 좋은 사회적 태도가 발달하게 된다. 그러나 이러한 동인집단에 참여하여 반사회적 행동을 학습하고 이를 행동화하는 경우도 발생할 수 있기 때문에 사회적 발달에 부정적 영향을 미칠 수도 있다.

아동기에 이르게 되면 집단놀이(group play)보다 단체놀이(team play)를 선호하는데, 여기에서는 성원들이 필히 준수해야 할 규칙들이 존재하게 된다. 아동은 이러한 단체놀이를 통하여 개인의 목표가 단체의 목표에 종속된다는 것을 인식하게 되며, 사회적 능역(social competence)을 발달시켜 나간다. 여기에서 사회적 능력이란 친구를 사귀고 우정을 유지시키며, 친한 또래관계를 통해 만족을 얻고 즐거움을 느끼는 역량을 말한다(Newman & Newman, 1991). 단체놀이에 참여하는 아동은 놀이에서의 승리라는 단체목표를 위하여 개인적 목표의 성취를 유보시키며, 의기투합하여 협동하고 약한 성원들을 돕기도 한다. 또한, 아동은 단체놀이를 통하여 역할분담의 개념을 학습하기도 한다. 즉, 단체놀이에서 아동은 각자에게 부여된 지위와 역할을 충실히 수행하여야만 놀이의 승리를 보장받을 수 있다는 사실을 인식하게 된다. 이러한 과정에서 아동은 자신이 더 잘할 수 있는 활동이 있는 반면, 다른 아동들이 더 잘할 수 있는 활동도 있음을 알게 되는 것이다.

아동은 단체놀이를 통하여 경쟁의 본질과 승리의 중요성을 학습하게 된다. 특히 아동기의 단체놀이에서 패배하는 데 결정적인 기여를 한 아동은 다른 아동들로부터 비웃음거리가 되는 경우가 많은 것이 그 예라 할 수 있다. 아동은 이와 같은 단체놀이의 실패에 뒤따르는 사회적 비난을 회피하기 위하여 더욱 노력하고, 서로 협력하는 유용한 경험을 하게 된다.

5) 정서발달

아동기는 비교적 정서적으로 안정된 시기로서, 정서적 혼란이나 흥분은 비교적 적은 편이다. 아동기에는 정서적 통제와 분화된 정서표현이 가능해진다. 사회적 행동과 밀접한 관련성을 지니고 있는 정서 중에서 먼저 공포감은 상상적이고 가상적인 것, 비현실적이고 초자연적인 것에 대한 것이 많아진다. 예를 들면, 아동기에는 괴물, 유령, 죽음 등에 대한 공포감을 많이 느낀다.

이러한 공포감과 직접적으로 연관된 정서는 바로 불안정서이다. 불안은 미래의 위험을 예상할 때 생기는 약한 공포반응이다. 이러한 불안반응은 아동의 상상력 발달과 관련되어 있다. 이 시기에는 주로 부모와 선생님의 기대를 충족시키지 못함으로써 주어지는 질책이나 벌을 받거나, 낮은 학업성취 또는 운동능력 미발달로 인한 친구들의 조롱 등에 의해 불안정서가 강해져 공포증이라는 정서장애를 가질 수도 있다. 이러한 아동기의 정서장애 중에서 대표적인 것이 등교거부증(school refusal) 또는 학교공포증(school phobia)이다.

한편, 교사는 각 학생들에 관한 한정된 정보(옳은 정보 또는 틀린 정보)를 근거로 그들에 대하여 특정의 태도(신념)를 가지게 되는데, 이는 학생들을 향한 교사 자신의 행동에 영향을 미치게 된다. 이어, 학생들은 교사의 그러한 행동에 의해 자신들의 학업성취에 대하여 특정의 기대(예언)를 가지면서 학업활동에 임하게 되고, 그 결과로서 나름의 성취(성과)에 도달하게 된다. 이는 다시 교사의 각 학생에 대한 태도 형성에 계속 순환적으로 영향을 미치게 된다([그림 5-32]).

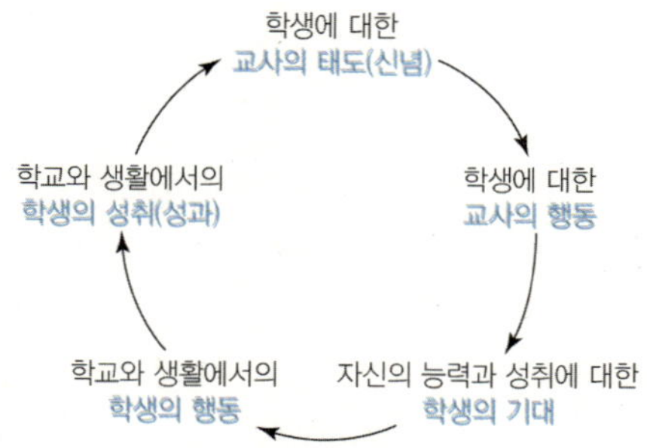

그림 5-32 | 교사의 태도가 학생의 성취에 영향을 미치는 과정

자료출처 : 오만록(2015). 교육사회학. p.268.

교사는 학생들에 대하여 가능한 한 긍정적인 태도를 가져야 한다. 관련연구에 의하면, 교사가 취하게 되는 학생들에 대한 태도나 신념은 그들에 대한 기대감 수준을 결정하고, 이것은 결국 그들의 행동발달수준에 영향을 미친다. 이러한 현상을 '피그말리온 효과'(Pygmalion effect)라고 한다. 사회학자인 머어튼(Merton, 1957)은 이 현상을 자기성취예언(self-fulfilling prophecy; 자기충족예언)이라고 표현하였다. 예를 들면, 교사가 자신이 가지고 있는 학생에 관한 정보를 토대로 "너는 공부를 잘 할 수 있는 우수한 학생이다"라는 긍정적인 태도와 기대를 하면서, 이에 부합되는 행동으로서 교육활동의 실제, 언어적 표현, 비언어적 표현, 온정·인정 등을 실천하게 되면 학생은 긍정적인 학업적 자기평가와 자기성취예언(기대)을 함으로써 결국 지적·비지적인 면에서 높은 학업성취를 보이게 될 것이다. 반면, "너는 머리가 별 수 없어"라는 부정적인 태도와 기대를 하면서, 위와는 다른 행동을 보이면 학생은 부정적인 학업적 자기평가와 자기성취예언(기대)을 함으로써 결국 지적·비지적인 면에서 낮은 학업성취를 보이게 될 것이다. 이러한 결과는 다시 교사에게 피드백됨으로써 각 학생에 대한 태도와 기대가 점차 굳어지게 된다([그림 5-33]).

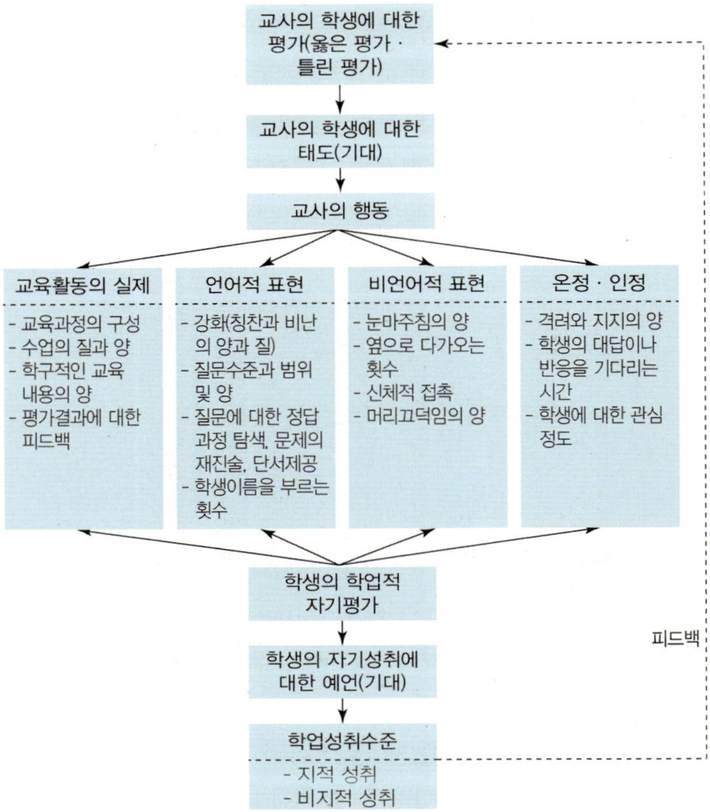

그림 5-33 ❙ 교사의 태도가 학생의 학업성취에 영향을 미치는 과정

자료출처 : 오만록(2000). 교육의 이해. p.585.

그림 5-34 ❙ 교사의 학생에 대한 비언어적 행동(nonverbal behavior) 표현의 차이

자료출처 : Santrock, J. W.(2008). Educational Psychology. p.512

이와 같은 피그말리온 효과를 오크(Oak) 학교실험을 통해, 교사가 학생들에 대하여 기대하는 방향이나 정도가 그들의 학업성취도에 영향을 미친다는 연구를 발표한 로젠탈과 제이콥슨(Rosenthal & Jacobson, 1968)은 학생들이 달성하게 될 학업성취수준에 대하여 교사가 긍정적으로 예언하면 긍정적인 결과를 보이지만, 교사가 그들을 부정적으로 예언하면 그 결과 역시 부정적으로 나타난다는 것을 실증적으로 확인하였다. 특히 학생들은 자신들의 학업성취 향상에 대한 교사의 기대효과는 저학년과 하류계층 및 성적이 중간정도인 학생들에게서 더 뚜렷하게 나타난다는 사실을 밝혀냈다.

아동들에 대하여 높은 기대를 갖는 교사는 그들 반응의 강점과 약점에 대하여 세부적인 피드백을 제공하게 된다.

그림 5-35 | 교사의 학생에 대한 피드백

자료출처 : Ormrod, J. E.(2011). Educational Psychology : Developing learners. p.393.

한편, 아동기에 공포나 불안보다 더 빈번하게 발생하는 정서는 바로 분노이다. 아동기에 접어들면서 사회적 관계범위가 넓어져 그 범위가 가정에서 학교로 확대되면서, 욕구가 좌절되거나 행동에 방해를 받고, 놀림을 당하거나 꾸중을 듣는 경우가 많아지며, 다른 아동들과 불쾌한 비교를 당하거나 무시를 당할 때가 더 많아짐으로써 분노의 감정이 이전보다 더욱 빈번하게 발생하게 된다. 이와 같이 분노의 감정이 발생하는 빈도는 높아지지만 스스로 분노감정을 잘 통제하고, 보다 간접적인 방식으로 분노감정을 표현할 수 있게 된다.

그리고 아동기에는 애정을 쏟는 대상이 가족성원에서 점차 또래친구에게로 변화해 간다. 그 중에서도 이성의 친구보다는 동성의 친구에 대한 애정이 더욱 강하다. 이러한 애정의 표시로 친구가 원하는 일이면 무엇이든 해 주려 하고, 같이 있고 싶어 한다. 만약 자신의 애정을 방해하는 경쟁자가 나타나게 되면 질투감정을 강하게 느끼게 된다. 이러한 동성애 경향은 사춘기에 접어들면서 점차 이성애로 변화되며, 점점 사랑의 대상도 넓어지게 된다.

5. 청소년기

청소년기(adolescence)는 아동기에서 성인기로 전환하는 과도기이다. 우리나라의 경우 「아동복지법」에서는 아동을 18세 미만의 자로 규정하고, 「청소년기본법」에서는 청소년을 9~24세로 규정하고 있다. 그리고 19세가 되어야 투표권이 부여된다. 그리고 학술적으로도 청소년기에 대한 정확한 연령구분이 이루어지지 않고 있는 것이 현실이다. 청소년기는 일반적으로 성적 성숙이 거의 이루어지고, 주요생활의 장이 학교에서 직장이나 사회로 옮겨지고, 아동기의 의존성에서 벗어나 독립적인 정체감을 확립하는 시기로 인정되는데, 이는 적게는 18세, 또는 20세, 많게는 22세 정도에 종결되는 것으로 보고 있다. 우리나라의 경우 18세 미만을 미성년자로 규정하여 유해업소의 출입을 금지하고 있으며, 학업을 계속할 것인지, 아니면 직업을 가질 것인지에 대한 결정이 주로 고등학교를 졸업하는 18세경에 이루어진다.

이러한 청소년기에는 신체적 성숙이 급격하게 이루어지며, 부모로부터 심리적 이유(psychological weaning; 독립)에 대한 갈망과 함께 부모로부터 분리되는 것에 대한 불안감을 동시에 갖는다. 즉, 청소년은 부모로부터 분리·독립하여 자율성을 찾는 과정에서 양가감정(ambivalence; 애증과 같은 상반감정의 병존)을 갖게 된다. 한편, 이 시기에는 자아정체감이 형성되기도 하지만, 정서적 변화가 급격히 일어나는 질풍노도시기(storm and stress period) 또는 제2의 반항기이며, 사회적으로는 아직 주변인(marginal man)에 머물러 있는 특징적인 발달양상을 보인다.

1) 신체·생리발달

청소년기에는 신체 및 생리적 발달이 급격하게 이루어지는데, 청소년들은 자신의 이러한 변화에 잘 적응해 나가야 한다. 신체·생리적 측면에 있어서의 주요변화를 나열하면 다음과 같다(허혜경·김혜수, 2003).

첫째, 호르몬의 변화이다. 청소년기에는 그 어떤 시기보다도 안드로겐(androgen, 남성호르몬)과 에스트로겐(estrogen, 여성호르몬)이 왕성하게 분비되는 시기이다. 이러한 호르몬들은 청소년들의 신체·생리적 발달에 중요한 역할을 하는데, 예를 들면 남자의 경우 외부 생식기, 신장의 증가, 목소리의 변화 등, 여자의 경우는 가슴과 자궁의 발달, 골격의 변화 등 2차 성징을 나타나게 한다.

둘째, 신장과 체중의 증가이다. 청소년기는 유아기 이후 인간의 발달단계에서 가장 왕성한 신체적 발육이 일어나는 시기로서 남녀 모두 신장과 체중이 급격히 증가한다.

셋째, 성적 측면에서의 성숙이다. 1차적으로 남녀를 구분하는 1차 성징은 청소년기 이전에 부분적으로 완성되지만 청소년기에는 성인과 같은 생식능력을 갖게 될 뿐 아니라 생식과는 직접적인 관련이 없지만 남녀를 구분하는 데 중요한 요인인 2차 성징들이 발달하게 된다. 따라서 남자의 경우는 음낭이 나타나고 고환이 자라면서 체모가 나타나고 정자를 사정하게 되며, 여자의 경우는 내부의 생식기관(2개의 난소, 나팔관, 자궁, 질)이 성장하면서 월경이 시작되고 유두가 발달되고 음모가 자라게 된다.

한편, 청소년기는 신체적으로는 거의 성인과 같은 체격을 갖추고 남녀 모두가 성과 관련하여 성인의 역할이 가능하다. 이러한 신체·생리적 특성의 영향은 다음과 같다(Santrock, 1998).

첫째, 유아기나 아동기에 비해 청소년기는 자신의 신체변화에 대해 자각을 하게 되므로 자신의 신체에 대한 관심이 많다.

둘째, 자신의 신체변화와 친구들의 변화 정도를 비교함으로써 자신의 신체발달이 정상적인지 아닌지를 고민하게 되고 심지어는 신체적 열등감을 갖기도 한다. 이렇게 청소년이 자신의 신체를 어떻게 평가하는가는 청소년의 성격이나 자아존중감, 대인관계 형성에 중요한 변수로 작용한다. 예를 들어, 비만이나 작은 키는 청소년들의 가장 심각한 고민거리 중의 하나이다.

셋째, 성호르몬의 분비는 성적 욕구의 발달을 동반하며 성적 욕구는 죄의식과 충동조절의 문제를 초래한다. 청소년들이 성에 관심을 가지거나 성적 욕구를 갖는 것은 성호르몬의 분비가 왕성해지는 청소년기에 지극히 자연스런 현상이지만 상당수의 청소년들은 성적 욕구를 가지고 있는 것에 대해 심리적인 불안감이나 수치심, 죄책감 등 부정적인 정서를 가지고 있으며, 특히 성적 충동을 제대로 조절하지 못하면 임신, 근친상간, 이상성행위, 성폭행 등의 문제를 일으킬 수 있다.

2) 인지발달

청소년기에는 신체·생리적인 급격한 변화뿐만 아니라 인지적으로도 중요한 변화가 일어난다. 피아제(Piaget)에 의하면, 사춘기에 이르러 형식적 조작기(formal operation stage : 11세 이후)에 접어들게 되는데, 이는 인지능력상의 코페르니쿠스적인 변화를 의미한다. 청소년기의 인지적 특성을 형식적 조작능력을 중심으로 설명하면 다음과 같다(정옥분, 2000a; 허혜경·김혜수, 2003).

첫째, 청소년기에는 추상성(abstractness)이 발달하게 된다. 청소년기에는 추상성의 발달로 아동기의 구체적 사고를 초월하여 추상적 사고가 가능해진다. 대상의 구체적 존재 여부와 상관없이 형식논리에 의해 대상에 대해 사고를 전개할 수 있으며, 현실적으로 사실이 아니더라도 논리적으로 타당하면 받아들일 수 있다. 또한 추상적 개념을 다루게 되면서 특히 청소년 초기에 추상적 상징과 은유(metaphor)를 많이 사용하게 된다. 또한, 청소년기에는 본질적 사고가 가능해진다. 이는 정보처리에 있어 현상의 외양에 사로잡히지 않고, 직시적 사고의 수준을 넘어서게 됨을 의미한다. 그리고 청소년기에는 상위인지(meta-cognition; 초인지)도 발달한다. 청소년들은 이제 자신의 사고 과정이 어떤 특성을 갖고 있으며 어떻게 해야만 문제해결을 효율적으로 할 수 있는지에 대하여 깨닫기 시작한다. 따라서 정보처리의 효율성이 높아지고 그 전략이 보다 정교화된다. 동시에, 자신의 사고 자체를 대상화하여 이에 대해 다시 사고하는 것이 가능해지면서 자기점검(self-examination)과 성찰(introspection)에 깊은 관심을 갖게 된다. 이는 나는 누구인가에 대한 탐색에 대해 도움을 주게 되며 자아정체감의 획득을 촉진시킨다.

둘째, 청소년기에는 논리적 추리(logical reasoning)를 시도하게 된다. 청소년들은 논리적 추리능력의 발달로 가설연역적 사고(hypothetical-deductive reasoning)가 가능해진다. 구체적 현실경험에서 출발해서 일반적인 결론에 도달하는 귀납적 사고와는 달리, 가설연역적 사고는 일반적 사실에서 출발해서 특정한 결론을 도출해 내는 추리능력이다. 이러한 추리능력의 획득은 청소년기에 가설설정을 통한 if~ then~ 방식의 논리 전개가 가능해짐을 의미한다. 또한, 청소년기에는 조합적 사고(combinational thinking)가 가능하다. 조합적 사고는 모든 관련 변인들의 가능한 조합을 체계적으로 고려하면서 진위를 검증하거나 문제를 해결해내는 능력으로, 과학적 추론을 가능하게 해 주는 전형적인 사고 능력에 속한다. 이 점에서 청소년기란 과학도로서의 기본적 자질이 확고화되는 시기이기도 하다. 그리고 청소년기에는 명제간 사고(inter-propositional thinking)도 가능해진다. 명제내 사고(intra-propositional thinking)가 한 명제 내에서의 논리성에 관련된다면 명제간 사고란 둘 이상의 명제들 간의 논리적 관계성을 파악하는 사고능력을 말한다. 명제간 사고를 통해 청소년들은 사고의 폭과 깊이를 확장시켜 나가게 된다.

셋째, 청소년기에는 이상주의(idealism)가 발달하게 된다. 청소년기의 인지 발달은 청소년들로 하여금 시공간의 제약을 벗어나게 함으로써 사고의 범위는 구체적 현실을 넘어서 가능성의 영역으로까지 확장된다. 이제 청소년들은 구체적인 세상뿐만 아니라 가능한 세상에 대해서도 흥미를 갖고 꿈꾸며 자신의 미래를 설계한다. 이러한 청소년들의 사고의 내용은 어린 시절의 공상이나 환상과는 질적으로 다르다. 청소년들의 이상과 꿈은 단순히 머리 속에서 일어난 생각으로 멈추는 것이 아니라 현실 속에서 그 목소리를 내고자 한다. 특히 청소년들이 관심 있는 정치, 사회, 문화, 도덕, 이념, 종교 등의 영역에서 제 모습을 드러내고자 한다. 이는 청소년들의 억압되었던 초자아(superego)의 당당한 표현이기도 하다. 청소년들은 청소년기 특유의 양심과 자아이상(ego-ideal)에 따라 비논리적이고 위선적인 현실을 비판하며 유토피아를 이야기하고자 한다. 이상주의는 청소년들의 인지적 숙명이라고 할 수 있다.

넷째, 청소년기에는 자기중심적인 입장에서 행동하는 경향이 강하다. 엘카인드(Elkind, 1967)는 청소년기에 나타나는 자기중심성의 특징을 ① 가상관중(imaginary audience; 상상적 관중), ② 개인적 우화(personal fable)의 현상으로 설명하였다.

먼저, 가상관중(상상적 청중)이란 청소년기에 나타나는 과장된 자의식이 반영된 현상으로, 자신의 행동과 외모 등이 타인들의 집중적인 관심과 주의의 대상이 되고 있다고 생각하는 것을 말한다. 사람들이 많이 모여 있는 곳에서 실수를 했을 때 우리는 그 순간 주변사람들이 모두 자신을 주목했을 것이라고 생각하기 쉽다. 그러나 사실상 대부분의 사람들은 남의 일에 특별한 관심을 갖지 않는다. 단지 그 순간 우리는 우리 스스로가 만들어낸 가상의 관중에 둘러싸여 있었던 셈이다. 가상관중에 대한 의식은 누구에게나 조금씩 경험되는 현상이기는 하지만 특히 청소년 초기에 강하게 나타나는 사고특성으로, 이는 청소년기에 이르러 타인의 생각을 고려하는 것이 가능해졌음을 의미한다. 그러나 청소년들이 타인을 생각하게 되었다고는 하나, 아직까지 타인의 관심과 자신의 관심을 구분할 수 있는 능력은 미발달되어 있는 상태이다. 즉, 청소년들은 자신의 자아에 사로잡혀 있기 때문에 모든 사람들이 자신들과 똑같은 관심을 갖고 있다고 생각하기 쉽다. 예를 들어 청소년들은 자신이 그러하듯이 다른 사람들도 그들의 행동과 외모에 사로잡혀 있다고 믿으며, 거리에서나 버스 속에서나 다른 사람들이 자신의 행동과 외모를 주목한다고 생각하기 쉽다.

한편, 개인적 우화란 청소년이 자신을 특별한 존재로 여기는 경향을 말한다. 즉, 자신의 경험과 사고 및 감정은 너무 독특한 것이어서 다른 사람들은 그것을 제대로 이해하지 못할 것이라고 생각하거나, 자신은 특별한 사람이기 때문에 특정 위험으로부터 안전할 것이라고 생각하는 것을 지칭한다. 다시 말하면, 청소년들은 자신들이 독특하며 다른 사람들에게 적용되는 일반법칙이 자신들에게는 해당되지 않을 것이라는 믿음을 토대로, 자신들을 예외적인 존재로 생각하는 경우가 많은데, 이를 개인우화라고 한다. 개인우화 자체는 적응적 가치를 갖는 것으로, 자신의 특별함에 대한 생각은 현실생활에서의 부적응이나 불만족으로 인한 타격을 어느 정도 완화시켜 줄 수 있다는 점에서 순기능적일 수도 있다. 그러나 문제는 아동과 성인에 있어서는 개인우화가 배경적인 것인데 반해, 청소년기에는 개인우화의 특성이 정면중심부에 위치하게 된다는 점이다.

형식적 조작능력을 획득한 청소년들에게 있어서 자아란 가장 중요한 관심사이며, 따라서 개인우화적 태도가 다양한 형태로 나타나게 된다. 개인우화는 청소년들의 지나친 자기비하나 자기과장의 행동을 설명해 준다. 청소년들의 개인우화와 관련된 문제행동들은 종종 다른 사람들에게 해로운 것이기보다는 자기파괴적이라는 점에 주목해야 한다. 어린 소녀의 임신, 십대 소년소녀의 약물사용을 그 예로 들 수 있다. 이들 청소년들이 애초에 자신을 망칠 의도를 가졌기 때문에 그러한 일을 저지른 것은 아니다. 그렇다면 이들이 어떻게 하면 임신이 되는지, 왜 약물 중독이 위험한지를 몰랐던 것도 아니다. 단지 이들은 그런 일이 설마 자신에게 일어날 것이라곤 꿈에도 생각지 않았던 것이다.

예를 들어, 자신이 무대중심에 서 있다고 믿고 있는 청소년을 가정해 보자. 그는 자신을 특별하다고 느낄 것이고, 따라서 다른 사람들에게 당연히 일어나는 일이 자신에게는 해당되지 않을 것이라고 착각할 수 있다. 즉, 사고로 인한 상해나 사망, 또는 임신이 되는 것이나 약물에 의해 위험에 빠지는 것은 남의 일이지 무대중심에 있는 특별한 자신에게 감히 일어날 수 있는 일이 아니라고 믿는다. 따라서 청소년들은 이러한 잘못된 믿음 때문에 위험한 행동을 서슴없이 감행하기도 한다.

이러한 개인우화의 현상은 청소년들 자신들이 특별하기 때문에 위험으로부터 안전할 것이라는 식의 잘못된 믿음에서 기인된다는 사실을 설명해 준다. 그런 일은 남에게나 일어나는 것이지, 자신에게는 해당되지 않는다는 것이다.

다섯째, 청소년들의 생각(이론)과 행동(실제) 간에는 외견상 불일치함이 존재하는 것처럼 보이는데, 이러한 현상을 외견적 위선(apparent hypocrisy)이라고 한다. 일반적으로 위선은 개인의 말과 행동 간의 불일치성과 관련된다. 이러한 측면에서 청소년의 모습은 언뜻 매우 위선적일 수 있다. 예를 들어, 한 학생이 선생님의 연구실에서는 책을 소중히 다루면서 동생 방에서는 함부로 책을 다룬다면 위선적이 아니겠는가? 일반적으로 위선적 행동이라고 할 때 우리는 그 당사자가 이론(생각)과 실제 행동을 관련지을 수 있는 능력이 있다는 것을 전제로 하게 된다. 그러나 청소년 초기에는 원리를 형성하는 능력은 생겼으나 특정한 실례와 즉각적으로 연결되는 데는 아직 문제가 있다. 그 결과, 이론(앎, 지식)과 행동 간에 차이가 생기고, 이는 표면적으로는 위선적 행동으로 보이게 된다. 그러나 청소년기의 위선은 성인의 위선과는 달리, 의도적이지도 않을 뿐만 아니라, 정교화되지 못한 인지능력 때문에 일어난다. 즉, 청소년들은 추상적인 행동규칙은 개념화시킬 수 있지만, 이를 구체적인 행동으로 연결시키는 데 있어서 아직 경험이 부족한 것이다. 외부로 드러난 청소년들의 문제행동 자체는 자칫 성인들에게 이기적이거나 위선적인 것으로 오해받을 수 있지만, 이같은 외견적 위선은 청소년의 도덕성 결여 때문이 아니라 미성숙에 기인된 것이다.

외견적 위선은 개인수준에서 뿐만 아니라 집단수준에서도 관찰될 수 있다. 실례로 환경오염을 추방하자는 청소년 집회 후에 쓰레기 더미가 쌓이는 모순이 발생한다. 그렇다면 청소년들은 위선자들인가? 청소년들은 자신들이 생각하는바 높은 도덕원리와 이상을 표현하고 주장하는 데는 열정을 쏟아 붓지만,

이를 구체적으로 실천하는 데는 큰 관심을 기울이지 않는다. 청소년들에게서는 이상을 표현하는 것 그 자체가 중요한 일인 것이다. 청소년들의 이러한 모습은 성인들의 기준에서 보면 책임을 다하지 못하는 비현실주의자로 비칠 수 있다. 그러나 청소년들의 입장은 다르다. 이상이란 그것을 위해 노력하는 것이지 일시에 도달되는 것은 아니라고 생각하는 성인들의 현실주의야말로 젊은이들에겐 오히려 위선적인 계산주의자의 모습으로 비칠 수 있다. 여기에 '세대차'의 문제가 제기되며, 청소년의 이상주의와 성인의 실용주의가 충돌그서 세대격차가 생겨나게 된다. 그러나 이상주의나 실용주의나 모두가 건전한 삶의 한 양식임을 인정한다면 갈등은 오히려 변화를 위한 밑거름일 수 있다. 어른들은 청소년들의 외견적 위선을 비난하기에 앞서 그 이면에 놓여 있는 이상주의를 귀중히 여겨야 한다. 마찬가지로 청소년들도 자신들이 주장하는바 이상에 가까이 가기 위해서는 실천적으로 노력해야 함을 배워가야 할 것이다.

여섯째, 청소년들은 어느 정도 똑똑함에도 불구하고 어리석은 존재처럼 인식되는데, 이러한 현상을 의사우매성(pseudostupidity)이라고 한다. 사람들은 종종 실제 상황에서 요구되고 있는 이상으로 복잡하게 생각하고 반응하는 경향이 있다. 예를 들어, 아이가 단순히 질문지의 성별란 답하기 위해 '성이 무엇이에요?'라고 물었는데 당황한 부모가 동물의 예를 들어가며 '성'에 대해 상세한 설명을 해 줌으로써 아이를 어리둥절하게 만드는 경우가 있다. 이와 같은 식으로 상황을 보다 복잡하게 해석하려는 경향성은 청소년들에게서 더욱 빈번하게 나타난다. 공부할 때도 청소년들은 종종 복잡한 수준에서 접근하곤 하는데, 이는 과제 자체가 어렵기 때문이 아니라 과제해결 시에 새로 습득한 자신의 인지능력을 지나치게 적용하기 때문이다. 이같은 현상은 그들이 실제 어리석기보다는 똑똑함에도 불구하고 해결방안들을 생각해 내는 능력과 그 대안들 간의 우선순위를 가리고 그 중 최선의 대안을 선택하는 능력 내지는 순발력이 떨어져 결과적으로 어리석게 보이는 것으로 설명될 수 있다.

일곱째, 청소년기의 도덕적 사고와 행동은 아동기와는 질적으로 다른데, 이는 그들의 인지적 성숙과 사회환경에 의해 크게 영향을 받는다. 청소년기 도덕성발달의 주된 특성으로는 콜버그(Kohlberg, 1976)의 '도덕성 퇴행'과 '도덕적 상대주의', 길리간(Gilligan, 1977)의 '대인지향적 도덕성' 등을 들 수 있다.

먼저, '도덕성 퇴행'이란 청소년기의 최고과업인 자아정체감(ego-identity)의

혼미로 인하여 청소년들이 사회적 규범과 법률을 절대적 도덕률로 받아들이고 이를 준수하던 단계(4단계)에서 사회적 구속을 벗어나기 위하여 규범을 배척하는 단계(2단계)로 퇴행하게 되는 것을 말한다. 특히, 콜버그는 이것이 구조적인 후퇴가 아니라 더욱 고단계의 도덕수준으로 발전해 나가기 위한 이행과정이라고 해석하였다. 그리고 '도덕적 상대주의'란 모든 사람들이 준수해야 할 객관적이며 보편타당한 도덕률을 부정하고 개인적이며 주관적인 관점에서 도덕성을 판단하는 것을 의미한다. 끝으로, '대인지향적 도덕성'이란 인간관계에서 보살핌, 책임, 애착, 희생 등을 강조하는 것을 말하는데, 청소년기는 자기 이익지향보다는 타인을 배려하고 책임지려는 이타적인 부분이 크게 발달한다.

여덟째, 청소년기에는 사회현상에 대한 이해력이 발달하고, 사회적 조망능력이 향상됨으로써 자신들이 경험하지 않더라도 타인의 감정이나 느낌을 정확하게 파악하게 되고, 더 나아가 상대방의 감정이나 느낌을 그대로 느끼기도 한다. 따라서 청소년기에는 타인에 대한 감정이입적 이해(공감; empathy)가 더욱 가능하여 사회적 상호작용이 활발하게 이루어질 수 있다.

3) 자아정체감발달

청소년기의 가장 중요한 발달과업은 자아정체감(ego-identity)을 성취하는 일이다. 물론 자아정체감은 전 생애를 거쳐 획득되는 발달과업이지만, 그것은 특히 청소년기에 확립되어야 할 중요한 과업이라고 할 수 있다. 인간의 성장·발달과정에서 보면, 대체로 아동기까지는 자기 자신에 대해 별로 심각한 의문이나 불만을 갖지 않으나, 청소년기에 접어들게 되면 이전까지는 문제를 삼지 않았던 일에 대해 새로운 의미를 부여하며, 여러 고민과 갈등을 겪게 된다. 이때 나타나는 고민과 갈등은 대개 자기 자신의 문제와 관련된다. 즉, 사춘기로부터 시작되는 청소년기에는 "나는 누구이며, 어떤 사람이 될 것인가?", "나는 무엇을 해야 하는가?", "나는 어떤 사람이 되고 싶은가?" 등의 질문을 스스로에게 던지면서 곰곰이 자신을 되돌아보게 되는데, 이러한 물음에 대한 개인적 응답은 곧 자아정체감의 문제와 직결된다. 그러나 현대사회의 급격한 변화, 즉 가족형태와 기능의 변화, 입시위주 학교교육의 현실, 급격한 산업화에 따른 물질주의의 팽배 등은 청소년들로 하여금 성공적인 자아정체감을 정립하게 하는 데 어려움을 주고 있다(오만록, 1995).

청소년기에 대해 올포트(Allport, 1961)는 '자아에 대한 새로운 탐색기'(age of renewed exploration)라고 규정하였으며, 에릭슨(Erikson, 1968)은 '자아정체감을 정립하는 결정적 시기'라고 주장하였다. 특히, 에릭슨은 성격발달의 심리사회적 관점에서 개인의 자아정체감은 사회적 상호작용, 특히 가정에서부터 점차 확대되어 가는 사회적 대인관계를 통하여 점차 형성되어 가는 것으로 보았다. 그는 자아정체감을 자기에 대한 독특성, 안정성(불변성), 일관성을 나타내는 개념으로서, 개인적 동일성에 대한 의식적 지각(conscious sense of individual identity)이라고 규정하였다. 즉 자아정체감은 개인적 독특성에 대해 비교적 안정된 느낌을 갖는 것으로서, 행동·사고·감정의 변화에도 불구하고 자신에 대하여 갖는 일관적인 신념이라고 정의하였다.

청소년들은 논리적이고 추상적인 사고가 발달함에 따라 '자신이 누구인가'라는 근원적인 의문을 갖고, 자신과 자신을 둘러싼 환경과의 상호작용을 통해 자신의 자아정체감을 찾기 시작한다. 이러한 자아정체감이 잘 정립되면 자신은 물론, 타인에게 신뢰감을 주고 정신적 안정감을 이루며, 삶의 가치를 명료화하게 표현하게 된다. 이러한 자아정체감은 개인의 과거에 대한 역할상인 동시에, 현재에 의미를 부여하고 미래의 행동에 지대한 영향을 미치게 된다.

그러나 정체감 형성에 따른 위기를 극복하지 못하는 경우에는 자신을 있는 그대로 수용하지 못하고 미래의 전망에 대하여 불안해하며, 이에 대처할 자신의 잠재력에 자신을 갖지 못하게 된다. 이에 자신에게 부과되는 역할로부터 도피하거나 때로는 반발함으로써 자신의 갈등을 해소하려 한다.

(1) 청소년기에 자아정체감 위기가 나타나는 이유

자아정체감의 형성은 청소년기부터 시작되는 것도 아니고, 청소년기에 완성되는 것도 아니다. 자아정체감은 일생을 통해 계속적으로 형성된다. 그렇다면 왜 청소년기에 자아정체감의 확립이 큰 문제로 대두되는 이유는 어디에 있는가? 서봉연(1996)은 그 이유를 다음과 같이 네 가지로 밝혔다.

첫째, 사춘기 동안의 급격한 신체적·생리적 변화와 성적 성숙에서 찾을 수 있다. 청소년들은 급격한 신체적·생리적 변화로 인해 자의식이 강해지고, 성적 성숙으로 말미암아 신체 내부에서 여러 충동들이 일어나게 된다. 특히, 일찍이 경험해 본 일이 없는 성적 충동은 청소년들이 대처해야 할 가장 중요한 문제 중의 하나이다. 사춘기 동안의 생리적·내분비적 기능의 변화로 말미암아 본능적 욕구인 원아(原我; id)가 강해지게 되는데, 이때 자아(自我; ego)는 초자아(超自我; superego)와 원아 간의 균형이 이루어질 수 있도록 그 기능을 다하기 위해서는 힘이 보다 강화되어야 한다. 즉, 힘이 있는 자아(strong ego)를 갖추어야 한다. 이렇기 때문에 청소년들은 필연적으로 자아정체감의 문제에 직면하게 되는 것이다.

둘째, 청소년기는 아동기에서 성인기로 옮겨가는 과도기로서, 청소년들은 부모의 도움을 절대적으로 받아야 하는 아동도 아니고, 스스로의 힘으로 생활할 수 있는 성인도 아닌 어중간한 상태에 있다. 청소년기는 신체적으로 거의 성인의 조건을 갖추어가고 있지만, 정서적인 성숙과 경제적 자립은 아직 이루어지지 못한 상태에 있다. 그럼에도 불구하고 점차 자율적인 행동을 수행해야 하고, 그에 대하여 스스로 책임을 져야 한다. 청소년들은 이러한 상황에서 자신의 위치를 되돌아보고, 적절한 역할을 수행하는 데 필요한 조건들을 갖추어 나가는 과정에서 자아정체감의 문제에 직면하게 된다.

셋째, 청소년기는 생애에 있어 매우 중요한 선택과 결정이 필요한 시기이다. 청소년들은 학업문제, 진로문제, 교우관계 및 이성문제 등의 다양한 문제들을 잘 해결하기 위하여 합리적인 선택과 결정을 내릴 필요가 있다. 이전처럼 부모나 주위 어른들에게 전적으로 의존할 수 없는 청소년들은 스스로 이러한 선택과 결정을 하기 위해 여러 가능성을 점검하고, 자기 자신을 깊게 탐색할 필요가 있다. 이러한 과정에서 청소년들은 자연스럽게 자아정체감 문제에 직면하게 된다.

넷째, 청소년기에는 인지능력이 현저한 발달을 보인다. 청소년들은 구체적인 사고수준에서 벗어나 점차 추상적인 사고수준에 도달하게 된다. 그럼으로써 청소년들의 사고활동은 현실적인 구속에서 벗어나 가능성의 세계로 확대되어 간다. 청소년들의 시간조망 또한 현재에 국한되지 않고, 자신의 과거로부터 출발하여 현재와 미래로 확장되어 나간다. 청소년들의 인지능력의 발달은 자신의 현재 위치와 특성, 역할수행, 능력계발 등을 검토하는 등의 자신의 탐색에 지대한 영향을 미치게 된다. 이러한 자기탐색은 곧 자아정체감 문제와 직결되게 된다.

(2) 자아정체감 이론

① 에릭슨(Erikson)의 자아정체감이론

에릭슨(Erikson, 1968)은 제4장(발달의 영역)의 '성격발달'에서 이미 언급한 바와 같이 인간의 심리사회적 성격발달을 여덟 단계로 나누고, 각 발달단계에서 형성되는 긍정적 특질과 부정적 특질을 대비적으로 제시하였다. 즉, ① 영아기 : 신뢰감 대 불신감(희망 : 위축), ② 유아기 전반 : 자율성 대 수치 및 회의감(의지 : 강박), ③ 유아기 후반 : 주도성 대 죄책감(목적의식 : 억제), ④ 아동기 : 근면성 대 열등감(유능감 : 무력감), ⑤ 청소년기 : 정체감 대 정체감 혼동(충실성 : 거절), ⑥ 성인초기 : 친밀감 대 고립감(사랑 : 배척), ⑦ 성인중기 : 생산성 대 침체감(배려 : 거부), ⑧ 성인후기 : 통합감 또는 절망감(지혜 : 경멸)을 형성시켜 나간다고 주장하였다(p.224 [표 4-12] 참조).

에릭슨은 일생에 있어 여덟 단계 중 첫 번째 단계와 다섯 번째 단계가 상당한 중요성을 가진다고 보았다. 그리고 각 단계마다 심리사회적 위기의 극복은 각기 긍정적인 또는 부정적인 해결의 방향이 존재하는데, 이는 성격발달에는 항상 양면성이 존재할 수 있음을 시사한다. 심리적 건강은 바로 각 단계에서 직면하게 되는 심리사회적 위기를 적극적으로 해결함으로써 얻어질 수 있다.

에릭슨은 모든 발달단계에서 각각의 심리사회적 위기를 겪게 되지만, 특히 청소년기에 접어들면서 직면하게 되는 위기를 잘 극복해야 한다고 역설하였는데, 이러한 위기를 '자아정체감 대 정체감 혼동'이라는 단계로 개념화하였다. 청소년기의 이러한 위기는 새로운 '자아', 즉 '자신에 대한 의식'을 토대로 모든 경험과정을 재통합해 가는 과정이라고 할 수 있다.

[그림 5-36]에서 대각선은 심리사회적 성격발달의 여덟 단계를 표시하고 있고, 수직선은 청소년기의 정체감 위기에 앞서 이전의 네 단계가 어떤 영향을 미치는가를 보여주고 있다(① 신뢰감 대 불신감 → 상호인지 대 자폐적 고립, ② 자율성 대 수치 및 회의감 → 의지·결의 대 회의감, ③ 주도성 대 죄책감 → 역할기대 대 역할금지, ④ 근면성 대 열등감 → 과업동일시 대 무력감). 한편, 수평선은 청소년기의 정체감 위기 그 자체의 여러 가지 측면(부분위기)을 나타내고 있는데, 이는 청소년기 이전에 극복해야 했던 네 가지 위기(① 시간전망 대 시간혼미, ② 자기확신 대 자의식, ③ 역할실험 대 역할고착, ④ 도제(견습) 대 활동불능)가 청소년기에 재출현하고, 여기에 성인기의 다른 세 가지

위기(⑤ 성의 양극화 대 양성혼미, ⑥ 지도성과 복종 대 권위혼미, ⑦ 이념정립 대 가치혼동)가 합해짐을 나타내고 있다.

	1	2	3	4	5	6	7	8
Ⅷ								통합감 대 절망감
Ⅶ							생산성 대 침체성	
Ⅵ						친밀감 대 고립감		
Ⅴ	시간전망 대 시간혼미	자기확신 대 자 의 식	역할실험 대 역할고착	도제(견습) 대 활동불능	자아정체감 대 정체감 혼동	성의 양극화 대 양성혼미	지도성과 복종 대 권위혼미	이념정립 대 가치혼동
Ⅳ				근면성 대 열등감	과업동일시 대 무 력 감			
Ⅲ			주도성 대 죄책감		역할기대 대 역할금지			
Ⅱ		자율성 대 수치 및 회의감			의지·결의 대 회 의 감			
Ⅰ	기본적 신뢰감 대 불신감				상호인지 대 자폐적고립			

그림 5-36 | 심리사회적 성격발달 8단계와 청년기의 발달과업 및 부분위기

자료출처 : 오만록(1995). 청년기의 자아정체감 정립. p.135.

따라서 청소년기에 극복해야 할 주된 위기인 '자아정체감 대 정체감 혼동'의 극복은 바로 이 일곱 가지의 부분위기(part conflict; 하위위기)를 성공적으로 해결하느냐와 직결된다. 다시 말하면, 청소년기에 있어 확고한 자아정체감의 성취(확립)는 일곱 가지의 부분위기에 대한 성공적인 극복 여부에 달려 있다.

첫째, 시간전망 대 시간혼미(time perspective vs. time confusion)이다. 자신의 과거를 인정하고 미래에 대해 숙고하는 것이 시간전망인데, 청소년기는 이를 성취하여야 한다. 그러나 과거와 미래를 조정함에 있어서 수많은 기억과 기대 및 가능성으로 인해 시간혼미가 나타날 수 있다.

둘째, 자기확신 대 자의식(self-certainty vs. self-consciousness)이다. 젊은이는 그의 지나온 과거가 의미 있고, 앞으로 그가 뜻한 바를 이룰 충분한 기회가 있다고 믿어야 하는데, 그의 인생이 상당히 희망적이라는 스스로의 믿음이 바로 자기확신이다. 이러한 자기확신은 자기반성을 통해서 이루어지는데, 자기반성과정에서 자신의 능력결여가 인식될 때 자의식이 나타나게 된다.

셋째, 역할실험 대 역할고착(role experimentation vs. role fixation)이다. 청소년들은 어린이보다 훨씬 더 복잡한 세계에 살고, 따라서 보다 많은 가능성을 상정하면서 올바른 선택을 해야 한다. 여기에서는 가능한 모든 선택대안에 대해 평가하고, 그리고 많은 역할들을 실험해 보는 것이 바람직한데, 이것이 역할실험이다. 반면, 너무 많은 가능성과 선택에 당황하거나 대안을 다 실험해 보지 못하면 역할고착을 경험하게 된다.

넷째, 도제(徒弟; 견습) 대 활동불능(apprenticeship vs. work paralysis)이다. 청소년기의 가장 중요한 선택은 직업과 관련된 것이다. 앞으로 갖게 될 직업은 젊은이의 정체감의 중요한 요소가 된다. 따라서 하나의 직업을 선택하기 전에 도제기간을 통하여 필요한 기능을 갖추는 것이 바람직하다. 모든 청소년들이 결국은 어떤 직업이든 선택하게 되겠지만, 열등감을 가지고 자신은 어떤 직업에도 적합하지 않다고 생각하게 되면 활동불능을 경험하게 된다.

다섯째, 성의 양극화 대 양성혼미(sexual polarization vs. bisexual confusion)이다. 청소년기에는 특히 남자와 여자의 역할에 대한 명확한 인식이 필요한데, 성의 양극화 정도는 문화권에 따라 다르다. 요즘과 같은 후기산업사회에서는 양성성(androgyny)을 갖출 필요가 있다. 자신의 '남성성' 또는 '여성성'에 대한 확신감은 확고한 정체감을 형성하는 데 분명한 도움을 준다. 그러나 자신의 '남성성' 또는 '여성성'에 대한 충분한 인식과 확신을 가지면서, 아울러 반대 성적 특성을 충분히 갖추는 것도 필요하다.

청소년들은 남성과 여성의 유사점과 차이점을 인식하는 과정에서 양성혼미를 경험할 수도 있다. 그 결과로, 자신에 대해 확신을 갖지 못하는 경우도 있다. 흔히 양성혼미는 두 가지로 표현되는데, 어떤 사람은 일찍 육체적 쾌락에 빠져들고, 어떤 사람은 이와는 반대로 성적인 것은 모두 피하고 예술적이고 지적인 활동에만 몰입하는 경우이다.

여섯째, 지도성과 복종 대 권위혼미(leadership and followership vs. authority confusion)이다. 사람들 중에는 집단과 함께 일할 수 없는 사람 또는 반드시 지도자가 되어야만 하는 사람이 있으나, 지도자로서의 책임을 가짐과 동시에 복종자(수행자)로서의 자세도 배워야 한다. 사회접촉의 범위가 넓어짐에 따라 충성의무가 다양해진다. 즉 국가, 부모, 고용인, 애인, 친구 등은 각기 다른 요구를 하게 되는데, 이들에 대한 충성의무는 다양하다. 그 결과로 권위혼미를 경험할지도 모른다. 이러한 혼란을 해결하기 위해서는 다양한 가치와 자신의 가치를 비교하고, 개인적인 신념을 형성해야 한다.

일곱째, 이념정립 대 가치혼동(ideological commitment vs. confusion of values)이다. 젊은이는 자신의 목표가 사회에서 의미가 있고, 사회 또한 그의 목표를 인정해 주고, 나아가서 필요한 지지를 제공해 줄 것이라는 이념을 정립해야 한다.

② 마샤(Marcia)의 자아정체감이론

마샤(Marcia, 1980)는 청소년기를 개인적·직업적·이념적 목표 등을 달성하기 위하여 적극 노력하는 시기라고 전제한 에릭슨의 견해를 토대로, 자아정체감을 형성하는 데 필요한 차원으로서 '위기'(crisis)와 '관여'(commitment; 전념, 개입, 헌신, 책임)라는 두 가지 개념을 상정하였다. 그는 이러한 두 차원의 성취 여부에 따라 자아정체감의 수준이 네 수준으로 분류될 수 있다고 주장하였다([그림 5-37]).

위 기 (crisis)		관 여(commitment; 헌신, 책임)	
		없 음	있 음
	없 음	정체감 혼동 (identity confusion)	정체감 유실 (identity foreclosure)
	있 음	정체감 유예 (identity moratorium)	정체감 성취 (identity achievement)

그림 5-37 | 마샤(Marcia)가 분류한 자아정체감의 네 수준

자료출처 : Santrock, J. W.(2008). Educational Psychology. p.98.

먼저, '위기'는 자신이 누구이며, 자신이 믿고 가치가 있다고 여기는 것은 무엇이고, 자신이 무엇이 되길 원하며, 원하는 사람이 되기 위해서는 어떤 노력들을 해야 하는가 등의 문제사태에 직면하여 그 해결방안을 능동적으로 탐색하면서, 번민하는 것을 지칭한다. 그리고 '관여'는 전념, 개입, 헌신, 책임 등의 의미를 다양하게 내포하고 있는데, 이는 위기과정을 통해 확인된 문제들을 해결하기 위한 방안들을 실행하기 위하여 자신의 모든 역량을 동원하여 적극적으로 노력하고 헌신하는 상태를 말한다. [그림 5-37]에서 볼 때 자아정체감의 바람직한 발달방향은 정체감 혼동에서 시작하여 정체감 유예를 거쳐서 정체감 성취에 이르는 것이라고 할 수 있다.

첫째, 정체감 혼동은 '위기'와 '관여' 모두를 아직 경험하지 않은 상태를 말한다, 이는 아직 신념체계나 직업선택에 대한 심사숙고가 없어 어떤 위기감도 느끼지 못했을 뿐만 아니라, 삶에 대한 주체의식도 아직 확립하지 못한 상태를 말한다. 즉 자신의 인생목표를 정하지 못하고 있을 뿐만 아니라, 달성하고자 하는 노력의 시도도 결여되어 있는 상태이다. 이러한 상태가 지속되면 사고과정이 비조직화되고, 대상관계가 혼란스러운 양상을 나타내게 된다.

둘째, 정체감 유실(정체감 폐쇄)은 위기는 경험하지 않았으나, 관여는 이루어지고 있는 상태를 말한다. 이는 자신의 삶에 대한 성찰이나 각성이 없는 상태에서 주위 사람들(부모나 교사 등)의 일방적인 권유에 따라 섣부른 인생목표를 설정하고, 그것을 위해 맹목적으로 노력하는 것을 말한다. 이러한 청소년은 부모의 기대나 기존의 사회적 가치를 무비판적으로 수용함으로써 위기사태를 회피한 채 나름의 노력를 시도한다. 이러한 청소년들은 겉으로는 자아정체감을 확립한 것 같으나, 그것이 진정으로 자신에게 적합한 것인지를 자율적으로 결정한 것은 아니다. 따라서 정체감 유실의 상태는 외적 상황이 바뀌거나, 외부로부터 압력이나 충격이 오게 되면 외견상 유지되던 정체감은 쉽게 붕괴될 위험성을 내포하고 있다.

셋째, 정체감 유예는 자신의 현실과 정체감에 대하여 고민하여 나름의 인생목표는 설정하였으나, 아주 막연하게 방향을 찾기 시작하거나 그 달성을 위한 실질적인 노력을 아직 실행하지 않고 보류하고 있는 상태를 말한다. 이러한 청소년은 위기과정을 통하여 어느 정도 자신의 정체체성을 확립하였으나, 자신의 문제해결에 필요한 실제적인 관여활동을 아직 동원하지 않은 상태에 있다. 이들은 일종의 역할실험(role experimentation)을 하고 있는 상태이므로 불안정한 상태나 갈등상태에 놓이기도 한다. 현대사회에 들어서 청소년기가 연장됨으로써 이러한 유예상태가 길어지고 있다.

넷째, 정체감 성취는 위기와 관여가 모두 달성된 상태로서, 청소년 자신이 직접 위기를 성공적으로 극복하여 확고한 신념체계를 바탕으로 인생목표를 설정하고, 이의 성취를 위해 적극적으로 노력하는 것을 말한다. 이러한 상태에 있는 청소년들은 모든 측면에서 안정적인 발달을 이루며, 자기확신감을 토대로 자기주도적인 활동들을 적극적으로 펼쳐 나가게 된다.

마샤는 이와 같은 자아정체감의 네 수준의 발달에 일정한 순서가 있는 것은 아니지만, 이 중 정체감 유예의 상태를 거치지 않은 청소년은 정체감을 성취하였다 하더라도 어떤 위기에 직면하거나 압력에 부딪히게 되면 혼란상태에 빠지기도 한다고 주장하였다.

(3) 성 정체감과 직업 정체감

지금까지 논의한 청소년기의 주된 발달과업인 '자아정체감'의 성취는 내용면에서 보면 크게 '성 정체감'(gender identity)의 확립과 '직업 정체감'(job identity)의 확립으로 구분하여 논의할 수 있다.

① 성 정체감(gender identity)의 확립

청소년기에는 발달의 특성상 성 정체감, 즉 성역할 정체감(gender role identity)의 확립이 필히 이루어져야 한다. 성(性)이란 용어는 다양한 의미를 가지는데, 그 대표적인 의미는 세 가지로 구분할 수 있다(Doyle & Paludi, 1995).

첫째, 성은 생물학적 성(sex)의 의미로 파악되는데, 이는 생식기의 구조를 포함한 개인의 생물적 측면에 중점을 둔 개념이다. 이러한 생물학적 기제(biological mechanism)의 차원에서 사람을 분류하면 남성(male)과 여성(female)으로 나누어진다.

둘째, 성은 사회심리적 성(gender; 사회문화적 성)의 의미를 갖기도 하는데, 이는 사회적·문화적·심리적 측면에 중점을 둔 개념이다. 이러한 사회심리적 성의 차원에서 사람을 분류하면 ① 남성성이 강한 사람, ② 여성성이 강한 사람, ③ 남성성/여성성 모두 강한 사람(양성적인 인간), ④ 남성성/여성성 모두 낮은 사람(양성 혼미)으로 분류할 수 있다.

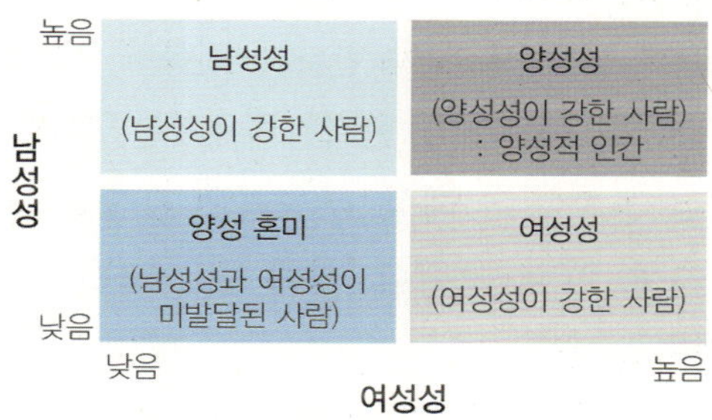

그림 5-38 | 사회심리적 성의 4가지 범주

셋째, 성은 성성(性性; sexuality)의 의미를 갖기도 하는데, 이는 포괄적인 성적 정체성으로서 성적 매력과 성적 욕망 등을 불러일으키는 성적인 특성들(sexual characteristics)을 총칭한다. 흔히 섹슈얼리티(sexuality)라는 용어는 단순히 성욕(sexual drive)이나 성애(性愛)로 번역되기도 하지만, 이는 본래의 의미를 정확하게 표현해 주지 못하고 제한된 의미만을 부여한다. 따라서 '섹슈얼리티'란 인간의 성행동은 물론이고, 개인이 갖는 성에 대한 환상, 꿈, 행동, 태도, 사고, 감정, 가치관, 신념, 이해뿐만 아니라 개인의 존재의미 등을 포함한 포괄적인 의미로 파악해야 한다. 개인의 섹슈얼리티는 살아가면서 외부적 환경으로부터 영향을 받기 때문에 '사회심리적 성'과 상당한 관계를 가지며, 또한 개인의 행동변화에 지대한 영향을 미치기 때문에 오히려 성적인 성격(sexual personality)이라고도 표현할 수 있다. 이러한 맥락에서 섹슈얼리티는 전성(全性)으로 번역되기도 한다.

성 정체감의 발달은 유아기부터 형성되기 시작하는데, 성에 따라 성 정체감의 발달은 서로 다르게 이루어진다. 먼저, 남성의 경우 특히 아동기에는 신체적 힘과 공격성, 정서표현의 억제 등과 같은 전통사회의 남성다움과 동일시하려 하지만, 청소년기부터는 경제적 성취, 정서적 통제와 정서적 민감성의 겸비, 자기주장능력 등과 같은 현대사회의 남성다움과 동일시하여야 하므로 성 정체감 형성에 있어서 많은 갈등과 긴장을 경험한다. 반면, 여성의 경우는 아동기에는 성과 관련된 제약을 적게 받지만, 청소년기에 이르게 되면 엄격한 성역할을 강요당한다. 그리고 청년기가 되면 전통적 여성상인 현모양처와 현대적 여성상인 유능한 여성이라는 두 가지 성역할 사이에서 갈등과 긴장을 경험한다.

현대사회에서는 남성은 '도구적 특성'을 갖추어 남성다워야 하고, 여성은 '표현적 특성'을 갖추어 여성스러워야 한다는 전통적 성역할기대에 많은 변화가 나타나고 있어 남녀를 불문하고 현대사회에서는 전통적으로 여성의 고유한 특성으로 간주되는 온화함, 이해심, 부드러운 감정표현뿐만 아니라 남성의 특성으로 간주되는 지성, 야망, 모험심, 성취 등을 고루 갖추는 것이 바람직하다는 주장이 우세해지고 있다.

벰(Bem, 1974)에 의하면, 남성다움과 여성다움은 연속선상의 개념이라기보다는 별개적인 차원으로, 여성과 연합된 사회적 규범(온화함, 양육성 등)을 동일시하는 사람은 여성적 정체감을 가진 것으로 간주되며, 남성과 연합된 사회적 규범(공격성, 독립성 등)을 동일시하는 사람은 남성적 정체감을 가진 것으로 간주된다. 전통적으로 성역할 정체감은 '남성적'(masculine) 혹은 '여성적'(feminine)의 2개 개념으로 양분되며, 모든 남성은 남성적 정체감을, 그리고 모든 여성은 여성적 정체감을 발달시켜야 하는 것으로 기대된다. 따라서 사회가 기대하는 성역할을 동일시하지 못하거나, 이성의 성역할을 동일시하는 사람은 그 수가 적을 뿐만 아니라 심리적 문제를 가진 사람으로 간주된다.

그러나 최근에 와서 남성은 '남성적'이어야 하고, 여성은 '여성적'이어야 한다는 전통적 견해에 대한 의문이 제기되었다. 그 이유는 자신의 성역할 규준에 일치하지 않는 행동을 하는 사람의 수가 상당히 많아졌을 뿐만 아니라, 남성과 여성 모두에게 있어서 전통적 성역할 기대에 대한 강한 동일시는 부정적인 심리결과를 초래한다는 증거가 제시되고 있기 때문이다. 예를 들면, 대단히 여성적인 여성들은 높은 불안수준과 낮은 자아존중감 및 낮은 자아수용의 경향을 지니고 있고, 지극히 남성적인 남성들은 청소년기 동안에는 비교적 잘 적응할 수 있으나, 성인이 되면 높은 불안수준과 신경증적 경향 및 낮은 자아수용의 특징을 나타낸다. 또한, 지적 발달의 유능성은 여성이 소유한 남성성과 남성이 소유한 여성성의 정도와 높은 상관이 있는 것으로 밝혀졌는데, 일반적으로 강한 남성성향을 갖는 소년과 강한 여성성향을 지닌 소녀들은 일반지능이 낮았고 공간지각능력도 저조하였으며 호기심도 부족하였다(Bem, 1974).

이러한 관점에 의해 현대사회에 들어서 새로운 성역할 개념으로서 양성성(androgyny)의 개념이 중요하게 인식되기 시작하였다. 양성성이란 심리사회적으로 남성적인 특성과 여성적인 특성을 함께 갖추고 있는 것을 말한다. 이러한 개념에 따르면 소녀나 여성은 정서적이고 온화하며 이해심 많고 그리고 부드러운 감정을 표현하는 능력을 지니고 있는 동시에, 독립적이고 운동을 좋아하며 모험적·지적·자기신뢰적·야망적인 특성을 갖추어야 한다. 또한, 소년이나 남성들도 유사하게 정서적이고 온화하며 이해심이 깊은 등의 여성적 특성을 소유하고 있을 뿐만 아니라 전통적 남성특성을 갖출 필요가 있다. 특히 요즘과 같은 후기산업사회에서는 전통적인 성역할 행동의 습득만으로 원만한 사회생활을 영위하기 매우 어려우므로 남자와 여자 모두 양성적 성역할 행동을 습득할 필요가 있다. 양성성을 고루 갖춘 사람들은 매사에 적극적이며 관심분야가 넓고, 자아존중감도 더 높다.

스펜스 등(Spence et al., 1975)은 남녀 대학생들의 성역할지각과 자아존중감 간의 관계를 연구하였는데, 남녀학생들을 자신의 성과 관련된 특성에 관한 자기 평정(self-ratings)에 의한 성역할지각을 근거로 하여 네 집단으로 분류하였다.

집단 1 : 자신이 남성적이라든가, 여성적이라든가를 명확하게 평정하지 못하는 남녀학생집단(미분화 남녀학생집단)

집단 2 : 남성적 특성은 약하나 여성적 특성이 강한 여성적인 남학생집단과, 남성적 특성은 약하고 여성적 특성이 강한 전통적인 여학생집단

집단 3 : 남성적 특성은 강하나 여성적 특성이 약한 전통적인 남학생집단과, 남성적 특성은 강하고 여성적 특성이 약한 남성적인 여학생집단

집단 4 : 남성적 특성과 여성적 특성이 모두 강하다고 평정한 양성적인 남녀학생집단

그리고 자아존중감을 측정하는 척도를 활용하여 각 집단의 '자아존중감'의 점수를 산출하였는데, 이를 정리하여 제시하면 [표 5-2]와 같다. 여기에서 확인할 수 있는 바와 같이, <집단 4>에 소속한 남녀학생들의 자아존중감 점수가 가장 높고, 그 다음이 <집단 3>, <집단 2>, <집단 1>의 순이었다. 즉, 양성적인 남녀학생들은 다른 상태의 학생들보다 자아존중감 점수가 더 높은 것으로 확인되었는데, 이들은 적응능력도 더 우수한 것으로 확인되었다.

표 5-2 네 범주의 성역할지각과 자아존중감 간의 관계

성역할 지각 범주	성 별	명 칭	비율(%)	자아존중감 점수
<집단 1> 남성성향 : 저	남	미분화 남학생	31	67
여성성향 : 저	여	미분화 여학생	21	70
<집단 2> 남성성향 : 저	남	여성적인 남학생	13	75
여성성향 : 고	여	전통적인 여학생	39	75
<집단 3> 남성성향 : 고	남	전통적인 남학생	27	87
여성성향 : 저	여	남성적인 여학생	11	92
<집단 4> 남성성향 : 고	남	양성적인 남학생	30	94
여성성향 : 고	여	양성적인 여학생	30	99

그런데 양성적 성역할의 발달에는 생물학적 요인보다는 사회환경적인 요인이 더 많은 영향을 미치는 것으로 확인되었다. 특히, 이 중에서도 ① 부모의

양육태도와 직업의 유무 등의 가정요인, ② 교사의 인간관과 교육활동을 포함한 학교요인, ③ 매스컴을 포함한 사회요인 등이 양성성의 발달에 의미 있는 영향을 미치는 것으로 판단된다.

이와 같은 결과들을 종합해 보면, 양성적인 정체감을 지닌 개인들은 높은 자아존중감을 지니고 있고, 심리적으로 건강하며 지적으로도 유능한데, 특히 양성성을 지닌 여성들은 높은 여성성을 지닌 여성들보다 사회적 동조에 있어 더 낮은 경향을 보였다.

한편, 성역할의 발달은 일생동안 연령의 변화에 따라 끊임없이 계속되는데, 평생발달론적 관점에서 포괄적인 성역할의 변화에 있어 남녀의 양상을 도식화해 보면 [그림 5-39]와 같다.

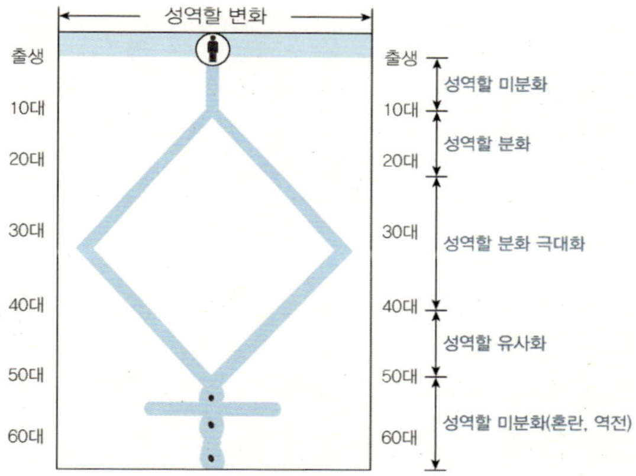

그림 5-39 | 연령에 따른 성역할 변화양상

② 직업 정체감(job identity)의 확립

직업 정체감은 자신의 적성을 포함한 제반 특성에 부합되는 진로를 선택하고, 이를 적극 수용함과 동시에 이를 성취하기 위하여 노력하는 것을 말한다. 청소년기에 성취해야 할 가장 중요한 발달과업은 직업을 선택하고 이에 따른 준비를 하는 것이다. 청소년기에는 직업선택에 따라 성인기의 삶의 방식이 결정될 것이기 때문에 직업선택에 신중을 기하고 자신이 원하는 직업을 갖기 위하여 적극 노력해야 한다.

수퍼(Super, 1957)는 직업선택의 과정을 ① 직업개념형성단계(14~18세 :

직업활동을 하는 자신의 이미지를 자아개념에 포함시킴), ② 희망직업세분화단계(18~21세 : 자신이 선택할 수 있는 직업의 범위를 축소시키고, 필요한 기술을 획득하기 위하여 노력함), ③ 직업수행단계(21~24세 : 직업교육과 훈련을 마치고 직업세계로 진입함), ④ 안정화단계(25~35세 : 자신에게 적합하다고 판단한 직업활동에 적응하고 정착함), ⑤ 공고화단계(35세 이후 : 선택한 직업에서 능력을 인정받고 성공함) 등의 5단계로 구분하였다. 그리고 긴즈버그(Ginzberg, 1971)는 직업선택을 개인적 선호를 최적화하는 과정이라고 전제하면서, 직업선택의 과정을 ① 환상적 직업선택단계(환상기, 6~10세), ② 시험적 직업선택단계(잠정기, 11~17세), ③ 현실적 직업선택단계(현실기, 18~22세)로 구분하였다. 그러면서 특히 청소년기는 개인적 능력, 흥미, 동기, 교육·훈련내용, 사회경제적 조건, 직업선택기회 등을 고려하여 직업을 현실적으로 선택하는 시기라고 주장하였다.

ONLINE RESOURCES

'자아정체감의 발달을 돕기 위한 방안'에 관한 자료가 필요할 경우 저자가 운영하는 웹사이트(welfare5.com)의 Online Resources 게시판을 통하여 다운을 받기 바랍니다('교육심리탐구'의 Online Resources 35 자료).

4) 사회성발달

청소년기는 부모로부터 분리되고자 하는 시기로서 부모와의 관계에서 잦은 갈등이 일어나고 동성친구나 이성친구 등 또래집단에 몰두한다.

첫째, 부모로부터 개별화되고자 한다. 개별화란 청소년이 부모와 정서적인 유대를 지속하면서 자신을 부모와는 다른 독특한 한 사람의 인격체로 인식하고 경험해 가는 심리적인 과정이다. 이러한 영향으로 애착대상이 부모에서 친구들로 바뀌며 부모와는 상이한 가치관이나 생각들을 하게 되고, 그것을 내면화하게 된다. 이런 청소년들의 개별화 노력은 성인으로 독립하는 데 있어 절대적으로 필요한 요소이다. 그러나 부모들이 이러한 과정을 자연스런 성장과정으로 인정하지 않고 부모에 대한 도전이나 반항으로 인식할 때 부모와 자녀 간의 갈등이 증폭될 수 있다.

둘째, 동성이나 이성친구 등 또래집단(peer group)에 몰입한다. 청소년 이전 시기부터 또래관계는 유지되어 오지만 청소년기에 들어서는 그 이전과는 구별되게 서로 간에 심리적으로 관여하는 정도가 매우 깊어지고 비밀을 털어놓을 수 있는 친밀한 관계를 형성한다. 이처럼 비슷한 발달단계에서 비슷한 경험을 하고 있는 또래와의 관계는 청소년으로 하여금 자신의 정체감을 형성하고 유지하는 데 필요한 심리적·사회적 지지를 얻게 한다. 이 시기에 또래친구들로부터 충분한 심리적·사회적 지지를 받지 못하면 부정적인 자아상의 확립은 물론, 사회적 거부와 배척의 감정 또는 고립감을 갖게 되기도 한다.

지금까지 청소년기의 사회성발달의 일반적인 특성을 살펴보았다. 그러나 이러한 발달은 개인차가 클 뿐 아니라, 또한 개개인에 있어서도 여러 측면에서의 발달이 동시에, 그리고 동일한 속도로 일어나지 않는다는 점을 유의해야 한다. 따라서 앞서 언급한 일반적인 발달특성만으로 청소년의 개개인을 이해하기에는 제한적이며, 이러한 보편적인 특성을 토대로 하면서도 청소년 개개인의 독특한 경험과 개별성을 고려하는 것이 무엇보다도 중요하다.

5) 정서발달

청소년기는 대체로 급격한 신체 발달과 더불어 사회적으로 요구되는 과다한 과업으로 인해 정서적으로 불안정한 상태를 보인다. 청소년기에 보이는 정서적 특성과 이러한 특성이 청소년의 심리와 행동에 미치는 영향들은 다음과 같다(Clarke-Stewart & Koch, 1983).

첫째, 감정의 기복이 심하고 예민하다. 사소한 일에 예민하고 쉽게 우울하며 낙담에 빠진다. 화를 잘 내기도 하고 불안정하게 보인다.

둘째, 수줍음이 많다. 지나치게 남을 의식하기 때문에 마음과 행동이 자유롭지 못하고, 특히 이성 앞에서 부끄러움을 많이 느낀다. 그러나 종종 수줍음을 감추기 위해 겉으로는 과장된 행동을 보이기도 한다.

셋째, 열성적이며 호기심과 모방성이 강하다. 어떤 일에 쉽게 흥분하며 현실감을 잃고 곧잘 열중해서 그 일에 빠진다. 또한 자신의 관심사를 가정에서 지역사회로 확대시키기 시작함으로써 귀가시간이 늦고 외출이 잦으며 특히 우상을 만들어 맹목적으로 추종하는 경향도 있다.

6) 애정발달

청소년기의 이성에 대한 관심과 교제 및 낭만적 사랑은 성인초기로 접어들

면서 점차 인생의 동반자를 구하는 사랑으로 변화해 간다. 특히, 청소년기 초기는 소설, 시, 노래나 영화 등에 등장하는 낭만적 사랑을 꿈꾸는 경우가 많다. 이러한 낭만적 사랑의 특성은 남녀 사이에 강렬한 개인적 동화의 감정과 미묘(美妙)한 사랑의 대화가 오고 간다는 점이다. 낭만적 사랑은 구애기간에 강하게 나타나다가 그 이후로는 점차 약해지는 것이 일반적이므로, 영속적 관계를 유지시켜줄 수 있는 안정된 기반은 되지 못한다.

청년기에 정서지향적인 낭만적 사랑에서 벗어나 영속적 관계를 유지할 수 있는 인생의 동반자를 구하기 위해서는 먼저 자아정체감을 잘 형성하여야 한다. 즉 다른 사람과 진정한 사랑을 나누기 위해서는 자신이 누구이며, 어떤 존재인가에 대한 확고한 신념이 발달되어야 한다. 만약 이러한 자아정체감이 정립되어 있지 않을 경우에는 애정을 자신이 느끼고 있는 불안의 도피처로 활용하는 신경증적 사랑을 하는 경우가 많다. 특히 자신의 열등콤플렉스를 보충해 줄 수 있는 사람을 사랑의 대상으로 선택하는 경우에는 그 사랑은 파국으로 끝나는 경우가 많다. 따라서 사랑을 나누는 청소년은 상대방의 개성을 인정해 주고, 상대방에게 자아실현의 기회를 부여해 주며, 외롭고 힘들 때 정서적 동반자가 되어 줄 수 있어야만 진정한 사랑을 나눌 수 있다.

청소년기에 이르러 이성에 대한 관심과 접근이 이루어지기 시작하여, 특정의 대상과 사귀게 된다. 사귐의 전제조건에는 여러 가지가 있지만, 무엇보다도 상대방에 대한 호감(liking)이 있어야 한다. 이러한 호감을 결정하는 요인에는 ① 물리적 근접성(단순노출), ② 유사성과 상보성, ③ 외모(신체적 매력), ④ 능력(지적 능력, 특기, 성실성 등), ⑤ 접근용이성의 정도 등이 있다. 그리고 성인초기에 접어들면서는 일정한 구애기간을 거쳐 애정을 매개로 한 인생의 동반자를 구하여 결혼을 함으로써 드디어 가정을 형성한다. 이때에는 청소년기의 정서지향적인 낭만적 사랑에서 벗어나 영속적 관계를 유지할 수 있는 인생의 동반자를 구하기 위해 노력한다.

ONLINE RESOURCES

'사랑, 결혼, 성'에 관하여 자세하게 논의한 자료가 필요할 경우 저자가 운영하는 웹사이트(welfare5.com)의 Online Resources 게시판을 통하여 다운을 받기 바랍니다('교육심리탐구'의 Online Resources 36 자료).

6. 성인초기

1) 일반적 특성

성인초기는 대략 20세 또는 25세부터 40세 정도까지를 말하는데, 이 시기는 사회적응에 따른 새로운 환경변화를 맞이하기 때문에 많은 적응상의 문제를 가지게 된다. 그 중 배우자 선택과 결혼, 직업선택 및 직장적응 등은 핵심적인 문제들이다. 특히, 부부생활은 새로운 가정생활의 시작이며, 타인과의 만남에서 일심동체가 되어 공동의 목표추구와 가치 있는 삶을 누려야 하기 때문에 무엇보다도 상호협조와 이해가 중요하다. 또한, 직장 또는 사업에 종사하는 것 역시 새로운 환경변화에 따른 중요한 적응문제이다.

그러므로 성인기의 시작은 '사랑과 일하는 능력'(ability to love and work)의 획득으로부터 비롯된다고 할 수 있다. 즉 성인기에는 성숙한 사랑에 의한 결혼을 통해 가정을 이루고 배우자 및 부모로서의 역할을 수행해 나가고, 자신의 적성과 능력에 적합하며 전생애를 통하여 종사할 수 있는 직업유형을 준비하여 획득하는 큰 두 가지 발달과업을 성취하여야 한다.

2) 친밀감 발달

에릭슨(Erikson, 1968)의 심리사회적 성격발달이론에서 보면 이 시기는 '친밀감 대 고립감'((intimacy vs. isolation)의 발달단계에 해당한다. 즉 청소년기에서 자아정체감을 원만하게 형성한 사람은 성인초기에 친밀감을 획득하여 새로운 대인관계에서 지속적인 친밀한 관계를 유지하지만, 일부 자아정체감을 확립하지 못한 사람은 타인과의 관계에서 지속적인 친밀한 이루어나가지 못하므로 진정한 인간관계를 이루어나가지 못함으로써 고립감을 갖는다.

7. 성인중기

1) 일반적 특성

성인중기는 대체로 40세에서 60세까지를 말하는데, 문화수준이 향상되고 수명이 길어짐에 따라 65세까지로 보는 경우도 있다. 이 시기는 경제적으로 안정되고 사회적 지위가 확립되어 안정된 분위기 속에서 자신의 역할을 수행하며 아울러, 자녀교육 및 진로에 관심을 갖는 가장 생산적인 인생의 전성기이다. 이 세대는 세력(power; leadreship)과 책임(responsibility)의 두 측면에서 실질적으로 사회를 이끌어가는 연령집단이다. 그러면서도 최초로 쇠퇴(decline)의 징후(갱년기 증상)가 나타나므로 이에 대한 적응이 필요한 시기이다. 일반적으로 이때는 골격·운동기능·감각능력의 쇠퇴가 일어나나, 규칙적인 운동과 심리적 안정에 따라 중년기의 쇠퇴양상이 달라진다.

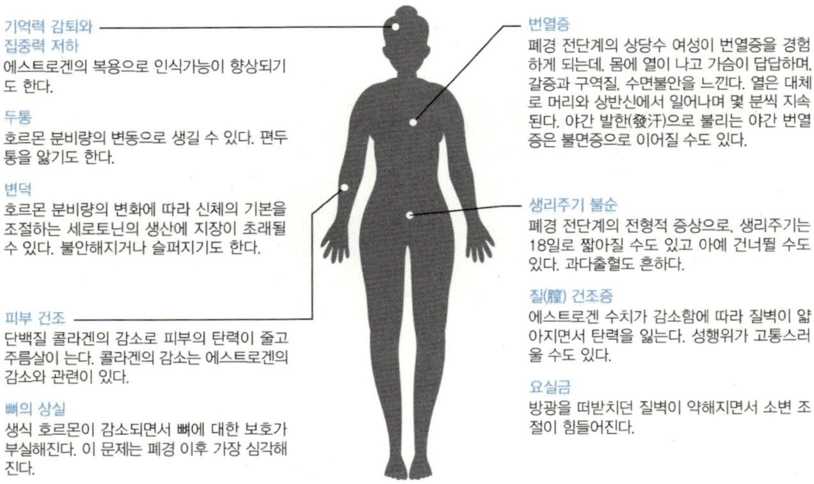

그림 5-40 | 갱년기에 나타나는 대표적인 증상들

한편, 성인중기에는 아래로는 자녀들에게 정서적·재정적 지원을 제공해야하고, 위로는 노부모를 부양해야 하기 때문에 성인중기를 '샌드위치세대'(sandwich generation) 또는 '감금당한 세대'(caught generation)라고도 부른다. 그리고 이때는 자녀가 모두 성장하여 집을 떠나고 부부만 남게 되는 시기이므로 빈둥

지 시기(empty nest stage)라고 부르기도 한다. 부모들 특히, 어머니는 지금까지 자녀에게 많은 시간을 투입하고 정성을 다해 왔다. 자신의 삶을 오로지 자식만을 위해 헌신해 온 어머니의 경우 이러한 빈둥지 시기에 도달하게 되면 고독감과 심한 우울증에 빠지기도 하는데, 이를 빈둥지 증후군(empty nest syndrome)이라고 한다.

그림 5-41 | 빈둥지 시기

결혼은 서로 다른 환경에서 자라온 두 사람이 정서적인 친밀감을 나누며 적응해가는 협력적 관계인데, 결혼만족도란 결혼생활 전반에서 추구하는 목표와 욕구를 어느 정도 달성했는지에 대한 부부의 주관적인 감정 또는 태도라고 말할 수 있다. 여기에는 결혼생활 전반에 대한 행복, 만족과 기쁨과 같은 주관적 감정으로서 부부 및 가족 간의 애정, 원만한 인간관계, 경제적 안정, 자녀의 출산과 순조로운 성장, 사회적인 성공 등이 포함된다. 그런데 이러한 결혼만족도는 성인중기의 '빈둥지 시기'에 접어들면서 부부에 따라 높아지는 경우(U자형)도 있고, 오히려 낮아지는 경우(감소형)도 있다([그림 5-41]).

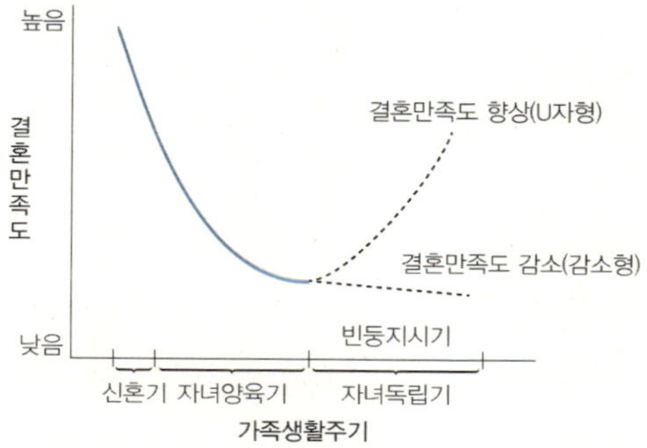

그림 5-42 | 가족생활주기에 따른 결혼만족도의 변화추이

2) 생산성 발달

에릭슨(Erikson, 1968)의 심리사회적 성격발달이론에서 보면 이 시기는 '생산성 대 침체감'(generativity vs. stagnation)의 발달단계에 해당한다. 이때에는 생산성을 성취하는 데 전념해야 하는데, 생산성이라 함은 자녀를 잘 양육하는 등의 안정적인 가정을 꾸려나가며 훌륭한 직무수행을 통하여 자신의 역량을 충분히 발휘해 나감으로써 성공적인 직업생활을 영위해 나가고, 사회적으로도 자신의 위치를 확보하여 구성원으로서의 권리 및 의무(책임)를 성실히 수행해 나가는 것을 말한다. 만약 이 시기에 이와 같은 생산성의 발달이 결여되면 지신에 대한 가치와 존재의미를 제대로 갖지 못해 침체감에 빠져 마치 자신은 세상에서 혼자인 것처럼 자기 자신에게로 몰두하기 시작하여 고집이 세며, 타인에 대한 관대함이 결여된다.

8. 성인후기

1) 일반적 특성

성인후기는 흔히 노년기라고 명명하기도 하는데, 이는 대략 60세 이상을 말한다. 이 시기는 체력이 서서히 쇠퇴하기 시작하고, 노화를 촉진시키는 질병이 나타나기 시작한다. 또한, 지능·기억력·지각능력·학습능력·사고 및 문제해결능력 등과 같은 지적 능력이 급속히 쇠퇴할 뿐만 아니라 성격적인 면에서도 의존성·경직성·조심성·내향성·수동성·과거지향성(회고직 성격)·친근한 사물에 대한 애착심·우울증 경향·유산을 남기려는 경향 등이 증가하며, 성역할지각의 변화도 나타난다.

2) 통합감 발달

에릭슨(Erikson, 1968)은 이 시기의 질병이 체념상태의 무력감을 가져오고, 아울러 죽음에 대한 내적인 투쟁의 일환(마지막 단계의 성숙과 지혜에 대한 잠재력을 갖기 위한 투쟁)임을 강조하였다. 이런 이유로 그는 이 시기를 '통합감 대 절망감'(integrity vs. despair)의 발달시기로 보았다.

대부분의 노인들은 직장에서의 은퇴, 배우자와 친구들의 죽음을 경험하면서 이 시기에 죽음을 생각하고 또한, 삶을 회고한다. 따라서 자신의 일생을 돌아보고 과연 가치가 있었는지에 대해 음미하게 된다. 그 결과 자신의 인생이 성공적이었다고 생각하는 노인은 초연히 죽음을 맞이하면서 자아통합감을 느끼는 반면, 그렇지 못한 노인은 지나온 생애가 후회스럽고 이제 시간이 다 흘러가버려 더 이상 다른 유형의 삶을 선택할 기회가 없다는 느낌에 직면하고 가슴 아파한다. 노년기의 필연적인 신체적 및 인지적 쇠퇴에 잘 적응하도록 하는 것이 노년기 발달의 주요발달과업이 된다.

3) 적응유형

노년기의 적응유형은 다양하게 나타나는데, 먼저 라이차드 등(Reichard, Livson, & Peterson, 1962)은 ① 성숙형, ② 은둔형, ③ 무장형, ④ 분노형, ⑤ 자학형 등으로 분류하였으며, 뉴가튼(Neugarten, 1968)은 ① 재구성형, ② 집중형, ③ 유리형(이탈형), ④ 유지형(무장방어형), ⑤ 원조요청형(수동의존형), ⑥ 위축형, ⑦ 냉담형(무감각형), ⑧ 와해형(해체형) 등으로 분류하였는데, 각 유형들의 특징들을 정리하여 제시하면 [표 5-3], [표 5-4]와 같다.

표 5-3 라이차드 등(Reichard, Livson, & Peterson)이 분류한 노년기의 적응유형

적응유형	특 징
성숙형	• 노화과정을 긍정적으로 수용하고, 자신의 인생에 대한 만족감을 느끼게 됨 • 노년기에 제2의 인생 시작함 • 사회적 봉사활동, 취미활동, 친목활동, 종교활동 등을 적극적으로 영위함 • 노년기 생활만족도가 가장 높음
은둔형 (은거형)	• 은퇴 후 사회적 활동이 현저하게 축소됨 • 내면적 삶에 몰두하며 조용한 삶을 영위함 • 사회적 역할을 흔쾌히 물려주고, 해방감을 느끼게 됨 • 개인적 생활(취미생활, 전원생활, 종교생활 등)에 만족을 느끼게 됨 • 노년기 생활만족도가 높음
무장형	• 사회적으로 무기력, 무가치한 존재가 된다는 것에 상당한 불안을 느끼게 됨 • 사회적으로 은퇴하지 않고, 성취지향적 삶을 지속해 나감 • 노년기 생활만족도가 중간정도임

적응유형	특 징
분노형	• 자신의 인생을 실패라고 단정함 • 인생실패를 외부로 귀인하면서, 주변사람과 시대적 환경을 원망하며 분노감정에 휩싸여 지냄 • 화를 잘 내고 공격적임 • 노년기 생활만족도가 매우 낮음
자학형	• 자신의 인생이 실패라고 여김 • 자책, 후회감, 비통함에 젖어 우울한 노년기를 보냄 • 우울증, 심리적 장애를 지닐 수 있으며, 자살을 시도하는 경우도 있음 • 노년기 생활만족도가 극도로 낮음

표 5-4 뉴가튼(Neugarten)이 분류한 노년기의 적응유형

적응유형	특 징	역할활동	생활만족도
재구성형	은퇴한 후에도 자기의 시간과 생활양식을 재구성하여 모든 분야의 활동에 적극적으로 뛰어들고 일상생활에 잘 적응하는 유형	높음	높음
집중형	활동적이고 생활에 잘 적응하고 있으나, 여러 분야에 관심을 분산시키지 않고 오직 한두 분야에만 활동을 집중시키며 생활만족을 구하는 유형	중간	높음
유리형 (이탈형)	신체도 건강하며 생활에의 적응수준도 높지만, 스스로 자원하여 활동하는 일은 별로 없으며 조용히 지내는 유형	낮음	높음
유지형 (무장방어형)	심리적 적응은 비교적 잘하고 있으나 왕성한 활동의 기본동기가 노화방지에 있으며, 만일 활동을 중지하면 빨리 늙어버릴까 두려워하여 활동에 얽매이는 유형	높은 또는 중간	높은 또는 중간
원조요청형 (수동의존형)	소수의 가족이나 친지에게 심리적으로 의존하며 보통 정도의 생활만족도로 살아가는 유형	높음 또는 중간	높은 또는 중간
위축형	신체적 쇠약과 감각기능의 퇴화와 같은 노화의 위협에 사로잡혀 타인과의 별다른 접촉 없이 폐쇄적으로 살아가는 유형	중간 또는 낮음	높은 또는 중간
냉담형 (무감각형)	신체적 건강유지를 위한 활동 이외에는 거의 활동이 없는 가운데 무기력, 무감각하게 되고 완전히 수동적으로 활동하는 유형	낮음	중간 또는 낮음
와해형 (해체형)	심리적 기능, 즉 사고와 판단능력 등이 결핍되고 정서적 반응의 일관성이 없는 가운데 생활만족도가 매우 낮은 유형	낮음	중간 또는 낮음

* 성격유형, 역할활동정도, 생활만족도의 3차원을 동시에 연관시켜 8가지 적응유형으로 분류하였음.

[표 5-3]과 [표 5-4]에서 확인할 수 있는 바와 같이, 노년기의 적응은 바람직한 형태로 이루어질 수도 있고, 바람직하지 않은 모습으로 나타날 수도 있다. 노년기의 적응양상은 노인 자신의 제반 특성에 의해 결정되기도 하지만, 현대사회의 산업화와 도시화의 촉진, 평균수명의 증가에 따른 인구의 노령화, 부모봉양에 대한 의식 및 가족개념의 변화 등의 요인에 의해서도 달라진다고 할 수 있다. 노년기의 인간다운 생활이란 그들이 속한 사회의 발전수준에 비추어 의식주의 기본적인 욕구를 충족하고 건강하고 문화적인 삶을 사는 것이며, 가족과 사회의 구성원으로서 잘 적응하여 사회적 조직망에서 사회적·심리적으로 소외감을 느끼지 않게 하는 것이다. 노년기 생활은 경제적 측면, 육체적 측면, 정신적·사회적 측면 등의 다양한 측면에서의 여러 요인들에 의해 결정되기 때문에 이를 감안하여 국가정책은 물론, 지역사회와 가정에서는 그 일부만의 충족을 위한 것이 아니라 전체 생활적 측면에서의 욕구들이 충족할 수 있도록 노인들을 위한 복지서비스를 마련하여 실천해야 한다.

끝으로, 죽음(death)은 인간에게 있어 피할 수 없는 숙명적인 과정으로, 생명활동이 정지되어 다시 원상태로 돌아오지 않는 생물의 상태로서 생(生)의 종말을 말한다. 즉, 개체를 구성하는 전조직(全組織) 세포의 생활기능의 정지라고 말할 수 있다. 미국의 정신과의사인 퀴블러로스(Kübler-Ross, 1972)는 죽음을 앞둔 환자들에 대한 체계적인 연구를 통하여 죽음을 맞이하는 과정, 즉 심리변화의 5단계(DABDA)를 제시하였다.

표 5-5 '죽음'을 맞이하는 심리상태의 변화

단 계	특 성
부 정	회복할 수 없는 상태에 직면하게 되면 현실을 부정하거나 의사의 진단을 의심하며 죽어 간다는 사실을 받아들이려 하지 않는다.
분 노	바뀔 수 없는 현실과 왜 자신이 이러한 일을 겪어야 하는지에 대해 억울함과 분노를 느낀다. 이러한 분노를 주변사람들이나 신에게까지 강하게 표출한다.
타 협	죽음을 피할 수 없다는 것을 인정하게 되면 꼭 이루고 싶던 일을 마무리할 수 있을 때까지 삶이 연장되도록 신적인 존재와 타협을 시도한다.
우 울	타협이 이루어지지 않는다는 것을 깨닫고 사랑하는 사람들과의 영원한 이별이 다가옴을 예감하며 우울감을 느낀다. 병의 악화로 신체적 고통이 증가하면 우울이 악화되기도 한다.
수 용	죽음을 마침내 받아들이고 준비하게 된다. 마지막을 정리하며 주변인들과의 관계를 끊기도 하지만 심리적으로 가장 평온한 상태를 경험한다.

첫째는 부정(denial) 단계로서, 자신의 감정을 인정하지 않거나, 일어난 사실 자체를 부정한다. 대표적으로 "아, 난 괜찮아.", "아냐. 그럴 리가 없어.", "설마, 아니겠지."와 같은 반응을 보인다.

둘째는 분노(anger) 단계로서, 자신이나 타인을, 혹은 상황에 대한 분노를 일으킨다. 대표적으로 "왜 나죠? 불공평해요!", "이게 다 ××때문이야!"와 같은 반응을 보인다.

셋째는 타협(bargaining) 단계로서, 절대자인 신과 같은 초자연적 존재와 타협하려 하거나 상황을 다른 것으로 돌리려 한다. 대표적으로 "지금 살려주시면 전재산을 불우한 이웃들에게 바치겠습니다!", "그래도 우리, 계속 친구로 지낼 수 있는 거지?"와 같은 반응을 보인다.

넷째, 우울(depression) 단계로서, 일반적으로 슬픔, 후회, 두려움, 불안감 등을 나타내고, 타인과의 교류 자체를 거부하기도 한다. 대표적으로 "지금 이렇게 슬픈데, 그런 게 다 무슨 소용이람?", "이런 세상, 계속 살아서 뭘 어쩌겠어?"와 같은 반응을 보인다.

다섯째, 수용(acceptance) 단계로서, 모든 상황을 인정하고, 결국 죽음을 받아들이게 된다. 이때는 상황에 따라 다른 반응들이 나타나나, 대체로 "괜찮아. 다 괜찮을 거야.", "그래, 이제 준비가 되었어."와 같은 반응을 보인다.

PART 03

학 습

CHAPTER

06 학습이론

학습(learning)의 개념은 그 심리학적 배경에 따라 달리 규정된다. 과거에는 지식의 습득·저장을 학습이라고 규정하는 저장설(storage theory), 인간이 가지고 있는 제반 능력의 연마를 학습이라고 정의하는 능력연마설(theory of ability discipline) 등이 주장되었다. 그러나 심리학의 발달과 더불어 학습현상에 대한 탐구가 깊게 이루어짐에 따라 그 본질에 대한 규명이 다양하게 나타나고 있다.

여기에서는 학습의 본질에 관한 규정을 포함한 '학습이론'을 크게 ① 행동주의 학습이론, ② 인지주의 학습이론, ③ 인본주의 학습이론으로 구분하여 차례대로 논의하고자 한다.

1. 행동주의 학습이론

1) 학습의 의미

현대의 대표적인 학습이론 중의 하나인 행동주의 학습이론에서는 '학습'을 '자극-반응 연합'(S-R bond : 습관화)으로 개념화한다. 이러한 이유로 행동주의이론을 연합주의이론(associationism theory)이라고 명명하기도 한다. 행동주의 심리학의 관점에서 보면, 인간을 비롯한 유기체들은 환경에 부합되는 행동을 적절하게 수행해야만 생존과 적응을 유지할 수 있다.

행동주의 심리학은 유기체로 하여금 주어진 자극(환경)에 관련된 반응(행동)을 계속적으로 유도함으로써 그 행동을 습득하게 할 수 있다고 전제한다. 여기에서는 경험의 결과로 나타나는 관찰할 수 있는 행동의 변화를 '학습'이라고 규정한다. 즉, 학습을 '경험이나 훈련 또는 연습에 의한 비교적 영속적인 행동의 변화'라고 정의한다(Hilgard., Atkinson, & Atkinson, 1979). 이는 '생득적 반응경향성에 의한 행동변화'와 구별될 뿐만 아니라 '성숙에 의한 행동변화' 및 '약물복용이나 피로 등에 의한 일시적 행동변화'와도 구별된다. 이를 도식으로 나타내면 [그림 6-1]과 같다.

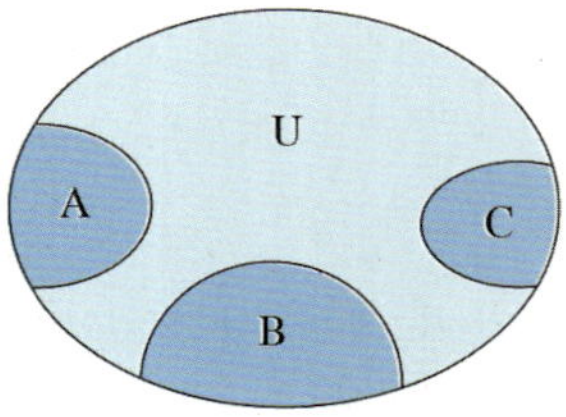

U : 전체 행동변화
A : 생득적 반응경향성에 의한 행동변화
B : 성숙에 의한 행동변화
C : 약물복용이나 피로 등에 의한 일시적인 행동변화

학습 = U - (A + B + C)

그림 6-1 | '학습'의 의미

2) 학습이론의 종류

행동주의 심리학(behaviorism psychology)은 파블로프(Pavlov, 1902)의 영향을 받아 왓슨(Watson, 1914)에 의하여 처음 체계적으로 제창되어 손다이크(Thorndike, 1932), 스키너(Skinner, 1938) 등에 의하여 발전되었다. 종래의 심리학이 주로 의식현상을 내성법으로 연구한 데 비하여, 행동주의 심리학은 가시적 행동, 즉 객관적인 관찰과 수량적 측정이 가능한 행동을 연구대상으로 삼는다.

그런데 행동주의 심리학은 파블로프와 왓슨을 중심으로 자극-반응(S-R)의 관계를 규명하는 데 중점을 둔 '고전적 행동주의'와, 1930년~1940년대부터 손다이크와 스키너 등에 의해 자극-반응(S-R) 사이에 매개변인으로서 유기체(O) 변인을 상정한 관계식(S-O-R, 정확히 표현하면 S-O-R-C)을 통하여 행동의 습득과정을 설명하는 '신행동주의'로 구분된다(pp.35~37 [그림 1-15], p.44 참조).

학습을 자극-반응 연합(S-R bond)으로 규정하는 행동주의 학습이론에는 ① 고전적 조건화이론, ② 시행-착오학습이론, ③ 작동적 조건화이론 등이 포함된다. 또한, ④ 사회학습이론(모방학습이론)도 그 본질적 성격에 비추어 볼 때 행동주의 학습이론으로 분류될 수 있다.

(1) 고전적 조건화이론(classical conditioning theory)

① 파블로프(Pavlov)의 고전적 조간화이론

옛 소련(현재, 러시아)의 생리학자였던 파블로프(Pavlov, 1902)는 '소화에 관한 연구'를 수행하던 중 개에게 먹이를 주면서 종소리를 들려주는 훈련을 되풀이하였더니 나중에는 종소리만 듣고도 타액을 분비함을 우연히 발견하게 되었다. 이처럼 조건자극(종소리: 원래는 '중립자극'임)을 무조건자극(음식)과 결합시켜 반복적으로 제시하게 되면 나중에는 종소리(조건자극)만 듣고도 타액 분비(조건반응)를 일으키는 것을 조건화(조건형성)라고 한다(Sahakian, 1976).

그림 6-2 ❙ 개 타액분비실험을 하고 있는 파블로프(Pavlov)와 동료들

무조건반응(음식에 대하여 타액분비를 하는 것)이 유발되는 것은 자극을 받아들이는 수용기(시각수용기 : 눈, 후각수용기 : 코)와 반응을 일으키는 실행기(침샘) 사이에 생득적인 연합(결합)이 되어 있기 때문이나, 조건반응(종소리에 대하여 타액분비를 하는 것)이 나타나게 되는 것은 새로운 자극(조건자극 : 종소리)에 대한 여러 번의 반복된 경험(연습)을 통하여 이 자극을 받아들이는 수용기(청각수용기 : 귀)와 실행기 사이에 새로운 연합(결합)이 생겼기 때문에 가능해진다.

이처럼 파블로프는 조건자극을 무조건자극과 결합시켜 조건반응을 일어나도록 유도하였다. 개는 음식물을 눈으로 보고 코로 냄새를 맡아야만 타액을 흘릴 줄 알던 상태로부터 종소리를 귀로 듣고도 타액을 분비하는 반응(행동)을 보이게 되었는데, 이러한 행동의 변화가 바로 '학습'인 것이다. 이와 같은 개의 타액분비실험의 절차를 도식적으로 나타내면 [그림 6-3]과 같다.

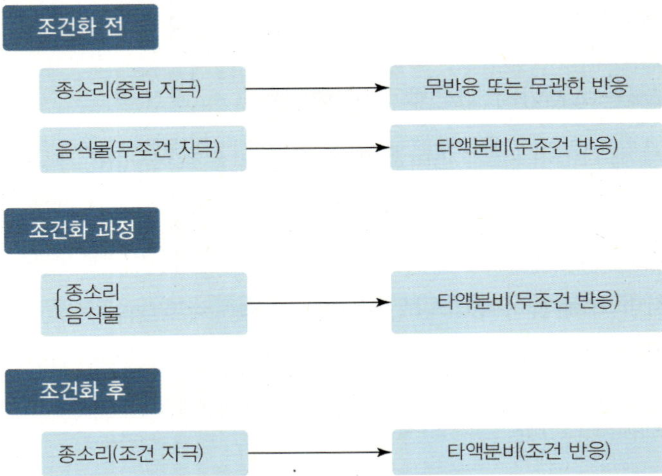

그림 6-3 ▎ 고전적 조건화의 과정

자료출처 : Hilgard, Atkinson, & Atkinson(1979). Introduction to Psychology. p.193.

고전적 조건화과정에 있어서의 학습원리는 ① 시간의 원리, ② 강도의 원리, ③ 일관성의 원리, ④ 계속성의 원리 등이다(Schunk, 2000).

첫째, 시간의 원리란 특정 반응(행동)의 학습이 잘 이루어지기 위해서는 조건자극이 무조건자극에 조금 앞서 주어지거나(지연 조건형성, 흔적 조건형성), 동시에 주어져야 한다는 것(동시 조건형성)을 말한다.

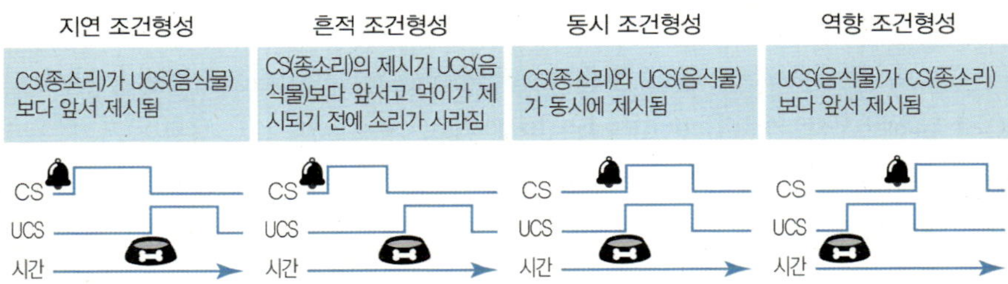

그림 6-4 ▎ 조건자극(CS)와 무조건자극(UCS) 제시 간 시간간격의 4가지 유형

자료출처 : 박권생 외 5인 역(2009). 심리학과 삶. p.176.

둘째, 강도의 원리란 특정 반응(행동)이 잘 학습되려면 앞서 주어진 자극의 강도와 적어도 같거나, 보다 강한 자극이 주어지거나 보다 부정적인 자극(예: 전기쇼크)을 제공해야 한다는 것을 말한다.

셋째, 일관성의 원리는 자극이 일관되게 제공되어야 한다는 것으로, 자극이

질적으로 동일할 때 특정 반응(행동)이 잘 학습된다는 것을 말한다.

넷째, 계속성의 원리는 자극과 반응 간의 연합에 대한 경험(반복횟수)이 많을수록 해당 반응(행동)의 학습이 잘 이루어진다는 것으로, 이는 '연습의 법칙'이나 '빈도의 법칙'과 같은 성질의 원리이다.

② 왓슨(Watson)의 고전적 조건화이론

행동주의 심리학의 창시자인 왓슨(Watson, 1914)은 심리학에서는 모든 추상적(정신적) 개념과 본능에 기초를 둔 행동 설명들을 배제해야 한다고 주장하였다. 그에 의하면, 인간은 공포·분노·사랑이라는 세 가지 기본정서를 선천적으로 물려받는데, 이러한 기본정서는 조건화에 의한 학습을 통하여 다양하게 발달하게 된다. 그는 극단적인 환경론적 결정주의자로서, 인간이 출생시에 갖게 되는 모든 것은 몇 가지의 반사와 정서뿐이라고 주장하면서, 정신적 능력과 기질 등을 가지고 태어난다는 것을 부정하였다. 출생 시 가지고 태어나는 몇 가지 반사와 정서는 여러 자극과 짝지어지는(연합되는) 조건화의 과정을 통하여 점차 세분화되는 정서상태를 갖게 된다. 왓슨은 자신의 아들인 11개월 된 알버트(Albert)를 대상으로 실험을 통하여 이를 증명하였다(p.173 [그림 4-51] 참조).

③ 존스(Jones)의 고전적 조건화이론

왓슨의 실험에 의해 확인된 바와 같이 공포의 정서가 조건화과정을 통해서 학습되는 것이라면, 역으로 조건화 해제과정을 통해서 공포를 해소시킬 수 있다는 논리도 성립된다. 이러한 관점에서 존스(Jones, 1924)는 실험을 통하여 역조건화, 즉 조건화 해제(unconditioning; 탈조건화)를 증명하였다. 그의 실험에서 3세의 남아인 피터(Peter)는 살아 있는 동물이나 모피코트, 깃이 붙어 있는 모자 등을 무서워하였다. 조건화 해제를 위해 처음에는 피터가 앉아 식사를 하고 있는 곳에서 12미터 떨어진 장소에 토끼를 바구니에 넣어 보이도록 놓아두었다. 그리고 매일 조금씩 토끼를 넣은 바구니를 피터와 가까운 곳으로 옮겨 놓았다. 이러한 과정을 통하여 피터는 토끼에 익숙해짐에 따라 결국 토끼를 무릎 위에 놓고 밥을 먹을 정도로 무서워 하지 않게 되었다. 뿐만 아니라 새털이나 모피에 대해서도 이전에 가지고 있었던 무서움이 사라지고, 토끼나 쥐와 같은 살아 있는 동물에 대해서도 태연하게 되었다. 이 실험에서 사용된 조건화

해제방법은 그 후 월피(Wolpe, 1969)에 의해서 행동치료법의 하나인 체계적 탈감법(systematic desensitization, 體系的 脫感法)으로 발전되었다.

이와 같이 파블로프, 왓슨, 존스 등에 의해 체계화된 '고전적 조건화이론'은 특히 아동들의 정서적 반응의 학습을 설명하는 데 도움을 주고 있다. 교사의 무서운 야단은 아동들에게 두려움이라는 무조건반응을 일으키며, 그것이 학교라는 중립자극과 연합되어 학교 자체에 대한 두려움이 형성될 수 있다. 반면, 교사의 따뜻한 관심과 배려는 아동들로 하여금 학교에 대하여 긍정적인 태도를 갖도록 조건화시킬 수도 있다. 예를 들어, 수업시간에 매우 수줍음이 많은 아동에게 그가 충분히 맞힐 수 있는 질문들을 하게 되면 그는 여러 차례 정답을 말하게 되고, 점차적으로 자신감을 얻게 될 것이다. 이러한 자신감은 그 학생이 더 이상 수줍어하지 않도록 하는 데 도움을 줄 것이다.

ONLINE RESOURCES

'거스리(Guthrie)의 접근적 조건화이론과 헐(Hull)의 체계적 조건화이론'에 관한 자료가 필요할 경우 저자가 운영하는 웹사이트(welfare5.com)의 Online Resources 게시판을 통하여 다운을 받기 바랍니다('교육심리탐구'의 Online Resources 37 자료).

(2) 시행-착오학습이론(trial and error learning theory)

우리는 어떤 문제사태에 부딪쳤을 때 그 해결방법을 제대로 알지 못하면 이렇게도 해 보고 저렇게도 해 보게 된다. 이와 같이 어떤 목표에 도달하기 위한 확실한 방법적인 대안이 떠오르지 않을 때 막연히 어떤 시행과 착오를 되풀이하다가, 우연히 어떤 반응(시행)을 통하여 목표에 도달하게 되면 그 반응이 점차 내면화되어 학습되는 경우가 많다. 유기체의 학습과정을 이처럼 설명하는 이론을 시행-착오학습이론이라고 하는데, 이는 손다이크(Thorndike, 1932)에 의해 체계화되었다. 흔히 우리는 손다이크가 '시행-착오학습'을 연구했다고 언급되나, 그는 이 용어의 사용을 반대하였고, 그는 학습을 가능하게 하는 것은 시행-착오(실패)의 과정이 아니라 시행-성공의 과정이라는 점을 강조하였다.

손다이크는 유기체가 주어진 문제상황을 어떻게 해결하는가를 밝히려고 노력하였는데, 이 과정에서 중요하게 작용하는 기제가 바로 '연결'(connection)임을 확인하였다. 이는 유기체의 문제상황(자극, 환경)에 대한 감각적 사상(인상)과 반응하려는 충동(impulse) 사이에 신경적 연합(association)이 이루어지는 것을 말한다(Hilgard & Bower, 1981). 그런데 이러한 자극-반응 사이에 신경적 결합이 이루어지기 위해서는 여러 번의 반복과정이 필요하다는 것이 손다이크의 주장이다. 결국 손다이크는 동물과 인간 양자의 가장 특징적인 학습형태로서 시행착오학습(trial and error learning), 또는 후에 그가 즐겨 명명하던 '선택과 연결'(selecting and connecting)에 의한 학습을 확인하였다. 이러한 관점에서 손다이크의 이론을 '연결주의'(connectionism) 학습이론이라고 명명하기도 한다(Schunk, 2000).

그는 초기에는 주로 동물들을 대상으로 한 실험을 수행하였는데, 동물들이 특정의 반응을 하면 탈출(도피)할 수 있도록 설계한 미로 또는 문제함(problem box or puzzle box) 속에 그들을 집어넣어, 그 문제를 어떻게 해결하는가를 확인하였다. 손다이크의 이러한 실험에서는 상황에 따라 요구되는 반응은 다를 수 있지만, 이와 같은 기본 아이디어는 언제나 동일하였다. 즉, 동물이 미로나 문제함을 떠나도록 허용받기 전에 반드시 특정의 반응을 수행하여야 한다.

먼저, 그는 병아리를 대상으로 미로실험을 실시하였다. [그림 6-5]와 같은 미로는 책을 쌓아서 만든 것인데, 병아리를 출발점(A) 지점에 놓아 두어, 밖으로 연결된 길을 선택하여 나가게 되면 마침내 먹이와 다른 병아리들이 있는 우리에 도달하게 설계되었다. 처음에 병아리를 미로에 놓아두면 그 병아리는 울타리를 뛰어넘어 나오려고 하거나 삐약삐약 거리면서 끝이 막힌 길을 여러 번 배회하다가, 마침내 옳은 길을 찾는다. 같은 상황이 계속 반복됨에 따라 병아리는 점차 더 효율적으로 행동을 하였고, 마침내는 미로에 놓아두기만 하면 곧장 옳은 길을 선택하여 그곳을 빠져나왔다. 손다이크는 계속 반복하면서 각각의 경우마다 병아리가 목적지까지 도달하는 데 걸리는 시간을 기록하여 학습곡선(연습곡선)을 작성하였다([그림 6-6]).

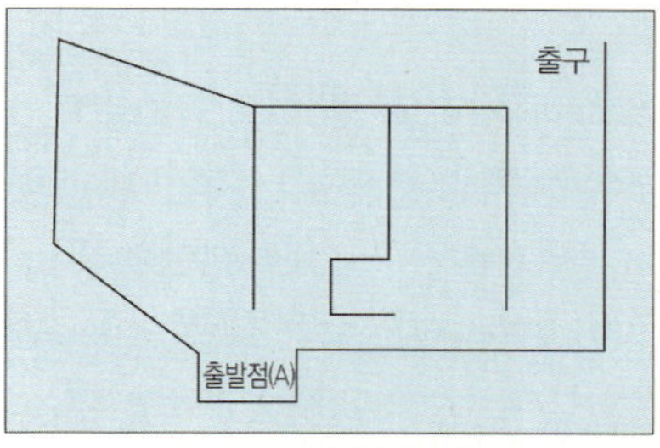

그림 6-5 | 병아리 실험에 사용한 미로

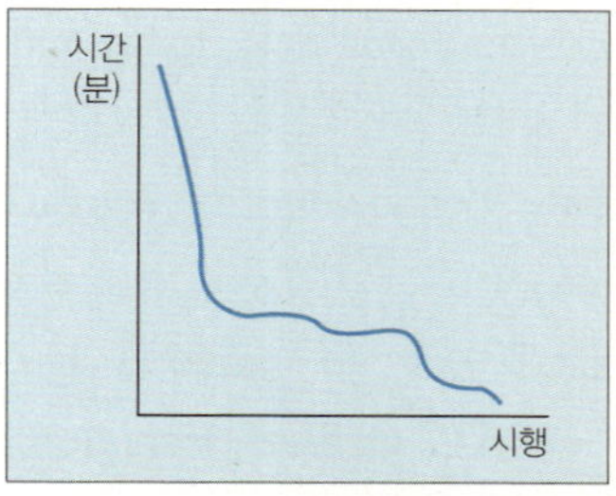

그림 6-6 | 병아리 미로실험에서의 학습곡선

한편, [그림 6-7]에 제시된 문제함은 손다이크가 수행한 가장 유명한 고양이실험에 사용한 실험도구이다. 그림에서 보는 바와 같이, 이는 조그마한 우리로 되어 있는 상자인데, 그 가운데에는 줄로 연결되어 있는 발판을 매달아 놓았다. 고양이가 그 발판을 발로 누르거나 입으로 줄을 잡아당기면 문이 자동적으로 열려 그곳을 탈출할 수 있도록 설계되어 있다. 물론, 고양이가 탈출하기 전에 복잡한 일련의 반응을 하도록 문제함을 더 복잡하게 만들 수도 있다.

그림 6-7 | 고양이실험에 사용한 문제함

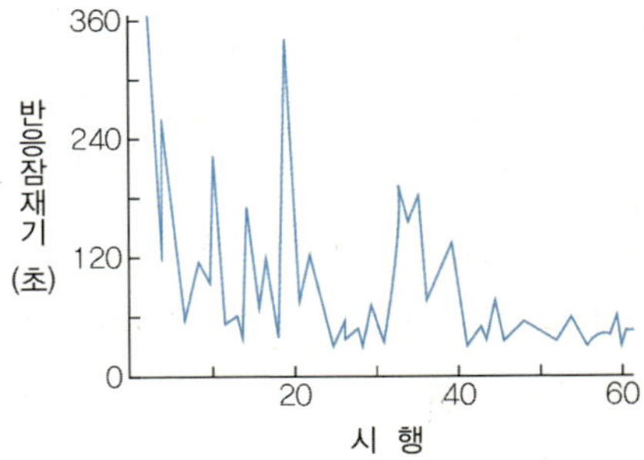

그림 6-8 | 고양이 실험에서의 학습곡선

문제함 속에 배고픈 고양이를 가두어 놓게 되면 병아리의 경우와 마찬가지로 처음에는 비효율적인 반응(오반응)을 수없이 하였다. 손다이크는 이를 중다반응(重多反應; multiple response)이라고 명명하였는데, 이는 시행착오학습의 전제조건이 된다. 이 문제상황에서 고양이는 틈새로 비집고 나가려고 안간힘을 쓰거나 창살을 발톱으로 긁고 물어뜯으며, 틈새만 있으면 발톱을 내밀어

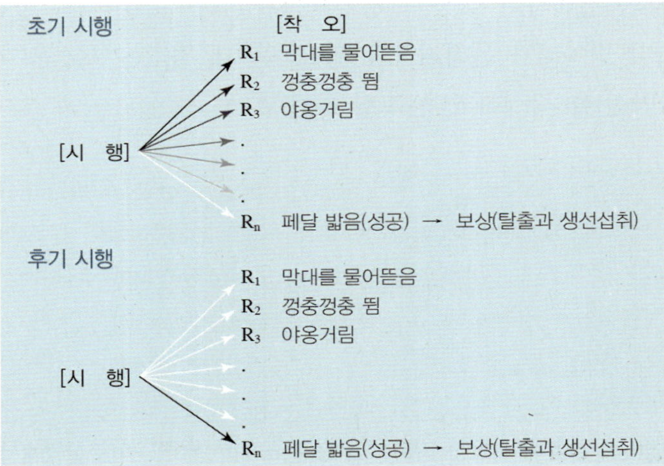

느슨하거나 흔들거리는 것은 무엇이든 잡아당기거나, 또는 무엇이든 발톱으로 긁었다. 이러한 오반응을 수없이 반복하다가, 마침내 우연히 페달을 밟거나 줄을 잡아당기게 되었다. 그럴 때면 문이 열려 고양이는 밖으로 나올 수 있었고, 또 먹이를 먹을 수 있게 되었다. 이는 곧 '목표'라고 할 수 있다.

이후 고양이를 다시 문제함 속에 집어넣게 되면 마찬가지로 무질서한 오반응을 보이다가 마침내 옳은 반응(정반응)을 하게 된다. 이러한 실험이 계속 반복되면 고양이의 오반응은 점차 감소하고, 정반응이 더 빨리 나타나게 되며, 결국은 전혀 오반응을 보이지 않고 바로 정반응만을 보이게 된다. 손다이크는 이 실험과정에서 고양이가 목표를 달성하는 데 소요하는 시간을 기록하여 [그림 6-8]과 같은 그래프를 작성하였다.

이전의 두 가지 동물실험의 결과를 나타내는 그래프인 [그림 6-6]과 [그림 6-8]에서 확인할 수 있는 바와 같이, 손다이크는 문제해결을 하는 데 걸리는 시간(종속변인)은 수행횟수가 증가함에 따라 체계적으로 감소한다는 사실에 주목하였다. 다시 말하면, 동물들은 시행기회를 많이 가질수록 문제를 보다 빠르게 해결한다는 것을 발견하였다.

그런데 자극-반응 간의 결합은 단지 그 양자 간의 인접성(隣接性)에 의해서만 이루어지는 것은 아니다. 손다이크는 소속성이란 개념을 근거로 인접성이 결합을 형성하는 유일한 기초가 된다는 생각에 찬성하지 않았다. 그는 특정의 결합은 두 사상(事象)이 함께 일어난다는 단순한 사실에 의해서보다는 그 두 사상이 어떻게 함께 소속(관련)되느냐에 따라 더 많은 영향을 받는다고 주장하면서, 이를 소속성의 법칙(principle of belongingness)라고 명명하였다.

손다이크는 이를 확인하는 실험으로서 일련의 문장 속에 포함되어 있는 단어들에 대한 암기력 테스트를 활용하였다. 여기에서 만약 결합이 형성되는 데 있어 단순한 인접이 중요한 역할을 한다면 단어의 모든 계열들은 같은 정도로 잘 기억되어야 할 것이다. 그러나 그 결과는 그렇지 않았다. 즉, 한 문장에 있어서 주어와 동사는 그 문장의 마지막 단어와 다음 문장의 첫 단어보다는 소속성의 정도가 높기 때문에 전자(한 문장 내에서의 주어와 동사)의 결합강도(암기정도)가 후자(그 문장의 마지막 단어와 다음 문장의 첫 단어)의 그것보다 훨씬 높게 나타났다.

이는 학습된 반응은 원래 형성되었던 방향으로 가장 쉽게 일어난다는 사실과도 무관하지 않다. 즉 거의 대부분의 사람들은 알파벳을 전진적(A→Z)으로는 쉽게 암송할 수 있지만, 후진적(Z→A)으로는 잘 암송하지 못한다. 즉, 학습된 반응(행동)은 원래 학습했던 방향과 같은 방향으로 수행될 때 가장 쉽게 실행된다는 것이다. 이를 손다이크는 양극성의 원리(극성의 원리; principle of polarity)라고 명명하였다. 그는 만약 학생들이 구체적인 S-R 결합에 의해서가 아니라, 형태주의 심리학자들이 주장하는 바와 같이 일반원리나 이해를 토대로 학습했다면 학생들은 학습한 것을 어느 방향으로든 간에 거의 같은 정도로 쉽게 암송할 것이라는 주장을 하였다. 그는 이 소속성의 개념을 근거로 하여, 여전히 학습과정에 관한 기계론적·비통찰적(비정신적) 견해를 견지하였다 (Hergenhahn, 1982). 손다이크는 이러한 소속성의 법칙을 토대로, 교사가 제시하는 학습장면의 구조는 학생들로 하여금 무엇에 대하여 주의집중을 하게 하느냐, 또 그들이 무엇을 학습하고 파지하게 하느냐에 유의한 영향을 미친다고 주장하였다.

한편, 손다이크는 학습법칙으로서 ① 효과의 법칙(law of effect), ② 연습의 법칙(law of exercise), ③ 준비성의 법칙(law of readiness)을 밝혀냈다(Sahakian, 1976; Schunk, 2000).

첫째, 일련의 실험연구를 통하여 손다이크가 발견한 학습법칙 중에서 가장 핵심적인 것은 '효과의 법칙'이다. 어떤 반응이 만족스러운 상태를 보장받게 되면 그 반응은 추후 반복될 가능성이 높은 반면, 어떤 반응 후 불만족스러운 상태가 뒤따르게 되면 그 반응은 사라질 경향이 높다. 다시 말하면, 특정 반응이 일어날 확률은 그 반응의 결과에 의하여 결정된다는 것을 효과의 법칙이라고 한다.

그러나 손다이크는 1930년 이후에는 초기 효과의 법칙은 절반정도만 진실임을 확인하였다. 즉, 반응에 대한 만족스러운 결과(보상·성공)는 그 반응의 발생빈도를 높이는 데 기여하지만, 반응에 대한 불만족스러운 결과(처벌·실패)는 그 반응의 발생빈도에 의미있는 영향을 미치지 않는다는 사실을 새롭게 발견하였다. 따라서 그의 수정된 효과의 법칙(modified law of effect)은 반응에 대한 보상이 연결의 강도(strength of connection)를 증가시키지만, 그에 대한 처벌은 연합의 강도와 의미 있는 관련성이 없는 것이다. 이러한 발견은 오늘날의 교육에 깊은 함의점을 주고 있다. 즉 처벌에 대한 손다이크의 결론은 수천년 동안 전해내려 온 상식과는 정면으로 배치되며, 교육·육아 및 행동수정 전반에 대하여 시사점을 던져주고 있다.

그리고 손다이크는 훗날 효과의 확산(효과의 파급; spread of effect)이라고 부르는 중요한 이론적 개념을 첨가하였는데, 그는 실험을 하는 동안의 특정반응에 대한 만족스러운 결과(보상)는 그 반응의 재출현확률을 증가시켜 줄 뿐만 아니라, 보상을 받은 반응의 주변의 다른 반응(인접반응)의 재출현확률도 함께 증가시켜 준다는 사실을 발견하였다. 그런데 이 효과는 거리에 따라 달라진다는 것을 확인하였다. 즉, 보상을 직접 받은 반응이 가장 높은 재출현확률을 가지며, 그 다음의 반응이 두번째로 높은 재출현확률을 가지며, 또 그 다음의 반응이 세 번째로 높은 재출현확률을 가지는 순서 등으로 나타난다는 것이다.

이러한 손다이크의 '효과의 법칙'은 이후 스키너(Skinner, 1938)의 작동적 조건화이론의 형성에 지대한 공헌을 하였다.

둘째, 손다이크의 학습법칙 중의 다른 하나는 연습의 법칙(law of exercise)이다. 그의 견해를 얼핏 보면 "연습이 완전함을 만든다"라는 전제처럼, 한 습관(반응)의 반복이 그 습관의 강도를 증가시키는 것으로 가정하고 있다는 인상을 준다. 어떠한 학습도 한번만의 수행에 의해서는 이루어질 수 없고 여러 번 되풀이함으로써 그 정확성과 속도가 증진된다는 것이다. 이러한 연습의 법칙은 두 가지 형태로 분류될 수 있다. 즉, 특정 반응을 반복 연습하게 되면 연결의 강도가 증가된다는 것(사용의 법칙)과 특정 반응을 연습하지 않으면 연결강도는 약하게 되거나 망각된다는 것(불사용의 법칙)으로 구분된다.

그러나 손다이크는 1930년 이후 이 법칙이 효과의 법칙과 미묘한 비일관성이 있음을 발견하였다(Hilgard & Bower, 1981). 따라서 '연습(사용)'이라는 의미를 '보상받은 올바른 연습(사용)'이라는 의미로 제한하였다. 손다이크는 1930년 이후 연습의 법칙을 실질적으로 폐기하였다. 왜냐하면 사용의 법칙도 잘 맞아 떨어지지 않을 뿐만 아니라, 단순한 불사용도 연결을 크게 약화시키지는 않는다는 사실이 밝혀졌기 때문이다. 물론, 그는 연습이 어느 정도의 향상을 가져오고, 연습의 결여도 어느 정도의 망각을 일으키게 한다고 여전히 주장하긴 했지만, 모든 실제적 의미에서 볼 때 그는 1930년 후에는 연습의 법칙을 모두 폐기해 버렸다.

셋째, 손다이크의 학습법칙 중의 또 다른 하나는 준비성의 법칙(law of readiness)이다. 이 법칙은 그가 저서 「교육심리학」 제2권의 「The Original Nature of Man」(1913)에서 제안하였는데, 준비성은 유기체가 학습에 필요한 조건을 사전에 얼마나 갖추고 있느냐와 관련이 있다. 일반적으로 볼 때 특정 행동에 대하여 효율적인 학습이 이루어지기 위해서는 그 행동수행에 필요한 적절한 준비가 사전에 갖추어져 있어야 한다. 즉 특정의 학습이 성공적으로 이루어지기 위해서는 적절한 성숙수준에 도달해 있어야 하거나, 선수학습이나 선행경험에 대한 성취도가 만족스러운 수준에 도달해 있어야 한다는 것이다. 학습자의 성숙과 발달의 정도에 따라 학습의 결과는 달라진다. 어떤 학습이 효과적으로 일어나기 위해서는 그에 적절한 성숙과 발달 또는 경험이 선행되어야 한다.

ONLINE RESOURCES

'손다이크(Thorndike)의 시행-착오학습이론'에 관한 심화자료가 필요할 경우 저자가 운영하는 웹사이트(welfare5.com)의 Online Resources 게시판을 통하여 다운을 받기 바랍니다('교육심리탐구'의 Online Resources 38 자료).

(3) 작동적 조건화이론(operant conditioning theory)

파블로프(Pavlov) 등의 고전적 조건화이론은 단순히 자극에 의해서 '유발된' 수동적인 반응(수동적 행동; 不隨意的 行動)에 관심을 갖는 데 반해, 스키너(Skinner, 1938, 1953)의 작동적 조건화이론(조작적 조건화이론)은 스스로 '방출한' 능동적인 반응(작동적 행동; 隨意的 行動)에 관심을 가졌다.

스키너에 의하면, 유기체가 자발적으로 방출한 행동은 뒤따르는 후속자극(강화자극, 강화물)에 의해서 그 발생빈도가 영향을 받는다. 즉 작동적 행동은 어떤 자극에 의하여 자동적으로 유발되는 것이 아니라, 자신의 의지에 의해 스스로 방출하는 행동을 말하는데, 이러한 행동은 뒤따르는 후속자극에 의해 증가되기도 하고, 또한 감소·제거되기도 한다. 아동이 어떤 행동을 했을 때 긍정적인 후속자극(쾌자극 : 보상)이 수반되면 아동이 앞으로 그 행동을 다시 할 확률이 높아질 것이다. 반대로, 어떤 행동에 불쾌한 부정적인 후속자극(불쾌자극·혐오자극 : 벌)이 수반되면 그 행동은 점차 감소되고 결국 제거될 가능성이 높다. 따라서 행동에 어떤 후속자극이 수반되느냐 하는 것은 앞으로의 그 행동의 발생빈도에 영향을 미치게 된다. 이와 같이 후속자극의 통제를 통하여 행동(작동적 행동)의 발생빈도를 조절하는 과정을 '작동적 조건화'라고 한다.

작동적 조건화이론도 동물실험을 토대로 체계화되었는데, 여기에서는 대표적으로 쥐를 대상으로 한 실험을 소개하기로 한다. 실험상자(Skinner box)의 바닥에는 전기배선망을 설치하고, 한쪽 벽의 위쪽에는 빨간색 전구와 초록색 전구를 각각 설치하였다. 그리고 그 아래쪽에는 '지렛대'를 장치하여, 쥐가 이것을 누르면 먹이접시 위에 자동적으로 '먹이'가 나오도록 하였다. 쥐를 그 상자 속에 넣으면 쥐는 이리저리 움직이는 도중에 우연히 '지렛대'에 발을 얹게 되면 '먹이'가 제시되어 그것을 먹게 된다. 이러한 과정을 수 회 반복하게 되면 마침내 쥐는 '먹이'가 바로 자신의 '지렛대' 누름반응에 의해 제공된다는 사실을 알게 되어, 쥐는 필요할 때 '지렛대'를 눌러 먹이를 얻는 행동을 반복하게 된다. 여기에서 쥐는 '지렛대를 누르는 반응'에 의해 '먹이'가 제공된다는 수반성(contingency; 유관성, 관련성)을 파악하게 되는데, '지렛대'를 누르는 행동은 조건반응(R)이 되고, 그에 제시되는 '먹이'는 후속자극(S; 강화자극)이 된다. 따라서 쥐의 '지렛대' 누름반응은 그에 따른 후속자극인 '먹이'에 의해 학습되었다고 할 수 있다.

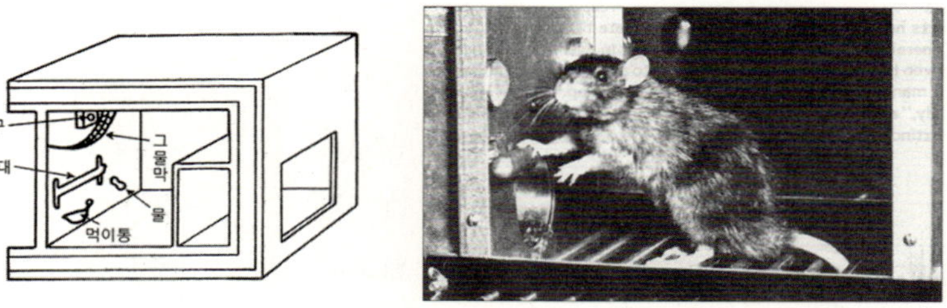

그림 6-9 ❙ 스키너가 사용한 실험상자

자료출처 : Hilgard, Atkinson, & Atkinson(1979). Introduction to Psychology. p.198.

■ [심화학습자료] : 크레스피 효과(Crespi effect)

특정 행동에 대하여 적은 보상을 제공하다가 이후 더 많은 보상을 제공해 주게 되면 그 수행(performance)이 촉진되지만, 반대로 많은 보상을 제공하다가 더 적은 보상을 제공하게 되면 그 수행은 급격히 감소된다. 이와 같이 보상량의 감소로 인하여 수행의 정도가 급격히 떨어지는 현상을 '크레스피 효과'(Crespi effect)라고 하는데, 이는 동물을 대상으로 한 실험에서도 입증된 바 있다.

크레스피(Crespi)는 쥐를 대상으로 일정한 보상을 제공하면서 특정 행동을 학습시킨 다음, 그 후 보상량을 달리하여 그 수행정도를 확인하였다. 먼저, A집단의 쥐(보상증가집단)에게는 적은 보상을 주며 직선길을 달리는 훈련을 시킨 다음, 그 이후에는 처음보다 많은 보상을 제공하였다. 그리고 B집단의 쥐(보상감소집단)에게는 많은 보상을 주며 직선길을 달리는 훈련을 시킨 다음, 그 이후에는 처음보다 적은 보상을 제공하였다. 끝으로, C집단의 쥐(통제집단)에게는 처음부터 끝까지 똑같은 양의 보상을 제공하였다. 그 결과, A집단의 달리는 속도는 어느 정도 증가하였으나, B집단의 달리는 속도는 급격히 감소하였으며, C집단의 달리는 속도는 변화가 없었다. 이러한 실험의 결과를 통하여 우리는 보상량의 변화가 곧 수행의 정도에 의미있는 영향을 미친다는 사실을 알 수 있다. 특히, 적은 보상에서 많은 보상으로의 변화는 수행을 촉진시키지만, 많은 보상에서 적은 보상으로의 변화는 수행을 급격히 감소시키게 된다는 사실을 확인할 수 있다.

작동적 조건화이론에서는 먼저 ① 특정 행동(반응)의 발생빈도를 증가시키는 방법으로서 '강화'(强化; reinforcement) 기법을 활용하는데, 이의 하위기법은 정적 강화(positive reinforcement)와 부적 강화(negative reinforcement)로 구분된다. 반면, 특정 행동(반응)의 발생빈도를 감소시키는 방법으로서 '벌'(punishment) 기법을 활용하는데, 이의 하위기법은 수여성 벌(적극적 벌)과 제거성 벌(소극적 벌)로 구분된다.

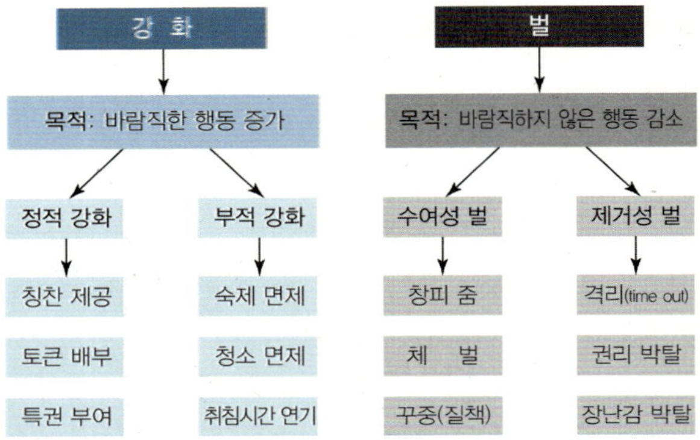

그림 6-10 | '강화'와 '벌'의 하위기법과 그 실례들

① 강 화

'강화'는 특정 반응(행동)에 대하여 강화자극(후속자극)으로서 쾌자극을 제공하거나, 이미 제공된 불쾌자극을 철회시켜 줌으로써 그 반응이 일어나는 빈도를 높이는 것을 말한다. 즉, 특정행동의 발생빈도를 증가시키기 위해서 그 행동의 촉발을 유도하는 자극(후속자극, 강화자극)을 적절히 관리하는 것을 말한다. 이는 특정행동을 증강시키기 위해서 쾌자극을 제공하거나, 또는 제공되었던 불쾌자극을 철회시켜 주는 것을 말한다. 따라서 강화는 자극을 제공하느냐, 또는 철회하느냐에 따라 정적 강화(positive reinforcement)와 부적 강화(negative reinforcement)로 구분된다. 예를 들면, 아동이 인사할 때마다 칭찬을 제공해 줌으로써 인사하는 행동을 증강시키는 것은 정적 강화에 해당되고, 숙제를 잘 해오는 학생들에게 화장실청소를 철회(면제)시켜 줌으로써 숙제하는 행동을 증강시키는 것은 부적 강화에 해당된다.

강화계획(reinforcement schedule)은 크게 ① 특정의 행동에 대하여 강화(보상)를 계속 제공하는 경우와 ② 강화(보상)를 간헐적으로 제공하는 경우로 나누어 볼 수 있다. 여기에서 전자를 계속강화계획(continuous reinforcement schedule; CRS)이라고 하고, 후자를 간헐강화계획(intermittent reinforcement schedule; IRS)이라고 한다. 많은 연구결과에 의하면, 계속강화계획은 행동의 학습을 촉진시키는 반면에, 강화가 중단되면 그 행동의 소거가 빨리 이루어진다. 그러나 간헐강화계획은 계속강화계획보다 행동의 소거가 느리게 이루어진다. 즉 간헐강화계획은 행동에 대한 소거저항(소멸저항)이 더 높다. 그렇기 때문에 학습 초기에는 계속강화계획이 더 효과적이지만, 어느 정도 학습이 이루어진 뒤에는 간헐강화계획으로 바꾼다면 행동은 쉽게 소거되지 않을 것이다.

그런데 간헐강화계획은 다시 간격강화계획과 비율강화계획으로 세분되고, 이들은 다시 각각 고정적으로 운용되느냐, 변동적으로 운용되느냐에 따라 세분된다. 이를 도식적으로 나타내면 [그림 6-11]과 같다.

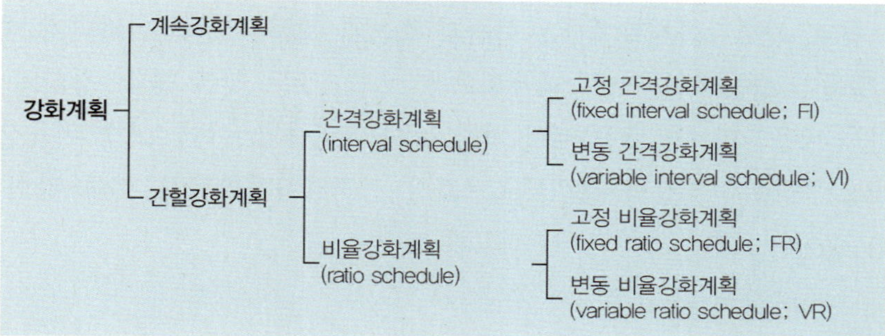

그림 6-11 ▍ 강화계획의 종류

자료출처 : Vander Zanden, J. W.(1980). Educational Psychology in Theory and Practice. p.114.

간헐강화계획 중 ① 고정 간격강화계획은 반응의 수(빈도)에 관계없이 일정한 시간이 경과한 후에 강화를 제공하는 것을 말하며, ② 변동 간격강화계획은 일정한 시간이 경과한 후 강화를 제공하는 것이 아니라 불규칙적인 시간간격에 의해 강화를 제공하는 것을 말한다. 그리고 ③ 고정 비율강화계획은 일정한 횟수의 반응이 나타난 후에 강화를 제공하는 것을 말하며, ④ 변동 비율강화계획은 일정한 횟수의 반응이 나타난 후에 강화를 제공하는 것이 아니라 반응의 횟수를 불규칙하게 하여 강화를 제공하는 것을 말한다.

이상과 같은 네 가지 간헐강화계획에 따른 행동의 증진상황을 그래프로 나타내보면 [그림 6-12]와 같다.

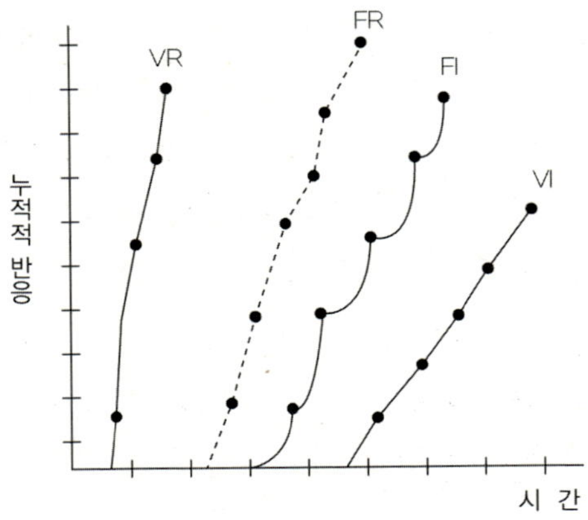

그림 6-12 ┃ **강화계획에 따른 행동의 진전양상**

자료출처 : Schunk, D. H.(2000). Learning Theories : An Educational Perspective. p.57.

종합컨대, 계속강화계획에서는 학습이 빠르게 이루어지지만 행동의 소거(소멸)가 쉽고, 간헐강화계획에서는 학습과 소거가 모두 서서히 나타나기 때문에 일단 행동이 습득되면 간헐강화계획으로 바꾸어주는 것이 좋다. 강화의 효과는 '변동 비율강화계획'(VR)에서 가장 높게 나타나고, 이어 '고정 비율강화계획'(FR), '변동 간격강화계획'(VI), '고정 간격강화계획'(FI), '계속강화계획'(CRS) 순이다.

② 벌

'벌'은 바람직하지 않은 행동을 감소·제거시키기 위해서 그 행동의 후속자극으로 불쾌자극(혐오자극)을 제공하는 것을 말한다. 먼저, 벌은 눈을 부릅뜨고 야단치는 것으로부터 비난, 욕설, 체벌에 이르기까지 매우 다양한데, 이러한 것들은 '수여성 벌'(적극적 벌)이라고 한다. 반면, 쾌자극을 박탈(철회)하는 것도 벌이라고 할 수 있는데, 예를 들면 성적이 좋지 못한 학생에게 전체 학생들이 관람하기로 되어 있는 영화를 보지 못하도록 하는 것이 여기에 해당한다. 이러한 벌은 '제거성 벌'(소극적 벌)이라고 한다.

지금까지 살펴본 '강화'와 '벌'의 개념 및 그 하위기법을 이해하는 데 도움이 될 도식을 제시하면 [그림 6-13]과 같다.

자극유형 \ 제공여부	자극의 성질	
	쾌자극	불쾌자극
제 공	정적 강화	수여성 벌(적극적 벌)
철회(박탈)	제거성 벌(소극적 벌)	부적 강화

그림 6-13 | 강화와 벌의 하위기법 종류

자료출처 : Vander Zanden, J. W.(1980). Educational Psychology in Theory and Practice. p.108.

이과 같은 스키너의 작동적 조건화이론은 프로그램 학습방법(program learning methed)의 이론적 기저를 제공했으며, 또한 행동주의적 상담모형인 '행동수정'(behavior modification)의 근거를 제공하였다(Schunk, 2000). 행동수정의 방법은 크게 두 가지로 구분된다.

ⅰ) **바람직한 행동을 증강시키는 방법** : 여기에는 ① 정적 강화(positive reinforcement), ② 부적 강화(negative reinforcement), ③ 차별강화(differential reinforcement), ④ 프리맥 원리(Premack principle), ⑤ 행동형성(shaping), ⑥ 행동연쇄(chaining), ⑦ 용암(溶暗; fading), ⑧ 간헐강화(intermittent reinforcement), ⑨ 토큰강화(token reinforcement), ⑩ 행동계약(behavioral contract), ⑪ 역할연기(role-praying), ⑫ 자기지시(self-instruction), ⑬ 자기지도(self-direction) 등이 포함된다.

① 정적 강화(긍정적 강화) : 강화란 바람직한 행동의 발생빈도를 증강시키기 위해서 그 행동의 촉발을 유도하는 후속자극(강화자극)을 적절히 관리하는 것을 말하는데, 정적 강화는 특정 행동을 증강시키기 위해서 그 행동이 발생했을 때 즐거움과 쾌감이 수반되는 강화자극(강화물, 보상물)을 제공하는 것을 말한다. 예를 들면, 아동이 인사할 때마다 머리를 쓰다듬어 줌으로써 인사하는 행동을 촉발시키는 것을 말한다.

■ **강화자극(강화물, 보상물)의 종류**

① 물질적 강화물 – 과자, 사탕, 학용품, 장난감, 동화책, 용돈 등
② 사회심리적 강화물
- 언어적 보상 : 칭찬, 격려 등
- 비언어적 보상 : 신체적 애무, hug, eye-contact 등

③ 활동적 강화물 – 자유시간, 좋아하는 활동이나 여행 등의 허용

② 부적 강화(부정적 강화) : 특정 행동을 증강시키기 위하여 그러한 행동이 나타났을 때 이미 제공된 혐오자극을 철회(면제)시켜주는 것을 말한다. 예를 들면, 숙제를 잘 해오는 학생들에게 화장실청소를 면제시켜 주는 것을 말한다.

③ 차별강화 : 차별강화란 여러 행동 중에서 어느 특정행동만을 선택적으로 강화(보상)함으로써 그 행동을 증강시키는 것을 말한다.

④ 프리맥 원리 : 프리맥(Premack, 1965)이 발생빈도가 높은 행동이 낮은 행동에 대하여 강화물(reinforcer; 강화제, 강화자)의 역할을 한다는 사실을 발견함으로써 체계화되었는데, 이는 그 자체가 행동수정(행동치료)에 있어 새로운 방법으로 등장하게 되었다. 행동치료에 있어 표적행동(target behavior)은 대체로 빈도가 낮은 행동이기 때문에 그 발생빈도를 증가시켜야 하는데, 이때 발생빈도가 높은 행동은 발생빈도가 낮은 행동에 대한 강화물로 활용될 수 있다. 다시 말하면, 보다 선호되는 행동은 덜 선호되는 행동의 강화물로 사용할 수 있다. 예를 들면, 놀기 좋아하고 수학공부를 싫어하는 철수에게 수학을 2시간 공부하면 1시간 놀 수 있도록 조치를 취하면 그는 놀기 위해서 열심히 수학공부를 하게 될 것이다. 또한, 윤희가 평소 자동차를 타면 항상 라디오를 먼저 켜고 안전벨트를 잘 매지 않을 때 안전벨트를 먼저 매야만 라디오를 켤 수 있도록 한다면 그녀는 라디오를 듣기 위해 항상 안전벨트를 매게 될 것이다.

이러한 원리는 학교장면에서 교사들에 의해 흔히 활용된다. 예컨대, 어떤 공부를 끝내야만 자유시간을 가질 수 있을 때 학생들은 그 조건을 충족시키기 위하여 열심히 공부를 하게 될 것이다. 그리고 어떤 아동이 글자공부를 싫어하면서 동물(특히 캥거루, 말 등)을 그리는 것을 무척 좋아한다면, 아동에게 "네가 글자 다섯 단어를 공부하고 나면 좋아하는 동물 그리기를 하도록 해 주겠다."고 약속을 하면 아동의 글자공부행동은 촉발될 것이다. 또한, 철수가 TV 시청이나 컴퓨터 게임 등의 재미있는 일에는 밥 먹는 것조차 잊고 몰두하는 반면, 책읽기나 숙제하기를 싫어한다면 책읽기나 숙제를 마친 다음에 TV 시청이나 컴퓨터 게임 등의 좋아하는 행동을 할 수 있도록 조건을 걸면 철수는 책읽기나 숙제하기 등의 행동을 꾸준히 증가시키게 될 것이다.

⑤ 행동형성(행동조형, 점진접근) : 행동형성은 학생(내담자)이 현재까지 한번도 해 보지 못한 행동을 점진적으로 학습하도록 하는 방법이다. 이는 지금까지 한번도 해 본 적이 없는 새로운 행동을 가르치기 위하여 그 복잡하고 어려운 행동을 작은 단위의 하위행동으로 세분화하여, 제일 쉽고 낮은 수준의 행동으로부터 점차 어려운 행동으로 유도하여 결국 목표행동인 복잡하고 어려운 행동을 학습하도록 하는 순차적이고 점진적인 강화방법을 말한다.

⑥ 행동연쇄 : 특정의 목적을 성취하기 위한 일련의 행동은 자극(식별자극)과 반응의 연결이 연쇄적으로 이루어져 있으므로 이 연결고리에 맞추어 차례대로 행동계열을 익히게 하는 것을 행동연쇄라고 한다. 그런데 이러한 행동연쇄는 그 실행순서에 따라 순행행동연쇄와 역행행동연쇄(후진행동연쇄, 역순행동연쇄)로 구분되는데, 일반적으로 역행행동연쇄가 더 효과적인 것으로 인정되고 있다.

⑦ 용암 : 특정 행동을 수행하도록 돕는 자극(조건)을 점진적으로 줄여감으로써 결국 아무런 도움 없이도 그 행동을 실행할 수 있도록 유도하는 방법을 말한다. 즉, 행동을 유발시키는 도움을 점진적으로 줄여감으로써 일부 변화된 조건 또는 완전히 새로운 조건하에서도 동일한 행동을 실행하도록 지도하는 것을 말한다.

⑧ 간헐강화 : 행동의 발생빈도를 증가시키기 위해서는 그 행동이 나타날 때마다 강화(보상)를 계속 제공하는 경우와 강화(보상)를 간헐적으로 제공하는 경우로 나누어 볼 수 있는데, 전자를 계속강화계획(continuous reinforcement schedule; CRS)이라고 하고, 후자를 간헐강화계획(intermittent reinforcement schedule; IRS)이라고 한다. 이에 대해서는 앞에서 이미 논의하였으므로 여기에서의 언급은 생략하기로 한다.

⑨ 토큰강화 : 물질적 또는 사회심리적 보상을 직접 제공하는 대신 나중에 일정한 값진 물건(학용품이나 장난감 등)과 교환할 수 있는 상징적인 표(스티커, 점수, 기타 사인 등)를 강화물로 활용하는 강화방법을 말하는데, 이는 토큰경제(token economy)라고도 한다.

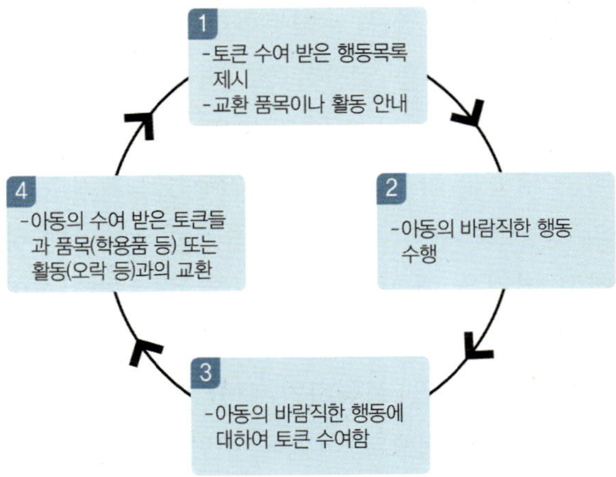

그림 6-14 | **토큰강화의 실시절차**

⑩ 행동계약 : 내담자가 어떤 행동을 수행하느냐에 따라서 그에 대한 결과로서 제공되는 강화자극(보상) 또는 혐오자극(벌)에 관해 서류상으로 협약을 맺고, 이에 따라 해당자극을 제공함으로써 행동을 수정하려는 방법을 말한다.

⑪ 역할연기 : 일상생활 속에서 수행하지 못하거나 수행하기 곤란한 역할 때문에 부적응행동을 보이는 내담자에게 실제 장면이나 극적 장면에서 어떤 역할을 하도록 하거나, 연습하게 해 봄으로써 적응행동을 하도록 하는 방법이다. 역할연기는 처음에는 상담실에서 이루어지지만, 그 효과를 보다 높이기 위해서는 실제 장면과 유사한 곳에서 하도록 해야 한다. 예를 들면, 자신이 좋아하는 여학생 앞에서 말을 못하는 남학생에게 상담자가 여학생 역할을 하면서 남학생에게 말을 해 보도록 하는 것이다.

⑫ 자기지시 : 불안을 줄이거나 부적응행동을 적응행동으로 바꾸기 위하여 자기 스스로 자신에게 지시하거나 말하게 하는 방법을 지칭하는데, 이러한 방법만으로도 행동수정을 유도할 수 있다. 자기지시에는 정서적 안정을 하기 위하여 근육이완을 하도록 하는 지시, 비합리적인 생각을 합리적인 생각으로 바꾸도록 하는 지시, 구체적인 행동을 하도록 자는 지시 등이 포함된다. 예를 들면, 자신이 좋아하는 이성에게 하고 싶은 말이 있으나 거절당하는 것이 두려워 말을 하지 못하는 내담자 자신에게 "긴장을 풀고 근육을 이완하자.", "잘 말하려고 하지 말고 솔직하게 말하자.", "이 세상에 별 여자 없다. 그녀도 사람이고 나도 사람이다." 등과

같은 자기지시를 하도록 한다.

⑬ 자기지도 : 내담자가 스스로 자신의 행동수정 프로그램을 이끌어 가는 방법이다. 이 프로그램에서는 자신이 수정하고자 하는 행동이 무엇인지 분명히 밝히고, 목표를 구체적으로 설정한 후 자신의 행동을 정확하게 관찰하고 기록하며, 그 결과를 확인하는 것으로 이루어진다.

ii) **바람직하지 않는 행동을 감소·제거시키는 방법** : 여기에는 ① 상반행동 강화(reinforcement of opposed behavior), ② 소거(extinction; 소멸), ③ 벌(punishment; 혐오치료 : 수여성 벌과 제거성 벌), ④ 타임아웃(time-out), ⑤ 반응대가(response cost) 등이 포함된다.

① 상반행동 강화 : 부적응행동과 상반되는 행동을 강화해 줌으로써 상대적으로 부적응행동을 감소·제거시키려는 방법을 말한다.

② 소거(소멸) : 바람직하지 않은 행동의 발생률을 점차 감소시켜 결국 그 행동을 제거시키기 위해서 그 행동이 더 이상 강화될 수 없도록 이제까지 제공되던 강화자극을 차단(중단)하는 것을 말한다.

③ 벌 : 바람직하지 않은 행동을 감소·제거시키기 위하여 그 행동에 대한 후속자극을 적절히 관리하는 것을 말하는데, 이는 다시 '수여성 벌'과 '제거성 벌'로 구분된다.

먼저, 수여성 벌(적극적 벌)은 바람직하지 않은 행동을 감소·제거시키기 위하여 그 행동의 후속자극으로 불쾌자극(혐오자극)을 제공하는 것을 말한다. 예를 들면, 눈을 부릅뜨고 야단치는 꾸중, 비난, 욕설, 체벌에 이르기까지 매우 다양한 방법들이 포함된다. 한편, 제거성 벌(소극적 벌)은 바람직하지 않은 행동을 할 경우 쾌자극을 박탈(철회)하는, 즉 즐거움과 쾌감을 맛볼 기회를 박탈하는 것을 말한다. 예를 들면, 시험성적이 좋지 못한 학생에게 전체 학생들이 관람하기로 되어 있는 영화를 관람하지 못하도록 하는 것이다.

그러나 이러한 벌은 어디까지나 행동관리(통제)에 대한 부정적인 접근이므로 그 부작용도 예상되기 때문에 활용시 세심하게 유의해야 한다. 대표적인 유의점을 열거하면 다음과 같다.

ㄱ. 벌은 잘못된 행동이 나타날 때 즉시 주어져야 한다(벌의 즉시성).

ㄴ. 벌은 잘못된 행동을 억제할 수 있을 만큼 충분히 주어져야 한다(벌의 충분성).

ㄷ. 벌은 시간과 상황이 바뀌어도 일관되게 주어져야 한다(벌의 일관성).

ㄹ. 벌은 사전의 계획이나 예고한 바에 의해 주어져야 한다.

ㅁ. 벌은 아동의 입장에서 이해되고 수용되어야 한다.

ㅂ. 벌은 행동과 관련해서 주어야 효과적이다.

ㅅ. 벌은 사랑과 존중의 마음을 바탕으로 제공되어야 한다.

ㅇ. 벌은 가능한 부드럽게 주어야 한다.

ㅈ. 벌은 엄격하게 주어야 한다.

ㅊ. 벌을 줄 때는 먼저 그에 대하여 설명해 주어야 한다.

ㅋ. 벌을 줄 때 이외의 상황에서는 아동을 따뜻하고 수용적으로 대해야 한다.

ㅌ. 수여성 벌(적극적 벌)보다는 제거성 벌(소극적 벌)을 사용하는 것이 더 좋다.

ㅍ. 벌은 최후수단으로 사용하여야 한다.

ㅎ. 벌을 주면서, 동시에 대체행동(바람직한 행동)을 찾아 강화하는 것이 좋다.

④ 타임아웃(고립) : 바람직하지 못한 행동을 감소·제거시키기 위한 벌의 일종으로서, 그 행동을 한 학생을 일정시간동안 삭막한 장소에 격리시키는 방법이다. 이렇게 격리되게 되면 정적 강화를 받을 기회가 차단되게 된다.

⑤ 반응대가(권리박탈) : 잘못된 행동의 대가로 아동의 권리를 박탈함으로써 행동을 수정하는 방법을 말한다. 예를 들면, 6시로 정해진 귀가시간을 어겼을 때 다음 1주일동안 외출을 금하거나, 수업시간에 떠드는 아동에게 한 번 떠들면 노는 시간을 2분씩 박탈하는 것이 이에 해당된다. 이 방법을 사용하는 데 있어 고려해야 할 점은 첫째, 대가가 적정한 수준이어야 한다. 대가가 지나치게 높으면 아예 행동을 수정하려는 의욕을 상실하게 된다. 둘째, 대가가 타당하다고 인정되어야 하므로 사전에 미리 제시하고 합의하는 것이 바람직하다.

이와 같은 스키너의 '작동적 조건화이론'과 앞에서 논의한 파블로프의 '고전적 조건화이론'과의 주요 차이점을 비교해 보면 [표 6-1]과 같다.

표 6-1 고전적 조건화이론과 작동적 조건화이론 비교

비교 \ 이론	고전적 조건화이론	작동적 조건화이론
대표자	파블로프(Pavlov)	스키너(Skinner)
S와 R의 관계	S-R의 조건화 (중립자극이 조건자극화되고, 그 조건자극에 의해 수동적으로 반응이 나타남 - 자극이 반응에 앞서 나타남으로써 그에 의하여 자동적으로 반응이 유발됨)	R-S(S^R)의 조건화 (조건자극은 학습사태에서 하나의 형식적인 의미만 갖고, 이에 대한 반응이 선행된 뒤에 강화자극이 따르게 됨 - 강화자극은 조건반응을 강화하는 수단으로 제공됨)
조건화의 과정	{CS ······→ CR {UCS ——→ CR (조건자극을 무조건자극과 결합시켜 조건반응을 일으키게 함)	S —— R —— S^R ⋮ ? (최초의 자극은 알 수 없고, 유기체는 단순히 반응을 방출하며, 이 반응은 뒤따라 제공되는 강화자극에 의해 통제됨)
행동의 원리	자동적 신경체계에 의해 수동적인(무의식적인·불수의적인) 반응이 유발됨 - 유발된 행동	중추신경체계에 의해 작동적인(의식적인·수의적인) 반응이 방출됨 - 방출된 행동
조건화의 성립	결합에 의한 접근(접근의 원리)에 의해 성립됨	욕구·동기의 만족(강화의 원리)에 의해 성립됨
조건화의 유형	S형 조건화	R형 조건화

자료출처 : Vander Zanden, J. W.(1980). Educational Psychology in Theory and Practice. p.104.

(4) 사회학습이론

행동주의 학습이론(고전적 조건화이론과 작동적 조건화이론)은 유기체가 특정 상황 하에서 직접 행동을 하게 될 때 그에 대하여 특정의 '결과'(보상 또는 벌)를 제공함으로써 그 행동을 증강시키거나, 감소·제거시킬 수 있다는 점을 강조한다. 반두라(Bandura, 1977b)는 이 이론들이 지나치게 행동의 결과에만 집착하고 있다고 지적하면서, 사회적 상황에서 타인들의 행동을 단순히 관찰하여 모방함으로써 그 행동을 학습할 수 있다는 '사회학습이론'(모방학습이론, 관찰학습이론)을 제안하였는데, 이는 전통적 행동주의 심리학의 관점에 인지주의적 접근을 추가하여 정립되었다. 이미 제4장(발달의 영역)의 '성격발달'에서 언급한 바와 같이, 이러한 관점에서 최근 반두라는 '사회학습이론'이라고 불렸던 자신의 접근방식을 '사회인지이론'(social cognitive theory)이라고 수정·확장하였는데, 여기에는 ① 상호결정론, ② 자아효능감이론, ③ 사회학습이론 등의 하위이론들이 포함된다. 이 중 '상호결정론'과 '자아효능감이론'에 관해서는 이미 제4장(발달의 영역)의 '성격발달'에서 논의하였으므로 여기에서는 '사회학습이론'에 대해서만 논의하기로 한다.

사회학습현상을 검증하기 위해 반두라는 두 집단의 아동들을 선정하여, 한 집단에게는 사람 모양의 인형에 공격적인 행동을 하는 영화를 보여 주고, 다른 집단에게는 공격적 행동이 없는 중립적인 내용의 영화를 보여 주었다. 그 결과, 공격적인 장면의 영화를 본 집단의 아동들은 그것을 보지 않은 집단의 아동들에 비하여 훨씬 더 공격적인 행동을 많이 하는 것을 발견하였다.

성인의 공격적인 행동을 관찰한 아동들은 같은 상황에서 공격적인 행동을 그대로 실행하였다.

그림 6-15 ❙ 모방에 의한 학습(사회학습)을 검증하기 위해 활용한 영화내용

자료출처 : Sprinthall, N. A. et al.(1994). Educational Psychology : A Developmental Approach. p.260.

이와 같은 결과를 근거로 반두라는 인간의 학습과정에서는 직접적인 강화에 의한 경험을 통해서 학습되는 행동도 있지만, 타인의 행동을 관찰하고 이를 모방함으로써 새로운 행동을 학습할 수도 있다고 주장하였다. 이러한 학습은 일상적인 사회적 상황에서 모방을 통하여 이루어지기 때문에 이를 사회학습 또는 모방학습, 관찰학습이라고 한다.

또한, 아동이 자신의 행동에 대해서 직접적인 강화(보상)나 벌을 받지 않더라도 다른 아동이 강화나 벌을 받는 것을 단지 관찰하는 것만으로도 그 행동이 변화될 수 있다. 반두라는 이를 통합적으로 '대리적 학습'(vicarious learning)이라고 명명하였는데, 이를 각각 구체적으로 표현하면 '대리적 강화', '대리적 처벌'이라고 명명할 수 있다.

사회학습의 단계는 ① 주의과정, ② 파지과정, ③ 재현과정(운동재생과정), ④ 동기화과정으로 구분할 수 있는데, 이를 도식화하면 [그림 6-16]과 같다(Bandura, 1977b).

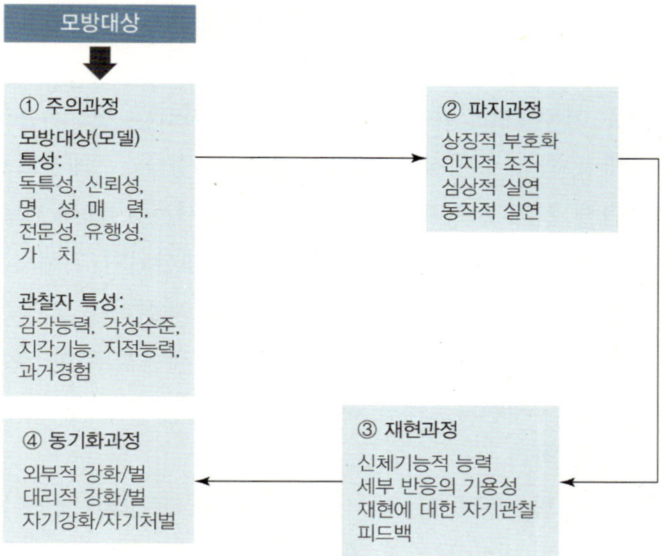

그림 6-16 | 사회학습의 과정

첫째 단계는 주의과정인데, 타인의 행동을 관찰하여 모방하기 위해서는 무엇보다도 먼저 모방대상(model)에 대하여 주의를 기울이지 않으면 안 된다. 이 과정에서 모방대상에 대한 주의의 정도는 그가 가지고 있는 특성들에 의해 영향을 받는데, 예를 들면 그가 독특성, 신뢰성, 명성, 매력, 전문성, 유행성, 가치 등을 갖고 있을수록 주의를 더 많이 이끌어낼 수 있다. 한편, 주의의 정도는 관찰자(학습자, 모방자)가 가지고 있는 특성들에 의해서도 달라지는데, 예를 들면 그의 감각능력, 각성수준, 지각기능, 지적 능력, 과거 경험 등에 따라 좌우될 수 있다.

둘째 단계는 파지과정인데, 모방대상을 면밀한 주의를 집중하여 관찰한 후 어느 정도의 시간이 경과한 다음, 그 행동을 수행하기 때문에 학습자는 모방할 행동을 상징적인 형태도 기억하는 어떤 방식을 가지고 있어야만 한다. 반두라는 이러한 상징적 과정이 자극접근(stimulus contingency), 즉 동시 발생하는 자극들 간의 연합으로 이루어진다고 설명하면서, 여기에는 상징적 부호화, 인지적 조직, 심상적 실연, 동작적 실연 등이 내포된다고 주장하였다.

셋째 단계는 재현과정(운동재생과정)인데, 이를 위해서는 무엇보다도 먼저 모방한 행동을 정확하게 재현하려면 무엇보다도 그 수행에 필요한 신체기능적 능력을 갖추고 있어야 한다. 예를 들면, 유아는 어머니의 양치질 행동을 지켜볼 수 있으나, 신체의 힘과 민첩성 및 신체협응력이 부족하기 때문에 제대로 모방할 수 없다. 관찰을 통해서는 단지 새로운 행동의 유형(치약을 칫솔에 짜는 것, 칫솔을 이에 대고 좌우 또는 상하로 문지르는 것 등)은 알 수 있으나, 새로운 신체적 활동(양치질을 끝내는 전체 과정)을 구체적으로 구사하지는 못한다. 이러한 신체적 능력이 습득되기 위해서는 신체적 성숙과 연습이 있어야 한다. 그리고 모방한 일련의 행동들이 잘 재현되기 위해서는 구체적인 세부반응의 가용성이 높아야 한다. 또한, 행동을 재현하는 과정에서 면밀한 자기관찰이 이루어져야 하는데, 이는 보다 정교한 재현을 위한 자기수정을 가능하게 한다. 끝으로, 재현과정에서 부모나 교사 등의 타인에 의한 정확한 피드백이 제공되어야 한다.

넷째 단계는 동기화과정(동기 및 강화과정)인데, 모방된 행동이 실제로 수행되기 위해서는 그에 대한 동기적 변인과 강화가 작동되어야 한다. 반두라는 인지주의 학습이론가, 특히 톨만(Tolman, 1959)처럼 '학습'(행동의 획득)과 '수행'(performance)을 구분하였는데, 사람은 특정 대상의 행동을 관찰하여 그 행동을 획득할 수는 있으나, 그 행동은 실제로 수행될 수도 있고 그렇지 않을 수도 있다. 첫째, 모방한 특정 행동의 수행정도는 외부적 강화나 벌에 의해 영향을 받는다. 특히, 특정 행동의 수행에 대하여 외부적 강화(보상)가 제공될 가능성이 높으면 그 행동의 수행은 그만큼 쉽게 나타날 것이다. 여기에는 부분적으로 과거에 받은 강화경험도 작용하게 된다. 둘째, 특정 행동의 수행은 대리적 강화(관찰대상의 행동에 보상이 주어지는 것을 관찰하는 것)나 벌(관찰대상의 행동에 벌이 주어지는 것을 관찰하는 것)에 의해서도 영향을 받는다. 셋째, 특정 행동의 수행은 자기강화(self-reinforcement)나 자기처벌,

즉 자신의 행동에 대해 스스로 내리는 평가 및 반성에 의해서도 상당한 영향을 받는다.

이와 같은 반두라의 사회학습이론(넓게는 '사회인지이론')은 두 가지 면에서 중요한 공헌을 하였다(Borich & Tombari, 1995). 첫째, 반두라는 고전적 조건화와 작동적 조건화의 원리만으로 설명할 수 없는 행동의 학습에 대한 설명을 제시하였다는 점이다. 즉, 반두라는 학생은 자극이나 보상이 없는 상황에서도 학습이 가능하다고 주장하면서, 두 이론에서 간과한 학습을 부각시켰다. 둘째, 반두라는 피아제의 인지발달이론과 스키너의 작동적 조건화이론 사이에 가교를 놓았다. 즉, 그는 학습과정에 있어서 '인지'의 역할을 강조하면서, 주의·파지·조정·대리적 강화·자기강화·자아효능감 등의 개념을 사용하여 인간의 내부적이고 인지적인 학습과정을 설명하려고 시도하였다.

2. 인지주의 학습이론

1) 학습의 의미

현대 심리학의 태동을 이룬 '구조주의 심리학'과, 그 뒤를 이은 '기능주의 심리학'을 토대로 발전한 '행동주의 심리학'은 자극-반응의 연합(S-R bond : 습관화)을 강조하는 연합주의이론(associationism theory)에 기초를 둔 반면, '인지주의 심리학'(cognitivism psychology)의 모태가 된 '형태주의 심리학'(Gestalt psychology)은 독일의 합리주의이론(rationalism theory)에 그 이론적 근거를 두고 있다. 형태주의 심리학의 기본전제는 "부분들의 성질은 전체에 대한 부분들의 관계에 의존하고, 부분의 질은 전체 속에 있는 부분의 위치, 역할 및 기능에 의존한다"는 표현에 잘 나타나 있다(Wertheimer, 1912). 이처럼 형태주의 심리학은 '전체는 부분들의 합'(환원주의)이라고 전제하는 행동주의 심리학과는 달리, '전체는 부분들의 합 이상'(비환원주의)이라는 점을 매우 강조한다.

형태주의 심리학은 특히 인간의 지각과 문제해결과정에 관심을 기울였는데, 같은 시기에 미국에서 연구되고 있던 행동주의 심리학이 '학습'을 반복적인 시행착오의 과정을 통한 '자극-반응 연합'으로 간주하는 것을 거부하고, '학습'은 통찰을 통하여 지각장면(perceptual field)을 재구성한 결과로서 나타나는 '인지구조의 변화'(change in cognitive structure)라는 입장을 취하였다. 즉, 학습은 환경과의 상호작용을 통한 유기체의 인지구조의 변화라고 정의하였다.

학습에 대한 인지주의의 입장은 ① 학습에 대한 자발적 참여, ② 문제해결을 위한 합리적인 정보처리, ③ 새로운 학습을 위한 기존 학습내용의 재구성 등을 강조한다. 여기에서는 '인간'을 환경변화에 의해 수동적으로 영향을 받는 존재가 아니라 주어진 정보나 상황을 지각·선택·해석하며 저장된 정보를 활용하면서 능동적으로 문제를 해결해 나가는 정보처리적인 존재라고 인정한다. 그는 직면하는 문제사태에 대한 직관과 통찰의 과정을 통해 결과적으로 자신의 인지구조를 변화시켜 나가게 된다.

2) 학습이론의 종류

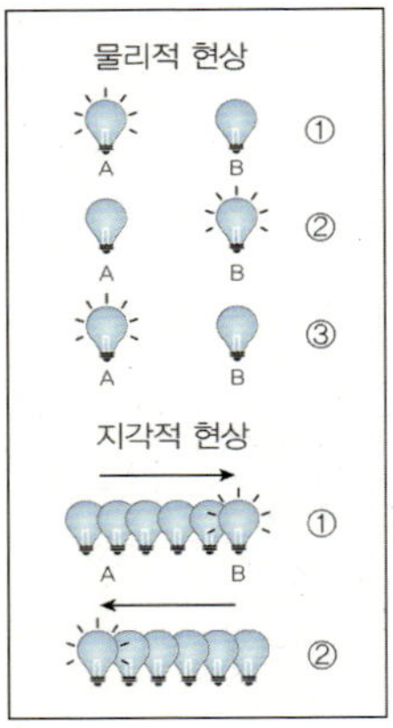

그림 6-17 ❙ 가현운동(파이현상)의 실례

형태주의 심리학은 독일의 베르트하이머(Wertheimer, 1912)가 가현운동(假現運動; apparent movement), 즉 파이현상(phi phenomenon)에 대한 실험결과를 발표함으로써 체계화되기 시작하였다([그림 6-17]). 여기에서는 전체란 요소들의 합 이상이므로 행동주의 심리학의 원자론적 접근(요소적 접근, 미시적 접근) 및 환원주의적 접근(전체 = 부분들의 합)처럼 전체를 요소들로 분할하여 이해하기보다는 그 자체로서 이해해야 한다는 점을 강조하는 통합론적 관점(전체적 접근, 거시적 접근) 및 비환원주의적 접근(전체 = 부분들의 합 이상)을 취한다. 인간은 주어진 사태를 인지할 때 그 요소들을 별개적으로 지각하는 원자론적 관점이 아니라 요소들 간의 관계성을 파악하는 전체적 관점에서 지각하게 된다(Sahakian, 1976).

인간의 지각에 있어 이러한 현상들을 예시하는 대표적인 자료들을 모아 제시하면 [그림 6-18]과 같다.

인지주의 학습이론에는 먼저 형태주의 심리학에 기초를 둔 퀠러(Köhler, 1947)의 통찰학습이론(insight learning theory), 레빈(Lewin, 1942)의 장학습이론(field theory of learning)이 포함된다. 여기에서는 학습현상을 요소로 분할해서 파악하는 것이 아니라, 주어진 전체적인 구조 속에서 파악하고자 한다. 즉, 전체 속에서 요소들의 관계가 성립되므로 유기체는 자신에게 주어진 문제

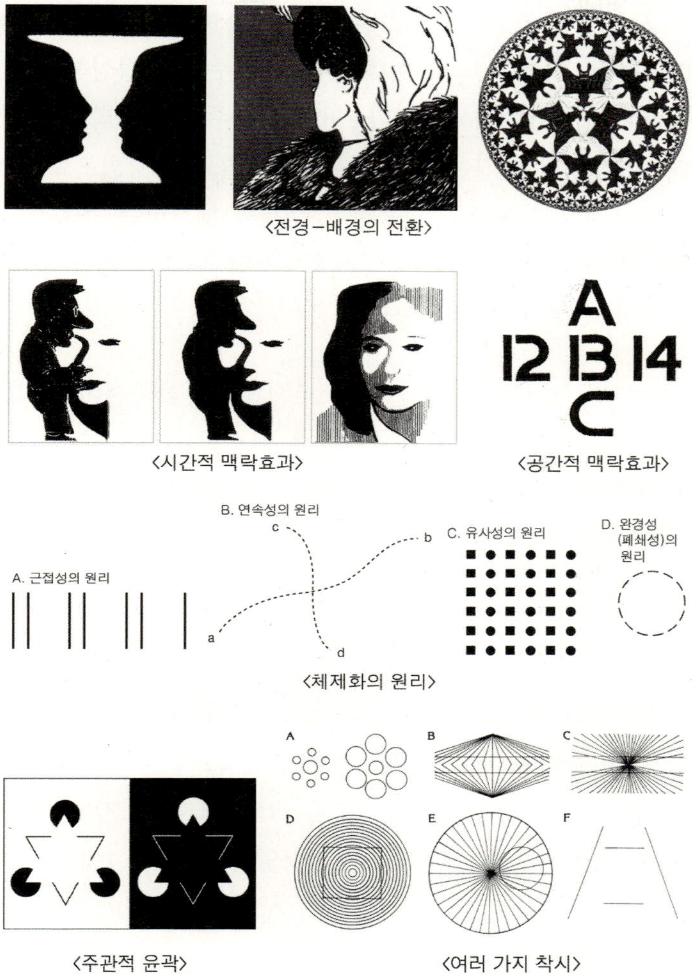

그림 6-18 | 지각현상들

사태를 전체적인 맥락에서 통찰해야만 그 해결의 실마리를 쉽게 찾을 수 있다.

또한, 인지주의 학습이론에는 톨만(Tolman, 1932; 1948)의 기호-형태 학습이론(sign-gestalt learning theory)도 포함되는데, 톨만은 원래 행동주의 심리학자로 출발하였으나 몇 가지 실험을 근거로 학습에 있어 인지적인 요소가 작용한다는 것을 밝혀 인지적 행동주의자로 변신하였으므로 인지주의 학습이론가로 분류될 수 있다.

끝으로, 인지주의 학습이론에는 정보처리적 학습이론(information-processing learning theory)과 신경망 학습이론(neural network learning theory)도 포함된다. 1950년대 중반에 일어난 인지혁명은 행동주의 심리학의 기계론적 접근에서 탈피하여 인간의 인지, 즉 마음을 컴퓨터에 비유하여 정보처리기제로 이해하고자 하였는데, 이것이 바로 현대 심리학의 주류를 형성하고 있는 인지주의 심리학(cognitive psychology)이다. 이는 형태주의 심리학을 토대로 발전하게 되었는데, 여기에서 인간은 지각한 정보를 필요한 방법으로 선택·비교하며, 필요에 따라 저장된 정보를 인출하여 문제를 해결하는 능동적인 존재라고 인정된다. 이러한 이론적 토대를 근간으로 체계화된 학습이론이 바로 정보처리적 학습이론과 신경망 학습이론이다.

그러면 이제부터 인지주의 학습이론으로서 ① 통찰학습이론, ② 장학습이론, ③ 기호-형태 학습이론, ④ 정보처리적 학습이론, ⑤ 신경망 학습이론에 대하여 차례대로 논의하기로 한다.

(1) 통찰학습이론(insight learning theory)

통찰학습이론은 쾰러(Köhler, 1947)에 의해 체계화된 이론으로, 형태주의 심리학과 인지주의 심리학에 이론적 근거를 둔 학습이론이다. 여기에서는 인간을 포함한 유기체가 주어진 문제사태를 전체적으로 인지하고 분석하여, 그것을 재구성 또는 재구조화함으로써 결국 그의 인지구조가 변화된다고 전제하면서, 이러한 과정을 '학습'이라고 정의하였다([그림 6-19]).

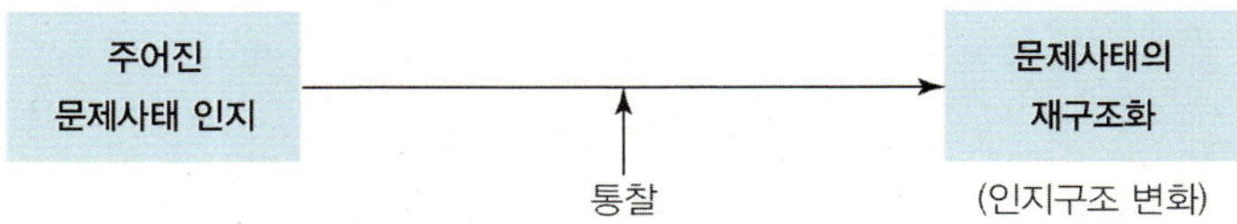

그림 6-19 | 통찰학습의 과정

학습과정에서는 분화와 통합, 즉 문제사태의 인지와 재구조화가 진행되며, 동시에 심리적 이해력이 생기게 된다. 이러한 심리적 과정을 쾰러는 '통찰'(insight)이라 명명하였다. 즉, 통찰이란 문제사태를 구성하는 요소들 간의 관계를 파악하여 문제해결의 실마리를 찾아내는 것을 말한다. 이렇게 본다면 학습이란 결국 학습자의 통찰과정을 통한 인지구조의 변화라고 할 수 있다.

쾰러가 통찰학습이론을 체계화하는 데는 침팬지를 대상으로 실시한 실험들의 결과가 많은 도움을 주었다. 첫째 실험으로, 쾰러는 높은 천장 위에 바나나

(목표)를 매달아 놓고 방안 구석에 크기가 다른 나무상자들을 넣어 두고 침팬지를 등장시켰다. 그 후 침팬지가 그 바나나를 따먹는 과정을 관찰하였더니, 침팬지는 시행착오나 조건화(조건형성)의 과정을 거치지 않고, 바나나를 중심으로 방안 전체의 상황을 둘러보고 바나나 밑에 여러 개의 나무상자들을 쌓아 놓고, 그 위로 올라가 바나나를 따먹었다([그림 6-20]).

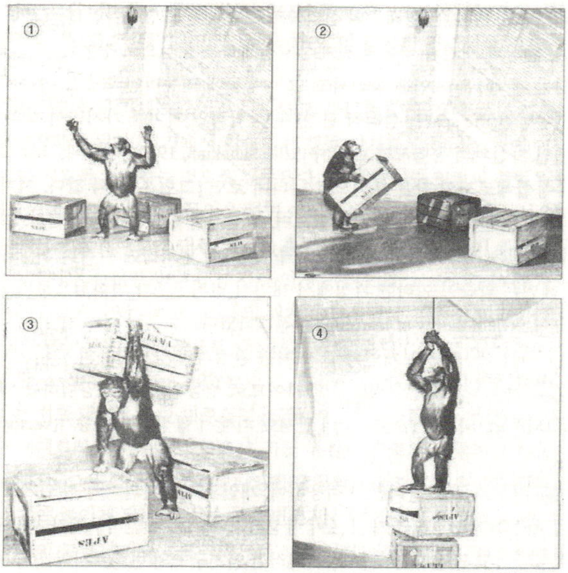

그림 6-20 ❙ 침팬지의 문제해결과정

자료출처 : Hilgard, E. R., Atkinson, R. S., & Atkinson, R. C.(1979). Introduction to Psychology. p.210.

둘째 실험으로, 퀠러는 상하가 차단된 곳에 침팬지의 손이 들어갈 수 있을 정도의 넓이로 차단말뚝을 박고, 그 근처에 짧은 막대들을, 그 안쪽에 긴 막대들을 위치해 놓았다. 그리고 제일 멀리에 바나나를 놓아두었다. 그랬더니 침팬지는 전체 상황을 한참 관찰한 후 앞쪽에 놓여 있는 적당한 길이의 짧은 막대를 이용하여 보다 멀리에 놓여 있는 더 긴 막대를 끌어당기고, 다시 그것을 이용하여 끌어당긴 제일 긴 막대로 결국 바나나를 끄집어내어 먹었다([그림 6-21]).

그림 6-21 ❙ 침팬지의 문제해결과정

이러한 실험들을 통하여 퀠러는 학습이란 통찰에 의한 문제해결의 과정이라고 규정하였다. 그에 의하면, 인간도 주어진 문제사태에 대한 통찰을 통하여 그 사태를 재구조화함으로써 문제해결을 한다. 이러한 과정을 통해 결국 인지구조의 변화가 나타나게 되는데, 이러한 과정이 바로 학습인 것이다. 이러한 사실들을 토대로 쾰러는 다음과 같은 결론을 내렸다.

첫째, 문제의 해결은 단순한 과거 경험의 누적이 아니고, 그의 경험적 사실을 재구성하는 인지구조의 변화과정이다. 둘째, 통찰은 탐색적인 과정을 통해서 이루어지는데, 그 탐색은 단순한 우연에 의한 시행착오와는 다르다. 셋째, 통찰은 문제장면에 의해 좌우되는데, 장면 전체가 잘 파악되면 그 해결이 용이하다. 넷째, 통찰에 의한 학습은 과제의 종류에 따라 차이가 있으며, 또한 개인의 특성에 따라서도 차이(개인차)가 있다.

(2) 장학습이론(field theory of learning)

레빈(Lewin, 1942)은 형태주의 심리학파로 환경과 개인 간의 역동적 관계성을 중심으로 장이론(field theory)을 체계화하였다. 여기에서 '장'(field, 場)이란 개인을 둘러싸고 있으면서 그의 행동에 역동적인 힘을 가하는 심리적 환경으로서의 주관적인 생활공간(life space)과 독립적인 의미를 가지면서 장의 핵심적인 구성요소인 개인 자신과의 통합체라고 할 수 있다(Lewin, 1939). 개인과 그의 심리적 생활공간의 통합체로서의 장을 도식으로 나타내 보면 [그림 6-22]와 같다.

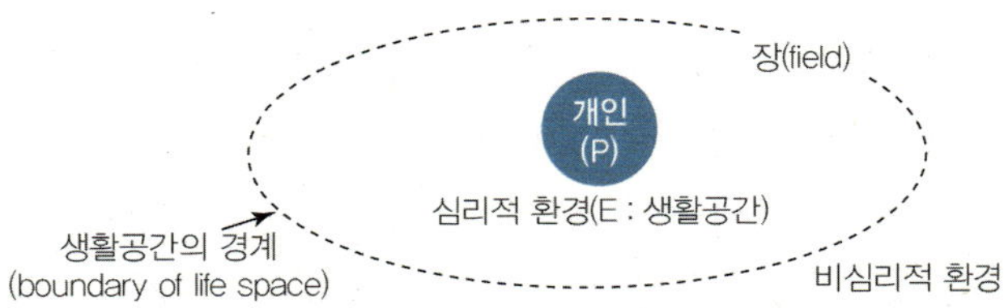

그림 6-22 | 심리적 생활공간으로서의 장

여기에서 보는 바와 같이, 장은 개인을 포함하고 있으며, 비심리적 환경과는 구분된다. 개인의 생활공간, 즉 심리적 환경에서 동시에 작용하는 다양한 힘들은 그의 행동에 영향을 미치기 때문에 시간적인 조건에 따라 역동적으로 변화하여 각각의 위상을 나타내게 된다. 레빈은 장이론을 보다 체계화하기 위해 기하학과 물리학에서 사용하는 벡터(vector)의 개념을 빌려왔는데, 이러한 이유로 그의 이론을 위상심리학(topological psychology) 또는 벡터심리학이라고도 부른다(Lewin, 1936). 벡터(vector)는 역학에서 강조하는 힘의 3요소(작용점, 방향, 강도) 중 두 가지 요소인 '방향'과 '강도'를 통합한 개념으로, 목표를 향해 가깝거나 멀어지는 심리적 운동에 영향을 미치는 힘을 지칭한다. 그러므로 벡터는 심리적인 힘과 유사한 개념으로, 레빈은 이를 유의성(誘意性, valence)이라는 용어로 처음 표현하였다. 이는 유인성(誘引性), 또는 유발성(誘發性)이라고도 명명하는데, 심리적 환경에서 개체의 요구에 응해 그 목표가 되는 대상에 끌려가거나 반발하는 성질을 말한다. 예를 들면, 공복일 때는 음식물을 섭취하고자 하는 성질을 생기게 하여 개체로 하여금 섭식행동을 유발시킨다.

유의성은 물리적 의미에서의 대상 그 자체가 가지는 고유의 성질이 아니라, 그것과 개체의 요구 간의 관계에서 일어난다. 그런데 이러한 유의성은 그것에 의해서 일어나는 행동의 방향에 따라 두 종류로 나뉘는데, 하나는 특정 대상에 심리적으로 접근하려는 긍정적 또는 플러스(+)의 유의성(positive valence)이고, 다른 하나는 특정 대상에 심리적으로 멀어지려는 부정적 또는 마이너스(−)의 유의성(negative valence)이다.

장이론에서의 핵심개념 중의 하나는 행동방정식인 B=f(P·E) [B: 행동(behavior), P: 개인(person), E: 환경(environment : 심리적 환경)을 의미함]이다. 여기에서의 '행동'은 행동주의자들의 개념과는 다른 의미를 갖는다. 즉, 장이론에서는 행동을 관찰 가능한 대상으로 간주하는 것이 아니라 생활공간에서 일어나는 의식적 경험으로 본다. 따라서 행동이란 개인과 환경의 상대적 위치의 변화, 또는 환경에 대한 인지적 과정에서 일어나는 재구성작용으로 간주된다. 이러한 행동은 개인과 그가 처한 환경과의 상호작용의 결과로 나타나는 역동적이며 전체적인 통합체에 의한 결과이므로 행동은 결국 양립하는 '환경적인 힘'과 '개인의 요구' 간의 관계에 의해서 형성되는 벡터에 의해 결정된다.

레빈(Lewin)은 이와 같은 장이론을 토대로 인간의 동기에 관심을 갖고 동기 및 지각이론을 학습장면에 적용시키는 연구에 몰두한 결과, 장학습이론(field theory of learning)을 체계화하였다. 그는 개인과 그의 심리적 환경(생활공간) 간의 역동적 관계에 의해 형성되는 장 속에서 특정의 인지구조가 새로이 형성되거나 기존의 인지구조가 재구조화되는 과정을 '학습'이라고 정의하였다. 그

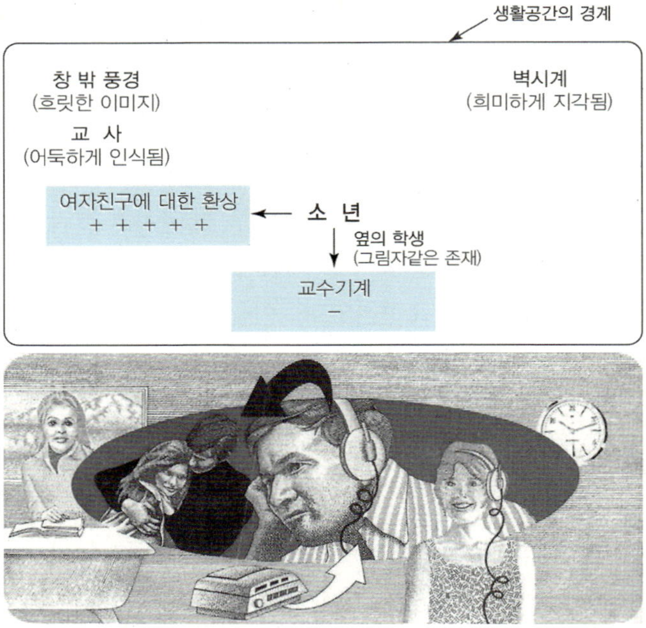

그림 6-23 | 장(field)에서 형성되는 벡터에 의한 '소년'의 행동

자료출처 : Biehler, R. F.(1971). Psychology Applied to Teaching. p.251.

리고 이러한 '인지구조의 변화'로서의 학습은 ① 인지의 분화(differentiation), ② 인지의 일반화(generalization), ③ 인지의 재구조화(restructualization) 등에 의해서 다양하게 이루어진다고 주장하였다.

(3) 기호-형태 학습이론(sign-gestalt learning theory)

톨만(Tolman)은 앞에서 언급한 바와 같이 원래 행동주의 심리학자로 출발하였으나, 몇 가지 실험을 근거로 문제사태에 대한 '인지'가 학습의 중요한 조건이 된다는 사실을 확인하여 인지적 행동주의자로 변신하였다. 그는 학습상황에서 목표를 달성하는 수단을 '기호'(sign)라고 명명하고, 그 목표를 '형태'(gestalt; 의미체)라고 하여, 이 양자의 관련성을 기호-형태라고 칭하였다.

인간을 포함한 유기체는 주어진 문제사태에서 '목표'(형태)를 성취하는 데 필요한 수단(기호)을 동원하게 된다. 이렇게 본다면 모든 행동은 주어진 사태에서의 지각과 기대 등의 내적 요인, 또는 환경적 요인에 의해 매개되는 목표지향적 행동인 것이다. 그렇다면 학습이란 행동 자체를 습득하는 것이 아니라 목표달성에 관한 기호를 인지하는 것으로 간주된다. 즉 학습이란 일련의 경험을 통하여 수단－목표－기대, 다시 말하면 "무엇을 하면 어떻게 될 것이다"라는 관련성을 파악함으로써 결과적으로 문제해결에 대한 인지를 획득하는 것이다. 이 과정은 구체적인 행동(수행)이 아닌 사전인지이며, 그 결과 인지도(認知圖; cognitive map)가 정신구조 속에 형성됨으로써 수단-목표-기대의 관계가 형성된다. 따라서 이러한 학습과정에서의 매개변인은 '목표'와 그 목표를 달성하기 위한 '수단' 간의 관련성에 대한 인지라고 할 수 있다(Tolman, 1948).

톨만은 쥐를 대상으로 한 미로실험을 통하여 얻어진 결과를 토대로 기호-형태 학습이론을 체계화하였다. 미로실험에서 쥐는 복잡한 미로의 출발지점(start box)에서 목표지점(end box)을 향해 전진할 때 다양한 방향의 갈림길에서 올바른 길을 선택해야만 하는 상황에 놓이게 되는데, 쥐는 여러 번의 반복적 경험을 통하여 미로를 통과하면서 특정 지점에 놓일 때마다 목표지점으로 가는 인지도를 뇌 속에 그려가게 된다. 쥐는 새로운 자극이 나타날 때마다 신념과 기대를 학습한다. 다시 말하면, 새로운 자극이 목표지점으로 가는 길과 부합되는지, 그렇지 않는지에 대한 '신념'을 갖게 되고, 올바른 길로 접어들게 되면 다음에 어떤 자극이 나타날 것이라는 '기대'를 학습하게 된다. 그 결과, 쥐는 계속해서 가장 가깝고 쉬운 미로([그림 6-24]에서의 점선 화살표)를 이용하여 목표지점에 도달하게 되었다.

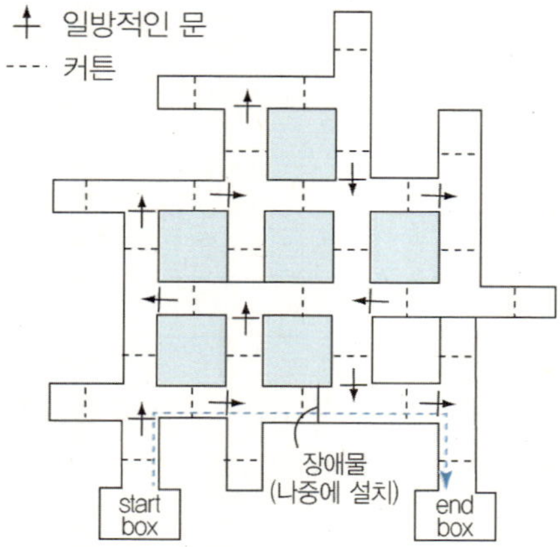

그림 6-24 ❙ 톨만(Tolman)이 쥐를 대상으로 한 실험에 활용한 미로

자료출처 : Hilgard, Atkinson, & Atkinson(1979). Introduction to Psychology. p.211.

그런데 한참 후 미로의 중간지점에 장애물을 설치해 그 통행을 방해한 다음, 쥐의 행동을 관찰하였더니 쥐는 또 다른 여러 미로를 여기저기 통과하여 목표지점에 도달하는 것이 아니라, 두 번째로 가깝고 쉬운 미로를 통하여 곧바로 목표지점에 도달하였다. 여기에서 우리가 확인할 수 있는 사실은 초기에 반복된 여러 번의 경험을 통하여 쥐는 전체 미로에 대한 인지도를 이미 뇌 속에 그려놓았다는 것이다.

한편, 톨만은 '잠재학습'(latent learning)이 존재한다는 사실을 밝힌 미로실험도 실시하였다. 잠재학습이란 학습(인지구조의 변화)은 이루어졌으나, 아직 수행(performance; 외현적 행동으로 나타나는 것)으로는 나타나지 않은 상태를 지칭한다. 다시 말하면, 학습된 내용이 실제의 행동으로 바로 나타나지 않고 잠재되어 있는 것을 말한다. 톨만은 쥐를 대상으로 한 미로실험을 통하여 이러한 사실을 확인하였다(Tolman & Honzik, 1930).

그는 미로실험에서 세 집단의 쥐를 사용하였다. 즉, 제1집단의 쥐들에게는 실험기간(17일간) 내내 미로의 목표지점에 정확히 도달해도 결코 보상을 제공하지 않았고, 제2집단의 쥐들에게는 그 기간동안 목표지점에 성공적으로 도달하면 항상 보상을 제공하였다. 그리고 제3집단의 쥐들에게는 처음부터 보상을 제공하지 않다가 실험실시 11일째부터 성공적인 목표도달에 대하여 보상을 제공하였다. 이 실험의 결과는 [그림 6-25]에 제시하였다.

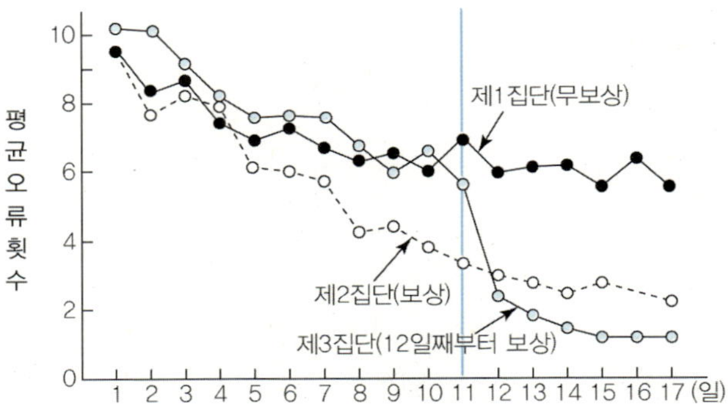

그림 6-25 ▎ 잠재학습에 관한 실험결과

자료출처 : Hilgard, Atkinson, & Atkinson(1979). Introduction to Psychology. p.211.

이를 분석해 보면 첫째, 결코 보상을 받지 않았던 집단(제1집단)에서도 약간의 향상이 있는 것을 확인할 수 있었고 둘째, 17일간 계속 보상을 받은 집단(제2집단)은 꾸준한 향상을 보인 사실을 확인할 수 있다. 셋째, 이전에 결코 보상을 받지 못하다가 11일째부터 보상을 받은 집단(제3집단)은 이때부터 미로의 성공적인 수행에 있어 많은 향상이 있음이 밝혀졌다.

이러한 사실들을 종합해 볼 때 실험기간 내내 보상을 받은 제2집단 쥐들보다 11일째부터 보상을 받은 제3집단 쥐들이 성공적 수행을 훨씬 잘하고 있음을 확인할 수 있다. 제3집단의 쥐들은 처음의 10일 동안 목표지점에 도달하는 미로를 이미 학습하였지만, 구체적인 수행으로는 나타나지 않았을 뿐이다. 이러한 '잠재학습' 현상을 근거로, 톨만은 '보상'은 수행(performance)의 변인으로 작용할 뿐, 학습의 변인으로는 작용하지 않는다고 주장하였다.

이러한 결과는 특정 자극(환경)사태에서 외현적 행동으로 나타나는 것(수행)을 '학습'이라고 인정하는 행동주의 학습이론의 입장과는 상당히 다름을 알 수 있다. 여기에서는 특정의 학습이 이루어졌다 하더라도 그 결과가 항상 외현적 행동의 형태, 즉 '수행'으로 나타나지 않을 수도 있다고 전제한다. 이러한 사실은 가정교육과 학교교육의 성격을 다시 한번 생각해 보게 한다.

(4) 정보처리적 학습이론(information-processing learning theory)

① 정보처리모형

정보처리모형은 특정의 새로운 정보가 투입되어 일련의 정신적 과정을 거침으로써 문제해결이 이루어진다고 간주한다. 즉, 이는 새로운 정보가 투입되면 개인의 내부에서 필요에 따라 기억으로부터 관련 정보가 인출(재생)되는 과정을 밟고 다시 일부 정보가 저장되는 등의 일련의 기제를 설명하는 접근으로, 여기에서는 인간의 정보처리과정을 컴퓨터의 그것에 비유한다.

여기에서 정보처리모형의 대표적인 모형으로 앳킨슨-쉬프린(Atkinson-Shiffrin)의 정보처리모형의 핵심내용을 도식으로 나타내면 [그림 6-26]과 같다(Atkinson & Shiffrin, 1968).

가. 감각기억

개인이 외부로부터 받은 자극이나 정보는 그의 감각수용기(시각·청각·후각·미각·촉각 수용기)를 통하여 받아들여져 뉴런(neuron; 감각뉴런 : 구심성 뉴런)에 의해 '감각기억고'(감각등록기)라는 신경계로 입력됨으로써 자극이나

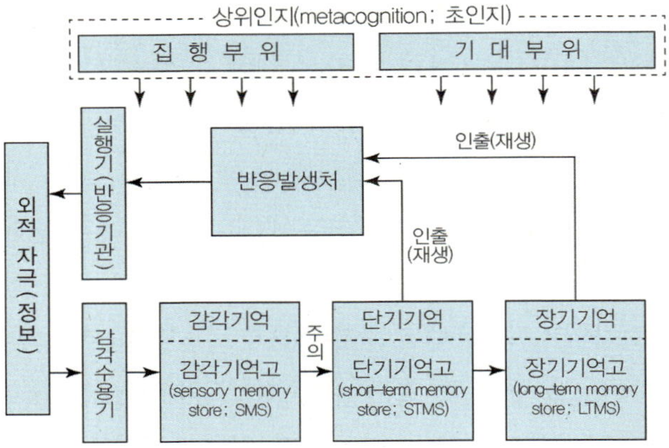

그림 6-26 ▎ 앳킨슨-쉬프린(Atkinson-Shiffrin)의 정보처리모형

정보의 내용이 지각된다. 감각기억고에는 본래의 자극이나 정보가 물리적 형태 그대로, 즉 원상태로 전달되는데, 이것을 감각기억이라고 명명한다. 이러한 기억이 지속되는 시간은 순간적인데, 이는 성인이나 유아 간에 거의 차이가 없으며, 기억용량은 대량이다.

감각기억은 즉시 처리되지 않을 경우 곧 영구히 소실(유실)되는데, 이러한 현상은 어린 학생들이 때때로 겪는 어려움을 잘 설명해 준다. 어린 아동들은 여러 자극을 동시에 받아들이는 것을 힘들어 한다. 예를 들어, 교사가 칠판에 특정 내용을 판서하면서, 동시에 설명하는 경우에 학생들은 필기에 전념하느라 설명을 제대로 듣지 못하게 된다. 따라서 교사가 두 가지 이상의 감각정보를 동시에 제시되는 것은 바람직하지 않다.

나. 단기기억

감각기억의 내용 중 주의집중을 한 일부내용은 '단기기억고'로 들어가는데, 이 정보는 개념적 형태로 변환되어 음소적/시각적/의미론적 형태로 부호화되어 저장된다. 여기에서는 비교적 짧은 시간동안 일시적으로 저장되나, 되뇌기, 즉 시연(試演; rehearsal)을 거치게 되면 더 오랫동안 저장(최대 30초 정도)되기도 하는데, 이 내용은 필요에 따라 인출(재생, 회상)되어 정보처리나 문제해결에 활용된다. 그런데 단기기억에 저장된 내용(정보)은 틀림없이 자동적으로 재생된다. 즉, 무오류(error-free)로 인출이 된다는 것이 단기기억의 특징 중의 하나이다. 그런데 단기기억의 용량은 대체로 7±2개의 항목(단위)으로 제한된다. 그러나 이러한 용량은 덩이짓기(chunking)를 통하여 확장시킬 수 있다. 덩이짓기란 주어진 정보나 자료를 우리가 알고 있는 방법을 이용하여 상하계열에 따라 보다 큰 의미 있는 단위로 묶는 것을 말한다. 그러므로 단기기억의 용량은 서로 관련성 있는 정보나 자료의 덩이(chunk)의 수라고 할 수 있으므로 개개의 자극 수가 아니다. 따라서 덩이짓기를 어떻게 하느냐에 따라 단기기억의 용량을 증가시킬 수 있다.

교사들은 종종 학생들이 책을 읽을 때 그 내용은 전혀 이해하지 못한 채 그저 읽기만 하고 있는 것을 보게 된다. 이러한 예는 교실장면에서 매우 흔하게 일어나는 일인데, 이에 대해 교사들은 때때로 적절한 해결책을 찾지 못하는 경우가 많다. 이때 교사는 학생들이 단어를 음성화시키는 과정에 작동기억의 공간을 모두 사용하여, 의미를 이해하는 데 필요한 공간이 없는 것은 아닌지를 생각해 보아야 한다. 이러한 현상은 덧셈과 뺄셈 등의 기초연산과정을 제대로 숙달하지 못한 학생들의 경우에도 나타난다. 이는 작동기억이 제대로 작용하지 않아 유용한 고차적인 정보들을 활용하지 못하고, 그 작동기억이 그저 단순한 기초연산에만 사용되는 경우와 같다.

이러한 문제를 해결하는 좋은 방법 중 하나는 자동성(automaticity)을 활용하는 것이다. 자동성은 정보의 내용이나 처리방법을 매우 많이 연습함으로써 습득될 수 있다. 일단 자동성을 획득하게 되면 그 처리속도가 빨라지고 노력이 적게 들며, 항상성을 유지하게 되고 자율적이 되어 의식적으로 조절하지 않아도 된다. 위 예의 경우 읽기와 덧셈 및 뺄셈 등의 기초학습에 자동성을 갖게 되면 학생의 작동기억은 그만큼 많은 공간을 확보할 수 있으며, 확보된 공간을 보다 유용하게 활용하여 보다 고차적인 정보를 사용하는 데 할당된다.

다. 장기기억

이렇게 저장된 내용 중 일부는 다시 변형되어 '장기기억고'로 들어가 이후의 인출을 위해 비교적 장기간 정교화·조직화된 상태로 저장된다. 단기기억고에 저장된 내용이 어떻게 장기기억고로 전이되는지에 대해서는 아직 정확하게 밝혀지지 않고 있으나, 그 내용을 자꾸 반복하여 되뇌기(시연)를 하면 장기기억고로의 전이가 일어난다는 주장이 설득력이 있다. 그런데 이러한 장기기억의 용량은 무제한이기 때문에 매우 많은 양의 정보를 저장할 수 있으며, 저장의 지속시간도 비교적 오랫동안 유지되는데, 그 가운데는 평생토록 잊혀

지지 않는 영구적인 기억도 있다. 그런데 여기에서 특이한 점은 단기기억이나 장기기억은 실제로 신경구조가 다르지 않기 때문에 특정의 문제해결을 위해 단기기억고에서 장기기억고로 옮겨간 정보가 다시 단기기억고로 복귀할 수도 있다는 점인데, 이를 작동기억(作動記憶; working memory)이라고 명명한다.

장기기억고의 정보들은 앞에서 언급한 바와 같이 정교화·조직화된 상태로 저장되는데, 이는 교사들에게 중요한 함의점을 준다. 즉, 교사는 학습자에게 개별적인 사실만을 제공하기보다는 반드시 사실들의 관계성에 대해서도 설명하는 것이 좋다. 예를 들어, 태양계의 구조를 설명할 때 그저 단순히 행성들이 같은 회전축을 가지고 있다고 설명하기보다는 그러한 사실이 왜 중요하고, 그 사실이 태양계 형성에 어떠한 의미를 주는지에 관하여 설명을 해 줄 필요가 있다.

실제로 학교현장에서 많은 교사들은 단지 주제에 관한 내용만을 가르치고 중간고사와 기말고사를 실시한다. 그러나 어떤 교사들은 다양한 실례와 비실례(example & non-example)들을 제시하고 각각을 관련시키며, 질문이나 퀴즈를 통해 학생들로 하여금 자신들이 학습한 내용을 스스로 평가할 수 있는 기회를 제공한다. 이러한 수업활동은 장기기억고에 저장된 정보들 간의 네트워크를 보다 정교화시키는 데 기여하게 되는데, 이는 정보처리적 학습이론이 제시하는 가정과 일치한다.

표 6-2 감각기억·단기기억·장기기억 비교

비교기준	감각기억	단기기억	장기기억
정보 생성 및 탐지	• 주의 이전 (preattentive)	• 주의집중	• 시연(rehearsal): 인출
정보 형식	• 투입된 정보의 복사판(원상태)	• 음소적 • 시각적 • 의미론적	• 상징적 표상의 형태 ① 서술적 기억(명시적 기억) - 심상적 기억(일화적 기억) - 명제적 기억(의미론적 기억) ② 절차적 기억(암시적 기억) * '상징적 표상'에 의한 주관적 조직화: 연결망(networking)에 의한 군집화 형태(clustering form)
정보 용량	• 대 량	• 소량(7개 항목: 7±2 항목)	• 무제한(한계는 알 수 없음)
정보 유지	• 불가능	• 주의집중 유지 • 시연(rehearsal)	• 시연(rehearsal) • 조직화

비교기준	감각기억	단기기억	장기기억
지속 시간	• 순간적 (1/4초~2초 정도)	• 일시적 (최대 30초 정도)	• 장기적/영구적 (수분 내지 수년)
정보 인출	• 해독	• 자동적 • 의식 속의 항목 • 현시적/음소적 단서	• 인출 단서 • 탐색과정
정보 소멸	• 소실 (영원히 소실됨)	• 소실(영원히 소실됨) • 치환(대체)	• 소실(망각; 회복이 가능함) • 간섭에 의한 접근 실패

자료출처 : Slavin, R. E.(1994). Educational Psychology : Theory and Practice. p.194.

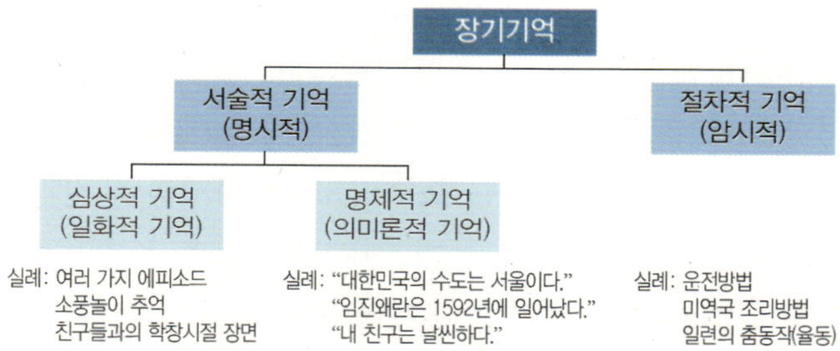

그림 6-27 | 장기기억의 위계구조

자료출처 : Santrock, J. W.(2004a). Child Development. p.253.

라. 반응발생처

특정의 문제해결을 위한 정보처리과정에서는 필요에 따라 단기기억고나 장기기억고에 저장되어 있는 정보는 인출(재생)되어 반응발생처로 옮겨지는데, 이는 정보처리의 결과를 행동으로 변경시키는 기능을 담당한다. 따라서 반응발생처에서 나온 정보메시지는 뉴런(neuron; 운동뉴런 : 원심성 뉴런)에 의해 해당 실행기(반응기관), 즉 근육과 골격에 전달되어 실제의 반응을 실행시키게 되는데, 이로써 바로 개인은 외적 환경에 영향을 주는 행동을 구사하게 된다.

마. 상위인지(초인지)

지금가지 살펴본 일련의 과정에는 '집행부위'와 '기대부위'를 포함하는 상위인지(metacognition; 초인지)가 적극적으로 작동하게 되는데, 이는 자신의 인지나 사고에 관한 지식을 토대로 인지나 사고에 관한 조절을 수행하면서, 그 과정과 결과에 대하여 적극적이고 긍정적인 기대를 유지하는 것을 말한다.

따라서 상위인지는 관련 정보들을 유동시키고 변형시킬 뿐만 아니라 소정의 목적을 달성하기 위한 정보처리과정(문제해결과정) 전반을 통제·조절(조정)하는 기능을 수행한다.

먼저, '집행부위'는 상위인지의 전략차원으로서, 이는 다시 두 가지 요소로 구분되는데, 상위인지적 지식과 상위인지적 기능이 그것이다. 먼저, '상위인지적 지식'은 자신의 인지나 사고에 관한 지식으로서, 자신의 인지나 사고의 특성과 방식 및 능력을 파악하는 것을 말한다. 그리고 '상위인지적 기능'은 자신의 인지나 사고에 관한 조절로서, 자신의 인지나 사고에 관한 계획(planning)·집행(execution)·점검(monitoring)·조정(regulation)·평가(evaluation) 등의 활동을 말한다(Brown, 1987). 이는 집행부위로서 '상위인지적 지식'보다 훨씬 더 중요한 역할을 수행하게 되는데, 주어진 문제를 해결하기 위한 계획을 수립하고 적절한 방법과 전략을 선택·활용하며, 그 문제의 해결과정을 집행·조정하고 그 결과를 확인·반성하는 등의 전략적 기능을 수행한다.

① 계획 : 주어진 문제를 해결의 목표를 설정하고 그 해결을 위해 활용할 전략 등을 미리 상정하는 활동으로, 이를 위해서는 먼저 정독하기 전에 훑어보고 질문을 만들며, 문제에 대한 분석이 이루어져야 한다.

② 집행 : 앞서 수립한 계획에 의해 문제를 실제로 해결해 나가는 전반적인 활동을 실행해 나가는 활동을 말한다.

③ 점검 : 문제해결의 집행과정이 효과적이며 효율적으로 진행되고 있는지, 미비점이나 오류가 있는지를 계속적으로 체크하는 활동을 말한다.

④ 조정 : 최적·최선의 결과(성과)가 도출될 수 있도록 문제해결과정을 변화시키거나 개선해 나가는 활동을 말한다.

⑤ 평가 : 문제해결의 결과(성과)를 효과성 및 효율성의 관점에서 확인·반성하는 활동을 말한다.

한편, '기대부위'는 상위인지의 동기차원으로서, 동기부여·목적의식·신념·태도 등을 포함하는데, 이는 주어진 문제의 해결에 대한 긍정적 태도와 성실감 및 자신감(자아효능감)을 가지면서, 그 과정을 보다 적극적으로 전개시키고, 결과도출에 대하여 긍정적인 기대를 유지하게 한다. 이러한 상위인지의 동기차원은 상위인지전략을 적극적으로 구사하도록 함으로써 문제해결의 활동을 적극적으로 실행하도록 돕고, 결과적으로 성공적인 성과를 산출하도록 해 준다.

지금까지 논의한 '상위인지'의 구조에 대한 이해를 돕기 위한 도식을 제시하면 [그림 6-28]과 같다.

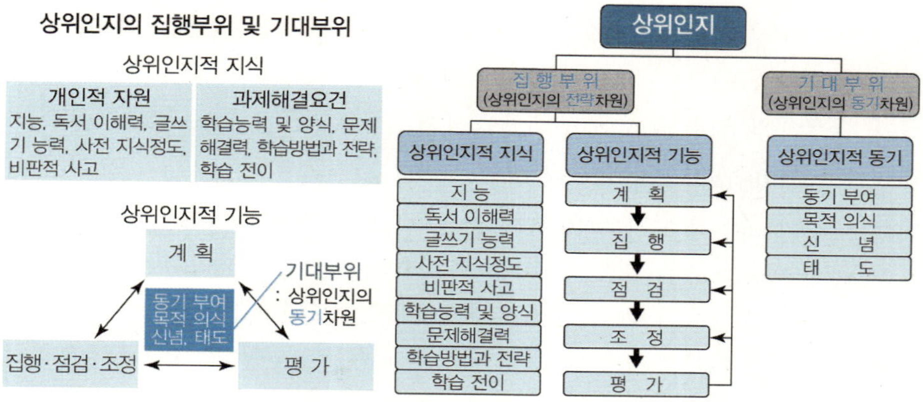

그림 6-28 | 상위인지의 하위요인들

한편, 정보처리모형에 대한 이해를 넓히기 위해 또 다른 모형을 도식으로 제시하면 [그림 6-29]와 같다(Clarke-Stewart, Friedman, & Koch, 1985).

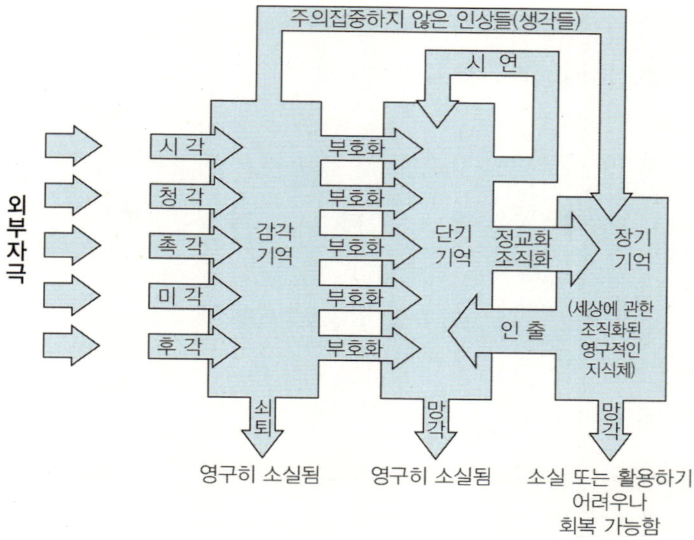

그림 6-29 | 정보처리모형

자료출처 : Clarke-Stewart, A., Friedman, S. & Koch, J.(1985). Child Development. p.25.

② 정보처리의 구성요소

정보처리의 구성요소는 크게 두 가지로 구분되는데, 그것은 ① 정보가 저장되는 '정보저장소'(감각기억고· 단기기억고· 장기기억고)와 ② 정보의 이동· 변환이 이루어지는 '정보처리과정'(주의집중· 지각· 시연· 부호화· 인출· 재인)이다.

가. 정보저장소

정보가 저장되는 '정보저장소'는 ① 감각기억고, ② 단기기억고, ③ 장기기억고를 말하는데, 이들에 관해서는 바로 앞에서 살펴보았으므로 여기에서의 논의는 생략하기로 한다.

나. 정보처리과정

정보처리과정은 특정의 정보가 하나의 저장소에서 다른 저장소로 옮기는 내부적이고 지적인 활동을 지칭하는데, 이는 ① 주의집중, ② 지각, ③ 시연, ④ 부호화, ⑤ 인출(재생, 회상), ⑥ 재인 등이 순차적으로 이루어진다. 여기에서 특정의 정보가 한 저장소에서 다른 저장소로 어떻게 이동하는지를 살펴보고, 아울러 교사들이 학생들의 효과적인 정보처리과정을 증진시키기 위해 어떠한 도움을 줄 수 있는지에 대하여 논의하도록 한다(이관용· 김기중 역, 1999; Clarke-Stewart, Friedman, & Koch, 1985).

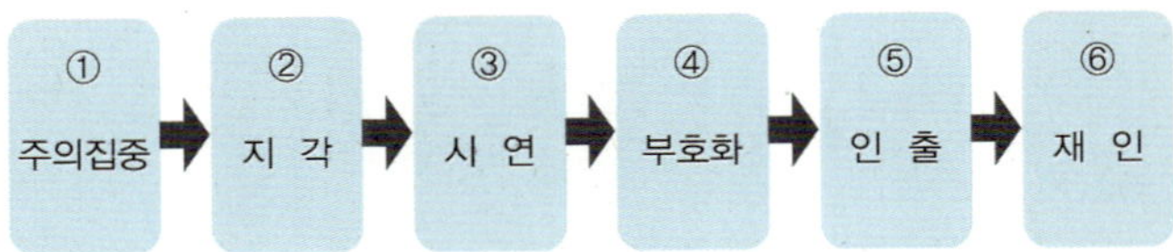

그림 6-30 | 정보처리과정

가) 주의집중(attention)

정보처리과정의 첫 번째는 '주의집중'인데, 이는 감각수용기를 통하여 감각기억고에 들어온 자극(정보)에 대하여 반응(관심)을 보이는 것을 말한다. 주의집중의 독특한 특징은 그것이 선택적이라는 데 있으므로 이를 정확하게 표현하면 '선택적 주의집중'(selective attention)으로 표현할 수 있다. 감각기억고에 들어온 수많은 정보(자극)에 대하여 주의집중을 하지 않으면 곧 소실(소멸

·유실)되므로 정보처리는 선택적인 주의집중을 함으로써 시작되며, 이로써 일부 정보는 단기기억고로 넘어가게 되므로 선택적 주의집중은 정보가 단기기억고로 들어가게 하는 필터의 역할을 해 준다.

그러므로 정보가 감각기억고에서 단기기억고로 넘어가는 데 작용하는 정보처리과정(인지과정)은 바로 선택적 주의집중이라고 할 수 있다. 학생들의 주위에 많은 자극들이 존재하고, 또한 감각기억고의 용량이 대량 또는 무제한이라고 하지만, 그 자극들에 대하여 관심을 두지 않으면 학습은 결코 일어나지 않는다는 사실은 교사와 학생들 모두에게 매우 중요한 시사점을 준다. 정보처리과정은 학생들의 주의집중으로부터 시작되기 때문에 교실에서 수업을 시작할 때 학생들의 관심을 수업 안으로 끌어들이는 일은 효과적인 학습활동이 이루어지게 하는 데 결정적인 역할을 한다.

주의집중을 유도하는 방법에는 ① 물리적 유형, ② 흥미유발적 유형, ③ 감정적 유형, ④ 강조적 유형 등이 포함되는데, 교사는 학생들의 주의집중력이 쉽게 저하될 수 있다는 사실을 항상 생각하면서, 학생들의 주의집중을 유발시키고, 이를 계속 유지시키는 전략을 구사해야 한다. 그런데 앞에서 말한 네 가지 유형의 방법 중 어느 한 가지만을 과도하게 사용하게 되면 학생들은 곧 지루함을 느끼고 주의집중능력이 감소되기 때문에 이들을 적절히 혼용할 수 있는 기술을 갖출 필요가 있다.

① 물리적 유형 : 교사가 수업시간에 물리적 도구를 사용하여 학생들의 주의집중을 유도하는 것을 말하는데, 여기에는 칠판, 색분필, 지도, 빔프로젝터, 실험도구 등의 모든 공학매체 및 자료들의 활용은 물론, 심지어는 교사 자신까지도 이에 포함될 수 있다. 교사는 교실 전체를 돌아다니기도 하고(all around), 말의 속도와 고저를 조절하기도 하면서, 다양한 물리적 자극들을 활용하게 된다. 학생들에게 이미 친숙한 물리적 자극만으로는 주의집중을 지속시키기는 데 어려움이 있으므로 물리적 자극들은 새로운 유형들로 대체될 필요도 있다.

② 흥미유발적 유형 : 학생들의 호기심을 자극하여 그들의 주의집중을 이끌어내는 방법을 말한다. 이는 시각적으로도 가능하고, 학생들의 사고를 자극하거나 기이하고 특이한 사건을 만들어 냄으로써도 가능하다. 예를 들어, 의복의 변천사를 설명하는 수업시간에 교사가 중세의 복장을 한다든가, 염색체를 설명하는 시간에 공상과학영화를 보여줄 수 있다.

③ 감정적 유형 : 수업시간에 친근하게 학생들의 이름을 불러준다든가, 감정적인 분위기를 조성하거나 그와 관련된 단어들을 제시하는 것을 말한다.

④ 강조적 유형 : 강조하는 어휘나 멘트를 활용하여 학생들의 주의집중을 유도하는 것을 말한다. 예를 들면 "이 부분은 매우 중요합니다", "시험에 출제될 수 있습니다" 등이 여기에 해당한다. 이처럼 특정의 내용을 강조하는 데 적절한 자극이 활용되면 학습효과는 그만큼 증진될 수 있으나, 여기에서 중요한 것은 강조하는 데 사용되는 자극은 가능한 한 단순하고 타당해야 한다는 것이다.

나) 지각(perception)

정보처리과정의 두 번째는 '지각'인데, 이는 유입된 자극(정보)의 의미를 파악하고 해석을 하는 활동을 말한다. 감각기억고에 들어온 자극에 일단 주의집중을 하면 그것은 지각되게 된다. 일단 지각이 일어난 자극은 '객관적 실재'로서의 내용이 아니라, 개인에 따라 의미부여와 해석이 이루어지는 '주관적 실재'로서의 내용이 된다. 우리는 동일한 현상이나 대상에 대하여 서로 다르게 해석하는 경우를 흔히 볼 수 있다. 특정 자극에 대한 지각은 과거의 경험에 크게 영향을 받는다. 일반적으로 자극들을 잘못 지각하는 경우, 그리고 그러한 지각이 장기기억고로 옮겨질 경우 그것을 제거하는 것은 상당히 어렵기 때문에 교사들은 교수-학습지도에서 각별한 주의를 해야 할 뿐만 아니라, 학생들 개개인의 이전 경험(선행학습의 내용과 정도)에 많은 관심을 가질 필요가 있으며, 본수업에 들어가기 전에 이미 학습한 내용을 잠깐 동안 복습할 필요도 있다.

그리고 학생들의 지각이 자신의 기대에 의해 영향을 받는다는 사실 또한 매우 중요한 의미를 갖는다. 만약 학생들이 주어진 정보나 과제가 흥미 있고 도전해 볼만하다고 느끼는 경우와 학습내용이 지루하다거나 도저히 해결할 수 없을 것이라고 느끼는 경우는 분명 그 반응에 있어 차이가 있다. 따라서 학생들의 이러한 기대를 적절히 조절해 주는 것 역시 교사의 중요한 역할이 된다.

다) 시연(rehearsal)

정보처리과정의 세 번째는 '시연'(되뇌기)인데, 이는 학습할 내용을 기억할 수 있을 때까지 반복적으로 연습하는 것을 말하는 것으로, 작동기억(working memory) 안에서 이루어지는 활동을 말한다. 작동기억 안으로 들어온 내용은 이러한 시연을 통해 파지(retention)가 이루어지고, 결국 장기기억으로까지 저장되게 된다. 시연을 통한 파지는 예를 들면 전화의 다이얼을 돌릴 때를 연상하면 쉽게 이해될 수 있다.

학습한 내용이 장기기억으로 효과적으로 전이되기 위해서는 그 내용을 충분히 반복하여 시연해야 한다. 이러한 시연은 크게 유지형 시연(maintenance rehearsal)과 정교화 시연(elaborative rehearsal)으로 나눌 수 있다. 먼저, 유지형 시연은 학습한 정보를 단순히 되풀이하여 반복하는 것으로, 학습한 내용을 소리내어 읽는다든지, 중요한 부분에 밑줄을 긋거나 강조를 표시하거나 노트정리나 연습장 또는 심상을 이용하여 되풀이하여 기억을 촉진시키는 전략이다. 그러나 그저 단순하게 반복하는 것은 기억을 향상시켜 주지는 못한다. 한편, 정교화 시연은 학습한 내용을 우리가 이미 알고 있거나 장기기억고에 저장되어 있는 특정의 내용과 관련시켜 기억하고자 노력하는 것으로, 이는 새로 학습한 내용을 장기기억고에 효율적으로 저장하는 데 매우 효과적인 전략이다.

시연과 관련된 가장 중요한 원리는 기억이 시연하는 반복의 횟수에 영향을 많이 받는다는 것이며, 또한 시연을 실행하는 시기 역시 중요한데, 일정한 간격을 두고 반복적으로 시연하는 것이 한꺼번에 몰아서 시연하는 것보다 더 효과적이라는 사실을 염두에 둘 필요가 있다.

라) 부호화(encoding)

정보처리과정의 네 번째는 '부호화'(약호화)인데, 이는 감각기억고의 정보를 처리하여 단기기억고에 저장하기 위해 그 정보를 변형시키는 것을 말한다. 또한, 이는 장기기억 속에 존재하고 있는 기존의 정보에 새로운 정보를 연결시키거나 통합시키는 것으로, 장기기억고로 정보를 이동시키는 과정도 포함한다. 부호화는 정보처리모델에서 가장 중요한 과정이라고 할 수 있는데, 이는 부호화가 이루어지지 않으면 우리가 받아들이는 대부분의 정보가 단지 일시적으로만 저장되기 때문이다.

새로운 정보가 단기기억 및 장기기억 속으로 부호화되는 데 있어 가장 중요한 것은 유의미한 부호화가 이루어지는 것이므로 교사는 학생들이 정보를 유의미화 하도록 적극 도움을 줄 수 있어야 한다. 유의미화란 '기계적인 암기'와 구별되는 것으로, 단기기억 및 장기기억 속에 하나의 아이디어와 다른 아이디어들이 연결되어, 새로운 인지체제가 구축되는 것을 말한다. 정보가 무의미한 암기로 부호화되는 경우에는 새로운 정보가 기존의 정보와 연합되지 못하여, 각각 별개로 존재하게 된다. 그러나 새로운 정보와 기존의 정보가 잘 연합된다면 그 정보는 더욱 유의미해지고, 단기기억 및 장기기억 속에 담겨지는 것이 매우 수월해진다.

부호화를 촉진시키기 위해서는 정보의 유의미성을 제고시키는 전략이 활용되어야 하는데, 이러한 전략에는 ① 활성화, ② 조직화, ③ 정교화, ④ 기억술 등이 포함된다.

ONLINE RESOURCES

'부호화를 촉진시키기 위한 정보의 유의미성 제고전략'에 관한 자료가 필요할 경우 저자가 운영하는 웹사이트(welfare5.com)의 Online Resources 게시판을 통하여 다운을 받기 바랍니다('교육심리탐구'의 Online Resources 39 자료).

마) 인출(retrieval)

정보처리과정의 다섯 번째는 '인출'(재생 · 회상)이다. 인출은 단기기억고 또는 장기기억고에 저장되어 있는 수많은 정보들 중에서 필요한 정보를 탐색하여 재생하는 과정을 말하는 것인데, 이는 정교한 부호화에 매우 큰 영향을 받는다. 이는 제대로 부호화되지 않으면 효과적으로 인출될 수 없음을 의미한다. 즉, 효과적인 인출을 위해서는 성공적인 부호화가 선행되어야 한다. 따라서 교사는 학생들이 학습한 내용을 잘 저장하고 정리할 수 있도록 하는 데 많은 관심을 가져야 한다.

저장된 특정의 정보를 인출하는 데 있어서의 성공과 실패는 접근성(accessibility) 및 이용 가능성(availability)과 매우 밀접한 관련성을 갖는다. 즉 저장된 정보는 장기기억고의 어딘가에는 분명 존재하고 있지만, 그 정보를 효과적으로 인출할 수 있느냐 하는 것은 정보에 접근하여, 그것을 얼마나 잘 이용하느냐와 관계가 깊다. 설단현상(tip-of-the-tongue phenomenon)은 장기기억 속에 존재하는 특정 정보에 정확하게 접근할 수 없기 때문에 발생하게 된다. 실제 학교현장에서 학생들에게 자주 일어나는 이러한 현상은 정확한 인출을 위해서 정교한 부호화가 필요하다는 것을 잘 보여주고 있다.

바) 재인(recognition)

정보처리과정의 마지막 여섯 번째는 '재인'인데, 이는 장기기억고에 저장된 정보가 인출되어 그 의미가 의식 속에서 다시 한번 확인되는 것을 말한다. 이러한 과정을 통하여 인출된 정보는 보다 정확한 의미파악이 이루어지게 되며, 더 분명하게 다시 기억되는 한편 이러한 재인과정을 통하여 잘못된 부호화나 의미부여가 확인됨으로써 수정되거나 보완되기도 한다.

(5) 신경망 학습이론(neural network learning theory)

① 신경망이론의 출현

인지주의 이론체계에 있어서 1980년대 후반부터 일어난 가장 큰 변화는 신경망이론(neural network theory)의 대두라고 할 수 있다. 여기에서는 정보처리체계의 기본단위는 뉴런(neuron)의 기능에 비유하고, 그 단위들 사이의 연결상태는 두뇌의 기능에 비유하기 때문에 신경망이론이라고 명명되었다.

또한, 여기에서는 신경단위들의 연결방식을 중요시하므로 이는 연결주의(connectionism)모형이라고도 불리며, 신경단위들이 병렬적으로 정보를 전달하고 정보가 여러 단위에 분산되어 저장·처리된다고 가정하므로 병렬-분산처리(parallel-distributed processing; PDP)모형이라고도 명명된다(Haykin, 1999).

② 정보처리이론과의 비교

신경망이론의 본질을 파악하기 위하여 앞서 논의한 정보처리이론과 비교하여 그 성격을 살펴보면 다음과 같다.

첫째, 정보처리이론(고전적 정보처리이론, 전통적 정보처리이론)은 인간의 심리적 과정을 '컴퓨터'에 비유하여 문제해결이 순차적 정보처리(serial information-processing; 단선적 정보처리)의 과정으로 이루어진다고 전제한다. 반면, 신경망이론은 인간의 심리적 과정을 '두뇌'에 비유하여 문제해결이 병렬적 정보처리(parallel information-processing; 복선적 정보처리, 동시다발적 정보처리)의 과정으로 이루어진다고 전제한다.

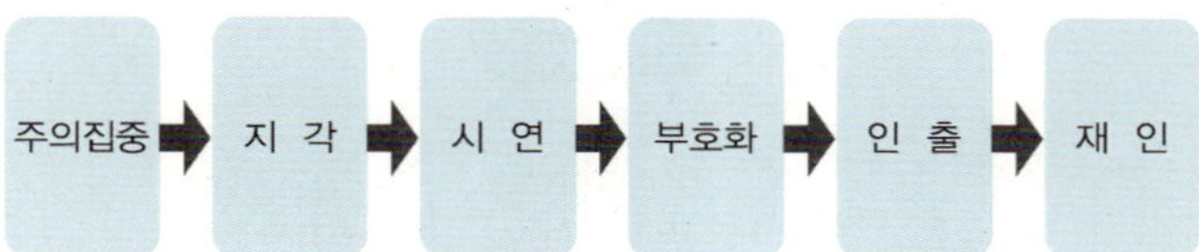

그림 6-31 | 순차적 정보처리의 실례

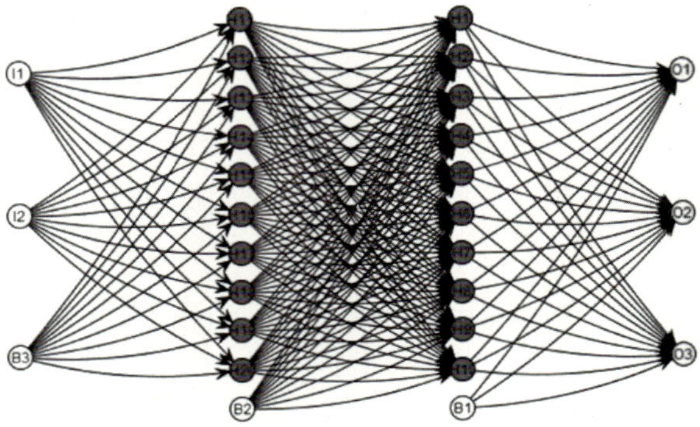

그림 6-32 | 병렬적 정보처리의 실례

둘째, 정보처리이론은 정신과정이 유사적 표상(analogical representation; 일화적 표상, 심상적 표상, 회화적 표상)과 명제적 표상(propositional representation 언어적 표상, 의미론적 표상, 분석적 표상) 등의 상징적 표상이 저장고(단기 · 장기 저장고)에 집중적으로 저장되어 처리되는 이른바 '집중적 정보처리'(centralized information-processing)에 의해 이루어진다고 본다. 반면, 신경망이론은 정신과정이 신경단위(뉴런, neuron) 간의 연결강도에 따라 분산적으로 저장되어 처리되는 이른바 '분산적 정보처리'(distributed information-processing)에 의해 이루어진고 본다.

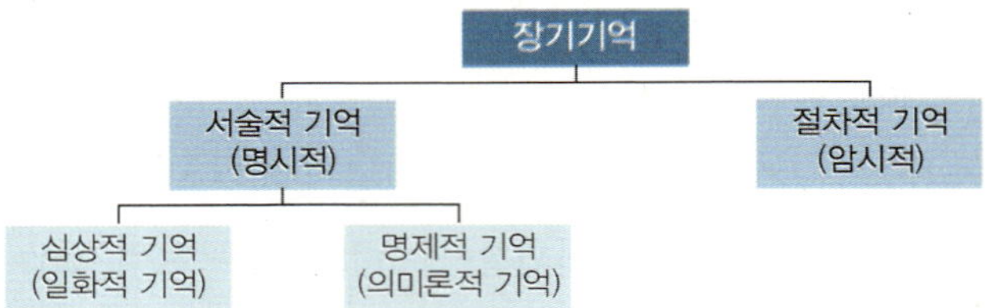

그림 6-33 | 상징적 표상형태로 기억저장고(장기기억고)에 '집중적 저장'

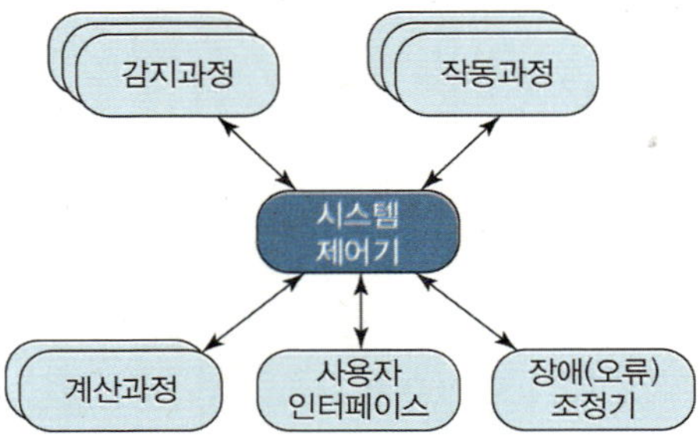

그림 6-34 | 집중적 정보처리의 실례

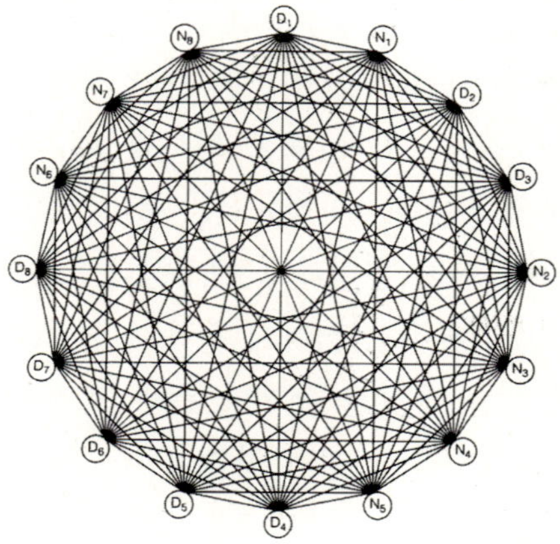

* 각각의 작은 원은 신경망 내에 있는 단일뉴런을 표시함(16단위 신경망)]

그림 6-35 | 신경단위(neuron) 간의 연결강도에 의한 '분산적 저장'

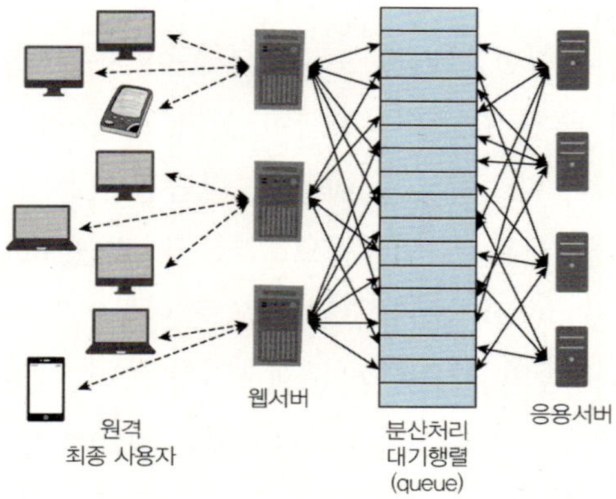

그림 6-36 | 분산적 정보처리의 실례

ONLINE RESOURCES

'신경망학습이론에 관한 심화자료'가 필요할 경우 저자가 운영하는 웹사이트 (welfare5.com)의 Online Resources 게시판을 통하여 다운을 받기 바랍니다('교육심리탐구'의 Online Resources 40 자료).

한편, '정보처리적 학습이론'과 '신경망 학습이론'의 차이점을 크게 다섯 가지로 구분하여 살펴보면 다음과 같다(이관용·김기중, 1999; 이정모, 2003; Eysenck & Keane, 1990).

첫째, 정보처리적 학습이론은 선형적 모델(linear model), 즉 순차적 정보처리(serial information-processing, sequential information-processing)를 전제하나, 신경망 학습이론은 비선형적 모델(non-linear model), 즉 병렬적 정보처

리(parallel information-processing)를 전제한다.

둘째, 정보처리적 학습이론은 일련의 문제해결과정에서 연산(algorithm)에 의해 항상 가부(진·위, 정·오)가 분명한 의사결정이 이루어진다고 전제하는 반면, 신경망 학습이론은 문제해결과정에서는 불완전한 자료에 근거하여 최적(최선)의 의사결정이 이루어질 뿐이라고 가정한다.

셋째, 정보처리적 학습이론은 엄격하게 정해진 절차(순서)에 따라 정보처리가 이루어지기 때문에 학습(행동)을 언제나 통제·조절할 수 있으며 그 결과의 예측도 가능하다고 가정하지만, 신경망 학습이론은 학습자 스스로가 상위인지(metacognition; 초인지)를 활용하여 자료를 처리하는 방법과 규칙을 만들어 나가므로 의외의 결과를 낳기도 한다고 전제한다.

넷째, 정보처리적 학습이론은 정보들이 용이하게 검색될 수 있도록 특정의 장소(장기기억고)에 집중적으로 저장된다고 주장하는 반면, 신경망 학습이론은 정보의 일부가 검색되면 관련된 모든 정보들이 자동적으로 재생될 수 있도록 여러 신경단위에 분산적으로 저장되어 있고 가정한다.

다섯째, 정보처리적 학습이론은 아동의 학습활동(문제해결활동)이 연산적 과정에 의해 이루어지므로 수업활동도 연산적 접근(algorithmic approach; algorithmic teaching model; 순차적 접근)으로 이루어져야 한다고 본다. 반면, 신경망 학습이론은 아동의 학습활동(문제해결활동)이 발견적 과정에 의해 이루어지므로 수업활동도 발견적 접근(heuristic approach, heuristic teaching model)으로 이루어져야 한다고 본다. '휴리스틱'이라는 용어의 어원은 그리스어의 'heuriskein'으로 '발견하다'라는 의미를 갖고 있는데, 이는 인공지능(artificial intelligence; AI)의 관련용어로 정착되고 있다. '휴리스틱 방법'이란 명확하고 논리적으로 정의된 절차에 따르는 '연산적 방법'과 대비되는 용어로서, 이는 특히 다양한 요인들이 복잡하게 얽힌 문제나 엄밀한 탐색을 통해 결론(해답)에 접근하기에는 경우의 수가 너무나 많은 상황에서 주어진 시간이나 비용 내에서 가장 효율적인 결론(해답)에 도달하는 방법을 말한다. 따라서 휴리스틱 학습법은 교사의 설명을 최소한도로 줄이고 교사의 지시 없이 학습자들이 능동적으로 탐구활동에 참여하여 학습목표를 달성할 수 있도록 허용하는 학습형태를 말하는 것으로, 이는 '발견적 학습법'이라고도 표현할 수 있다. 여기에서는 아동들이 스스로 학습할 수 있는 조건(환경)을 조성해 주는 것이 무엇보다도 중요하며, 이미 정립된 공식이나 체계적인 지식의 적용이 아니라 학습자들의 탐구활동에 의한 시행착오과정과 실제적인 경험을 중시한다. 그러므로 얼마나 '정확한' 결론(답)에 도달하느냐에 관심을 갖기보다는 얼마나 '근접한' 결론(답)에 도달하느냐에 주된 관심을 갖는다.

표 6-3 정보처리적 학습이론과 신경망 학습이론 비교

비교기준	정보처리적 학습이론	신경망 학습이론
처리모형	선형적 모델(linear model), 즉 순차적 정보처리(serial information-processing, sequential information-processing)	비선형적 모델(non-linear model), 즉 병렬적 정보처리(parallel information-processing)
의사결정	일련의 문제해결과정에서 연산(algorithm)에 의해 항상 가부(진·위, 정·오)가 분명한 의사결정이 이루어짐	불완전한 자료에 근거하여 상황에 따른 최적(최선)의 의사결정이 이루어짐
결과예측	엄격하게 정해진 절차(순서)에 따라 정보처리가 이루어지므로 학습(행동)을 언제나 통제·조절할 수 있으며 그 결과의 예측도 가능함	아동 스스로가 상위인지(metacognition; 초인지)를 활용하여 자료를 처리하는 방법과 규칙을 만들어 나가므로 의외의 결과를 낳기도 함
정보저장	정보들이 용이하게 검색될 수 있도록 특정의 장소(장기기억고)에 집중적으로 저장됨	정보의 일부가 검색되면 관련된 모든 정보들이 자동적으로 재생될 수 있도록 여러 신경단위에 분산적으로 저장됨
수업활동	아동의 문제해결과정이 연산적인 과정에 의해 이루어지므로 수업활동도 연산적 접근(algorithmic approach; algorithmic teaching model; 순차적 접근)으로 이루어져야 함	아동의 학습활동(문제해결활동)이 발견적 과정에 의해 이루어지므로 수업활동도 발견적 접근(heuristic approach; heuristic teaching model)으로 이루어져야 함

지금까지 논의한 '인지주의 학습이론'과 앞에서 살펴본 '행동주의 학습이론'의 차이점들을 비교해 보면 [표 6-4]와 같다.

표 6-4 행동주의 학습이론과 인지주의 학습이론의 비교

구분 \ 학습이론	행동주의 학습이론	인지주의 학습이론
강 조 점	원자론적 관점 : '숲'보다 '나무' 요소적 접근(미시적 접근)	통합론적 접근 : '나무'보다 '숲' 전체적 접근(거시적 접근)
전체-부분 관계	전체=부분들의 합(환원주의)	전체=부분들의 합 이상(비환원주의)
학습의 기제 학습 학습동기	말초적 기제 자극-반응 연합(습관형성) 외발적 동기유발(강화) 강조	중추적 기제 인지구조의 변화 내발적 동기유발 강조

구분 \ 학습이론	행동주의 학습이론	인지주의 학습이론
학습과정	점진적·순차적인 과정	돌발적·비약적인 과정
문제해결과정	시행착오적 문제해결	통찰적 문제해결
이론의 특징	경험론적·객관적 입장	생득론적·주관적 입장
학습에의 적용	습관형성의 학습	개념습득·사고활동의 학습
학습방법에의 공헌	프로그램 학습법	발견학습법, 구성주의적 학습모형
상담방법에의 공헌	행동수정	인지치료
교 육 관	통제 교육관	열린 교육(open education)관
이론적 배경	행동주의 심리학	형태주의 심리학, 인지주의 심리학

먼저, 행동주의 학습이론은 전체적 관점보다는 그 요소들에 대한 미시적인 접근을 중시하고 여러 번의 시행착오과정을 통한 문제해결을 강조하며, 또한 말초신경기제에 의한 자극-반응의 연합에 의하여 학습이 이루어진다고 본다. 이러한 학습은 습관형성 등의 학습에 보다 적절히 적용될 수 있다.

반면, 인지주의 학습이론은 전체를 중요시하고 통찰적 문제해결을 강조하며, 중추신경기제에 의한 인지구조의 변화를 학습이라고 본다. 그러므로 이는 개념습득이나 사고활동의 학습 등에 효과적으로 적용될 수 있다. 또한, 인지주의 학습이론은 학습지도에 있어서 학습의 목적, 내용, 학습자 등을 고려해야 함을 강조하고 있다.

이와 같이 두 학습이론은 각각 교수-학습지도방법의 개발에 공헌한 바 큰데, 각각 '프로그램 학습법'과 '발견학습법 및 구성주의적 학습모형'의 이론적 토대를 제공하였다. 또한, 이 이론들은 상담방법의 개발에도 기여하였는데, 각각 '행동수정'과 '인지치료'(인지주의적 상담)의 이론적 근거를 제공하였다.

3. 인본주의 학습이론

1) 학습의 의미

인본주의 학습이론의 관점에서 보면, '학습'은 개인이 주위환경과의 능동적인 상호작용을 통하여 자아성장과 자아실현을 이루어가는 과정이다. 즉, 학습은 개인이 긍정적인 자기지향성과 자유의지를 가지고 자신의 존재에 대한 진정한 의미를 깨닫고, 이를 토대로 주위환경과의 적극적인 상호작용을 통하여 자아성장과 실현에 최선을 다하는 주관적인 내적 경험이라고 할 수 있다(Yelon & Weinstein, 1977). 여기에서는 개인의 문제에 관한 한 자신이 가장 뛰어난 전문가라는 입장을 강조하며, 자기주도적인 학습활동에 의한 잠재력계발 · 의식확장 · 집단경험 · 정의경험(감성계발) · 학습방법의 학습 · 자기평가 등을 강조하며, 이를 위한 비위협적인 학습환경의 조성에 중점을 둔다.

2) 학습이론의 종류

인본주의 학습이론은 1970년대부터 출현하게 된 인본주의 심리학(humanistic psychology)에 그 이론적 토대를 두고 있다. 인본주의 심리학은 건전한 인간 자체를 그 대상으로 하며, 인간을 능동적인 무한한 잠재력을 가진 주체로 인정한다. 또한, 인간은 자기주도적 · 자기통제적 · 자기선택적이기 때문에 그에 대한 명령 · 강요 · 통제를 지양하고, 그의 자발성과 자율성을 최대한 존중한다.

인본주의 심리학은 개인의 잠재력을 실현시키는 데 역점을 둔다는 점에서 역시 1970년대부터 출현한 실존주의 심리학과 일치한다. 그러나 실존주의 심리학에서는 자신에 대한 내적 정체성과 자유의지, 책임의식을 강조하는 반면, 인본주의 심리학은 비언어적 경험 · 신체적 접촉을 통한 감정의 교류 및 억제된 감정과 욕망의 자연스러운 표현 등을 특히 강조한다.

학습에 대한 인본주의적 접근은 '현상학적 접근'이라고 하는데, 그 이유는 이러한 심리학적 경향이 철학에 있어서 후설(Husserl, 1965)의 현상학 내지는 그의 제자인 실존주의 철학자들의 영향을 강하게 받았기 때문이다. 여기에서는 '학습'을 지식과 정의(情意)가 결합된 유의미한 실존적 경험이라고 간주한다. 또한, 특정 사태에 대한 개인의 지각 · 해석 · 의미부여 등 인간의 주관적 경험을 강조한다. 따라서 행동주의 심리학처럼 자연과학적인 방법(실험법)과 결정론적 기계론(환경론)으로 인간의 행동을 예언하거나 통제한다든가, 정신분석학처럼 과거 유아기의 성장과정에 관심을 갖거나 비정상인을 대상으로 하지 않는다.

인본주의 학습이론의 대표적인 학자로는 올포트(Allport), 콤즈(Combs), 매슬로우(Maslow), 로저스(Rogers) 등을 들 수 있다.

먼저, 올포트(Allport, 1937)는 인간에 대한 연구를 통해 행동에 관한 일반원리나 법칙을 도출하려는 데 관심을 갖는 '보편적 접근'(nomothetic approach; 법칙정립적 접근)과 각 개인의 독특성과 고유성을 규명하려는 '개별적 접근'(idiographic approach; 개체기술적 접근)을 구별하면서, 이 중 후자의 필요성과 중요성을 강조하였다. 그는 특히 '자아'를 강조하였는데, 이를 '느끼고 알려진 나'라고 파악하면서 독특성 또는 고유성으로 간주하였다. 그는 이러한 자아를 통하여 건전한 성격이 발달한다고 주장하였다.

그리고 콤즈(Combs, 1962)는 학습에 있어서는 인지적 측면보다 개인적 지각이 더 중요하므로 교사는 학생들이 긍정적 자아개념을 갖도록 지도해야 한다고 역설하였다. 인간은 누구나 적합감을 갖기를 원하므로 교사는 학습장면에서 명령자·통제자보다는 촉진자·조력자의 역할을 충실히 함으로써 학생으로 하여금 적합감과 긍정적 자아개념을 갖도록 해야 한다. 그렇게 하기 위해서 교사는 교과를 잘 알고, 학생들의 감정에 민감하며 개개 학생들의 능력을 믿고, 자신도 긍정적인 자아개념을 갖고서 학생에 대하여 최대한의 조력을 아끼지 않으며, 다양한 교수방법을 사용하여 학생의 자아발달을 촉진시켜야 한다고 주장하였다.

한편, 매슬로우(Maslow, 1970a)는 그 당시 세력을 떨치던 '행동주의 심리학'과 '정신분석학'을 거부하고, 제3세력의 심리학으로서 '인본주의 심리학'을 제창하였다. 그는 각 개인이 고유한 인간으로서 실현할 수 있는 잠재 가능성을 최대한 수용하고 표현하는 상태를 자아실현(self-realization)이라 명명하고, 그러한 사람을 자아실현하는 사람이라 지칭하면서, 이를 교육의 목적으로 삼아야 한다고 주장하였다. 여기에서는 기존의 사실이나 정보를 수동적으로 받아들이는 외적 학습(기계적 학습, 피상적 학습)보다는 개개인의 자아실현을 돕는 내적 학습이 더 중요하다고 역설하였다.

마지막으로, 인본주의 학습이론의 가장 대표적인 학자는 로저스(Rogers)인데, 그의 이론은 상담분야 뿐만 아니라 학습이론분야에도 많은 영향을 미쳤다. 매슬로우가 건전한 사람의 모습으로서 '자아실현하는 사람'을 강조한 데 반하여, 로저스는 '완전히 기능하는 사람'(fully functioning person; 만발기능인)을 주장하였는데, 이는 자신의 경험에 대하여 개방적이며, 실존적 생활방식을 유지할 뿐만 아니라 창의적이고 건설적이며 신뢰로우며 정당한 행동을 통하여 자신의 잠재력을 유감없이 발휘하는 자유인을 말한다. 로저스는 이러한 인간을 양성하는 것을 교육의 목적으로 생각하였다. 그런데 이러한 교육목적이 달성되기 위해서는 유의미학습이 이루어져야 한다고 주장하였다.

로저스는 「학습하는 자유」(Freedom to Learn, 1969)라는 저서에서 두 종류의 학습에 대하여 언급하였는데, 그것은 '무의미학습'(meaningless learning)과 '유의미학습'(significant learning)이다. 여기에서 무의미학습은 기존의 지식체제를 외워서 기억하는 정신적 측면만을 강조하고, 또 학습자의 능동적 측면이 아니라 수동적·소극적 측면에서 초점을 둠으로써 학습자 각자에게 개인적 의미를 갖지 못하는 지식중심의 학습을 말한다. 반면, 유의미학습은 인지적 측면과 정의적 측면이 통합된 전인의 형성을 강조하는 학습으로, 자기주도적일 뿐만 아니라 행동·태도·성격에까지 침투하는 학습으로, 여기에서는 학습의 책임을 학습자 자신에 두며 스스로 평가하는 자기평가를 강조할 뿐만 아니라 개인적 욕구의 충족과 의미를 중시한다(Yelon & Weinstein, 1977). 그렇기 때문에 이러한 유의미학습에는 특히 개인의 직접적인 경험과 사고·감정의 통합을 매우 중요시한다.

로저스는 유의미학습의 원리로 몇 가지를 들었는데 첫째, 인간은 자연적인 학습욕구, 세상에 관한 자연적인 호기심, 그리고 새로운 경험을 탐색·동화하려는 열망을 갖고 있기 때문에 이를 만족시켜 주어야 한다. 둘째, 학습은 교육내용이 학습자에게 관련성이 깊을 때 유의미하고, 더 빠르게 이루어진다. 셋째, 학습은 외적 위협이나 지시가 감소될 때 촉진된다. 넷째, 능동적인 참여에 의한 학습은 수동적인 학습보다 훨씬 더 효과적이며, 자기주도적이고 자기지도적일 때 더 많이 학습한다. 다섯째, 학습은 학습자의 전인적 측면에 관련될 때, 즉 지적인 측면과 정의적 측면이 통합될 때 가장 지속적이다. 여섯째, 학습은 학습자의 자기책임이 강조되고 자기평가가 이루어질 때 더 고양된다.

이러한 원리를 준수하는 학습이 이루어지기 위해서는 교사가 학습의 조력자 내지는 촉진자의 역할을 충실히 함으로써 학습자중심의 수업을 이끌어야 하며, 학생들에게 따뜻하고 긍정적이며 허용적인 태도를 보이면서 학생의 능력을 신뢰해야 할 뿐만 아니라 학생의 생각이나 의견을 최대한으로 존중해 주어야 한다. 교사가 이러한 이해와 진솔한 태도를 보일 때 학생들은 자아를 깨닫고 수용하며, 보다 적극적으로 자아계발을 이루어나갈 것이다.

지금까지 살펴본 인본주의 학습이론의 주요특징을 몇 가지로 정리해 보면 다음과 같다(이성진, 1998).

첫째, 인본주의 학습이론은 인간 내면세계에 대하여 관심을 갖는다. 행동주의 학습이론이 관찰 가능하고 측정 가능한 행동의 변화에 보다 많은 관심을 갖는 것과는 달리, 인본주의 학습이론은 인간의 '내적 행동'에 대하여 많은 관심을 가지며, 학습자의 내적 동기를 배양하고 스스로 동기화되는 열정적인 학습자가 되도록 도와준다.

둘째, 인본주의 학습이론은 인간성장과 자아실현을 교육목표로 삼는다. 이 이론에서는 인간의 무한한 잠재력을 절대적으로 신뢰하며, 이의 실현을 위한 인간적인 환경조성에 최선을 다한다.

셋째, 인본주의 학습이론은 학습자중심의 교육활동을 전개하는 데 중점을 둠으로써 교육의 적합성을 높이고자 한다. 즉, 인본주의 학습에서는 교육이 교사로부터가 아니라 학습자로부터 시작되어야 함을 강조한다. 따라서 교사들은 학생 개개인이 서로 다른 생각을 가지고 있다고 믿을 뿐만 아니라, 그 결과도 여전히 다를 수 있다는 점을 인정한다.

넷째, 인본주의 학습이론에서는 교사의 역할을 학생들의 학습활동 안내자 내지는 촉진자로 규정한다. 인본주의적인 교사는 학습자들이 다양한 욕구를 스스로 성취할 수 있도록 돕는 조력자이어야 한다. 교사는 학생들의 선택을 보장해 주고 자발적으로 학습활동에 참여할 수 있도록 허용해 주며, 학습에 필요한 유용한 모든 자원들을 제공해 주는 데 최선을 다해야 한다.

지금까지 살펴본 '행동주의 학습이론'과 '인지주의 학습이론' 및 '인본주의 학습이론'이 교육실제(교육목적 · 교육내용 · 교육방법 · 교육평가)에 주는 함의점(시사점)을 정리해 보면 [표 6-5]와 같다.

표 6-5 행동주의 · 인지주의 · 인본주의 학습이론의 교육실제에 대한 함의점

이론 / 기준	행동주의 학습이론	인지주의 학습이론	인본주의 학습이론
교육목적	지식과 기능의 습득	문제해결능력의 개발 (인지기능의 최적 발달)	잠재력의 계발 (자아성장과 자아실현)
교육내용	지식과 기능의 습득을 위한 내용	사고발달을 촉진하는 내용	통합적 내용 (의사소통기술이나 집단 및 개인의 욕구에 대한 민감성 등의 사회적 발달을 촉진하는 내용)

기준 \ 이론	행동주의 학습이론	인지주의 학습이론	인본주의 학습이론
교육방법	• 지식과 기능습득을 위한 방법(반복학습법, 프로그램학습법) • 교사중심 • 외적 보상에 의한 동기화 • 과제부과·훈련·보상의 개별화 • 학생의 수동적 참여(기계적 학습)	• 사고기능(인지기능) 발달을 촉진하는 방법(발견학습법, 탐구학습법) • 학생중심 • 내적 보상에 의한 동기화(지적 호기심 만족) • 학생의 발달수준에 토대를 둔 개별화 • 학생의 능동적 참여(통찰과 이해)	• 프로젝트 학습법(통합적 학습법) • 학생중심 • 내적 보상에 의한 동기화(내적 욕구의 만족) • 학생의 개성과 욕구에 기초한 개별화 • 학생의 능동적 참여(자기주도적 학습)
교육평가	• 암기력 평가 • 지식과 기능에 관한 양적 평가 • 상대평가 위주 • 교사에 의한 평가 • 객관적 평가 중시	• 사고력, 탐구력 평가 • 문제해결(정보처리)능력에 관한 질적 평가 • 절대평가 위주 • 자기평가 중시 • 주관적 평가	• 학생의 특성 및 주위세계에 대한 종합평가 • 인지평가 및 정의평가, 질적 평가, 수행평가 • 절대평가 위주 • 자기 평가 중시 • 주관적 평가

자료출처 : Yelon & Weinstein(1977). A Teacher's World-Psychology in the Classroom. p.141.

[표 6-5]에서 확인할 수 있는 바와 같이, 먼저 행동주의 학습이론에서는 학생이 수동적으로 기존의 지식과 기능을 습득하는 존재로 인정되므로 교사는 사전에 철저하게 계획한 절차와 방법을 동원하여 교수활동을 펼쳐나가면서, 학습자에게 적절한 보상이나 벌을 가함으로써 특정 지식과 기능을 잘 형성해 나가도록 필요한 조치를 적극적으로 취하는 데 중점을 두어야 한다고 강조한다. 반면, 인지주의 학습이론에서는 학생으로 하여금 기존의 지식과 기능의 습득보다는 인지기능의 개발을 통하여 생활장면에서 직면하게 될 문제들을 합리적으로 해결할 수 있는 능력을 함양해 나가도록 하기 위해 교사는 학생이 주어진 과제나 사태에 대한 이해를 토대로 다양한 사고와 문제해결에 대한 다방면의 탐색활동을 통해 그 과제나 사태를 재구성할 수 있도록 적극 돕는 교수-학습환경의 조성에 중점을 두어야 한다고 본다. 끝으로, 인본주의 학습이론에서는 모든 학생은 타인이 아닌 자신이 중심이 되어 끊임없이 변화하는 경험의 장에서 참여하여 능동적인 자기활동을 통해 잠재력 계발을 이루어나가므로 교사는 무엇보다도 학습사태에서 학생들이 각자의 주체성과 능동성을 최

대한 발휘하여 자기주도적 학습활동을 적극 펼쳐나가도록 돕는 학습의 조력자 및 촉진자로서의 역할을 수행하는 데 중점을 두어야 한다고 역설한다.

이러한 학습이론들은 특정 심리학적 이론에 근거하여 학생들의 학습과정을 탐색하고, 이를 바탕으로 적절한 교수-학습환경의 조성에 대해 유익한 함의점들을 시사하고 있으므로 우리의 교육현장에 나름대로 기여하고 있다. 그러므로 우리는 이러한 학습이론들을 상호 배타적으로 생각하기보다는 상호 보완적인 관계를 갖는 것으로 인정하면서, 학생들의 발달수준과 학습내용 및 환경 등을 고려하여 절충적으로 활용하는 자세를 가질 필요가 있다.

CHAPTER

07 학습에 영향을 미치는 요인

1. 학습의 관련변인 개관

학생들이 효율적인 학습활동을 통하여 학업성취를 극대화하기 위해서는 여러 조건들이 갖추어져야 한다. 이러한 조건들은 매우 폭넓고 다양하기 때문에 간단하게 설명하기는 쉽지 않다. 그러나 학습에 영향을 미치는 요인들은 크게 ① 학습자특성변인, ② 교수자특성변인, ③ 학습과제특성변인, ④ 환경특성변인 등으로 구분하여 논의해 볼 수 있다. 이러한 변인들은 각기 독자적으로 학습에 영향을 미치기도 하지만, 이들 간의 상호작용에 의해서도 학습의 정도는 영향을 받게 된다. 이를 간략한 함수식으로 표현하면 다음과 같다.

$$L_D = f(L \cdot I \cdot T \cdot E)$$

L_D : 학습의 정도(degree of learning)
f : 함수(function)
L : 학습자특성변인(learner)
I : 교수자특성변인(instructor)
T : 학습과제특성변인(task)
E : 환경특성변인(environment)

위의 함수식에서 확인한 바와 같이, 학습의 정도를 결정하는 요인으로서 ① 학습자특성변인, ② 교수자특성변인, ③ 학습과제특성변인, ④ 환경특성변인에 대하여 차례대로 논의해 보면 다음과 같다.

1) 학습자특성변인

학습자특성변인은 학습의 정도에 가장 강력한 영향을 미치는데, 이러한 변인은 다시 ① 인지적 특성변인, ② 정의적 특성변인, ③ 신체적 특성변인 등으로 구분해 볼 수 있다.

첫째, 인지적 특성변인은 지적인 행동(능력)과 관련되는 요인으로서, 학습자의 지능·창의력·선수학습(先修學習)의 정도·언어능력·파지(把持)와 망각·전이 등을 지칭한다. 학습자의 지능과 창의력 및 선수학습의 정도가 높으며, 언어능력과 파지력 또한 높은 반면, 망각률은 낮고 전이력이 극대화될 때 학습의 정도는 그만큼 높게 나타나게 된다. 블룸(Bloom, 1976)은 이러한 인지적 특성변인이 학업성취에 미치는 영향은 무려 50% 정도가 된다고 주장하였다.

둘째, 정의적 특성변인에는 학습자의 동기·불안·포부수준·자아개념·학교 및 교과에 대한 태도 등이 포함된다. 그리고 학습자가 갖고 있는 인지양식으로서의 '장독립성'과 '장의존성', '귀인'(歸因) 변인도 정의적 특성에 가깝다고 할 수 있다. 블룸에 의하면, 이러한 정의적 특성변인은 학업성취의 약 25% 정도를 결정한다.

그런데 블룸은 학습자의 인지적 특성변인과 정의적 특성변인을 함께 고려하면 이들은 학업성취의 65% 정도를 결정한다고 주장하였는데, 인간의 인지적 특성과 정의적 특성은 그 성격상 중복되는 부분이 있기 때문에 50% + 25% = 75%가 아니라 65%가 된다는 것이다.

셋째, 신체적 특성변인에는 신체적 성숙정도와 건강성 등이 포함될 수 있다. 이러한 특성변인은 인지적 특성변인이나 정의적 특성변인보다는 학습에 미치는 영향이 적다고 할 수 있으나, 역시 학습의 결과에 유의한 영향을 미칠 수 있다.

지금까지 논의한 학습자의 인지적·정의적·신체적 특성변인은 특정 학습사태와 직면하게 될 때 그 학습에 대한 준비도(준비성; readiness)가 된다. 학습준비도는 특정의 학습과제를 성취하는 데 필요한 조건을 갖춘 상태를 말하는 것으로서, 교수와 학습의 적시성(timeliness)과 최적기(optimum period)를 확인하는 데 도움을 준다. 그런데 이러한 학습준비도와 유사한 개념으로 그래저(Glaser, 1965)는 출발점행동(시발점행동; entry behavior), 브루너(Bruner, 1966)는 학습경향성(predisposition to learning), 캐롤(Carroll, 1963)과 블룸(Bloom, 1968)은 적성(aptitude)이라는 용어를 사용하였다.

먼저, 출발점행동은 종착점행동(terminal behavior)에 대응하는 개념으로서, 수업이 시작될 시점에 있어 학생의 제반 특성을 의미하는데, 이는 선행학습의 정도를 비롯하여 그의 지적 능력과 발달정도, 학습동기 상태와 기타 정의적 특성 등을 지칭한다. 그리고 학습경향성은 학습자의 학습하고자 하는 의욕이나 경향을 의미하는 것으로, 이는 넓게 보면 문화의 특성, 동기체제 및 개인적 요인, 그리고 교사와 학생 간의 관계 등에 의해서 결정된다고 할 수 있다. 끝으로, 적성이란 주어진 특정 과제를 학습하는 능력을 지칭하는 것으로, 캐롤과 블룸은 이를 학습과제의 해결에 필요한 시간의 정도로 표현하였다. 지금까지의 용어들은 약간씩 의미하는 바가 다르나, 넓은 의미로 볼 때 학습준비도와 거의 같은 의미를 가진다.

학습자들은 서로 다른 특성들을 갖고 있기 때문에 학습준비도에는 개인차(individual difference)가 있기 마련이다. 개인차는 어떤 집단의 구성원들이 식별될 수 있는 어떤 특성에 있어서 서로 다름을 뜻한다. 그런데 개인차의 의미에는 비단 이러한 개인간 변이(變異)뿐만 아니라 개인내 변이의 의미도 포함된다. 따라서 개인차라는 용어는 개인간 차(inter-individual difference)의 의미와 개인내 차(intra-individual difference)의 의미를 동시에 내포하고 있다고 할 수 있다. 먼저, 개인간 차란 심신의 특성, 예컨대 지능, 성격, 또는 신장이나 체중에 있어 개개인 사이에 차이가 있다는 것을 말하는데, 일반적으로 개인차라고 할 때는 주로 이 개인간 차를 지칭한다. 반면, 개인내 차란 동일한 개인 내의 여러 특성 간에 차이가 있다는 의미로, 한 개인을 놓고 볼 때 지능은 높은데 신장이 작거나, 영어의 학력은 높은데 수학의 학력이 낮은 경우 등을 말한다. 개인내의 각 영역이나 특성의 조화로운 발달이 이루어지도록 교육적으로 지도해야 하겠지만, 아울러 뛰어난 영역이나 특성도 더욱 계발되도록 지도할 필요도 있다.

이러한 개인차는 학습의 효과에 직접적으로 영향을 미치는 요소이기 때문에 이는 교수활동계획을 포함한 모든 교육활동계획에 반영하지 않으면 안 된다. 학습효과의 최대화를 겨냥하는 가장 바람직한 전략의 하나는 학습자 개개인의 여러 특성 예컨대, 선행학습 정도, 학습속도, 학습양식, 기타 정의적 특성 등에 맞추어 교수활동을 계획하고 실천하는 개별화 교육을 실천하는 것이다. 그러나 현실은 이러한 개인차가 엄존하는 데도 불구하고 교수활동은 개선방안을 강구하지 않은 채, 그저 전통적인 방법 예컨대 일제수업을 그대로 답습하고 있는 현상에서 벗어나지 못하고 있는 형편이다.

전통적인 수업방식이 크게 반성되기 시작한 시기는 개인차에 관하여 관심을 가졌던 20세기 초이다. 개별화 교육은 학습과제나 교사에게서 찾는 것이 아니라 학습자에게서 찾아볼 수 있는데, 여기에서는 제시된 학습과제에 대하여 학습자가 무엇을 해 왔고, 현재 무엇을 하는지, 그리고 앞으로 무엇을 해야 할 것인가에 관심을 두고 교육활동을 펼치는 것이다. 학습자의 특성, 즉 기초 학력이나 선행학습의 정도, 학습동기, 흥미, 자아개념, 태도, 불안, 신체적인 특성을 확인하여 이를 기초로 최적의 교육활동을 제공해 주는 것이 바로 교육의 개별화, 즉 개별화 교육인 것이다.

2) 교수자특성변인

학습의 정도를 결정하는 두 번째 요인은 교수자특성변인인데, 이는 인지적 특성변인, 정의적 특성변인, 신체적 특성변인 등으로 세분될 수 있다.

첫째, 인지적 특성변인은 교수의 효율성을 높이는 데 직접 관련되는데, 여기에는 ① 사고력·추리력·판단력·통찰력·평가력 등의 인지능력, ② 언어적 표현의 유창성·명확성 등의 언어능력, ③ 담당교과에 관한 내용·교수방법과 기술을 포함한 교직능력(교육학적 지식과 기술), ④ 학습자를 이해하는 데 필요한 심리학적인 지식과 사회문화에 관한 폭넓은 교양능력 등이 포함된다.

둘째, 정의적 특성변인에는 교수자의 인성특성, 태도와 가치관, 자아개념, 성취동기 등이 포함되는데, 이러한 특성변인은 학습자의 학습에 간접적이기는 하지만, 강력한 영향을 미칠 수 있다.

셋째, 신체적 특성변인은 주로 교수자의 신체적 건강성과 용모를 의미한다. 교수자가 학습자의 학습활동을 적극적으로 조력하려 해도 건강이 이를 뒷받침해 주지 못하면, 그것이 효과적으로 이루어지기 어렵다.

이와 같이 교수자 특성변인들은 교수의 질(質)을 결정하는 데 영향을 미침으로써, 결국 학습효과를 결정하는 데 작용하게 된다. 블룸(Bloom, 1976)에 의하면, 교수의 질이 학업성취에 약 25%의 영향을 미친다. 이러한 사실을 고려해 볼 때 교수자 특성변인이 학습효과에 미치는 영향은 학습자 특성변인보다는 적지만, 학습에 매우 유의한 영향을 미친다고 말할 수 있다.

3) 학습과제특성변인

학습의 정도에 영향을 미치는 세 번째 요인으로 학습과제특성을 들 수 있다. 학습과제의 내용적 특성과 위계적 특성은 학습자들의 학습정도에 유의한 영향을 미치게 된다. 특히, 학습과제가 가지고 있는 위계적 특성은 학습에 절대적인 영향을 미칠 수 있다. [그림 7-1]에서 보는 바와 같이 학습과제는 비계열적(non-sequential)인 경우와 계열적(sequential)인 경우가 있을 수 있는데, 계열적으로 배열된 경우가 교수-학습사태에 있어 더 일반적이다. 예를 들어, 계열적 학습과제에서의 3단계의 학습을 하기 위해서는 하위의 1단계와 2단계를 선결요건(prerequisite)으로 이미 학습하고 있어야 한다.

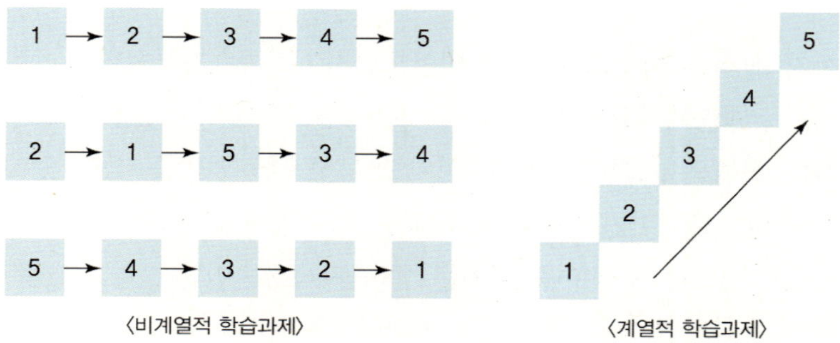

그림 7-1 | 비계열적 학습과제와 계열적 학습과제

자료출처 : Bloom, B. S.(1976). Human Characteristics and School Learning. pp.27-28.

계열적 학습과제들은 다른 순서로는 학습할 수 없으며, 그 순서는 과제의 고유한 성질이나 과제 간의 교수방법상의 문제로 인하여 고정되어 있는 것이 보통이다. 이러한 경우 각 과제의 성취수준은 이후의 학습에 지극히 중요하며, 각 과제는 그 계열의 후기 과제들과 필연적인 관계를 맺고 있다(Bloom, 1976). 따라서 어떤 학습자가 한 과제에서 실패하게 되면 다음 과제로 나아가기 전에 그 실패를 치료하지 않은 한 그는 다음 과제를 성공적으로 성취할 수 없게 된다.

4) 환경특성변인

학습의 정도에 영향을 미치는 네 번째 요인으로 환경특성변인을 들 수 있는데, 여기에는 넓게 보면 가정환경, 학교환경, 사회환경 등이 포함될 수 있다. 즉, 가정의 사회경제적 지위·부모의 제반 특성·부모의 자녀양육방식 및 태도·가정의 분위기나 풍토 등 가정의 물리적 및 심리적 환경은 학습자의 학습에 직접·간접으로 영향을 미친다. 또한, 학교의 지리적 여건·인적 구성특징 및 상호관계양상·교육시설 및 설비·수업자료 및 매체·학교와 학급의 심리적 풍토 및 교사-학생 간의 인간관계 등 물리적 및 심리적 환경도 직접적으로 학습의 결과에 영향을 미치게 된다. 그리고 사회의 지리적 여건 및 자연환경·대중매체·문화적 특성·가치관 및 교육관 등의 사회환경도 간접적이기는 하지만 학습자의 학습에 영향을 미치게 된다.

이러한 가정환경·학교환경·사회환경은 독자적으로 학습효과에 영향을 미치기도 하지만, 이들 간의 상호작용에 의해서도 학습의 결과는 달라지게 된다.

지금까지 살펴본 학습과 관련된 변인으로서 ① 학습자특성변인, ② 교수자특성변인, ③ 학습과제특성변인, ④ 환경특성변인은 각기 독립적으로 또는 상호작용하여 학습의 효과에 영향을 미치므로 중요한 의미를 갖지 않을 수 없다. 그러나 이 모든 변인들에 대한 논의는 지면관계상 어려우므로 이 중에서 학습효과에 가장 많은 영향을 미치는 '학습자특성변인'을 '인지적 특성변인'과 '정의적 특성변인'으로 구분하여 논의하고자 한다.

2. 학습자의 인지적 특성변인

특정 학습사태에서 학습자가 소유하고 있는 제반 인지적 특성의 중요성은 실로 막중하지 않을 수 없다. 이러한 변인들은 학업성취에 미치는 영향력은 매우 대단하기 때문이다. 앞에서 언급한 바와 같이, 학생의 인지적 특성변인이 학업성취의 전체 변량 중 무려 50% 정도를 결정하다는 블룸(Bloom, 1976)의 주장도 이와 같은 인지적 특성의 중요성을 뒷받침하고 있다. 학습자가 가진 '인지적 특성변인'에는 수많은 요인들이 포함되나, 그 대표적인 하위변인들에는 지능, 창의력, 선수학습, 언어능력, 파지와 망각, 전이 등이다. 여기에서는 ① 지능, ② 창의력, ③ 파지와 망각, ④ 전이 등에 대해서 차례대로 논의하기로 한다.

1) 지 능

(1) 지능의 의미

지능의 본질을 밝히고자 하는 노력은 지금까지 110여 년 전부터 많은 학자들에 의해 시도되어 왔는데, 초기의 대표적 학자는 비네와 시몬(Binet & Simon)인데, 이들은 1905년 최초의 '지능검사'를 개발하였다. 이후 여러 학자들은 지능의 본질을 밝히고 이를 측정하고자 많은 노력을 하였으나, 아직도 지능의 본질이 무엇인지에 대해서 정확하게 규정되지 못하고 있다. 지능은 그만큼 복잡한 정신적 실체이고 그 구성요소와 범위에 대한 관점들이 매우 다양하기 때문이다.

과거에는 지능의 개념을 '사고능력'이나 '환경에 적응하는 능력' 등으로 정의하였는 바, 터만(Terman, 1916)은 '아이디어, 상징, 관계, 개념, 원리 등과 같은 추상을 다루는 능력'으로, 웩슬러(Wechsler, 1939)는 '목적적으로 행동하고 합리적으로 사고하며, 환경을 효과적으로 다루는 개인의 종합적 능력'으로 규정하였다.

이후 1960년대부터는 지능의 개념을 보다 확장하려는 흐름이 나타나게 되었는데, 여기에서는 지능의 의미를 생물학적·정보처리적·상황적 측면까지를 포함시켜 규정하고자 시도하였다. 특히, 지능을 정의하는 데 있어 사회적 맥락을 보다 광범위하게 반영해야 한다는 주장이 강해지고 있는데, 이러한 관점에서 본다면 지능은 경험으로부터 학습할 수 있는 능력뿐만 아니라, 학습을 보다 증진시키기 위해 상위인지(metacognition; 초인지)를 활용하며, 다양한 사회문화적 맥락 속에서 능동적이고 창의적으로 문제를 해결하는 능력까지도 포함하는 것으로 볼 수 있다.

그리고 1980년대부터는 지능의 의미를 더 확장시켜 규정하고자 하는 흐름이 나타나게 되었는데, 여기에서는 인지적 측면뿐만 아니라, 의지적 측면과 감성적 측면까지를 포함시켜 지능을 정의하고자 하였다(한국교육심리학회, 2000). 이미 앞의 제4장(발달의 영역)의 '정서발달'에서 언급한 바와 같이, 현대의 지능이론에서는 '지능'과 '감성'이라는 진부한 이분법으로부터 벗어나려고 노력이 있었는데, 그 예로는 가드너(Gardner, 1983)의 다중지능이론과 스턴버그(Sternberg, 1985a)의 삼위일체이론을 들 수 있다. 특히, 샐로비와 메이어(Salovey & Mayer, 1990)는 가드너가 주장한 지능의 아홉 가지 요소 중에서 내성적 지능(intrapersonal intelligence)과 대인관계적 지능(interpersonal intelligence)을 '감성지능'(emotional intelligence; 정서지능)이라고 명명하였는데, 이는 나중에 골만(Goleman, 1995)에 의해 세계적인 주목을 받게 되었다.

(2) 지능의 이론

① 스피어만(Spearman)의 2요인이론

프랑스의 비네와 시몬(Binet & Simon, 1905)이 최초의 지능검사를 개발한 후 스피어만(Spearman, 1923)은 영국에서 2요인이론을 제안하면서, 지능은 ① 여러 문제사태에 일반적으로 동일하게 작용하는 일반요인(G요인 : general factor)과 ② 과제나 상황에 따라 특수하게 작용하는 특수요인(S요인 : specific factor)으로 구성되어 있다고 주장하였다.

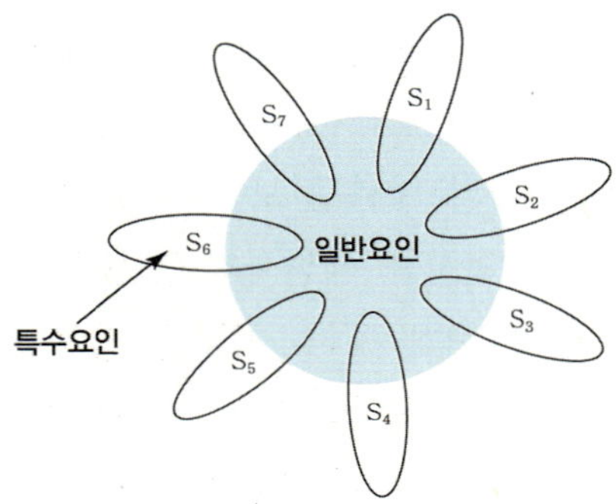

그림 7-2 | 지능의 2요인으로서 '일반요인'과 '특수요인'의 관계

② 손다이크(Thorndike)의 다요인이론

손다이크(Thorndike, 1927)는 지능이란 고도로 특수화된 무수한 특수요인(S요인)으로 구성되어 있다고 주장하면서, 스피어만이 제안한 지능의 2요인이론을 부정하였다. 그는 지능을 측정할 때는 4개의 요인, 즉 문장완성력(C), 산수추리력(A), 어휘력(V), 지시를 따르는 능력(D)을 위주로 측정을 하여야 한다고 주장하였다.

③ 서스톤(Thurstone)의 군집요인이론

서스톤(Thurstone, 1938)에 의하면, 지능은 기본정신능력들(primary mental abilities; PMAS)로 이루어져 있는데, 이는 7개의 군집요인, 즉 언어요인(V), 수요인(N), 공간요인(S), 지각요인(P), 기억요인(M), 추리요인(R), 단어유창성요인(W) 등으로 구성되어 있다는 것이다.

④ 캐텔(Cattell)의 2원이론

전술한 서스톤의 지능이론이 미국 심리학의 급속한 발전과 더불어 발전하게 되는 가운데, 캐텔(Cattell, 1963)은 서스톤이 가정한 기본정신능력들에 관련되는 두 가지 형태의 지능이 존재한다고 주장하였다. 즉, 지능은 ① 결정적 지능(結晶的 知能; crystallized intelligence)과 ② 유동적 지능(流動的 知能; fluid intelligence)으로 구분될 수 있다고 주장하였다.

먼저, 결정적 지능이란 환경적 요인의 영향을 받아 형성되는 지능으로서, 이는 경험이나 훈련 또는 공식적인 교육에 의해 획득되는 수리적 기술·추리·분석·통합·비판·문제해결 능력 및 언어적 능력과 기술 등의 능력을 말한다. 이는 대부분 문화적인 영향, 즉 교육에 의해 발달하는데, 주로 사고 및 언어와 많이 관련된다.

반면, 유동적 지능이란 선천적·생리적 요인의 영향을 받는 지능으로서, 이는 경험이나 공식적인 교육의 영향을 덜 받는 지능을 말하는데, 이는 사물을 지각하고 정신적인 통합을 하는 능력과 기억력, 다시 말하면 지각능력이나 기억용량과 같은 정보처리의 용량과 속도에 관련되는 능력이다. 이러한 능력은 탈문화적 내용(free of cultural content)과 관련이 깊다.

따라서 결정적 지능이 학습이나 경험에 의하여 발달하는 지능이라면, 유동적 지능은 유전이나 성숙 등 생리적 요인에 의한 지능이라고 할 수 있는데, 이들의 발달양상은 서로 다르다([그림 7-3]).

여기에서 보는 바와 같이, 결정적 지능은 그 발달속도에 있어서는 차이가 있기는 하지만, 노년기까지 계속적으로 발달한다. 반면, 유동적 지능은 청소년기까지는 발달이 이루어지지만, 그 이후부터는 점차 퇴보적인 변화가 나타나

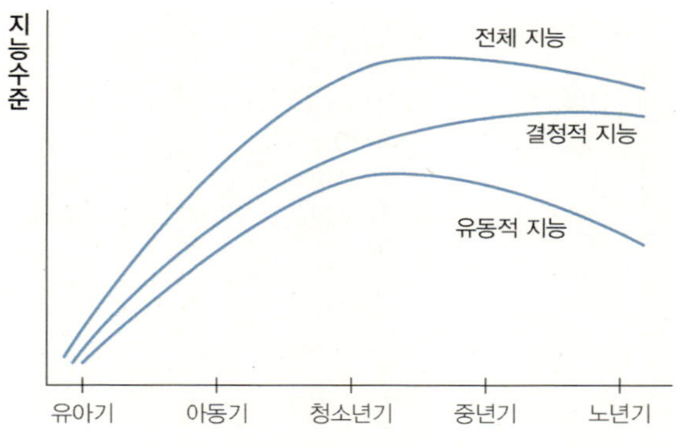

그림 7-3 ▎ 결정적 지능과 유동적 지능의 발달양상

게 되는데, 이는 노년기에 가까울수록 감각능력과 기억력이 떨어지는 현상에서 쉽게 관찰할 수 있다. 이와 같은 유동적 지능의 퇴보적인 변화로 인하여 전체 지능은 하강적 변화를 겪게 된다.

⑤ 길포드(Guildford)의 입체적 구조이론

길포드는 지능의 구조(structure of intellect; SOI)가 '내용'과 '작용' 및 '산출'(결과)의 3차원으로 이루어져 있다고 주장하였다. 먼저, 그는 1959년에는 이러한 지능이 120가지의 독립적인 요인들로 이루어져 있다고 주장하였다(Guildford, 1959). 그는 그 후 이러한 주장을 수정하여, 1982년에는 지능이 150가지의 독립적인 요인들로 구성되어 있다고 주장하였다(Guildford, 1982).

그는 또다시 이를 다시 수정하여 지능은 180가지의 지적 요인들로 구성되어 있다고 주장하였다(Guildford, 1988). 즉, 개인에게 ① 정보처리의 대상인 '내용'(contents)은 5가지로 제시될 수 있고, ② 그러한 내용을 토대로 이루어지는 정보처리의 과정인 '작용'(operations; 조작)은 6가지로 이루어질 수 있으며, ③ 내용과 작용 간의 상호작용에 의해 이루어지는 정보처리의 결과인 '산출'(products)은 6가지로 나타날 수 있으므로, 이들 간에 상호 조합이 이루어져 총 180가지의 상이한 정신능력이 생성될 수 있다는 것이다([그림 7-4]).

그러나 길포드에 의하면, 현재의 지능검사로는 이와 같은 180가지의 지적 요인

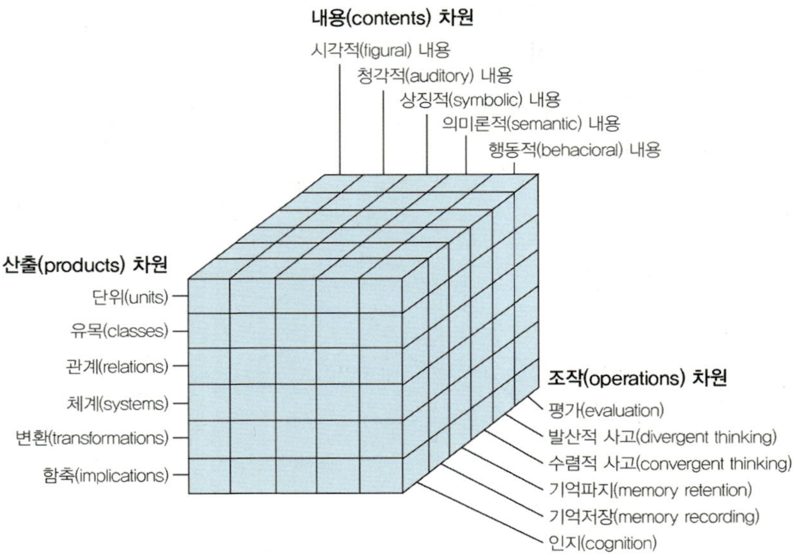

그림 7-4 ❙ 길포드(Guildford)가 주장한 지능의 구조

들을 모두 측정할 수 없으며, 극히 일부분의 지적 능력만을 확인해 낼 수 있다.

한편, 그는 지능의 구조를 이루는 세 가지 차원 중에서 특히 지능의 발달을 크게 좌우하는 것은 '작용'차원이라고 주장하였다. 먼저, ① 인지(cognition)는 여러 형태의 정보에 대한 인식 또는 이해과정을 지칭하며, ② 기억저장(memory recording)은 학습한 내용을 기명(imprinting)하는 것을 말하고, ③ 기억파지(memory retention)는 기명한 내용을 계속 유지함으로써 필요할 때 인출할 수 있는 상태를 의미한다. 그리고 ④ 수렴적 사고(convergent thinking)는 주어진 자료에 의해 가장 적절하거나 올바른 답을 찾아내거나, 또는 누구나 그렇게 생각하는 결론을 도출해 내는 능력을 말하며, ⑤ 발산적 사고(divergent thinking; 확산적 사고)는 주어진 자료에 의해 독창적이고 창의적인 아이디어나 해결책 또는 결과물을 도출해 내는 능력을 지칭한다. 끝으로, ⑥ 평가(evaluation)는 개인이 인지하는 것, 기억저장 및 파지한 것, 두 가지의 생산적인 사고(수렴적 사고와 발산적 사고)의 결과는 물론, 제반 행동이나 대상(현상)에 대하여 합리적인 가치판단을 하는 능력을 말한다.

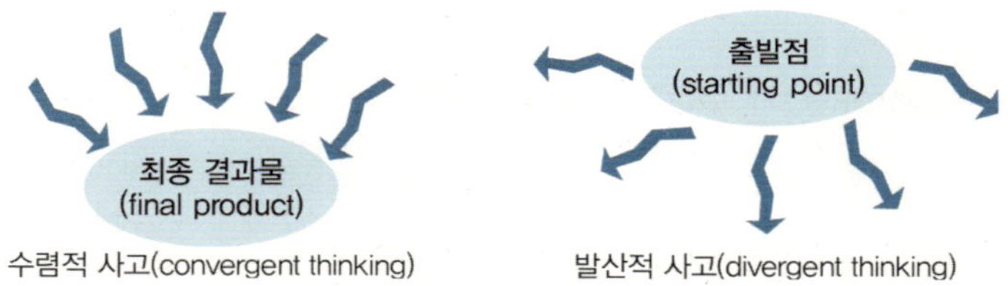

그림 7-5 | 수렴적 사고와 발산적 사고

자료출처 : Ormrod, J. E.(2011). Educational Psychology : Developing learners. p.273.

우리는 교육장면에서 학생들의 지적 수준을 향상시키기 위해서는 5가지의 다양한 학습내용(시각적 · 청각적 · 상징적 · 의미론적 · 행동적 내용)을 유효적절하게 제시하여 그들이 위와 같은 6가지의 정보처리과정을 잘 구사하도록 적극 권장하고 격려하여 6가지의 산출(성과 : 단위 · 유목 · 관계 · 체계 · 변환 · 함축)을 충분히 얻게 함으로써 지적인 능력을 보다 향상시켜야 한다.

⑥ 가드너(Gardner)의 다중지능이론(theory of multiple intelligence)

가드너는 「마음의 틀」(Frames of Mind, 1983)과 「다중지능」(Multiple Intelligence, 1993)이라는 저서를 통해 다중지능이론을 제안하였는데, 이는 바로 다음에 논의할 스턴버그(Sternberg, 1985a)의 삼위일체이론과 함께 전통적인 IQ개념을 탈피하려는 현대적인 지능이론으로 인정받고 있다. 또한, 이 이론은 새로운 지능개념인 감성지능(EQ), 도덕지능(MQ), 성공지능(SQ) 등의 출현에도 크게 기여하였다.

가드너는 지능이 '문제의 해결능력 또는 중요하게 여기는 어떤 것을 만들어 내는 능력'이라고 규정하면서, 지능을 재능과 같은 의미로 파악하였다. 그는 지능을 바로 지적 활동의 산물이자 과정이고, 동시에 내용이며 형태로 간주하였다. 그에 의하면 인간의 지적 활동은 서로 독립적인 9가지 요소로 이루어진다. 즉, 지능은 ① 언어적 지능(linguistic intelligence), ② 논리-수학적 지능(logical-mathematical intelligence), ③ 공간적 지능(spatial intelligence), ④ 음악적 지능(musical intelligence), ⑤ 신체-운동적 지능(bodily kinesthetic intelligence), ⑥ 대인관계적 지능(interpersonal intelligence), ⑦ 내성적 지능(intrapersonal intelligence; 자기성찰적 지능), ⑧ 자연탐구적 지능(naturalist intelligence), ⑨ 실존적 지능(existential intelligence, 영적 지능, 영성지능) 등의 9가지 구성요소로 이루어져 있다는 것이다.

표 7-1 가드너(Gardner)가 주장한 지능의 9가지 구성요소

지능의 요소	핵심 능력	관련 직업의 예
언어적 지능 (linguistic intelligence)	• 언어를 효과적으로 구사하는 능력	• 작가, 정치가, 웅변가, 시인, 극작가, 언론인
논리-수학적 지능 (logical-mathematical intelligence)	• 숫자를 효과적으로 사용하고 수학적으로 추론하는 능력	• 수학자, 세무사, 통계학자, 과학자, 컴퓨터 프로그래머
공간적 지능 (spatial intelligence)	• 공간적 세계를 정확하게 지각하는 능력과 지각을 통해 형태를 바꾸는 능력	• 예술가, 건축가, 실내장식가, 발명가, 지리학자, 항해사, 화가
음악적 지능 (musical intelligence)	• 음악적 표현형식을 지각, 변별, 변형, 표현하는 능력	• 연주자, 작곡가, 음악비평가, 음향기술자
신체-운동적 지능 (bodily-kinesthetic intelligence)	• 자신의 신체를 이용해서 생각이나 감정을 표현하는 능력과 자신의 손을 이용해서 사물을 만들거나 변형시키는 능력	• 배우, 운동선수, 무용가, 조각가, 기계전문가, 외과의사
대인관계적 지능 (interpersonal intelligence)	• 타인의 기분, 의도, 동기, 감정 등을 지각하고 잘 식별하고 적절하게 반응하는 능력	• 정치가, 종교인, 교사, 상담가, 심리치료사, 세일즈맨

지능의 요소	핵심 능력	관련 직업의 예
내성적 지능 (intrapersonal intelligence)	• 자기 자신에 대한 객관적 이해 능력 및 그에 기초하여 적절하게 행동할 수 있는 능력	• 철학자, 소설가, 비평가, 종교인, 심리학자
자연탐구적 지능 (naturalistic intelligence)	• 자연친화적이고 사물을 구별하고 분류하는 능력, 환경의 특성을 활용하는 능력	• 생물학자, 생태학자, 환경론자, 과학자, 수의사, 조류학자, 천문학자, 여행가
실존적 지능 (existential intelligence)	• 인간의 존재, 삶과 죽음, 인간의 본성과 가치 및 책임 등에 대하여 철학적·종교적으로 사고할 수 있는 능력	• 철학자, 종교인, 지도자

이와 같은 각각의 지적 능력요소들이 서로 분리된 능력이라는 가드너의 주장은 특정 부분의 뇌손상이 그 관련기능만 영향을 받고, 다른 기능은 영향을 받지 않는다는 사실에 그 근거를 두고 있다. 가드너는 사람들이 9가지 지능요소 중 어느 하나에 뛰어난 능력을 보이더라도 다른 8가지 분야에서는 두각을 나타내지 않을 수도 있다고 주장하였다. 이와 같은 관점은 영유아기부터 가정과 학교에서 여러 가지 다양한 교육활동을 통해 각각의 지적 능력들을 개발시키는 노력이 필요하다는 것을 시사하고 있다.

⑦ 스턴버그(Sternberg)의 삼위일체이론

스턴버그(Sternberg, 1985a)는 현대 지능연구의 새 물결을 주도하고 있는 대표적인 학자로서, 그는 자신의 지능이론을 '삼위일체지능이론'(三位一體知能理論, 三元理論; triarchic theory of intelligence)이라고 명명하였다. 이 이론은 지능을 세 가지 근원, 즉 요소적 측면, 경험적 측면, 맥락적 측면을 통해 이해하려는 종합적인 입장을 취한다. 스턴버그에 의하면, 지금까지의 지능이론들은 이러한 근원 중의 일부로서 지능을 이해하려고 했기 때문에 불완전한 지능이론이 될 수밖에 없었으며, 이 때문에 지능과 관련된 많은 현상들이 제대로 설명될 수 없었다. 이러한 맥락에서 스턴버그는 그의 지능이론이 범위면에서 이전의 많은 지능이론들을 능가하기 때문에 요소이론을 포함한 대부분의 단일지능이론이 지능을 설명하는 것보다 훨씬 더 광범위하게 설명할 수 있다고 주장하였다.

첫째, 지능은 '요소'(component; 구성요소)의 관점에서 파악할 수 있다. 스

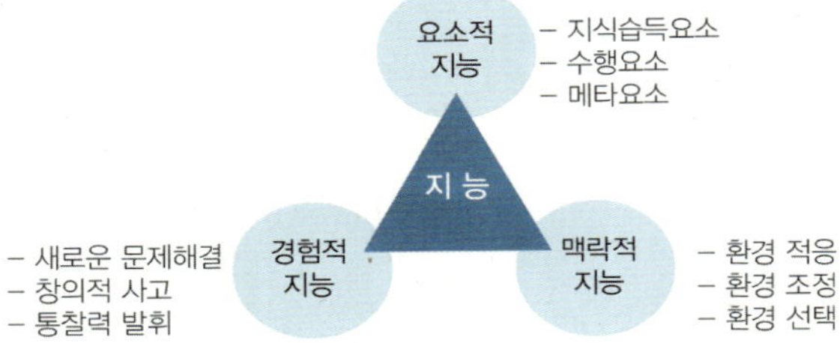

그림 7-6 | 삼위일체적 지능과 그 하위요인들

턴버그는 지능이 여러 지적 요소(예: 어휘능력, 언어유창성능력, 논리-수학적 능력, 공간지각능력, 기억능력, 추리능력 등)들로 이루어져 있다는 가정 아래, 지능을 개인의 내부세계와 관련지어 설명하였다. 지능은 개인 자신이 가지고 있는 여러 지적 요소들을 활용하여 정보를 얼마나 효율적으로 처리하느냐와 관련이 있다는 것이다. 지능의 이러한 측면은 우리가 전통적으로 '지능'이라고 부르는 개념과 같으며, 기존의 지능검사들은 주로 이러한 능력을 측정하는 문항들로 이루어져 있다. 이렇게 본다면, 지능에 관한 대부분의 전통적인 이론들은 단지 지능의 이러한 요소적 측면만을 강조함으로써 그 본질을 아주 협소하게 파악하였다고 볼 수 있다.

스턴버그에 의하면, 이러한 지능은 ① 지식습득요소, ② 수행요소, ③ 메타요소 등을 포함한다. 먼저, 지능을 구성하는 '지식습득요소'는 새로운 정보(지식)를 학습할 수 있도록 자극을 선별적으로 부호화하고 새로운 정보들을 결합하며, 기존의 정보와 새로운 정보를 비교하게 한다. 그리고 지능을 구성하는 '수행요소'는 앞에서 언급한 지식습득요소를 토대로 지적 기능을 수행하여 주어진 문제를 해결한다. 끝으로, 지능을 구성하는 '메타요소'는 개인의 정보처리과정(문제해결과정)을 통제하고 조절하며, 또한 그것을 평가하게 한다. 지능의 이러한 측면을 '요소적 지능'(componential intelligence)이라고 하는데, 이는 새로운 정보나 지식을 습득하고, 주어진 과제를 효율적으로 수행하는 방법은 물론, 과제수행을 위해서 책략을 세우고 관련자원을 여기에 할당하며, 그 해결을 수행하고 평가하는 능력들을 포함한다. 결론컨대, '요소적 지능'은 새로운 지식을 습득하고, 이를 논리적 문제해결에 적용하는 분석적 능력이라고 할 수 있다.

둘째, 지능은 '경험'(experience)의 관점에서 파악할 수 있다. 스턴버그는 주어진 과제나 장면에 대해서 상황적으로 적절한 행동은 그 행동이나 행동유목에 대한 경험의 연속선상의 모든 점의 위치에서 '지적으로 동일하지 않다'는 가정 아래, 지능을 개인의 내부세계와 외부세계를 매개하는 경험과 관련지어 설명하였다.

스턴버그에 의하면, 지능은 개인이 비교적 새로운(완전히 새로운 것이 아닌) 과제나 장면과 같은 신기성을 다루는 능력과 주어진 과제나 장면에서 정보처리(지적 수행)를 자동화하는 능력을 포함하는데, 대개 이 두 가지 측면은 어느 정도 상호작용하게 된다. 수행과정의 효율적인 자동화는 그 환경에서 '신기성'의 처리에 추가적인 자원을 할당시켜 주며, 반대로 신기성에 대한 효율적인 적응은 새로운 과제와 장면에 대한 개인의 경험에서 자동화가 조기에 일어날 수 있게 해 준다.

철수가 다른 친구들보다 더 많은 고기를 잡을 수 있는 몇 가지 이유는 무엇일까?
– 미끼 사용, 낚시대 길이, 낚시 위치 등

그림 7-7 ┃ 경험적 지능의 실례

자료출처 : Ormrod, J. E.(2011). Educational Psychology : Developing learners. p.36.

이렇게 볼 때 지능은 개인의 광범위한 경험들을 바탕으로 ① '새로운 문제해결', ② '창의적 사고', ③ '통찰력 발휘' 등의 능력을 포함하는데, 이러한 능력은 전체 지능 중에서 '경험적 지능'(experiential intelligence)이라고 할 수 있다. 창의적인 과학자나 예술가, 새로운 이론을 개발해 내는 통찰력 있는 학자, 전문적 경영인 등 많은 분야에서 탁월한 능력을 보이는 사람들은 지능의 이러한 경험적 측면(경험적 능력)이 특히 우수한 사람이라 할 수 있다. 결론컨대, '경험적 지능'은 자신의 경험들을 토대로 여러 사실이나 현상들을 조합하여 새로운 아이디어를 생성하는 창의적 능력이라고 할 수 있다.

셋째, 지능은 '맥락'(context; 상황)의 관점에서 파악할 수 있다. 스턴버그는 인지적 행동이 그 사회문화적 맥락에 의해 일어난다는 가정 아래, 지능을 개인의 외부세계와 관련지어 설명하였다. 그에 의하면, 일상생활에서의 지적인 활동은 환경에 대한 적응을 수반하고, 환경이 개인의 기술·흥미 또는 가치에 부합되지 않을 때 개인은 더 나은 환경을 마련하기 위해 기존의 환경을 조정하며, 만일 그 조정에 실패할 때에는 새로운 환경을 선택하려는 데서 나타난다는 것이다.

이러한 관점에서 본다면, 지능은 ① '환경 적응', ② 개인이 그의 기술·흥미 또는 가치에 잘 부합되도록 하는 '환경 조정', ③ 개인이 현재 접하고 있는 환경보다 더 나은 '환경 선택' 등과 관련되는데, 이러한 능력은 전체 지능 중에서 '맥락적 지능'(contextual intelligence; 상황적 지능)이라고 한다. 환경에의 적응·조정·선택과 관련되는 지적 행동은 자신의 환경을 다양한 상황에서 다룰 수 있는 방법을 구사하는 능력과 관련되기 때문에 기존의 전통적인 지능검사에서는 이러한 맥락적 측면을 측정하지 못하였다. 이러한 지능의 맥락적 측면은 학교교육을 통해 길러지는 능력이라기보다는 일상의 경험에 의해서 더 많이 획득되고 발달되는데, 이러한 능력은 최근에 실용적 지능의 개념으로서 지능발달에 대한 연구분야에서 크게 각광받고 있다. 결론컨대, '맥락적 지능'은 뛰어난 적응력, 사회적 유능성, 원만한 대인관계 등과 같은 실용적 능력(실제적 능력)이라고 할 수 있다.

이와 같은 지능의 세 가지 측면이 하나로 통합될 때 드디어 지능의 실체를 파악할 수 있게 된다. 즉, 지능의 세 측면인 '요소적 측면', '경험적 측면', '맥락적 측면'이 삼위일체가 될 때 지능의 진정한 본질이 드러나게 된다.

(3) 지능의 발달

지능의 발달은 연령(경험정도)과 상당한 관련이 있다는 것이 여러 연구에서 밝혀졌다. 먼저, 블룸(Bloom, 1964)에 의하면 지능은 1세 때까지 20%가 발달하고 4세 때까지는 50%, 8세 때까지는 80%, 13세 때까지는 92%가 발달한다. 그리고 서스톤(Thurstone, 1938)에 의하면 지능발달은 10세까지는 적극적으로 상승하다가 11세에서 18세까지는 소극적으로 증진을 보이다가 18세가 넘으면 정지상태에 놓인다. 그러나 그 정점에 도달하는 연령은 학자들에 따라 주장이 다른데, 대개 22세에서 24세경에 정점에 도달한다는 주장이 우세하다.

개인 간에 지능의 차이가 나타나는 것은 '유전요인'과 '환경요인' 간의 상호작용의 효과 때문이라고 할 수 있다.

① 지능발달에 대한 '유전'의 영향

지능의 발달은 부모로부터 받게 되는 유전에 의해 일차적으로 결정된다고 할 수 있다. 먼저, 지능에 대한 유전의 효과를 검증한 연구결과들을 종합한 자료를 제시하면 [표 7-2]와 같다.

표 7-2 혈연관계와 지능과의 상관관계

혈연관계	연구의 수	상관계수
일란성 쌍생아(같이 기른 경우)	12	.87
일란성 쌍생아(따로 기른 경우)	4	.75
이란성 쌍생아(성별이 같고 같이 기른 경우)	11	.56
이란성 쌍생아(성별이 다르고 같이 기른 경우)	9	.49
형제자매(같이 기른 경우)	36	.55
형제자매(따로 기른 경우)	3	.47
부모와 산 아동	12	.50
조부모와 아동	3	.27
삼촌, 숙모와 아동	1	.34
사촌	3	.26
육촌	1	.16
양부모와 양자	3	.20
관계없는 아동(같이 기른 경우)	5	.24
관계없는 아동(따로 기른 경우)	4	−.01

자료출처 : Jarvik, L. F., & L. Erlenmeyer-Kimling.(1967). Survey of Familial Correlations in Measured Intellectual Functions. p.453.

이처럼 혈연관계가 가까울수록 지능의 상관이 높은 것은 지능발달이 유전적 요인에 의해 많은 영향을 받고 있음을 시사하고 있다. 한편, 입양아에 대한 연구도 지능발달에 대한 유전적 요인의 중요성을 입증해 주는데, 출생 직후 양자로 입양되어 자란 아동과 친부모의 지능과의 상관(.39)은 양부모와의 상관(.20)보다 일관성 있게 높은 것으로 보고되고 있는데, 이는 아동의 성장환경과 전혀 무관한 친부모가 자녀의 지능발달수준과 같은 관련성은 유전적 요인의 중요성을 보여주는 결과라고 할 수 있다.

그런데 지능에 영향을 미치는 유전적 요인의 효과는 발달시기에 따라 달라지는데, 영아기의 지적 발달에 있어서는 유전이 환경보다 더 중요한 결정요인으로 작용한다고 볼 수 있다. 영아기의 지적 능력을 측정한 '베일리 영아발달검사'(Bayley Scales of Infant Development)에 의하면, 생후 1개월부터 15개월까지의 영아를 검사한 결과, 성별·출생순위·부모의 교육수준·거주지역 등은 지적 척도 및 운동 척도와는 아무런 상관을 보이지 않았는데, 이는 영아기의 지능이 환경요인과는 거의 관계가 없으며 유전요인이 더 관여하고 있음을 시사해 준다.

② 지능발달에 대한 '환경'의 영향

지능은 항상성을 가지고 있기는 하지만, 그것은 환경의 영향을 상당히 받고 있다고 볼 수 있다. 대체로 연령이 증가함에 따라 환경, 특히 가정환경의 영향력은 점차 커지게 되는데, 가정환경의 구성요소인 부모의 교육수준, 가족의 크기, 사회경제적 수준, 출생순위, 형제 간 터울 등이 복합적으로 영유아기 이후의 지능발달에 영향을 미치며, 그들이 성장할수록 이러한 가정환경은 지능발달에 있어 더욱 더 중요한 변인으로 작용하게 된다.

지능발달에 대한 환경의 중요성을 시사하는 대표적인 연구로는 ① 다른 환경에서 자란 일란성 쌍생아를 연구한 뉴만 등(Newman et al., 1937 : 각기 다른 환경에서 양육된 일란성 쌍생아 간의 지능이 무려 9점의 차이가 있음을 밝혔음), ② 빈곤한 환경이 아동의 지적 성장을 억제하고, 이러한 억제효과는 시간이 경과함에 따라 누적되어 간다는 '누적적 결함가설'을 주장한 클라인버그(Klineberg, 1963), ③ 환경적 혜택이 발달적 손상의 극복을 도와준다는 연구결과를 발표한 스킬스(Skeels, 1966) 등을 들 수 있다.

그리고 [그림 7-8]은 양육환경이 동일하냐, 상이하냐에 따른 유전-환경 효과를 보여주는데, 지적 발달에 대한 유전효과뿐만 아니라 환경효과도 상당함을 시사해 주고 있다.

지능발달에 영향을 미치는 주요 가정환경변인으로는 ① 사회경제적 지위(사회계층), ② 출생순위, ③ 가족 크기, ④ 영양 공급, ⑤ 부모의 양육태도, ⑥ 부모-자녀관계를 포함한 상호작용의 질(양상)과 양, ⑦ 지적 발달의 자극정도 등을 들 수 있는데, 이 중 맨 마지막의 '지적 발달의 자극정도'는 아동들의 지능발달에 상당한 영향을 미치는 것으로 확인되고 있다. 이러한 관점에서 울프

(Wolf, 1964)는 지능발달에 많은 영향을 미치는 가정환경요인으로서의 심리적 환경변인을 세 범주로 제시하였다.

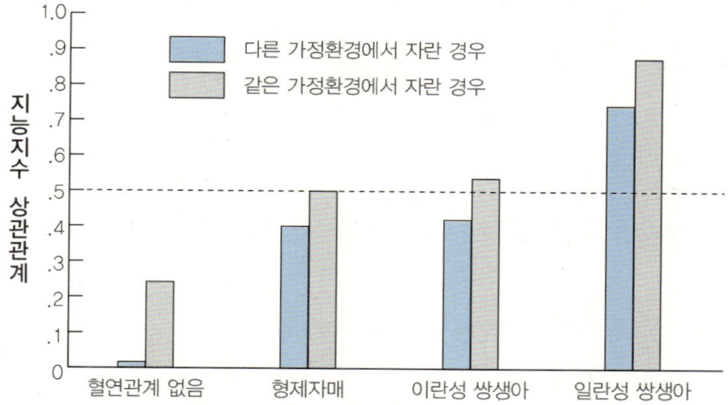

그림 7-8 | 혈연관계와 양육환경에 따른 지능의 상관정도

자료출처 : Clarke-Stewart, A., Friedman, S., & Koch, J.(1985). Child Development : A Topical Approach. p.120.

〈성취를 위한 격려〉

① 아동의 지적 성취에 대한 기대의 성질
② 아동의 지적 성취에 대한 열망(포부)의 성질
③ 아동의 지적 발달에 관한 지식의 양
④ 아동의 지적 발달에 대한 보상의 성질

〈언어발달을 위한 격려〉

① 다양한 장면에서의 언어사용 강조
② 어휘력을 증가시키기 위한 기회 제공
③ 언어의 사용에 있어서의 정확성의 강조
④ 언어모델의 질적 수준

〈일반학습을 위한 준비〉

① 가정에서 학습할 수 있도록 주어지는 기회
② 학교를 제외한 가정 밖에서 학습을 위해 주어지는 기회
③ 학습용 비품의 이용정도
④ 책·정기간행물·도서관 시설의 이용정도

⑤ 다양한 장면에서의 학습의 자극·촉진을 위한 부모의 협조의 성질과 양

이와 같은 사실들을 종합해 볼 때 지능의 발달에는 유전요인과 환경요인이 모두 유의한 영향을 미치지만, 환경요인도 지능발달에 상당한 영향을 미친다고 결론을 내릴 수 있다.

(4) 지능의 측정

지능의 측정방법은 피검자의 수에 따라 '개별지능검사'와 '집단지능검사'로 구분된다.

먼저, 개별지능검사는 심리학자나 특수한 훈련을 받은 교사가 한 번에 한 학생을 대상으로 검사를 실시한다. 검사기간은 보통 1시간 정도이며, 이 시간 동안에 학생의 대답을 검사자가 기록한다. 검사자는 또한 검사를 실시하는 동안에 학생의 행동을 관찰하고 기록한다.

이러한 개별지능검사는 비네와 시몬(Binet & Simon, 1905)이 처음으로 비네-시몬 지능검사(Binet-Simon test)를 제작하여 사용함으로써 현실화되었는데, 이는 개인지능검사의 출발점이 되었으며, 1908년 비네는 개정판을 내면서 처음으로 '정신연령'(mental age)이란 개념을 사용하였다.

이후 미국의 터만(Terman, 1916)이 스탠포드-비네 지능검사(Stanford-Binet test)를 제작하였고 지능지수(Intelligence Quotient; I Q)의 산출공식을 발표하였는데, 여기에서 얻어진 지능지수를 '비율지능지수'라고 한다.

$$\mathrm{IQ} = \frac{MA}{CA} \times 100$$

CA(chronological age) : 생활연령　　*MA*(mental age) : 정신연령

여기에서 정신연령이란 각 연령층에 대하여 부여하는 문제에 대한 통과율로서, 일정한 생활연령의 표본집단이 얻은 평균점을 구해서 그 평균점에 대응하는 생활연령을 정신연령으로 본다.

그리고 웩슬러(Wechsler, 1939, 1949)에 의하여 각각 성인용 지능검사(WAIS)와 아동용 지능검사(WISC)가 개발되었는데, 이러한 웩슬러의 지능검사를 우리나라의 실정에 맞게 개정한 지능검사가 한국형 웩슬러 지능검사(KWIS)이

다. 웩슬러는 터만이 개발한 비율지능지수 산출공식이 갖고 있는 문제점을 보완하기 위하여 새로운 지능지수의 산출공식을 제안하였는데, 이것이 편차지능지수 산출공식이다.

$$\text{편차지능지수} = 100 + 15\frac{X - M}{\sigma} = 100 + 15Z$$

σ : 표준편차　　　　X : 개인의 지능점수
M : 해당집단의 평균지능점수　　　　Z : Z 점수

이 편차지능지수는 어떤 시점에서의 한 개인의 지능수준이 동연령집단 내에서 차지하는 상대적 위치를 정확히 규정해 준다.

그리고 카우프만 부부(Kaufman & Kaufman, 1983)에 의해 개발된 아동용 지능검사는 2004년 제2판(KABC-Ⅱ; Kaufman Assessment Battery for Children, 2nd edition)으로 개정되었는데, 이 검사는 언어성검사와 비언어성검사를 모두 포함하고 있으며, 순차처리척도·동시처리척도·인지처리과정 종합척도(순차처리 + 동시처리)·습득도척도 등 4개의 하위척도로 이루어져 있다. 그리고 이들은 1994년 청소년 및 성인용 지능검사도 개발하였다.

한편, 집단지능검사는 다수의 학생들이나 경우에 따라서는 소수의 또는 한 학생을 대상으로 심리학자나 교사가 그들의 지능을 집단적으로 측정한다. 이는 동시에 많은 학생을 대상으로 실시할 수 있기 때문에 널리 사용되고 있다. 이러한 집단지능검사에는 언어로 되어 있는 군대용 지능검사(Army α test)와 그림으로 되어 있는 군대용 지능검사(Army β test), 인지능력검사, 정신능력검사, 쿨만-앤더슨 지능검사(Kuhlman-Anderson test) 등 수많은 검사들이 있는데, 그 요강(manual)에 검사실시방법이 모두 서술되어 있기 때문에 검사실시자가 검사과정에 대하여 특별한 지식을 갖지 않아도 용이하게 실시할 수 있다.

(5) 지능의 분류와 분포

지능의 수준을 분류하는 절대적인 기준은 있을 수 없는데, 동일한 개인을 놓고 볼 때도 지능검사에 따라 얻어지는 지능지수가 각각 달라지기 때문이다. 다음의 [표 7-3]은 일반적인 지능의 분류와 분포정도를 나타낸 것이다.

표 7-3 지능의 분류와 분포

분 류	IQ 수준	백분율
최우수(very superior)	160~169	0.03%
	150~159	0.2%
	140~149	1.1%
우수(superior)	130~139	3.1%
	120~129	8.2%
평균상(high average)	110~119	18.1%
평균(normal average)	100~109	23.5%
	90~99	23.0%
평균하(low average)	80~89	14.5%
정신결함 경계(borderline defective)	70~79	5.6%
정신결함(mentally defective)	60~69	2.0%
	50~59	0.4%
	40~49	0.2%
	30~39	0.03%

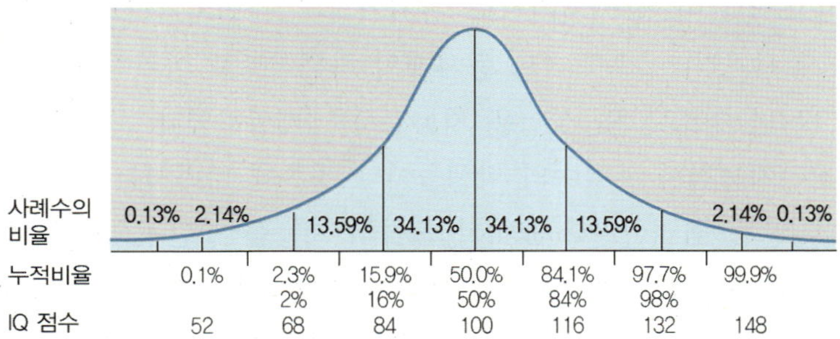

그림 7-9 ▎ 정규분포곡선과 지능지수(IQ) 점수의 관계

자료출처 : Santrock, J. W.(2004a). Child Development. p.283.

그러나 이러한 지능수준의 구분은 절대적인 것이 아니며, 개인의 지적 능력이 어느 정도인가를 대략 알려 줄 뿐이다. 물론, 지능이 학업성취도에 유의한 영향을 미치는 것은 사실이나, 여러 연구들의 결과를 종합해 보면 이들 변인 간의 상관은 완벽하지 않다. 그렇기 때문에 지능지수(IQ)가 높다고 해서 반드시 학업성취도가 높은 것은 아니다. 하지만 현재까지는 지능지수가 학업성취의 정도를 예언하는 데 가장 신뢰로운 지수임에는 틀림이 없다.

2) 창의력

(1) 창의력의 필요성과 정의

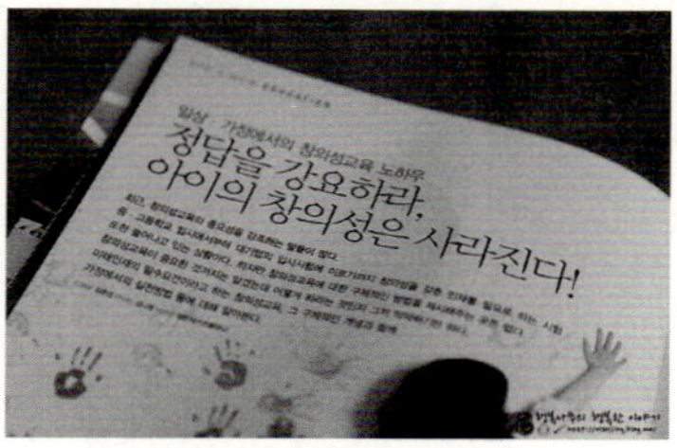

인간의 사고력에 대한 최근의 연구에서는 보다 고차적이고 생산적인 지적 작용으로서의 창의력의 본질과 그 개발방법에 많은 관심을 보이고 있다(Byrge & Hanson, 2009; Craft, 2005; Helie & Sun, 2010; Murdock, 2003; Runco, 2007). 인간의 다양한 능력 중에서 특별히 창의적 사고력이 강조되는 이유는 급변하는 사회를 살아가는 현대인들에게는 새로운 문화를 포함한 다양한 삶의 양식들을 수용하고, 그것을 토대로 고유의 생활방식을 창조적으로 개발할 수 있는 능력이 요구되기 때문이다. 이러한 맥락에서 창의력의 필요성은 더 한층 강조되고 있으며, 학교현장에서 그 개발을 위한 교육활동의 실천이 중요한 과제로 부각되고 있다.

이러한 창의력에 대한 정의는 다양하게 이루어지고 있는데, 가장 대표적인 정의로는 길포드(Guildford, 1959)를 들 수 있는데, 그는 '새롭고 신기한 것을 낳는 힘'이라고 규정하였다. 그리고 테일러(Taylor, 1961)는 '생산적 사고와 창조적 사고를 표현하는 복잡한 심리적 과정으로서 인내성과 성취, 변화, 개선을 구하는 태도, 그리고 소신을 낳게 하는 정열과 같은 것'이라고 정의하였으며, 윤종건(1994)은 '기존의 요소들로 자기 자신에게 새롭고 유용한 결합을 이루어 내는 능력'이라고 규정하였다. 이처럼 다양하게 정의되는 '창의력'은 그것을 인지적 능력으로 볼 것인가, 혹은 문제해결과정으로 볼 것인가에 따라 다르게 설명되기 때문에 한마디로 규정하기는 쉽지 않지만, 가장 명쾌하게 정의하면 '새롭고 독창적인 아이디어를 창출하는 사고능력', 또는 '새로운 관계를 지각하거나, 비범한 아이디어를 산출하거나 또는 전통적인 사고 유형에서 벗어나 새로운 유형으로 사고하는 능력'이라고 규정할 수 있다.

그러나 최근에는 스타코(Starko, 2004), 슈미드(Schmid, 2005), 해드지거기우(Hadzigeorgiou, 2016) 등을 포함한 많은 학자들은 창의력이 인지적 요인뿐만 아니라, 정의적 요인(인성적 요인)도 함께 내포한다는 주장을 강하게 제시하고 있는데, 이러한 관점에서 보면 '창의력'이란 자기 나름대로 아이디어나 작품을 독창적으로 생각해 내고 추리의 규칙에 얽매이지 않고, 때로는 엉뚱한 생각을 하며 상궤(常軌)라고 판단되는 관습적 사고과정에서 벗어나서 유용한 아이디어를 생산하는 능력이며 태도라고 정의할 수 있다. 새롭고, 신기하고 희귀한 아이디어와 작품을 생산해 내는 능력을 창의력의 인지적 측면이라고 한다면, 자유분방하고 융통성 있고 다소 위험 부담을 가지고 실패를 두려워하지 않고 사고하고 행동하는 성향을 창의력의 정의적 측면(창의성)이라고 할 수 있다.

(2) 창의력의 구성요인

길포드(Guildford, 1967)는 창의력의 구성요인으로서 ① 유창성, ② 융통성, ③ 독창성, ④ 문제에 대한 민감성, ⑤ 정교성, ⑥ 재정의성 등을 제시하였다.

첫째, 유창성(fluency)이란 주어진 자극에 대하여 제한된 시간 동안 어느 정도의 반응을 보일 수 있는가의 능력으로, 여기에는 단어 유창성, 연상 유창성, 표현 유창성, 아이디어 유창성 등이 포함된다.

둘째, 융통성(flexibility)은 변화하는 상황에 적응할 수 있도록 현상을 변화시키는 능력 즉, 질적으로 서로 다른 방안을 산출하는 능력으로, 이는 자발적 융통성과 적응적 융통성으로 세분화된다.

셋째, 독창성(originality)은 기존 지식의 단순한 통합이 아닌, 흔히 볼 수 없는 새롭고 신기한 해결책을 도출하는 능력으로, 여기에는 비범성, 원격연합, 교묘함 등이 포함된다.

넷째, 문제에 대한 민감성(sensitivity to problem)은 주어진 문제의 본질과 핵심을 잘 지각하는 능력을 말한다.

다섯째, 정교성(elaboration; 치밀성)은 문제의 의미를 폭넓고 정확하게 파악할 뿐만 아니라 그 해결에 대한 구성과 실행을 치밀하게 수행하는 능력을 말한다.

여섯째, 재정의성(redefinition; 재구조화, 재구성)은 복잡한 문제상황을 단순화하거나 재배열하여 새로운 의미를 부여하고, 관련사항이나 내용을 구조적·기능적으로 관련짓는 능력을 말한다.

한편, 퍼킨스(Perkins, 1988)는 창의력의 구성요인을 잠재력, 계획, 가치라는 세 수준으로 분류하였다.

첫째, 잠재력(potency)은 심리적인 현상을 효율적으로 수행할 수 있는 능력을 의미하는 것으로, 지능, 아이디어의 유창성과 융통성, 연상력, 중다지능 등의 요인을 포함한다.

둘째, 계획(plan)은 개인이 지닌 잠재력의 전개가 조직되는 패턴을 말하는데, 이는 도식(schema)이나 틀(frame)과 동일한 의미를 갖는데, 이는 문제 찾기, 유추적 사고, 수학적인 문제의 해결을 위한 발견법, 선택적 부호화(약호화)·조합·비교 등의 요인을 포함한다.

셋째, 가치(value)는 한 사람의 노력을 결정하게 하는 보다 큰 가치를 말하는데, 여러 가지 방법들 중에서 가장 빈번하게 사용되는 것이 바로 기준가치가 된다. 독창성을 소중히 여기고 모호성을 용인할 것인가의 선택은 창의적인 활동에 참여하는 개인의 성향에 영향을 줄 수 있는데, 이러한 가치에는 독창성, 포괄성, 인내력 등도 포함된다.

(3) 창의적인 사람의 특성

창의적인 사람의 사고방식, 문제해결방식 등 지적 특성에 관하여 가장 깊이 연구한 길포드(Guildford, 1967)는 창의적인 사람의 인지적 특성으로 다음의 네 가지를 열거하면서, 이러한 특성은 지능이 높은 사람의 인지적 특성과는 상당히 다르다고 주장하였다.

첫째, 창의적인 사람은 문제에 대한 민감성(sensitivity to problems; 감수성)이 높다. 이러한 사람은 문제가 있다는 것을 인식하는 능력과 이 인식을 문제로 진술할 수 있는 능력을 가지고 있다. 탐구심에 불타고, 소극적 수용이 아닌 건전한 회의심을 가지며, '경험에의 개방성'을 가지고 다른 사람들이 놓치기 쉬운 문제들을 인식한다. 그는 문제를 인식할 때 과거에 자기가 해 본 방식에 집착하지 않고 시야를 넓혀 자유분방하게 탐색할 줄 안다.

둘째, 창의적인 사람은 사고활동의 유창성(fluency)이 높다. 이러한 사람은 단위시간에 더 많은 아이디어를 생각해 내고 아이디어는 폭이 넓다. 그는 아무런 제약 없이 아이디어를 산출하게 되는데, 그것은 아이디어가 모두 떠오르면 그때 가서 평가하고 판단할 시간이 충분히 있다는 것을 기대하기 때문이다.

셋째, 창의적인 사람은 사고의 융통성(flexibility)이 높다. 그는 자신의 창조과정을 관찰하는 능력을 가지고 있는 듯 하다. 그것은 마치 가끔가다 언덕 위에 올라서서 자신이 하는 행동을 바라보면서 자기가 상습에 빠져들지 않은지를 지켜보는 것과 같다. 그는 자신의 문제를 큰 체제 속의 작은 체제 속에 있는 것으로 볼 줄 알며, 입력과 출력 간의 상호관계와 상호작용을 명백히 볼 줄 안다.

넷째, 창의적인 사람은 사고와 행동의 독창성(originality; 참신성)이 높다. 그의 창조물은 희귀하며 새롭다. 그는 상호 무관하게 보이는 아이디어들로부터 새로운 것을 창조해 내는 능력을 가지고 있다. 창조의 초기단계에는 각 요소들이 서로 양립할 수 없는 것처럼 보여도, 두 개 이상의 요소를 조합하여 참신한 개념, 발명품, 이론, 해결방식을 찾아낼 줄 안다. 그렇다고 해서 모든 요소(개념, 이론 등)에 대한 풍부한 지식이 있어야 한다는 뜻은 아니다. 다만, 참신한 것을 찾아내기 위해서는 어떤 다른 사람들보다 깊이 파고 들어간다는 뜻이다.

한편, 창의적인 사람의 성격, 감정, 태도 등의 정의적 특성은 그의 인지적 특성과 밀접하게 상호작용하게 되는데, 사고의 융통성이나 유창성은 바로 그의 성격이 융통성이 있다는 것을 반영한다. 창의적인 사람의 정의적 특성을 크게 여섯 가지로 구분하여 제시하면 다음과 같다.

첫째, 창의적인 사람은 새롭고, 복잡하고, 어려운 문제를 선호하는 성향이 있다. 그는 통상적이고 흔한 문제, 쉽고 단순하고 명백한 사태 등에서는 도전의식을 갖지 못하고 짜증을 내는 경향이 있다. 보다 중요한 것은 해답이 명백하고 쉽고 단순한 문제사태에서 희귀하고 참신한 해답을 구하려는 경향성이 있다는 점이다. 아인슈타인이 "명백한 것을 이해하지 못했다"고 하는데, 그것은 명백한 것에서 새로운 것을 찾으려 했기 때문이라고 생각된다.

둘째, 창의적인 사람은 모호성을 참는 성향을 갖는다. 그는 그가 지각하고 느끼는 것을 금방 이해하지 못해도 그것을 잘 참아낼 줄 알며 좌절하지 않는다. 그러면서도, 그는 주어진 문제를 해결하기 위하여 계속 노력한다. 보통사람들은 문제 상황이 모호할 때 참지 못한 나머지 문제해결 노력을 포기하고 그 상황을 회피하거나 충동적으로 행동하는 경향이 있다.

셋째, 창의적인 사람은 실패에 대한 불안이 적으며, 약간의 위험부담을 즐기는 성향이 있다. 관습의 틀에서 벗어난다는 것은 불안을 일으키지만, 예사롭게 엉뚱한 생각과 행동을 하면서도 불안해하지 않는 것이 특징이다. 그리고 성공과 실패를 자기 자신에게 귀인(歸因)시키는 내적 통제소재(internal locus of control)의 경향도 있다.

넷째, 창의적인 사람은 관행에 동조하기를 거부하는 성향이 있다. 그는 표준적 패턴에서 과감히 이탈하며, 독립적이기 때문에 때로는 비사교적이고 고립된 사람으로 인식되기도 한다. 이러한 학생들은 "나는 IQ가 높은 아이들처럼 성공을 어떻게 달성하는지 알고 선생님이 바라는 것이 무엇인지도 안다. 그러나 적어도 나는 반드시 그런 것을 바라지는 않는다"라고 말한다.

다섯째, 창의적인 사람은 자신의 경험에 대하여 개방적이다. 그는 어떤 자극이 자신 안에서 오든지, 밖에서 오든지, 그 경험을 왜곡하거나 방어하지 않고, 있는 그대로 진실하게 받아들이고 그대로 인식한다.

여섯째, 창의적인 사람은 여성적인 취미가 강하고, 성취욕·지배성·자율성·변화선호·공격성 등이 강한 편이며, 정열적인 성향을 가지고 있다.

ONLINE RESOURCES

'창의력 신장을 위한 수업의 실제와 교사의 특성 및 조건'에 관한 자료가 필요할 경우 저자가 운영하는 웹사이트(welfare5.com)의 Online Resources 게시판을 통하여 다운을 받기 바랍니다('교육심리탐구'의 Online Resources 41 자료).

3) 파지와 망각

① 기억의 과정

기억이란 학습이 끝난 후 그 내용을 일정기간 동안 파지하고, 필요에 따라 그것을 인출(재생, 회상)하는 것을 말하는데, 이러한 기억의 과정에 관한 설명은 다양하게 제시되고 있다.

먼저, 기억의 과정은 ① 기명(記銘), ② 파지(把持), ③ 인출(引出; 재생), ④ 재인(再認) 등의 네 단계로 설명될 수 있다([그림 7-10]).

한편, 기억의 과정은 ① 부호화(encoding), ② 저장(storage), ③ 인출(retrieval) 등의 세 단계로 설명될 수도 있다. 그런데 기억 자체만을 놓고 본다면 그 과정은 감각기억(sensory memory), 단기기억(short-term memory), 장기기억(long-

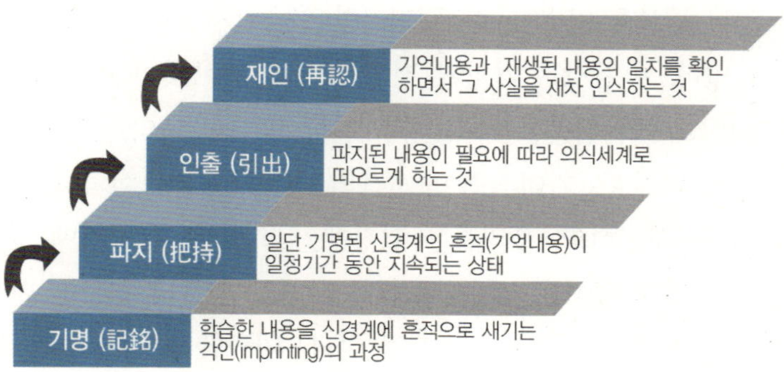

그림 7-10 | 기억의 과정

term memory)으로 구분할 수 있는데, 이들에 관해서는 앞의 제6장(학습이론)의 '정보처리적 학습이론'에서 자세하게 살펴보았으므로 여기에서의 논의는 생략하기로 한다.

② 파지와 망각의 개념

앞에서 언급한 바와 같이, 파지란 기억고에 저장된 내용이 일정기간 동안 지속되는 상태를 말하며, 망각은 파지된 내용이 지속되지 못하고 소실되는 현상을 말한다. 기억은 머리 속에 들어 있는 기억흔적이 하나의 힘의 역할을 해나가는 과정인데, 그 흔적은 각각 따로 분리 고립되어 있는 것이 아니라 일종의 흔적체계를 이루고 있다. 그런데 그것이 시간이 지나감에 따라 변용되거나 쇠퇴되어 버리면 망각이 일어난다. 또한, 기억흔적이 현재의 생활경험과 결부되지 않아 인출되지 못하는 상태도 망각이라 할 수 있다. 그런데 당시에는 생각해 낼 수 없었지만 후에 다시 생각나는 경우가 있으며, 완전히 잊어 버렸다고 생각되는 것도 재차 학습할 때는 이전에 학습할 때보다 훨씬 적은 노력으로 쉽게 기억할 수 있다.

③ 망각이론

망각이 일어나는 이유와 과정에 관한 이론은 크게 ① 인출실패이론, ② 흔적쇠퇴이론, ③ 간섭이론, ④ 불사용이론, ⑤ 동기이론 등으로 구분된다(Hulse, Egeth, & Deese, 1980).

첫째, 인출실패이론은 장기기억에 저장된 정보에 접근할 수 없기 때문에 기억이 나지 않는다고 설명한다. 인출의 실패를 지지하는 증거 중 하나는 설단현상(tip of tongue)인데, 이는 인출하고자 하는 정보가 혀끝에서 맴돌지만, 기억이 나지 않는 현상을 말한다. 이때 적절한 인출단서가 주어지면 기억이 나게 되는 경우가 많다. 여기서는 기억된 정보가 사라지는 것이 아니라, 어딘가 저장되어 있지만 그곳이 접근할 수 없기 때문에 망각이 나타난다고 할 수 있다.

둘째, 흔적쇠퇴이론은 기억흔적이 시간의 경과에 따라 쇠퇴하기 때문에 망각이 일어난다고 설명한다. 우리들은 일상생활 속에서 오래 전에 있었던 경험을 흔히 잘 기억하지 못하는 경우가 많다. 이처럼 시간의 흐름에 따라 흔적이 희미해져 기억나지 않는 것을 쇠퇴라고 한다. 인출단서가 주어지더라도 어떤 것은 기억나지 않는 경우가 있는데, 이는 기억 속에서 정보가 사라졌기 때문이다. 코프카(Koffka, 1935)를 비롯한 형태주의 심리학자들은 기억흔적이 시간경과에 따라 점진적으로 변용·쇠퇴하는 경우, 새로운 흔적이나 과정에 동화되어 약화되거나 소실되는 경우, 그리고 흔적은 남아 있어도 이용되지 못할 경우에 망각이 일어난다고 주장하였다.

셋째, 간섭이론은 기억된 정보들 간에 서로 간섭(제지, 방해)을 일으키기 때문에 망각이 일어난다고 주장한다. 간섭은 서로 간에 유사한 정보일수록 더 쉽게 일어난다. 우드워스(Woodworth, 1938)와 맥지오크(McGeoch, 1942)는 망각이 학습 후의 후속적인 영향에 의해 파지가 방해를 받아 일어난다고 주장하였다. 즉, 파지기간(학습 후의 기간) 중에 파지를 방해하는 외부적 영향으로 인하여 간섭이 일어나서 망각이 촉진된다는 것이다. 간섭에는 선행학습의 후속학습에 대한 간섭으로 일어나는 순행간섭(순행제지)과 후속학습의 선행학습에 대한 간섭으로 인하여 일어나는 역행간섭(역행제지)으로 구분된다([그림 7-11]).

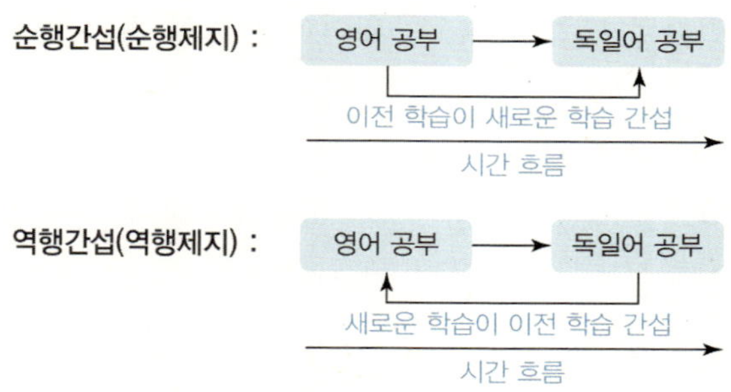

그림 7-11 | 순행간섭과 역행간섭의 실례

넷째, 불사용이론(不使用理論)은 특정 학습에 의해 저장된 정보를 계속 유지하기 위해서는 그것을 가끔 인출하여 재생해야 하는데, 그러한 과정을 거치지 않음으로써 망각이 일어난다고 설명한다. 에빙하우스(Ebbinghaus, 1913)와 손다이크(Thorndike, 1913) 등은 시간의 경과에 따라 기억된 내용을 활용하지 않으면 망각이 일어난다고 주장하였다. 그러나 저장된 내용을 사용하지 않는다고 반드시 망각이 일어나는 것은 아니며, 오히려 기억이 잘 되는 현상을 보이는 경우도 있고, 사용하지 않는 기간이 오래 계속되어도 망각이 일어나지 않는 경우도 있다. 그리고 최초의 학습에서 재생까지의 사이에 이루어지는 새로운 학습활동의 양이나 질이 망각에 영향을 미치는 경우도 있기 때문에 단순한 불사용의 이유만으로 망각을 설명하기에는 부족함이 있다.

다섯째, 동기이론(동기적 망각이론)은 망각이 인지적인 원인이라기보다는 감정적인 원인에 의해 일어날 수 있다고 주장하면서, 이러한 이유에 의해 일어나는 망각을 '동기적 망각'(motivational forgetting)이라고 명명하였다. 우리가 특정 사건이나 과거의 경험 중 고통이나 불안을 유발하는 내용을 기억하지 못하는 경우, 예를 들면 교통사고가 날 때의 상황이나 어린 시절 학대를 받았던 경험에 대해 그 당시의 기억을 하지 못하고, 자신이 늙어가는 것에 대한 부정적 감정으로 인하여 자기 나이를 제대로 기억하지 못하는 경우가 있다. 프로이트(Freud, 1957)는 이러한 동기적 망각이 무의식적인 억압에 의해서 나타나는 것이라고 주장하였다.

④ 망각곡선과 연습곡선

기억과 망각에 관한 연구는 에빙하우스(Ebbinghaus, 1913)의 「무의미 철자에 관한 연구」가 그 대표적인데, 그는 기억 직후일수록 망각되는 비율이 높다는 것과 무의미 철자의 나열보다는 유의미한 문장이 기억에 도움이 된다는 것(무의미한 기계적 학습보다는 유의미한 학습이 기억에 도움이 됨)을 확인하였다. 에빙하우스의 기억에 관한 양적 연구에 대한 실험내용은 다음과 같다.

실험에서 무의미 철자를 사용한 것은 피험자들에게 기억조건을 가능한 한 같게 하기 위해서였다. 먼저, 무의미 철자의 일정 분량을 일정한 속도로 읽어서 완전히 자유롭게 외우게 되었을 때에 여기에 소요된 시간과 횟수를 측정하고, 다음에 일정시간이 경과한 후 재생학습을 시켜 이전 것과 다음 것을 비교하여 재생할 수 있는 것을 파지율로 계산하였다. 여기에서 완전한 파지를 100으로 보고, 시간의 경과에 따라 재생되는 비율(파지율)이라고 하여 [그림 7-12]와 같은 그래프를 작성하였는데, 이것을 '망각곡선'이라고 한다. 여기에서 확

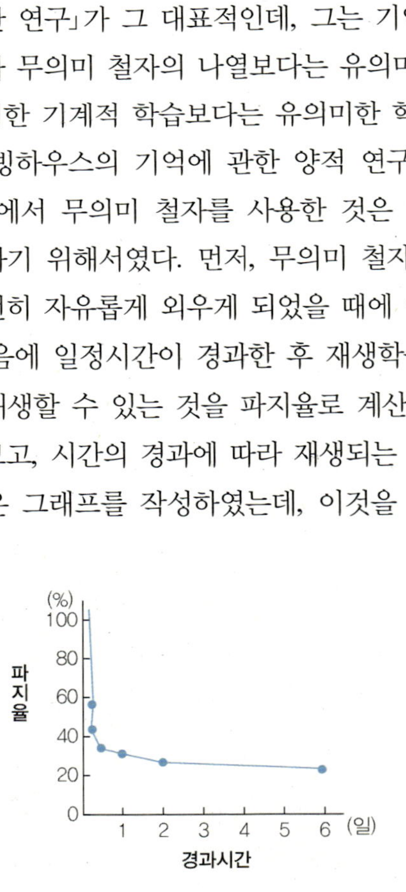

경과시간	파지율	망각률
0.33	58.2%	41.8%
1	44.2	55.8
8.8	35.8	64.2
24	33.7	66.3
48	27.8	72.2
6×24	25.4	74.6
31×24	21.1	78.9

그림 7-12 | 망각곡선 및 경과시간에 따른 파지·망각률

인할 수 있는 바와 같이, 망각률은 기억(학습) 직후일수록 높다. 이러한 망각률을 적게 하기 위해서는 기억(학습) 직후에 충분한 연습이 뒤따라야 한다.

연습(exercise)이란 반복을 통하여 학습을 촉진하기 위한 과정을 말한다. 이 경우 암송의 결과로 얻어지는 기억흔적의 고착, 즉 파지력을 강화시키는 경우와 동작의 반복을 통한 기능적 변화의 경우 등 두 가지를 생각할 수 있다. 전자는 에빙하우스의 기억실험을 그 예를 들 수 있는데, 이것은 대체로 언어학습과 같은 유형의 학습과 관계되며, 후자는 손다이크(Thorndike, 1932)의 고양이 학습실험을 그 예로 들 수 있다. 연습은 학습의 선행조건으로서 학습의 양과 질에 영향을 미치는 중요한 요인이 된다. 이처럼 연습은 학습효과를 높이기 위하여 필요한 활동으로서, 행동의 변화를 쉽고 정확하게 하는 데 그 목적이 있다.

일정한 의도에 따라 반복하여 연습하게 되면 학습의 진보현상이 나타나게 되는데, 이 진보량을 그래프로 나타낸 것을 '연습곡선' 또는 '학습곡선'이라고 한다([그림 7-13]).

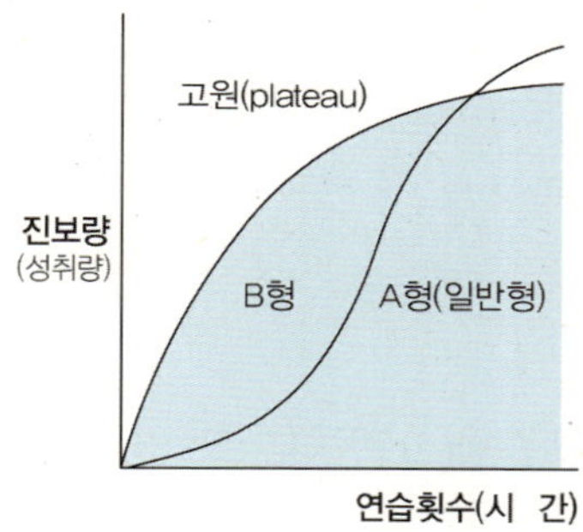

그림 7-13 | 연습곡선

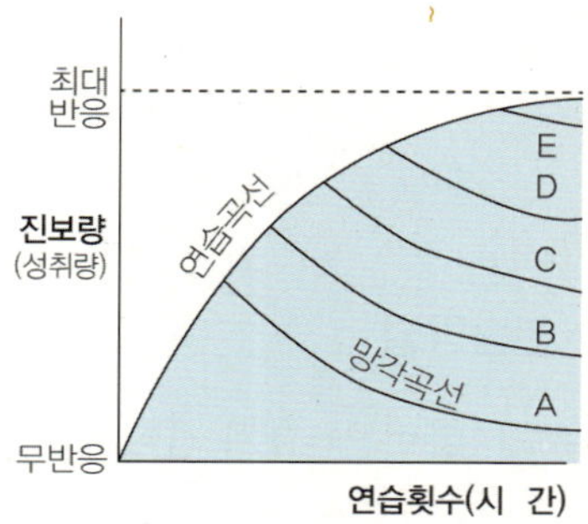

그림 7-14 | 연습과 망각의 관계

연습곡선을 그릴 때는 일반적으로 두 가지 변수를 사용한다. 즉, 횡축은 연습횟수 또는 시간이며, 종축은 진보량 또는 성취량이다. 학습은 연습횟수(시간)에 따라 진보량(성취량)도 상승하는 것이 일반적이다. 그러나 한참 상승하다가 일정한 시간을 계속하면 오르지도 않고 내려가지도 않는 상태가 잠시 계속된다. 이것을 고원(plateau)현상이라 한다. 이 상태에서 연습을 계속하면 피로상태를 넘어서 피비상태(exhaustion : 피곤하고 지친 상태)에 빠져 오히려 학습효과는 떨어지게 된다. 지금까지 살펴본 연습곡선과 망각곡선을 상호 관련지어 볼 때 망각은 연습의 정도에 따라 달라짐을 알 수 있다([그림 7-14]).

즉, 연습의 초기상태(불완전학습), 즉 무반응권일수록 망각이 심하고, 최대반응권(완전학습)으로 갈수록 망각의 정도는 적어진다.

한편, 댐(Dam, 2005)은 온라인학습체제의 하나인 e-learning의 효과에 관한 논의를 하는 가운데 다양한 e-learning 수업설계와 방법에 의한 학습효과를 기억량의 비율로 제시하였다([그림 7-15]).

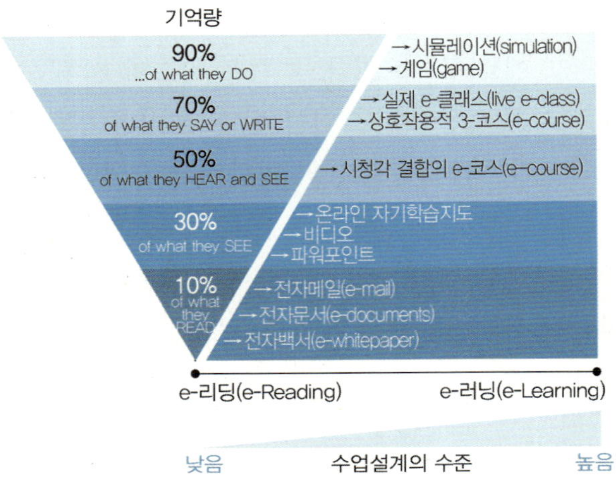

그림 7-15 | 온라인 학습체제에서의 e-learning 효과 비교

자료출처 : Dam, N. V.(2005). The Business Impact of e-Learning. p.104.

⑤ 연습방법

연습의 방법은 크게 ① 전습법(全習法)과 분습법(分習法), ② 집중법(集中法)과 분산법(分散法)으로 나뉜다.

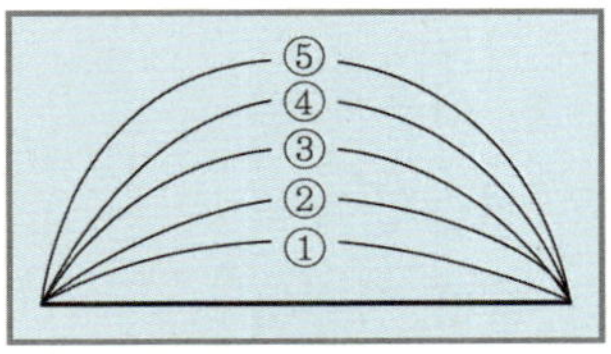

그림 7-16 | 전습법

먼저, 전습법과 분습법의 구분은 학습자료(학습내용)를 어떤 형태로 다루느냐에 따른 분류인데, 전습법은 학습자료를 하나의 전체로 묶어서 연습(학습)하는 방법이고([그림 7-16]), 분습법은 학습자료를 몇 개의 작은 부분들로 나누어 한 부분 한 부분씩 연습해 가는 방법을 말한다([그림 7-17]).

한편, 집중법과 분산법의 구분은 학습시간을 어떻게 운용하느냐에 따른 분류인데, 집중법은 중간 중간에 쉬지 않고 연습을 계속하는 방법을 말하며, 분산법은 중간 중간에 적당한 휴식시간을 두고 연습을 계속해 나가는 방법을 말한다.

- 순수 분습법 : 각 내용이나 기능을 일정한 수준에 도달할 때까지 각각 학습하고, 그 후 각 내용이나 기능을 동시에 학습하여 일정한 수준까지 학습하는 방법이다.

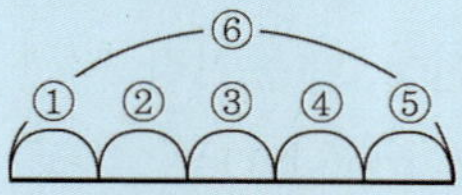

- 점진적 분습법 : 내용이나 기능 1과 2를 각각 학습하고, 다음에 내용이나 기능 1과 2를 동시에 학습하여 전체로 하며, 이어 내용이나 기능 3을 학습하고, 1, 2, 3을 동시에 학습하는 것으로, 내용을 점차 합해서 전체를 학습하는 방법이다.

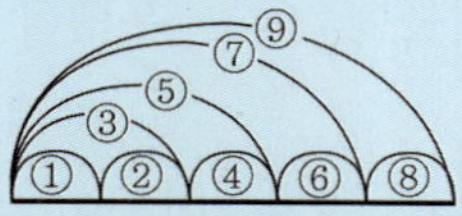

- 반복적 분습법 : 내용이나 기능 1을 학습하고 다음에 내용이나 기능 2를 동시에 학습하며, 그 다음 내용이나 기능과 함께 1, 2, 3을 동시에 학습하는 방법이다.

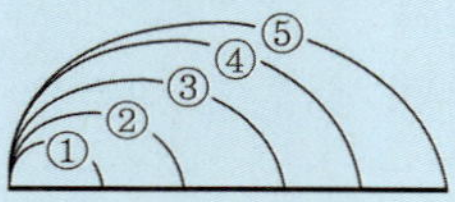

그림 7-17 | 분습법

연습방법의 효과면에서 보면 일반적으로 '분습법'과 '분산법'이 일반적으로 더 효과적인데, 특히 저학년 학생과 능력이 낮은 학생에게 그 효과가 크나, 이는 학습내용에 따라 차이가 있을 수 있다.

4) 전 이

① 전이의 의미와 유형

학습전이(transfer of learning)는 교육에 있어서 매우 의의 있고 중요한 요인인데, 이는 이전에 학습된 것이 새로운 문제나 사태의 해결에 영향을 미치는 현상을 지칭한다. 즉, 선행학습이 후속학습에 영향을 미치는 것으로, 이전의 학습결과가 후의 학습에 직접 또는 간접으로 영향을 미쳐 학습을 촉진시키거나 방해하는 현상을 말한다.

한편, 전이의 유형 크게 ① 긍정적 전이와 부정적 전이, 그리고 ② 수평적 전이와 수직적 전이 등으로 구분된다(Hulse, Egeth, & Deese, 1980; Schunk, 2000; Snowman & Bieler, 2000).

첫째, 긍정적 전이(positive transfer)는 정적 전이라고도 하는데, 선행학습이

후행학습에 긍정적인 영향을 미치는 현상을 말한다. 예컨대, 영어를 잘 알고 있는 사람이 프랑스어를 새로 공부할 때 영어를 모르는 사람보다 유리할 수 있는데, 이는 적극적인 전이현상 때문이다.

둘째, 부정적 전이(negative transfer)는 부적 전이라고도 하는데, 선행학습이 후행학습에 부정적인 영향을 미치는 현상을 말한다. 예컨대, 영어도 알 듯 말 듯한 사람이 프랑스어를 공부할 때는 영어를 전혀 모르는 경우보다는 힘이 더 들며 시간도 더 걸리게 되는데, 이는 후행학습에 대한 선행학습의 부정적인 간섭 때문이다.

셋째, 수평적 전이(lateral transfer)는 학생이 이미 알고 있는 내용과 다르긴 하지만, 서로 비슷한 수준의 과제를 수행할 때 나타나는 전이효과를 말한다. 예컨대, 아동이 학교에서 어떤 단어를 배웠기 때문에 나중에 신문을 볼 때 그는 학교에서 배운 단어와 비슷한 수준의 새로운 단어들을 알 수 있게 되는 것을 말한다.

넷째, 수직적 전이(vertical transfer)는 이미 습득된 하위수준의 학습내용이 새로운 상위수준의 학습에 영향을 미치는 것을 말한다. 예컨대, 아동이 분수에 대하여 충분히 이해하게 되면 분수 간의 덧셈도 가능해지는 것을 말한다.

② 전이이론

전이현상이 어떻게 일어나게 되는가에 대한 설명은 매우 다양하나, 그 대표적인 이론으로는 ① 형식도야이론, ② 동일요소이론, ③ 일반화이론, ④ 형태이조이론(形態移調理論), ⑤ 상위인지이론, ⑥ 전문가-초보자이론 등을 들 수 있다.

첫째, 형식도야이론(정신도야이론)은 '능력심리학'에 그 토대를 둔 이론으로서, 여기에서는 인간이 가지고 있는 다양한 정신능력(faculty) 중에서 기본적이고 핵심적인 능력, 즉 수리력, 추리력, 판단력, 통합력 등을 지적 훈련을 통하여 계발시키면 전이효과에 의해 그 주변의 부차적인 능력들이 파급적으로 발달하게 된다고 본다. 이러한 입장은 '교과중심 교육과정'의 이론적 토대를 이루고 있다.

둘째, 동일요소이론은 형식도야이론을 부정한 손다이크(Thorndike, 1932) 등의 행동주의 심리학자들이 주장한 이론으로, 여기에서는 선행학습장면과 새로운 학습사태 사이에 동일한 학습요소가 존재하기 때문에 전이가 일어난다고 본다. 그러나 형태심리학은 이러한 관점을 원자론적 입장이라고 비판하고 있다.

셋째, 일반화이론은 동일요소이론을 비판한 저드(Judd, 1908)가 주장한 것으로, 두 학습과제 간에 원리가 같을 때 전이가 일어난다는 이론이다. 이는 전이가 선행학습과 후행학습에 포함된 동일 학습요소에 의해 이루어지는 것이 아니라, 학습자가 과제를 해결하는 과정에서 추출한 개념이나 원리 또는 법칙을 다른 과제를 해결하는 데 일반화(적용)시킴으로써 일어나게 된다는 관점이다. 즉, 특정 장면에서 학습한 일반적이고 보편적인 개념이나 원리 또는 법칙이 다른 학습장면에 적용됨으로써 전이가 일어난다고 본다. 이렇게 본다면 전이가 일어나려면 학습내용의 기본원리를 파악하는 것이 중요하다. 따라서 이는 '학문중심 교육과정'에서 많은 지지를 받는다.

넷째, 형태이조이론은 형태전이이론이라고도 하는데, 이는 형태주의 심리학자들이 주장하는 것으로, 여기에서는 이전의 특정 학습장면에서 형성된 형태(요소들 간의 관계성)가 그와 대체로 유사한 새로운 학습사태에 위상적으로 옮겨지게 됨으로써 전이가 일어난다고 주장한다. 따라서 여기에서는 통찰을 통하여 요소들 간의 관계성(관련성)을 파악하게 되면 전이가 쉽게 이루어진다고 주장한다.

다섯째, 상위인지이론은 학생들이 문제해결전략(정보처리전략)을 스스로 통제·조절하는 과정에서 기본개념이나 원리 또는 법칙을 적용하게 된다고 본다. 문제해결에 작용하는 한 개인의 능력은 주어진 문제에 대한 인지과정, 문제해결을 위한 기대과정 및 집행통제과정 등에 작용하는 상위인지(metacognition; 초인지)의 속성에 달려 있다. 따라서 여기에서는 개인이 가지고 있는 모든 지식과 사고 및 정보처리과정을 스스로 통제·조절하는 과정을 통하여 일정한 기본개념이나 원리 또는 법칙을 특정 상황에 적용(전이)하게 된다고 전제한다.

여섯째, 전문가-초보자이론은 문제해결을 위한 계획수립과 실행과정에 있어 전문가와 초보자 간에 상이점이 있다고 전제한다. 인지심리학자들은 문제해결능력이 뛰어난 사람들과 그렇지 못한 사람들 간의 문제해결과정(사고과정·정보처리과정)의 차이를 밝히려고 노력하였는데, 그 결과에 의하면 '전문가'는 특정의 지식과 기술이 많이 갖추고 있을 뿐만 아니라 그것들을 잘 조직화할 수 있기 때문에 주어진 문제를 통합적으로 해결할 수 있는 반면, '초보자'는 제한된 지식과 기술만을 가지고 있을 뿐만 아니라 그것들을 제대로 조직화하지 못하기 때문에 문제를 제대로 해결하지 못한다. 이러한 점을 고려하면 수업활동에서 학생들에게 관련 선행지식과 기술을 충분히 가르치고 조직화전략을 구사할 수 있도록 하는 것이 곧 전이의 효과를 높이는 방법이 된다고 할 수 있다.

③ 전이에 효과에 영향을 미치는 조건

전이의 효과가 일어나는 정도는 조건(상황)에 따라 달라지게 되는데, 관련 연구결과들에 의해 확인된 조건들을 나열하면 다음과 같다. 첫째, 선행학습과 후행학습 사이의 유사성(자극·반응·원리 등에 있어서의 유사성)에 의해서 영향을 받는다. 둘째, 선행학습의 성취정도에 따라서도 전이효과는 다르게 나타난다. 즉, 선행학습이 철저하고 완전하게 이루어질수록 긍정적 전이효과는 높게 나타난다. 셋째, 선행학습과 후행학습 간의 시간적 간격에 의해서도 전이의 효과가 달라진다. 즉, 선행학습과 후행학습 간의 시간적 간격이 짧을수록 전이가 잘 일어난다. 넷째, 학습자의 지능수준에 따라서도 전이의 효과가 달라진다. 즉, 학습자의 지능이 높을수록 적극적 전이가 잘 일어난다. 다섯째, 학습자의 학습에 대한 태도나 신념 등에 의해서도 전이의 효과가 다르게 나타난다. 즉, 긍정적인 학습태도나 신념을 가질수록 전이의 효과는 크다. 여섯째, 학습방법에 따라서 전이의 효과는 다르게 나타난다. 즉, 자율적인 학습방법에 의한 학습이 타율적인 학습방법에 의한 학습보다 전이의 효과가 크게 나타난다. 일곱째, 기본개념과 원리 및 법칙을 학습할수록 긍정적 전이효과가 높게 나타난다.

④ 전이효과에 대한 학설

전이의 효과에 대한 학설(이론)은 크게 전이의 효과를 인정하는 입장과 전이의 효과를 인정하지 않는 입장으로 구분될 수 있다. 전자를 '형식도야설'이라고 하고, 후자를 '실질도야설'이라고 한다.

먼저, 형식도야설은 전이의 효과를 적극 인정한다. 이들은 수학이나 논리학과 같은 도구교과를 학습하면 전이가 일어나서 인간의 주변능력 등의 정신작용까지도 계발된다고 주장한다. 반면, 실질도야설은 학습의 전이를 거의 부정하며, 따라서 학교에서는 장래에 필요한 지식이나 경험을 실질적으로 모두 가르쳐 주어야 한다고 주장한다. 이 이론에서는 어떠한 학습이든 간에 일관된 법칙이나 문제해결능력, 응용능력을 인정하지 않기 때문에 실제생활에 필요한 다양한 교과를 채택하여 학생들을 지도해야 한다고 본다.

학습의 전이효과에 대한 이와 같은 상반된 입장 중에서 현대학습심리학은 전이효과를 대체적으로 인정하는 입장을 취한다. 다만, 전이효과는 학습내용, 학습방법, 학습자 등의 조건에 따라 다르게 나타난다고 보고 있다.

3. 학습자의 정의적 특성변인

학생들이 특정 시점에서 소유하고 있는 특정의 '정의적 특성'은 '인지적 특성'과 함께 주어진 학습과제를 수행하는 데 유의한 영향을 미치는 중요한 변인이 되는데, 이러한 정의적 특성은 바로 정의적 출발점행동(affective entry behavior)이 된다. 정의적 특성은 고정 불변하는 것이 아니라 학습활동을 통하여 변화하여 학습의 결과로 나타나게 되는데, 이때의 정의적 특성은 교육적 경험의 정의적 산물(결과)이라고 할 수 있다. 학생의 정의적 특성을 학교학습의 투입변인과 산출변인으로 설명한 블룸(Bloom, 1976)의 학교학습모형에 비추어 보면 이는 각각 '수단'으로서의 정의적 특성과 '목적'으로서의 정의적 특성으로 개념화할 수 있다. 그런데 이러한 두 가지 특성은 유기적인 관련성을 가진다. 즉, 학교학습의 전체 과정에서 보면 이 두 가지 형태의 정의적 특성은 상호독립적인 관계가 아니라 상호의존적 관계를 유지한다.

학교학습장면에서 이 두 가지 특성은 학습자의 학습사(learning history)라는 공통분모를 가진다. 그런데 여기에서 학습사 자체가 중요한 의미를 지니고 있는 것이 아니라 학습사에 대한 학습자의 지각이 정의적 특성의 강도와 방향을 결정하는 중심축의 역할을 한다는 점에 그 의미를 부여할 수 있다. 또한, 학습사에 대한 학습자의 지각뿐만 아니라 특정의 학습과제에 대한 학습자의 기대 정도가 정의적 특성의 강도와 방향에 어느 정도 영향을 미친다고 할 수 있다.

여기에서는 학습에 영향을 미치는 정의적 특성으로서 ① 동기, ② 불안, ③ 포부수준, ④ 자아개념, ⑤ 인지양식(장독립성-장의존성, 귀인)에 관하여 차례대로 논의하기로 한다.

1) 동 기

(1) 동기의 의미와 기능

먼저, 동기(motive)란 유기체 내에서 목표달성을 추구하는 행동을 하게 하는 상태나 태세를 말한다. 따라서 동기는 유기체로 하여금 어떤 행동을 하게 할 뿐만 아니라 그 행동의 방향을 결정하는 힘이라고 할 수 있다(Petri, 1996). 이러한 동기와 욕구(need)는 비슷한 개념이지만, 동기는 특히 학습사태와 관련되는 개념이다.

한편, 동기의 기능은 여러 가지로 구분할 수 있는데, 그 기능을 크게 다섯 가지로 구분하여 제시하면 다음과 같다(Petri, 1996).

첫째, 동기는 발생적 기능(activating function; initiative function)을 갖는데, 특정의 행동을 일으키는 원동력을 제공한다.

둘째, 동기는 방향적 기능(directing function)을 갖는데, 행동에 있어 구체적인 방향을 제시해 주고, 여러 자극들에 대하여 선별적 반응을 하도록 유도함으로써 특정의 행동을 하게 한다.

셋째, 동기는 지속적 기능(continuing function)을 갖는데, 특정의 행동이 계속적으로 유지되도록 하는 데 영향을 미친다.

넷째, 동기는 조정적 기능(regulating function)을 갖는데, 설정된 목표를 달성하는 데 필요한 행동을 선택·실행·조정·규제하는 데 영향을 미친다.

다섯째, 동기는 강화적 기능(reinforcing function)을 갖는데, 특정 행동의 결과가 자신의 욕구를 충족시켜 줌으로써 추후 그 행동을 다시 하게 만든다.

(2) 동기의 종류

동기의 종류는 관점에 따라 다양하게 분류할 수 있으나, 페트리(Petri, 1996)가 분류한 기준에 따라 동기의 종류를 논의하면 다음과 같다.

첫째, 동기는 그 적용범위에 따라 '일반동기'와 '특수동기'로 구분할 수 있다. 먼저, 일반동기(nomothetic motive, general motive)는 학습상황에서 지식의 습득과 기능의 숙달을 위해 노력하는 지속적이고 폭넓은 경향성을 말한다. 여기에서 '지속적'이라는 의미는 유치원에서부터 초등학교, 중등학교, 대학, 직장생활 때까지 계속적으로 유지된다는 것이고 '폭넓은'이라는 의미는 모든 교과 또는 모든 생활장면에 광범위하게 영향을 미친다는 것을 내포하고 있다. 반면, 특수동기(idiographic motive, specific motive)는 특정 과목 혹은 특정 분야와 관련되는 동기를 말하는데, 이는 교사의 통제범위 안에 들어 있다고 볼 수 있으며, 특정 전략에 의해 계발될 수 있다.

둘째, 동기는 그 원천에 따라 '내발적 동기'와 '외발적 동기'로 구분할 수 있다. 먼저, 내발적 동기(intrinsic motive; 내재적 동기)는 개인이 본래적으로 가지고 있는 동기로서, 흥미나 관심, 호기심, 성취감, 성공감, 만족감 등과 같은 요인에 의해 내부에서 자연스럽게 발생하는 욕구를 말한다. 반면, 외발적 동기(extrinsic motive; 외재적 동기)는 타인이나 외적 조건에 의해 유발되는 욕구로서, 외부로부터 주어지는 칭찬이나 보상 또는 벌 등이 이러한 욕구를 유발시키게 된다.

셋째, 동기는 생득적 동기(innate motive)와 획득적 동기(acquired motive)로 구분할 수 있다. 먼저, 생득적 동기는 정신분석학에서 강조하는 '본능'(instinct), 탐색동기, 인본주의 심리학에서 강조하는 '성장에의 충동'과 같은 동기를 지칭한다. 반면, 획득적 동기는 후천적인 경험에 의해 습득되고 형성되는 동기로서 성취동기, 권력동기, 친애동기 등을 말한다.

넷째, 동기는 기계적 동기(mechanistic motive)와 인지적 동기(cognitive motive)로 구분할 수 있다. 먼저, 기계적 동기란 생물학적 차원의 동기로서 섭식동기, 성적 동기, 공격동기 등을 말하고, 반면 인지적 동기란 인지적 차원의 동기로서 자아개념, 기대, 귀인, 유능감, 성취감 등을 말한다.

다섯째, 동기는 학습동기(learning motive)와 성취동기(achievement motive)로 구분해 볼 수도 있다. 이러한 구분은 동기 자체의 성질에 따른 분류라기보다는 그것이 작용하는 대상에 따른 분류이다. 학습동기란 동기의 일종으로서 학습상황에서 특정과제를 학습하게 하는 추진력, 즉 학습자로 하여금 특정의 학습목표를 성취하도록 행동을 하게 하는 심리적 상태를 말한다. 그리고 성취동기는 이보다 더 광범위한 의미를 갖는 것으로, 어떤 목표나 과업을 달성하려고 하는 포괄적인 동기를 지칭한다.

성취동기의 개념은 머레이(Murray, 1938)에 의해서 처음 제안되었는데, 그는 인간의 심리적 욕구를 세분하는 과정에서 '성취욕구'(achievement need)라는 개념을 상정하였다. 그는 정의적 측면을 중점을 두어 인간의 심리적 욕구(동기)를 '과제 관련 욕구'와 '대인관계 관련 욕구'로 양분하였다. 그리고 과제

관련 욕구는 다시 '작업습관에 영향을 주는 욕구'와 '수행수준에 영향을 주는 욕구'로 세분하고, 대인관계 관련 욕구는 다시 '독립성을 유지하려는 욕구'와 '대인관계를 유지하려는 욕구'로 세분하였다. 이러한 과정에서 머레이는 [그림 7-18]에서 보는 바와 같이 28가지의 심리적 욕구 중의 하나로 '성취욕구'를 제안하였다.

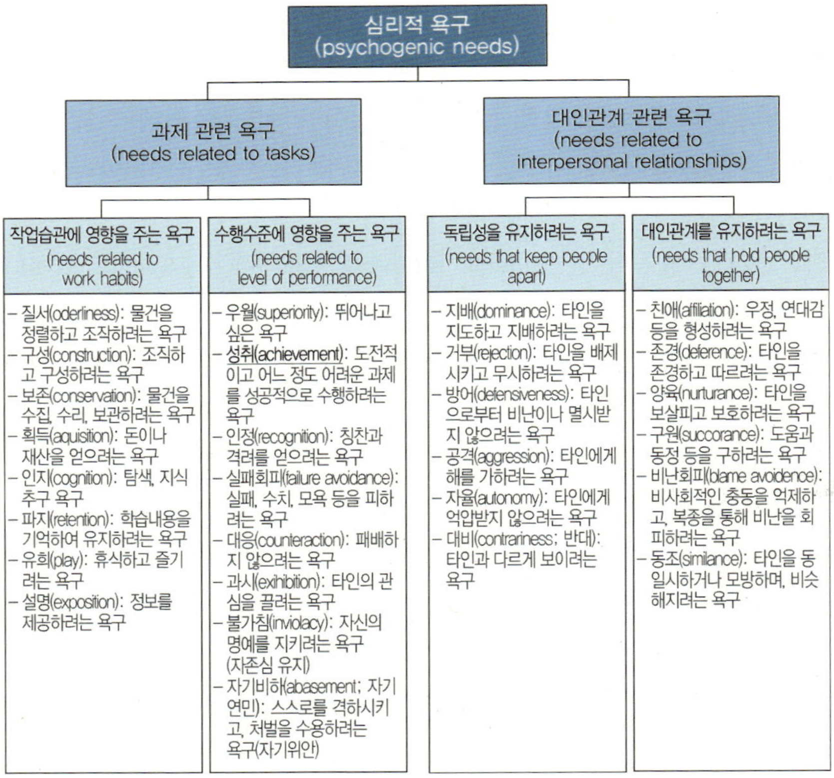

그림 7-18 | 머레이(Murray)가 세분한 심리적 욕구들

자료출처 : Murray(1938). Explorations in Personality. p.276.

한편, 앳킨슨(Atkinson, 1964)은 성취동기란 '도전적이고 어려운 과제를 성공적으로 수행하려는 욕구'라고 정의하였는데, 그는 성취행동을 설명하기 위하여 성격심리학과 실험심리학에서 얻은 연구결과들을 이론구성의 기반으로 삼아 인지적 동기이론을 발전시켰다. 앞에서 언급한 바와 같이, 머레이(Murray, 1938)가 동기의 정의적 측면에 중점을 두는 것과는 달리, 그는 동기에 있어 기대-가치라는 인지적 측면을 강조하여, 유기체의 내적 특성(기대-가치)과 외부환경요인이 상호작용함으로써 행동에 영향을 미친다는 점을 명백히 하였다. 즉, 자극-반응 간의 연합정도는 유기체의 욕구와 기대가 많은 영향을 미친다는 것이다.

앳킨슨은 동기화된 행동이란 특정 목표를 달성하기 위한 목적적인 행동이므로 이 행동은 객관적으로 주어지는 자극이나 그에 대한 반응 결과에 의해 일어나는 것이 아니라, 자극 및 반응결과에 대한 인지작용에 의해 일어난다고 주장하였다. 성취강도(strength tendency to achieve success; 성취동기)란 성취하고자 하는 행동경향성의 정도를 의미하는데, 여기에는 세 가지 요인, 즉 성공추구동기(motive of success: Ms)와 성공기대치(expentancy of success: Es), 유인가(value of incentive: Vin; 강화가)가 영향을 미친다.

성취강도(성취동기) = 성공추구동기(Ms) × 성공기대치(Es) × 유인가(Vin)

여기에서 성공추구동기란 행동상황에서 개인이 갖는 성공에 대한 일반적이고 안정된 동기를 나타내며, 성공기대치와 유인가의 값은 현재 당면하고 있는 상황과 유사한 상황에서 과거에 개인이 경험했던 것에 의해 결정된다. 앳킨슨의 성취동기모형에서는 성공을 추구하려는 강도나 실패를 회피하려는 강도를 결정짓는 배경으로서 과거의 경험을 중요시 한다. 따라서 여기에서는 과거의 경험을 토대로 현재의 성공기대치(성공가능성)와 유인가(성공하여 얻게 될 보상; 강화)를 어떻게 지각(평가)하는가가 중요하게 작용하게 된다.

이와 같이 앳킨슨 모형에서는 성취를 통해서 얻을 수 있는 현재의 결과뿐만 아니라 장래에 얻으려고 기대하는 성과에 대한 주관적 예견이 동기과정에 미친다는 미래지향적 측면을 강조한다. 특히, 앳킨슨은 성공추구동기를 실패회피 동기와 함께 설명함으로써 성취동기의 본질을 이해하는 데 보다 유용한 시각을 제공해 주었다.

이어, 맥클리랜드(McClelland, 1985)는 모든 동기가 학습된 것이라고 간주하면서, 동기란 장래에 얻고자 하는 목표반응으로 설명될 수 있지만, 그보다는 과거의 쾌락이나 고통과 연합되어 있는 일정한 단서들에 의해서 일어나는 강력한 감정적 연합체로 규정하였다. 그에 의하면, 성취동기란 우수한 결과를 얻기 위해 높은 기준을 설정하고 이를 달성하려는 욕구인데, 이러한 동기가 특정 행동을 일으킬 수 있는 이유는 성공적인 행동이 유쾌한 것이라는 이전의 경험의 결과 때문인 것으로 보았다. 이러한 동기는 성공적인 행동과 연합되어 있는 긍정적인 감정이 있기 때문에 행동에 계속적으로 영향을 미치게 된다. 따라서 개인 내의 모든 동기는 학습된 것이며, 그렇기 때문에 각 사람마다 서로 다른 수준의 동기를 지니게 되는 것이다.

맥클리랜드는 매슬로우(Maslow, 1943)의 욕구위계의 형식을 빌어 개인의 성격이 그의 행위를 동기부여시키는 잠재력을 지닌 세 가지 동기로서 ① 성취동기, ② 권력동기, ③ 친화동기로 구성된다고 주장하였다. 이 중 성취동기가 강한 사람은 성공에 대한 강한 희망을 가지고 있으며, 도전받기를 원한다. 또, 실패에 대해서도 비슷한 정도의 두려움을 느낀다. 그리고 직무에 대하여 책임지기를 좋아하고, 수행하는 일에 대하여 즉각적인 피드백을 받기를 좋아한다. 그리고 권력동기가 강한 사람은 다른 사람들에게 영향력과 통제를 행사하는 데 큰 관심을 가지고 있다. 이러한 사람들은 리더로서의 일을 찾고, 강압적이고 자기본위적인 경향이 강하다. 끝으로, 친화동기가 강한 사람은 무엇보다도 다른 사람과 친근한 관계를 가지려고 하며, 집단으로부터 소외되는 것을 피하고자 하는 경향이 강하다.

이러한 세 가지 동기를 매슬로우가 분류한 욕구들과 비교해 보면, '성취동기'와 '권력동기'는 매슬로우의 자존욕구 및 자아실현욕구와 일맥상통하며, '친화동기'는 매슬로우의 애정 및 소속욕구와 유사하다고 할 수 있으나, 동기(욕구)에 대한 개념은 다소 다르다. 즉 맥클리랜드는 인간의 동기가 학습된 것이며, 행동에 영향을 미칠 수 있는 잠재력을 지닌 욕구위계는 개인에 따라 차이가 있다고 주장하고 있으나, 매슬로우는 누구나 공통적인 욕구위계에 따라 욕구충족이 이루어진다고 주장하였다.

맥클리랜드는 세 가지 동기 중 특히 성취동기의 중요성을 역설하면서, 성취동기는 개인에 따라 그 정도가 다르며, 강한 성취동기를 가진 사람은 소수이고 약한 성취동기를 가진 사람이 대부분이라고 주장하였다. 즉, 사람들은 그의 성취동기수준에 따라 두 부류로 구분해 볼 수 있는데, 그 중 한 부류는 기회를 잘 포착하여 열심히 일함으로써 무엇인가를 성취하려는 비교적 소수의 사람들이며, 다른 한 부류는 그렇지 못한 대다수의 사람들이다. 여기에서 전자는 성취동기가 강한 성격의 소유자이며, 후자는 성취동기가 약한 성격의 소유자이다.

맥클리랜드는 성취동기를 높이기 위한 상황과 조건을 크게 네 가지로 제시하였다. 첫째, 우연이나 행운보다는 노력이나 능력을 통해 무엇인가를 성취할 수 있는 상황이어야 한다. 다시 말하면, 성취결과에 대한 개인적 책임과 명예를 가질 수 있는 상황이어야 한다. 둘째, 과업의 난이도와 위험이 중간수준정도의 상황이어야 한다. 과업이 너무 어려우면 성공할 확률이 적고, 따라서 동기가 크게 유발되지 않게 된다. 반면, 과업이 너무 쉽게 되면 성취로부터 큰 만족감을 얻지 못하게 된다. 성취욕구는 자신의 능력보다 약간 벅찬 상황에서 강하게 유발된다. 셋째, 노력한 결과에 대하여 분명한 피드백이 있는 상황이어야 한다. 성공이나 실패가 명확하게 구별될 수 없는 상황은 성취만족이 있을 수 없다. 적절한 시간 내에 수행결과에 대한 지식이 되돌려질 수 있는 상황이 성취욕구를 높인다. 넷째, 과업수행과정에서 혁신과 참신한 해결방안이 모색되고, 실현될 수 있는 미래지향적인 상황이어야 한다. 일상적이고 틀에 박힌 과업수행보다는 참신한 아이디어와 독창성이 요구되는 상황이 성취욕구를 높이게 된다.

끝으로, 맥클리랜드에 의하면 성취동기가 높은 사람들이 성취상황에서 나타나는 특성들은 다음과 같다.

① 과업지향성(task-orientation) : 성취동기가 높은 사람은 성취결과나 과업성취로 인해서 얻게 되는 보상에 관심을 두기보다는 성취해 나가는 과정 그 자체와 그의 능력을 발휘하고 평가하는 데 관심을 갖는다. 즉, 능률적 수행이나 도전적으로 자기능력을 시험하는 데 흥미를 느낀다.

② 적절한 모험심(adventure) : 성취동기가 높은 사람은 적절한 모험심을 가지고 그의 능력이나 기능에 의해 성취해 낼 수 있는 과업을 선택하여 도전하기를 좋아한다.

③ 자신감(self-confidence) : 성취동기가 높은 사람은 성취 가능성에 대하여 자신감을 갖는다. 즉, 수행할 과업의 성취가능성과 관련하여 자신을 적극적으로 믿는다.

④ 적극적 · 혁신적 활동성(energetic, revolutional activity) : 성취동기가 높은 사람은 적극적이고 혁신적인 자세로 새로운 일, 도전할 가치가 있는 일, 적절하게 어려운 일, 자신의 능력을 확인해 볼 수 있는 일 등에 보다 열중한다.

⑤ 자기책임감(responsibility) : 성취동기가 높은 사람은 자신의 성취결과에 대하여 자신이 책임을 진다.

⑥ 행동결과에 대한 지식(knowledge of the result; KR)의 활용 : 성취동기가 높은 사람은 그가 수행한 과업의 진행상황 및 그 결과에 대한 지식을

중요하게 여기며, 이를 적극 활용한다.

⑦ 미래지향성(future-orientation) : 성취동기가 높은 사람은 과거나 현재에 집착하기보다는 미래상황을 예견하고, 그에 철저히 대비한다.

맥클리랜드는 위에 제시한 행동특성들을 종합해서 다음과 같이 부연해서 설명하였다. 즉, 성취동기는 개인으로 하여금 그의 능력에 비추어 도전할 가치가 있는 일을 탐색하게 하며, 그러한 일들을 능률적으로 수행하여 성취할 수 있다는 자신감과 관련이 깊다. 또한, 이는 우연이나 요행만으로 가능한 일에는 흥미를 갖지 않으며, 자신의 능력으로 해낼 수 있는 일에 도전적인 흥미를 갖는 것과 연관이 있다는 것이다.

(3) 동기의 유발

동기유발(motivation; 동기부여)이란 동기적인 상태가 생기거나 생겨나게 하는 것을 말하는데, 이를 간략하게 말하면 개체 내에서 발생하는 '동인'(動因; drive)과 환경이 갖고 있는 '유인'(誘因; incentive)과의 상호작용에 의해 이루어진다고 할 수 있다. 그러나 특정사태에서 과제를 이해하고 그것을 성공적으로 성취하고자 하는 동기가 유발되는 데는 수많은 내·외적 요인들이 작용하기 때문에 그 과정에 대한 설명은 그리 쉽지 않다. 일단, 동기의 유발에 영향을 미치는 내·외적 요인들을 상정하면 [그림 7-19]와 같다.

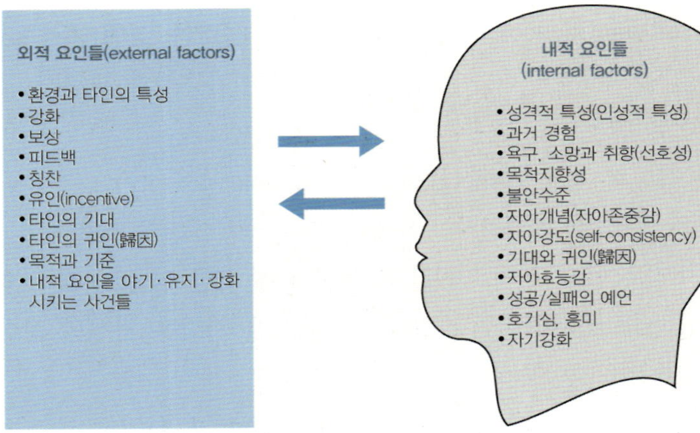

그림 7-19 | 동기유발에 영향을 미치는 내·외적 요인들

자료출처 : Slavin, R. E.(1994). Educational Psychology : Theory and Practice. p.368.

그러나 이와 같은 내·외적 요인들이 각각 형성되는 조건과 과정도 다르며, 이들 간 상호작용의 양상도 매우 다양하게 이루어지므로 동기유발의 과정과 방법도 여러 가지로 설명될 수 있다. 동기유발이 되기 위해서는 먼저 개인이 중요한 영역에서 제반 능력을 발휘하고 그에 대하여 주변의 중요한 타인의 지지와 긍정적 피드백이 제공됨으로써 그가 긍정적인 자아개념을 발달시켜야 한다. 이는 그의 전반적인 기분의 형성에 작용하여 드디어 동기유발의 결과를 얻는다고 볼 수 있다([그림 7-20]).

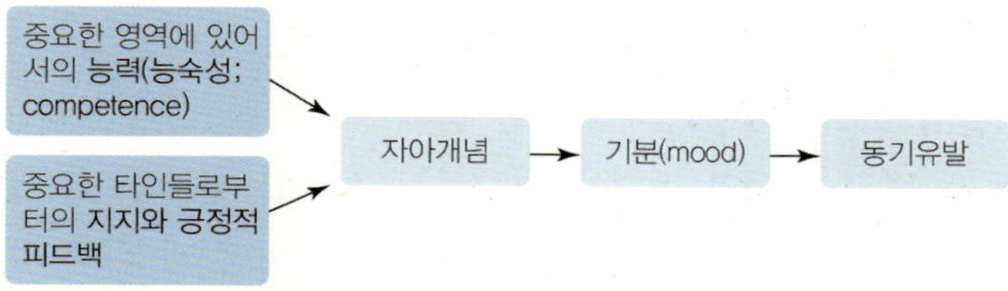

그림 7-20 ❙ 동기유발이 이루어지는 과정에 대한 개념모형

[그림 7-20]에서도 확인할 수 있는 바와 같이, 학습자가 갖는 동기를 포함한 대부분의 정의적 특성은 그가 지금까지 이루어 온 학업성취에서 발휘한 능력에 대한 자신의 지각 및 그에 대한 주변의 지지와 인정으로부터 영향을 받는다. 여기에서 말하는 정의적 특성이란 '학업성취와 관련한 학습자 자신의 적합성 및 유용성에 대한 태도와 지각'으로서, 이는 학습자의 학습결과(학습성과)로서 인지적 특성과 함께 중요한 특성이 아닐 수 없는데, 이는 다시 후속학습에 대한 출발점행동으로 작용하게 된다.

학습자가 갖는 자신의 '능력'에 대한 지각수준과 주어진 과제에 대한 '도전'에 대한 지각수준의 상호작용에 의해 그는 ① 무관심, ② 지루함, ③ 불안, ④ 몰입의 심리상태를 갖게 된다([그림 7-21]).

		자신의 '능력'에 대한 지각	
	구 분	낮 음	높 음
'도전'에 대한 지각	낮 음	무관심 (apathy)	지루함 (boredom)
	높 음	불 안 (anxiety)	몰 입 (flow)

그림 7-21 ❙ 자신의 '능력'과 '도전'에 대한 지각수준의 상호작용에 따른 심리상태

자료출처 : Santrock, J. W.(2004b). Educational Psychology. p.420.

이처럼 학습자가 자신의 능력에 대한 지각수준, 즉 자아효능감(competence motive; 자아유능감) 수준은 학습사태에서 성공적인 성취를 거두기 위한 '몰입'상태의 결정적인 요인으로 작용하게 된다. 여기에서 자아효능감이란 자기 자신을 유지하고 성장시키기 위하여 환경을 통제·조절하는 능력을 향상시키려는 숙달동기(mastery motive)를 말한다(White, 1959). 모든 인간은 자신의 주변 환경에 대해 어떠한 영향을 행사하고자 하는 내적 충동을 가지고 있다. 이러한 동기는 자기 주변의 환경을 탐색하고 영향력을 행사하며, 그 효과를 검증하는 활동과 관련이 되는데, 여기에서 얻어진 결과에 의해 개인이 느끼는 만족감의 정도가 결정되게 된다. 따라서 개인이 적절한 행동으로 자신의 환경을 통제·조절함으로써 환경과의 원활한 관계를 유지하게 되면 그는 즐거움과 기쁨을 맛보게 되고 자신의 능력에 대하여 긍정적인 태도를 갖게 된다. 이는 개인으로 하여금 환경에 대한 보다 도전적인 신념을 갖게 하여, 환경을 보다 적극적으로 통제·조절하려는 동기를 형성하도록 해 준다.

또한, 자아효능감에 대한 이론을 발전시킨 또 다른 학자는 드샴스(deCharms, 1971)인데, 그는 교사가 학생들의 동기를 촉발시킬 수 있는 방안에 대하여 많은 관심을 가졌다. 그는 인간의 가장 기본적인 동기는 바로 자기 자신의 환경을 변화시키려는 욕구라고 주장하면서, 자신이 자신의 학습을 스스로 이끌어 간다고 믿는 학생들은 외부적 강화에 의하여 학습하는 학생들보다 더 많은 만족감을 경험하며, 그 과업을 보다 잘 수행한다고 주장하였다. 아울러, 그는 교사가 학생들에게 내적 통제를 강조하느냐 혹은 외적 통제를 강조하느냐에 따라 학생들이 자율적 행위자(the origin)가 되느냐, 타율적 행위자(the pawn)가 되느냐에 영향을 미친다고 보았다. 여기에서 자율적 행위자는 자신의 행동의 원인이 자기 자신이라고 단정하여 자신을 행동의 주체자로 파악하는 사람을 말하며, 타율적 행위자는 자신의 행동이 자기 이외의 외부적 요인에 의해 일어났다고 단정하는 사람을 말한다. 그러므로 자율적 행위자는 자기 자신의 삶의 방향과 목표를 스스로 설정하고, 그것들을 성취하기 위한 활동들을 자신이 자유롭게 선택하여 실행하기 때문에 모든 것은 내부로부터 통제된다고 느낀다. 반면, 타율적 행위자는 자기 이외의 외부적 요인들이 자신의 운명을 통제한다고 믿는다.

만일 학교장면에서 교사가 학생들에게 자기통제에 의한 학습활동을 허용한다면 그들은 자율적 행위자가 될 것이며, 외적 통제에 의존하면서 학생들을 지도하면 그들은 타율적 행위자가 될 것이다. 교실에서 자율적 행위의 학생들은 타율적 행위의 학생들보다 학습과제를 좋아하고 열심히 공부하며, 성취를 위한 노력을 더 많이 한다. 일반적으로 자신의 선택과 노력에 의해 행동을 하게 되면 그 결과를 보다 더 가치 있는 것으로 느끼며, 어떤 외부적 요인에 의해 행동을 하게 되면 그 결과의 가치를 떨어진다. 따라서 드샴스는 자신의 노력으로 가치 있는 것을 성취했다는 만족과 외부로부터 주어지는 보상에 의한 만족은 다르다고 주장하였다. 그에 의하면, 외부보상이 주어지면 오히려 자율적인 행동이 감소되며, 외부보상은 그 보상에 비례해서 학생들을 의존적인 위치에 머물게 한다. 그리고 학급 내에서 교사가 매우 엄격한 통제를 하게 되면 학생들은 내적 통제를 할 수 없게 된다고 주장하였다. 교사는 학급 내에서 부분적으로 외부통제의 방법을 활용하지 않을 수 없겠지만, 가능한 한 학생들에게 자신의 통제력을 발달시킬 수 있는 자유를 허용함으로써 보다 유익한 수업활동을 이끌어야 한다.

드샴스는 학생들이 스스로 자기를 자율적 행위자로 규정할 수 있도록 하는 훈련프로그램을 개발하였는데, 이는 교사가 학생들의 자율적 행동이 가능하도록 학습활동을 구조화하고, 자신의 행동에 책임을 지도록 학생들을 격려하는 프로그램이다. 이때 교사는 학생들이 자기 자신의 장점과 약점을 정확히 파악하며 그에 기초하여 현실적인 목표를 신중하게 설정하고, 그 목표의 성취를 위하여 취할 수 있는 구체적인 행동들을 실행하며 그 결과가 어떻게 나타나는가를 스스로 검토할 수 있는 기회를 부여함으로써 자율적 행위자로서의 실천적 훈련을 체험하도록 해야 한다는 것이다.

드샴스(deCharms, 1971)는 학생들의 유능동기를 함양하기 위해서 학습장면에서 교사가 실천해야 할 사항들을 다음과 같이 제시하였다.

① 학생들 간에 상호작용이 활발하게 일어날 수 있는 기회를 마련해 주고, 언어적 표현을 최대한 사용하도록 권장한다.
② 학생들이 모든 감각을 통하여 학습과제에 주의를 집중하도록 해 준다.
③ 학생들이 가지고 있는 학습경험들을 토대로 인지적으로 탐구할 여유를 주어야 한다.
④ 풍부한 사회환경을 조성하여 학생들의 사회적 상호작용을 극대화한다.
⑤ 학생들의 호기심과 흥미를 자극하고 풍요로운 환경을 조성해 준다.

⑥ 학생들에게 애정을 줌과 동시에, 확고한 규율도 제시한다.
⑦ 학습활동을 시도하는 학생들에게 상담자의 역할을 제공한다.
⑧ 학생들이 자신의 힘과 재능 및 능력을 인식하고, 이를 활용하도록 격려한다.
⑨ 학생들이 현실적인 학습목표를 설정하도록 도와준다.
⑩ 학생들이 학습목표를 성취하기 위해서 취해야 할 행동들에 대한 계획을 수립할 수 있는 기회(시간)를 허용한다.
⑪ 학생들이 학습목표를 성취했을 때의 준거(기준)들을 설정해 준다.
⑫ 학생들이 학습목표를 성취했을 때 성공감·유능감·성취감·만족감·자기결정감 등을 충분히 느끼도록 해 준다.

학습자는 학습장면에서 주어진 문제를 해결해 나감으로써 특정의 학업성취를 산출하며, 아울러 자신의 능력이나 특성에 대한 태도인 자아효능감을 형성하게 된다. 즉 학습자들은 주어진 학습문제와 지적인 상호작용을 하여 그 결과로서 특정의 학업성취를 이루게 되고, 이는 정의적 경험으로 연결되어 결과적으로 특정의 자아효능감을 형성하게 한다. 그런데 이는 다시 학습자의 후속적인 학습활동에 피드백되어 다시 그 활동에 대한 투입변인으로 작용하게 된다. 학교학습사태에서 학습자가 갖는 자아효능감에 영향을 미치는 3요소(개인적 특성, 선행적 경험, 사회적 지지)와 과제몰입에 미치는 영향 및 동기유발과의 관계를 도식화한 자아효능감모형을 제시하면 [그림 7-22]와 같다.

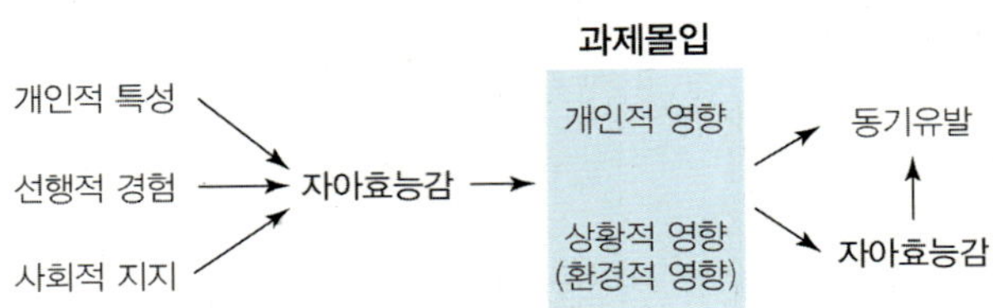

그림 7-22 | 학교학습에 대한 자아효능감모형

그리고 하터(Harter, 1992)는 학습자가 갖는 자아효능감 지각수준에 영향을 미치는 선행변인들과 자아효능감 수준이 정서 및 동기지향성의 정도에 영향을 미치는 관계를 기술하는 종합모형(comprehensive model)을 제시하였는데, 이를 도식으로 나타내면 [그림 7-23]과 같다.

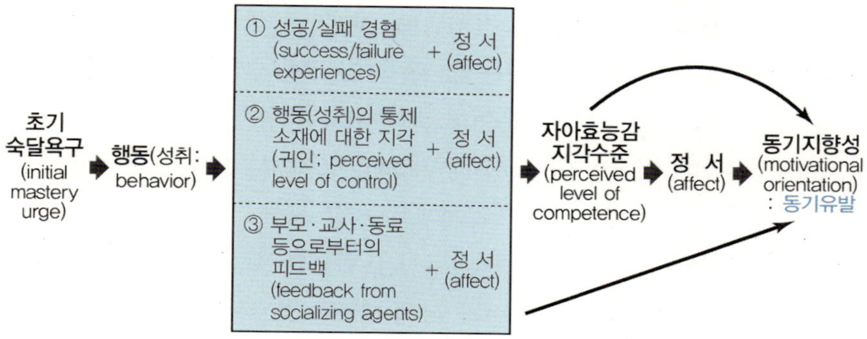

그림 7-23 | 자아효능감 지각수준과 정서 및 동기지향성 간의 관계에 대한 모형

자료출처 : Harter, S.(1992). The Relationship between Perceived Competence, Affect, and Motivational Orientation with in the Classroom. p.79.

여기에서 보는 바와 같이, 학습자가 주어진 학습과제에 직면하게 될 때 초기 숙달욕구를 가지고 특정의 행동을 수행함으로써 일정한 수준의 성취를 얻게 된다. 그리고 이에 대하여 학습자는 ① 성공 또는 실패의 경험을 하면서 특정의 정서(예: 쾌감·성취감이나 불쾌감·실패감)를 경험하게 되고, ② 그 행동(성취)의 통제소재에 대한 지각(귀인)을 하면서 특정의 정서를 경험하게 되며, ③ 그 행동(성취)에 대하여 부모와 교사 및 동료로부터 피드백을 받으면서 역시 특정의 정서를 경험하게 된다. 이러한 경험들은 결국 자신의 자아효능감에 대한 지각수준에 직접적으로 작용하고, 이는 다시 그의 정서(정의적 특성)의 형성을 결정하며, 결국 동기지향성(동기유발)에 영향을 미치게 된다. 요약하면, 학습자의 행동(성취) 결과는 자아효능감에 대한 지각에 영향을 미침으로써 결국 그의 정서(정의적 특성) 및 동기특성을 결정하게 된다.

그런데 모든 학생들이 항상 성공하고자 하는 의욕 때문에 동기화되는 것만은 아니다. 어떤 때는 실패를 회피하기 위해 동기화되기도 하는데, 자존심 손상, 수치, 친구들로부터의 조소, 부모의 걱정 등에 대한 두려움이 성공추구동기보다 강렬하게 작용하기도 한다. 성공하기 위해서 동기화되는 경우를 성공추구동기(motivated to succeed; Ms)라고 표현하고, 실패를 회피하기 위해서 동기화되는 경우를 실패회피동기(motivated to avoid failure; Maf)라고 표현할 수 있는데, 성공추구동기(Ms)와 실패회피동기(Maf)는 특정 과제에 관한 성공경험 혹은 실패경험과 상호작용하여 그 과제의 미래학습에 관한 동기수준에 영향을 미치게 된다.

이와 같은 두 동기의 비율(동기패턴)에 따라 학생들을 Ms>Maf 유형과 Ms<Maf 유형으로 분류할 수 있는데, 여기에서 Ms>Maf 유형은 성공추구동기가 실패회피동기보다 강한 경우이고, Ms<Maf 유형은 실패회피동기가 성공추구동기보다 강한 경우이다. 와이너(Weiner, 1980)는 Ms>Maf 유형의 학생과 Ms<Maf 유형의 학생이 어떤 과제에서 성공 혹은 실패한 경우 그 과제에 대한 동기수준이 정반대로 변한다는 사실을 발견하였다([그림 7-24]). 여기에서 학생의 과제수행 전의 동기패턴과 실제 과제수행에서의 성공 또는 실패 간의 상호작용에 의한 동기변화의 양상을 확인할 수 있다.

	Ms>Maf 유형 (성공추구동기>실패회피동기)	Ms<Maf 유형 (성공추구동기<실패회피동기)
성 공	학습동기 감소	학습동기 증가
실 패	학습동기 증가	학습동기 감소

주: Ms=성공추구동기, Maf=실패회피동기

그림 7-24 | 성공 또는 실패 간의 상호작용에 의한 학습동기의 변화

자료출처 : Weiner, B.(1992). Human Motivation. pp. 180~192 내용을 도식화한 것임.

먼저, Ms>Maf(성공추구동기>실패회피동기)의 경우는 특정 과제에서의 성공경험은 학습동기를 감소시키는데, 반면 실패경험은 오히려 학습동기를 증가시켰다. 그리고 Ms<Maf(성공추구동기<실패회피동기)의 경우 성공경험은 학습동기를 증가시키는데, 반면 실패경험은 오히려 학습동기를 감소시켰다. 이처럼 ① 성공추구동기가 실패회피동기보다 강한 경우 성공경험은 학습동기를 감소시키고, 실패경험은 오히려 학습동기를 증가시키며, ② 실패회피동기가 성공추구동기보다 강한 경우 성공경험은 학습동기를 증가시키고, 실패경험은 오히려 학습동기를 감소시킨다는 연구결과는 중요한 교육적 시사점을 제공해 주고 있다. 즉, 학습장면에서 교사는 성공추구동기가 실패회피동기보다 강한 학생들에게는 어느 정도 실패적 경험을 조심스럽게 제공하며, 실패회피동기가 성공추구동기보다 강한 학생들에게는 성공적 경험을 적극 제공해 줄 필요가 있다는 것이다.

한편, 개인이 일단 긴장을 느끼게 되면, 이 긴장이 감소될 때까지 어떤 형태의 심리적인 과정이 발생하며, 그 고조된 긴장은 심리적 과정에 계속적으로

에너지를 부여하게 된다. 이러한 현상을 실험에 의해 밝힌 사람이 러시아 심리학자인 자이가르닉(Zeigarnik, 1972)이다. 사람들이 어떤 일에 접했을 때 그것에 적응하기 전에는 인지적으로 불평형상태(disequilibrium state), 즉 긴장을 하게 된다. 그러한 긴장상태는 그 일을 해결할 될 때까지 계속되고, 문제가 해결되지 않으면 그 긴장상태는 계속되기 때문에 그것과 관련된 기억이 생생하게 남게 되는 것이다. 예를 들어, 시험을 치를 때 자신 있게 쉽게 푼 문제보다는 어려워서 잘 풀지 못한 문제를 더 잘 기억하는 것은 해결하려고 노력을 하였으나, 그렇게 하지 못함으로써 거기에 투입할 에너지가 해소되지 못하고 계속 남아 있기 때문에 기억이 더 선명하게 된다는 것이다. 이를 심리학적으로는 '자이가르닉 효과'(Zeigarnik effect)라고 명명한다.

사람들은 어떤 일을 하다가 중간에 그만두게 되면 마무리하지 못한 그 일을 계속 하려는 동기가 작동하기 때문에 아무래도 기억을 오랫동안 선명하게 유지할 가능성이 높다. 그렇지만 일단 일을 마치게 되면 그 일과 관련된 기억들은 쉽게 사라질 것이다. 아마 이루어지지 못한 첫사랑이 오랫동안 기억에 남아 있는 것도 바로 이러한 이유 때문일 것이다. 개인이 이루지 못한 첫사랑의 경우 엄청난 설렘과 긴장이 생겨났음에도 불구하고 끝내 이루어지지 않았다면 당연히 오래오래 기억 속에서 머물게 될 것이다. 자이가르닉 효과 역시 긴장이 유기체의 인지과정에 에너지를 부여하는 하나의 동기요소로 작용하여, 과제의 회상활동에 영향을 미치는 것으로 전제하기 때문에 이는 '인지적 동기 이론'이라고 할 수 있다.

끝으로, 학습동기유발이란 학습자가 과제성취에 대한 관심을 가지고 그것을 성공적으로 해결하고자 열의를 갖도록 하는 것을 말하는데, 이러한 학습동기유발을 유도하는 방법은 크게 두 가지로 구분된다. 즉, 자연적인 방법과 인위적인 방법이 바로 그것인데, 이 중 전자를 '내발적 학습동기유발'이라고 하고, 후자를 '외발적 학습동기유발'이라고 한다. 이에 대한 구체적인 방법들을 제시하면 다음과 같다(Schunk, 2000; Yelon & Weinstein, 1977).

① 내발적 학습동기유발의 방법

첫째, 학습목표와 학생의 욕구(흥미·관심)를 결부시킨다. 학습목표를 학생의 욕구와 결부시키게 되면 학생은 능동적으로 학습활동에 참여할 가능성이 높다. 개인적 욕구는 생리적 욕구와 사회적 욕구 또는 일차적 욕구와 이차적 욕구로 구분해 볼 수 있는데, 특히 학습목표와 관련되는 학습동기는 정복감, 효능감, 성취감, 승인감과 같은 사회적(이차적) 욕구와 밀접하므로 학습목표를 이러한 욕구들과 관련짓는 것이 중요하다.

둘째, 학생의 흥미와 능력수준에 부합된 학습과제를 선정·제공한다. 흥미는 선택된 대상에 대해 강한 동기를 유발시키는 동인(動因)이 되므로 흥미나 적성에 부합된 학습과제일수록 강한 학습동기가 유발되며, 이 동기는 흥미가 변하지 않는 한 강하게 작용한다.

셋째, 긍정적인 자아개념을 형성시킨다. 학생에게 긍정적 자아개념을 갖도록 하는 것은 학습동기유발의 직접적인 방법은 아니나, 대단히 중요한 일이다. 아동들의 성취수준은 자기 자신이 할 수 있다고 생각하는 과업 내지 과업수준의 한계를 크게 벗어나지 못하는 것이 사실이다. 자기 자신이 할 수 있다고 생각하는 정도나 자신감은 바로 자아개념과 깊은 관계가 있다.

넷째, 동일시 방법을 효과적으로 이용한다. 개인이 자기가 공감하거나 존경하는 사람처럼 되기를 바라는 심리적 상태를 동일시(identification)라고 하는데, 유아기에는 주로 부모가 동일시의 대상이며, 아동기와 청소년기에는 위인이나 교사들이 동일시의 대상이 된다. 그러므로 교사의 학업에 대한 태도나 성실한 생활자세 또는 긍정적인 행동은 학생들의 동일시(모방) 대상이 됨으로써 내발적인 동기유발에 큰 영향을 미친다.

다섯째, 호기심을 자극한다. 호기심은 내발적 동기의 원형이라고 할 수 있다. 우리는 불명확한 사물이나 미완성된 사태에 직면하게 되면 호기심이 일어난다. 그래서 그것이 명확하게 완성될 때까지 미지를 탐구하여 선명하게 밝혀내는 과정이나 결과에서 만족감을 얻으며, 이에 따른 칭찬이나 물질적 보상 등의 외적 보상은 부가적인 의미에 지나지 않는다. 호기심이 학습동기로 발휘되기 위해서는 미지의 세계에 대하여 지속적이고 탐구적인 태도를 갖도록 해 주어야 한다.

여섯째, 성공감과 실패감을 이용한다. 어떤 과업에서 성공하게 되면 자신감과 자긍심이 생겨 더욱 의욕적으로 노력하려고 하며, 반대로 실패하게 되면 불쾌감과 패배감으로 인하여 할 수 있는 일도 못하는 경우가 많다. 학생들에게 각자의 수준에 적절한 학습과제를 제공하여 성공감과 성취감을 맛볼 수 있게 함과 동시에, 학업적 실패감과 패배감을 맛보지 않도록 하기 위해서도 주어진 학습내용을 열심히 공부하도록 자극(격려)해야 한다.

② 외발적 학습동기유발의 방법

첫째, 보상과 벌을 적절하게 이용한다. 학습이나 과업수행에 있어서의 보상과 벌의 효과에 대한 연구는 상당한 역사를 가지고 있는데, 상이나 칭찬은 학습동기유발에 상당히 효과적인 것으로 밝혀졌다. 상찬과 질책이 학습에 미치는 영향에 대한 연구로 유명한 고전적 연구로는 허록(Hurlock, 1925)의 상벌 실험을 들 수 있는데, 그는 초등학교 3학년을 대상으로 덧셈과제에 대한 상벌 효과를 검증하기 위하여 4개의 실험집단을 설정하였다. 즉, 실험집단을 상찬그룹(항상 학생을 칭찬함), 질책그룹(항상 학생을 질책함), 무시그룹(칭찬도 질책도 하지 아니함), 통제그룹(비교그룹; 비처치그룹) 등으로 나누어 학습성과를 확인하였다. 그 결과, 상찬그룹이 가장 좋은 성적을 보였으며, 질책그룹에서 2일째는 상찬그룹과 같은 결과가 나왔지만 그 이후에는 성적이 저하되었으나, 무시그룹과 통제그룹보다는 전체적으로 좋은 성적을 기록하였다.

둘째, 학습결과에 대한 지식(knowledge of results; KR)을 제공한다. 자신의 학습결과에 대한 인지는 학습동기유발에 도움을 준다. 그렇기 때문에 학습동기의 한 요인으로서 자기 행동이나 성적의 결과를 학습자들에게 제공할 필요가 있다. 확실히 어떤 문제를 성공적으로 끝내면 만족과 쾌감을 느낌으로써 학습동기가 강해지며, 다음 과제에 대한 학습동기가 강하게 유발된다. 한 문제가 종결되지 않았더라도 그때까지의 학습결과에 대한 피드백의 제공은 학습동기의 지속과 강화에 도움이 된다.

셋째, 경쟁과 협동을 적절하게 활용한다. 개인 간의 경쟁과 집단 간의 경쟁을 통한 학업성취의 차이를 연구한 결과에 의하면, 자기집단의 성적을 높이는 집단 간 경쟁보다는 자신의 성적을 높이려고 하는 개인 간 경쟁이 개인의 성적을 더 높인다. 경쟁은 승인의 욕구, 자기과시의 욕구와 관계되는 것으로 학습동기의 한 유발방법이라고 할 수 있다. 한편, 학습장면에서의 학생들 상호간의 협동도 학습동기유발의 중요한 방법이 된다.

넷째, 적절한 학습목표를 설정하고, 이를 학생들에게 명확히 인식시킨다. 목표를 명확히 인지시켜 주는 것도 학습동기를 유발시키는 데 크게 도움이 된다.

이와 같이 학습동기의 유발방법을 내발적 학습동기유발방법과 외발적 학습동기유발방법으로 구분하여 설명하였다. 그러나 어디까지나 내발적 학습동기유발방법이 더 바람직하므로 외발적 동기유발방법으로 학습동기를 유발시켰다 하더라도, 이것을 점차적으로 내발적인 동기유발방법으로 바꾸어 주는 것이 바람직하다. 내발적 동기유발방법으로 많이 사용되는 것으로는 ① 학습자의 욕구수준에 맞는 적절한 과제의 제시, ② 지적 호기심의 제고, ③ 성취의욕의 고취(격려), ④ 흥미유발 등을 들 수 있다.

2) 불 안

인간은 생활장면에서 일정한 수준의 각성상태를 유지하게 된다. 각성상태란 유기체의 일반적인 흥분상태를 의미하는데, 중간정도 수준의 각성정도일 때 가장 능률적인 수행을 보이게 된다([그림 7-25]). 즉, 각성수준이 적당할 때 행동의 능률성은 가장 높아지는데, 이때의 각성상태가 바로 최적의 각성수준이 되는 것이다.

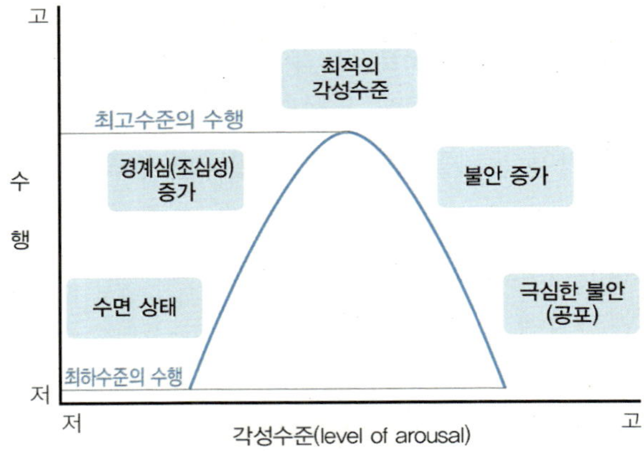

그림 7-25 | 각성수준과 수행 간의 관계

그러므로 우리가 지루함을 느끼거나 졸음이 올 때 어느 정도 머리가 맑아질 때까지 자극을 상승시키면 수행수준이 향상되지만, 너무 큰 중압감 내지 긴장이나 공포상태에 빠지면 수행수준이 다시 하강하게 된다. 따라서 수행수준을 향상시키기 위해서는 자신의 최적 자극수준을 알아내어 인위적으로라도 자극을 만들 필요가 있다. 이러한 현상을 '여키스-도슨 법칙'(Yerkes-Dodson Law)이라고 한다. 이는 적절한 자극이 주어질 때 최고의 성과를 낸다는 것으로, 미국의 심리학자이자, 동물학자인 여키스와 도슨(Yerkes & Dodson 1908)이 밝혀냈는데, 인간의 감각-지각의 각성수준(arousal level)과 과제수행수준

(task performance level) 간에는 역 U자 형태의 관계가 성립한다는 것이다.

각성상태에서는 항상 어느 정도의 긴장이 수반되는데, 과도한 각성수준이 되면 긴장이 강해져 불안상태가 유발된다. 따라서 과도한 각성수준은 정서적 불안정을 초래하여 불안을 유발시키고, 이러한 과도한 불안은 부적응행동을 야기시킬 뿐만 아니라, 학교학습에서의 실패의 원인으로 작용하기도 한다.

불안(anxiety)은 내적 · 외적으로 감당하기 힘든 상황에 직면하게 될 때 마음속에서 일어나는 초조, 긴장, 두려움, 걱정 등으로 특징지어지는 정서반응의 하나로서, 뚜렷하지 않은 대상에 의해 생겨나는 심리적 반응이라고 할 수 있다. 이러한 불안은 구체적 대상이 없다는 점에서 공포와는 구분되며, 이는 현실적 위험에 적절하게 대처하라는 경고의 기능을 가지기도 한다. 불안 자체는 누구에게나 불쾌한 정서적 경험이기 때문에 계속되는 불안은 감내하기 힘들고, 행동의 수행에 여러 가지 부정적인 영향을 미치게 된다. 따라서 이러한 위험을 적절하게 해소시키지 않으면 불안 자체가 실질적인 위해요인(hazard)이 되어, 각종 정신병적 · 신경증적 증세와 같은 심각한 정서장애를 일으킬 수도 있다(이용남 외, 1999).

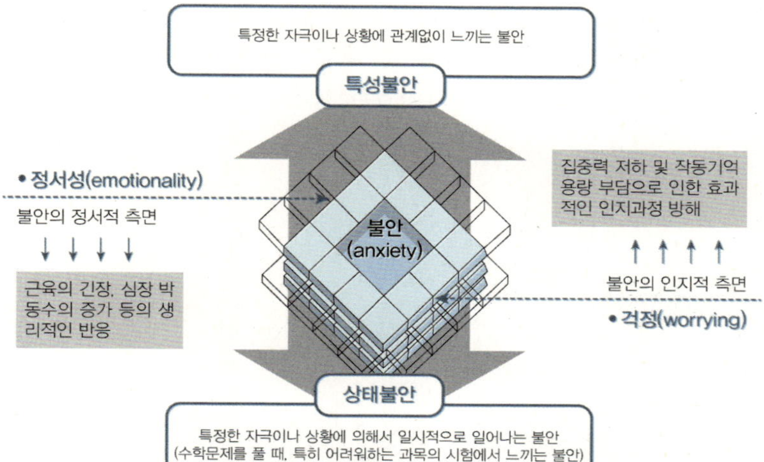

그림 7-26 | 특성불안과 상태불안

불안은 기준에 따라 '특성불안'(trait anxiety)과 '상태불안'(state anxiety), '촉진성 불안'(acceleration anxiety)과 '억제성 불안'(inhibitory anxiety)으로 분류할 수 있다.

첫째, 불안은 유발원인에 따라 '특성불안'(trait anxiety)과 '상태불안'(state anxiety)으로 구분된다([그림 7-26]). 먼저, 특성불안은 일반불안이라고도 하는데, 이는 개인 내부에 내재해 있는 불안을 말한다. 일반적으로 이러한 불안을 지니고 있는 사람은 훨씬 광범위하게 강한 불안을 느끼게 된다. 반면, 상태불안은 특수불안이라고도 하는데, 이는 특정 대상이나 상황에 대하여 느끼는 불안을 말한다. 특성불안을 가지고 있지 않은 사람도 특정 대상이나 상황에 직면하게 되면 상태불안을 경험하게 된다(Shuell, 1980).

둘째, 불안은 행동에 미치는 영향에 따라 '촉진성 불안'과 '억제성 불안'으로 구분할 수 있다. 먼저, 촉진성 불안은 과제해결이나 학습에 긍정적인 영향을 미치는 불안으로, 이는 수행행동을 오히려 촉진시키게 된다. 반면, 억제성 불안은 과제해결이나 학습에 부정적인 영향을 미치는 불안으로, 이는 행동의 수행을 억제·방해하게 된다. 그러나 불안의 이러한 분류는 질적인 구분이라기보다는 양적인 기준에 따른 분류하고 볼 수 있다. 즉, 불안은 연속선상에서의 양적인 기준에 의해 분류되어 적은 양의 불안은 특정 행동의 발생을 돕고 촉진시키는 반면, 점차 증가하여 과도해지게 되는 불안은 행동을 오히려 억제시키는 결과를 초래하게 된다.

한편, 스필버거(Spielberger, 1976)는 불안수준과 학습정도는 매우 밀접한 관련성이 있다고 주장하면서, 일반적으로 불안수준이 중간정도일 때 학습의 능률성은 가장 높다고 밝혔다([그림 7-27]).

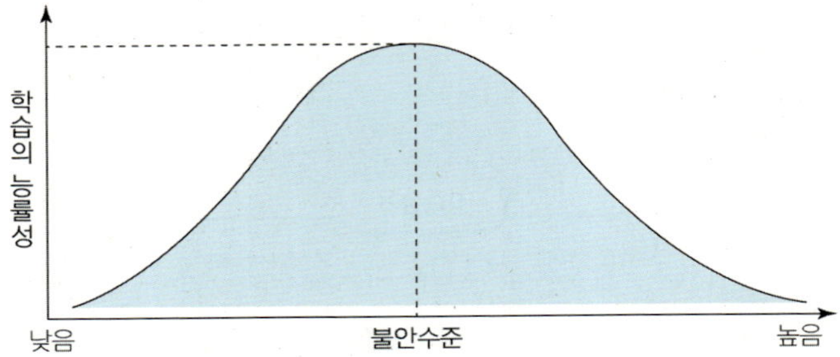

그림 7-27 | 불안수준과 학습의 능률성 간의 관계

그러나 불안수준과 학습의 능률성 간의 관계는 기타의 다른 변인의 개입에 의해 복잡한 양상으로 나타난다. 이에 관한 스필버거의 연구결과들을 구체적으로 제시하면 다음과 같다. 첫째, 불안이 높은 학생은 실수의 가능성이 적을 때 높은 점수를 얻고, 불안이 낮은 학생은 비교적 실수의 가능성이 높을 때 높은 점수를 얻는다. 둘째, 중간 정도의 IQ를 가진 학생들 중 불안이 낮은 학생이 높은 학생보다 성적이 좋으며, 높은 불안은 IQ가 낮은 학생의 성취도에는 아무런 영향을 미치지 못한 반면, IQ가 높은 학생들에게는 성취도를 촉진시키는 경향이 있다. 즉, 능력이 있는 학생은 능력이 없는 학생보다 불안에서 얻는 이득이 많다. 셋째, 일련의 기계적 암기학습에서는 불안이 낮은 학생은 학습초기에 우수하고, 불안이 높은 학생은 학습후기에 우수하다. 넷째, 개념학습에서는 높은 불안과 높은 IQ의 학생이 낮은 불안과 높은 IQ의 학생보다 더 우수하고, 높은 불안과 낮은 IQ의 학생은 낮은 불안과 낮은 IQ의 학생보다 낮은 성취도를 보인다.

아울러, 불안수준의 영향은 학습과제의 난이도에 따라서도 다르게 나타난다. 즉, 쉬운 과제일 경우에는 불안수준이 점차 높아져도 학업의 성취수준이 어느 정도까지는 증대되나, 어려운 과제일 경우에는 그 반대로 불안수준이 높아질수록 학업의 성취수준은 점차 낮아지게 된다([그림 7-28]).

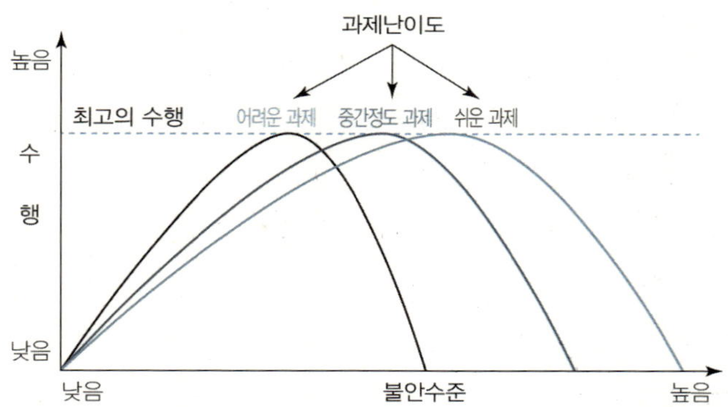

그림 7-28 | 과제난이도에 따른 불안수준과 수행과의 관계

지금까지의 연구결과들을 종합해 볼 때, 불안수준은 과제수행 자체에도 영향을 미칠 뿐만 아니라 학습전략과 과제집중력에도 영향을 주는 주요요인임을 알 수 있다. 이러한 불안은 그 강도 및 학습자의 특성에 따라 긍정적으로 작용하기도 하고, 부정적으로 작용하기도 한다. 적정한 수준의 불안감은 보다 나은 성취를 위한 동기의 역할을 하기도 한다.

따라서 학습장면에서 시험불안(test anxiety)을 포함한 불안정도가 항상 학습에 부정적인 영향을 미친다고 단정할 수 없다. 즉, 교사가 학습상황에서 학생들이 느끼는 불안을 없애주거나 감소시켜 주는 것이 바람직하다고 결론을 내릴 수 없다. 예를 들면, 능력이 있는 학생은 능력이 없는 학생보다는 불안에서 얻는 이득이 더 많으므로 교사는 지적 능력이 높은 학생에게는 어느 정도 신중하게 불안을 증가시킬 필요가 있다. 그러나 지적 능력이 낮은 학생에게는 과도한 불안이 형성되지 않도록 특히 주의해야 한다.

3) 포부수준

포부수준(level of aspiration; LOA)은 문제상황과 직접적으로 관련된 동기로서 '특정 과제상황에서 기대하는 구체적인 성취수준 또는 목표달성수준'이라고 할 수 있으므로, 이를 달리 표현하면 기대수준(expectancy level)이라고도 표현할 수 있다. 따라서 학습상황에서의 포부수준은 학생의 학습정도를 결정하는 데 작용하게 된다.

이러한 포부수준의 개념을 처음으로 소개한 사람은 호페(Hoppe, 1930)인데, 포부수준에 관한 연구는 성취상황에서의 동기수준과 실제 성취수준과의 관계를 밝혀 줄 뿐만 아니라, 여러 과제에서의 성공-실패경험이 학습상황과 기타 성취상황에 어떤 영향을 미치는가를 밝혀 줄 수 있다. 그에 의하면, 한 개인이 어떤 과제에서 성공한 뒤에는 그 과제수행에 대한 기대수준을 높이며, 실패한 뒤에는 기대수준을 낮추는 경향이 있다. 이러한 경향이 있기 때문에 우리는 계속적인 실패를 피할 수 있게 되고, 또 성취감을 주지 않는 너무 쉬운 과제에서의 성취도에 만족하지 않게 된다.

이렇게 본다면 포부수준은 두 가지의 상반되는 경향 간의 절충으로 결정된다고 할 수 있다. 즉, 실패에 수반되는 실패감을 피하고자 하는 욕구로 인하여 포부수준을 낮추려는 경향과 가능한 한 높은 수준의 성공을 하려는 욕구로 인하여 포부수준을 높이려는 경향 간의 절충에 의해 특정과제에 대한 포부수준이 결정된다. 이렇게 결정된 포부수준은 특정 학습상황에 직면하게 될 때 학습과제를 성취하고자 하는 데 긍정적인 또는 부정적인 영향을 미치게 된다.

4) 자아개념

자아개념(self-concept)이란 간단히 말해서 개인이 자신의 제반 특성에 대한 인식을 토대로 갖게 되는 자기태도라고 할 수 있다. 인간은 환경과의 상호작용(경험)을 통하여 자신에 대하여 내재화된 상(self-image)을 갖게 된다. 예를 들면, 성공이나 실패에 대한 누적적인 경험은 자신에 대하여 긍정적 또는 부정적인 태도나 감정을 갖도록 한다. 뿐만 아니라 이는 학교나 학업 또는 교과에 대한 긍정적 또는 부정적인 태도를 형성하게 하는 데 유의미한 영향을 미치게 된다. 만약, 학교에서 일관성 있게 성공적인 경험을 하게 되면 효능감·유능감·정복감·성취감·적합감·근면감·만족감·쾌감 등을 느낌으로써 자아의 증진이 이루어져 긍정적인 자아개념이 형성되게 된다. 뿐만 아니라 이것은 학교, 학업, 교사 및 교과에 대한 긍정적인 태도형성으로 이어지고, 내발적인 동기유발(intrinsic motivation)에도 도움을 주며, 특히 학업에 대한 흥미가 강해지게 된다. 이 결과는 후속되는 환경(과제)과의 상호작용에 긍정적인 영향을 미치게 된다.

반면, 실패적인 경험을 계속하게 되면 무능감·열등감·패배감·실패감·부적합감·좌절감·불만감·불쾌감 등을 느낌으로써 '학습된 무력감'(learned helplessness; 계속되는 학업실패와 좌절을 통해서 경험되는 것으로, 어떤 학습과제에 직면하여 실패할 것이라는 부정적 기대를 나타내는 현상)을 갖게 되는데, 이로써 자아의 손상이 이루어져 부정적인 자아개념이 형성되게 된다. 그리고 이는 학교, 학업, 교사 및 교과에 대한 부정적인 태도형성으로 이어지게 된다. 이 결과는 다시 후속되는 환경과의 상호작용에 부정적인 영향을 미치게 된다. 이러한 과정을 이해하기 쉽게 도식으로 나타내면 [그림 7-29]와 같다.

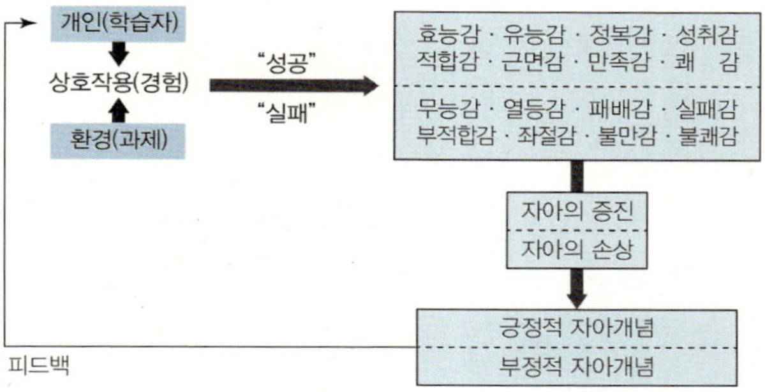

그림 7-29 | 자아개념의 형성과정

자료출처 : 오만록(1986). 학업성취경험과 자아개념 격차에 관한 연구. p.68.

일단 형성된 자아개념의 구성요소를 보면 크게 '자아상'(self-image)과 '자아존중감'(self-esteem)으로 구분된다([그림 7-30]). 먼저, 자아상은 자아의 인지적 측면으로서 내재화된 인식이라고 수 있는데, 이는 다시 '현실적 자아'(지각된 자아)와 '이상적 자아'(기대된 자아)로 세분된다. 한편, 자아존중감은 자아의 정의적 측면으로서 내재화된 태도라고 할 수 있는데, 이는 자아상(내재화된 인식)에 의해 결정된다(오만록, 1986).

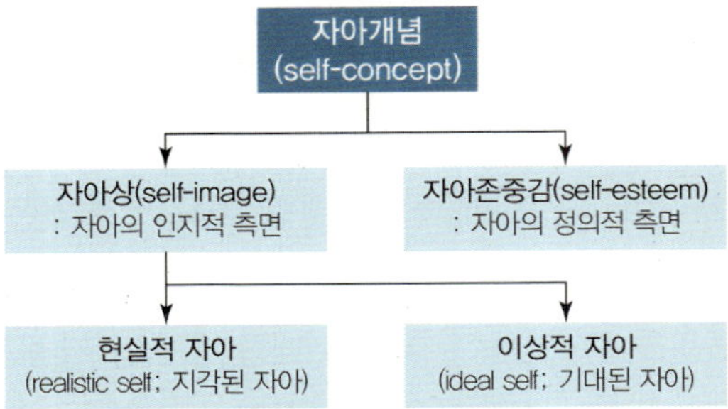

그림 7-30 | 자아개념의구성요소

자아개념의 두 가지 구성요소 중 '자아상'은 보다 중요한 위치를 차지하고 있는데, 그에 따라 또 다른 구성요소인 '자아존중감'의 수준이 결정되기 때문이다. 자아상의 하위요소인 '현실적 자아'와 '이상적 자아' 간에는 [그림 7-31]에서 보는 바와 같이, 개인은 자신이 가진 능력을 발휘하여 주어진 환경과의 상호작용을 하여 특정의 결과(성과)를 획득하게 되고, 또한 그에 대한 주변타인(부모, 교사, 또래 등)의 평가를 토대로 자신에 대한 '현실적 자아'를 구축하지만, 자신에 대하여 기대하는 보다 높은 수준의 '이상적 자아'와 항상 부딪치게 된다.

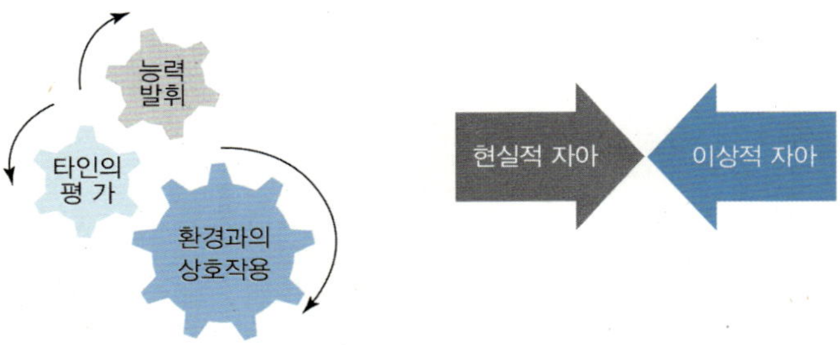

그림 7-31 | '현실적 자아'와 '이상적 자아'의 대립

이 결과, 현실적 자아와 이상적 자아 간에는 어느 정도의 불일치(격차)가 실제적으로 존재하기 마련인데, 각 개인들은 그러한 불일치로부터 벗어나 일치를 이루어가기 위해 나름의 노력을 시도해 나감으로써 '자아존중감'도 보다 증진되어 간다. 이러한 과정을 통해 각 개인들은 점진적인 발달을 이루어 나가게 된다.

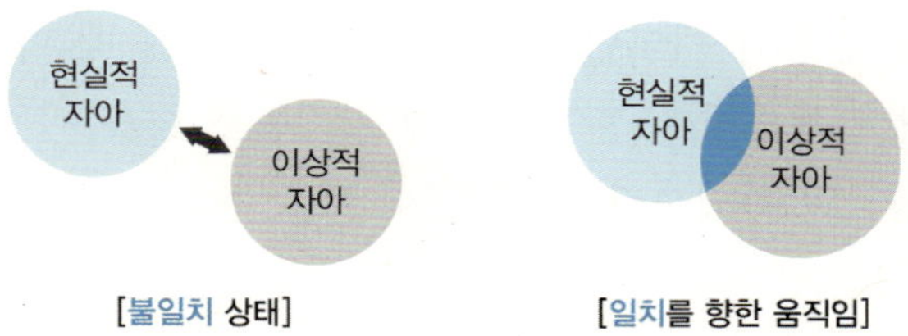

그림 7-32 ▎ '현실적 자아'와 '이상적 자아' 간의 불일치상태와 일치를 향한 움직임

이러한 불일치의 정도가 최소화되기 위해서는 자아존중감이 보다 증진되어야 하는데, 샌트록(Santrock, 2004a)은 그 방안으로 ① 낮은 자아존중감의 원인 및 자아(self) 관련 주요능력(competence)의 영역 확인, ② 정서적 지지 및 사회적 인정, ③ 과제나 과업의 성공적 성취, ④ 일상생활에서의 만족스러운 대처 등을 제시하였다.

한편, 자아개념이 형성·발달해 나가는 과정을 면밀히 분석해 보면, 각 개인은 환경과의 경험을 통하여 얻어진 자신에 대한 방대한 정보를 몇 개의 하위범주로 구분하고, 이들 범주들을 서로 연관시켜 체계화하기 때문에 자아개념은 위계적으로 조직화되고 구조화되어 가는데, 이를 도식으로 나타내면 [그림 7-33]과 같다(Shavelson et al., 1976). 자아개념은 유아기나 아동기에는 총체

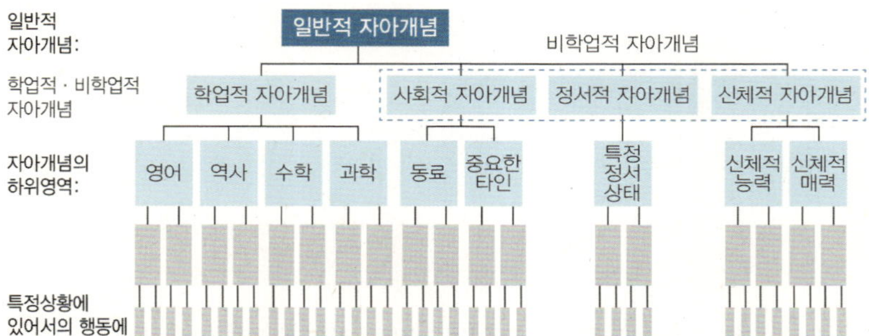

그림 7-33 ▎ 자아개념의 형성·발달과정과 그 위계적 구조

자료출처 : Shavelson, R. J., Hubner. J. J., & Stanton, G. C.(1976). Self-concept : Validation of Construct Interpretations. p.419.

적이고 미분화적이나, 개인이 점차 성장·발달하여 경험이 증대되게 되면 자아개념은 보다 분화되기 때문에 다면적인 특성을 가지게 된다.

학교에서의 제반 경험은 학생의 인지적 특성의 발달에 영향을 미칠 뿐만 아니라 학생의 정의적 특성, 특히 자아개념의 변화에도 영향을 미치게 된다. 학생의 학년수준이 높아갈수록 학생들 간의 학업성취에 있어서의 격차보다 자아개념의 격차가 더 크게 나타난다는 사실을 고려해 볼 때 학교생활의 경험이 자아개념을 포함한 정의적 특성의 변화에 강력한 영향을 미친다고 결론을 내릴 수 있다. 학생들의 학업성취경험과 자아개념 간에는 실제로 밀접한 관계가 있는데, [그림 7-34]에서 볼 수 있는 바와 같이, 학생들의 학교생활 초기의 자아개념(일반적 자아개념·학업적 자아개념·비학업적 자아개념)은 성공적 또는 실패적 학업성취경험이 누적될수록 각각 긍정적 또는 부정적인 방향으로 변화한다(오만록, 1986).

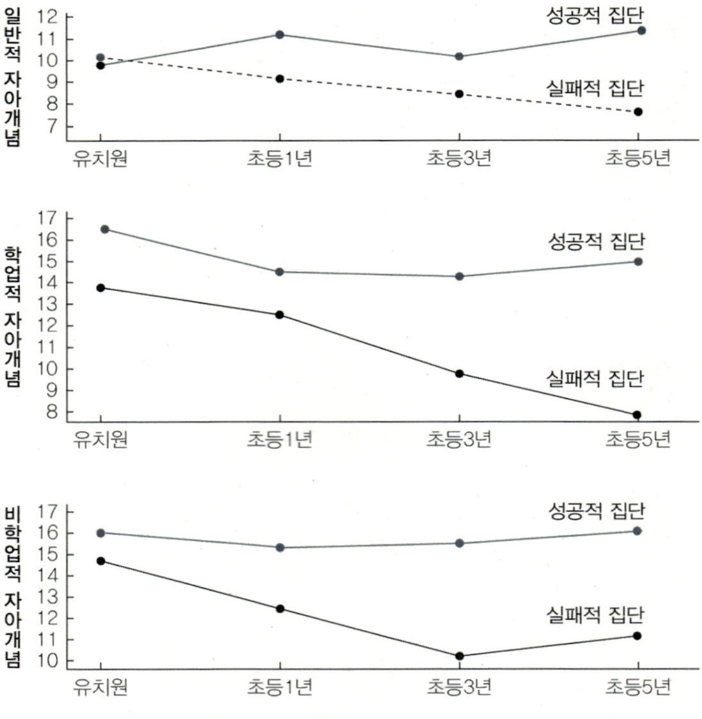

그림 7-34 ❙ 학업성취경험에 따른 자아개념의 변화양상

자료출처 : 오만록(1986). 학업성취경험과 자아개념격차에 관한 연구. p.71.

그런데 여기에서 주목할 만한 사실은 학교에서의 성공적인 경험의 누적이 자아개념의 긍정적 변화를 유도하는 폭보다는 실패적인 경험의 누적에 의한 자아개념의 부정적인 변화의 폭이 훨씬 크다는 것이다. 이러한 사실은 학교장면에서의 실패경험은 학생들의 자아개념발달에 큰 손상을 줌으로써 부정적인 자아개념을 갖도록 하는 촉진제 역할을 한다는 것을 입증하고 있다. 이러한 과정을 밟아 일단 형성된 자아개념은 후속되는 학업성취에 계속 영향을 미치는 주요요인으로 작용하게 된다.

5) 인지양식

학생들 간의 학업성취에 있어서의 개인차는 지능과 창의력 등의 인지적 특성 이외에도 정의적 특성에 가까운 '인지양식'에 의해서도 나타난다. 많은 연구들은 개인 간 학업성취수준의 차이가, 지능과 창의력 등의 지적 능력의 격차 외에도 개인이 독특하게 지니고 있는 사고의 유형 내지는 양식에 따라서도 나타난다는 사실을 밝히고 있다. 이러한 사실은 비록 모든 학습자들에게 공통적으로 효과적인 학습방법(교수방법)은 있을 수 없다고 하더라도, 각 학생들의 특성에 부합되는 최적의 학습방법이 다를 수 있음을 시사하고 있다.

전통적으로 학습자의 인지적 특성에 대한 연구에서는 주로 인지능력이 학업성취와 어떠한 관련성이 있는가를 밝히는 데 중점을 두어왔다. 그러나 최근에는 학습자의 인지적 특성을 그의 인지능력 측면에서 뿐만 아니라, 인지양식 측면에서도 분석할 필요가 있다는 주장이 강하게 일어나고 있다. 그러나 한 개인이 지니고 있는 인지양식은 어느 것이 좋고, 어느 것이 나쁘다고 말하기는 어렵다. 어떠한 인지양식이 보다 적절한지의 여부는 실제의 문제사태가 요구하는 특성에 따라 달라질 수 있기 때문이다. 예컨대, 전체적인 시각을 갖출 필요가 있는 학문분야를 전공하는 경우라면 장의존적인 성향이 강한 학생이 보다 유리할 수 있는 반면, 수학이나 자연과학 및 공학처럼 고도의 분석적 사고가 필요한 학문분야를 전공하는 경우라면 장독립적인 학생이 보다 유리할 수 있다.

또한, 많은 연구들은 일반적으로 특정한 과제에서 반성적인 학습자들이 충동적인 학습자들보다 더 우수한 성취를 보인다고 보고하고 있지만, 충동적인 학습자가 반성적인 학습자에 비하여 뛰어난 성취를 보이는 과제들도 많은 것이 사실이다. 그러나 학교장면에서의 대부분의 학습과제들은 그 해결을 하는

데 있어 고도의 주의집중이 필요하고 탐색적인 활동이 필요하기 때문에 충동적인 학습자는 대체로 불리한 위치에 놓이게 된다.

개인의 인지양식은 그의 지능, 적성, 흥미, 동기 등 여러 측면에 따라 개인차를 보인다. 각 개인은 자신을 둘러싼 외부환경이나 사물을 지각함에 있어, 그의 인지적·정의적 특성에 따라 주어진 상황이나 대상을 독특한 방식으로 지각, 기억, 사고하는 등의 인지활동을 수행한다. 인지양식에 대한 정의는 관점에 따라 다소 차이가 있긴 하지만, 이는 개인의 능력상의 차이가 아니라 개인이 상황이나 대상을 지각하고 인지하는 독특한 방식이라는 점에는 일치하고 있다.

인지양식(cognitive style)이란 개인의 능력상의 차이에 상관없이 개인이 특정 대상을 지각하고 인지하는 독특한 방식을 말한다. 이러한 인지양식은 ① '고착된 인지양식' 대 '융통적 인지양식'으로, ② '평준화된 인지양식' 대 '첨예화된 인지양식'으로, ③ '장의존적 인지양식' 대 '장독립적 인지양식'으로, ④ '내적 인지양식' 대 '외적 인지양식'으로, ⑤ '충동적 인지양식' 대 '반성적 인지양식'으로, ⑥ '분석적 인지양식' 대 '통합적 인지양식' 등으로 구분할 수 있다. 이 중에서 교육과 관련하여 주목을 받아온 것은 ① 윗킨 등(Witkin et al., 1977)이 주장한 '장의존적 인지양식' 대 '장독립적 인지양식', 즉 '장의존성'(場依存性; field dependence) 대 '장독립성'(場獨立性; field independence)과 ② 하이더(Heider, 1958)와 로터(Rotter, 1966) 및 와이너(Weiner, 1972) 등이 주장한 '내적 인지양식' 대 '외적 인지양식' 즉, '내적 귀인' 대 '외적 귀인'이다.

이처럼 인지양식은 다양하게 분류되나 다음과 같은 몇 가지 점에서 공통점을 가지고 있다. 첫째, 인지양식은 정보처리방식상의 개인차를 의미하며 둘째, 서로 상반되는 몇 개의 특성 등으로 분류될 수 있고 셋째, 개인차가 존재하기는 하지만 공통적인 특성을 지닌 사람들끼리 어떤 유형으로 분류할 수 있으며 넷째, 본질적으로 인지양식은 개인의 능력과는 구분되는 성격적 특성의 구성개념이라는 점이다.

한편, 학습자의 인지양식을 어떻게 교육활동의 실제에 적용할 것인가에 대한 논의는 크게 두 가지 측면으로 나누어 볼 수 있다. 먼저, 일부 학자들은 인지양식과 교수활동을 최대한 일치시켜야 한다고 주장한다. 이들은 교사가 학습자 개인의 독특한 학습욕구와 기호에 부합되는 학습환경을 조성해 줄 필요가 있다고 주장하면서, 그렇게 되지 않으면 학습자는 욕구좌절, 동기저하 등에 빠지게 되어 낮은 학습수준에 머물게 될 가능성이 높다고 하였다.

반면, 다른 일부 학자들은 학습자의 인지양식에 교수활동을 일치시키는 것이 과연 바람직한 것인지 의문을 제기하고 있다. 어떤 환경하에서는 일부 학생들이 불합리한 학습상황에 부딪치게 되는 경우가 있는데, 그렇다고 해서 학습자의 인지양식에 항상 부합되는 교수활동만을 펼칠 수는 없는 것이다. 이는 오히려 학생들의 발달을 편협하게 이끌 수 있기 때문이다. 따라서 학생들이 능력이 약한 영역이나 관심이 적은 영역에도 적극 대처하고 적합한 극복력을 배양할 수 있도록 지도하는 것이 더 바람직하다고 할 수 있다. 예를 들어, 우리가 장독립적인 학생은 구조화된 학습과제를 잘 해결하는 반면, 장의존적인 학생은 비구조화된 학습과제를 보다 잘 해결한다는 것을 인식한다 하더라도, 우리의 현실생활에서는 분명 이 두 가지 반응 모두가 요구되기 때문에 교사가 학생의 인지양식에 일치하는 수업활동만을 제공하는 것은 도리어 더 부정적인 결과를 얻을 수 있다.

학생들은 대체로 자신들이 선호하는 분위기에서 선호하는 방법으로 공부할 때 더 많은 것을 학습한다. 그러나 특정 인지양식을 선호한다고 해서 그 양식이 항상 효과적인 것만은 아니다. 대체로 학생들은, 특히 공부를 못하는 학생들은 쉽고 편안한 방식에 의한 학습을 선호한다. 또한, 때로 학생들은 선택의 여지가 없기 때문에 특정의 방식으로만 학습을 하는 경우가 많은데, 이는 그들이 아는 유일한 방법이기 때문이다. 이렇게 볼 때 학습자의 인지양식에 부합되는 수업활동을 전개하고자 하는 시도에서는 학습자들의 장점을 살리는 한편, 단점을 보완하는 양 측면을 모두 고려할 필요가 있다.

(1) 장독립성과 장의존성

인지양식 가운데 교육심리학자들로부터 가장 많이 주목을 받고 있는 것은 장독립성/장의존성 인지양식이다. 장독립성/장의존성 인지양식에 대한 연구는 막대-테두리검사(rod & frame test)와 신체적응검사(body adjustment test)를 통한 수직의 지각과 관련된 연구에서 시작되었다. 윗킨 등(Witkin et al., 1977)은 주로 레빈(Lewin, 1936)의 분화이론(differentiation theory)에 기초를 두고 지각에 관련된 변인들을 연구하던 중 주어진 상황에서 정보를 받아들이는 독특한 양식에 따라 개인차가 있음을 확인하고, 이를 각각 장독립성과 장의존성으로 분류하였다. 장독립적인 사람과 장의존적인 사람의 주요 차이점을 몇 가지 항목별로 살펴보면 다음과 같다.

첫째, 상황에 대한 지각면에서 볼 때 장독립적인 사람은 어떤 사물을 지각할 때 그 사물의 배경이 되는 주변 장면의 영향을 받지 않거나 적게 받는다. 이들은 심리적 분화가 잘된 사람으로, 자신의 주변에 있는 다른 사람 및 세계를 보다 분화된 방식(분리된 방식)으로 경험하며, 자신이 경험한 것을 잘 분석하고 구조화한다. 따라서 복잡한 과제에 직면했을 때 자신에게 관심 있는 요소와 불필요한 요소를 잘 구분하고, 그들 간의 상호독립성을 유지시켜 가면서 그 과제를 지각하고 인지한다. 또한, 이들은 자아와 비자아를 엄격히 구별하려는 사고방식을 가지고 있기 때문에 자기지향적이어서 내적인 준거체제에 따라 주어진 정보나 단서를 처리하는 경향이 있다. 반면, 장의존적인 사람은 상황이나 대상을 지각함에 있어서 그 사물의 배경, 즉 주변의 영향을 많이 받는다. 이들은 비교적 비분석적이고 직관적으로 상황이나 대상을 지각하고 인지하며, 또한 심리적 분화가 잘 이루어지지 않아 주어진 대상을 전체적으로 파악하는 경향이 있으며, 장면의 구조가 결여되어 있을 때 분석하지 않고 그것을 지각하는 경향이 있다.

둘째, 성격적인 면에서 볼 때 장독립적인 사람은 어떤 일을 해결하려는 성취동기가 강하고, 특히 분석적인 기능을 요구하는 영역에 높은 관심을 보이는 반면, 장의존적인 사람은 일반적으로 성격의 노출이 심한 편이고, 자신에 대한 통찰력이 결여되고 열등의식을 가지는 경우가 많기 때문에 외부에 의존하거나 긴장상태에서 문제를 해결하는 경향이 강하다.

셋째, 인지양식에 있어서의 차이는 사회적 관계에서도 나타나는데, 장독립적인 사람은 개인주의적인 경향이 많아 타인에게 무관심한 반면, 장의존적인 사람은 사회지향적이기 때문에 타인의 감정이나 사고에 민감하며 사려 깊은 태도를 취하는 경향이 높다.

넷째, 집단동조에 있어서는 장독립적인 사람은 장의존적인 사람에 비해 자율성 및 주관성이 훨씬 더 강하기 때문에 집단동조성이 낮은 편이다.

다섯째, 집단상호작용 과정에서 보면 장독립적인 사람에 비해 장의존적인 사람은 문제해결을 위한 정보제공능력이 보다 약하다. 그리고 학습과제가 구조화되어 제시되었을 때에는 장의존적인 사람과 장독립적인 사람 간에 큰 차이가 없었으나, 구조화되지 않았을 경우에는 장독립적인 사람이 훨씬 더 높은 성취를 보인다.

한편, 장독립성이 강한 학습자와 장의존성이 강한 학습자의 주요특성에 대하여 살펴보기로 한다. 먼저, '장독립적인 학습자'는 어떤 대상을 지각할 때 그 대상의 배경이 되는 주변의 영향을 받지 않거나 적게 받는 사람으로, 그는 심리적 분화가 잘 되어 자신의 주변에 있는 다른 사람 및 세계를 보다 분화된 방식으로 경험하며, 자신이 경험한 것을 잘 분석하고 구조화한다. 따라서 복잡한 자극을 자신에게 필요한 요소와 불필요한 요소를 구분하고 그들 간의 상호독립성을 유지시켜 가면서, 대상을 지각하고 인지한다. 또한, 자아와 비자아를 엄격히 구분하려는 사고방식을 가지고 있기 때문에 자기지향적이어서 내적인 준거체계에 따라서 주어진 정보나 문제를 처리하는 경향이 강하다. 반면, '장의존적인 학습자'는 대상을 지각함에 있어서 그 대상의 배경, 즉 주변의 영향을 많이 받는 사람으로, 그는 비교적 비분석적이고 직관적으로 주위대상을 지각하고 인지한다. 또한, 그는 심리적 분화가 잘 이루어져 있지 않기 때문에 주어진 대상을 전체적으로 파악하려는 경향이 강하다.

지금까지 장독립적인 학습자와 장의존적인 학습자가 갖는 특성에 있어서의 차이들에 관하여 논의했으나, 이러한 차이를 포함하여 이들 간의 특성적 차이점을 14가지 측면으로 구분하여 상호 대비적으로 정리해 보면 [표 7-4]와 같다.

표 7-4 장독립적인 학습자와 장의존적인 학습자의 특성 비교

비교기준	장독립적인 학습자	장의존적인 학습자
자 아 상	안정되고 명확한 자아상	불안정하고 동요적인 자아상
협응동작	협응동작 양호함	협응동작 불완전함
일상경험에 대한 이해	정리가 잘 되어 있음	정리가 잘 안 되어 있음
과거의 영향	과거로부터 어느 정도 자유로움	과거에 의한 영향이 큼
활 동 성	능동적/주체적 임 외부의 평가와 비판에 개의치 않음	수동적/지시대기적 임 외부의 평가와 비판에 민감함
활동성향 (대인관심)	독자적인 활동을 좋아함(개인주의) 사회적 경향성이 약함	협동적인 활동을 좋아함 사회적 경향성이 강함
집단동조성	동조경향이 낮음	동조경향이 높음

비교기준	장독립적인 학습자	장의존적인 학습자
사고의 형태	분석적 사고를 좋아함	전체적 사고(직관적 사고)를 좋아함
훈 육	유도방법이 더 효과적임	물리적 방법이나 애정철회방법이 더 효과적일 수 있음
지 각 (상황인식)	주어진 상황을 분석하여 재조직함 분석적으로 지각함	주어진 상황을 그대로 받아들임 전체적으로 지각함
학습과제	비구조화 된 학습과제를 잘 처리함	구조화된 학습과제를 잘 처리함
학습안내	문제해결방법에 대한 명확한 안내 없이도 문제를 잘 해결함	문제해결방법에 대한 명확한 안내(지시)가 필요함
사회적 과제의 해결	사회적 과제를 잘 해결하지 못함	사회적 과제를 잘 해결함
동 기 화	내적 보상에 중점을 둠 경쟁을 적절히 활용함 자신이 얻은 성적정도를 적극 활용함 개인적 목표를 부과함	외적 보상에 중점을 둠 협력을 강조함 타인의 피드백을 활용함 집단적 목표를 부과함

한편, 교육장면에서 교사들이 갖는 제반 정의적 특성도 교육활동의 전개에 반영됨으로써 결국 학생들의 학업성취에 상이한 영향을 미치게 된다. 장독립적인 교사와 장의존적인 교사 간의 수업활동 실행특성의 차이를 상호 비교하여 제시하면 [표 7-5]와 같다.

결론은 학생와 교사가 갖는 인지양식으로서 '장독립성'과 '장의존성' 중 어느 것이 더 좋거나 나쁘다고 말할 수 없으며, 다만 각기 다른 현실생활의 상

표 7-5 장독립적인 교사와 장의존적인 교사의 수업활동 실행특성 비교

비교기준	장독립적인 교사	장의존적인 교사
선호하는 교육방법	강의법과 같은 수업방법을 선호하고, 인지적인 측면을 강조한다.	학생들과의 상호작용이나 토론을 허용하는 수업방법을 선호한다.
질문의 속성	주제를 소개하기 위해 질문을 활용한다.	학생들이 교수활동에 따르고 있는지를 확인하기 위한 질문을 많이 활용한다.
학습상황	교사에 의해 조직된 학습상황을 중시한다.	학생들에 의한 학습상황을 중시한다.
교사의 역할	학생들에게 원리를 적용하는 것을 조장하는 사람으로 인식한다.	학생들에게 사실을 가르치는 사람으로 인식한다.
피드백과 평가	정확한 피드백을 주고 부정적 평가를 주로 사용한다.	피드백을 거의 사용하지 않고 부정적인 평가를 피한다.
학습환경 형성	학생들에게 학습환경을 조직화하고 안내하는 데 강하다.	따뜻하고 인간적인 학습환경을 형성하는 데 강하다.

황 가운데서 그것의 적응성(adaptiveness)에 근거해서 판단될 뿐이다. 예를 들어, 학생들의 진로선택의 경우 장의존적인 학생은 주로 인문과학, 사회과학, 교육학 및 전체적인 시야를 포괄하는 영역을 전공으로 선택하는 경향이 높은 반면, 장독립적인 학생은 수학, 자연과학, 공학 및 고도의 분석적 사고를 요구하는 과목에 더 매력을 느낀다. 나아가, 학생이 대학시절에 그의 전공과 인지양식이 일치하지 않을 때는 대학 졸업 후 또는 대학원 때에는 보다 적합한 전공으로 바꾸는 경향이 있다.

(2) 귀인(歸因)

학생들은 학교학습장면에서 성공하기도 하고 실패하기도 하는데, 이들은 성공-실패의 원인에 대하여 나름대로 생각하게 된다. 그런데 성공-실패에 대한 원인을 어떻게 생각하느냐(성공과 실패의 원인을 어디로 돌리느냐)에 따라 학생들의 정서적 반응이나 미래의 학습에 대한 기대수준, 그리고 학습동기의 정도가 달라진다. 즉, 학생들이 학습의 성공-실패의 원인에 대한 인지양식(지각양상)에 따라서 그들의 동기·정서·기대수준은 달라지게 된다. 근래에 많은 학자들의 관심을 끌고 있는 귀인이론(attribution theory)은 이러한 현상을 잘 설명해 주고 있다.

귀인이론에서는 관찰된 행동의 원인을 기술하는 일반적 법칙을 규명함으로써 인간행동에 대한 설명과 예측을 가능하게 하려고 하는데, 이는 동기에 대한 여러 인지적 입장들 가운데 최근의 이론이면서 학습동기이론과 직결된다. 이 귀인이론은 하이더(Heider, 1958)에 의해 처음 제안된 이후 로터(Rotter, 1966), 와이너(Weiner, 1972, 1979)는 귀인에 대한 연구를 활성화시켰는데, 그는 1970년대부터 오늘날에 이르기까지 매우 활발한 연구를 통해 학교학습상황에 새롭고 의미 있는 시사점을 제공하고 있으며, 교육장면에서 성취행동을 개념화하는 데 적합한 체계를 제공하고 있다.

한편, 켈리(Kelley, 1967)는 귀인이론이란 사람들이 어떻게 인과론적 설명을 하며 '왜'로 시작되는 질문에 그들이 어떻게 대답하는가에 관한 이론이라 하였는데, 여기에서 인과론적 설명 혹은 '원인으로 돌리기'(causal ascription)란 성공과 실패에 대한 지각된 원인이나 이유를 말한다. 그런데 원인 돌리기, 즉 귀인은 후속되는 학습상황에 큰 영향을 미치게 된다. 다시 말하면, 성공과 실패의 이유를 어떻게 지각하느냐에 따라 후속되는 학업적 노력, 정의적 경험, 후속학습에서의 성공과 실패에 대한 기대 등이 상당히 달라진다.

학생들은 자신들이 경험해 온 학업성취에서의 성공-실패의 귀인요인을 주로 ① 능력(ability), ② 노력(effort), ③ 과제의 난이도(task difficulty), ④ 운(luck) 등의 네 가지로 인지한다(Heider, 1958; Rotter, 1966; Weiner, 1985). 이들 원인들은 ① 통제소재(locus of control), ② 안정성(stability), ③ 통제 가능성(controllability), ④ 범위(scope) 등의 네 가지 차원으로 분류될 수 있는데, 이를 도식화하면 [표 7-6]과 같다.

표 7-6 '통제소재', '안정성', '통제 가능성' 및 '범위' 차원에 따른 귀인요인 분류

비교기준	통제소재 차원	안정성 차원	통제 가능성 차원	범위 차원
능력	내적	안정적	통제불가능	전반적
노력	내적	불안정적	통제가능	국부적
과제난이도	외적	안정적	통제불가능	국부적
운(재수)	외적	불안정적	통제불가능	전반적

첫째, 통제소재 차원은 귀인요인을 학생 자신(내부)에서 찾느냐, 외부에서 찾느냐의 문제와 관련되는 것으로, 이는 크게 내적-외적(internal vs external) 차원으로 구분된다. 이렇게 본다면 '능력'과 '노력'은 학생 자신에게서 발생된 것이기 때문에 내적 요인으로 분류되고, '과제난이도'와 '운'은 학생의 외부에 발생된 것이기 때문에 외적 요인으로 분류된다.

둘째, 안정성 차원은 귀인요인이 시간이 경과되거나 상황이 바뀌어도 비교적 항상성을 띠는 안정적인 것이냐, 아니면 때와 상황에 따라 수시로 변할 수 있는 불안정적인 것이냐와 관련되는 것으로, 이는 크게 안정적-불안정적(stable vs unstable) 차원으로 구분된다. 이렇게 본다면 '능력'과 '과제난이도'는 시간과 상황이 변해도 쉽게 변하지 않거나 당사자의 의지에 의해 변화되기 어렵기 때문에 안정적 요인이고, '노력'과 '운'은 상황과 시간에 따라 변할 수 있기 때문에 불안정한 요인이 된다.

셋째, 통제 가능성 차원은 귀인요인이 학생의 의지에 의해 통제될 수 있느냐, 통제될 수 없느냐와 관련되는 것으로, 이는 크게 통제가능-통제불가능(controllable vs uncontrollable) 차원으로 분류된다. 이렇게 본다면 '노력'은 통제가능 요인이고, '능력'과 '과제난이도' 및 '운' 등은 통제불가능 요인이 된다.

넷째, 범위 차원은 지각된 귀인요인이 개인이나 상황의 전반적 특성과 관련되느냐, 아니면 국부적 특성과 관련되느냐와 관련되는 것으로, 이는 크게 전반적-국부적(overall vs local) 차원으로 분류된다. 이렇게 본다면 '능력'과 '운'은 전반적 요인이고, '노력'과 '과제난이도'는 국부적 요인이 된다.

지금가지의 논의를 종합하면, '능력'은 내적/안정적/통제불가능/전반적 귀인요인이고, '노력'은 내적/불안정적/통제가능/국부적 귀인요인이다. 그리고 '과제난이도'는 외적/안정적/통제불가능/국부적 귀인요인이고, '운'은 외적/불안정적/통제불가능/전반적 귀인요인이다. 귀인의 유형은 여러 가지로 분류될 수 있지만, 개인은 실제장면에서 경험하게 되는 성공과 실패에 대한 원인을 지각하는 데 있어서는 이러한 각각의 차원에 대한 귀인을 종합적으로 인식하게 된다.

① '내적 귀인형' 학생의 행동특성

개인의 행동을 그의 능력이나 노력에 귀인시켜 그 원인을 지각하는 내적 귀인형 학생들의 성격은 정서적으로 안정되어 있고, 타인에 대하여 우월감을 가지고 있으며 자신감이 있다. 또한, 그들은 욕구불만상황에 있어서도 참아내는 힘이 있으며 타인에게 호감을 주며 자존심이 높다. 그리고 자기 자신들에 대해서도 신뢰감을 갖고 있기 때문에 그들의 행동은 현명하고 일을 합리적으로 처리하며, 타인에게 의존하려 하지 않고 자립심이 풍부하다. 또한, 일에 대한 대처에 열의가 있으며, 그러면서도 신중하고 믿음직스럽다. 그렇기 때문에 이들은 사회적인 적응능력도 충분히 갖추고 있다. 그리고 이들은 지적 작업에 매우 많은 시간을 사용하고 학문적 탐구에 열심이다. 지능검사나 학력검사에 있어서의 득점도 외적 귀인형의 학생들에 비해 높다. 또한, 이들은 언어적 유창성이 풍부하고 창의력도 왕성하며, 정신적 능력도 높다. 그리고 미래지향적인 기대를 갖고 있다. 지적 작업과 내적 귀인과는 의미 있는 상관관계가 있으며, 학업성취장면에서의 점수와 실제현실에 있어서 자신을 지각하는 점수 간의 차이가 낮고, 현실적인 기대수준을 설정하는 경향성이 강한데, 이는 행동들의 원인을 자신에게서 찾으려는 것과 관련성이 깊다.

또한, 내적 귀인형의 학생들은 이론적·사회적·정치적인 것에 가치를 많이 두며, 능력이나 노력과 같은 것에 대해 긍정적인 가치를 두고, 경제적·심미적인 것에 많은 가치를 둠으로써 운이나 기회에 대하여 긍정적인 가치를 두는 외적 귀인형의 학생들과는 대조를 이룬다. 그리고 동기화에 있어서도 내적 귀인형 학생들은 성취동기(성공욕구)가 강하고, 일의 결과를 자신의 책임으로 돌리는 경향이 강하다. 기대수준(요구수준)도 현실적으로 자기의 능력에 맞는 수준을 설정하고, 자신들의 능력에 비하여 지나치게 낮거나 높은 수준을 설정하지 않는다. 도박행동에 있어서 성공의 확률이 높은 것에 걸고 운이나 기회가 작용하는 상황에서는 자기를 잘 통제하고 현실적인 행동을 취하는 경향을 보인다. 내적 귀인형의 학생들은 상대적으로 불안이 낮고, 학우들 간의 인간관계에 있어서도 인기와 신뢰를 얻으며 사랑을 많이 받는다.

② '외적 귀인형' 학생의 행동특성

행동의 원인을 외적인 요인으로 귀인시켜 지각하는 외적 귀인형의 학생들은 타인이나 외부의 힘(영향)을 빌어 자신들의 문제를 해결하려는 경향성이 높다. 또한, 그들은 타인이나 현실로부터 소외받고 있다고 생각하는 경우가 많다. 그리고 그들은 불안이 높기 때문인지 기대수준(요구수준)을 올렸다 내렸다 하는 불안정한 모습도 보이며 부적응행동을 나타내기도 한다. 이들은 외적인 힘에 의해 욕구좌절(frustration)을 경험하면 그것에 대한 방어기제(defence mechanism)로서 공격성이나 적의감을 나타낸다. 또, 이들은 권위주의적이고, 자신의 신념에 맞지 않는 사람에게는 거부적이어서 그들을 수용하지 못하고, 독단적 교조주의적인 경향이 있다. 그리고 이들은 타인으로부터의 신뢰도 낮고 타인에 대하여 의심을 많이 하며, 자신감이나 통찰력이 결여되어 있고 사회적 인정의 욕구가 부족한 경향을 나타낸다.

또한, 외적 귀인형 학생들은 욕구불만에 대해서는 내벌적 경향성이 있고, 억제성 불안(불안 때문에 수행행동이 억제됨)이 높은 반면, 촉진성 불안(불안 때문에 오히려 수행행동이 촉진됨)이 낮다. 즉, 어떤 하나의 큰 일을 맡기면 외적 귀인형 학생들은 타인의존도가 강해 불안이 심해져 자신의 능력을 충분하게 발휘할 수가 없어 실제로 갖고 있는 능력이 제대로 발휘하지 못하는 경향이 있다. 이들은 학습에 대한 불안이 강하고, 대인적 긴장이 있기 때문에 고독경향, 과민경향, 충동적 경향이 강하다. 또한, 이들은 도박게임에 있어서 맞출 확률이 낮은 것에 걸고, 운이나 기회에 의해 자신의 의지를 결정하는 경향이 높으며 성공의 확률이 낮은 것을 선택하는 경향이 있다.

참고문헌

강봉규(1992). 발달심리학. 서울 : 정훈출판사.
강재태·배종훈·강대구(2003). 진로지도의 이론과 실제. 서울 : 교육과학사.
고영인(2000). 상담기초실습 워크북. 서울 : 문음사.
권석만(2012). 현대 심리치료와 상담이론. 서울 : 학지사.
김계현 외(2000). 학교상담과 생활지도. 서울 : 학지사.
김남순(2002). 성격심리학. 서울 : 교육과학사.
김동배·권중돈(1998). 인간행동이론과 사회복지실천. 서울 : 학지사.
김병성(1996). 교육연구방법. 서울 : 학지사.
김병성(2004). 교육과 사회. 서울 : 학지사.
김봉환·김계현(1997). 대학생의 진로결정수준과 진로준비행동의 발달 및 이차원적 유형화. 한국심리학회지, 상담 및 심리치료, 9(1), 311-333.
김봉환·김병석·정철영(2000). 학교진로상담. 서울 : 학지사.
김봉환·정철영·김병석(2006). 학교진로상담. 서울 : 학지사.
김성희·허혜경(2002). 유아 발달. 서울 : 교육과학사.
김아영 외 역(1998). 교육심리학. 서울 : 학문사.
김양현 역(1995). 현실치료 : 정신치료에 대한 새로운 접근. 서울 : 원미사.
김언주·구광현(1998). 신교육심리학. 서울 : 문음사.
김영숙·이경화(2000). 유아·아동을 위한 정신건강. 서울 : 교육과학사.
김영종(1999). 사회복지조사방법론. 서울 : 학지사.
김유숙·전영주·김수연(2003). 가족평가 핸드북. 서울 : 학지사.
김유숙(2003). 가족상담. 서울 : 학지사.
김유숙(2004). 가족치료: 이론과 실제. 서울 : 학지사.
김인자 역(1994). 적응심리 : 변화하는 세계에서의 개인성장. 서울 : 한국심리상담연구소.
김정규 역(1993). 인간행동의 심리 : 정신분석, 행동주의, 인간주의의 심리학. 서울 : 성원사.
김정희·이장호 역(1996). 현대심리치료. 서울 : 중앙적성출판사.
김정희 외(2004). 심리학의 이해. 서울 : 학지사.
김진화 외(2002). 청소년 문제행동론. 서울 : 학지사.
김충기·강봉규(2001). 현대상담이론과 실제. 서울 : 교육과학사.
김충기·이재창 역(1995). 상담과 심리치료 : 이론·방법·과정. 서울 : 교육과학사.

김현택 외(2004). 현대 심리학 이해. 서울 : 학지사.

김형태(1989). 청년기 자아정체감의 발달 및 측정에 관한 연구. 충남대학교 대학원 박사학위논문.

김혜숙(2003). 가족치료이론과 기법. 서울 : 학지사.

김희수(2003). 신교육심리학. 서울 : 한올출판사.

남상인·김혜숙(1996). 바람직한 자녀지도를 위한 부모교육 1(자녀의 힘을 북돋우는 부모). 서울 : 청소년 대화의 광장 출판부.

남세진·최성재(1996). 사회복지조사방법론. 서울 : 서울대학교 출판부.

노안영(2008). 상담심리학의 이론과 실제. 서울 : 학지사.

노안영·강영신(2004). 성격심리학. 서울 : 학지사.

박경애(2002). 인지·정서·행동치료. 서울 : 학지사.

박권생·박태진·성현란·이종한·최해림·홍기원 역(2009). 심리학과 삶 [원저 : Gerrig, R. J., & Zimbardo, P. G.(2008). Psychology and Life. NY : Allyn & Bacon.]. 서울 : 시그마프레스.

박도순(2001). 교육연구방법론. 서울 : 문음사.

박선환 외 5인(2001). 정신건강론. 서울 : 양서원.

박성익·최영수(1992). 제1세대 수업설계이론에서 제2세대 수업설계이론으로의 패러다임 전환에 관한 소고. 교육학연구, 30(2), 107~122.

박소현·김문수 역(1999). 학습과 행동. 서울 : 시그마프레스.

박아청(2002). 교육심리학의 이해. 서울 : 교육과학사.

박영신·김의철 역(2001). 자기효능감과 삶의 질. 서울: 교육과학사.

서봉연(1996). 발달심리학 : 아동발달. 서울 : 중앙적성출판부.

성현란 외(2004). 인지발달. 서울 : 학지사.

송성자(1996). 가족과 가족치료. 서울 : 법문사.

송인섭(1989). 심리·교육·사회 연구방법의 이해. 서울 : 성원사.

송인섭(1998). 인간의 자아개념 탐구. 서울 : 학지사.

송인섭 외(2000). 교육심리학. 서울 : 양서원.

신명희 외(2003). 교육심리학의 이해. 서울 : 학지사.

신명희 외(2003). 교육심리학의 이해. 서울 : 학지사.

신현정 역(2003). 심리학의 오해(How to think straight about psychology). 서울 : 혜안.

심리검사연구소(2014). 카우프만 아동용 지능검사 세트(Kaufman Assessment Battery for Korean Children, Second Edition : K-ABC-II). 서울 : 학지사.

심우엽(2001). 교육심리학. 서울 : 교육과학사.

안영진(2003). 21세기 교사양성을 위한 교육심리학. 서울 : 창지사.

오만록(1986). 학업성취경험과 자아개념격차에 관한 연구. 한국교육개발원 한국교육, 13권, 제2호, 125-145.

오만록(1995). 청년기의 자아정체감 정립. 동신대학교 학생생활연구소, 학생생활연구, 제1집, 65-86.

오만록(1999). 구성주의에 근거한 문제중심학습(PBL)이 학업성취와 정의적 특성에 미치는 효과. 고려대학교 대학원 박사학위논문.

오만록(2000). 교육의 이해. 서울 : 형설출판사.

오만록(2002). 학교교육의 이론과 실제 : 유·초·중등학교 교육론(제2판). 서울 : 형설출판사.

오만록(2002). 학교교육의 이론과 실제. 서울 : 형설출판사.

오만록(2008). 교육심리학. 서울 : 교육과학사.

오만록(2012). 생활지도 및 상담(제2판). 경기도 파주 : 정민사.

오만록(2012). 생활지도 및 상담. 파주 : 정민사.

오만록(2015). 교육사회학. 경기도 파주 : 정민사.

오만록 외(2001). 교수-학습의 이론적 탐색. 서울 : 원미사.

오만록 외(2002). 현대교육학개론(제3판). 서울 : 형설출판사.

오만록 외(2003). 신세대를 위한 교육학개론. 서울 : 학지사.

오만록 외(2003). 프로그램 개발과 평가. 서울 : 교육과학사.

원성삼·강길훈(2003). 대학교 진로교육의 논리와 실제. 학교교육 현장에서의 진로교육 : 그 논리와 방법, 세미나 발표자료.

유안진(1989). 아동양육. 서울 : 문음사.

유안진(1990). 유아환경론. 서울 : 창지사.

윤가현 외 14인(2012). 심리학의 이해. 서울 : 학지사.

윤운성·김홍운(2001). 생활지도와 상담. 서울 : 양서원.

윤종건(1994). 창의력 : 이론과 실제. 서울 : 정민사.

이관용·김기중 역(1999). 학습심리학 : 행동과 인지. 서울 : 교육과학사.

이군현·김언주·박정옥(1997). EQ IQ 창의력. 서울 : 여성사.

이군희(2001). 사회과학 연구방법론. 서울 : 법문사.

이문연(2016). 인성교육학개론. 경기도 파주 : 교육과학사.

이민규(2004). 현대생활의 적응과 정신건강. 서울 : 교육과학사.

이성진(1996). 교육심리학 서설. 서울 : 교육과학사.

이성진(2002). 행동수정. 서울 : 교육과학사.

이성진·임진영·여태현·김동일·신종호·김동민·김민성·이윤주(2013). 교육심리학서설. 경기도 파주 : 교육과학사.

이용남 외 7인(1999). 신교육심리학. 서울 : 학지사.

이정모 외(2003). 인지심리학. 서울 : 학지사.

이현림·김봉환·김병숙·최웅용(2003). 현대진로상담. 서울 : 학지사.

이형득(1992). 상담이론. 서울 : 교육과학사.

이홍우·오만석(1973). 인지훈육적 관점에서 본 육아방식의 상관변인. Research Bulletin, Vol.16.
임규혁(2004). 학교학습 효과를 위한 교육심리학. 서울 : 학지사.
임영식·한상철(2000). 청소년심리의 이해. 서울 : 학문사.
장인협(1997). 사회사업실천방법론(上). 서울 : 서울대학교 출판부.
장휘숙(1995). 아동심리학. 서울 : 박영사.
장휘숙(1999). 청년심리학. 서울 : 학지사.
전진수·김완석(2000). 직업상담을 위한 심리검사. 서울 : 학지사.
정범모(2001). 창의력: 그 심리·인물·사회. 서울 : 교육과학사.
정옥분(2000a). 청년발달의 이해. 서울 : 학지사.
정옥분(2000b). 성인발달의 이해. 서울 : 학지사.
정옥분(2003). 아동발달의 이해. 서울 : 학지사.
정원식·이상로·이성진(1995). 현대교육심리학. 서울 : 중앙적성출판사.
정원식(2001). 인간의 동기. 서울 : 교육과학사.
조복희·박혜원 역(1990). 발달심리의 연구법. 서울 : 교육과학사.
조휘일·이윤로(1999). 사회복지실천론. 서울 : 학지사.
주영흠, 박진규, 오만록(2002). 신세대를 위한 교육학개론. 서울 : 학지사.
주은선 역(2001). 상담의 기술. 서울 : 학지사.
채서일(1994). 사회과학 조사방법론. 서울 : 학현사.
최순영 역(1991). 귀인이론 : 행위의 원인을 탐색하는 과정에 대한 사회심리학. 서울 : 중앙적성출판사.
최정훈·안범희(1985). 인본주의와 행동주의 : 그 발전적 대화. 서울 : 중앙적성출판부.
최정훈(1992). 인본주의 심리학. 서울 범문사.
최창호(2001). 심리학이란 무엇인가. 서울 : 학지사.
추정선(2003). 정신위생과 심리치료. 서울 : 교육과학사.
한국교육심리학회(2000). 교육심리학 용어사전. 서울 : 학지사.
허혜경·김혜수(2003). 청년발달심리학. 서울 : 학지사.
현성용 외 17인(2015). 현대 심리학의 이해. 서울 : 학지사.
홍대식 역(1988). 심리학의 역사와 체계. 서울 : 박영사.
홍성연 역(1997). 행동수정 기법. 서울 : 교육과학사.
홍성연 역(2000). 유치원·초등학교 교사들을 위한 행동수정기법. 서울 : 교육과학사.
황하진(2000). 경영정보시스템. 서울 : 학문사.

Ackerman, N. W.(1966). Treating the Troubled Family. New York : Basic Books.
Adolph, K.(1997). Learning in the Development of Infant Locomotion. Monographs of the Society for Research in Child Development, 62(3), 1-162.

Ainsworth, M. D. S.(1973) The Development of Infant-Mother Attachment. In B. M. Caldwell & H. N. Ricciuti(Eds.), Review of Child Development Research (Vol. 3, 1-94). Chicago : University of Chicago Press

Ainsworth, M. D. S., Blehar, M., Waters, E., & Wall, S.(1978). Patterns of Attachment. NJ : Erlbaum.

Allport, G. W.(1937). Personality : A Psychological Interpretation. New York : Holt, Rinehart and Winston.

Allport, G. W.(1961). Pattern and Growth in Personality. NY : Holt, Rinehart and Winston.

Apgar, V.(1953). A Proposal for a New Method of Evaluation of the Newborn Infant. Curr. Res. Anesth. Analg. 32 (4): 260-267.

Arnold, M. B.(1960). Emotion and Personality. New York : Columbia University Press.

Arnstrong, D. G., Henson, K. T., & Savage, T. V.(1992). Education - An Introduction, NY : Macmillan Publishing Co.

Ashford, J. B., LeCroy, C. W., & Lortie, K. L.(2001). Human Behavior in the Sdcial Envieonment. Belmont : Brooks/Cole.

Atkinson, J. W.(1964). An Introduction to Motivation. Princeton NJ : Van Nostrand.

Atkinson, J. W.(1980). Motivational Effects in So-called Tests of Ability and Educational Achievement. In L. Fyans(eD.). Achievement Motivation: Recent Treads in Theory and Research. NY: Plenum Press.

Atkinson, R. C., & Shiffrin, R. M.(1968). Human Memory : A Proposed System and It's Control Processes. In W. K. Spence & J. T. Spence(Eds.) The Psychology of Learning and Motivation : Advances in Research and Theory (Vol.2, pp.89-195). New York : Academic Press.

Atkinson, R. C., Wilson, H. A.(1969). Computer Assisted Instruction. In R. C. Atkinson, Wilson, H. A., Computer Assisted Instruction : A Book of Readings, New York : Academic Press.

Baltes, P. B.(1983). Lifespan Developmental Psychology : Observation on History and Theory Revisited. R. Lerner(Ed.), Developmental Psychology : Historical and Philosophical Perspectives. Hillsdale, N.J. : Lawrence Erlbaum, pp. 81-90.

Bandura, A.(1969). Principles of Behavior Modification. NY : Holt.

Bandura, A.(1977). Social Learning Theory. Englewood Cliffs, NJ : Prentice-Hall.

Bandura, A.(1977a). Self-Efficacy : Toward a Unifying Theory of Behavioral Change. Psychological Review, Vol 84(2), 191-215.

Bandura, A.(1977b). Social Learning Theory. Englewood Cliffs, NJ : Prentice Hall.

Bandura, A.(1986). Social Foundations of Thought and Action : A Social Cognitive Theory. Englewood Cliffs. NJ : Prentice Hall.

Bard, P. P.(1934). On Emotional Expression after Decortication with Some Remarks on Certain Theoretical Views: Part II. Psychological Review. 5. 41, 424-449.

Barkham, M.(1992). Research on Integrative and Eclectic Therapy. In W. Dryden(ed.) Integrative and Eclectic Therapy : A Handbook. Buckingham : Open University Press.

Baumrind, D.(1991). The Influence of Parenting Style on Adolescent Competence and Substance Use. Journal of Early Adolescence, 11(1), 56-95.

Beck, A. T.(1963). Thinking and Depression: Idiosyncratic Content and Cognitive Distortions. Archives of General Psychiatry, 9, 324-333.

Beck, A. T.(1967). The Diagnosis and Management of Depression. Philadelphia, PA : University of Pennsylvania Press.

Beers, C.(1908). A Mind That Found Itself, Pittsburgh : University of Pittsburgh Press.

Bellak, L. and Bellak, S.(1949). Children's Apperception Test. NY : Consulting Psychologists Press.

Bem, S. L.(1974). The Measurement of Psychological Androgyny. Journal of Consulting and Clinical Psychology, 42, 155-162.

Berndt, T. J.(1982). The Features and Effects of Friendship in Early Adolescence. Child Development, 53, 1447-1460.

Berne, E.(1961). Transactional Analysis in Psychotherapy. NY : Grove Press.

Berne, E.(1964). Games People Play. NY : Grove Press.

Berne, E.(1966). Principles of Group Treatment. NY : Oxford University Press.

Bernstein, B.(1973). Class, Codes, and Control: Applied Studies towards a Sociology of Language. London: Rouledge and Kegan Paul.

Beutler, L. E.(1983). Eclectic Psychotherapy : A Systemic Approach. New York : Pergamon.

Beutler, L. E.(1986). Systematic Eclectic Psychotherapy. In J. C. Norcross (Ed.), Handbook of Eclectic Psychotherapy(pp.94-131). New York : Brunner/Mazel.

Biehler, R. F.(1971). Psychology Applied to Teaching. Boston : Houghton Mifflin Company.

Biestek, F. P.(1957). The Casework Relationship. Chicago: Loyola University Press.

Binet, A., & Simom, H.(1905). Application des methodes nouvelles au diagnostic du niveau intellectuel chez des enfants normaux et anormaux d'hospice et d'ecole primarire. L'Anne Psychologique, 11, 245-266.

Blackhan, G. J.(1977). Counseling : Theory : Process and Practice. California : Wads Worth.

Blair, G. M.(1949). The Content of Educational Psychology. Journal of Educational Psychology, 40, 267-274.

Blau, P. M.(1956). Occupational Choice : A Conceptual Framework. Industrial Labor Relations Review, 9, 531-543.

Bloom, B. S.(1964). Stability and Change in Human Characteristics. NY: John Wiley and Sans, Inc.

Bloom, B. S.(1968). Learning for Mastery. Instruetion and Curriculum. Regional Education Laboratory for the Carolinas and Virginia, Topical Papers and Reprints, Numberl.

Bloom, B. S.(1976). Human Characteristics and School Learning. NY : McGraw-Hill Book Company.

Bloom, M, Fischer, J., & Orme, J. G.(2003). Evaluating Practice : Guidelines for the Accountable Professional(4th Ed.). Boston : Allyn & Bacon.

Bloom, M., Fischer, J., & Orm, J. G.(2003). Evaluating Practice : Guidelines for the Accountable Professional. New York : Allyn & Bacon, Pearson Education, Inc.

Bordin, E. S.(1968). Psychological Counseling. New York : Appleton-Century-Crofts.

Bordin, E. S.(1979). The Generalized Ability of the Psychoanalytic Concept of the Work Alliance. Psychotherapy Research and Practice, 16, 252-260.

Borg, W. R., & Gall, M. D.(1983). Educational Research : An Introduction. NY : Longman Inc.

Borgatta, E. F.(1964). The Structure of Personality Characteristics. Behavioral Science, 9, 8-17.

Borich, G. D., & Tombari, M. L.(1995). Educational Psychology. Harper Collins College Publishers.

Bourdieu, P.(1977). Cultural Reproduction and Social Reproduction. In (Eds.) J. Karabel & A. H. Halsey, Power and Ideology in Education. Oxford University Press.

Bowlby, J.(1973). Attachment and Loss : Separation, Sadness, and Depression. NY : Basic Books.

Brammer, L. M., 8c Shostrom, E. L.(1960). Therapeutic Psychology : Fundamentals of Counseling and Psychotherapy. Englewood Cliffs, NJ : Prentice-Hall.

Braun, J. J., & Linder, D. E.(1979). Psychology Today : An Introduction. NY: Random House.

Brazelton, T. B.(1973). Neonatal Behavioral Assessment Scale. Clinics in Developmental Medicine, No 50. London: Spastics International Medical Publications.

Brazelton, T. B.(1978). The Brazelton Neonatal Behavior Assessment Scale: Introduction. Monographs of the Society for Research in Child Development. 43(5-6), 1-13.

Bridges, K. M. B.(1931). The Social and Emotional Development of the Preschool Child. London : Routledge.

Bridges, K. M. B.(1932). Emotional Development in Early Infancy. Child Development, 3, 324-341.

Brodbeck, A. J., & Irwin, O. C.(1946). The Speech Behaviour of Infants without Families. Child Development, 17(3), 145-156.

Bronfenbrenner, U.(1979). The Ecology of Human Development : Experiments by Nature and Design. Massachusetts : Harvard University Press.

Brown, A. L.(1987). Metacognition, Executive Control, Self-regulation and Other More Mysterious Mechanisms. In F. E. Weinert, & R. H. Kluwe (Eds.), Metacognition, Motivation and Understanding (pp. 65-116). Hillsdale, NJ : Erlbaum.

Brown, D., & Brooks, L.(1985). Career Counseling as a Mental Health Intervention. Professional Psychology : Research and Practice, 6, 860-867.

Bruner, J. S.(1966). Theory of Instruction. Cambridge MA : Harvard University Press.

Bruner, J. S.(1975). The Ontogenesis of Speech Acts. Journal of Child Language, 2, 1-19.

Buber, M.(1947). Between Man and Man. London : Kegan Paul.

Burger, J. M.(2000). Personality. Belmont, CA : Wadsworth/Thomson.

Burks, H. M., & Stefflre, E. L.(1979). Theories of Counseling. New York : McGraw Hill.

Buss, A. H., & Plomin, R.(1975). A Temperament Theory of Personality Development. NY : Wiley.

Byrge, C., & Hanson. S.(2009). The Creative Platform : A New Paradigm for Teaching Creativity. Problems of Education in the 21st Century. 18: 33-50.

Campbell, D. T., and Stanley, J. C.(1963). Experimental and Quasi-Experimental Design for Research. Chicago : Rand McNally College Publishing Co.

Cannon, W. B.(1929). Bodily Changes in Pain, Hunger, Fear, and Rage. New York : Appleton.

Carkhuff, R. R.(1969). Helping and Human Relations. NY : Holt, Rinehart and

Winston, Inc.

Carroll, J. B.(1963). A Model of School Learning. Teachers College Record, 64, 723-733.

Carver, C. S., & Scheier, M. F.(2000). Perspectives on Personality. Boston : Allyn & Bacon.

Case, R.(1985). Intellectual Development : Birth to Adulthood. Orlamdo, FL : Academic Press.

Case, R.(1985). Toward a Neo-Piagetian Theory of Operations and Cognitive Growth. Unpublished Manuscript. University Toronto.

Case, R., & Griffin, S.(1990). Child Cognitive Development : The Role of Central Conceptual Structures in the Development of Scientific and Social Thought. In C. A. Hauert(Ed.), Development Psychology : Cognitive, Perceptual-motor and Neuropsychological Prespectives. Amsterdam : North Holland.

Cattell, R. B.(1957). Personality and Motivation Structure and Measurement. New York: World Book.

Cattell, R. B.(1963). Theory of Fluid and Crystallized Intelligence: A Critical Experiment. Journal of Educational Psychology, 54, 1-22.

Cattell, R. B.(1965). The Scientific Analysis of Personality. Baltimore: Penguin Books.

Chess, S., & Thomas, A.(1984). Origins and Evolution of Behavior Disorders. New York : Brunner/Mazel.

Chomsky, C.(1969). The Acquisition of Syntax in Children from 5 to 10. Cambridge, MA : MIT Press.

Chomsky, C.(1986). Knowledge of Language : Its Nature, Origin, and Use. NY : Praeger.

Clarke-Stewart, A., Friedman, S., & Koch, J.(1985). Child Development : A Topical Approach. NY : John Wiley & Sons.

Clarke-Stewart, K. A., & Koch, J. B.(1983). Children : Development though Adolescence. Canada : John Wiley & Sons, Inc.

Coleman, J. S.(1997). Family, School, and Social Capital. In (Ed.) L. J. Saha, International Encyclopedia of Sociology of Education. Oxford : Pergamon.

Combs, A. W.(1962). Perceiving, Behaving, Becoming. Yearbook of the Association for Supervision and Curriculum Development. Washington, DC : Education Association.

Cooley, C. H.(1902). Human Nature and the Social Order. New York : Charles Scribner's Sons

Corey, G.(1986). Case Approach to Counseling and Psychotherapy. California : Brooks/Cole Publishing Company.

Costa, P. T., & McCrae, R. R.(1985). The NEO Personality Inventory Manual. Odessa, FL : Psychological Assessment Resources.

Costa, P. T., & MeCrae, R. R.(1989). The NEO-PI/NEO-FFI Manual Supplement. Odessa, FL : Psychological Assessment Resources.

Costa, P. T., & McCrae, R. R.(1992). Revised NEO Personality Inventory(NEO-PI-R) and NEO Five-Factor Inventory(NEO-FFI) Profession Manual. FL : Psychological Assessment Resources.

Covington, M. V., Crutchfield, R. S., Davies, L., & Olton, R. M.(1974). The Productive Thinking Program : A Course in Learning to Think. Ohio : Merrill.

Craft, A.(2003). Creative Thinking in the Early Years of Education. Early Years, 23, 2, 143-154.

Craft, A.(2005). Creativity in Schools : Tensions and Dilemmas. Routledge.

Crain, W. C.(1980). Theories of Development : Concepts and Applications. NJ : Prentice-Hall, Inc.

Crawford, A. L., & Kilander, V. C.(1985), Psychiatric and Mental Health Nursing, 6th edn, F. A. Davis, Philadelphia, Pennsylvania.

Crawford, R. E.(1954). The Techniques of Creative Thinking. NY : Hawthorn.

Crites, J. O.(1969). Vocational Psychology. NY : McGraw-Hill.

Crites, J. O.(1981). Career Counseling: Models, Methods, and Materials. NY : McGraw-Hill.

Cronbach, L. J., & Snow, R. E.(1977). Aptitudes and Instructional Methods. A Handbook for Research on Interactions. New York : Irvington.

Dam, N. V.(2005). The Business Impact of e-Learning.(ISBN: 0-9708423-1-7). http://mrb.lynkx-01.nl/Uploads/Files/dissertation_nvanda.pdf

Darwin, C.(1859). On the Origin of Species by Means of Natural Selection, or the Preservation of Favoured Races in the Struggle for Life. London : J. Murray.

Dawis, R. V. and Lofquist, L. H.(1976). Personality Style and the Process of Work Adjustment. Journal of Counseling Psychology, 23(1), 55-59.

Dawis, R. V., & Lofquist, L. H.(1984). A Psychological Theory of Work Adjustment: An Individual Differences Model and Its Applications. Minneapolis : University of Minnesota Press.

De Casper, A. J., and Fifer, W. P.(1980). Of Human Bonding : Newborns Prefer Their Mothers' Voices. Science, 208, 1174-1176.

DeCasper, A. J., & Spence, M. J.(1986). Prenatal Maternal Speech Influences on

Newborns' Perception of Speech Sound. Infant Behavior and Development, 9, 133-150.

deCharms, R.(1968). Personal Causation: The Internal Affective Determinants of Behavior. New York : Academic Press.

deCharms, R.(1971). From Pawns to Origins : Toward Self-Motivation. In G. S. Lesser(Ed.), Psychology and Educational Practice. Glenview, NJ : Scott, Foresman.

deCharms, R.(1976). Enhancing Motivation : Change in the Classroom. NY : Irvington.

Deci, E. L., Nezlek, J., & Sheinman, L. (1981). Characteristics of the rewarder and intrinsic motivation of the rewardee. Journal of Personality and Social Psychology, 40, 1-10.

Digman, J. M.(1990). Personality Structure : Emergence of the Five-Factor Model. Annual Review of Psychology. 41: 417-440.

Dollard, J. & Miller, N. E.(1950). Personality and Psychotherapy. New York : McGraw-Hill.

Doyle, J. A., & Paludi, M. A.(1995). Sex and Gender : The Human Experience. Madison : Brown & Benchmark Publishers.

Dryden, W.(1986). Eclectic Psychotherapies : A Critique of Leading Approaches. In J. C. Norcross, (Ed.), Handbook of Eclectic Psychotherapy(353-375).

Durkheim, E.(1893). The Division of Labour in Society. Translated by W. D. Halls, & Lewis A. Coser(1997). New York: Free Press.

Durkheim, E.(1912). The Elementary Forms of the Religious Life. Translated by C. Cosman(2008). New York: Free Press.

Ebbinghaus, H.(1897). A New Method to Examine Intellectual Abilities and Their Utilization in School Children. Zeitschrift Psychologia Physiologica Sinnesorga, 13, 401-459.

Ebbinghaus, H.(1913). Memory : A Contribution to Experimental Psychology. New York : Teachers college, Columbia University.

Eckerman, C. O., & Whatley, J. L.(1977). Toys and Social Interaction between Infant Peers. Child Development, 48(4), 1645-1656.

Eggen, P. D., & Kauchak, D.(1992). Educational Psychology : Classroom Connections. NY : Macmillan Publishing Co.

Ekman, P.(1992). Facial Expressions of Emotion : New Findings, New Questions. Psychological Science, 3, 34-38.

Ekman, P.(1993). Facial Expression and Emotion. American Psychologist. 48(4) : 384-392.

Elkind, D.(1967). Egocentrism in Adolescence. Child Development, 38, 1025-1034.

Ellis, A.(1958). Rational Psychotherapy. Journal of General Psychology, 59,35-49.

Ellis, A.(1962). Reason and Emotion in Psychotherapy. Secaucus, NJ : Citadel.

Ellis, A.(1979). The Biological Basis of Human Irrationality, Individual Psychology, 35, 111-116.

Ellis, A.(1995). Rational Emotive Behavior Therapy. In R. J. Corsini & D. Wedding (Eds.), Current Psychotherapies (5th ed.), Itasca, IL. F. E. Peacock.

Epstein, L., & Bishop, D. S.(1981). Problem-Centered Systems Therapy of the Family. In A. S. Gurman & D. P. Kniskern(Eds.), Handbook of Family Therapy, New York : Brunner/Mazel.

Erikson, E. H.(1963). Childhood and Society. NY : Norton.

Erikson, E. H.(1968). Life Cycle. In International Encyclopedia of the Social Sciences(Vol. 9, 286-292). NY : Crowell Collier & Macmillan Co.

Eysenck, H. J.(1960). Behavior Therapy and the Neuroses. New York : Pergamon Press.

Eysenck, H. J.(1970). The Structure of Human Personality. London : Methuen.

Eysenck H. J.(1975). Manual of the Eysenck Personality Questionnaire(with S. B. G. Eysenck). London : Hodderand Stoughton.

Eysenck, H. J.(1982). Development of a Theory. In H. J. Eysenck(Ed.), Personality, Genetics, and Behavior. NY : Praeger.

Eysenck, M. W., & Keane, M. T.(1990). Cognitive Psychology : A Student's Handbook. London : Lawrence Erlbaum Associates, Publishers.

Fantz, R. L.(1963). Pattern Vision in Newborn Infants. Science.140 : 296-297.

Fechner, G. T.(1860). Elemente der Psychophysik. Leipzig : Breitkopf und Härtel.

Fennema, E., & Sherman, J.(1977). Sex-related Difference in Mathmatics Achievement, Spatial Visualization and Affective Factors. American Educational Research Journal, 14, 51-72.

Fiske, D. W.(1949). Consistency of the Factorial Structures of Personality Ratings from Different Sources. Journal of Abnormal Social Psychology, 44, 329-344.

Frankl, V.(1963). Man's Search for Meaning ; An Introduction to Logotherapy. NY : Washington Square Press.

Frankl, V.(1988). The Will to Meaning. Foundations and Applications of Logotherapy. New York : New American Library.

Frankl, V.(1997). Man's Search for Ultimate Meaning. New York : Perseus Book Publishing.

Freud, A.(1936). The Ego and the Mechanisms of Defence. New York : International

Universities Press.

Freud, A.(1937). The Ego and the Mechanisms of Defense, London : Hogarth Press and Institute of Psycho-Analysis.

Freud, S.(1894). The Neuro-psychoses of Defence. SE, 3, 41-61.

Freud, S.(1896a). Further Remarks on the Neuro-psychoses of Defence. SE, 3, 157-185.

Freud, S.(1896b). The Aetiology of Hysteria. Standard Edition, 3, 187-222. London: The Hogarth Press and the Institute of Psycho-Analysis.

Freud, S.(1905). Dora : Fragment of an Analysis of a Case of Hysteria. New York : Norton & Company.

Freud, S.(1915). The Unconscious. SE, 14, 161-215.

Freud, S.(1916). Introductory lectures on psychoanalysis. SE, 22, 1-182.

Freud, S.(1920), Beyond the Pleasure Principle. London : The International psycho-analytical Press.

Freud, S.(1920). A Case of Homosexuality in a Woman. The Complete Psychological Works of Sigmund Freud. New York : Hogarth Press.

Freud, S.(1923). The Ego and the Id. SE, 19, 3-66.

Freud, S.(1931). Female Sexuality. The Standard Edition of Sigmund Freud. London : Hogath.

Freud, S.(1933). New Introductory Lectures on Psychoanalysis. London : Hogarth Press and Institute of Psycho-Analysis. xi - 240.

Freud, S.(1938). An Outline of Psychoanalysis. London : Hogarth.

Freud, S.(1957). Repression. In J. Strachey(Ed. & Trans.), The Standard Edition of the Complete Psychological Works of Sigmund Freud(Vol. 14, 146-158). London : Hogarth.

Froehlich, C. P.(1950). Guidance Services in Smaller School. NY : McGraw-Hill.

Fromm, E.(1956). The Art of Loving. NY : Harper & Row.

Fromm, E.(1973). The Anatomy of Human Destructiveness. NY : Holt, Rinehart and Winston.

Gabbard, G. O.(1990). Psychodynamic Psychiatry in Clinical Practice. Washington : American Psychiatric Press.

Gage, N., & Berliner, D.(1984), Educational Psychology, Boston, MA : Houghton Mifflin.

Gagné, R. M.(1965). The Conditions of Learning(First Edition). New York : Holt, Rinehart, and Winston.

Gagne, E. D., Yekovich, C. W., & Yekovich, F. R.(1993). The Cognitive Psychology of School Learning. NY : Harpetr Collins College Publishers.

Galton, F.(1874). English Men of Science : Their Nature and Nurture. London : Macmillan.

Galton, F.(1883). Inquiries into Human Faculty and Its Development. London : J.M. Dent & Company

Galton, F.(1889). Natural Inheritance. London : Macmillan.

Gardner, H.(1983). Frames of Mind : The Theory of Multiple Intelligence. NY : Basic Books.

Gardner, H.(1993). Multiple Intelligence : The Theory in Practice. NY : Basic Books .

Gardner, H.(1998). Where to Draw the Line : The Perils of New Paradigms. Paper Presented at the Annual Meeting of the American Educational Research Association. San Diego, CA : Academic Press, Inc.

Gardner, H.(1999). Intelligence Reframed : Multiple Intelligence for the 21st Century. NY : Basic Books.

Gardner, H.(2000). A Case against Spiritual Intelligence. International Journal of the Psychology of Religion, 10(1), 27-34.

Gardner, H.(2003). Multiple Intelligence after Twenty Years. Paper Presented at the Annual Meeting of the American Educational Research Association. Chicago.

Garfield, S. L.(1992). Eclectic Psychotherapy : A Common Factors Approach. In J. C. Norcross (Ed.), Handbook of Eclectic Psychotherapy(169-201).

George, R. L. & Cristiani, T. S.(1981). Theory, Methods, and Processes of Counseling and Psychotherapy. New Jersey : Prentice-Hall, Inc.

Gerrig, R. J., & Zimbardo, P. G.(2002). Psychology and Life. NY : Allyn & Bacon.

Gibson, E. J., & Walk, R. D.(1960). The Visual Cliff. Scientific American, 202, 67-71.

Gibson, R. L. & Mitchell, M. H.(1981). Introduction to Guidance. New York : Mcmillan Publishing Co.

Gilbert, L. A.(1981). Toward Mental Health : The Benefit of Psychological Androgyny. Professional Psychology, 12(1), 29-38.

Gilligan, C.(1977). In a Different Voice: Women's Conceptions of Self and of Morality. Harvard Educational Review, 47, 481-517.

Ginzberg, E.(1952). Toward a Theory of Occupational Choice. Occupations, 30, 491-494.

Ginzberg, E.(1971). Career Guidance. NY : McGraw-Hill.

Ginzberg, E., Ginzberg, S. W., Axelrod, S., & Herma, J.(1951). Occupational Choice: An Approach to a General Theory. NY: Columbia University Press.

Glanz, E. C., & Hays, R. W.(1968). Groups in Guidance. Boston : Allyn and Bacon.

Glaser, R.(1965). Toward a Behavioral Science Base for Instructional Design. In R. Glaser(Ed.), Teaching Machines and Programmed Learning, Ⅱ: Data and Directions. DC : National Education Association.

Glasser, W.(1964). Reality Therapy : A Realistic Approach to the Young Offender. Crime and Delinquency, 10, 135-144.

Glasser, W.(1965). Reality Therapy. NY : Harper & Row.

Glasser, W.(1998). Choice Theory : A New Psychology of Personal Freedom. New York : Harper Collins.

Glover, J. A., Bruning, R. H., & Filbeck, R. W.(1983). Educational Psychology : Principles and Applications. Boston : Little, Brown and Company.

Goldberg, L. R.(1990) An Alternative "Description of Personality" : The Big-Five Factor Structure. Journal of Personality and Social Pschology, 59, PP. 1216-1229.

Goleman, D.(1995). Emotional Intelligence. NY : Bantam Books.

Good, C. V. et al.(1954). Methods of Research : Educational, Psychological, Sociological. NY : Appleton-Century-Crofts, IncHilgard, Atkinson, & Atkinson, 1979.

Goodenough, F. L.(1926). Measurement of Intelligence by Drawings. New York : World Book Company.

Goodstein, L. D.(1972). Behavioral Views of Counseling. In B. Stefflre & W. H. Grant(eds), Theories of Counseling. NY : McGraw-Hill.

Gorden, W. J.(1961). Synetics. NY : Harper & Row.

Gordon, T.(1970). Parent Effectiveness Training. New York : Van Rees Press.

Giuldford, J. P.(1959). The Three of Intellect. American Psychologist, 14, 469-479.

Giuldford, J. P.(1967). The Nature of Human Intelligence. NY : McGraw-Hill.

Giuldford, J. P.(1982). Cognitive Psychology's Ambiguities : Some Suggested Remedies. Psychological Review, 89, 40-59.

Giuldford, J. P.(1988). Some Changes in the Structure of the Intellect Model. Educational and Psychological Measurement, 48, 1-4.

Guthrie, E. R.(1930). Conditioning as a Principle of Learning. Psychological Review 37, 412-418.

Guthrie, E. R.(1940). Association and the Law of Effect. Psychological Review,

47, 127-148.

Hadzigeorgiou, Y.(2016). Imaginative Science Education: The Central Role of Imagination in Science Education. Springer International Publishing.

Harlow, H. F., and Zimmerman, R. R.(1959). Affectional Responses in the Infant Monkey. Science, 130, 431-432.

Harter, S.(1992). The Relationship between Perceived Competence, Affect, and Motivational Orientation With in the Classroom. In A. K. Boggiano & T. S. Pittman(Eds), Achievement and Motivation. A Social-development Perspective (pp.74-114). New York : Cambridge University Press.

Hartman, A.(1958). Ego Psychology and the Problem of Adaptation. NY : International University Press.

Havighurst, R. J.(1972). Developmental Tasks and Education. NY : David McKay.

Haykin, S.(1999). Networks : A Comprehensive Foundation, 2nd Edition, NJ : Prentice-Hall.

Heider, F.(1958). The Psychology of Interpersonal Relations. NY : Wiley.

Helie S., & Sun R.(2010). Incubation, Insight, and Creative Problem Solving : A Unified Theory and a Connectionist Model. Psychological Review. 117, 994-1024.

Helmholtz, H.(1859). Theorie der Luftschwingungen in Röhren mit offenen Enden, Crelle's Journal für die reine und angewandte Mathematik, 57(1), 1-72.

Henderson, D. A., & Thompson, C. L(2011). Counseling Children(8th Ed.). Pacific Grove, CA : Brooks-Cole.

Hergenhahn, B. R.(1982). An Introduction to Theories of Learning. NJ : Prentice-Hall.

Hess, R., & McDevitt, T.(1984). Some Cognitive Consequences of Maternal Intervention Techniques : A Longitudinal Study. Child Development, 55, 2017-2020.

Hilgard, E. R., & Bower, G. H.(1981). Theories of Learning. NJ : Prentice-Hall.

Hilgard, E. R., Atkinson, R. S., & Atkinson, R. C.(1979). Introduction to Psychology. New York : Harcout Brace Jovanovich, Inc.

Hobson, J. A.(1989) Sleep. Scientific American Library, New York.

Holland, J.(1973). Making Vocational Choice: A Theory of Career. Englewood Cliffs, NJ : Prentice-Hall, Inc.

Holland, J.(1992). Making Vocational Choices: A Theory of Vocational Personality and Work Environment(2nd. ed.). Odessa: Psychological Assessment Resource, Inc.

Hollingshead, A.(1949). Elmtown's Youth: The Impact of Social Classes on

Adolescents. NY: John Wiley and Sons Inc.

Holmes, T. H., & Rahe, R. H.(1967). The Social Readjustment Rating Scale. Journal of Psychosomatic Research, 11, 213-218.

Hoppe, F.(1930). Erfolg und Miserfolg (Untersuchungen zur Handlungs und Affekt-psichologie : IX Ed. por Kurt Lewin), Psychologische Forschungen, 14 : 1-62.

Hormuth, S. E.(1990). The Ecology of the Self : Relocation and Self-concept Change. Cambridge : Cambridge University Press.

Horney, K.(1939). New Ways in Psychoanalysis. New York : Norton.

Hotchkiss, L., Borrow, H.(1984). Sociological Perspectives on Career Choice and Attainment. In D. Brown & L. Brooks (Eds.), Career Choice and Development. San Francisco, CA: Jossey- Bass.

Huitt, W.(2007). Maslow's Hierarchy of Needs. Educational Psychology Interactive. Valdosta, GA : Valdosta State University.

Hull, C. L.(1935). Conditioning : Outline of a Systematic Theory of Learning. In N. B. Henry(Ed.), Forty-first Yearbook of The National Society for the Study of Education. Part II. The Psychology of Learning.

Hull, C. L.(1943). Principles of Behavior. NJ : Prentice-Hall.

Hulse, S. H., Egeth, H., & Deese, J.(1980). The Psychology of Learning. London : McGraw-Hill.

Humphreys, J. A., & Traxler, A. E.(1954). Guidance Service. Chicago : Science Research Associates.

Hurlock, E. B.(1925). An Evaluation of Certain Incentives Used in School Work. Journal of Educational Psychology 15: 145-159.

Hurlock, E. B.(1950). Child Development. NY : McGraw-Hill.

Husserl, E.(1913). Ideen zu einer reinen Phänomenologie und phänomenologischen Philosophie. Erstes Buch: Allgemeine Einführung in die reine Phänomenologie (Ideas: General Introduction to Pure Phenomenology).

Husserl, E.(1965). Phenomenology and the Crisis of Philosophy. New York : Harper & Row.

Isaacson, L. E.(1973). Career Information in Counseling and Teaching. Boston: Allyn and Bacon, Inc.

Isaacson, R. L.(1964). Basic Readings in Neuropsychology. New York : Harper & Row.

Izard, C. E.(1977). Human Emotions. New York: Plenum Press.

Jacobs, J. E.(1993). Developmental Perspectives on Motivation. Lincoln : University of Nebraska Press.

James W.(1884). What Is an Emotion? Mind, Vol.9, No. 34. 188-205.

James, W.(1916). Talks to Teachers on Psychology, and to Students on Some of Life's Ideals (1899). New York : Holt.

Jarvik, L. F., and L. Erlenmeyer-Kimling.(1967). Survey of Familial Correlations in Measured Intellectual Functions. In Psychopathology of Mental Development. New York : Grune & Stratton.

Jones, M. C.(1924). A Laboratory Study of Fear: The Case of Peter. The Pedagogical Seminary, 31, 308-315.

Judd, C. H.(1908). The Relation of Special Training to General iIntelligence. Educational Review, 36, 28-42.

Jung, C. G.(1921). Psychologische Typen. Zurich : Rascher Verlag(translation H. G. Baynes, 1923).

Kagan, J. J.(1989). The Concept of Behavioral Inhibition to the Unfamiliar. In Reznick J. S.(ed.). Perspectives on Behavioral Inhibition. Chicago : University of Chicago Press. 1-23.

Kauffman, A. S., & Kauffman, N. L.(1983). Kauffman Assessment Battery for Children. Circle Pines, MN : American Guidance Service.

Kauffman, A. S., & Kauffman, N. L.(1993). Kauffman Adolescent and Adult Intelligence Test. MN : American Guidance Service.

Kauffman, A. S., & Kauffman, N. L.(2004). Kauffman Assessment Battery for Children Second Edition(KABC-II). Circle Pines, MN : American Guidance Service.

Kelley, H. H.(1967). Attribution Theory in Social Psychology. In D. Levine(Ed.), Nebraska Symposium on Motivation. Lincoin : University of Nebraska Press.

Kelly, G. A.(1963). A Theory of Personality : The Psychology of Personal Constructs. NY : W. W. Norton & Company.

Kelly, G. A.(1969). Humanistic Methodology in Psychological Research. Journal of Humanistic Psychology, 9, 53-65.

Kent, G. H., & Rosanoff, A. J.(1910). A Study of Association in Insanity. American Journal of Insanity, 67, 37-96.

Kerlinger, F. N.(1985). Foundations of Behavioral Research. (3th ed.). NY : Holt, Rinehart and Winston, Inc.

King, A. C., Winett, R. A., & Lovett, S. B.(1986). Enhancing Coping Behaviors in At-risk Population: The Effects of Time-management Instruction and Social Support in Women from Dual-earner Families. Behavior Therapy, 17, 57-66.

Klineberg, O.(1963). Negro-White Differences in Intelligence Test Performance :

A New Look at an Old Problem. American Psychologist, 18, 198-203.

Köhler, W.(1947). Gestalt Psychology : An Introduction to New Concepts in Modern Psychology. New York : Liveright.

Koffka, K.(1924). The Growth of the Mind : An Introduction to Child-Psychology. London : Routledge & Kegan Paul.

Koffka, K.(1935). Principles of Gestalt Psychology. New York : Harcourt Brace.

Kohlberg, L.(1958). The Development of Modes of Thinking and Choices in Years 10 to 16. Ph. D. Dissertation, University of Chicago.

Kohlberg, L.(1963). The Development of Children's Orientations toward a Moral Order: I. Sequence in the Development of Moral Thought. Vita Humana, 6(1-2), 11-33.

Kohlberg, L.(1966). A Cognitive-Developmental Analysis of Children's Sex-role Concepts and Attitudes. In E. E. Maccody (Ed.), The Development of Sex Differences. Stanford, CA : Stanford University Press.

Kohlberg, L.(1969). Stage and Sequence : The Cognitive-developmental Approach to Socialization. In D. A. Goslin (Ed.), Handbook of Socialization Theory and Research. Chicago : Rand McNally.

Kohlberg, L.(1976). Moral Stages and Moralization : The Cognitive-Developmental Approach. In T. E. Lickona (Ed.), Moral Development and Behavior: Theory, Research, and Social Issues (pp. 31-55). New York : Holt, Rinehart, and Winston.

Kolata, G. B.(1984). Studying Learning in the Womb. Science. Vol 225, No 4659, 302-303.

Krauss, R. M., & Glucksberg, S.(1977). Social and Nonsocial Speech. Scientific American, 236, 100-105.

Kretschmer, E.(1922). Physique and Character. Investigations on the Constitutional Problem and the Theory of Temperaments.Springer, Berlin : Springer.

Krumboltz, J. D.(1966). Revolution in Counseling. Boston : Houghton Mifflin.

Krumboltz, J. D., & Baker, R. D.(1973). Behavioral Counseling for Vocational Decision. In H. Borow(Ed.), Career Guidance for a New Age. Boston : Houghton Mifflin.

Krumboltz, J. D., & Thoresen, C. E.(1976). Behavioral Counseling : Cases and Techniques. NY : Holt, Rinehart & Winston.

Krumboltz, J. D.(1966). Behavioral Goals for Counseling. Journal of Counseling Psychology, 13, 153-59.

Krumboltz, J. D.(1979). A Social Learning Theory of Career Decision Making. In

A. M. Mitchell, G. B. Jones, & J. D. Krumboltz (Eds.), Social Learning and Career Decision Making. Cranston, RI ; Carroll Press.

Kubler-Ross, E.(1972). On Death and Dying. JAMA: The Journal of the American Medical Association, 221(2), 174-179.

Lange, C. G.(1912). The Mechanism of the Emotions. In B. Rand(Ed.), The Classical Psychologists (pp. 672-684). Boston: Houghton Mifflin.

Lazarus, A. A.(1981). The Practice of Multimodal Therapy. New York : McGraw-Hill.

Lazarus, A. A.(1983). Multimodal Therapy. In J. C. Norcross(Ed.), Handbook of Eclectic Psychotherapy(pp. 65-93). New York : Brunner/ Maze.

Lazarus, R. S.(1966). Psychological Stress and the Coping Process. New York : McGraw-Hill.

Lazarus, R. S.(1999). Stress and Emotion : A New Synthesis. New York : Springer.

Lazarus, R. S., & Folkman, S.(1984). Stress, Appraisal, and Coping. New York : Springer.

Leddick, G. R.(2012). The History of Group Counseling. In Robert K. Conyne(Ed.). The Oxford Handbook of Group Counseling. New York : Oxford University.

Lee, J. A.(1973). Colors of Love. Toronto : New Press.

Lennerberg, E. H.(1967). Biological Foundations of Language. New York : John Wiley & Sons.

Levy, S.(1950). Figure Drawing as a Projective Test. In E. Abt & L. Ballak(Eds.), Projective Psychology. New York : Alfred A. Knopf.

Lewin, K.(1935). A Dynamic Theory of Personality. NY : McGraw-Hill.

Lewin, K.(1936). Principles of Topological Psychology. NY : McGraw-Hill.

Lewin, K.(1939). Field Theory and Experiment in Social Psychology. American Journal of Sociology. 44 (6), 868-896.

Lewin, K.(1942). Field Theory and Learning. In N. B. Henry (Ed.), The Forty-first Yearbook of the National Society for the Study of Education: Part Ⅱ. The Psychology of Learning, 215-242.

Lewin, K.(1951). Field Theory in Social Science. New York : Harper.

Lickona, T.(2004). Character Matters : How to Help Our Children Develop Good Judgment, Integrity, and Other Essential Virtues. New York : Simon and Schuster.

Liebert, R. M., & Spiegler, M. D.(1974). Personality. NY : Dorsey.

Lorenz, K. Z.(1965). Evolution and the Modification of Behavior. Chicago : University of Chicago Press.

Merton, R. K.(1957). Social Theory and Social Structure. Illinois : The Free Press.

MacFarlane, J.(1975). Olfaction in the Development of Social Preferences in the Human Neonate. In M. Hofer(Ed.), Parent-Infant Interaction. Amsterdam : Elsevier.

Machover, K.(1949). Personality Projection in the Drawing of the Human Figure. Springfield, IL : Charles C. Thomas.

Maddux, J. E.(Editor)(1995). Self-efficacy, Adaptation, and Adjustment : Theory, Research, and Application. NY: Plenum Press.

Mager, R. E.(1962). Preparing Instructional Objectives. Belmont, CA : Pitman Learning.

Mahler, C. A.(1989). Group Counseling in the Schools. Boston : Houghton Mifflin.

Mahoney, M. J.(1974). Cognition and Behavior Modification. Cambridge, MA : Ballinger.

Mahoney, M. J.(1977). Personal Science: A Cognitive Learning Therapy. In A. Ellis & R. Grieger (eds.), A Handbook of Rational-Emotive Therapy. New York : Springer.

Marcia, J. E.(1980). Identity in Adolescence. In J. Adelson(Ed.), Handbook of Adolescent Psychology. NY : Wiley.

Maslow, A. H.(1943). A Theory of Human Motivation. Psychological Review, Vol 50(4), 370-396.

Maslow, A. H.(1954). Motivation and Personality. New York : Harper.

Maslow, A. H.(1962). Towards a Psychology of Being. Princeton: D. Van Nostrand Company.

Maslow, A. H.(1967). A Theory of Metamotivation : The Biological Rooting of the Value-Life. Journal of Humanistic Psychology. 7(2), 93-26.

Maslow, A. H.(1970a). Motivation and Personality. New York : Harper & Row.

Maslow, A. H.(1970b). Religions, Values, and Peak Experiences. New York : Penguin.

Maslow, A. H.(1971). Farther Reaches of Human Nature. New York : Viking Press.

Mason, J. W.(1971). A Re-evaluation of the Concept of Non-specificity in Stress Theory. Journal of Psychiatric Research, 8, 323-333.

Maultsby, M. C.(1975). Rational Behavior Therapy. Englewood Cliffs, NJ : Prentice-Hall.

Max, L. W.(1935). Breaking up a Homosexual Fixation by the Conditioned Reaction Techniques : A Case Study. Psychological Bulletin, 32,734.

May, R.(1953). Man's Search for Himself. NY : Norton.

May, R.(1961). Existential Psychology. NY : Random House.

McClelland, D. C.(1985). Human Motivation. Cambridge, MA : Cambridge University Press.

McDougall, W.(1908). An Introduction to Social Psychology. London : Methuen.

McGeoch, J. A.(1942). The psychology of human memory. NewYork: Longman.

McGoldrick, M., Pearce, J. K., & Giordano, J.(1982), Ethnicity and Family Therapy. New York : Guilford Press.

Mead, G. H.(1913). The Social Self. Journal of Philosophy, Psychology and Scientific Methods 10, 374-380.

Merrill, P. F.(1978). Hierarchical and Information Processing Task Analysis : A Comparison. Journal of Instructional Development. 102, 35-40.

Mertens, W.(1990). Einfubrung in die Psychoanalytische Therapies. Stutgart : Kohlhammer.

Miller, D. C., & Form, W. H.(1951). Industrial Sciology. NY : Harper & Row.

Miller, N. E. & Dollard, J.(1941). Social Learning and Imitation. New Haven, CT : Yale University Press.

Minton, H. L., & Schneider, F. W.(1980). Differential Psychology. Illinois; Waveland Press, Inc.

Minuchin, S.(1974). Families and Family Therapy. Cambridge, MA : Harvard University Press.

Minuchin, S., & Fishman, H. C.(1981). Family Therapy Techniques. Cambridge, MA .: Harvard University Press.

Mischel, W.(1976). Introduction to Personality. NY : Holt, Rinehart and Winston.

Moreno, J. L.(1944). Mental Catharsis and the Psychodrama. New York : Beacon.

Morrill, W. H., Oetting, E, R., & Hurst, J. C.(1974). Dimensions of Counselor Functioning. Personnel and Guidance Journal, 52, 354-359.

Morris, C. G.(1988). Psychology. New Jersey : Prentice Hall.

Müller J.(1838). Uber den feinern bau und dieformen der krankhaften geschwulste. Berlin: Reimer.

Murdock, M. C.(2003). The Effects of Teaching Programmes Intended to Stimulate Creativity : A Disciplinary View. Scandinavian Journal of Educational Research, 47, 3, 339-357.

Murray, H.(1938). Explorations in Personality : A Clinical and Experimental Study of Fifty Men of College Age. NY: Oxford University Press.

Murray, H. A.(1943). Thematic Apperception Test manual. Cambridge, MA : Harvard University Press.

Mussen, P. H., Conger, J. J., Kagan, J., & Geiwitz, J.(1979). Psychological Development : A Life-span Approach. NY : Harper & Row, Publishers.

Neugarten, B. L.(1968). Adult Personality : Toward a Psychology of the Life Cycle. Chicago : University of Chicago Press.

Newman, B. M., & Newman, P. R.(1991). Development through Life: A Psychosocial Approach(5th ed.). Pacific Grove, CA : Brooks/Cole.

Newman, H. H., Freeman, F. N., and Holzinger, K. J.(1937). Twins : A Study of Heredity and Environment, Chicago : University of Chicago Press.

Nichols, M. P., & Schwartz, R. C.(1991). Family Therapy : Concepts and Methods. Needham Heights, MA : Allyn and Bacon.

Norman, W. T.(1963). Toward an Adequate Taxonomy of Personality Attributes : Replicated Factor Structure in Peer Nomination Personality Ratings. Journal of Abnormal and Social Psychology, 66, 574-583.

Notterman, J. M., & Drewry, H. N.(1993). Psychology and Education : Parallel and Interactive Approachs. NY : Plenum Press.

Ormrod, J. E.(2011). Educational Psychology : Developing Iearners. MA, Boston : PeAllyn & Bacon.

Ornstein, A. C., & Levine, D. U.(1980). Foundations of Education, Boston : Houghton Mifflin Co.

Osborn, A. F.(1963). Applied Imagination : Principles and Procedures of Creative Problem Solving. NY : Scriber.

Parsons, F.(1909). Choosing a Vocation. Boston: Houghton Mifflin Co.

Parten, M. B.(1932). Social Participation among Preschool Children. Journal of Abnormal and Social Psychology, 27, 243-269.

Patterson, C. H.(1974). Relationship to Counseling and Psychotherapy. NY : Harper and Row Publishers.

Patterson, C. H.(1977). An Introduction to Counseling in the School. NY : Harper and Row Publishers.

Patterson, C. H.(1989). Eclecticism in Psychothetapy. Psychotherapy, 26, 157-161.

Patterson, C. H.(1989). Foundations for a Systematic Eclectic Psychotherapy. Psychotherapy, 26, 427-435.

Patterson, G. R.(1971). Families : Applications of Social Learning to Family Life. Champaign, IL : Research Press.

Pavlov, I. P.(1902). The Work of the Digestive Glands. London : Griffin.

Pavlov, I. P.(1927). Conditioned Reflexes. London: Oxford University Press.

Peabody, D., & Goldberg, L. R.(1989). Some Determinants of Factor Structures from Personality-Trait Descriptors. Journal of Personality and Social Psychology. 57(3), 552-567.

Pearson, K.(1896). Mathematical Contributions to the Theory of Evolution. III. Regression, Heredity and Panmixia. Philosophical Transactions of the Royal Society of London. 187 : 253-318.

Perkins, D. N.(1988). Creativity and Quest for Mechanism. In R. J. Sternberg, & E. E. Smith(Eds.). The Psychology of Human Thought. NY : Cambridge Press.

Perls, F. S.(1969). Gestalt Therapy. Verbatim. (Note: Gestalt Therapy Verbatim was translated from English to Spanish by Francisco Huneeus, and was given the title: "Sueños y existencia", which means: "dreams and existence").

Perls, F. S.(1973). The Gestalt Approach. Palo Alto : Science and Behavior Books.

Perls, F. S.(1976). The Gestalt Approach, and Eye Witness to Therapy. New York : Bantam.(first published 1973).

Perls, F., Hefferline, R., & Goodman, P.(1951). Gestalt Therapy: Excitement and Growth in the Human Personality.

Perry, D. G, & Bussey, K.(1984). Social Development. NJ ; Prentice-Hall.

Petri, H. L.(1996). Motivation : Theory, Research, and Applications. NY : Brooks/Cole Publishing Company.

Piaget, J.(1923). The Language and Thought of the Child. London : Routledge & Kegan Paul.

Piaget, J.(1928). The Child's Conception of the World. London : Routledge and Kegan Paul.

Piaget, J.(1932). The Moral Judgment of the Child (London: Kegan Paul, Trench, Trubner and Co.

Piaget, J.(1947). The Psychology of Intelligence. London : Routledge and Kegan Paul.

Piaget, J.(1952). The Origins of Intelligence in Children. New York : International University Press,

Piaget, J.(1954). The Construction of Reality in the Child. New York : Basic Books,

Piaget, J.(1962). Play, Dreams, and Imitation in Childhood. New York : W. W. Norton & Co.

Piaget, J.(1964). The Early Growth of Logic in the Child. London : Routledge and Kegan Paul.

Piaget, J., & Inhelder, B.(1958). The Growth of Logical Thinking from Childhood to Adolescence. New York : Basic Books.

Piaget, J., & Inhelder, B.(1962). The Psychology of the Child. New York : Basic Books.

Pincus, A., & Minahan, A.(1973). Social Work Practice : Model and Method. IL : F. E. Peacock.

Pinker, S.(1990). Language Acquisition. In D. Osherson & H. Lasnik(Eds.), An Invitation to Cognitive Science. Cambridge, MA : MIT Press.

Premack, D.(1965). Reinforcement Theory. In D. Levine(Ed.), Nebraska Symposium on Motivation. Lincoln : University of Nebraska Press.

Rank, O.(1945). Will Therapy & Truth and Reality. New York : Knopf.

Rapaport, D.(1946). Principles Underlying Nonprojective Tests of Personality. Annals of the New York Academy of Sciences, 66, 643-652.

Reichard, S., Livson, F., & Peterson, P. G.(1962). Aging and Personality; A Study of 87 Older Men. New York : John Wiley and Sons.

Reigeluth, C. M.(1989). Educational Technology at Crossroads : New Mindsets and New Direction. Educational Technology Research & Development, 37(1), 67~80.

Resnick, L. B.(1989). Knowing, Learning and Instruction. Hillsdale, NJ : Lawrence Erlbaum.

Roe, A.(1956). The Psychology of Occupation. NY: John Wiley.

Roe, A.(1972). Perspectives on Vocational Development. In J. M. Whiteley and A. Resnikoff(Eds.), American Personnel and Guidance Association.

Rogers, C. R.(1942). Counseling and Psychotherapy : Newer Concepts in Practice. Boston : HoughtonMifflin.

Rogers, C. R.(1951). Client-Centered Therapy : Its Current Practice, Implications and Theory. London : Constable.

Rogers, C. R.(1957). The Necessary and Sufficient Conditions of Therapeutic Personality Change. Journal of Consulting and Clinical Psychology, 21 : 95-103.

Rogers, C. R.(1961). On Becoming a Person : A Therapist's View of Psychotherapy. London : Constable.

Rogers, C. R.(1969). Freedom to Learn: A View of What Education Might Become (1st ed.). Columbus, Ohio : Charles Merill.

Rorschach, H.(1921). Psychodiagnostics. NewYork : Grune & Stratton.

Rosenthal N. E., Sack D. A., Jacobsen F. M., et al.(1984). Seasonal Affective Disorders. Archives of General Psychiatry, 41, 72-80.

Rosenthal, N. E., Sack, D. A., Gillin, J. C., & Lewy, A. J., Goodwin, F. K., Davenport, Y., Mueller, P. S., Newsome, D. A., Wehr, T. A.(1984). Seasonal

Affective Disorder: A Description of the Syndrome and Preliminary Findings With Light Therapy. Arch. Gen. Psychiatry 41(1), 72-80.

Rosenthal, R., & Jacobson, L.(1968). Pygmalion in the Classroom. New York: Holt, Rinehart and Winston.

Rosenthal, R., & Jacobson, L.(1969). Pygmalion in the Classroom. NY : Holt, Rinehart and Winston.

Rosenzweig, S.(1978). Basic Manual for the Rosenzweig Picture Frustration(P-F) Study. St. Louis : Rana House.

Rosenzweig, S., Fleming, E. E., & Rosenzweig, L.(1948) The Children's Form of the Rosenzweig Picture-Frustration Study. Journal of Psychology, 26, 141-191.

Rothbart, M. K., & Bates, J. E.(1998). Temperament. In W. Damon & N. Eisenberg (Eds.), Handbook of Child Psychology: Vol. 3. Social, Emotional, and Personality Development (5th ed., pp. 105-176). New York: Wiley.

Rotter, J. B.(1954). Social Learning and Clinical Psychology. Englewood Cliffs, NJ : Prentice-Hall.

Rotter, J. B.(1966). Generalized Expectancies for Internal versus External Control of Reinforcement, Psychological Monographs, 80 (1), 1-28.

Rotter, J. B.(1975). Some Problems and Misconceptions Related to the Construct of Internal versus External Control of Reinforcement. Journal of Consulting and Clinical Psychology, 43, 56-67.

Rotter, J. B.(1982). Social Learning Theory. In N. T. Feather(Ed.) Expectations and Actions : Expectancy-value Models in Psychology. NJ : Erlbaum.

Rotter, J. B., & Hochreich, D. J.(1975). Personality. Glenview, IL : Scott, Foresman.

Rotter, J. B., & Rafferty, J. E.(1950). Manual for The Rotter Incomplete Sentences Blank. New York : Psychological Corporation.

Runco, M. A.(2007). Creativity : Theories and Themes : Research, Development, and Practice. Multiple locations : Elsevier.

Sahakian, W. S.(1976). Introduction to the Psychology of Learning, Chicago : Rand McNally College Publishing Company.

Salovey, P., & Mayer, J. D.(1990). Emotional Eintelligence. Imagination. Cognitian, and personality, 9, 185~211.

Santrock, J. W.(1998). Adolescence(5th ed.). Boston : McGraw-Hill.

Santrock, J. W.(2004a). Child Development(10th edition). Boston, MA : McGraw-Hill.

Santrock, J. W.(2004b). Educational Psychology(second edition). Boston, MA : McGraw-Hill.

Santrock, J. W.(2008). Educational Psychology(third edition). Boston, MA :

McGraw-Hill.

Schachter, S.(1962). Cognitive, Social, and Physiological Determinants of Emotional State(PDF). Psychological Review. 69, 379-399.

Schaefer, E. S(1959). A Circumplex Model for Maternal Behavior. Journal of Abnormal & Social Psychology, 59, 226-235.

Schmid, T.(2005). Promoting Health Through Creativity: For professionals in health, arts and education. London : Whurr Publishers.

Schultz, D.(1977). Growth Psychology ; Models of the Healthy Personality. NY : D. Van Nostrand Company.

Schultz, D.(1981). A History of Modern Psychology. NY : Academic Press.

Schunk, D. H.(2000). Learning Theories : An Educational Perspective. NJ : Prentice-Hall.

Schunk, D. H.(2000). Learning Theories : An Educational Perspective. Upper Saddle River, N.J : Merrill.

Selye, H.(1936). A Syndrome Produced by Diverse Nocuous Agents. Nature, 138, 32.

Selye, H.(1955). Stress and Disease. Science, 122, 625-31.

Selye, H.(1976). Stress in Health and Disease. MA : Butterworth.

Selye, H.(1979) Stress, Cancer and the Mind. In J. Tache, H. Selye, and S. B. Day(eds), Cancer, Stress and Death. New York : Plenum Medical Book Company, 11-19.

Selye, H.(1985). History and Present Status of the Stress Concept. In A. Monat & R. S. Lazarus(Eds.) Stress and Coping : An Anthology. NY : Columbia University Press.

Shaffer, D. R.(1993). Developmental Psychology : Childhood and Adolescence. CA : Brooks/Cole.

Shaffer, L. F.(1944). The Psychology of Adjustment : An Objective Approach to Mental Hygiene. Washington : Houghton Mifflin.

Shavelson, R. J., Hubner, J. J., & Stanton, G. C.(1976). Self- concept : Validation of Construct Interpretations. Review of Educational Reseach, 46. 407-441.

Sheafor, B. W., Horejsi, C. R., & Horejsi G. A.(2000). Techniques and Guideline for Social Work Practice. Boston : Allyn and Bacon.

Sheldon, W. H.(1940). The Varieties of Human Physique(An Introduction to Constitutional Psychology). New York : Harper & Brothers.

Sheldon, W. H.(1942). The Varieties of Temperament(A Psychology of Constitutional Differences). New York : Harper & Brothers.

Sheldon, W. H.(1954). Atlas of Men : A Guide for Somatotyping the Adult Male at All Ages. New York : Harper.

Shertzer, B., & Stone, S. C.(1981). Fundamentals of Counseling. Boston : Houphton Mifflin.

Shuell, T. J.(1980). Interactive Effects of Student Anxiety, Achievement Orientation and Teacher Behavior on Student Achievement and Attitude. Unpublished doctoral dissertation, Stanford University, Harvard Educational Review, 53(4), 412-432.

Shuell, T. J.(1981). Dimensions of Individual Differences. In F. H. Farley & N. J. Gordon(Eds.). Psychology and Education. California : McCutchan.

Skeels, H. M.(1966) Adult Status of Children with Contrasting Early Experience : A Follow-up Study Monographs of the Society for Research in Child Development, 31(No. 105), 1-65.

Skinner, B .F.(1938). Behavior of Organisms. New York : Appleton-Century-Crofts.

Skinner, B. F.(1953). Science and Human Behavior. NY : Macmillan.

Skinner, B. F.(1966) Contingencies of Reinforcement, New York : Appleton-Century-Crofts.

Skinner, C. E.(1968). Essentials of Educational Psychology. New York ; Prentice-Hall.

Slavin, R. E.(1994). Educational Psychology : Theory and Practice. Boston : Allyn and Bacon.

Smilansky, S.(1968). The Effects of Sociodramatic Play on Disadvantaged Preschool Children. New York : Wiley.

Snowman, J., & Bieler, R.(2000). Psychology Applied to Teaching. NY : Houghton Mifflin Company.

Spearman, C.(1923). The Nature of Intelligence and the Principles of Cognition. London: Macmillan.

Spearman, C.(1987). The Proof and Measurement of Association between Two Things. The American Journal of Psychology. 100(3-4), 441-471.

Specht, H.(1986). Social Support, Social Networks, Social Exchange and Social Practice. Social Service Review, 60(2), 218-240.

Spence, J. T., Helmreich, R., & Stapp, J.(1975). Ratings of Self and Peers on Sex Role Attributes and Their Relation to Self-esteem and Conception Masculinity and Femininity. Journal of Personality and Social Psychology, 32, 29-39.

Spielberger, C. D.(1976). Anxiety and Behavior. NY : Academic Press.

Spielberger, C. D.(1976). The Nature and Treatment of Test Anxiety. In M. Zuckerman & C. D. Spielberger (Eds.). EmoLions and Anxiety: New Concepts, Methods, and Applications. New York : Enlbaum.

Sprinthall, N. A., Sprinthall, R. C., & Oja, S. N.(1994). Educational Psychology : A Developmental Approach. NY : McGraw-Hill, Inc.

Sroufe, L. A.(1977). Wariness of Strangers and the Study of Infant Development. Child Development, 48, 731-746.

Starko, A. J.(2004). Creativity in the Classroom: Schools of Curious Delight (3rd ed.). Mahwah, NJ : Lawrence Erlbaum.

Sternberg, R. J.(1985a). Beyond IQ : A Triarchic Theory of Human Intelligence, NY : Cambridge University Press.

Sternberg, R. J.(1985b). A Triangular Theory of Love. Psychological Review. 93, 119-135.

Stuart, R. B.(1980). Helping Couples Change : A Social Learning Approach to Marital Therapy. New York : Guilford.

Sullivan, H. S.(1953). The Interpersonal Theory of Psychiatry. New York : Norton and Company.

Super, D. E.(1953). A Theory of Vacational Development. American Psychologist, 8, 185-190.

Super, D. E.(1957). The Psychology of Careers. NY: Harper and Row.

Symonds, P. M.(1939). The Psychology of Parent-Child Relationship. NY : Appleton-Century.

Szondi, L.(1952). Introduction to the Szondi Test: Theory and Practice. New York : Academic Press.

Tarde, G.(1903). The Laws of Imitation. New York : H. Holt and Company.

Taylor, C. W.(1961). Finding the Creative. Scientific Research, 38, 6-11.

Terman, L. M.(1916). The Measure of Intelligence. Boston : Houghton Mifflin Co.

Terman, L. M., & Merrill, M. A.(1937). Measuring Intelligence. Boston : Houghton.

Thomas, A., & Chess, S.(1977). Temperament and Development. NY : Brunner Mazel.

Thomas, R. M.(1985). Comparing Theories of Child Development. Belmont, CA : Wadsworth.

Thorndike, E. L.(1927). The Measurement of Intelligence. New York : Columbia University, Teachers College Press.

Thorndike, E. L.(1913). An Introduction to the Theory of Mental and Social Measurements. New York : Teachers College, Columbia University.

Thorndike, E. L.(1913). Educational Psychology: Vol. 2: The Original Nature of Man. New York : Teachers College Press.

Thorndike, E. L.(1920). Intelligence and Its Issue. Haper's Magazine, 140, 227-235.

Thorndike, E. L.(1932). The Fundamentals of Learning. NY : Teacher College, Columbia University.

Thorndike, E. L.(1943). Man and His Works. Cambridge, MA : Harvard University Press.

Thorne, F. C.(1950). Principles of Personality Counseling: An Eclectic Viewpoint. Brandon, Vt. Journal of Clinical Psychology Press.

Thorne, F. C.(1973), Eclectic Psychotherapy. In R. J. Corsini(Ed.), Current Psychotherapies(445-486). Itasca, IL : Peacock.

Thurston, L. L.(1938). Primary Mental Abilities. Chicago : University of Chicago Press.

Tiedeman, D. and O'Hara, R.(1963). Career development: Choice and adjustment. NY: College Entrance Examination Board.

Tolbert, E. L.(1980). Counseling for Career Development. Boston: Houghton Mifflin.

Tolman, E. C.(1932). Purposive Behavior in Animals and Men. New York : Century.

Tolman, E. C.(1938). The Determinants of Behavior at a Choice Point. Psychological Review, 45, 1-41.

Tolman, E. C.(1948). Cognitive Maps in Rats and Men. Psychological Review, 55, 189-208.

Tolman, E. C., & Honzik, C. H.(1930). Introduction and Removal of Reward and Maze Performance in Rats. University of California Publications in Psychology, 4, 257-275.

Vandell, D. L., Wilson, K. S., & Buchanan, N. R.(1980). Peer Interaction in the First Year of Life : An Examination of its Structure, Content, and Sensitivity to Toys. Child Development, 51, 481-488.

Vander Zanden, J. W.(1980). Educational Psychology in Theory and Practice. NY : Random House.

Vygotsky, L. S.(1929). The Problem of the Cultural Development of the Child. Journal of Genetic Psychology, 36, 415-434.

Vygotsky, L. S.(1939). Thought and Speech. Psychiatry, 2, 29-54.

Vygotsky, L. S.(1962). Thought and Language (E. Hanfmann & G. Vakar, Eds. & Trans.). Cambridge, MA : MIT Press.

Vygotsky, L. S.(1978). Interaction between Learning and Development. In Gauvain & Cole(Eds.). Readings on the Development of Children. New York : Scientific American Books.

Walberg, H. J., & Haertel, G. D.(1992), Educational Psychology's First Century.

Journal of Educational Psychology, 84, 6-19.

Watson, G. B.(1926). What Shall Be Taught in Educational Psychology? Journal of Educational Psychology, 17, 577-599.

Watson, J. B.(1914). Behavior : An Introduction to Comparative Psychology. Henry Holt & Company.

Watson, J. B.(1925). Behaviorism. NY: Horton.

Watson, J. B., & Rayner, R.(1920). Conditioned Emotional Reactions. Journal of Experimental Psychology, 3, 1-14.

Weber, E. H(1846). Tastsinn und Gemeingefühl. In Handwörterbuch der Physiologie mit Rücksicht auf physiologische Pathologie. Band 3. Teil 2, edited by Rudolph Wagner, 481-588.

Wechsler, D.(1939). The Measurement of Adult Intelligence. MA : Williams & Wilkins.

Wechsler, D.(1949). Manual for the Wechsler Intelligence Scale for Children. NY : The Psychological Corporation.

Weiner, B.(1972). Theories of Motivation : From Mechanism to Cognition. Chicago : Rand McNally.

Weiner, B.(1979). A Theory of Motivation for Some Classroom Experiences. Journal of Educational Psychology, 71, 3-25.

Weiner, B.(1980). Human Motivation, NY : Holt, Rinehart & Winston.

Weiner, B.(1985). An Attribution Theory of Achievement Motivation and Emotion. Psychological Review, 92, 548-573.

Weiner, B.(1992). Human Motivation. Newbury Park : SAGE Publications.

Wertheimer, M.(1912). Experimentelle Studien über das Sehen von Bewegung. Zeitschrift für Psychologie, 61, 161-278.

Wertheimer, M.(1932). Principles of Perceptual Organization. Psychologische Forschung, 41, 301-350.

Wertheimer, M.(1978). A Brief History of Psychology. New York : Holt,. Rinehart & Winston.

White, R. H.(1959). Motivation Reconsidered : The Concept of Competence. Psychological Review, Vol. 66, 297-323.

WHO(1994). Assessment of Fracture Risk and Its Application to Screening for Postmenopausal Osteoporosis. WHO Technical Report Series 843. Geneva, Switzerland.

WHO(1998). New Proposed Definition. 101st Session of the WHO Executive Board, Geneva, Switzerland.

Williamson, E. G.(1939). How to Counsel Students: A Manual of Techniques for Clinical Counselors. New York : McGraw-Hill.

Witkin, H. A., Moore, C. A., Goodenough, D. R., & Cox, P. W.(1977). Field-dependent and Field-independent Cognitive Styles and Their Educational Implications. Review of Educational Research, 47, 1-64.

Wolf, R. M.(1964). The Identification and Measurement of Environmental Process Variables Related to Intelligence. Unpublished Doctorial Dissertation, University of Chicago.

Wolpe, J.(1969). The Practice of Behavior Therapy. NY : Pergamon Press.

Wolpe, J.(1971). Psychotherapy by Reciprocal Inhibition. California : Stanford University Press.

Woodworth, R. S.(1938). Experimental Psychology. New York : Holt, Rinehart and Winston.

Woodworth, R. S.(1941). Heredity and Environment; a Critical Survey of Recently Published Material on Twins and Foster Children. New York : Social Science Research Council.

Woodworth, R. S.(1954). Experimental psychology (2nd ed.). New York : Holt.

Yalom, I. D.(1980). Existential Psychotherapy. New York : Basic Books.

Yelon, S. L. and Weinstein G. W.(1977). A Teacher's World-Psychology in the Classroom. Tokyo : McGraw-Hill.

Yerkes, R., & Dodson, J.(1908). The Relation of Strength of Stimulus to Rapidity of Habit Formation. Journal of Comparative Neurological Psychology, 18, 459-482.

Zeigarnik, A. V.(1972). Experimental Abnormal Psychology. New York : Plenum Press.

Zunker, V. G.(1999). Career Counseling : Applied Concepts of Lief Planning. Pacific Grove, CA : Brooks/Cole.

찾아보기

내 용

[ㅈ]

[ㅊ]

인 명

오 만 록

저자소개

[약 력]

한양대학교 교육학과 졸업
고려대학교 대학원 석/박사과정 졸업(교육학박사)
고려대학교, 광주교육대학교, 조선대학교 강사
동신대학교 교육학 교수
현재, 여러 대학의 학부 및 대학원에 출강하고 있으며, 한국상담교육발전협의회 이사 겸 교수로서, 심리상담사와 가족상담사 및 인성지도교육사 자격과정의 성격심리학, 심리검사, 인성교육론을 강의하고 있다.

[주요저서 및 논문]

학업성취의 누적경험이 정의적 특성의 변화에 미치는 영향(1984), 학업성취경험과 자아개념 격차에 관한 연구(1986), 교육학의 학문적 발전과정과 성격에 관한 고찰(1991), 교사교육론(1993), 교육과정운영의 지역화 방안(1993), 인간과 교육(1994), 학교교육의 이론과 실제(1995), 가정과 교육론(1998), 어린이집 종사자의 직무만족도, 조직애착도, 이직의도 및 그 결정요인에 대한 분석(1997), 구성주의에 근거한 문제중심학습(PBL)이 학업성취와 정의적 특성에 미치는 효과(1999), 교육의 이해(2000), 교수-학습의 이론적 탐색(2001), 신세대를 위한 교육학개론(2002), 프로그램 개발과 평가(2002), 교육심리학(2004), 생활지도와 진로개발(2005), 현대교수학습의 이해(2007), 교육방법 및 교육공학(2012), 교육행정 및 교육경영(2015), 교육사회학(2015), 교육과정론(2016), 생활지도·상담 이론과 실제(2017) 등

website : www.welfare5.com
e-mail : mloh6302@naver.com

저 자
인 지

교육심리탐구

- 인간이해와 교육실천 기초역량을 다지는 심리학 -

초판 1쇄 인쇄 / 2017년 2월 10일
초판 1쇄 발행 / 2017년 2월 20일

저 자 / 오 만 록
발행인 / 이 중 수
발행처 / **동 문 사**

서울특별시 서대문구 홍제원 1길 12
(홍제동 137-8)
Tel : 02)736-3718(대), 736-3710, 3720
Fax : 02)736-3719
등록번호 : 제9-17호
등록일자 : 1974년 4월 27일
가격 : 22,000원

ISBN : 978-89-8251-866-9(93370)
E-mail : dong736@naver.com
Homepage : www.dongmunsa.com